船载微波统一测控系统概论

瞿元新　主编

国防工业出版社

·北京·

内容简介

本书综合了船载微波统一测控系统设计涉及的先进技术和方法，着重从基本概念、基本理念、基础技术、基本方法和实用工程参考入手阐述系统的设计。本书的编写目的就是为研究船载微波统一测控系统提供参考，具有内容全面、时效性和针对性较强、理论知识和应用知识较为均衡等特点。

本书的读者对象是设计、研制、生产和使用微波统一测控系统的工程技术人员，也可作为飞行器测量领域专业的研究生作为选修课教材。

图书在版编目(CIP)数据

船载微波统一测控系统概论/瞿元新编著. —北京：国防工业出版社，2016. 7

ISBN 978 - 7 - 118 - 10836 - 1

Ⅰ. ①船… Ⅱ. ①瞿… Ⅲ. ①船舶系统—自动检测系统 Ⅳ. ①U664. 8

中国版本图书馆 CIP 数据核字(2016)第 130122 号

※

国防工業出版社出版发行

(北京市海淀区紫竹院南路 23 号 邮政编码 100048)

北京嘉恒彩色印刷有限责任公司印刷

新华书店经售

*

开本 710 × 1000 1/16 **印张** 24¾ **字数** 480 千字

2016 年 7 月第 1 版第 1 次印刷 **印数** 1—1500 册 **定价** 78.00 元

(本书如有印装错误，我社负责调换)

国防书店：(010)88540777 发行邮购：(010)88540776

发行传真：(010)88540755 发行业务：(010)88540717

《船载微波统一测控系统概论》编写组

主　编　瞿元新

副主编　陈德明

编著者　瞿元新　陈德明　吴有杏　丛　波
　　　　张永亮　李红艳　谢　勇　毛南平
　　　　邹惠之　潘高峰

PREFACE | 前言

航天技术是20世纪50年代发展起来的一项高新技术，它对人类社会的政治、经济、科技、军事等方面起过并仍将起着重大作用。发展航天技术必须以运载器技术为基础，以空间飞行器技术为主导，并相应地发展天地一体的航天测控技术。航天测控技术是指对火箭、卫星、飞船等飞行器的各个飞行阶段进行跟踪、测量和控制的专门技术。过去50多年来，我国航天测控系统经历了从无到有、从单一到综合的发展历程，具备了对各类不同轨道卫星、载人飞船、空间探测器的发射、在轨运行以及返回提供测控支持的能力。

航天测量船是我国航天测控网的重要组成部分，具有综合测控能力强、布设灵活等特点，主要为飞行器发射任务关键弧段提供测控支持。目前，测量船上装载了S/C/X频段微波统一测控系统、C频段脉冲跟踪测量雷达和光学经纬仪等测量设备，是我国航天测控网中综合功能最强的测站之一，具有代表性。微波统一测控系统工作在S、C、X或Ka频段，集跟踪、测距、测速、遥测、遥控、通信、数传等功能于一体，具有作用距离远、中等精度测轨、可全天候工作、统一载波、统一基带功能可动态加载、便于国际合作联网等特点。在微波统一测控体制的基础上，又发展了扩频测控体制、数传一体化测控体制。

与陆站测控系统相比，船载测控系统的最大特点是要克服船舶摇摆对目标捕获跟踪的影响，这一点对窄波束天线稳定跟踪尤为重要。船载微波统一测控系统涉及的主要关键技术包括统一载波信道技术、多模馈源技术、窄波束天线跟踪技术、多目标跟踪和测控技术、软件无线电技术、扩频测控技术、船摇稳定技术、电磁兼容技术等。

本书的编写目的就是为研究船载微波统一测控系统提供参考，具有内容全面、时效性和针对性较强（特别是对船载系统存在的特殊问题及其解决方法进行了阐述）、理论知识和应用知识较为均衡等特点，同时适合普通技术人员和高层次研发人员阅读参考，也适合飞行器测量领域专业的研究生作为选修课教材。

本书综合目前船载微波统一测控系统涉及的先进设计技术和方法，着重从基本概念、基本理论、基础技术、基本方法和实用工程参考入手阐述系统的设计。共分10章：第1章主要介绍船载微波统一测控系统的定义、体制、作用和功能，航天测控主要协议和标准，船载无线电测控系统的发展历程，船载微波统一测控系统的组成、工作原理、特点、关键技术以及应用与发展趋势等；第2章主要介绍电波传输和频率选择、雷达方程及参数计算、信号的调制与解调、锁相环技术、频率合成器、软件无线电技术基础、极化分集合成技术等；第3章主要介绍信号设计、频率流程、系统信道电平计算及功率分配、干扰抑制、系统捕获、天线合建技术、多目标跟踪测量、电磁兼容、可靠性设计等；第4章主要介绍跟踪测角体制、天线技术、馈线技术、伺服传动装置、船载伺服控制技术、目标前馈及船摇稳定技术等；第5章主要介绍侧音测距、伪码测距、音码混合测距、扩频测距技术以及测距精度分析等；第6章主要介绍多普勒测速原理、多普勒频率测量技术、扩频测控体制测速技术、测速精度分析等；第7章主要介绍遥测信号的基本理论、信道编译码技术、遥测功能设计、分包遥测等；第8章主要介绍遥控体制、遥控指令种类和发送方式、遥控信道编译码技术、遥控功能设计、分包遥控等；第9章主要介绍扩频测控技术的概念及特点、扩频测控的基本方式、相干/非相干直接序列扩频测控技术、扩跳频测控技术、测控数传一体化技术等；第10章主要介绍角度标校、距离零值标校、相位标校以及海上标校新技术等。

本书编著工作得到中国卫星海上测控部的资助和大力支持，在此表示感谢。同时感谢北京跟踪与通信技术研究所李国民研究员、北京遥测技术研究所卢满宏研究员、中国西南电子技术研究所施为华研究员以及中国卫星海上测控部赵文华高级工程师为本书审校。

由于本书内容涉及面广泛，加之作者水平有限，难免有不足或者错误之处，敬请读者指正。

编著者

2015年9月

CONTENTS 目录

第1章 绪论

1.1 概述

1.1.1 航天技术概述

航天技术是探索、开发和利用宇宙空间的技术,又称为太空技术或空间技术,目的是利用空间飞行器作为手段来研究发生在空间的物理、化学和生物等自然现象。航天技术的主要内容包括三个方面:

第一,空间飞行器技术是研究、制造和发展能在空间完成各种任务的空间飞行器的技术。空间飞行器包括航空飞行器(高度在20km以下的飞行器)、临近空间飞行器(高度在20~100km之间的飞行器)、航天器(高度在100km以上的飞行器),高度超过2×10^6km时又称为深空飞行器,具体的飞行器有卫星、飞船、空间站、深空探测器、近空间飞行器、无人机、飞艇、气球等。

第二,运载器技术是研究、制造和发展将空间飞行器送入外层空间,使其开始在规定的轨道上运行的技术。运载器基本上是大型多级火箭,故将该项技术称为"多级火箭技术"。多级火箭通常由二级或三级火箭组成,重达数百吨,高达数十米。每一级火箭都包括结构、发动机和制导系统三部分。

第三,航天测控技术是研究和实现对运行中的空间飞行器进行监视、测量、控制和管理的技术。航天测控技术要保证在轨道上运行的空间飞行器和地面之间的联系。空间飞行器在运行中,地面需要及时了解和掌握飞行器各个分系统的工作情况、飞行器内的环境条件以及宇航员的生理状况等,测量和预报飞行器的轨道,对其进行遥控,使飞行器按照规定的要求完成各项任务,如轨道或姿态的改变、各种星上仪器的操作等。想满足上述各项需要,地面要建立一定数量的测控站(包括航天测量船),或者建设跟踪和数据中继卫星系统(TDRSS)。研制和发展各种测控设备和建设陆/海基测控站以及天基测控网,是航天测控技术的具体内容。测控站执行任务所需的设备,除某些光学观测设备外,基本上都是无线电测量和控制设备。

综上所述,航天技术是一门高度复杂、高度综合的工程技术。发展航天技术必须以运载器技术为基础，以空间飞行器技术为主导，相应地发展天地一体的航天测控技术。

1.1.2 航天测控技术概述

自从1957年10月苏联发射人类第一颗人造卫星以来，世界各发达国家都竞相发展航天技术、争夺空间优势并借以发展本国经济、增强国家军事实力。航天测控系统就是对火箭、卫星、飞船、深空探测器等多种航天器进行跟踪测量、遥测遥控、信息采集的综合电子系统。美国20世纪在50年代末，为地球轨道航天器测控建立了由遍布全球的比相干涉仪、测量雷达等组成的空间跟踪和数据汇集网（STADAN）；其后为“水星”“阿波罗”飞船等载人航天飞行计划建立了载人航天飞行网（MSFN）；为实施星际航行计划，保障星际航行的跟踪、数据获取和通信建立了深空网（DSN）。

测控系统是航天工程的重要组成部分，它既是航天运载器和航天器发射、在轨及返回段的重要支持保障系统，又是运行大回路中的重要环节。测控系统可以分为低轨（数百至数千千米）测控系统、高轨（如地球同步轨道）测控系统和深空（大于月距）测控系统。根据测控位置的不同，测控系统可以分为陆/海基测控系统和天基测控系统。

在过去的50多年的时间内，我国航天测控通信系统经历了从无到有、从单一到综合的发展历程，逐步形成了符合我国国情的航天测控系统，具备了对载人飞船和各类不同轨道卫星的发射以及在轨运行、返回式卫星提供测控支持的能力。以C频段微波统一测控网起步，发展了多个地面测控站，在20世纪90年代，为适应载人航天任务的特殊需求，逐步建立了陆基/海基S频段微波统一测控网。2008年4月发射升空的第一颗中继卫星的投入使用，标志着我国天基测控通信网开始建设。

1.1.3 船载微波统一测控系统概述

航天测量船是我国航天测控网的重要组成部分，具有综合测控能力强、布设灵活等特点，为航天器发射任务关键弧段提供测控支持。

目前我国的航天测量船上安装了S频段、C频段、X频段三种频段的微波统一测控系统。

1.1.3.1 定义

在普通在轨系统（COS）建议中，微波统一测控系统是一种模拟的系统，它的定义是：在一个载波上，用多个副载波调制，实现频分复用的多路信号传输，每一个副载波实现一个功能，从而实现测控中的多功能综合，即将测控的多种功能统一在一个载波上，故称为微波统一测控系统。当采用同一频段多载波时，还可综合调频（FM）遥测、数传（DDT）等功能。

随着从普通在轨系统(COS)到高级在轨系统(AOS)的发展,模拟体制逐步在向全数字体制发展过渡,即在 AOS 中,取消副载波,测距将采用伪码体制,遥测、遥控等均采用数字编码,直接对载波进行数字调制,于是出现了扩频统一测控体制、测控数传一体化等数字化系统。

船载微波统一测控系统与陆站系统相比最大的特点是要克服船舶摇摆对目标捕获跟踪的影响,这一点对窄波束天线捕获跟踪尤为重要。

1.1.3.2 体制

微波统一测控体制集跟踪、测距、测速、遥测、遥控、通信、数传等功能于一体,设备简单,可靠性高,测量精度适中,已在国内外航天测控中得到广泛应用,工作频率为 S、C、X、Ka 等频段。在微波统一测控体制之后,又发展了扩频统一测控体制、测控数传一体化体制。其工作体制简要介绍如下。

1. 载波调制体制

微波统一测控系统通常具有对载波调相或调频两种体制。调频体制发展较早,所以国外早期的测控系统以及从继承特别是组网角度考虑所建的后续测控系统也广泛采用调频体制。从 20 世纪 60 年代开始,随着锁相技术日趋完善,测控系统迅速采用了对载波的调相体制。

(1) PM/PM,即上行载波与下行载波均采用调相体制。在这种体制下,航天器载应答机工作在有一定转发比要求的相参转发状态,系统可以获取目标的径向速度信息(从星—地双向锁定的载波信号中提取多普勒频率),船载 S/X 频段微波统一测控系统均采用该体制。

(2) FM/PM,即上行载波调频、下行载波调相的体制。在这种体制下,航天器载应答机工作在非相参转发状态,系统无测速功能,船载 C 频段微波统一测控系统即采用该体制。

2. 测距体制

测距体制包括纯侧音测距体制、伪随机码(PN 码)测距体制或音码混合测距体制。采用侧音测距时,最高侧音用来保精度,次侧音用来解距离模糊。

目前微波统一测控系统中用得最多的是纯侧音测距,如船载 C 频段微波统一测控系统采用 4 个侧音,主侧音为 27.7kHz,次侧音为 3968Hz、283Hz、35Hz,次侧音副载波频率为 19kHz;船载 S 频段微波统一测控系统采用 9 个侧音,主侧音为 100kHz,次侧音为 20kHz、4kHz、800Hz、160Hz、32Hz、8Hz、2Hz、0.5Hz,侧音经频谱折叠处理后变为 100kHz、20kHz、16kHz、16.8kHz、16.16kHz、16.032kHz、16.008kHz、16.002kHz、16.0005kHz,最低次侧音可设 8Hz、2Hz 或 0.5Hz。其中最高侧音的选择与测距精度要求有关,次侧音是侧音匹配解模糊所必需的;船载 X 频段微波统一测控系统有侧音测距和音码混合测距两种方式,侧音测距的主侧音频率 100kHz、500kHz 可选,次侧音为 100kHz(主音为 500kHz 时)、20kHz、

16kHz、4kHz、800Hz、160Hz、32Hz、8Hz、2Hz、0.5Hz，采用折叠音，次侧音折叠在16kHz上，最低次侧音可设8Hz、2Hz或0.5Hz。音码混合测距中的测距主音为100kHz~1.5MHz可选，测距码周期为$2^n/f_t$（$n=0,1,2,\cdots,20$，其中f_t为主音频率），调制方式为PCM-PSK-PM。

3. 测速体制

测速采用连续波双程相干多普勒测速技术，载波同步后从载波提取出多普勒频移进行测速。

4. 遥测体制

遥测体制包括编码遥测和模拟遥测两种。

（1）编码遥测（TMC）。TMC是一种最常用的遥测体制。为满足专门时段对卫星状态监视的高要求，有时将编码遥测分为两个同时下传的数据流：正常遥测与驻留（DWELL）遥测（或称副遥测）。两遥测可以分别调制在2个副载波上由统一载波传输，也可以分别调制在频率相同的2个副载波上再由2个不同载波传输。

（2）模拟遥测（TMA）。对自旋稳定卫星测控时，将与卫星姿态及转速有关的姿态脉冲及星—地时延测量脉冲等信号一起形成8个姿态脉冲，以模拟遥测的形式传输到地面。

5. 多载波调制体制

为传输航天器上的高码速率与大容量遥测数据、电视图像信号及其他数据，可采用另一个载波传输这些编码数据（PCM），调制体制可采用PCM-BPSK或PCM-QPSK等。

6. 副载波调制体制

采用统一载波信道进行信息传输时微波统一测控系统先将待传输的信号调制在各自的副载波上，各已调副载波复用在一起，再对统一载波进行调制。因所传输的信号性质不同，采用的副载波调制体制往往也不同。

载波调制为FM/PM的系统中常采用4侧音测距。主侧音（27.77kHz）直接对上行载波调频（或下行载波调相），而次侧音对副载波（19kHz）进行调频（FM）；载波调制为PM/PM的系统中常采用9侧音测距，主侧音（100kHz）直接对载波调相（上行与下行），而次侧音以16kHz为基准音，其余次侧音进行调幅（AM）形成折叠音；遥控指令一般采用PCM-PSK、*m*FSK（$m=2,3,4$）、ASK等副载波调制；编码遥测采用PCM-PSK或PCM-DPSK。模拟遥测采用PPM-*m*FSK；上行或下行话音采用PCM-PSK。

7. 扩频统一测控体制

扩频统一测控体制中，各种信号不再用不同的副载波来区分，而是采用时分多路形式，实现对卫星的遥测、遥控、测距、测速、跟踪、测角、数传等功能，即上行遥控、数据注入、其他上行测控数据，下行遥测、其他下行测控数据等按上下行数据统一打包，用时分多路来区分不同信号，信号打包成帧后统一进行伪码扩频后再对载波进行调制并送入信道进行传输；不同的卫星不是靠不同点频来区分，而是靠不同的伪码来区分，用码分多址实现多星测控。

8. 测控数传一体化体制

测控数传一体化体制在继承原非相干扩频统一测控体制的基础上，顺应航天器高码率数传的发展趋势，采用非相干测量原理，利用上行非相干扩频测量信号（可扩展遥控）和下行数传信号完成航天器测量和高码率数传，实现测控和数传信号的统一。测控数传一体化体制上下行各一路信号，采用测量帧结构。上行信号采用非相干扩频测量信号（上行测量帧内也可填写遥控信息）；下行信号为 PCM – BPSK 数传信号，数传帧内填写数传和上行测量信息。

9. PCM – FM 遥测

PCM – FM 遥测体制具有很强的抗火焰、抗多径干扰能力。PCM – FM 遥测系统在较长一段时间内仍将是靶场遥测的主要手段。美国在靶场先进遥测计划（ARTM）中，一直致力于研究 PCM – FM 遥测系统的性能增强技术，即将多符号检测（MSD）技术与 Turbo 乘积码（TPC）编译码技术相结合用于 PCM – FM 遥测系统，我国也开展了此项研究并已取得试验成果。

1.1.3.3 分类

国际上将“测控”通称为 TT&C（Tracking、Telemetering and Command），其中第一个“T”是指跟踪测轨，第二个“T”是指遥测，“C”是指指令遥控。

目前，船载微波统一测控系统可工作在 S、C、X 等频段，分别称为 S 频段微波统一测控系统（Unified S – Band，USB 系统）、C 频段微波统一测控系统（Unified C – Band，UCB 系统）、X 频段微波统一测控系统（Unified X – Band，UXB 系统）。

在出现扩频测控系统以后，为了便于区分，将副载波调制体制的 USB/UCB 称为标准 TT&C，将扩频体制的 USB/UCB 称为扩频 TT&C，而 USB 扩频 TT&C 又可分为相干扩频 TT&C、非相干扩频 TT&C 以及扩跳频测控等功能，UCB 扩频 TT&C 仅包括非相干扩频 TT&C 功能。

根据微波统一测控系统载波的调制体制进行区分，又可分为上行调相/下行调相的 PM/PM 体制和上行调频/下行调相的 FM/PM 体制，目前船载 USB/UXB 系统均使用的是 PM/PM 体制，而船载 UCB 系统则使用的是 FM/PM 体制。

另外，为了达到多功能综合的目的，船载 USB 系统的功能除了具备标准 TT&C、扩频 TT&C 功能以外，还具备 PCM – FM（调频）、DDT（数传）、测控数传一体化等功能。

1.1.3.4 作用和功能

船载微波统一测控系统的作用和功能如表 1 – 1 所列。

表1-1 船载微波统一测控系统的作用和功能

系统	作 用	功 能
S频段微波统一测控系统	(1)完成运载火箭及上面级的跟踪测量和遥测任务； (2)完成飞船的跟踪测量、遥测、遥控、数传和上行话音传输任务； (3)完成月球探测器的跟踪测量、遥测和遥控任务； (4)完成S频段卫星的跟踪测量、遥测、遥控和数传任务	(1)具备火箭S频段FM遥测信号接收功能，能同时支持2路FM遥测信号的跟踪接收功能； (2)具备火箭上面级S频段非相干测量体制下测角、测距、测速和遥测功能； (3)具备标准TT&C体制下的测角、测距、测速、遥测接收、发遥控指令、上行话音和数传接收功能； (4)具备扩频TT&C体制下的测角、测距、测速、遥测接收、发遥控指令功能； (5)在同一波束内可同时接收2路标准TT&C(双点频)遥测和2路数传信号； (6)在同一波束内具备4个目标的扩频TT&C测控支持能力和1路数传信号接收能力； (7)在同一波束内具备6个目标的扩频TT&C测控支持能力
C频段微波统一测控系统	完成C频段卫星的跟踪测量、遥测和遥控任务	具备标准和扩频TT&C体制下的测角、测距、测速(仅扩频TT&C体制)、遥测接收和发遥控指令功能；扩频TT&C体制(非相干扩频测控模式)下在同一波束内可支持3个目标测控
X频段微波统一测控系统	完成X频段探测器发射入轨段跟踪测量、测量和遥控任务	具备标准TT&C体制下的测角、测距、测速、遥测接收和发遥控指令功能

1.2 航天测控主要协议和标准

国际航天测控与通信标准的发展经历了三个阶段，第一阶段是20世纪60年代初美军的IRIG标准，第二阶段是20世纪70年代末欧洲航天局的ESA遥测、遥控及跟踪标准，该标准主要为卫星测控服务，第三阶段是20世纪80年代发展起来以国际交互支援与空间数据实时分层动态调控为特色的CCSDS标准。

1.2.1 IRIG标准

靶场测量组(Inter-Range Instrumentation Group，IRIG)是美国陆军靶场测量组于20世纪60年代所制定的国际上第一个标准，我国也参考它制定过相应的航天和航空标准。IRIG的内容只包括遥测基带信号帧结构格式、可选用射频频段、时间码的格式以及磁带记录和重放标准。遥测基带信号帧结构格式共分两类，分别是频率划分制（FDM）和时间划分制（TDM），用来解决多路信源信号统一用一个射频载波传送的问题。

1.2.1.1 IRIG FDM 遥测标准

在频率划分多路复用体制中，信源（传感器）产生的原始模拟信号变换成电信号后用来对多个副载波调频，多个副载波相加起来后再对载波调频或调相，故称为 FM－FM（双调频）或 FM－PM 遥测系统。FM－FM 又分为两种，一种是比例带宽调频遥测系统，用来调制副载波的信源频响，由低到高各不相同，适应遥测信源频响差别的需要，共可传送 25 路信号；另一种是等带宽调频遥测系统，其每路副载波输入调制信号的频响都是相等的，主要用于运载火箭振动测量，如信源频响为 0.4kHz 时，可容纳 21 路信号，频响增加时，因受射频可用带宽的限制，可传路数相应减少。双调频遥测系统，在运载火箭、导弹和飞机的试飞过程初期发挥过重要作用。IRIG 不包括遥控、轨迹测量和跟踪功能的标准，实际使用时尚需其他功能设备的配合。另外，随着电子和数字化技术的发展，它已逐步为时间划分制遥测系统所取代。

1.2.1.2 IRIG TDM 遥测标准

IRIG TDM 遥测的原理是将多个信源按频响大致相同的情况分成几个层次排列起来，用不同速率的交换子，按奈奎斯特采样定理采样，再将低速率交换子输出串接在高速率交换子的一路之中，而形成单一脉冲幅度高低不同的信号源，称为脉冲幅度调制（PAM）信号。PAM 数据流可直接调制载波进行传送，也可先调制在副载波上和其他信号合并再对载波调制。PAM 信号可以进一步变换成其他形式传送，如脉冲宽度调制（PDM）、脉冲相位调制（PPM）和脉冲编码调制（PCM）等。随着数字化技术的进步，近代普遍采用 PCM 形式传送。

IRIG 在 PCM 标准中规定了帧长以及主帧（子帧）和副帧（全帧）的构造、串接方法和帧同步方式。IRIG 规定的 PCM 基带信号构造标准一直在火箭、飞机和航天器中得到广泛应用。CCSDS 标准出现后，而且只有在 CCSDS 标准广泛采用后，才可能取代它。

1.2.2 ESA 标准

欧洲航天局（European Space Agency，ESA）标准是航天器的第一代工程遥测、工程遥控和轨道跟踪标准，适合于航天器在轨运行段的测控，不包括远程通信和数据传输。

ESA 制定的 TT&C 标准，主要运用对象是航天器，实际上是将美国 20 世纪 60 年代发射“阿波罗”载人飞船开始使用的 USB（Unified S－Band）TT&C 测控技术加以改造和标准化而形成的。它和 IRIG 标准的主要不同点是，除遥测标准外增加了上行遥控、双向相干测距、测速和遥测的信道编译码等技术，在遥测标准中基带信号帧构造格式依然采用 IRIG 的 PCM 遥测标准，而对遥控基带数据格式第一次规定了标准和调制、传送方法。对测距方法，未采用“阿波罗”载人登月时 USB 中用过的伪码序列测距，而改用侧音测距；在遥测信号传输中第一次规定采用信道编码技术，采用 $R=1/2, K=7$ 的卷积码作为编译码标准；同时也规定了射频频率和残余载波调制标准。ESA 标准主要应用于地球同步轨道高度以内的航天器。

ESA 标准在载波频段上规定采用 S 频段；为了节约设备和频段，采用遥测、遥控同跟踪（测角、测距、测速）共用载波，即 USB 体制，即采用 PCM - DPSK - PM 调制体制，又称为残余载波调制体制。信道分上行和下行，且上下行载波相干，便于双向多普勒测速。

ESA 遥控载波为多次断续传送，和下行遥测连续传送不同，为了便于星上及早捕获载波，通信前先发射 500 ~ 1000ms 无调载波；且必须具备反馈信道，对命令的正确性进行检查。

航天器入轨后，轨道参数变化不大，外测参数主要用于轨道改进及预报。不需全程测量，只需间歇测量，因为不完整的数据也可用于轨道拟合。对大多数航天器来说，对轨道测量精度要求不高，可采用单站多圈测轨体制，简化设备。

1.2.3 CCSDS 标准

CCSDS（Consultative Committee for Space Data System）是 1982 年由美国 NASA 和欧洲 ESA 倡导成立的一个航天通信、测控国际性标准化组织，正如其名称“国际空间数据系统咨询委员会”所指出的，其目的是针对航天活动的通信和测控技术制定国际统一标准。

CCSDS 标准的应用使得不同航天局之间共享资源、交互支持成为可能。这将最终降低航天费用及成本，提高航天器的测控覆盖率及安全性。在 CCSDS 推出了多副载波模拟测控信道、遥测遥控分包数据格式的普通在轨系统体系建议后，它又推出了统一数据信道、CCSDS 标准数据包格式的高级在轨系统体系建议。目前，CCSDS 标准已成为航天器测控通信领域中最重要并被广泛应用的标准体系。

从普通在轨系统（COS）到高级在轨系统（AOS），CCSDS 建议发展趋势的主要变化有 4 个方面。

1. 模拟体制到全数字体制

在 COS 建议中，测距采用多侧音体制，遥控、遥测和话音等采用副载波调制体制。它是一种模拟的微波统一测控系统，其典型代表为 S 频段微波统一测控系统。而在 AOS 中，取消副载波，测距采用伪码体制，遥测、遥控、话音等均采用数字编码，直接对载波进行数字调制。

2. 分包数据格式到统一数据格式

在 COS 建议中,遥测、遥控等按信息种类不同,分成不同的数据包进行传输,且传输方式单一。而在 AOS 中,所有数据将采用统一的 CCSDS 包,并提供了多种传输方式,如异步、同步等。这样可使多种信息共享一个数据通道并减少了额外的数据字节数(如帧头、帧尾等)。

3. 航天器对地传输模式到星际中继模式

在 COS 建议中,由于考虑要保护和兼容已有的地面测控资源,它采用了当时测控站已普遍使用的微波统一测控体制。因而,它主要用于航天器与地面测控站间的直接传输模式(DTG)。随着复杂任务航天器的出现和测控通信覆盖率要求的不断增高,以地基测控网为主的测控体制正在向以天基测控网为主的方式发展,COS 建议已不再适应这一发展需要。为此,CCSDS 提出了全新的 AOS 建议来满足星际中继模式(SRM)的要求。可以这样说,AOS 并不是要取代 COS,而是应用场合不同。只有当以数据中继卫星为中心环节的天基测控网逐渐取代了以地面测控站为主的地基测控网时,AOS 才能真正取代 COS。

4. 简单的数据交换到网络传输

在 COS 建议中,遥测、遥控等信息是按照传送帧、包等格式进行。在 AOS 系统中,采用开放互连网(OSI)的高层服务协议,提供多层次数据交换业务。地面用户向航天器发送数据可采用文件传输协议(FTP)等多种方式进行。它完全采用了“信息高速公路”的思想,在天地之间建立统一网络,进行数据的端一端传输。

从以上 CCSDS 建议的变化可以看出,CCSDS 正在向数字化统一信道、数据传输网络化的方向发展,最终将大家熟知的 Internet 思想扩展到空间领域,从而实现天地网络一体化。

在 CCSDS 射频与调制标准中,除沿用 ESA 标准中提出的 S、X 频段外,对于非深空探测增加了 Ku 频段,对于深空探测增加了 Ka 频段。

1.3 无线电测控系统的发展历程

1.3.1 航天无线电测控系统的发展

无线电测控系统是航天技术的重要组成部分,通过测控系统对航天器的实时监控确保其正常的飞行。无线电测控系统从 20 世纪 40 年代开始出现并迅速发展,主要经历了分离测控、微波统一测控、扩频统一测控等阶段,同时在向测控与通信相结合以及深空测控通信等方向发展。

1.3.1.1 分离测控阶段

20 世纪 50 年代至 60 年代,跟踪、遥测和遥控是互相分离的,即航天技术尚处于发展的初期阶段,负责轨道测量的跟踪,负责监视航天器内部工作状况的遥测和能干预航天器轨道、姿态和内部分系统工况的遥控是三个独立的系统,各自拥有自己的空间段和地面段,两者相互配合工作,每个系统各自具有独立的发、收天线,天线驱动机构和发、收信机以及调制解调终端。在分离测控系统中,上述分系统中的信道设备和射频频率相互独立,因此设备体积庞大结构复杂,干扰严重,电磁兼容性能差。目前,这种基于分散体制的测控系统已经被淘汰。

1.3.1.2 微波统一测控阶段

20 世纪 50 年代至 60 年代中期后,因发现载波过多,航天器上和地面站中易产生相互干扰,而且每个载波具有各自专用的收发天线、发射机、接收机,还要各自携带角跟踪伺服设备,这不仅给航天器结构带来安装布局的困难,而且地面设备也十分庞大复杂,操作不便。20 世纪 60 年代中期开始改革,提出跟踪、遥测和遥控共用载波的思想,这一变革导致接收机、发射机和天伺馈也可共用。因此,在 20 世纪 60 年代初,美国喷气推进实验室就展开了对微波统一测控系统的研究,提出了 USB 系统,它包括 4 个主要的技术要素:

(1) 统一载波:把跟踪测轨,遥测、遥控和电视、话音信号通过多个副载波调制在一个载波上,用频分制实现了测控与通信的合一,它简化了飞船上设备和减轻了负荷,避免了由多个分离设备所带来的电磁兼容问题,并简化了地面设备的操作、维护和使用。

(2) 采用 S 频段:在当时的条件下,这有利于提高作用距离和提高测量精度,也有利于电磁兼容和满足多副载波调制时的宽频带要求。

(3) 锁相技术:窄带锁相环跟踪滤波技术是喷气推进实验室在 20 世纪 50 年代为其深空测控网开发的关键技术,是测控系统接收部分的核心技术,这一成果被成功地用于 USB 系统中。

(4) 伪随机码测距:解决了至月球的远距离无模糊测距问题。

20 世纪 60 年代末开始采用这种体制思想时,选用 S 频段作为射频载波,故称为统一 S 频段(Unified S – Band,USB)TT&C 系统,后来因使用场合不同,逐渐扩大到 C 频段、X 频段和 Ka 频段。再者,在调制方式中保留有相当大的残余载波分量,可用于多普勒频移测量和角度自动跟踪,因而又称为残余载波调制体制(PCM – PSK – PM)。另外,这种调制方式的上、下行载波是相位相干的,故又称为相位相干测控系统。这种 TT&C 工作方式,由 20 世纪 60 年代末兴起并一直沿用至今。

1.3.1.3 扩频统一测控阶段

近几年来,我国航天事业发展势头迅猛,这样也对航天测控系统提出了越来越高的要求。第一,随着测控系统中的测控目标不断增多,如多个在轨卫星通常需要通过协作编队飞行来完成某些特定的功能。在这种情况下,一个地面测控站所负责的空间范围内可能需要同时对多个目标进行测控,也就是多目标测控问题。第二,对航天测控系统抗干扰能力的要求越来越高。第三,航天领域的探测距离越来越远,在深空探测领域中所要求测控过程中测距的最大无模糊距离也越来越长,同时对测距精度的要求也不断提高。第四,测控设备正在向通用化、标准化和小型化的方向发展。在未来的航天测控领域,应最大限度地实现设备的通用化,提高程序可移植性和设备利用率。

由于微波统一测控系统存在难以实现多目标同时测控、抗干扰能力差等缺点,国内外很多学者都在积极的探索新的测控体制,其中扩频测控体制由于自身具备的抗干扰性、隐蔽性、多址复用和可任意选址等优点逐渐引起了国内外航天测控领域的广泛重视。NASA 在其跟踪与数据中继卫星系统中采用扩频测控技术来实现对多个目标的测控。ESA 在下属的地球同步轨道通信的测控系统中也采用了扩频通信测控技术,随后欧洲电信标准化协会便制定了相应的扩频测控系统标准。我国也在大力推动扩频统一测控系统的研制,积极策划制定相应的标准。同时,国内很多研究机构都非常重视扩频统一测控体制的研究,已经取得了一系列的研究成果并在工程中得到成功应用。

扩频统一测控体制抛弃了目前通用的微波统一测控体制通过载波和副载波统一完成各种测控功能的方法,具有多目标测控、抗干扰性强、信号隐蔽保密性好、测距性能理想、一码两用等优点,节省了频带资源和测控设备,具有广阔的应用前景及巨大的发展潜力。

1.3.1.4 测控与通信相结合

航天技术发展的初期,不论运载火箭或者航天器都处于改进设计的飞行实验阶段,此时传送的信息以 TT&C 信息为主。航天技术成熟转入应用阶段后,航天器只是作为承载观察测量仪器、收集和转发各种信息设备的一个空间平台,因而交换有效载荷获得或中转的信息(即通信,用符号 C 代表)成为主要目的。因此,对航天器而言,通信(C)和测控(TT&C,简化成只用符号 T 即代表跟踪)两种手段都是必备的,国际上用符号 C&T 代表,其中 C 放在前面,只是强调了目的性,而按工作程序应该将 T 放在前面,因为只有用 TT&C 建立起上、下行通信链路后,通信才能工作。

20 世纪 80 年代,航天器开始转入应用阶段。C&T 采用两对分开的载波工作,一对载波(含上、下行)用于测控,采用残余载波调制体制,即 PCM - PSK -

PM。另一对载波用于通信，采用抑制载波调制，即 PCM - BPSK/PCM - QPSK。后者，基带数字信号直接调制到载波上，抑制载波调制后，线谱载波消失形成连续谱，不再存在离散的残余载波分量，不能直接提供跟踪用信标。

在 C&T 两载波方案中，TT&C 的残余载波调制方案中的载波分量有时利用不合理，如在遥控、遥测数据率较高的情况下，分配给残余载波的功率也相应提高，远远超过角自动跟踪和测速的需要；另外，高数据率的通信更加不适于用副载波方式插入残余载波调制方式中传送。因而 C&T 进一步发展演变为将 C 和 TT&C 功能合并，不论上行或下行都共用一个载波。此时载波采用 QPSK 调制，上行命令信息和其他上行通信信息合并成一条统一的数据流，命令也当作通信的一部分看待，对上行 QPSK 载波的同相分量（0° ~ 180°）作 PSK 调制，这时测距信号形式只能采用数字化的伪随机码序列对 QPSK 载波的正交分量（90° ~ 270°）作 PSK 调制，两个支路的调制信号相加起来即形成 QPSK 调制。下行采用相同的调制方法，将遥测也当成通信的一部分和有效载荷数据先合并成统一数据流对下行 QPSK 载波的同相分量作 PSK 调制，上行链路传来的测距伪码序列检测出来后，再用 PSK 调制在下行载波的正交分量上，两者相加形成下行 QPSK 信号。这种调制方法上、下行链路只需要一个载波，同时解决了通信和跟踪问题，都统一采用数字化形式，进一步简化了设备，而且发射机辐射功率和占用带宽得到了充分利用。

通信和跟踪共用载波的调制方式，在 20 世纪 80 年代末美国的跟踪与数据中继卫星系统（TDRSS）中已开始采用。目前，我国的 S 频段测控数传一体化体制，就是顺应航天器高码率数传的发展趋势，利用上行非相干扩频测量信号（可扩展遥控）和下行数传信号完成航天器测量和高码率数传，实现测控和通信的统一，不过信号形式与上面描述的略有区别。

1.3.1.5 深空测控通信

20 世纪 80 年代以前，国际电信联盟（ITU）一直将月球距离规定为深空与非深空的界限，即将距离地球表面 3.8×10^5km 以内的范围划归为非深空区，将此距离以外的范围划归为深空区。后来发现，有些大椭圆轨道的航天器距地面距离可能超过 3.8×10^5km，有些航天器可能在太阳—地球拉格朗日点 L_1 和 L_2 附近运动，这些航天器仍然属于地球卫星，它们仍在地球的引力作用下运行，而且月球本身也仍是在地球引力场作用下的运动目标之一。因而 1988 年 10 月世界无线电行政大会（WARC）重新把深空和非深空的界限规定在距地面的 2×10^6km 处，这相当于太阳和地球对航天器引力的平衡点。由此出发，再将深空和非深空使用的频段区分开来，避免相互干扰。过去把月球距离定为深空、非深空分界限时，会导致地球轨道航天器所用频段干扰真正深空航天器的使用频段。月球是当代探测开发利用的首要的自然天体，它与地球的距离也在 2×10^6km 之内，因而在频段分配利用上也应将月球探测航天器当作非深空目标来对待，虽然探测它们所用的测控通信设备和台站与深空网(DSN)的设施和台站相同。

为解开宇宙之谜，探索太空奥秘，近年来各国掀起了深空探测的热潮。由于探测距离越来越远，导致传输损耗越来越大、传输时延越来越长，若再采用一些传统的测控方法是不行的，从而促使测控技术产生了新的概念、新的理论和新的方法。由于深空探测所处的特殊地位，出现了很多向极限挑战的前沿技术，深空探测成为这些高新技术首先应用的试验场，它的应用成功，必将对信息技术的发展带来很大的影响。因此，深空测控通信技术水平代表了测控领域的最新水平，深空测控通信系统是测控通信的一个发展方向，其内容包括：向 Ka 频段发展、接收天线组阵、发射天线组阵、太空组网、光通信、通用航天应答机、将压缩率再提高一个数量级的数据压缩、高速率高编码增益的纠错编码、精确测速、测角、测距的无线电测量技术、超宽带技术、认知网络、射频/光学混合技术，相对导航与近距离导航、光学与导航混合系统以及飞行器自主导航、自主精确编队飞行、自主进场着陆、自主科学探测等。

1.3.2 船载无线电测控系统的发展

20 世纪 80 年代初，我国的第一代航天测量船队建成，标志着我国测控技术已经提高到了一个新的水平。其中，船载脉冲雷达具有单脉冲角度精密跟踪、数字式自动测距等功能；双频段遥测具有双频段自跟踪、接收多载波遥测信号的能力，其中 C 频段采用抛物面天线、多模馈源和三环路锁相技术，P 频段采用短基线干涉仪自动角跟踪；双频测速仪具有单脉冲角跟踪和多普勒测速的能力，既可单独测速，又可测速、测角相结合，能给火箭、卫星轨道测量提供冗余数据。

由于我国地理位置等因素，过去我国对星箭分离后的卫星入轨段、特别是转移轨道第一圈远地点缺乏测量控制手段。为了填补这一空白，从 20 世纪 80 年代中期开始，着手研制船载微波统一测控系统，并安装在航天测量船上，与建立在国内的两个测控站构成了一个完整的国内 C 频段卫星测控网。

为完成我国新一代地球同步卫星的海上测控和可能的国际合作任务，20 世纪 80 年代末在原系统基础上增配国际 C 频段 TT&C 终端，形成国际 C 频段微波统一测控系统，国际 C 频段测控网于 20 世纪 90 年代初正式投入使用。

20 世纪 90 年代中期，我国第二代航天测量船建成。同时为满足载人航天、中低轨卫星和其他卫星测控任务的要求，我国建设了 S 频段测控通信网，并在航天测量船上安装了具有上行遥控、话音，下行遥测、数传及外测功能的 S 频段微波统一测控系统。

21 世纪初，随着第一代航天测量船陆续停航，国家批准建造了第三代航天测量船，两船于 2008 年具备了执行海上航天测量任务的能力。为增强第三代航天测量船的综合测控能力，提高综合利用效率，论证研究并设计实现了 C 频段微波统一测控系统与C频段脉冲雷达共用一套天线、馈源和伺服系统。同时首次论证研究并设计实现了C频段微波统一测控系统与S频段微波统一测控系统共用多功能数字综合基带，进一步提高了设备的标准化、小型化程度。

2014年，为满足月球探测器发射和早期轨道X频段测控任务，同时兼顾后续深空测控任务，在航天测量船上分别安装了2套船载X频段统一测控系统。为满足对上面级一箭多(单)星直接入轨发射测控、卫星主动段和长期运行段高速率数传接收与测控的应用需求，对船载S频段微波统一测控系统进行了设备改造，使其具备10Mb/s FM遥测、测控数传一体化测控和扩跳频测控等功能。

1.4 微波统一测控系统的组成、原理及对外信息接口

1.4.1 系统组成

根据对测控站功能不同的要求，微波统一测控系统具有不同的组成。一个完整的微波统一测控系统通常由14个分系统组成，其组成框图如图1-1所示。

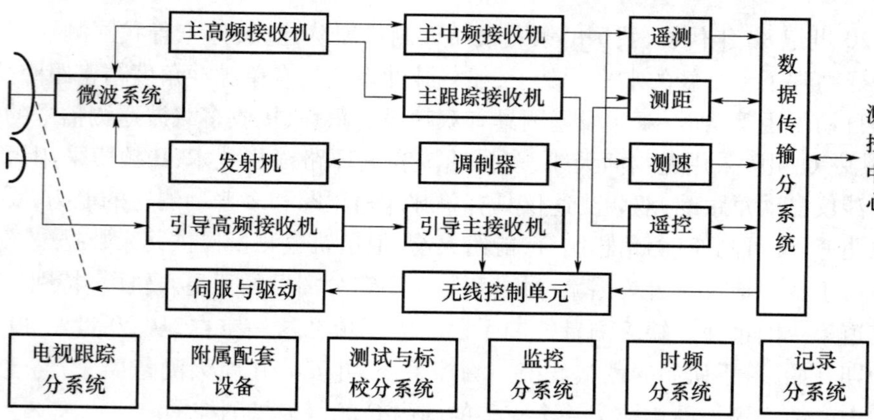

图1-1 微波统一测控系统的组成框图

1. 天伺馈分系统

天伺馈是天线、伺服和馈源的简称，其作用是定向辐射和接收微波信号能量，通过角跟踪接收机检出角误差信号，在它的作用下，连续稳定地跟踪目标从而实时地测量出目标的角度位置。显然，对天伺馈分系统的主要技术要求是要保证高的测角精度和天线增益。在微波统一测控系统中，一般跟踪测角精度约为0.02°，天线常要用多模馈源卡塞格伦或格里高利天线，增益随天线口径不同而异，一般效率为50%～70%。主跟踪多采用双通道单脉冲体制，引导跟踪多采用圆锥扫描、单通道单脉冲体制，也有采用双通道单脉冲体制。

2. 发射分系统

发射分系统的作用是对载波信号进行调制和功率放大,使之适合于空间远距离传输,在测控应用中的特殊问题首先是对载波的稳定度(包括短稳和长稳)和频谱纯度有高的要求,以满足高精度多普勒测速的需要。显然,对发射分系统的主要技术要求是输出功率和短稳。在有测速功能时对短稳的要求约为 1×10^{-10}/20ms,该指标是由时频分系统决定。

3. 接收分系统

接收分系统的任务是在噪声背景中检测出微弱信号,并能以最小的失真复现信号。在测控应用中接收机是测距、测速、测角、遥测等的通道,它具有一些特殊性,包括窄带锁相环、强噪声时的低门限检测、极化合成技术、高短稳的本地振荡器(保证高的多普勒测速精度)、低群时延漂移的通道(减小测距的系统误差)、高相位增益一致性的单脉冲测角通道(保证高的测角精度),以及一般接收技术所具有的宽频带、低噪声等技术。接收分系统的主要技术指标有噪声温度、本振的短期频率稳定度、群时延漂移、角跟踪通道的相移及增益一致性、锁相环的最窄带宽和捕获灵敏度等。

4. 测距分系统

测距分系统的作用是测量出地面测控站与飞行器之间的径向距离,测量方法有测时法和测相法,在标准 TT&C 系统中,采用纯侧音测距,其他一些系统中,有的采用伪码测距和音码混合测距方案。围绕测距任务,相应的主要技术要求是确保测距精度和最大无模糊测量距离,减小距离捕获时间。

5. 测速分系统

测速分系统的作用是测量出地面测控站与飞行器之间的径向速度,测量方法采用载波多普勒频率测量法。对测速分系统的主要技术要求是保证测速精度和测速范围。

6. 遥测分系统

遥测分系统用于接收和处理飞行器上遥测设备下发的遥测信号,并恢复出遥测数据,在微波统一测控系统中,飞行器上的遥测信号一般是对副载波进行 PSK 调制,再对载波进行 PM 调制后向地面发射,地面遥测分系统要完成 PCM - PSK 信号的滤波和解调,提取位同步,完成帧同步,分离出遥测数据,进行预处理和数据反演,并进行显示、记录和打印。遥测分系统的主要技术指标有误码率、最大码速率、可解调的最高副载波频率和调制解调方式等。

7. 遥控分系统

遥控分系统的任务是接收测控中心送来的(或本地应急产生的)指令或注入数据,调制到副载波上,再调制到载波上,通过天线实时或定时向空间发射到飞行器应答机,经应答机解调出已调副载波,再二次解调出遥控指令(或注入数据)控制执行部件实现对飞行器的控制。另外,还能将遥控指令和校验信息经下行信道反馈送回地面站,即经遥测完成校验作用。遥控分系统的主要技术要求是漏指令概率、虚指令概率、最大码速率、可解调的最高副载波频率和调制解调方式等。

以上 7 个分系统的 70MHz 中频以下部分已全部数字化,在一个数字化的综合基带设备中,利用一个由工控机构成的硬件平台,通过软件实现上述各种功能的可编程控和功能重组,实现了多功能综合。而 70MHz 以上的高频部分由于已是统一载波信号设计,故相应地也采用综合信道。

8. 应答机

应答机是微波统一测控系统中的飞行器载设备,它与地面站协同工作,共同完成测距、测速、测角、遥测、遥控、数传等任务。为了完成测距任务,它要完成解调上行测距信号(侧音或 PN 码)并调制转发回地面,为了实现相干多普勒测速,它要完成载波的锁相相干转发;为了实现角捕获与跟踪,在上行未发射信号时它可以兼作信标用;为了实现遥控功能,要求它能完成对遥控信号的接收、解调;为了实现遥测功能,要求它能把飞行器的遥测信息调制下发。微波统一测控系统应答机的主要技术指标有捕获灵敏度、发射功率、频率捕获范围和捕获时间、距离零值漂移、发射信号的短稳以及体积、重量、功耗、可靠性等特殊要求。

9. 监控分系统

监控分系统用来对全系统进行监视和控制,它能监视设备状态、工作参数、目标参数、设备配置情况和数据信息等,并能进行数据处理、格式编排与显示,实时打印全部控制指令。它的控制功能包括:能执行测控中心来的全透明控制命令(远控),也能由监控台本地控制(本控),还可以在各机柜面板上进行控制(分控)。控制的内容包括工作状态、工作参数、设备配置、测控系统对目标捕获的控制和监视等。

10. 时频分系统

执行航天测控任务时,有多种测控设备参加,时频分系统的任务就是将这些设备在时间上和频率上统一联系起来,使不同地点的测控站在时间和频率上保持严格同步,并满足一定的精度和稳定度要求,构成一个统一的整体,从而使测得的数据有一个能进行比较的共同标准,即统一的时标和相干的频率源。没有时/频终端的统一,就会使测量数据无效,甚至可能由于时间和频率差错而发生严重事故。在要求高精度测速时还要求时/频终端提供长稳和短稳很高的频率基准。

11. 数据传输分系统

数据传输分系统是测控站的对外接口设备,负责收集和编排测控站测得的距离、速度、角度、遥测数据和监控分系统的监视信息,并将它们送往测控中心或其他有关部门,同时也将这些部门发送来的遥控指令(或其他注入数据),远程监控命令,以及测距、测速、测角的指示信号等送往测控站,在船站此功能是中心机的一部分。

12. 数据记录分系统

为了记录遥测信息等数据,还配置有数字检前记录器、模拟磁记录器、数字磁记录器或热敏绘图仪等。目前,这些记录设备已经被基于磁盘阵列的数字化中频检前记录器所取代。

13. 测试标校分系统

测试标校分系统的作用是进行系统的测角、测距标校,系统性能测试,设备调试检查,系统大回路测试,以及全系统的模拟演练等。微波统一测控系统的测试、标校设备包括:联试应答机,距离校零变频器,小环监测接收机,信标机,模拟信号源,偏馈振子,左/右旋或可变极化小天线、望远镜、光电标以及标校塔等。测试标定过程可由监控台控制而自动完成,并能实施对标校塔上设备的远控。

14. 微光电视跟踪分系统

微光电视跟踪分系统主要完成系统的角度和星体标校,它可跟踪测量飞机上的光标和标校塔上的光标。

1.4.2 工作原理

如图 1-1 所示,微波统一测控系统工作开始时首先由上行链路经天线向空间飞行器应答机发送上行大功率微波信号。信号的产生流程是:遥控终端根据测控中心送来的遥控命令,形成 PCM 遥控指令码,并对遥控副载波进行 PSK 调制,已调副载波送到调制器再对 70MHz 中频进行相位调制(或频率调制)后送往发射机。在发射机中,已调 70MHz 信号经二次上变频至微波频段,再经高功放放大,输出大功率微波信号经双工器至天线发射出去(功率由几瓦至几千瓦)。双工器阻止发射信号进行入下行信道,同时也阻止天线接收的有用信号被旁路进入上行信道而造成接收信号的损失。双工器的作用是实现收/发双工,从而系统可以合用一个天线。

空间飞行器应答机接收到上行信号后,经频率变换,向地面测控站发射下行信号。应答机由接收机、发射机、调制解调器等部分组成。应答机接收到上行载波信号,经变频(可以是相干的或非相干的)、中频放大后,解调出侧音信号并对下行载波调相完成测距信号转发。在 PM 调制体制时为鉴相器解调出的测距信号,在 FM 调制体制时为鉴频器解调出的测距信号,它们经侧音滤波器滤波后对下行载波调相。遥控信号经解调器解调出遥控副载波,经遥控滤波器送到遥控终端,再解调、恢复出指令信号给执行部件。编码遥测和模拟遥测在相加器中与侧音信号相加,对下行载波调相完成遥测信号下发。

地面测控站天线收到下行信号后,在下行链路中经双工器,滤波器至低噪声放大器进行放大,然后经两个下变频器输出 70MHz 中频信号,它被分为两路,一路 70MHz 中频信号经过主接收机,进行锁相跟踪滤波、相干解调后,输出测距音、已调遥测副载波和锁相环压控振荡器的频率控制码。测距音被送到测距终端完成测距,频率控制码被送到测速终端完成测速,遥测副载波被送往遥测终端完成副载波解调、位同步提取和帧同步,它们输出的数据都送往测控中心完成飞行器的测轨处理和遥测数据的反演;另外一路 70MHz 中频信号,经过主角跟踪接收机检波出角误差信号送入角跟踪的天线控制单元(ACU),它完成驱动天线跟踪空间飞行器的任务,并输出测角数据,主天线的角跟踪多采用精度高的单脉冲体制。引导通道是用宽波束小天线辅助实现目标的角度捕获,它通常采用较简单而精度较低的圆锥扫描体制或单通道单脉冲体制,引导小天线可挂于大天线的边沿,当跟踪上目标以后,天线控制单元可自动/手动将引导跟踪接收机输出信号切换为主跟踪接收机输出信号,进行主天线跟踪。

微波统一测控系统也可以工作在非相干状态,这时地面站上行采用 FM 调制,应答机的接收部份进行 FM 解调,应答机的发射部分仍用 PM 调制,故地面站下行通道仍然是锁相接收,由于这时频率是非相干转发,所以不用来进行多普勒测速,它常用于同步卫星的 C 频段统一测控中。

1.4.3 对外信息接口

通过对国外航天信息网的分析研究,航天信息网发展趋势如下:①“互联、互通、互操作”是航天信息网发展的必然追求;②自动化、远程化、综合化的系统管理是航天信息网发展的必然趋势;③标准化、通用化和商业化的产品是航天信息网发展的必然选择;④共性与个性业务分离、“强化中心简化测站”是航天信息网发展的必然方向。美国国家航空航天局(NASA)和欧洲航天局(ESA)的航天信息网都经历了从专用信息网到通用信息网的发展历程,NASA、ESA 分别在 2000 年前后完成了 X. 25 协议向 IP 协议的过渡。

为此,我国的航天信息网在 2011 年也进行了一次 IP 化改造。试验任务一体化信息系统的含义就是采用以 IP 技术为核心的现代信息技术,按照统一的技术架构、体制、标准,改造现有的测发、测控、通信、气象、勤务等业务系统,构建体系结构开放、技术平台通用、信息共享充分、资源重组灵活、整体安全可靠的新一代试验信息系统。其主要特征是在系统涉及的信息获取、信息传输、信息处理、信息应用、运行管理和信息安全等六大技术领域,推行标准的技术规范、通用的产品研发、统一的运行策略,最终实现系统各功能要素的互联、互通、互操作,达到资源重组、信息共享和功能融合的目的。

IP 化改造后,船载微波统一测控系统的对外信息接口采用网络接口与任务中心进行信息交互,遥测遥控、外测信息(含测距、测速、测角)、数传 Q 支路数据应用层采用 PDXP 协议进行传输,I 支路和话音数据应用层采用 RTP 协议进行传输,传输层协议采用 UDP 协议,互联层采用 IP 协议,采用组播传输方式,组播协议采用 IGMP V3 协议。非实时数据应用层采用 FEP + RECP 协议进行传输,传输层协议采用 UDP 协议,互联层采用 IP 协议。运行管理中设备状态监视与管理信息传输使用 SNMP 协议。

1.5 微波统一测控系统的特点和关键技术

1.5.1 特点

微波统一测控系统具有如下特点:

(1) 作用距离远。采用了锁相接收技术,实现了随目标回波的多普勒频率变化的跟踪滤波。由于锁相环的带宽做得很窄,大大提高信噪比,再加上利用锁相环的相干 VCO 进行低门限的相干检测,因而能在强噪声中检测出弱信号,实际设备可在载噪比低于 -20dB 时检测信号,实现了远距离捕获和跟踪测量。由于采用了连续波雷达体制和伪码测距(或极低频率次侧音),因而作用距离可以很远并实现无模糊测距。

(2) 具有中等的测轨定位精度。微波统一测控系统采用单站定位体制(A、E、R 定位),这种定位方法随着距离的增加,由测角误差引起的定位误差加大,所以只具有中等定位精度,它较适合于近距离测轨定位以及轨道航天器的定轨(如卫星、飞船)。

(3) 可全天候工作。光学测量虽然测轨精度比无线电测量设备要高,但是由于受天气因素影响较大,其使用受到很大的限制,而无线电测量设备所受到的限制就要小一些。工作频段提高到 Ka 频段(18~40GHz)以后,带来雨衰加大,大气传播损耗加大,对流层闪烁,去极化和噪声加大等问题,其中雨衰是主要因素,如在 30GHz,天线仰角为 10°时,大气衰减约为 4dB,闪烁衰减的方差约为 0.3dB,因此,针对高频段测控系统研究抗雨衰技术是十分重要的。

(4) 微波统一测控并实现多功能综合。对于标准的 TT&C,综合的功能为测轨(测距、测速、测角)、遥控、遥测;对于非标准的 TT&C,还可综合话音等功能;当采用同一频段多载波时,还可综合电视、数传等功能。由于是“统一载波”,系统功能全,兼容能力强,减少了设备操作维护人员,特别对减少卫星等航天器上的天线数量、设备、缩小体积、减轻重量有利,更重要的是把系统的可靠性提高到了一个新水平。

(5) 统一基带实现了功能可动态加载。20 世纪 80 年代,随着软件无线电技术的发展,出现了“统一基带”的概念,即将测距、测速、遥测、遥控等基带设备,也由分离设备统一到一个综合基带内。这种基带设备大都在 70MHz 中频直接数字化,利用 DSP、FPGA 在线可编程的特点,根据需求注入不同算法或执行软件,用软件完成大量的数字信号处理与计算工作,实现不同载波频率、调制方式、传输速率和码型的多制式测控调制解调的功能。综合基带设备的出现,才真正做到了全系统的综合统一。

(6) 便于国际合作联网。S 频段已被世界无线电管理会议定为空间业务频段,从而促进了 S 频段微波统一测控系统的发展。由于 C 频段又被国际上定为卫星通信的频段,而卫星测控又是测控业务的一个重要内容,因而 C 频段微波统一测控系统也发展很快。现在世界上已建立了微波统一测控系统的国际标准(如 CCSDS 标准),使它在国际上获得了广泛应用,并便于国际合作联网,因此尽管它是 20 世纪 60 年代提出的测控体制,现在仍有很强的生命力。

1.5.2 关键技术

1.5.2.1 统一载波信道技术

综合化是电子系统发展的方向,采用物理的和功能的综合之后,可以提高可靠性、可维修性、可扩充性,并可以减小体积、重量和降低成本。载人航天要求测控通信系统具有测轨、遥测、遥控、数传和话音功能,称为"五合一"系统。对船载站来说,又增加 FM 遥测功能,成为"六合一"系统。从而带来多功能综合问题,实现多功能综合的主要措施如下:

(1) 频分制的下行双载波:一个用于测控(TT&C),另一个用于数传(DDT),TT&C 和 DDT 可同时存在。

(2) 频分制的 TT&C 副载波:下行为遥测和测距音组三种副载波,上行为遥控、话音和测距音组等 4 种副载波,TT&C 载波采用调相/调相(PM/PM)调制,因为上行数字话音和下行遥测的码速都较高并要求大的 S/Φ,所以这两种副载波未加调时的谱线都很高,并需要占用较大的功率。这是载人航天测控通信站与卫星测控站的不同之处。

(3) 时分制的 DDT 载波:完全用作数据传输,采用 PCM - QPSK 调制。以 2Mb/s 码速率传输下行话音、电视、遥测、GPS、交会雷达和科学实验数据等多路信息。

(4) FM 遥测载波:航天器可用另一个载波发射高码速的遥测信号,调制方式为 PCM - FM。TT&C 和 FM 可同时存在,为频分工作。

1.5.2.2 多模馈源技术

随着航天测控技术的发展,对船载微波统一测控系统的跟踪速度、跟踪精度、跟踪距离和抗干扰能力都提出了越来越高的要求。采用顺序波瓣(如圆锥扫描)的跟踪体制已不能满足跟踪高速飞行器的要求,从而产生单脉冲自跟踪技术。所谓单脉冲最初被称为同时多波束转换,现在通用名称为"单脉冲跟踪技术",即能够在一个脉冲上得到完整的角误差信号,为单脉冲自跟踪馈源常用的形式。自跟踪馈源有以下几种设计方式：四/五/多喇叭单脉冲馈源、多模馈源、(双频)多模多喇叭馈源等。

多模馈源是利用其各次模的振幅和相位特性，如基模(TE_{11}模)的振幅分布为单峰特性，高次模(如TE_{21}模)的振幅分布为双峰特性，分别将两个模取出，以基次模作为和波束信号，高次模作为差波束信号，即当天线的电轴对准目标时，馈源只激励起TE_{11}模(和信号)，而当天线电轴偏离目标时，馈源同时激励起TE_{11}模(和信号)和TE_{21}模(差信号)，该信号经高频单元送跟踪接收机，解调出方位和俯仰误差信号送伺服系统，经校正放大后驱动天线向着减小误差的方向转动，使天线电轴对准目标。

与多喇叭单脉冲天线相比，多模自跟踪天线的零深是由模耦合器结构对称性所决定的。通常情况下，圆波导的跟踪模耦合器在加工上可以保证具有极高的结构对称性，同时又适合采用高效率的波纹圆锥喇叭作为初级馈源，在采用多孔宽带跟踪模耦合器时，天线的零深通常可以优于 -40dB，并可在20%以上频带内得到零点的一致性和良好的匹配。基于这一原因，我国在20世纪80年代末开始应用宽带TE_{21}模自跟踪馈源，并在L/S/C/X/Ku/Ka等频段都成功地应用了这一技术。同时，圆波导多模自跟踪体制可以获得很好的距离跟踪性能和较高的角度跟踪性能。

1.5.2.3 窄波束天线捕获跟踪技术

随着航天测控距离的增大(月球探测和深空探测)，需要在航天测量船上加装X频段甚至更高频段(Ka频段)的测控系统。船载微波统一测控系统为了提高测量精度和作用距离，通常天线波束都很窄，以船载船载X频段微波统一系统为例，其天线口径为12m，天线半功率波束宽度约0.2°，由于波束宽度非常窄，因此在海上动态条件下如何实现引导捕获与稳定跟踪是一个关键问题。首先是目标引导捕获的问题，要对空间高速飞行目标进行跟踪测量，没有引导无异于大海捞针，引导的基本要求是能够使目标进入天线的波束。其次是稳定跟踪的问题，该问题又可分解为隔离船摇和克服动态滞后两个方面。同样以船载X频段微波统一系统为例，稳定跟踪的基本要求是船摇隔离的残差和跟踪目标时伺服系统的动态滞后都不能大于0.1°(天线波束宽度的1/2)，否者必然会丢失目标。船载X频段微波统一系统的船摇隔离度指标要求大于50dB，而在方位或俯仰上的船摇为5°时，船摇隔离的残差不大于0.1°的船摇隔离度要求为34dB，所以仅使用陀螺反馈(自跟踪环+陀螺反馈的船摇隔离度约为40dB)即能满足稳定跟踪的要求，此时动态滞后则成为制约窄波束天线稳定跟踪的主要因素。

动态滞后是由目标的运动特性决定的。一般来讲目标相对天线方位和俯仰的运动是变加速运动，对于采用Ⅱ型伺服系统的天线系统，误差主要由目标相对运动的加速度决定，加速度误差可表示为$e(t) \approx a/K_a$，其中a为目标的加速度，K_a为加速度误差常数。大型船载天线由于机械结构的谐振频率不高，伺服系统带宽受到限制，加速度误差常数一般为$2\sim3/s^2$，也就是说当方位/俯仰的角加速度（方位的角加速度是指横扫面的角加速度，而不是方位平面上的角加速度，它们之间存在正割补偿的关系）大于$0.3°/s^2$时，天线必然丢失目标。

为了减小船载伺服系统动态滞后误差，可以尽量提高系统的结构谐振频率，通过提高伺服带宽来提高系统的加速度误差常数K_a；也可以提高系统的无静差度，采用高阶无静差系统等，然而这些措施都受到许多因素的限制。复合控制系统是提高系统精度的一条有效途径。在Ⅱ型伺服控制系统中引入复合控制后，可以实现Ⅲ型高阶无静差系统，同时使系统具有足够的稳定性。目标前馈就是基于复合控制理论来消除跟踪目标的动态滞后的，采用目标前馈后K_a值可以提高到$10/s^2$以上。

1.5.2.4 多目标跟踪测量技术

为了提高船载无线电测量设备的综合效能，有时需要用一套天线完成多个目标的跟踪测量任务，目前船载无线电测控设备完成多目标测量的方法主要包括：一是通过链路设计完成S频段同一天线波束内不同点频目标的跟踪与测量，其中仅有一个目标能进行全功能测控，其他目标为下行信号接收；二是采用扩频测控技术通过码分多址完成同一波束内的多目标测控；三是采用天馈合用技术用同一个天线同时或分时完成不同频段的测控任务。多目标跟踪测量在3.6节中有较为详细的介绍，下面简单介绍第一种多目标跟踪测量方法。

由于船载S频段微波统一测控系统的特殊性，要求其必须具备同时执行标准TT&C、扩频TT&C、测控数传一体化、PCM－FM遥测和中低速率数传等任务的能力，涵盖了几套同类型陆地站的功能。在完成海上多目标测量和控制任务时，稳定跟踪目标是完成任务的前提，但是有时需要在主动段任务同时完成对两个火箭点频或者一个火箭点频、一个卫星点频的跟踪测量，迫切需要对船载USB系统信道链路进行优化设计，具备双点频无缝跟踪切换的功能，同时具备多目标下行标准TT&C遥测、扩频TT&C遥测、FM遥测、数传等信号的同时接收功能。

“双点频跟踪设计方案”采用双本振满足双点频跟踪、旋向切换开关满足链路备份的设计思路，可实现标准TT&C、PCM－FM双点频的跟踪切换功能。在数字化跟踪接收机双点频自适应跟踪功能（或人工切换）的配合下，可以实现两个点频信号无缝切换和不间断跟踪。

采用“射频开关网络＋独立下变频设计方案”后，下行主接收链路左右旋可选、接收点频可单独设置，从而使下行主接收信道链路配置更加灵活，设备实际上具备接收8个不同点频、不同旋向的TT&C信号，或4个不同点频的PCM－FM信号的能力，极大地增强了系统的可扩展性。

1.5.2.5 软件无线电技术

软件无线电技术是20世纪90年代兴起并迅速获得发展的一项无线电新技术,它集软件设计、算法、数字信号处理、大规模数字集成电路制造等技术于一体,使传统的无线电设备研制理念发生了很大的变化。同样的硬件可通过加载不同的软件使其具有不同的功能,从而使无线电设备,尤其是信息基带设备的小型化、通用化、智能化成为可能。就航天测控设备而言,尽管由于其配置环境(如固定站、活动站、测量船等)不同,甚至所使用的频段、采用的测量体制、载波调制体制等均可能有较大差别,但统一研制标准化通用综合基带硬件设备则是完全可能的。因此,充分利用软件无线电技术,开发标准化综合基带设备成为我国航天测控设备发展的重要方向。

目前,船载微波统一测控系统中的综合基带及数字跟踪接收机采用通用、开放的体系结构设计思想,应用软件无线电技术和网络技术,通过硬件设备的灵活组态和重构,使设备可应用于不同的功能场合,满足不同的测控任务需求,实现了"一机多能"。在单台基带中通过加装不同的软件,可配置成C频段标准TT&C、S频段标准TT&C、S频段扩频TT&C、S频段FM遥测、S频段数传等测控基带状态,使用维护非常方便。

1.5.2.6 扩频测控技术

随着航天技术的发展,对航天测控系统提出了很多新的要求,如对测控信息的抗干扰、抗截获要求,对轨道测量的高精度要求及多目标测控要求等。由于扩频信号具有抗干扰、保密、抗侦破和抗衰落等特点,扩频测控体制得到了迅速发展。我国发展的扩频测控系统包括相干扩频测控系统、非相干扩频测控系统以及扩跳频测控系统。

扩频测控系统由于采用了伪随机编码作为扩频调制的基本信号,具有很多独特的优点:具有抗干扰能力强;发射功率谱密度低,被截获的概率低,对其他通信影响小;具有良好的码分多址通信能力,各用户可以采用不同的扩频码作为自己的地址码,实现码分多址通信功能,并且具有高保密性。应用伪随机编码测距,可大大提高测距精度和准确度。一定长度的扩频码还可以用来鉴别多径信号。适当的选择信号形式,可以使系统同时具有通信及遥测、遥控、测距、测速功能。

在伪码扩频测控体制中,各种信号不再用不同的副载波来区分,而是采用包式数传或时分多路,即上行遥控、数传数据、其他上行测控数据,下行遥测、数传数据、其他下行测控数据等按一定格式分别统一打包再封装成帧,以包头中识别号区分不同信号,或直接封装成帧,用时分多路来区分不同信号。信号封装成帧后统一进行伪码扩频后再对载波进行调制并送入信道进行传输。所以在这种系统中，无论是遥测数据、遥控数据还是通信数据，在传输信号中都以同样的数据形式出现，每一种信号完全依据帧格式区分。

扩跳频测控系统主要防止大功率干扰设备造成测控系统功能丧失，是一种强对抗环境下的工作系统，是日常测控系统的有效补充，具备较强的链路抗干扰能力、信号抗截获能力以及抗微波损毁能力等。

1.5.2.7 船摇稳定技术

与陆地测控站不同，船载微波统一测控系统的天线在跟踪目标的同时，还要受到船摇扰动的影响，船舶平台在大海中运动具有6个自由度、3个线位移和3个角位移，由于线位移相对空间运动目标小的多，而角位移摆动幅度大、周期短，所以角位移是影响系统测角精度的主要因素之一。对船摇扰动的隔离是船载微波统一测控系统的一个特殊而又十分重要的问题。

船载微波统一测控系统的稳定一般采用两种技术：四轴稳定和两轴稳定。四轴稳定技术即将天线安装在大型稳定平台上，无论载体姿态如何变化，稳定平台始终稳定于惯性空间，从而保证了天线波束指向的完全稳定。但是，这种稳定方法结构复杂，造价昂贵，现在已很少采用。两轴稳定是一种二维的轴线稳定技术，它能保证天线波束指向不受载体姿态变化的扰动。两轴稳定技术常用两种方法实现，即速率陀螺反馈稳定技术和船摇前馈稳定技术。其中船摇前馈又包括中心机船摇前馈和陀螺船摇前馈，中心机船摇前馈就是利用惯导设备提供的船摇数据，经计算机坐标变换和数值变换得到船摇前馈速度补偿信号。陀螺船摇前馈是在船载天线座中安装若干个速率陀螺来敏感船舶或者天线摇摆的角速度，然后将速度补偿信号加入天线甲板速度环路。实践证明，对于船载微波统一测控系统，采用含速率陀螺反馈稳定技术和船摇前馈技术相结合的两轴稳定系统，方法简单、造价低廉，可以有效地隔离船摇扰动，达到较高的跟踪精度。

1.5.2.8 电磁兼容技术

航天测量船存在通过内部线缆或电路传输而造成的传导干扰、由空间电磁感应而引起的电磁感应干扰以及由于外部电磁波进入接收机带宽内扰乱或破坏接收机正常工作的电磁辐射干扰这3种电磁干扰方式。在航天测量船特定环境下（除天线外，电子设备都安装在铁制的船壳内）和按舰船电磁兼容设计施工规范进行设计施工（按照舰船搭接、接地、屏蔽、滤波等电磁兼容性要求施工），传导干扰和感应干扰得到较好的抑制，电磁辐射干扰是航天测量船上的电磁干扰主要方式。航天测量船电磁辐射干扰的干扰途径有谐波干扰、二次辐射干扰和同频段带外噪声干扰3种。

由于航天测量船电磁环境十分复杂，实现电磁兼容不仅涉及到收发设备的工作频率、发射功率、接收机中频带宽及接收灵敏度等因素，还应考虑到收发设备的技术状态,收发天线的相对位置与指向(相对于有方向性天线而言),上层甲板金属物体分布与状况,船舶工况以及测控作业时的季节、海域等因素。因此,实现航天测量船的电磁兼容应采用“综合治理”,即尽量采用成熟的技术和措施(具体包括隔离、接地、滤波、屏蔽),掌握测控时段的辐射干扰规律、禁用干扰频率,消除干扰传播媒介,实施各种“分割”(频率分割、时间分割、空间分割)。

1.6 微波统一测控系统的应用和发展趋势

1.6.1 应用

微波统一测控系统在军、民两个领域都有着广泛的应用,在这两个领域中应用的不同点是:军用要求具有更高的抗干扰性和电子对抗能力,它的信号设计必须具有隐蔽性,系统设计必须有抗干扰要求,以便在复杂的电磁干扰下,不致被破坏。另外,军事应用的一个重要特点是支持各种军用飞行器的发射、业务管理、在轨测控、制导、精度鉴定等。民用飞行器(如卫星)也要进行类似支持,所以它是一个军民两用的系统。

微波统一测控系统具有统一载波、多功能综合、作用距离远、飞行器应答机体小量轻和已国际标准化等优点,所以尽管它是50年前出现的一种体制,但目前在国际上,它仍然是测控领域内的主流设备,主要的应用有以下几种。

1. 在同步卫星测控中的应用

国内外都大量应用微波统一测控系统组成同步卫星测控网。对同步卫星的测控要求是:作用距离远,范围大,要求低数据率的遥控、遥测且星载应答机要求简单,甚至与通信转发器合一,而测量精度只要求中等即可,因为同步卫星入轨后是惯性飞行,利用测距、测速数据就可定轨,因此微波统一测控系统单站测角精度不高的缺陷就影响不大。鉴于上述原因,UCB和USB在同步卫星的测控中都得到了广泛的应用,我国已经建成了由微波统一测控系统组成的“国际C频段测控网”“S频段测控通信网”,成功地完成了我国历代同步卫星发射测控任务。

2. 中、低轨卫星测控中的应用

中、低轨卫星测控与同步卫星测控有类似的特点,只是距离较近,因此利用微波统一测控系统的单站定位也可获得较高的定位精度。这类测控系统的天线口径比同步卫星测控系统的天线口径小,伺服系统的动态性能更好一些,以便适应对中、低轨卫星的快速角度变化进行高精度跟踪。

3. 卫星的业务测控

卫星的业务测控是指卫星进入应用阶段以后所进行的业务测量和控制、卫星有效载荷的遥控、遥测和在轨测试、监视卫星全寿命期内的运行状态、搜集外来干扰信息和资源利用情况信息等。由于它传输数据速率不高,甚至要求应答机与业务转发器频率统一、设备合用,所以通常也采用微波统一测控系统。对于同步卫星的业务测控站,由于同步卫星定点后,已处于相对静止状态,所以常采用“限动站”(限动是指角度的运动限制在一定范围)。对于一些其他的应用卫星,通常在主业务站中,增加一个测控通道来实现业务测控。

4. 在载人航天任务中的应用

载人航天任务的特点是:飞船体积小,要求飞船所载设备重量轻,电磁兼容性好。由于飞船载人,人命关天,所以对设备可靠性要求很高。微波统一测控系统的应答机具有体积小、重量轻、电磁兼容性好的优点,而且比较起来,它更简单、可靠,故适宜于在载人飞船中使用。美国 USB 系统在“阿波罗”登月中的应用就是一个例子,当时美国采用 14 个 USB 地面站和载有 USB 的 5 艘测量船,8 架测量飞机,组成一个 USB 微波统一测控通信网,成功地实现了“阿波罗”飞船的登月。我国的“神舟”系列载人飞船也应用了 S 频段微波统一测控通信网。

5. 深空探测中的应用

地球静止轨道卫星轨道高度约为 3.6×10^4 km,而深空探测的距离可达 7.5×10^9 km,超远的作用距离使得深空测控技术水平代表了测控领域的最高水平。具体来讲,深空测控技术必须解决好如下 5 个方面的问题:第一,如何解决超远距离通信问题,弥补超远距离带来的路径损失;第二,如何解决远距离引起的电磁波传播时延;第三,深空探测器载设备天线面积受限,如何提高发射信号能量和接收机灵敏度,达到需要的作用距离;第四,如何在地球和其他行星自转时实现连续的测控通信;第五,如何解决超远距离的精确定轨方法。由于微波统一测控系统具有作用距离远的突出优点,因此它在深空测控通信中得到了应用,只不过对于深空远距离目标,传统 A、E、R 测量体制已不适用,需采用干涉仪体制用比较相位来测角。

6. 航天测控联网的国际合作

由于微波统一测控系统已为世界上多数国家所采用,并被纳入国际承认的 CCSDS 标准,世界各国的微波统一测控站都在逐渐与这一标准接轨,这样就便于国际联网,开展国际间的合作,相互支持。

我国 S 频段航天测控网主要采用了 CCSDS 标准,C 频段航天测控网也采用了国际通用标准,为国际航天合作奠定了基础。国际联网是指通过租用或租借国外测控站为我国航天器测控提供支持,从而达到提高测控网覆盖能力的目的。根据 CCSDS 组织提供的世界 CCSDS 测控站目录,可供联网的国外测控站分布在四大洲,数量近百个。使用国际联网的优点是:可实施联网的国外测控站数目多,成本低、技术成熟,投入小;缺点是:安全保密性较差。

1.6.2 发展趋势

为更好地适应我国航天测控技术的发展，满足后续航天器海上测控任务的需要，提高海上航天测控综合效能，我们需重点研究和发展以下几个方面的航天测控技术。

1. 工作频段提高到 Ka 频段和激光频段

工作频率提高到 Ka 频段以后，使绝对带宽增加，从而解决窄带宽时的瓶颈限制，使得可以传输更高码速率的数据，实现宽带直扩和跳扩从而具有更强的抗干扰、抗截获能力；工作频段提高以后可以使天线波束更窄，使之具有空间选择性抗干扰能力。此外，工作频段提高还可以提高作用距离、测速精度和测角精度。

激光载波统一系统是指利用激光作为信息载体，实现飞行器轨迹测量、地面站与飞行器之间上行控制信息、下行遥测信息与有效载荷测量信息传输的测控通信一体化系统。激光和射频信号均为电磁波，但激光比射频频率高 4 ~ 5 个数量级。常用于通信的激光频率为 $1.9\times10^{14}\sim5.6\times10^{14}$ Hz，对应波长为 536 ~ 1579nm，这使得以激光作为载波信号的测控通信系统具有测量精度高、信息传输速率高（国外星间激光通信实现了 5.5G 速率）、不占用无线电频谱资源、抗干扰能力强、保密性好和设备体积小、重量轻、功耗低等优势，具有广阔的技术发展前景。但激光测控易受气象条件、天光地影的影响，另一个主要技术难点是光束发散角极小，给飞行器和地面角度捕获跟踪带来困难。

随着高频段（Ka 频段）天线在航天测控中的不断应用，由于波束非常窄，对捕获跟踪低轨的高动态目标，这将是一个新的技术难点，而在航天测量船上，加之船摇的影响，窄波束捕获跟踪问题将更加突出。所以，应及时开展船载窄波束雷达的高精度引导、船摇隔离、稳定跟踪、设备标校等技术的研究，以解决航天测量船加装高频段测控系统的窄波束捕获跟踪技术难题。

2. 多目标测控技术

随着航天领域中“星群”“星座”“飞行器交会对接”“同步轨道共位卫星”技术的发展，多目标测控将成为一个新的研究热点，要研究“空分多址”“码分多址”“频分多址”“时分多址”等在测控通信中的应用，以及“同时多目标”“分时多目标”“边扫边跟”（TWS）等技术在测控通信中的应用。

3. 相控阵测控技术

随着“多目标测控”“自适应空间滤波抗干扰”“飞行器共形相控阵天线”等需求的日益增长，相控阵技术在测控通信中会得到越来越多的应用，如相控阵多波束形成技术、高精度相控阵角跟踪技术、数字波束形成技术（DBF）、自适应空间滤波技术及其各种算法的研究等。

数字波束形成技术的原理类似于相控阵雷达，使用阵列天线，而后将每个阵元上的信号经 A/D 变换成数字信号，再经 DSP 或高速计算机处理这些信号，形成多个同时波束。这种方法的最大优点是用计算复杂度来换取雷达的优异特性，从潜能上说，这种方法能同时得到干扰和杂波抑制、超低副瓣和高角度分辨率性能。这种方法亦适用于协作式目标，尤其是当阵面规模较小（阵元数较少）、信号带宽较窄时，A/D 采样频率降低，计算复杂度也下降，从而简化了设备。随着 A/D、FPGA、DSP 等器件处理速率的提高，信号处理技术的发展，快速算法的完善，其适用范围还会逐步扩大。在国外，如美国、俄罗斯的宽带 DBF 技术已达到工程应用阶段，信号带宽可达几百兆赫，因而这种方法值得深化研究。

4. 降低接收机噪声温度

采用磷化铟（Inp）等高电子迁移率晶体管放大器，可以降低接收机的噪声温度，对于深空测控通信等要求噪声温度极低的特殊应用，还要采用致冷措施，使其物理温度接近 0K 极限。为了使总的系统噪声温度更低，还要进一步降低天线噪声温度。

5. 天线组阵技术

小口径接收天线组阵已成为未来深空测控下行链路的发展方向，NASA 建立了不同规模的下行天线阵，在执行深空测控任务中取得了成效。天线阵灵活、可靠，规模可变、可扩展，这种概念对上行链路和下行链路都有效。上行发射阵列的主要需求在于提供高的 EIRP 值支持更高的上行数据率，其优势首先在于以较小的成本提供需要的 EIRP，并且可以支持同时多任务；其次是安全性较高，因为大天线大功率发射，在一定范围内的通量密度可能会超过人体和飞船可以承受的极限。

6. 波束波导技术

波束波导（Beam Waveguide，BWG）是由周期性排列的透镜或反射镜组成的波导结构，波束波导天线馈电技术的原理是使处于地面（如测量船舱内）高频机房内的馈源等效到天线反射面焦点处，即等效于位于天线焦点处的初级馈源，实现对天线反射面的有效照射后形成所需要的天线口径分布场。其功能是把 BWG 天线焦点的能量，有效地传输到固定的装有接收机和发射机的地面建筑内的一点，因此就不需要高费用的旋转设备，解决了与此有关的空间限制的困难。不同类型的波束波导有不同的传输损耗和不同的频率适用范围。透镜型适用于光波，双反射镜型适用于微波，单反射镜型适用于毫米波和亚毫米波。

7. 高增益编/译码技术

构造出符合深空测控特点、编译码复杂性低、逼近香农极限的信道编译码是深空测控通信的重要研究内容，而且信道编译码技术与传输协议息息相关。对传输速率要求的不断提高，大大增加了编译码实现的难度，也使 CCSDS 推荐的 Turbo 码受到挑战，因为其译码复杂度高、占用资源大。因此，有必要研究效率更高的编译码技术，如数字喷泉码（Digital Fountain）。

8. 极窄带、高阶的高灵敏度锁相接收技术

锁相接收机是微波统一测控系统的核心，随着对接收机灵敏度和纠错编码增益的要求越来越高，使得锁相接收入口的 S/Φ 越来越低，因此要研究极窄带跟踪滤波的锁相接收技术（载波锁相环带宽可窄至 0.1Hz 以下）以及适应高动态目标的窄带高阶锁相环跟踪和捕获技术。

9. 提高时频终端的频率稳定度

无线电测控系统中，对目标的多普勒测速、时延测距、干涉仪测角、天线组阵、时间同步等都与时频终端有关，随着测轨距离的增大、时延的加长和对测轨精度的要求越来越高，对频率和时间基准的要求也越来越高，在深空测控通信中，已出现了采用频率稳定度为 5×10^{-16}（平滑时间 1000s）的 LIT（线性离子捕获）氢脉塞原子钟。

10. 船载测控系统标校和精度鉴定的新方法

应根据需求开展以下几项设备标校和精度鉴定技术的研究：SLR 技术在航天测控设备精度检验与系统误差修正系数评估中的应用技术、基于星惯组合的动态标校技术、基于轨道约束的航天测量船外测设备精度自鉴定技术、标校星技术等，实现测控设备标校和精度鉴定的简单化、高效化和常态化，同时解决高频段测控设备近场无法标校的难题。

参考文献

[1] 韩魁选，忻鼎勇，等．微波统一测控系统设计导论．北京：国防工业出版社，1984.

[2] 刘嘉兴．飞行器测控与信息传输技术．北京：国防工业出版社，2011.

[3] 姜昌，范晓玲．航天通信跟踪技术导论．北京：北京工业大学出版社，2003.

[4] 周智敏，陆必应，宋千．航天无线电测控原理与系统．北京：电子工业出版社，2008.

[5] 赵业福，等．无线电跟踪测量．北京：国防工业出版社，2003.

[6] 饶启龙．航天测控技术及其发展方向．信息通信技术，2011(3)：77－83.

[7] 翟政安．实现 CCSDS 标准的测控网设计．无线电工程，2005(5)：27－30.

[8] 文贻军，等．航天测控体制的现状与发展．无线电工程，2005(5)：27－30.

[9] 刘嘉兴．航天测控技术的过去、现在与未来．电讯技术，1999(2)：1－8.

[10] 巨兰，张碧雄．2030 年前航天测控技术发展研究．第 25 届飞行器测控学术年会论文集，2010：135－139.

[11] 王昌宝．靶场和航天测控技术发展背景分析．2000 年航天测控技术研讨会论文集．2000：8－13.

[12] 翟政安，吴斌．我国航天测控网发展构想．2000 年航天测控技术研讨会论文集．2000：14－19.

[13] 赵业福．航天测控中的统一载波系统．遥测遥控，2000(5)：1－5.

[14] 柴霖，许秀玲．深空测控体系结构与技术发展．电讯技术，2010(8)：1－6.

第2章 基本理论与基础技术

2.1 电波传输和频率选择

航天测控以无线电测量为主要手段，当设计一个新的无线电测控系统时，必须首先确定该测控系统采用的频段及频率点。

2.1.1 选择原则

航天测控频段的选择受多种因素制约，要综合考虑与频率有关的传播特性、天线增益、噪声影响以及和其他系统的干扰等问题，同时应符合国际电联的规定要求。

1. 电波传播特性

大气层对电磁波辐射具有屏障作用，只有三个窗孔允许范围很窄的辐射进入地球，一个窗孔在光波范围内，波长约为3000～10000Å（埃），一个窗孔在红外波段，另一个在无线电波段，其他辐射均被屏蔽，不能到达地面，如波长2900Å以下的紫外线及10000Å以上的红外线均被臭氧层和大气层中的水汽所吸收，再如波长几十米以上的无线电波则被电离层吸收和反射，当然，地面发射的同频率辐射也不能穿透大气层。因此，在航天测控实践中，要格外注意工作频段的选择。上述3个大气窗孔，依电磁波衰减程度还被分解为多个小窗孔，这些才是电磁波的实际工作窗孔。

航天测控最关心的是无线电波，它的频率从3kHz～300GHz，其低端与音频相连，高端与红外线相接。不同频率的无线电波通过各种不同的介质（如地面、水、电离层……）传播时将发生各种不同的物理现象。

无线电波在大气中传播时，电离层的影响占有突出的地位，决定了不同频率无线电波的根本工作特性。电离层通常可以分为D、E、F1、F2等4层，其高度和最大电子浓度按序号依次升高，各层的临界频率与其最大电子浓度的平方根成正比，也按序号依次升高。当从地面发射来的无线电波的频率小于某层的临界频率时，该无线电波将被此层反射回地面，只有当无线电波频率大于某层的临界频率时，该层方可被穿透，电波可以到达更高的空间，这便是大气的反（折）射效应。

基于此，不同频率的无线电波在实际应用中发挥着不同的作用，如长波的频率(30～300kHz)小于D层的临界频率，在D层便被折射回地面，故长波沿地球表面传播的能力最强，传播距离远，适合于传输时统信号等。短波(3～30MHz)的地面波只能传播几十千米，但能穿透D、E层而被较高的F层反射回地面，因而可以实现远距离通信。图2-1表示了电离层对不同频率电波的反(折)射效应。航天测控系统工作在微波频段(300MHz～300GHz)，微波电波波长短，易于设计制造方向性强的天线；它的频率很高，以任何仰角向天空发射，都可以穿透电离层直至星际空间。表2-1列出了常用的微波频率划分方法，这些是微波电波的实际工作窗孔。大气影响电磁波传播的反(折)射效应对微波电波而言呈现出不同的特点，电离层反(折)射效应影响小，对流层和地面的影响及其反(折)射效应反而变得突出起来。

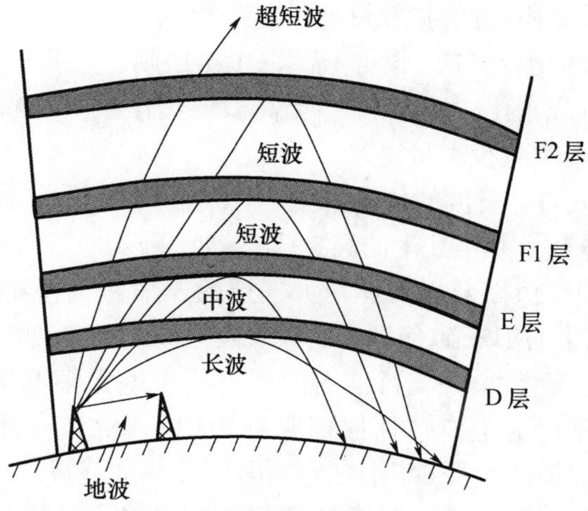

图2-1 电离层对不同频率电波的反(折)射效应

表2-1 测控常用频段表

频段代号	频率范围/GHz	相应的波长范围
P	0.3～1	100～30cm
L	1～2	30～15cm
S	2～4	15～7.5cm
C	4～8	7.5～3.75cm
X	8～12	3.75～2.5cm
Ku	12～18	2.5～1.67cm
K	18～27	1.67～1.11cm
Ka	27～40	1.11～0.75cm
mm	40～300	7.5～1mm

能量损耗是大气影响微波传播的一个主要效应。由于受对流层中氧分子、水蒸气分子和云雾雨雪的吸收和散射,受到电离层中自由电子和离子的吸收,微波在大气中传播时要造成能量损耗。这种损耗与电波频率、波束仰角和气候条件密切相关。频率越高,由云雾雨雪造成的衰减越严重,由此造成的损耗在大气损耗中所占比例越大;当频率低于1GHz(P频段)时,大气损耗主要来源于电离层的吸收,且频率越低,电离层吸收衰减越严重。因此,频率在300MHz~10GHz(P~X频段)之间的微波,大气损耗较小,适合于穿越大气的传播,P~X频段也就成了航天测控系统的实际工作频段。

电波弯曲折射是大气影响微波传播的另一主要效应。大气内折射指数的变化,使电波传播速度不同于光速,并引起射线弯曲。电波的弯曲折射效应将导致测速、测距误差。对航天测控系统常用的微波而言(频率均小于100GHz),对流层可以视为非色散介质,折射指数只随高度变化,而不随电波工作频率变化,所导致的弯曲折射效应也就与工作频率无关;电离层则是色散介质,折射指数与微波工作频率的平方成正比。所以,适当提高微波工作频率可减少电波弯曲折射导致的传播误差,最终减少测量误差。

2. 飞行器再入时电磁波的传播

如速度为马赫数十几至几十的高速飞行器在再入地球大气层时,再入体与周围大气层的激烈摩擦以及再入体对大气层的压缩使飞行器周围的空气温度(一般在3000K以上)激增,致使稠密的大气发生离解和电离,再者,飞行器本身的防热材料在高温下烧蚀,使飞行器周围的电子密度大幅度增加,从而在飞行器四周形成一定厚度的电离气体层通常称为“再入等离子体鞘套”。此鞘套将对无线电波的传播产生严重影响,呈现出信号严重衰减现象,将会造成飞行器与地面测控设备之间无线电联系信号的中断或目标的丢失,这一中断区域称为“黑障区”。黑障区的厚度等特性是十分复杂的,许多问题还有待研究解决。

因此,如何克服黑障的影响,保证测控信号的传输,是再入目标测控面临的一大难题。

3. 火焰衰减

火箭发动机喷焰是一种电子浓度和碰撞频率远比电离层内高的不均匀等离子体,在高空中,会形成比弹体大几倍的等离子区。当无线电信号通过它时,信号要受到严重衰减,并且信号的相位也会发生起伏。无线电信号受喷焰的影响程度与发动机推力、燃料种类、穿越火焰区的长度和部位有关系,并且和无线电信号的工作频率有关,频率越高,受到的影响越小。喷焰对C频段无线电信号的衰减一般为5~10dB,对P频段可达20dB左右,固体燃料发动机喷焰对无线电信号的衰减更大。适当选择较高的频率可减小喷焰影响,也可提高穿透再入等离子区的能力。

4. 高频器件和设备

高频器件和设备制作水平要满足跟踪距离的要求。一般通过增大天线口径来提高天线增益，但天线尺寸的增大，会使造价迅猛增加，还会受到加工水平的限制。此外，高频大功率管及高频低噪声放大接收器件的性能水平也会成为限制因素。

5. 不同频段对无线电测量设备性能的影响

不同频段对无线电测量设备性能的影响，如数传速率、作用距离、测量精度、抗干扰能力等。既要满足高可靠、实时的测控操作，又要满足急剧增长的任务数据的高速数传。数传速率越高，越应选择高的工作频段。

6. 其他

测控频段的选择还受弹上设备的小型化水平以及地面设备的跟踪性能、载波带宽等因素制约，应与航天器应答机协调发展。为使航天器设备简化，要考虑多种测控系统共用同一应答机。

2.1.2 测控频率的选择

综合分析上述各种因素，测控频段选为 P、L、S、C、X、Ka 频段为宜。这些频段的频率范围如表 2－1 所列。具体测控频段的选择实际上还受飞行器上设备的小型化水平以及地面设备的跟踪性能、载波带宽等因素制约，同时还受国家无线电频率管理委员会和国际电联规定的限制。

1. 高精度测量带的频率

飞行器外测系统的精度要求高，作用距离近，可以使用较高的频率。综合考虑了上述因素后，再以地面接收机的信噪比高低作为选择测量频率的依据。得出结论是：考虑降雨吸收全天候工作的设备，选择 2～6GHz 为好，而在好天气工作的测量设备工作在 6GHz 以上为好。高精度测量带的频率选择在 C 频段，即选择在 5～6GHz 之间，上、下行频率间隔 400MHz 左右，弹上收、发天线的频率隔离度好，易实现收、发天线合一，地面大功率微波器件易满足相对带宽要求。

20 世纪 50 年代，美国通用动力公司对飞行器跟踪测量的最佳频率进行了分析，结论是 5GHz 为好。后来在实际使用中提高了频率，如“MISTRAM”和白沙靶场距离和距离变化率测量系统均用 X 频段，其主要原因是为了提高测速分辨率，减小等离子体衰减和减小弹载天线的尺寸。

2. 遥测遥控频率

编码遥测的码速率决定了遥测信号的传输带宽，考虑相对带宽的限制，应选用高载波频率。早期的飞行器遥测参数少，码速率低，仅为每秒数百比特，可选用 P 频段载波，此时弹上遥测天线容易实现全向覆盖。当遥测参数增多，尤其是速变参数增加时，码速率可达每秒数兆比特，则必须选用较高的载波（如 S 频段）。S 频段受电离层的影响比 P 频段的小，频带宽，数据传输量大，弹上设备体积小,是今后较长时间内的优选频段。

火箭遥控设备主要发射安控指令,传输的码速率不高,选用P频段载波,便于火箭实现全向天线覆盖。这样,火箭发生故障时,即使箭体翻滚,也能可靠地接收到地面发来的安控指令。但P频段易受电视信号干扰,具体频率点选择时应避开广播和电视频率。

3. 航天器测控频率

航天器测控,特别是地球同步卫星测控,其工作频率选择的一个重要因素就是要符合国际标准,以便能支持外星发射、兼顾国际测控合作,充分发挥测控系统的能力和效益。同步卫星测控用的微波统一测控系统工作在国际标准C频段,而中、低轨道卫星测控仍维持在超短波频段,存在着与电视、通信网干扰严重的问题,正在改向使用S频段。载人飞船测控采用的也是S频段,该频段已被国际电联规定为航天器测控频段。

随着测控与信息传输技术的发展,信息传输的速率越来越高,测轨的精度要求越来越高,对抗干扰能力的要求也越来越高,特别是未来对1Gb/s以上高速数传的需求,使得上列频段成为技术发展的瓶颈,提高工作频段势在必行。在这样的发展形势下,国际电信联盟(ITU)为测控与信息传输频段做了新的分配。

ITU的无线电规则对航天器的不同业务规定了相应的使用频段,测控一般使用空间操作和空间研究业务频段,对近地(2×10^6km以下)、深空(2×10^6km以上)规定了应使用的频段,如表2-2所列。

表2-2 ITU分配的空间研究频段

频段	深空		近地	
	上行/GHz	下行/GHz	上行/GHz	下行/GHz
S	2.11~2.12	2.29~2.3	2.025~2.11	2.2~2.29
X	7.145~7.19	8.4~8.45	7.19~7.235	8.45~8.5①
Ka	34.2~34.7	31.8~32.3	22.55~23.55③	25.5~27②

注:① 近地地球探索业务频段为8.025~8.4GHz;
② 中继星星间返向链路频段,可用于近地测控通信下行;
③ 中继星星间正向链路频段,美国正申请作为近地测控通信下行

2.2 信标雷达方程及参数计算

雷达的作用距离是系统的重要性能指标之一,它决定了雷达在多大距离上检测发现目标。研究雷达方程的目的不仅在于估算雷达的作用距离,而且对于确定雷达设计中的功率关系及正确选择各分系统参数是有重要指导意义的。雷达方程分为反射式雷达方程和信标雷达方程。而船载微波统一测控系统属于二

次雷达，只采用信标方程，故在此不讨论反射雷达方程。下面对信标雷达方程进行推导。

2.2.1 信标雷达方程

船载微波统一测控系统工作的对象是合作目标，在目标上装有应答机或信标机，地面测控系统接收和跟踪应答机转发的信号或信标信号。此时地面测控系统接收的应答信号或信标信号只经过单程传输。

设信标发射机功率为 P_{tb}，发射传输馈线损耗为 L_{tb}，发射天线增益 G_{tb}，则信标机有效辐射功率为

$$\mathrm{EIRP} = P_{tb}G_{tb}/L_{tb} \tag{2-1}$$

距离信标天线 R 处的雷达天线处的功率密度为

$$S' = \frac{\mathrm{EIRP}}{4\pi R^2} = \frac{P_{tb}G_{tb}}{4\pi R^2 L_{tb}} \tag{2-2}$$

设雷达天线的有效接收面积为 A_e，接收馈线损耗为 L_R，则雷达接收机输入端收到的功率为

$$S = \frac{S'A_e}{L_R} = \frac{P_{tb}G_{tb}A_e}{4\pi R^2 L_{tb}L_R} \tag{2-3}$$

天线有效面积 A_e 和天线增益 G_r 的关系为

$$A_e = \frac{G_r\lambda^2}{4\pi} \tag{2-4}$$

假设电波传播的大气损耗、极化损耗及波束对不准损耗分别为 L_{al}、L_p、L_o，则

$$S = \frac{P_{tb}G_{tb}G_r\lambda^2}{(4\pi R)^2 L_{tb}L_R L_{al}L_p L_o} = \frac{P_{tb}G_{tb}G_r}{\left(\frac{4\pi R}{\lambda}\right)^2 \cdot L_\Sigma} \tag{2-5}$$

定义 $L_1 = \left(\frac{4\pi R}{\lambda}\right)^2$ 为自由空间传播损耗，则

$$S = \frac{P_{tb}G_{tb}G_r}{L_1 \cdot L_\Sigma} \tag{2-6}$$

式中：$L_\Sigma = L_{tb}L_R L_{al}L_p L_o$ 为包括信标发射馈线和地面接收馈线损耗在内的总损耗。写成信噪功率比的形式，将式(2-6)两边除以噪声功率 $N_i = kT_sB_i$，即可得到接收机输入端的雷达方程：

$$\left.\frac{S}{N}\right|_i = \frac{P_{tb}G_{tb}G_r}{L_1 L_\Sigma kT_s B_i} \tag{2-7}$$

式中：P_{tb} 为应答机或信标机下发的信标机功率；G_{tb} 为应答机或信标机天线发射增益；G_r 为雷达天线接收增益；L_1 为自由空间传播损耗；L_Σ 为传播总损耗；R 为雷达到目标的距离；λ 为雷达工作波长；T_s 为接收机输入端系统等效噪声温度；B_i

为接收机末级中放工作带宽；$S/N|_i$为检波前即接收机输入端的信号噪声功率比；$k=1.38\times10^{-23}$J/K 为波耳兹曼常数，其意义为每赫带宽内、每度绝对温度时电子热扰动所产生的能量为1.38×10^{-23}J。

写成分贝(dB)形式，则变成

$$\begin{aligned}\left.\frac{S}{N}\right|_i(\mathrm{dB}) &= 10\lg P_{tb}+10\lg G_{tb}+10\lg\frac{G_r}{T_s}-10\lg\left(\frac{4\pi R}{\lambda}\right)^2-10\lg L_\Sigma-10\lg B_i+228.6(\mathrm{dB})\\ &=10\lg \mathrm{EIRP}+10\lg\frac{G_r}{L_R T_s}-10\lg\left(\frac{4\pi R}{\lambda}\right)^2-10\lg B_i-10\lg(L_{al}L_pL_o)+228.6(\mathrm{dB})\end{aligned} \tag{2-8}$$

式中：$\mathrm{EIRP}=P_{tb}+G_{tb}-L_{tb}$(dBW)是信标的有效辐射功率。

令$T_n=L_RT_s$，则G_r/T_n为接收系统的品质因数。

2.2.2 信标功率计算

在信标功率计算之前，应根据地面站微波统一测控系统的性能要求，如测量精度、捕获性能、遥测和遥控性能等，估算出满足这些要求各自所需要的最低信号电平(一般用信号功率/噪声谱密度比S/Φ表示)，然后将各信号求和，得到有效的总信号电平，这就是要求的总门限电平$S/\Phi|_{\Sigma\mathrm{rms}}$。由于实际信号是副载波(含信息)对载波进行调制的已调信号，因此还应考虑调制损耗(调制效率的倒数)L_M。把调制损耗考虑进去，就得到实际需要的总电平，即

$$S/\Phi|_\Sigma = S/\Phi|_{\Sigma\mathrm{rms}}+L_M(\mathrm{dBHz}) \tag{2-9}$$

经整理得到要求的应答机(或信标)的发射功率，即

$$P_{tb}=S/\Phi|_\Sigma+20\lg f(\mathrm{MHz})+20\lg R(\mathrm{km})+10\lg T_s+L_\Sigma(\mathrm{dB})-G_r-G_{tb}-196.2\mathrm{dBW} \tag{2-10}$$

考虑系统工作时间较长时，由于应答机电源变化，设备的元器件性能变化等都要引起收、发电平变化，为了确保系统稳定工作，因此系统设计中应考虑一定裕量M(通常$M=3\sim6$dB)，应答机实际发射功率为

$$P_{tb}=S/\Phi|_\Sigma+20\lg f(\mathrm{MHz})+20\lg R(\mathrm{km})+10\lg T_s+L_\Sigma(\mathrm{dB})-G_r-G_{tb}+M-196.2\mathrm{dBW} \tag{2-11}$$

式中：$S/\Phi|_\Sigma$为地面收到的实际要求的门限总电平(dBHz)；f为工作频率(MHz)；R为要求的雷达作用距离(km)；T_s为地面接收机输入端的系统等效噪声温度(K)；L_Σ为信号传播的总损耗(dB)；G_r为地面接收天线增益(dB)；G_{tb}为应答机发射天线增益(dB)；M为系统裕量(dB)。

2.2.3 天线参数计算

1. 天线增益

天线增益G定义为一个方向性天线和一个理想的全向性(各向同性)天线，

在馈给相同功率的条件下，在最大辐射方向上所得到的功率密度之比。理想的全向性天线是各个方向为均匀辐射，方向性增益定义为1。按定义可写为（激励功率 P = 常数）

$$G = \frac{\text{天线在最大辐射方向的辐射功率密度}}{\text{全向性天线的辐射功率密度}} \tag{2-12}$$

2. 天线效率

天线作为微波能量的传输和转换装置，必然要引入各种损耗，也就是说天线是有损耗传输系统。常用天线效率来表征，其定义为

$$\eta_A = \frac{\text{天线的辐射功率}}{\text{输入到天线的激励功率}} \tag{2-13}$$

影响天线效率 η_A 的因素很多，我们以卡塞格伦天线为例来说明。

（1）馈源辐射器辐射功率中，由于有边缘溢失，投射到副反射器上的功率才是有效的，此时效率为

$$\eta_1 = \frac{\text{投射到副反射器上的功率}}{\text{馈源辐射的总功率}} \tag{2-14}$$

（2）副反射器再反射的功率中，投射到主反射面的功率才是有效的，溢失部分是无效的，此时效率为

$$\eta_2 = \frac{\text{投射到主反射器上的功率}}{\text{副反射器散射的总功率}} \tag{2-15}$$

（3）投射到主反射器上的功率，其相位和振幅在整个口径上必须相同，实际上是不可能的，由不均匀照射分布形成损耗，引入效率 η_3。

（4）主反射器辐射的功率中，被副反射器及其支架所屏蔽的部分是无效的，受副反射器面屏蔽时的效率为 η_4，受副反射器支架屏蔽的效率为 η_5。

$$\eta_4 = \frac{\text{未受副反射器屏蔽辐射的功率}}{\text{由主反射器辐射的总功率}} \tag{2-16}$$

$$\eta_5 = \frac{\text{未受支架屏蔽辐射的功率}}{\text{未受副反射器屏蔽由主反射器辐射出的功率}} \tag{2-17}$$

（5）主、副反射面的制造误差，使效率降低，此时效率近似表示为

$$\eta_6 = \exp\left\{-\left(\frac{4\pi\varepsilon}{\lambda}\right)^2\right\} \tag{2-18}$$

式中：ε 为主、副反射面对于理想曲面反射器偏差的均方和有效值（即主、副反射面精度），即

$$\varepsilon^2 = \varepsilon_{\text{主}}^2 + \varepsilon_{\text{副}}^2 \tag{2-19}$$

（6）馈源内部馈线传输损耗，引入的效率为

$$\eta_7 = \frac{1}{L} \tag{2-20}$$

式中：L 为馈源内传输馈线损耗。

总合起来,天线效率为

$$\eta_A = \eta_1 \cdot \eta_2 \cdot \eta_3 \cdot \eta_4 \cdot \eta_5 \cdot \eta_6 \cdot \eta_7 \tag{2-21}$$

式(2-21)各项之间有密切的关系,要提高 η_A 值,应进行综合考虑。在测控系统中天线随口径的不同,一般 η_A 可达到 50% ~70%。

3. 天线有效面积

在接收天线中,常用有效面积 A_e 来表示天线的质量指标。有效面积 A_e 定义为:接收天线输入到接收机输入端的功率 P_R 和天线处电磁波的功率密度 S 之比,即

$$A_e = \frac{P_R}{S} \tag{2-22}$$

同时可以看出,有效面积取决于天线的方向性。

对于任何天线而言,天线增益 G、天线有效面积 A_e 及天线效率 η_A 间关系为

$$G = \frac{4\pi A_e}{\lambda^2} = \frac{4\pi S_a}{\lambda^2} \times \eta_A \tag{2-23}$$

式中:λ 为工作波长;$A_e = S_a \cdot \eta_A$,S_a 为天线口径的几何面积,对于圆口径抛物面天线而言,$S_a = \pi R^2 = \pi D^2/4$,$D$ 为抛物面口径直径,$R = D/2$,代入式(2-23)得

$$G = \frac{4\pi}{\lambda^2} \cdot \frac{\pi D^2}{4} \cdot \eta_A = \left(\frac{\pi D}{\lambda}\right)^2 \cdot \eta_A \tag{2-24}$$

4. 方向图及波束宽度

测控系统中用得最多的是抛物面天线,因此辐射图呈针状波束。在抛物面表面上,电流振幅 A 的分布是均匀的,则辐射方向图可表示为

$$E = AS_a \frac{2J_1(\alpha R\sin\theta)}{\alpha R\sin\theta} \tag{2-25}$$

式中:E 为辐射远区场强;S_a 为天线口径面积,对于圆口径抛物面 $S_a = \pi R^2$,R 为天线口径半径;α 为电波传播系数;$\alpha = 2\pi/\lambda$;θ 为偏离电轴的角度。

从式(2-25)可以看出,天线口径 R 不变时,随着 f 的增大(f 为工作频率),方向图主瓣变窄,也就是随 R/f 比值的减小,方向图变得越尖锐。方向图半功率主瓣宽度为

$$\theta_{1/2} = 1.04\,\frac{\lambda}{D}(\text{rad}) = 59.4\,\frac{\lambda}{D}(^\circ) \tag{2-26}$$

实际上,对抛物面的照射并不是均匀的,因而方向图的主瓣的半功率波束宽度要加宽,因此主瓣宽度近似为

$$\theta_{1/2} = 70\,\frac{\lambda}{D}(^\circ) \tag{2-27}$$

式中:D 为圆形天线口径直径;λ 为工作波长。

5. 极化方式

天线的极化方式有水平线极化、垂直线极化、左旋圆极化、右旋圆极化等。

微波统一测控系统天线为了跟踪各种极化方式的航天飞行器，通常采用圆极化（或椭圆极化）的天线，且左旋或右旋方向可以切换，以便适应各种应用场合。

电场矢量的振荡方向称为电波的极化。电场矢量在一条直线上来回振荡的电磁波叫做线极化波；固定振幅的电场矢量作圆周旋转的电磁波叫做圆极化波，其形成条件是有两个电场分量 E_x 和 E_y，在空间正交且等幅，并在时间上 E_y 比 E_x 超前或滞后 $\pi/2$ 相位角。E_x 比 E_y 超前 $\pi/2$ 时为左旋圆极化波，E_x 比 E_y 滞后 $\pi/2$ 时为右旋圆极化波。

一般来说，理想圆极化波是不存在的，都是椭圆极化波，椭圆极化波可表达为

$$E_s(t) = \frac{E_0}{L}(e^{j\omega t} + be^{-j\omega t})e^{jr} \tag{2-28}$$

式中：E_0 为电场矢量振幅值；L 为源点至观察点的距离；r 为初相（椭圆波长轴与短轴之夹角，又称椭圆倾角）；b 为反旋系数，定义为

$$b = \frac{\text{反旋极化分量 } E'}{\text{主极化分量 } E} \tag{2-29}$$

用欧拉公式把 $E_s(t)$ 化成三角函数复数形式，以 $\omega t = 0°$ 和 $\omega t = 90°$ 代入，即得到 $E_s(s)$ 的最大值为 $(1+b)E_0$，最小值为 $(1-b)E_0$。其中，$(1+b)$ 为椭圆极化波的长轴，$(1-b)$ 为其短轴，由此得到椭圆极化波电压轴比（又称为椭圆度）为

$$\rho = \frac{1+b}{1-b} \tag{2-30}$$

进一步把 $E_s(s)$ 表达式写成

$$E_s(s) = \frac{E_0}{L}e^{+j(\omega t+r)} + b \cdot \frac{E_0}{L}e^{-j(\omega t-r)} \tag{2-31}$$

由式（2-31）可看到，一个椭圆极化波可看成两个相反方向旋转且不等幅的理想圆极化波的合成。两个圆极化波的幅度大小取决于 b 的大小，而 b 又取决于椭圆极化波的轴比 ρ 的大小。为了进一步弄清电波极化的概念，下面对 $E_s(t)$ 的物理意义进行讨论。

（1）$b=0$ 的情况。

$$E_s(t) = \frac{E_0}{L}e^{+j(\omega t+r)} = \frac{E_0}{L}[\cos(\omega t + r) + j\sin(\omega t + r)] \tag{2-32}$$

很明显，$E_s(t)$ 变成一个理想圆极化波。式（2-32）右边说明 $E_s(t)$ 是由空间相互正交的两个等幅、正交的电场分量组成，第一项为 $\cos\omega t$，第二项为 $\sin\omega t$，由定义可知，该信号为圆极化波，轴比为 1。

（2）$b=1$ 的情况。

$$E_s(t) = \frac{E_0}{L}e^{+j(\omega t+r)} + \frac{E_0}{L}e^{-j(\omega t-r)} \tag{2-33}$$

由式(2-33)可知,$E_s(t)$变成为两个等幅、反向旋转的圆极化波的合成。把式(2-33)变成三角函数的复数形式,并展开化简为

$$E_s(t) = \frac{2E_0}{L}\cos\omega t \cdot e^{jr} \tag{2-34}$$

由式(2-34)可见,$E_s(t)$是偏离 X 轴一个 r 角度的线极化波。也就是说,两个等幅、反向旋转的圆极化波可合成为一个线极化波;反之,一个线极化波可分解成两个等幅(振幅为原线极化波幅值的1/2)反向旋转的圆极化波。这就说明,用圆极化天线接收线极化波时,比用线极化天线接收线极化波低3dB。

(3) $0<b<1$ 的情况。由椭圆极化波表达式 $E_s(t)$ 可知,$E_s(t)$是由两个不等幅的、反向旋转的圆极化波合成的椭圆极化波。因此,可以认为圆极化波和线极化波都是椭圆极化波的特例。

双线极化是指两个相互正交的线极化电磁波,双圆极化波是指两个反方向旋转的正交圆极化波。两个正交波可以同频率,并同时使用于两个独立信道中。

6. 圆极化波旋向定义

对于应答式系统,天上应答机和地面测控站天线旋向一般采用图2-2(a)所示两种极化方式之一。对于反射式工作的雷达,一般采用图2-2(b)所示两种极化方式之一。

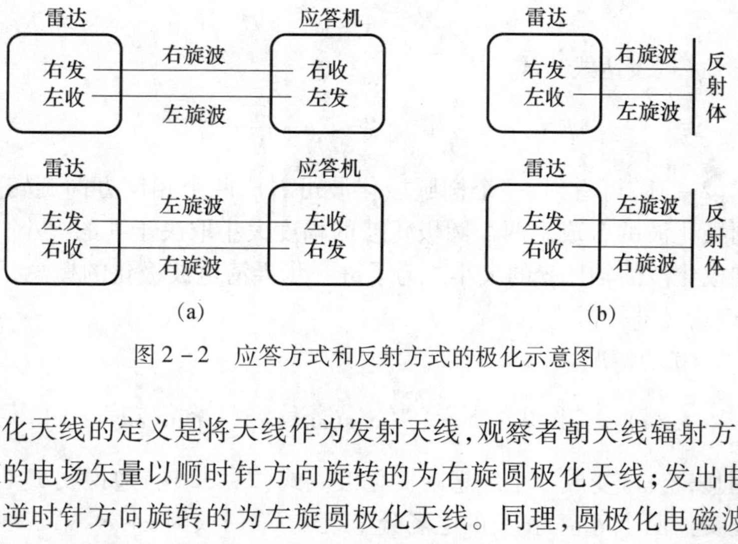

图2-2 应答方式和反射方式的极化示意图

圆极化天线的定义是将天线作为发射天线,观察者朝天线辐射方向看去,发出电波的电场矢量以顺时针方向旋转的为右旋圆极化天线;发出电波的电场矢量以逆时针方向旋转的为左旋圆极化天线。同理,圆极化电磁波旋向定义为:观察者朝电波传播方向看去,波的电场矢量顺时针方向旋转的为右旋圆极化电磁波,以逆时针方向旋转的为左旋圆极化波。根据此定义可证明,右旋圆极化天线只能接收右旋圆极化波,左旋圆极化天线只能接收左旋圆极化波。

7. 极化损耗

入射波极化方向和接收天线的极化方向不一致时，接收信号功率要产生损耗。该损耗定义为实际接收到的功率和理想接收功率之比，损耗为

$$L_p = \frac{1}{2}\left[1 + \frac{\pm \rho_t\rho_r + (1-\rho_t^2)(1-\rho_r^2)\cos 2\alpha}{(1+\rho_t^2)(1+\rho_r^2)}\right] \tag{2-35}$$

式中：ρ_t为入射电波的电压轴比（是指椭圆极化波的短轴与长轴之比，圆极化波时轴比为1，线极化波时轴比为零）；ρ_r为接收天线的电压轴比；α为两个极化椭圆长轴之间的夹角；“+”号用于同方向旋转，“-”号用于反方向旋转。

下面说明几种情况：

（1）当入射波和接收天线都为同旋向圆极化或轴比相等（$\rho_t=\rho_r$）的同旋向椭圆极化，且两长轴夹角 $\alpha=0°$时，极化损耗为 $L_p=0\text{dB}$，这是属于理想接收的情况。

（2）当入射波为线极化（$\rho_t=0$）、接收天线为圆极化（$\rho_r=1$）时，极化损耗 $L_p=-3\text{dB}$，即损耗3dB。

（3）当入射波为线极化（$\rho_t=0$），接收天线不是理想圆极化（$\rho_t\neq1$，但不能太小，尽量接近于1），极化损耗要大于3dB，常考虑取 $L_p=-4\sim-3\text{dB}$。

（4）用于航天器跟踪测量的地面天线，通常采用圆极化天线，如果航天器也用同旋向的圆极化天线，一般也应考虑1dB 的损耗。其原因是航天器天线和地面天线不可能做到理想的圆极化。同时，航天器飞行过程中姿态变化也要引起入射波倾角的变化，这都将导致极化损耗增加。

8. *G/T* 值

这是地面站测控系统的一个主要指标，又称为接收系统的品质因数。*G/T* 值越大，即接收天线增益 *G* 和接收系统噪声等效温度 *T* 的比值越大，则系统接收灵敏度越高，表示可接收的信息量越大。*G/T* 值常以 dB 表示。目前使用的测控系统中，一般使用直径为4~27m 之间的抛物面天线，且普遍采用低噪声场效应放大器作为接收前端，系统等效噪声温度小于60K，*G/T* 值可达22~40dB/K。一些用于同步定点卫星的地面通信天线直径为30m，接收机采用等效噪声温度为22K 的致冷场放，接收系统品质因素 *G/T* 可达到42dB/K 以上。

9. 有效发射功率

有效发射功率（EIRP）又称为发射系统等效全向辐射功率。地面测控站发射装置由发射天线（通常为收发共用天线）、发射连接馈线及大功率发射机组成。发射天线一般用针状波束抛物面天线，发射天线增益为

$$G_t = \frac{4\pi S_a}{\lambda^2}\cdot\eta_A = \left(\frac{\pi D}{\lambda}\right)^2\cdot\eta_A \tag{2-36}$$

式中：D 为抛物面天线直径；λ 为发射信号的波长；η_A为发射时天线效率；S_a为天线口径的几何面积。

设发射机高功放输出功率为 P_t，发射馈线损耗为 L_t，则有效发射功率 EIRP 为

$$
\begin{cases}\text{EIRP(dBm)} = P_t\text{(dBm)} + G_t - L_t \\ \text{EIRP(dBW)} = P_t\text{(dBW)} + G_t - L_t\end{cases} \tag{2-37}
$$

10. 自由空间中的传播损耗

自由空间中的传播损耗 L_s 有时也用 P_L(path loss)表示。令 P_s 为理想全向发射天线发射功率为 1W 时在 R 距离处全向天线收到的功率，即

$$
P_r = \frac{1}{4\pi R^2} \cdot \frac{\lambda^2}{4\pi} = \left(\frac{\lambda}{4\pi R}\right)^2 \tag{2-38}
$$

式中：$1/(4\pi R^2)$ 为全向发射天线发射功率为 1W 时，在 R 距离 $4\pi R^2$ 球面积的单位面积上功率扩散后得到的功率密度；$\lambda^2/(4\pi)$ 为全向天线的有效面积。两者的乘积 P_r 表示全向天线发射在距离为 R 时接收到的功率分量。

自由空间中的传播损耗为

$$
L_s(\text{dB}) = -10\lg\left(\frac{\lambda}{4\pi R}\right)^2 = 10\lg\left(\frac{4\pi R}{\lambda}\right)^2 \tag{2-39}
$$

将 $\lambda = C/f$ 代入，则有

$$
L_s = 10\lg\left(\frac{4\pi R}{C/f}\right)^2 = 20\lg R + 20\lg f - 20\lg\frac{C}{4\pi} = 20\lg R(\text{km}) + 20\lg f(\text{MHz}) + 32.447(\text{dB}) \tag{2-40}
$$

由式(2-40)可知，自由空间损耗仅与频率和距离有关。发射天线与接收天线间距离的增加会直接导致自由空间传输损耗的增加。

11. 噪声温度

外界噪声功率通过天线的主瓣和副瓣进入天线，一般用天线外部噪声温度 T_a 来表示，天线噪声温度与天线的辐射方向图有关，另外它还与天线的仰角有关。天线除外部噪声外，还有内部噪声。天线系统的噪声温度 T_a 与选定的参考点有关。若以馈线输出法兰为参考点，系统噪声温度必须考虑馈线热损耗产生的噪声温度 T_f 及 T_a 所受馈线损耗的影响，此时有

$$
T = \frac{T_a}{L} + T_f = \frac{T_a}{L} + \frac{L-1}{L}T_0 \tag{2-41}
$$

式中：L 为馈线损耗因子；T_0 为环境温度。

众所周知，线性网络的噪声温度可以用绝对温度表示，即

$$
N = kTB_n \tag{2-42}
$$

式中：N 为线性网络匹配负载得到的噪声功率(W)；k 为玻耳兹曼常数，$k = 1.38 \times 10^{-23}$ J/K；T 为绝对温度(K)；B_n 为线性网络等效噪声带宽。可见网络的噪声与噪声温度有关。

等效输入噪声温度是测控通信系统中一个特有的概念。它是把网络内部产

生的噪声折算到网络输入端,并且用噪声温度表示。它是度量网络内部噪声的一个参数。等效输入噪声温度和噪声系数间的关系为

$$T_e = (F - 1)T_0 \tag{2-43}$$

式中:T_e为等效输入噪声温度(K);F 为噪声系数(无量纲);T_0为以绝对温度表示的环境温度(K)。

损耗为 L 的馈线,其等效噪声温度为

$$T_e = (L-1)T_0 \tag{2-44}$$

根据式(2-44)可知,在常温(20℃)下,馈线损耗 0.1dB 的等效噪声温度为 6.8K。

系统噪声温度是折算到低噪声放大器输入端或天线馈线输入端的等效输入噪声温度。它由天线噪声温度、馈线损耗和低噪声放大器的噪声温度决定。

若以馈线输入端口为参考点,则系统噪声温度为

$$T = T_a + T_0(L-1) + T_r L \tag{2-45}$$

式中:T 为折算到馈线输入端口的系统噪声温度(K);T_a为天线噪声温度(K);T_0为大气常温(以绝对温度表示);T_r为接收机的噪声温度(K);L 为馈线损耗值(包括开关、滤波器、定向耦合器等)。

如果以接收机输入口为参考点计算系统等效噪声温度,即以 A 点作为参考界面计算,则

$$T' = \frac{T_a}{L} + \frac{T_0(L-1)}{L} + T_r = \frac{T_a}{L} + \left(1 - \frac{1}{L}\right)T_0 + T_r \tag{2-46}$$

式中:T'为折算到低噪声放大器输入端口的系统噪声温度(K)。

图 2-3 中的级联电路的等效噪声温度可以表示为

$$T_e = T_{e1} + \frac{T_{e2}}{G_1} + \frac{T_{e3}}{G_1 G_2} + \cdots + \frac{T_{en}}{G_1 G_2 G_3 \cdots G_{n-1}} \tag{2-47}$$

式中:T_e为级联电路的等效噪声温度(K);T_{ei}为各部件的等效噪声温度(K);G_i为各部件的增益真值($G_i = 1/L_i$)。一般说来,船载测控天线的噪声温度主要取决于前 3 项。这是因为低噪声放大器的增益比较大,使得在低噪声放大器以后的电路产生的噪声对系统噪声温度的影响很小,故在计算噪声温度时一般不考虑低噪声放大器以后的电路产生的噪声。但是,低噪声放大器至天线输出口间的馈线损耗将计入噪声温度,因此必须尽量减小这段馈线的损耗。

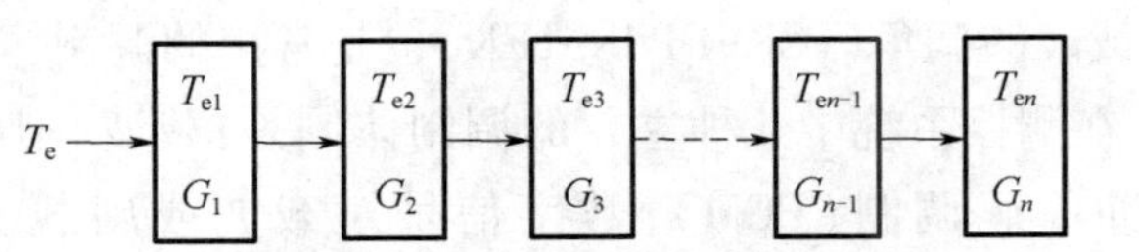

图 2-3 级联电路的等效噪声温度

2.3 测控信号的调制与解调

2.3.1 概述

在微波统一测控系统中,许多基带信号对统一载波同时调相或调频。这些基带信号为测距信号、遥测或遥控的 PCM 信号、话音信号等。其中测距信号直接对载波调相,其他信号都是先对各自的副载波调制(PSK 或 FSK),然后再共同对载波调相。各种信号对各自的副载波调制的目的是便于信道的频率区分。接收系统收到这种复杂的调制信号后,首先对载波解调,再经各副载波滤波器将各信道的信号区分开来,最后由各信道的副载波解调器对副载波解调后得到各自的调制信号(基带信号)。

测控系统对信号调制的要求可归纳为以下几点:

(1) 测控系统中基带信号(低频信号)对载波的调制采用调角体制(调相和调频),尤其调相体制应用的最为广泛,其原因如下:

① 载波分量可用于提取多普勒频率(而调频则不行)。

② 可将大量载波功率转换成边带功率。

③ 非线性放大不会使调制信号失真(调幅则不行)。

④ 峰值功率与平均功率之比为 1,调制效率高。

⑤ 调制方法简单可靠。

(2) 为了共用信道,采用多次调制技术,即各信道的基带信号先对各自副载波进行调制,然后将各副载波调制的和信号对载波进行调制,达到综合信道的目的。

(3) 测控系统中较多采用二进制编码信号,即 PCM 信号来传输信息,这主要用在遥测、遥控、数字通信中。采用数字基带信号有以下优点:

① 传输精度高。

② 容量大,可利用时分多路传输技术。

③ 抗干扰性能好。

④ 便于用计算机对数据进行处理。

因此,在测控系统中 PCM 调制是一种非常重要的调制体制。同样,利用 PCM 信号对副载波的调角(PSK,DPSK,FSK)也是常用的调制体制。

归纳起来,在测控系统中几种主要的调制体制是:载波、副载波调相或调频(PM、FM);脉冲编码调制(PCM);数字信号对载波或副载波的调制(PSK、DPSK、FSK)。在微波统一测控系统中,以上几种调制方式都被采用。

2.3.2 数字信号对副载波的调制与解调

数字信号调制副载波，就是用数字信号作为调制信号对副载波波形的某个参数进行调制，使得受调制参数按照基带数字信号的规律变化。为了充分利用数字信号的特点（时间离散、幅度离散），常用“键控”法去控制载波某个参量的数值。通过控制副载波的振幅、频率或相位就可得到振幅键控（ASK）、频率键控（FSK）、相位键控（PSK）和差分移相键控（DPSK）信号。以下主要讨论 PSK 和 mPSK 两种情况。

1. 二进制相移键控

在二进制相移键控（BPSK）中，载波的相位随调制信号 1 或 0 而改变，通常用相位 0°和 180°来分别表示 1 或 0。它的时域表达式为

$$S_{2PSK}(t) = \left[\sum_n a_n g(t - nT_s)\right]\cos\omega_c t \quad a_n = \pm 1 \tag{2-48}$$

当数字信号传输速率与载波频率间有确定的倍数关系时，典型波形如图 2-4所示。

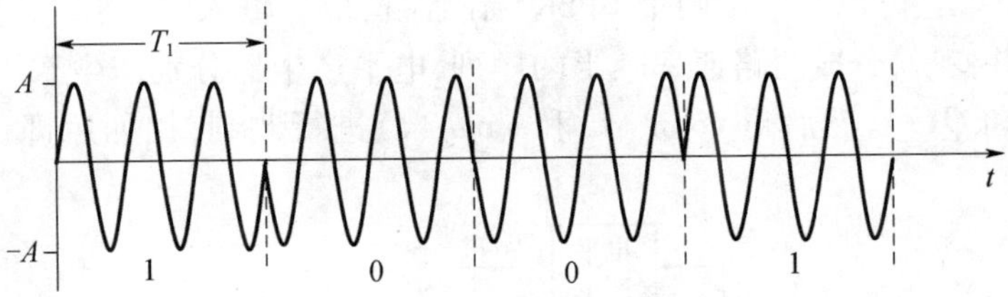

图 2-4 BPSK 信号的典型波形

这种以载波的不同相位直接表示相应的二进制数字调制信号的调制方式，成为二进制绝对移向方式。下面是 BPSK 信号的调制原理图，如图 2-5 所示。

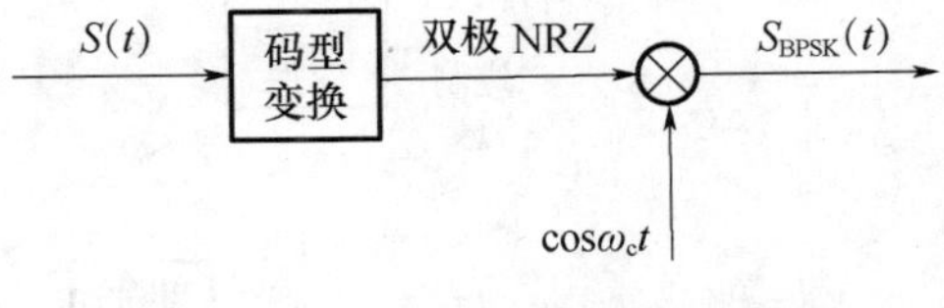

图 2-5 BPSK 信号的调制原理图

BPSK 信号的解调通常要采用相干解调，解调器原理如图 2-6 所示。如何得到同频同相的相干载波是个关键问题。

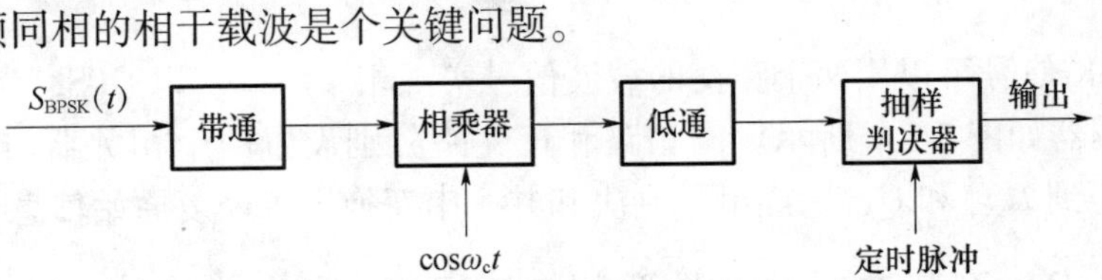

图 2-6 BPSK 相干解调

由于本地参考载波有“0，1”模糊度，因而解调得到的数字信号可能极性完全相反，从而 1 和 0 倒置。克服相位模糊度对相干解调影响的最常用而又有效

的办法是对调制器输入的数字基带信号采用差分编码。

2. 多进制相移键控

在 m 进制相移键控(mPSK)信号中,载波相位有 m 种取值,已调信号的时域表达式为

$$S_{\mathrm{mPSK}}(t) = \sum_{n} g(t - nT_{\mathrm{S}})\cos[\omega_{\mathrm{c}}t + \Phi(n)] \qquad (2-49)$$

式中:$\Phi(n)$是载波在 $t = nT_{\mathrm{s}}$时刻的相位,$\Phi(n) \in \{\Phi_i\}$,$\Phi_i = \theta + 2\pi i/M, i = 0, 1, 2, \cdots, m-1$,$\theta$ 为初始相位。式(2-49)可以改写为

$$S_{\mathrm{mPSK}} = I(t)\cos\omega_{\mathrm{c}}t - Q(t)\sin\omega_{\mathrm{c}}t \qquad (2-50)$$

$$I(t) = \sum \cos\Phi(t) g(t - nT_{\mathrm{s}}) \qquad (2-51)$$

$$Q(t) = \sum \sin\Phi(t) g(t - nT_{\mathrm{s}}) \qquad (2-52)$$

由此可见,mPSK 信号可以看成是对两个正交载波进行多电平双边带调制后所得两路 mASK 信号的叠加。$I(t)$称为同相分量,$Q(t)$称为正交分量。

在 mPSK 调制中最常用的是 4PSK,又称 QPSK,QPSK 正交调制器框图如图 2-7所示,它可以看成由两个 BPSK 调制器构成。输入的串行二进制信息序列经串—并变换,分成两路速率减半的序列,电平产生器分别产生双极性二电平信号 $I(t)$和 $Q(t)$,然后对 $\cos\omega_{\mathrm{c}}(t)$和 $\sin\omega_{\mathrm{c}}(t)$进行调制,相加后即得到 QPSK 信号。

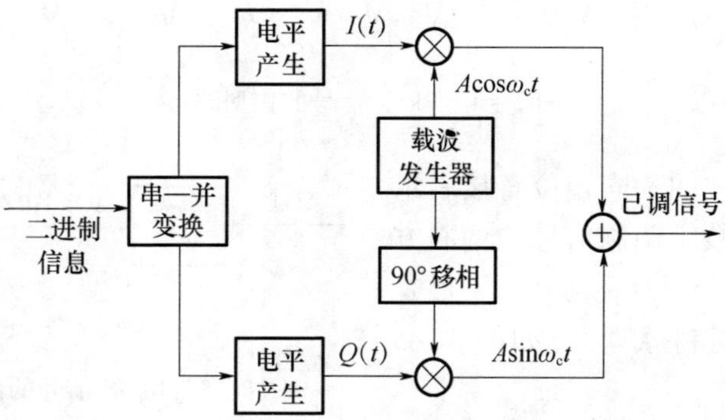

图 2-7 QPSK 正交调制器

mPSK 信号可以用两个正交的载波信号实现相干解调。以 QPSK 为例,它的相干解调器如图 2-8 所示。同相路和正交路分别设置两个相关器(或匹配滤波器),得到 $I(t)$和 $Q(t)$,经电平判决和并-串变换即可恢复原始信息。

2.3.3 副载波对载波的调制与解调

副载波对载波最常用的调制方式是振幅调制和角度调制。振幅调制属于线性调制。角度调制是对频率调制(FM)和相位调制(PM)的统称,属于非线性调制。

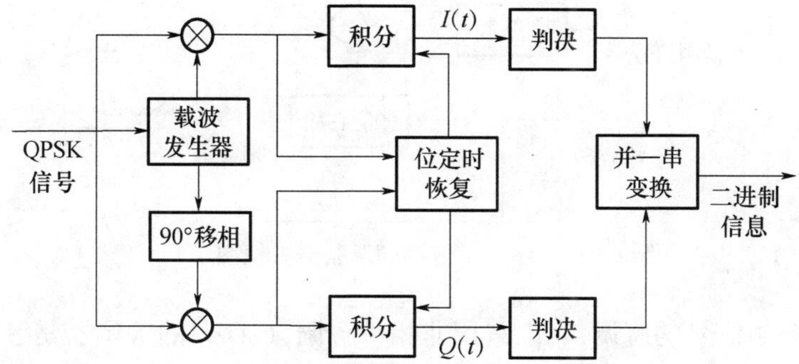

图 2-8 QPSK 相干解调器

下面主要讨论在航天测控领域应用广泛的 FM 和 PM 调制方式。设载波为

$$U_c = A\cos(\omega_c t + \theta_c) \tag{2-53}$$

式中：ω_c 和 θ_c 分别为载波的角频率和初始相位，再假设调制信号为单频余弦信号，即

$$f(t) = A_m\cos(\omega_m t + \theta_m) \tag{2-54}$$

为了讨论简单，往往令 $\theta_c = 0°, \theta_m = 0°$。

1. 频率调制(FM)

如果载波 U_c 的幅度不变，起始相位为 0°，而瞬时角频率是调制信号的线性函数，则这种调制方式称为频率调制。调频信号的时域表达为

$$S_{FM}(t) = A\cos(\omega_c t + K_{FM}\int f(t)\,dt) = A\cos(\omega_c t + \beta_{FM}\sin\omega_m t) \tag{2-55}$$

式中：K_{FM} 称为频偏常数，$\beta_{FM} = K_{FM}A_m/\omega_m$ 为调频指数。信号的傅里叶变换为

$$S_{FM}(\omega) = \pi A\sum_{n=-\infty}^{\infty} J_n(\beta_{FM})[\delta(\omega - \omega_c - n\omega_m) + \delta(\omega + \omega_c + n\omega_m)] \tag{2-56}$$

式中：$J_n(\beta_{FM})$ 为第一类 n 阶贝塞尔函数。由式(2-56)可见，调频信号中包含无穷多个频率分量，载波分量幅度正比于 $J_0(\beta_{FM})$，围绕载波的各次边频分量幅度正比于 $J_n(\beta_{FM})$。

有两类产生调频信号的方法：直接法与倍频法。在直接法中采用压控振荡器(VCO)作为产生调频信号的调制器，压控振荡器的输出频率正比于所加的控制电压。直接调频法的优点是可以得到很大的频偏。其主要缺点是载波会发生飘移，因而需要附加的稳频电路。在倍频法中，首先用类似于线性调制的方法产生窄带调频信号，然后用倍频的方法变换为宽带调频信号。窄带调频信号可看成由正交分量与同相分量合成，即

$$S_{NBFM}(t) = A\cos\omega_c t - [AK_{FM}\int f(t)\,dt]\sin\omega_c t \tag{2-57}$$

因此，可以采用图 2-9 所示的框图来实现窄带调频，倍频器可以用非线性器件实现，然后用带通滤波器滤去不需要的频率分量。

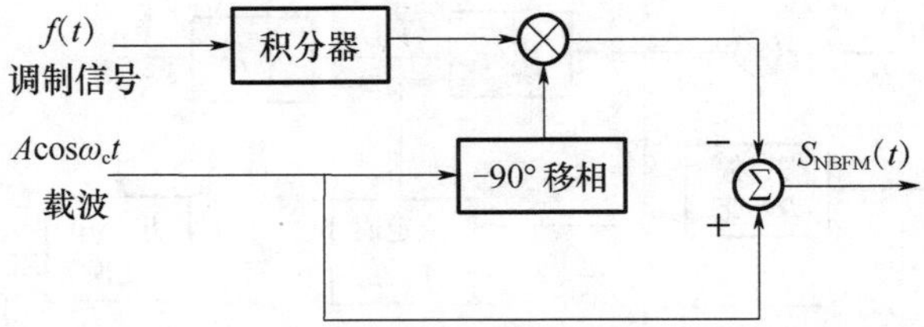

图 2－9　窄带调频调制器方框图

对于调频信号的解调，可以采用非相干解调，最简单的解调器是鉴频器。如图 2－10 所示。

理想鉴频器可看成是微分器和包络检波器的级联，微分器输出为

$$S_d(t) = -A[\omega_c + K_{FM}f(t)]\sin[\omega_c t + K_{FM}\int f(t)\,dt] \tag{2-58}$$

这是一个调幅调频信号，如果只取其包络信息，则正比于调制信号 $f(t)$，因而滤去直流后，包络检波器的输出为

$$S_o(t) = K_d K_{FM} f(t) \tag{2-59}$$

式中：K_d 称为鉴相器灵敏度。这种解调方法的缺点之一是包络检波器对于由信道中噪声和其他原因引起的幅度起伏也有反应，因而在使用中常在微分器之前加一个限幅器和带通滤波器。

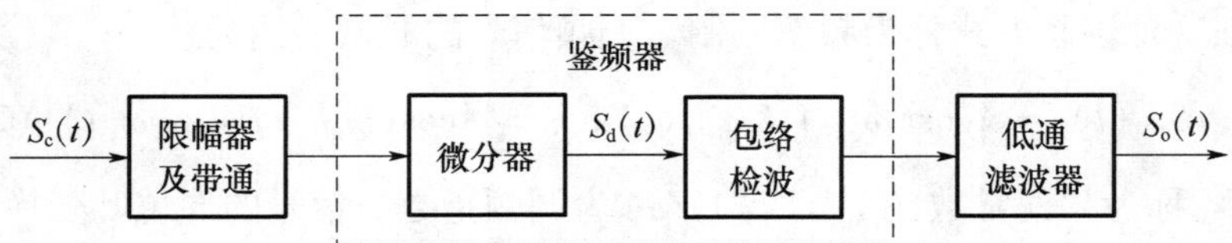

图 2－10　调频信号的非相干解调

由于窄带调频信号可分解成同相分量和正交分量之和，因而可以采用线性调制中的相干解调法进行解调。其方框图如图 2－11 所示。

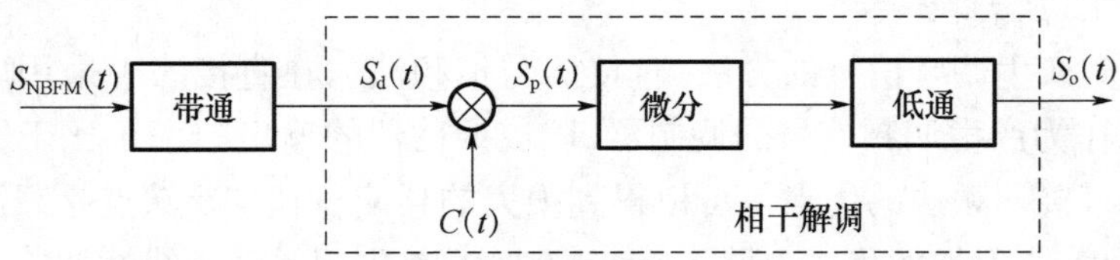

图 2－11　窄带调频信号的相干解调

2. 相位调制（PM）

如果载波 U_c 的幅度和频率保持不变，瞬时相移是调制信号的线性函数时，这种调制方式称为相位调制。调相信号的时域表达式为

$$S_{PM}(t) = A\cos[\omega_c t + K_{PM}f(t)] = A\cos(\omega_c t + \beta_{PM}\cos\omega_m t) \tag{2-60}$$

式中：K_{PM}为相移常数；$\beta_{PM}=K_{PM}A_m$为调相指数。信号的傅里叶变换为

$$S_{PM}(\omega)=\pi A\sum_{n=-\infty}^{\infty}J_n(\beta_{PM})[\mathrm{e}^{\mathrm{j}n(\pi/2)}\delta(\omega-\omega_c-n\omega_m)+\mathrm{e}^{-\mathrm{j}n(\pi/2)}\delta(\omega+\omega_c+n\omega_m)] \tag{2-61}$$

将式(2-61)与FM信号的傅里叶变换相比可知，调相信号的频谱和调频信号的频谱的差别仅在于各边频分量的相移不同。

由于瞬时角频率与瞬时相位之间互为微分或积分关系，因而频率调制器也可用来产生调相信号，只须将调制信号在送入频率调制器之前先进行微分。同样，也可用相位调制器产生调频信号，这时调制信号必须先积分然后再送入相位调制器。

2.4 锁相环技术

2.4.1 锁相环的基本原理

2.4.1.1 概述

锁相环路是一个相位误差控制系统。它比较输入信号与压控振荡器输出信号之间的相位差，产生一个对应于两个信号相位差的输出电压。该误差电压经处理后去调整压控振荡器的频率（相位）。当环路锁定时，输入信号与压控振荡器输出信号频差为零，相位差不再随时间变化，此时误差控制电压为一固定值。

锁相技术经过几十年的发展，已广泛用于无线电技术的多个领域。就其性能而言，最能显示锁相技术潜在能力的当属对弱信号的接收与检测。特别是在航天技术中，对深空飞行器的跟踪，此时锁相环路相当于一个窄带跟踪滤波器。其相对带宽之窄可以做到10^{-9}或更窄，而且其通带中心是随着信号频率的移动而移动的，锁相环用于检测和跟踪由飞行器上传来的带有多普勒频移的弱信号。除了弱信号接收以外，还有很多其他用途。归纳起来，通常的应用包括：

(1) 弱信号的跟踪与检测。

(2) FM或PM调制与解调。

(3) 频综器中的频谱提纯、倍频与分频、频率偏置。

(4) 通信中的载波或副载波恢复与提取。

(5) 数据通信中位同步的建立。

在这些应用中，锁相技术已经超出滤波的含义。例如，载波恢复，除了在频

域中进行提取滤波外，还进行了变换，恢复出未传送的载波分量；又如，数字式的锁相环，不光是提取信号，而且环路中数据振荡器的控制码可直接用来计算目标的速度或距离。

早期的锁相技术，花费较大的注意力研究鉴相器、压控振荡器等部件。近年来，由于集成电路和数字化技术的发展，锁相环部件已经比较成熟，更多的注意力用在环路的整体设计和应用方面。

2.4.1.2 环路的线性模型

锁相环是一个闭环自动调节系统，最常用的为二阶锁相环。本节以二阶锁相环为例，来阐述锁相环原理。从原理上讲，它由 3 个基本环节组成，即鉴相器、低通滤波器和压控振荡器，组成框图如图 2－12 所示。

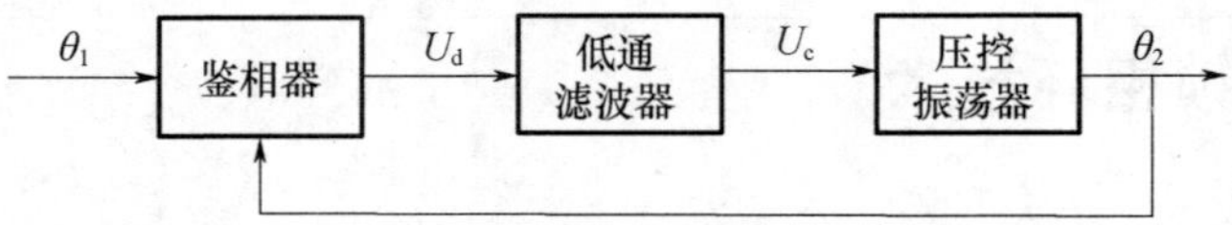

图 2－12　锁相环的组成

1. 鉴相器

鉴相器（或称相位检波器）是相位比较装置，用来比较输入信号 $v_i(t)$ 与输出信号 $v_o(t)$ 的相位，输出一个对应于两信号相位差的误差电压信号 $v_d(t)$。鉴相器的具体电路很多，有模拟电路，也有数字电路，输出特性有正弦、锯齿及三角形等多种形式，下面以正弦形特性进行分析。

将输入量 θ_1 与输出量 θ_2 直接比较，得到与相位误差 $\theta_e = \theta_1 - \theta_2$ 相应的电压 U_d，其传递函数与具体的鉴相器形式有关，当采用乘法器做鉴相器时，有

$$U_d = k_d \cdot \sin(\theta_1 - \theta_2) \tag{2-62}$$

式中：k_d 为鉴相器的最大输出电压。

由式（2－62）可以看出，鉴相器是一个非线性环节。当研究环路锁定之后的特性时，可以用线性模型来近似。一般情况下，环路锁定之后，相位误差 $\theta_1 - \theta_2$ 为一个小于 5°的值，这时可以得出图 2－13 的线性模型。

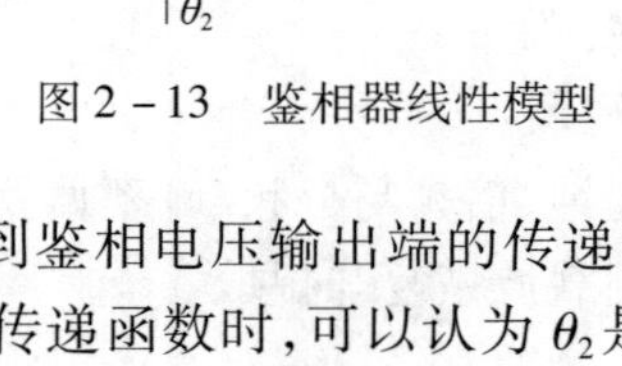

图 2－13　鉴相器线性模型

这时，由 θ_1 的输入端到鉴相电压输出端的传递函数为 $U_d/(\theta_1 - \theta_2) = k_d$。在考虑鉴相器对输入量的传递函数时，可以认为 θ_2 是一个固定的参考源，传递函数为

$$H_{PD}(s)=\frac{U_d(s)}{\theta_j(s)}=K_d \tag{2-63}$$

2. 低通滤波器

从粗略的概念上讲，环路中的低通滤波器起到对鉴相器输出的高频分量的滤除作用。使得 U_d 的快变分量所产生的误差电压不能到达 VCO，因而不会造成输出量的变化。实际上，它的作用不止于此，从自动调节系统的角度看，该低通滤波器又称校正网络。在环路选用了鉴相器和 VCO 之后，环路的设计主要是确定校正网络的参数。其参数不仅决定了环路的动态特性和传递函数，还直接影响到环路的捕获性能和稳定性。

通常，在二阶模拟锁相环中有两种校正网络，无源比例积分网络如图 2-14(a)所示，有源比例积分网络如图 2-14(b)所示。

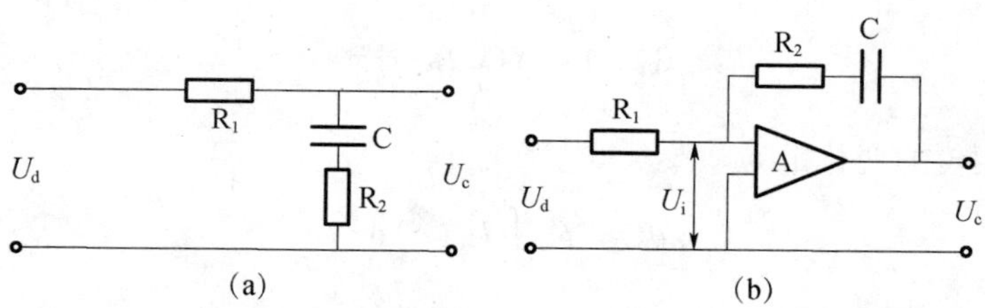

图 2-14　低通滤波器的校正网络

无源比例积分网络的传递函数为

$$F(s)=\left(\frac{1}{Cs}+R_2\right)\Big/\left(\frac{1}{Cs}+R_1+R_2\right)=\frac{1+R_2Cs}{1+(R_1+R_2)Cs}=\frac{1+\tau_2 s}{1+\tau_1 s} \tag{2-64}$$

其中

$$\tau_1=(R_1+R_2)C,\tau_2=R_2C$$

有源比例积分网络的传递函数为

$$F(s)=-A\frac{1+\tau_2 s}{1+\tau_1 s} \tag{2-65}$$

其中

$$\tau_1=(AR_1+R_1+R_2)C,\tau_2=R_2C$$

A 为放大器增益，当 A 很大时，有

$$F(s)=-A\frac{1+\tau_2 s}{1+AR_1Cs}\approx-\frac{1+\tau_2 s}{R_1Cs}=-\frac{1+\tau_2 s}{\tau_1 s} \tag{2-66}$$

式中：$\tau_1=R_1C$；式中的负号只表示运算放大器的输出端与输入端反相。

3. 压控振荡器(VCO)

VCO 的振荡频率随控制电压 U_v 而变化，当它成线性变化时，有

$$\omega_v(t)=\omega_0+K_vU_v(t) \tag{2-67}$$

式中：K_v 为压控振荡器的控制灵敏度或增益系数，单位为 rad/(V·s)。

ω_v的变化曲线如图 2－15 所示，当 $U_v=0$ 时，VCO 输出频率为 ω_0，环路的输出相位为

$$\theta = \int_0^t \omega_v(\tau)\mathrm{d}\tau = \omega_0\tau + K_v\int_0^t U_v(\tau)\mathrm{d}\tau \tag{2-68}$$

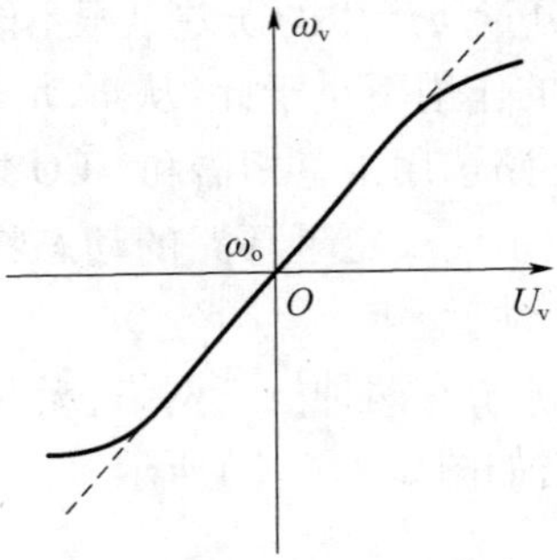

图 2－15　VCO 压控特性

输出相位的变化量为

$$\theta_0 = K_v\int_0^t U_v(\tau)\mathrm{d}\tau \tag{2-69}$$

算子形式为

$$\theta_0(s) = K_v\frac{U_v(s)}{s} \tag{2-70}$$

所以，有

$$H_v(s) = \frac{K_v}{s} \tag{2-71}$$

2.4.1.3　环路的捕获与跟踪

锁相环路的典型状态有失锁、锁定状态以及由失锁到锁定的捕获状态。

（1）锁定状态：当环路的输出信号与输入信号的平均频差等于零时，环路即处在锁定状态，否则为失锁状态。这里说的平均，就是指在一段时间内观察而言。对环路锁定的定义，存在不同的方法，特别是当环路在低信噪比下工作时，严格地定义和测定环路的锁定都是比较难的。

（2）同步带：环路的同步带是指在环路锁定之后，当输入信号频率变化时，能保持锁定状态所允许的最大固有频差，定义为 $\Delta\omega_H$，实际上 $\Delta\omega_H$取决于鉴相器能输出的最大误差电压范围及在此电压范围内 VCO 所能压控的频率范围。

$$\Delta\omega_H = U_{dmax}\cdot K_{VCO} \tag{2-72}$$

（3）捕获过程：从信号加到锁相环输入端开始，环路由失锁状态进入到锁定状态的过程为捕获过程，捕获过程包括频率捕获和相位捕获。

（4）捕获带 $\Delta\omega_p$：当环路参数确定之后，就有一个频率范围 $\Delta\omega_p$，只要外来

信号频率落在这个范围之内时，环路能产生一个频率牵引过程，使环路完成频率和相位捕获。使环路必然进入锁定的最大频差 $\Delta\omega_p$ 称为捕获带。

产生频率牵引的机理：当输入信号加在环路上时鉴相器输出一个差拍（误差）电压，并通过低通滤波器作用于 VCO 上。此差拍的半周使 VCO 的频率与外来信号接近，而另外半周使 VCO 的频率更远离外来信号。接近的半周周期拉长（差拍频率降低）而远离的半周周期缩短，总的效果是产生了一个使 VCO 频率同外来信号接近的直流分量，经积分又使频率牵引更进一步（鉴相器输出波形更不对称）直至 VCO 与外来信号频率相等，完成锁定过程。对捕获的定量分析，涉及非线性方程的求解，理论上很繁琐，但是用计算机来仿真可以得出明确的结果。

2.4.1.4 环路的稳定跟踪性能

在谈及环路的跟踪性能时，人们通常关心两个方面的性能，一是环路的跟踪误差，二是环路能维持锁定跟踪的性能。谈论跟踪误差是以环路能保持锁定为前提，跟踪误差超过一定界限时环路不能再维持锁定。

当采用无源比例积分滤波器时，环路的误差传递函数为

$$H_e(s) = \frac{s\left(s + \frac{\omega_n^2}{k}\right)}{s^2 + 2\xi\omega_n s + \omega_n^2} \tag{2-73}$$

下面讨论 3 种不同输入信号时环路的误差。

（1）当输入为相位阶跃时。

$$\theta_i(t) = \Delta\theta \cdot U(t) \tag{2-74}$$

式中：$U(t)$ 为单位阶跃函数，其拉普拉斯变换为

$$\theta_i(s) = \Delta\theta/s$$

$$H_e(s) = \frac{s\left(s + \frac{\omega_n^2}{k}\right)}{s^2 + 2\xi\omega_n s + \omega_n^2} \cdot \frac{\Delta\theta}{s} \tag{2-75}$$

当 $t\to\infty$ 时，θ_e 可以用下式求得，即

$$\lim_{t\to\infty}\theta_e(t) = \lim_{s\to 0} s\theta_e(s) = \lim_{p\to 0} s\frac{\left(s + \frac{\omega_n^2}{k}\right)\Delta\theta}{s^2 + 2\xi\omega_n s + \omega_n^2} = 0 \tag{2-76}$$

即输入为相位阶跃时输出的稳态值无误差。

（2）当输入为频率阶跃时。

$$\theta_i(t) = \Delta\omega \cdot U(t) \tag{2-77}$$

$$\theta_i(s) = \frac{\Delta\omega}{s^2} \tag{2-78}$$

$$\lim_{t\to\infty}\theta_e(t) = \lim_{s\to 0} s\theta_e(s) = \lim_{s\to 0} s \frac{s\left(s+\frac{\omega_n^2}{k}\right)}{s^2+2\xi\omega_n s+\omega_n^2}\cdot\frac{\Delta\omega}{s^2} = \frac{\Delta\omega}{k} \tag{2-79}$$

当输入信号有一个频率阶跃 Δω，则输入与输出信号之间会有一个固定相位差，相位差值与环路增益成反比。

（3）当输入线性频率斜升时。

$$\omega_i(t) = \Delta\dot{\omega}t \tag{2-80}$$

输入信号的拉普拉斯变换为

$$\theta_i(s) = \Delta\dot{\omega}/s^3 \tag{2-81}$$

$$\lim_{t\to\infty}\theta_e(p) = \lim_{s\to 0} s\theta_e(s) = \lim_{s\to 0} s \frac{s\left(s+\frac{\omega_n^2}{k}\right)}{s^2+2\xi\omega_n s+\omega_n^2}\cdot\frac{\Delta\omega}{s^3} = \lim_{s\to 0}\frac{\left(s+\frac{\omega_n^2}{k}\right)\Delta\dot{\omega}}{s(s^2+2\xi\omega_n s+\omega_n^2)} = \infty \tag{2-82}$$

当输入为线性频率斜升信号时，环路的稳定相差为∞。这说明当输入信号的频率一直斜升的话，环路的输出与输入之间出现频差。如果持续时间较长，则累积较大的相位误差，环路将不能锁定。在测控系统中，经常遇到频率斜升的情况。当火箭加速时，多普勒频率即为逐渐变化的量（不一定为线性）。在测控系统建立双捕的过程中，地面发射的信号为频率扫描状态，应答机锁定之后进入随扫状态，因而地面接收机收到的信号在一段时间内为频率斜升。上面的结论说明，若输入频率为斜升状态，则环路不能永远保持锁定，但在一段时间内仍然是可以保持锁定的。事实上，输入信号的斜升也只是在一段有限的时间内出现，不可能无限地斜升下去。

2.4.1.5 环路的跟踪门限

当环路锁定之后，要保持环路的跟踪状态，需要满足一定条件。对常用二阶环路来讲，通常考虑环路的噪声门限、输入频率阶跃门限和频率斜升门限。

1. 环路的噪声门限

环路在高斯白噪声作用下，数学模型不再是简单的线性化模型。因为噪声所造成的瞬时相位抖动在很大范围内变化，在噪声较强时会超出线性区。噪声作用下的环路微分方程为

$$\frac{d\theta_e}{dt} = \frac{d\theta_1}{dt} - k_0F(p)[U_d\sin\theta_e(t) + N(t)] \tag{2-83}$$

式中：$N(t)$为噪声电压；p 为微分算子 dt/t。

在对环路进行线性分析的基础上，可以得到在输入噪声作用下环路输出相位噪声的方差为

$$\sigma_{\theta_{n0}}^2 = \frac{2N_0}{U_i^2}\int_0^\infty |H(j2\pi F)|^2 dF = \frac{2N_0B_L}{U_i^2} \tag{2-84}$$

式中：$B_L = \int_0^\infty |H(j2\pi F)|^2 dF$ (Hz)为环路的单边带宽。B_L的物理意义是明显的，它把环路对相位噪声的滤除作用考虑成一个低通滤波器。输入的噪声是分布在$|H(j2\pi F)|$频带内的，而能通过环路的只有$[0,B_L]$带内的噪声，高于B_L的都被滤除。$[0,B_i/2]$响应曲线并不是理想的矩形，但在计算B_L时，用一个所包围面积相同的矩形曲线来代替$|H(j2\pi F)|$的响应，如图2－16所示。

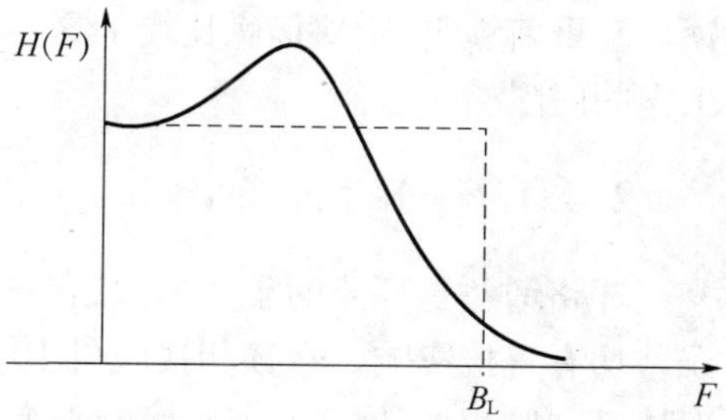

图2－16　环路噪声带宽

用线性分析所得的响应曲线可以求各种环路的噪声带宽。

（1）一阶环：

$$B_L = K_0 K_d / 4 \tag{2-85}$$

说明一阶环只能靠改变增益来调节其噪声带宽。

（2）采用RC积分的二阶环：

$$B_L = K/4 \tag{2-86}$$

虽然在二阶环中采用了RC滤波，实际上RC参数对噪声带宽没有影响，因此这种环很少应用。

（3）采用有源比例积分的环路：

$$B_L = \frac{\omega_n}{8\xi}(1 + 2\xi^2) \tag{2-87}$$

式中：ω_n的单位是rad/s；B_L的单位是Hz。

2. 输入信噪比和环路信噪比

环路的输入信噪比为$(S/N)_i$，是指输入载波（或对环路锁定有用的信号）功率$U_i^2/2$与通过预检波带宽B_i的噪声功率$N_0 \cdot B_i$之比，即

$$(S/N)_i = \frac{U_i^2/2}{N_0 B_i} = \frac{U_i^2}{2N_0 B_i} \tag{2-88}$$

尽管环路输入端的噪声可以很大，但是对环路起主要影响并能造成输出相位抖动的是在窄带内的噪声。为了表达环路的工作情况，引入了环路信噪比的概念。环路信噪比$(S/N)_L$被定义为输入信号功率$U_i^2/2$与可通过单边噪声带宽B_L的功率$N_0 B_L$之比，即

$$(S/N)_L = \frac{U_i^2/2}{N_0 B_L} = \frac{U_i^2}{2N_0 B_L} \tag{2-89}$$

环路的锁定门限可以用环路信噪比来表达，环路的输入信噪比$(S/N)_i$是可以测量的，但是环路信噪比是不能直接测量的，它与输入信噪比的关系为

$$\left(\frac{S}{N}\right)_L = \left(\frac{S}{N}\right)_i \cdot \frac{B_i}{B_L} \tag{2-90}$$

通常 $B_i \gg B_L$，所以 $(S/N)_L \gg (S/N)_i$。

通过实验和观察可以看出，当环路信噪比 $(S/N)_L$ 降低时，环路出现跳周现象（跳过 2π 或几个 2π，然后再稳定下来），到 $(S/N)_L$ 为 0dB 附近时环路将失锁。若重新锁定，则要信噪比增加 3～6dB，通常以 $(S/N)_L \geqslant 6$dB 作为环路正常工作的门限。

2.4.1.6 限幅器的作用

环路增益是环路的重要参数，它对环路的稳定性、噪声带宽、动态响应、静态误差均有直接影响。在锁相接收机中，在鉴相器之前都有限幅器，其作用主要是保持送到鉴相器的信号幅度为近似恒定，以免环路的参数随接收信号变化产生很大的起伏。

2.4.1.7 数字锁相环

传统的锁相环由模拟电路实现，而数字锁相环（DPLL）与传统的模拟电路实现的 PLL 相比，具有精度高且不受温度和电压影响、环路带宽和中心频率编程可调、易于构建高阶锁相环等优点，并且应用在数字系统中时，不需 A/D 及 D/A 转换。随着通信技术、集成电路技术的飞速发展和系统芯片的深入研究，数字锁相环将会得到更为广泛的应用。

1. 数字锁相环的结构

数字锁相环的组成与模拟锁相环（图 2－12）相似，由数字鉴相器（DPD）、数字环路滤波器（DLF）、数字压控振荡器（DCO）三部分组成。

(1) 数字鉴相器。数字鉴相器也称采样鉴相器，是用来比较输入信号与压控振荡器输出信号的相位，它的输出电压是对应于这两个信号相位差的函数。它是锁相环路中的关键部件，数字鉴相器的形式可分为：过零采样鉴相器、触发器型数字鉴相器、超前－滞后型数字鉴相器和奈奎斯特速率取样鉴相器。

(2) 数字环路滤波器。数字环路滤波器在环路中对输入噪声起抑制作用，并且对环路的校正速度起调节作用。数字滤波器是一种专门的技术，有各种各样的结构形式和设计方法。引入数字环路滤波器和模拟锁相环路引入环路滤波器的目的一样，是作为校正网络引入环路的。因此，合理的设计数字环路滤波器和选取合适的数字滤波器结构就能使 DPLL 满足预定的系统性能要求。

(3) 数字压控振荡器。数字压控振荡器又称为数字钟，它在数字环路中所处的地位相当于模拟锁相环中的电压控制振荡器（VCO）。但是，它的输出是一个脉冲序列，而该输出脉冲序列的周期受数字环路滤波器送来的校正信号的控制。其控制特点是：前一采样时刻得到的校正信号将改变下一个采样时刻的脉冲时间位置。

2. 数字锁相环工作原理

数字锁相环的基本工作过程如下：

(1) 设输入信号和本振信号(数字压控振荡器输出信号)分别是正弦和余弦信号,它们在数字鉴相器内进行比较,数字鉴相器的输出是一个与两者间的相位差成比例的电压 $U_d(t)$。

(2) 数字环路滤波器滤除数字鉴相器输出的高频分量,然后把输出电压 $U_c(t)$ 加到数字压控振荡器的输入端,数字压控振荡器的本振信号频率随着输入电压的变化而变化。如果两者频率不一致,则数字鉴相器的输出将产生低频变化分量,并通过低通滤波器使 DCO 的频率发生变化。只要环路设计恰当,则这种变化将使本振信号的频率与数字鉴相器输入信号的频率一致。

(3) 如果本振信号的频率和输入信号的频率完全一致,两者的相位差将保持某一个恒定值,则数字鉴相器的输出将是一个恒定直流电压(忽略高频分量),数字环路滤波器的输出也是一个直流电压,DCO 的频率也将停止变化,这时,环路处于“锁定状态”。

3. 数字锁相环的特点

(1) 电路完全数字化,使用逻辑门电路和触发器电路。系统中只有“导通”和“截止”两种工作状态,受外界和电源干扰的可能性大大减小,电路容易集成,易于制成全集成化的单片全数字锁相环路,因而系统的可靠性大大提高。

(2) 数字锁相环路基本消除了模拟锁相环路中 VCO 的非线性以及环路中使用运算放大器和晶体管后而出现的饱和及运算放大器和鉴相器的零漂等对环路性能的影响。

(3) 数字锁相环路的环路部件甚至整个环路都可以直接用微处理机来模拟而实现。

(4) 数字锁相环路中,因模拟量转变为数字量所引入的量化误差和离散控制造成的误差,只要系统设计得当,均可以被忽略。

2.4.2 锁相环路在相干解调技术中的应用

相干解调技术是一种在噪声和干扰条件下,利用信号的相位特征,将调制载波的信号解调出来的一种技术,实质上即是采取了对信号有利,而对噪声和干扰抑制的措施,因而有利于接收处理淹没在噪声中的微弱信号。

这种利用相位相干关系实现解调(检测),就是相干解调(相干检测)。实现相干解调要对输入信号 $v_i(t)$ 和噪声 $n_i(t)$ 的混合物进行某种时域上的运算,再将运算结果加以判别或者与被测参数相联系。一种典型的运算是互相关运算,即

$$\int x(t)v_r(t)\,dt \tag{2-91}$$

式中：$x(t)=v_i(t)+n_i(t)$；$v_r(t)$是接收端产生的与信号密切相关的本地参考信号。

2.4.2.1 调频/调相解调器

调频、调相信号有模拟调制(FM、PM)与数字调制(FSK、PSK)两种形式。

1. 窄带 FM、PM 与 FSK 信号解调

窄带调角信号的频谱中含有较强的载波分量。较强的载波分量可供锁相环实现载波跟踪用，因此解调窄带 FM、PM 与 FSK 信号，锁相环路可设计成载波跟踪环，此时解调信号从鉴相器输出，如图 2-17 所示。解调器本身是一个鉴相器，窄带环路只是保证提供一个本地相干参考信号，所以环路中的鉴相器同时又起相位解调器的作用。

2. 宽带 FM 与 PM 信号解调

宽带调角信号的频谱中载波分量比较小。由于载波分量较小，环路无法进行载波跟踪，因此使用调制跟踪环路来解调宽带 FM 与 PM 信号，环路设计成宽带，此时解调信号从环路滤波器输出，如图 2-17 所示。由于 VCO 输出相位跟踪输入的调制变化，且负反馈到鉴相器输入端，故最大相位误差偏移会减小，从而使鉴相器不会工作到非线性区。

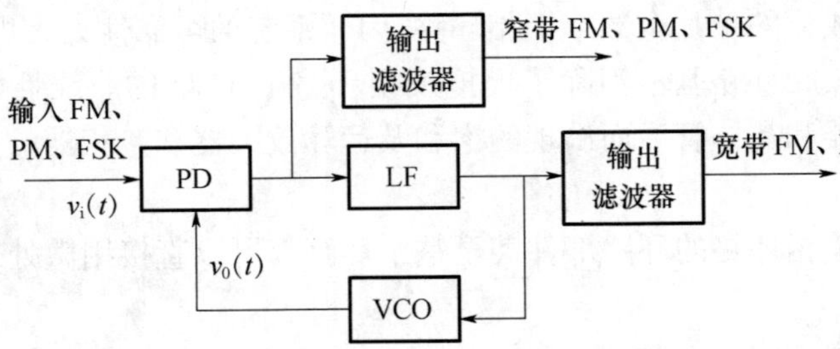

图 2-17 调频调相解调环路

由于环路的滤波作用，噪声引起的环路每秒钟跳周次数远小于限幅鉴频器(指一般接收的解调)输出端每秒出现的脉冲数，所以门限电平低，与限幅鉴频器相比约有 4～5dB 的门限改善。

3. 副载波调角信号的解调

在船载微波统一测控系统中，调角信号可以是 N 个相位调制的正弦副载波与 M 个方波(通常 $M=1$)副载波的相加组合形式。正弦副载波用来传输遥测、遥控与测距等信息，方波副载波用来传输数据信息。这种复杂的调角信号可用窄带载波跟踪环提取相干载波参考信号，在鉴相器输出端取出调制信号，然后用副载波带通滤波器进行分割提取，再加到各自的解调器上，将调在正弦副载波与方波副载波上的信息与数据最终解调出来，如图 2-18 所示。

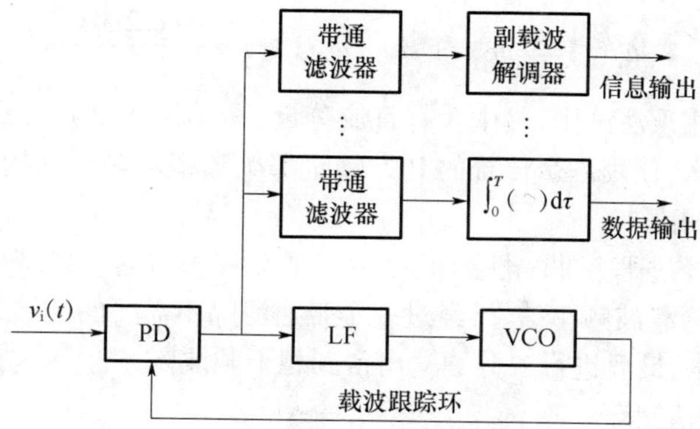

图 2-18　N 个正弦与 M 个方波副载波解调环路

2.4.2.2　抑制载波的 PSK 信号相干解调器

在一些调制体制中，由于调制信号不含有直流信号，因此接收信号中不含有载波分量，这就需要抑制载波锁相环。

BPSK 中，载波被一个（滤波或未滤波的）符号序列调制。假设某一时刻信号只包含单一频率 f_d，采用 BPSK，数据与载波相乘，因此它们的频谱会包含和频 f_s+f_d 和差频 f_s-f_d 两条谱线。通常数据信号是任意的逻辑 0、1 序列，其中 1 用正电压表示，0 用负电压表示。足够长的时间后 0 和 1 的数量将会大体相等，所以信号将不含或只含极小的直流分量。因此，数据信号频谱在 f_s 处几乎没有能量。这意味着已调载波在载波频率上没有太多能量，能量都集中到其他频率上了。这很简单地说明我们无法使用简单的 PLL 重建载波副本。

1. 平方环

平方环如图 2-19 所示。

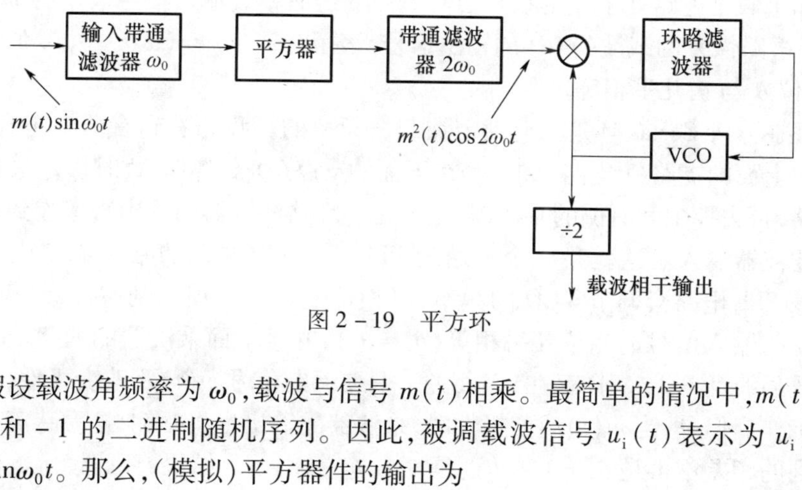

图 2-19　平方环

假设载波角频率为 ω_0，载波与信号 $m(t)$ 相乘。最简单的情况中，$m(t)$ 为取值 +1 和 -1 的二进制随机序列。因此，被调载波信号 $u_i(t)$ 表示为 $u_i(t)=m(t)\sin\omega_0 t$。那么，(模拟)平方器件的输出为

$$u_{\mathrm{i}}^{2}(t) = m^{2}(t)\sin^{2}(\omega_{0}t) = \frac{1-\cos 2\omega_{0}t}{2} \qquad (2-92)$$

根据三角相乘法法则，其中含有直流分量和 $\cos 2\omega_0 t$ 高频分量，这是载波频率的 2 倍。那么，使用一个传统的 PLL 锁定那个频率。对得到的信号二分频就可以获得载波的副本。

可以看出经过平方非线性运算后，由于调制信号经过平方产生了直流信号，因此产生了 2 倍载波频率信号，经过一个带通滤除不需要的杂波，再利用一个锁相环锁定在 $2\omega_0$，最后进行二分频输出得到相干载波。

2. 同相—正交环

因为模拟电路实现平方环比较困难，因而人们去寻找替代的方案。一种非常成功的解决方案是同相－正交环，又称科斯塔斯（Costas）环。最初它是由模拟电路实现的，但今天大多数使用数字技术实现。基本 Costas 环如图 2－20 所示。

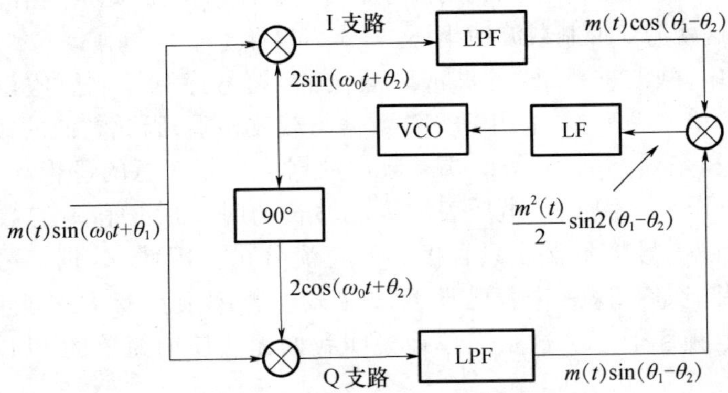

图 2－20　基本 Costas 环

如果假定电路处于锁定状态会使解释变得简单。输入信号表示为 $m(t)\sin(\omega_0 t+\theta_1)$，恢复的载波（VCO 的输出信号）表示为 $m(t)\sin(\omega_0 t+\theta_2)$，在锁定状态，相位 θ_1 与 θ_2 几乎相等。

现在分析 Costas 环是如何锁定在载波频率的。我们看到有两个闭合环路，一个在上面的支路（I 支路）和一个在下面的支路（Q 支路）。暂时假定只有下面的环路，再去掉中间右侧的乘法器，也就是将环路滤波器的输出直接连到中间的低通滤波器输入。这就是一个普通的 PLL。Q 支路左侧的乘法器完成鉴相功能。该 PLL 电路会调节 VCO 的频率，以相位锁定方式锁定到载波。VCO 输出的相位与输入信号的相位几乎相等（$\theta_1 \approx \theta_2$），并且下面乘法器的两路输入信号如同普通线性 PLL，一样存在 90°相差。只要调制信号 $m(t)$ 不改变极性，这种安排就工作。但是，当 $m(t)$ 改变极性时，乘法器的输出也将颠倒，这意味着乘法器所见到的相差不再是 $\theta_e \approx \theta_1-\theta_2$ 而是 $\theta_e \approx \theta_1-\theta_2+\pi$。结果，环路锁定的是载波的相反相位，这当然不是我们想要的，进一步考虑我们应当寻找一种在 $m(t)$ 翻转时不改变极性的电路。加入 I 支路和中间右侧的乘法器就可以解决这个问题。图 2-20 指出，I 支路环路的滤波器输出信号是 $m(t)\sin(\theta_1-\theta_2)$。如果相位跟踪得很准确（$\theta_1-\theta_2$很小），I 支路的余弦项近似为 1，因此，上面环路滤波器的输出就是解调信号 $m(t)$。由于输出信号的极性随 $m(t)$ 改变，这将抵消下面环路滤波器输出极性的改变。两个环路滤波器输出信号（I 和 Q 支路）相乘产生一个信号

$$\frac{m^2(t)}{2}\sin 2(\theta_1-\theta_2) \tag{2-93}$$

因此，该信号在环路锁定时与 θ_e成比例。锁定时，VCO 的输出与载波同相，所以 I 支路的乘法器同时解调出数据信号。两个支路的名称可以自解释：送入 I 支路重建的载波是同相分量，送入 Q 支路重建的载波是正交分量。

同相—正交环中相乘器的非线性是非常关键的，它完成了与平方环中平方器相同的作用。同相—正交环中低通滤波器对噪声有过滤作用，它取代了平方环中输入滤波器对噪声的过滤作用。

3. 判决反馈环

还有一种抑制载波跟踪环路是反调制环，或称判决反馈环。它的构成原理是，首先对接收信号进行相干调制，然后将解调出来的信号去抵消接收信号中的调制，这样就减小了信号的调制度，恢复一部分载波分量，再用锁相环路把它提取出来。这种环路使用于要求快速提取载波的应用场合。电路主要原理是在环路中设置相位检波器和判决电路，对输入的已调 BPSK 信号进行再调制，得到无调制的载波作为鉴相器的输出。判决反馈框图如图 2-21 所示。

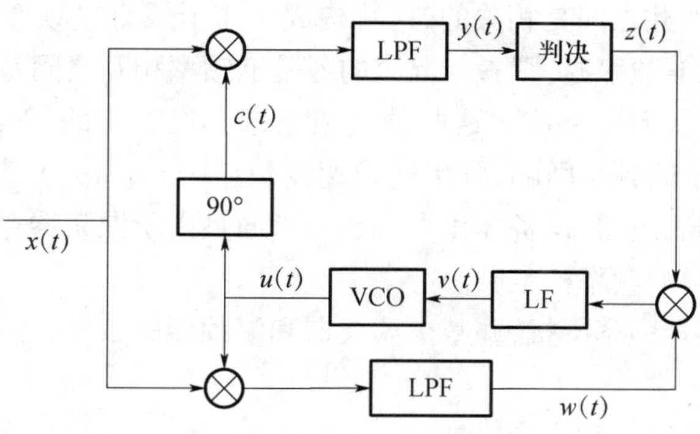

图 2-21　判决反馈环框图

以 BPSK 输入为例，$c(t)$ 为 $u(t)$ 经过 90°移相后的参考载波。通过低通滤波和判决后得到 $z(t)$；VCO 的控制电压是 $z(t)$ 和 $w(t)$ 相乘后得到的低频成分，即

$$v(t) = \pm\frac{1}{2}AK_{p2}\sin\Delta\Phi = \pm K_d\sin\Delta\Phi \tag{2-94}$$

可见，在 $v(t)$ 的控制下，VCO 输出振荡的相位与发送载波的相位保持一致，其移相后得到的信号 $c(t)$ 即为相干载波。

2.5 频率合成器

2.5.1 概述

频率合成(Frequency Synthesis)技术是利用一个或多个高稳定度的晶体振荡器产生一系列等间隔的、离散的、高稳定度频率的一项技术，这些离散频率的稳定度和准确度与晶体振荡器产生的标准频率相同。实现频率合成的器件、设备等称为频率合成器或频率综合器(Frequency Synthesizer)，它是现代测控通信设备中的重要组成部分之一，可为测控通信设备提供大量精确且能迅速转换的载波信号和本振信号。频率合成器的发展趋势是数字化、集成化、小型化和程控化，目的是提高和改善性能，并降低成本和功耗。

频率合成的理论约于 20 世纪 30 年代形成，技术的发展经历了三代。

1. 直接式频率合成

直接式频率合成技术是第一代频率合成技术，它利用一个或多个不同的晶体振荡器为基准信号源，经过倍频、分频、混频等途径直接产生许多离散频率的输出信号。这种方法得到的信号稳定度高、频率变换速度快，但调试难度较大、杂散抑制不易做好。目前，一些雷达信号的产生仍用此方法。

如果只用一个晶体作为标准频率源，则参与混频的各基准频率(如通过倍频或分频得到)彼此之间是相关的，这就构成了相干式直接频率合成；如果是用多个晶体作为标准频率源，则参与混频的各基准频率相互之间是独立的，这就构成了非相干式直接频率合成。这两种直接频率合成方法的优点是比较稳定可靠，能做到任意小的频率间隔，频率转换速度快(小于 0.5μs)；其缺点是要采用大量的混频器和滤波器，设备体积大、成本高，而且由于混频器存在谐波成分，易产生寄生调制，影响频率稳定度。

为了减少组合频率干扰，并减少滤波器和混频器的数量，还可以采用频率漂移补偿等方法。

2. 锁相(间接)式频率合成

锁相式频率合成技术是第二代频率合成技术。在 20 世纪 50 年代出现了锁相式频率合成器，也称为间接式频率合成器。它是利用一个或几个参考频率源，通过谐波发生器混频和分频等产生大量的谐波或组合频率，然后用锁相环把 VCO 的频率锁定在某一谐波或组合频率上，由 VCO 间接产生所需频率输出。这种方法的优点是稳频和杂散抑制好，调试简便；缺点是频率切换速度比直接合成慢。目前,该方法已得到最为广泛的应用。

3. 直接数字式频率合成

直接数字式频率合成技术是第三代频率合成技术。20 世纪 70 年代以来,随着数字集成电路和微电子技术的发展,出现了一种新的频率合成方法——直接数字式频率合成(DDS)。它从相位的概念出发进行频率合成,采用了数字采样存储技术,具有精确的相位、频率分辨力,快速的转换时间等突出优点,是频率合成技术发展的新一代技术。

DDS 有两种基本合成方式:一是根据正弦函数关系式,按照一定的时间间隔利用计算机进行数字递推关系计算,求解瞬时正弦函数幅值并实时地送入数/模转换器,从而合成出所要求频率的正弦波信号。这种合成方式具有电路简单、成本低、合成信号频率的分辨率可做得很高等优点,但由于受计算机速度的限制,因此合成信号频率较低,一般在几千赫左右;二是用硬件电路取代计算机的软件运算过程,即利用高速存储器将正弦波的 M 个样本存在其中,然后以查表的方式按均匀的速率把这些样本输入到高速 D/A 转换器,变换成所设定频率的正弦波信号。这种合成方式由于采用了高速存储器产生正弦波幅值数据,因此合成频率已可以做得很高,已达到数百兆赫,是目前使用最广泛的一种 DDS 方式。

与其他频率合成方法相比较,DDS 的主要优点是:利于集成,频率合成器体积小、功耗低,频率转换速度快,可以几乎实时地以连续相位转换频率,能给出非常高的频率分辨率(典型值为 0.001Hz),价格低。目前,DDS 的工作频率主要受 D/A 转换速度的限制。除正弦信号外,这种方法还可以产生任何其他波形信号,因此这种方法又称为波形合成法。

在航天测控通信领域,直接数字频率合成器的应用越来越广泛,在数字化的调制解调模块中,DDS 取代了 VCO 而被大量应用。现在市场上有许多专用的 DDS 芯片,虽然种类比较多,但由于控制方式比较固定,不一定是我们所需要的。而利用 FPGA 的高速、高性能及可重构性,可根据需要方便的实现各种比较复杂的调频、调相和调幅功能。

2.5.2 DDS 的基本原理

DDS 的基本原理是利用采样定理,通过查表法产生波形,对于正弦信号发生器,其输出的波形可以用下式描述,即

$$S_{\text{out}} = A\sin\omega t = A\sin(2\pi f_{\text{out}} t) \tag{2-95}$$

式(2-95)的表述对于时间 t 是连续变化的,S_{out} 为输出信号波形,f_{out} 为输出信号对应的频率。对式(2-95)进行离散化处理,以便能用数字逻辑实现。用基准时钟 clk 进行抽样,设正弦信号的相位为 $\theta = 2\pi f_{\text{out}} t$ 在一个 clk 周期 T_{clk} 内,相位 θ 的变化量为

$$\Delta\theta = 2\pi f_{out} T_{clk} = \frac{2\pi f_{out}}{f_{clk}} \tag{2-96}$$

式中，f_{clk}为 clk 的频率。为了对 $\Delta\theta$ 进行数字量化，把 2π 分割成 2^N份，设每个 clk 周期的相位增量 $\Delta\theta$ 用量化值 $B_{\Delta\theta}$来表示，则

$$B_{\Delta\theta} \approx \frac{\Delta\theta}{2\pi} \cdot 2^N \tag{2-97}$$

且 $B_{\Delta\theta}$为整数，与 $\Delta\theta$ 的表达式联立，可得

$$\frac{B_{\Delta\theta}}{2^N} = \frac{f_{out}}{f_{clk}},\ B_{\Delta\theta} = 2^N \cdot \frac{f_{out}}{f_{clk}} \tag{2-98}$$

由式(2－98)可知，相位增量量化值 $B_{\Delta\theta}$与输出频率 f_{out}为线性关系。当系统时钟 clk 的频率 $f_{clk}=2^N$时，$B_{\Delta\theta}=f_{out}$。

显然，信号发生器的输出可描述为

$$S_{out} = A\sin(\theta_{K-1} + \Delta\theta) = A\sin\left[\frac{2\pi}{2^N} \cdot (B_{\theta_{K-1}} + B_{\Delta\theta})\right] = A \cdot f_{sin}(B_{\theta_{K-1}} + B_{\Delta\theta}) \tag{2-99}$$

式中：θ_{K-1}为前一个 clk 周期的相位值，同样可以得出 $B_{\theta_{K-1}} \approx \frac{\theta_{K-1}}{2\pi} \cdot 2^N$。

由上面的推导可知，只要对相位的量化值进行简单的累加运算，就可以得到正弦信号的当前相位值，而用于累加的相位增量量化值 $B_{\Delta\theta}$决定了信号的输出频率 f_{out}，并呈简单的线性关系。DDS 就是根据上述原理而设计的数字控制频率合成器。

2.5.3 DDS 的设计结构及工作原理

图 2－22 为一个基本的 DDS 结构图，它主要由相位累加器、相位调制器、正弦 ROM 查找表、D/A 转换器等组成。

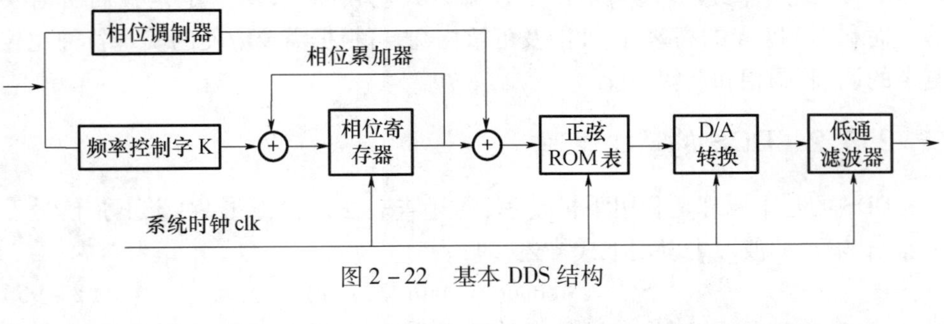

图 2－22　基本 DDS 结构

系统时钟 clk 由一个稳定的晶体振荡器产生，用来同步整个合成器的各组成部分。同步相位寄存器的使用是为了当输入的频率控制字改变时不会干扰相位累加器的正常工作。相位累加器是整个 DDS 的核心，它由 N 位加法器和 N 位相位寄存器级联构成，类似一个简单的加法器，完成上面推导中的相位累加功

能。每来一个时钟脉冲，加法器就将输入的 N 位频率控制字与相位寄存器输出的累加相位数据相加，然后将相加后的结果送至相位累加器的输入端，相位寄存器就将在上一个时钟作用后产生的新相位数据反馈到加法器的输入端，以使加法器在下一个时钟的作用下继续将相位数据与输入的频率控制字相加。当相位累加器累加满量 2π 时，就会产生一次溢出，完成一个周期性的动作，这个周期就是合成信号的一个周期，累加器的溢出频率就是 DDS 的合成信号频率。

相位调制器接收相位累加器的相位输出，并与一个相位偏移值相加，主要用于信号的相位调制，如 PSK（相移键控）等。在不使用时可去掉该部分，或加一个固定的相位字输入。注意相位字输入也要用同步寄存器保持同步，但相位字输入的宽度 M 与频率控制字输入 N 往往是不相等的，一般 $M < N$。

正弦存储器（ROM）查找表的作用是完成 $f_{\sin}(B_\theta)$ 的查表转换，或理解为相位到幅度的转换。将相位累加器或相位调制器输出的相位数据作为取样地址，来寻找正弦 ROM 表进行相位到幅度的变换，输出不同的幅度编码。在许多需要嗝度的场合，可在正弦 ROM 查找表后，D/A 转换前放置一个采用乘法器实现的嗝度控制模块。再经 D/A 转换器得到相应的阶梯波，最后经过低通滤波器对阶梯波进行平滑处理，得到由输入的频率字决定的连续变化的输出正弦波。

在通信中为便于进行正交调制和正交解调，往往需要得到一对正交的正弦波。在用模拟的 VCO 时，输出一组完全正交的信号较为困难，而对于 DDS 来说，只要在基本 DDS 结构中放两块信号正交的 ROM 查找表即可（如一个放置 sin 表，另一个放置 cos 表）。

由前面的公式推导可得出基本 DDS 结构的常用参数计算如下。

DDS 的输出频率：$f_{\text{out}} = \dfrac{B_{\Delta\theta}}{2^N} \cdot f_{\text{clk}}$，其中 $B_{\Delta\theta}$ 为频率输入字，其数据位宽度为 N。

DDS 的频率分辨率：$f_{\text{out}} = \dfrac{f_{\text{clk}}}{2^N}$。

DDS 可产生任意频率的正弦波信号和任意波形的信号，只要改变 ROM 查找表的数据即可。利用 DDS 子系统还可很容易的设计 PSK 等调制器。用 FPGA 实现 DDS 系统设计，一方面可得到较高的工作频率，另一方面由于 FPGA 具有良好的系统结构可重配置特性，且有功能强大的开发软件和许多软、硬 IP 核，使得设计更灵活，修改更方便，升级更快捷。

2.6 软件无线电技术基础

软件无线电技术是 20 世纪 90 年代兴起并迅速获得发展的一项无线电新技术，它集软件设计、算法、数字信号处理、大规模数字集成电路制造等技术于一体,使传统的无线电设备研制理念发生了很大的变化。同样的硬件可通过加载不同的软件使其具有不同的功能,从而使无线电设备,尤其是信息基带设备的小型化、通用化、智能化成为可能。就航天测控设备而言,尽管由于其配置环境(如固定站、活动站、测量船等)不同,甚至所使用的频段、采用的测量体制、载波调制体制等均可能有较大差别。因此,充分利用软件无线电技术,开发标准化综合基带设备成为了我国航天测控设备发展的重要方向。

2.6.1 软件无线电的概念

1. 软件无线电的定义

软件无线电(Software - Defined Radio)的概念是 J. Mitola 于 1992 年明确提出的。软件无线电的中心思想是:构造一个具有开放性、标准化、模块化的通用硬件平台,将工作频段、调制/解调方式、数据格式、加密模式以及传输协议等各种功能用软件来完成,并使宽带 A/D 转换器和 D/A 转换器尽量靠近天线,以实现高度灵活性和开放性的新一代无线电系统。因此,软件无线电系统就是一种用软件控制和再定义的无线电系统,用不同的软件模块就可以实现不同的功能,软件模块还可以像计算机软件一样升级换代,以适应新的功能或业务。

综上所述,软件无线电可定义为:软件无线电是将模块化、标准化的硬件单元以总线方式连接构成基本平台,并通过软件加载实现各种无线电功能的一种开放式体系结构。

2. 软件无线电的特点

软件无线电是数字无线电技术软件化的结果,它既具有数字无线电技术的特点,也具有一些新的特点,可归纳为以下 3 个方面。

(1) 功能的灵活性。软件无线电的功能是由软件决定的,软件的功能模块可以通过有线或无线加载的方式来改变,因此软件无线电的功能非常灵活。理想的软件无线电是全部可编程的,包括可编程的 RF 频带、可编程的信道接入模式以及可编程的信道调制方式等,这是与部分可编程的数字无线电(PDR)的根本区别。

(2) 结构的开放性。软件无线电的结构分为硬件和软件两大部分,其硬件和软件都具有模块化和标准化的特点,是一种开放式的体系结构,使得研制、生产和使用各环节可以共享已有成果,共同推进软件无线电技术的发展。

(3) 成本的集中性。软件无线电的硬件平台具有很强的通用性,不同体制的软件无线电系统可以采用同一硬件平台,通过加载不同的软件来实现不同的无线电功能,因此从生产的角度看,其硬件模块和软件模块都具有很强的规模效应,可以通过规模生产来有效地降低其生产成本;从研制开发的角度看,在一个通用的平台上进行新技术和新产品的开发可以大大地缩短研发周期,降低研发成本；从使用的角度看，用户可以通过软件的更新来适应无线电技术的不断发展，因此其通用无线电平台就具有更长的使用周期，从而有效地降低了用户的使用成本。

3. 软件无线电的基本结构

软件无线电系统的基本结构如图 2－23 所示。

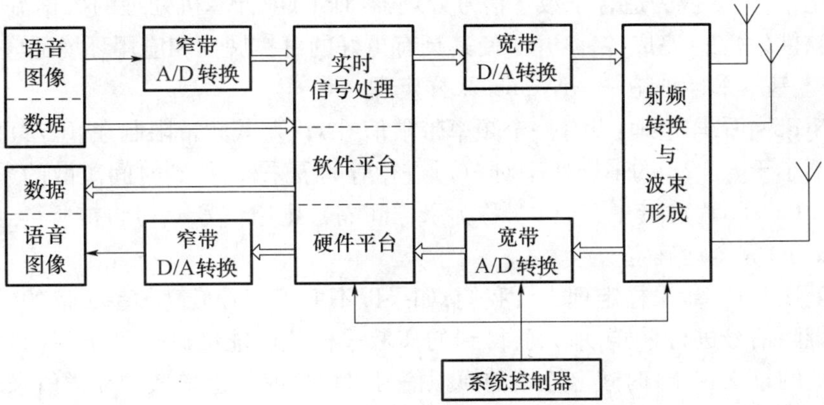

图 2－23　软件无线电系统的基本结构

软件无线电技术源于数字无线通信和数字无线电技术，因此其信源与信道都是数字化的。在图 2－23 中，语音、图像等需传输的模拟信源首先经过窄带 A/D 转换环节变为数字信号，与数据等原始数字信号一起进入软件无线电系统的信道处理部分，经软件处理后的多信道数字信号经宽带 D/A 转换环节后变为模拟的射频信号，经射频转换后由天线发射出去。天线接收到空中的多信道射频信号后，首先经宽带 A/D 转换环节变为高速的数字信号，进入信道部分进行软件处理，处理后的数据等原始数字信号直接输出，语音、图像等模拟信号经窄带 D/A 转换环节还原为模拟信号后输出。软件无线电系统中的信道处理部分是基于一个通用的硬件处理平台，通过在硬件平台上加载不同的软件对不同的无线电信号进行处理。图 2－23 中的软件无线电系统充分体现了软件无线电的思想，其在信源、信道以及电磁波的输入/输出指向均由软件来控制，使得系统具有最大的通用性和灵活性。

4. 软件无线电中的软件与硬件

用软件定制无线电系统的功能是软件无线电系统的最大特点，但软件无线电不是不需要硬件。软件无线电中的硬件是由模块化、标准化的硬件通过标准总线连接而成通用平台，是系统软件运行的物理平台，与系统的无线电功能没有直接的关系。软件无线电的目的就是要使无线电系统的功能能够摆脱硬件平台的束缚，通过软件来改变物理层的行为，使得系统改进和升级非常方便而且代价最小，不同的系统间可以互联和兼容。这是与数字无线电系统思想的根本区别。

如果无线电系统根据数字无线电的思想进一步发展,将导致系统的功能对系统硬件和结构的更多依赖。

2.6.2 信号采样理论

软件无线电的核心思想是对由天线接收的射频模拟信号尽可能地直接进行数字化,将其变换为适合于数字信号处理器(DSP)或计算机处理的数据流,然后通过软件(算法)完成各种功能,使其具有更好的可扩展性和应用环境适应性。

1. 基本采样理论——Nyquist 采样定理

Nyquist 采样定理:设有一个频率带限信号 $x(t)$,其频带限制在$(0,f_H)$内,如果以不小于$f_s=2f_H$的采样速率对 $x(t)$进行等间隔采样,得到时间离散的采样信号 $x(n)=x(nT_s)$(其中 $T_s=1/f_s$称为采样间隔),则原信号 $x(t)$将被所得到的采样值 $x(n)$完全地确定。

上述 Nyquist 采样定理告诉我们,如果以不低于信号最高频率 2 倍的采样速率对带限信号进行采样,那么所得到的离散采样值就能准确地确定原信号。采样定理的意义在于,时间上连续的模拟信号可以用时间上离散的采样值来取代,这样就为模拟信号的数字化处理奠定了理论基础。

2. 带通信号采样理论

Nyquist 采样定理只讨论了其频谱分布在$(0,f_H)$上的基带信号的采样问题,如果信号的频率分布在某一有限的频带(f_L,f_H)上时,如图 2-24(a)所示,那么该如何对这样的带限信号进行采样呢?这就是带通采样理论要回答的问题。

带通采样定理:设一个频率带限信号 $x(t)$,其频率限制在(f_L,f_H)内,如果其采样速率满足

$$f_s=\frac{2(f_L+f_H)}{2n+1} \tag{2-100}$$

式中:n 取能满足$f_s\geqslant 2(f_H-f_L)$的最大正整数$(0,1,2,\cdots)$,则用f_s进行等间隔采样所得到的信号采样值 $x(nT_s)$能准确地确定原信号 $x(t)$。

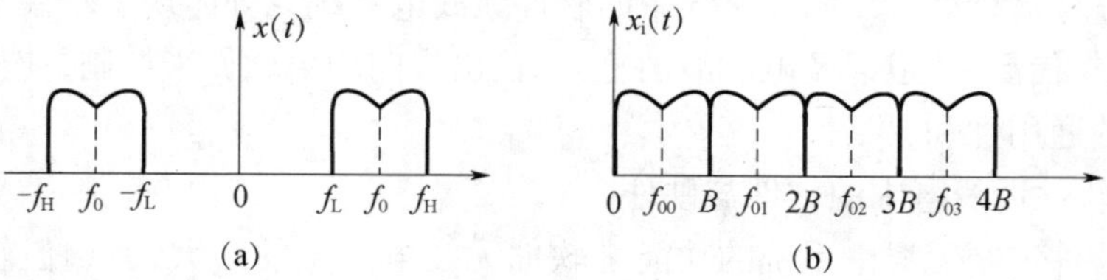

图 2-24 带通信号的频谱

显然,当$f_0=f_H/2$、$B=f_H$时,取 $n=0$,式(2-100)就是 Nyquist 采样定理,即满足$f_s=2f_H$。当带宽 B 一定时,为了能用最低采样速率即两倍频带宽度速率对带通信号进行采样,带通信号的中心频率必须满足

$$f_0 = \frac{2n+1}{2}B \tag{2-101}$$

即信号的最高(或最低)频率是带宽的整数倍,如图 2-24(b)所示。也就是说,位于图中任何一个中心频率为 $f_{0n}(n=0,1,2,\cdots)$ 带宽为 B 的带通信号均可以用同样的采样频率 $f_s=2B$ 对信号进行采样,这些采样均能准确地表示位于不同频段(中心频率不同)的原信号。

值得指出的是,上述带通采样定理适用的前提条件是:只允许在其中的一个频带上存在信号,而不允许在不同的频带上同时存在信号,否则将会引起信号混叠。例如,当在(2B,3B)频带上存在信号时,那么在其他任何频带上就不能同时存在信号。为满足这样一个前提条件,可以用跟踪滤波器来解决,即在采样前先进行滤波,也就是当需要对某一个中心频率的带通信号进行采样时,就先把跟踪滤波器调到与之对应的中心频率上,滤出所感兴趣的带通信号,然后再进行采样,以防止信号混叠。这样的跟踪滤波器称之为抗混叠滤波器。显然,如果滤波器理想的话,采用同一采样速率就能实现对整个工作频带(如 0.1MHz ~ 1GHz)的射频信号进行数字化。

带通采样的结果是把位于 $[nB,(n+1)B](n=0,1,2,\cdots)$ 不同频带上的信号都用位于 $(0,B)$ 上相同的基带信号频谱来表示,但要注意的是这种表示在 n 为奇数时,其频率对应关系是相对中心频率"反折"的,即奇数通带上的高频分量对应基带上的低频分量,奇数通带上的低频分量对应基带上的高频分量。例如,在 $(B,2B)$ 上的高、低频两个信号与采样后在 $(0,B)$ 上的信号对应关系如图 2-25 所示。而偶数频带与采样后的数字基带谱是高、低频率分量一一对应的(图 2-25)。这种奇、偶频带有别的频率对应关系在带通信号采样定理实际应用时是需要特别注意的。

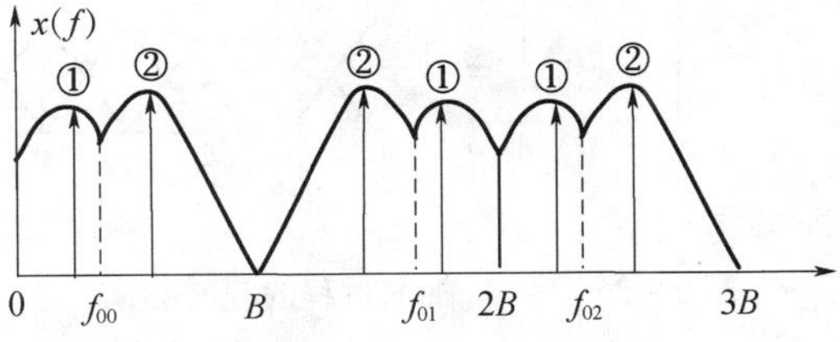

图 2-25 带通信号采样的频率对应关系

2.6.3 抽取与内插

多速率信号处理的目的是在不使信号失真的前提下改变信号的采样率。减小信号采样率以减少数据冗余的过程称为信号的抽取(Decimation);增大信号的采样率以增加数据冗余的过程称为信号的内插(Interpolation)。为了区别不同采样率的同一信号,在时域 t 采用不同自变量的函数表示,如 $x(n_1)$、$x'(n_2)$

等;在频域上采用不同的归一化角频率表示,如 ω_1、ω_2等。

1. 整倍数抽取

整数倍抽取是指将信号的采样率降低整数倍,用符号 $\boxed{\downarrow D}$ 表示,其中"↓"表示抽取,"D"表示抽取的倍数。抽取的简单实现方法是在信号的采样序列中每隔一个固定的长度抽取一个点。设抽取前的信号为 $x(n_1)$,抽取倍数为 D,则抽取后的信号可表示为 $x'(n_2)$,其表达式为

$$x'(n_2) = x(Dn_2) \quad n_2 = 0, \pm 1, \pm 2, \cdots \tag{2-102}$$

为了便于形象地观察、理解信号采样、抽取过程在频域的变化,将处理过程中的频谱用非归一化频率表示,如图 2-26 所示。

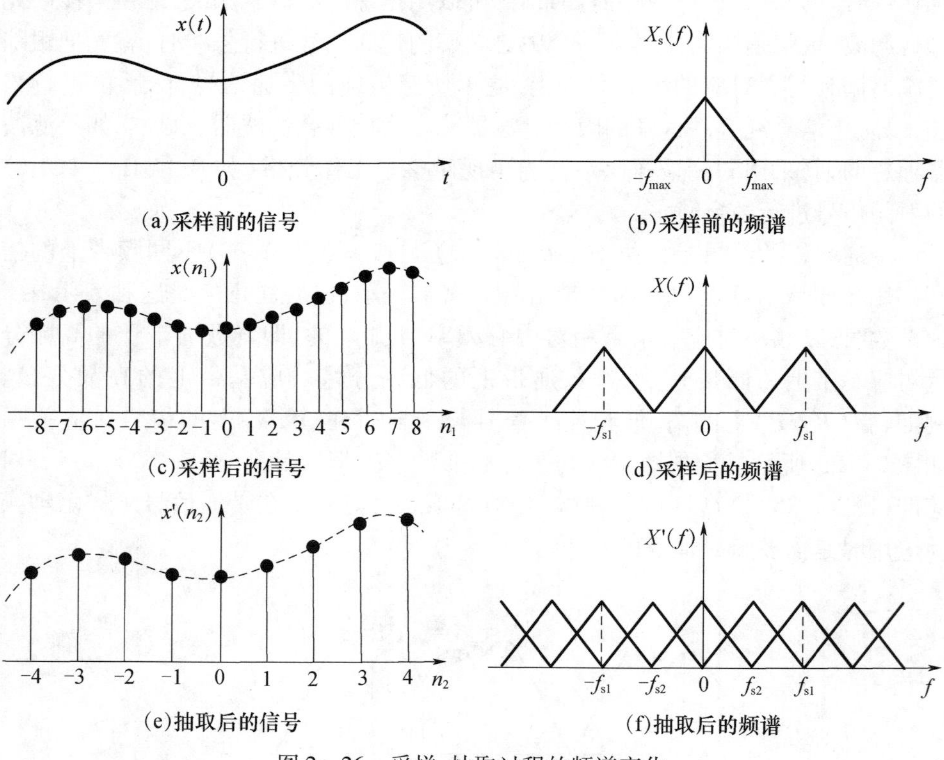

图 2-26 采样、抽取过程的频谱变化

由图 2-26 可见,由于抽取降低了信号的采样率,因此抽取的信号可能不再满足 Nyquist 采样条件而产生混叠,如图 2-26(f)所示。从图中可以看出,当抽取前的采样率 f_{s1} 与抽取后的采样率 f_{s2} 满足 $f_{s2} = f_{s1}/D \geq 2f_{max}$ 时,信号抽取后就不会产生混叠。

2. 整倍数内插

整数倍内插是指在已知的相邻两个采样点之间插入一定的采样点,以整数倍地提高信号的采样率,用符号 $\boxed{\uparrow I}$ 表示,其中"↑"表示内插,"I"表示内插的

倍数。内插的方法很多如线性内插、二次内插、拉格朗日内插等,最为简单的方法是在相邻采样点之间内插 $I-1$ 个零,再对信号进行低通滤波处理,如图 2-27 所示。设内插前的信号为 $x(n_1)$,内插倍数为 I,则内插后的信号 $x'(n_1)$ 为

$$x'(n_2) = \begin{cases} x(n_2/I) & n_2 = 0, \pm I, \pm 2I, \cdots \\ 0 & \text{其他} \end{cases} \tag{2-103}$$

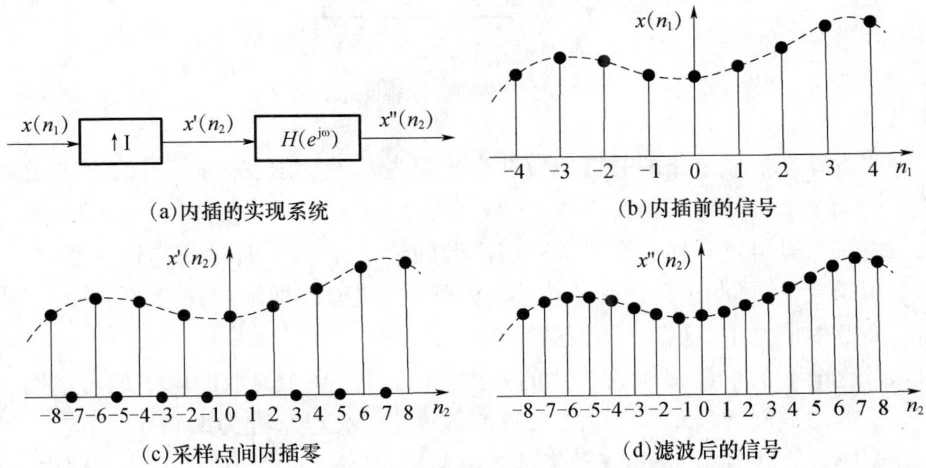

图 2-27 内插的实现过程

2.6.4 A/D 和 D/A 技术

软件无线电体系结构的一个重要特点是将 A/D 和 D/A 转换器尽量靠近射频前端。为减少模拟环节,在较高的中频,乃至对射频信号直接进行数字化。这就要求 A/D 转换器具有适中的采样速率和很高的工作带宽。为适应错综复杂的电磁环境,A/D 转换器除了要有高速度、大带宽外,同时还需要有大动态范围。本节将讨论如何用 A/D、D/A 转换器实现软件无线电的 A/D 和 D/A 变换。

1. A/D 转换器原理

A/D 转换器是将模拟量转换为一定进制的数字量。A/D 转换器大多是将电压量转换为正比的二进制数字量,乘以转换系数后可获得电压的数值量,也有先将电压量转换为时间或频率,然后再经计数得到电压的数值量。A/D 转换器的工作过程大致可以分为采样、保持、量化、编码、输出等几个环节。

理想的采样就是用周期性的冲激序列和给定的信号相乘,把时域上连续的信号,转换成时域离散的信号。在实际中,真正的冲激序列是无法实现的,通常代之以窄脉冲串。这样,就可以得到顶部随给定信号变化的脉冲序列,这种采样方法,称为自然采样。已采样信号的表达式为

$$f_d(t) = f_a(t)m(t) \tag{2-104}$$

式中：$m(t)$为矩形脉冲序列；$f_a(t)$为输入信号。

与自然采样相对应的另一种采样方式称为平顶采样。顾名思义，平顶采样得到的矩形脉冲串，每个脉冲的幅度正比于给定信号的瞬时抽样值。平顶采样的原理图如图2-28所示。

图2-28　平顶采样原理图

假设脉冲形成电路的时域单位冲击响应为$h(t)$，则已采样信号的表达式为

$$f_d(t) = [f_a(t)\delta_T(t)] * h(t) \tag{2-105}$$

模拟信号经过采样后变成了时域离散的信号，但其采样值仍是连续变化的。如果用M个离散的电平值来表示这些采样值，就可以把幅度连续的信号，变成幅度离散的信号了，这就是所谓的量化。

量化电平的个数M通常为2的n次幂。这样，M个离散的电平就可以用一个n位的二进制数表示。用n位二进制数表示量化电平称为编码。

编码的方式有很多，对于单极性二进制码，如输入信号在$[0, V_{FS}]$范围内，编码位数为n位，则码字与其所表示的电压之间有如下关系：

$$V = V_{FS}\sum_{i=1}^{n}\frac{a_i}{2^i} \tag{2-106}$$

式中：a_i为二进制数0或1。

由式(2-106)可以看出，编码位数n越大，码字所表示的电压值越接近于V_{FS}。对于有限的编码位数n，其能表示的最大电压总小于V_{FS}。令$a_i=1$时，就可以得到最大输入电压与编码位数之间的关系：

$$V_{max} = V_{FS}\left(1-\frac{1}{2^n}\right) \tag{2-107}$$

2. D/A转换器原理

D/A转换器的核心部分是一组电流开关及其位权电流的控制。它的输出信号实际上就是宽度为转换速率倒数的矩形脉冲串。矩形脉冲的傅里叶变换为

$$F(w) = \frac{\sin(\pi f_0/f_c)}{\pi f_0/f_c} \tag{2-108}$$

式中：f_c为D/A转换器的转换速率；f_0为D/A转换器重建信号的输出频率。

D/A转换器的分辨率指标和A/D转换器的灵敏度指标类似。如果D/A转换器的最大输出电压（电流）范围为A，转换位数为n，那么D/A转换器的分辨率为

$$\Delta A = A/2^n$$

D/A 转换器的精度主要取决于转换位数的多少，但与外围电路有关。影响 D/A 转换器精度的主要因素有零点误差、增益误差、非线性误差等。

零点误差是指输入为全 0 码时，模拟输出值与理想输出值之间的偏差。对于单极性信号，模拟输出的理想值为 0V，对双极性信号，模拟输出的理想值为负域的满量程值。一定温度下的零点误差可以通过外部措施进行补偿。D/A 转换器的输出与输入传递曲线的斜率称为转换增益，实际转换增益与理想增益之间的偏差就称为增益误差。

D/A 转换时间是指从数字量输入开始，直到 DAC 输出建立在某个确定的误差范围内，所需要的这段时间。实际建立时间不仅跟转换器的转换速率有关，还与数字量变化大小有关。输入数据由全 0 变换到全 1（或者从全 1 变换到全 0）所需的时间最长，称为满量程变化的建立时间。输入数据从 011…1 变换到 100…0（或者由 100…0 变换到 011…1）所需的时间，称为半量程建立时间。

转换速率又称为刷新速率，通常定义为建立时间和传输延迟之和的倒数，如果没有足够的时间来保证建立时间小于 ±(1/2) LSB，过快地刷新 D/A 转换器，其输出就会引起误差。

2.6.5 数字信号正交变换

自然界的物理可实现信号都是实信号，而实信号的频谱具有共扼对称性，即满足

$$X(f) = X'(-f) \tag{2-109}$$

也就是说实信号的正负频率幅度分量是对称的，而其相位分量正好相反。所以对于一个实信号，只需由其正频部分或其负频部分就能完全加以描述，不会丢失任何信息，也不会产生虚假信号。

一个实信号 $x(t)$ 的正频率分量所对应的信号 $z(t)$ 不是实信号，而是一个复信号，其实部为原信号 $x(t)$，而其虚部为原信号 $x(t)$ 的 Hilbert 变换。把 $z(t)$ 称为实信号 $x(t)$ 的解析表示。同时把 $z(t)$ 的实部称为 $x(t)$ 的同相分量，而把 $z(t)$ 的虚部称为 $x(t)$ 的正交分量。

定义

$$H[x(t)] = \frac{1}{\pi}\int_{-\infty}^{+\infty}\frac{x(\tau)}{t-\tau}\mathrm{d}\tau \tag{2-110}$$

称为 $z(t)$ 的 Hilbert 变换，则有

$$z(t) = x(t) + \mathrm{j}H[x(t)] \tag{2-111}$$

为什么要对一个实信号进行正交分解呢？或者说为什么要用一个复解析信号 $z(t)$ 表示一个实信号呢？我们知道，一个复信号 z(t) 可用极坐标表示，即

$$z(t) = a(t)\cdot \mathrm{e}^{\mathrm{j}\Phi(t)} \tag{2-112}$$

式中：$a(t)$ 表示 $z(t)$ 的瞬时包络，即

$$a(t) = \sqrt{\mathrm{Re}^2[z(t)] + \mathrm{Im}^2[z(t)]} = \sqrt{x^2(t) + H^2[x(t)]} \tag{2-113}$$

式中：$\Phi(t)$ 表示 $z(t)$ 的瞬时相位，即

$$\Phi(t) = \arctan\left\{\frac{\mathrm{Im}[z(t)]}{\mathrm{Re}[z(t)]}\right\} = \arctan\left\{\frac{H[x(t)]}{x(t)}\right\} \tag{2-114}$$

而复信号 $z(t)$ 的瞬时角频率 $\omega(t)$ 可表示为

$$\omega(t) = \frac{\mathrm{d}\Phi(t)}{\mathrm{d}t} = \frac{\mathrm{d}}{\mathrm{d}t}\left\{\arctan\left[\frac{H[x(t)]}{x(t)}\right]\right\} = \frac{H'[x(t)]x(t) - x'(t)H[x(t)]}{[a(t)]^2} \tag{2-115}$$

其中

$$H'[x(t)] = \frac{\mathrm{d}}{\mathrm{d}t}\{H[x(t)]\},\ x'(t) = \frac{\mathrm{d}x(t)}{\mathrm{d}t}$$

也就是说，从解析信号很容易获得信号的 3 个特征参数：瞬时幅度、瞬时相位和瞬时频率，而这 3 个特征参数是信号分析、参数测量或识别解调的基础，这就是对实信号进行解析表示的意义所在。所以，一个实信号的解析表示（正交分解）在信号处理中有着极其重要的作用，是软件无线电的基础理论之一。

2.6.5.1 窄带信号的正交分解与模拟域实现

一个实的窄带信号可表示为

$$x(t) = a(t)\cdot\cos[\omega_0 t + \theta(t)] \tag{2-116}$$

其对应的频谱 $X(f)$ 如图 2-29 所示，图中 B 为信号带宽。窄带信号应满足 $\omega_0/(2\pi) >> B$。

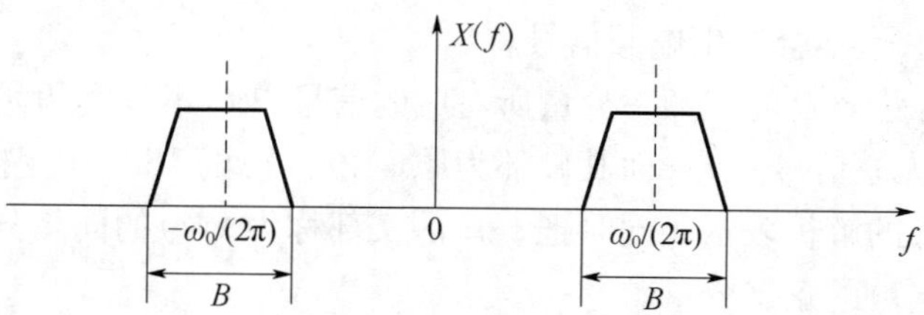

图 2-29 窄带信号的频谱结构

可以证明这时 $x(t)$ 的 Hilbert 变换为

$$H[x(t)] = a(t)\cdot\sin[\omega_0 t + \theta(t)] \tag{2-117}$$

所以，窄带信号的解析表示为

$$z(t) = a(t)\cdot\cos[\omega_0 t + \theta(t)] + \mathrm{j}a(t)\cdot\sin[\omega_0 t + \theta(t)] \tag{2-118}$$

用极坐标形式可表示为

$$z(t) = a(t)\cdot \mathrm{e}^{\mathrm{j}[\omega_0 t + \theta(t)]} \tag{2-119}$$

从窄带信号的极坐标解析式更清楚地看出，$a(t)$ 表示信号的瞬时包络，

$\Phi(t)=\omega_0 t+\theta(t)$ 表示信号的瞬时相位，而 $\omega(t)=\dfrac{\mathrm{d}\Phi(t)}{\mathrm{d}t}=\omega_0+\theta'(t)$ 表示信号的瞬时角频率，这 3 个特征量包含了窄带信号的全部信息。式(2－119)可重新写为

$$z(t)=a(t)\cdot \mathrm{e}^{\mathrm{j}\theta(t)}\cdot \mathrm{e}^{\mathrm{j}\omega_0 t} \tag{2-120}$$

式中：$\mathrm{e}^{\mathrm{j}\omega_0 t}$ 为信号的载波分量，它作为信息载体不含有用信息。

将式(2－120)乘以 $\mathrm{e}^{-\mathrm{j}\omega_0 t}$，把载波下移 ω_0，变成零载波，其结果称为基带信号（或称为零中频信号），即有

$$z_{\mathrm{B}}(t)=a(t)\cdot \mathrm{e}^{\mathrm{j}\theta(t)}=a(t)\cdot\cos\theta(t)+\mathrm{j}a(t)\cdot\sin\theta(t)=z_{\mathrm{BI}}(t)+\mathrm{j}z_{\mathrm{BQ}}(t) \tag{2-121}$$

其中

$$z_{\mathrm{BI}}(t)=a(t)\cos\theta(t),z_{\mathrm{BQ}}(t)=a(t)\sin\theta(t)$$

由以上分析可以看出，一个实的窄带信号既可以用解析信号 $z(t)$ 表示，也可以用其基带信号（零中频信号）$z_{\mathrm{B}}(t)$ 表示。但是，准确的解析表示主要用于数学分析，实际中要得到它是非常困难的，这是因为实现理想 Hilbert 变换的阶跃滤波器是难以真正实现的，而相比之下，得到基带信号（零中频）就要容易得多。

2.6.5.2 数字混频正交变换

1. 数字变频器的系统结构

软件无线电技术是数字无线电技术的延伸和发展，其信号处理也是基于复信号处理理论。在复信号处理中，信号的调制和解调是在基带上完成的，因此基于低通或带通采样得到的数字中频信号都需要通过数字正交变频技术转换为数字基带信号。

数字变频器都是采用正交双通道结构，分为数字下变频器（DDC）和数字上变频器（DUC）两种，如图 2－30（a）、（b）所示。

数字下变频器的作用是将实数的数字中频信号转换为复数的数字基带信号，其正交性由数控振荡器输出的正交本振来保证。经下变频后的数字基带信号一般都处于比较严重的过采样状态，因此在下变频一般都需要进行抽取处理，如图 2－30（a）所示。图中的数字低通滤波器既要保证能够滤除变频后的高频成分，又要保证能够满足抽取抗混叠滤波的要求。数字上变频器则是将低采样率的数字基带信号转换为高采样率的数字射频/中频信号，因此在变频前首先要对信号进行内插以提高信号的采样率，如图 2－30（b）所示。由此可见，在数字变频器中，变频和采样率变换是有机地结合在一起的，这是数字变频器的一个重要特征。由于数字变频器是软件无线电中高采样率射频/中频信号与低采样率基带信号的重要桥梁，因此它是软件无线电数字前端中最为重要的部分。

2. 数字变频器的实现

从图 2－30 可以看出，数字变频器的运算环节主要是相乘和滤波，其中滤波

环节的运算量最大,因此各种高效的滤波结构是数字变频器实现的关键。目前,数字变频器的实现技术主要分为可编程的专用数字变频器(ASIC)和通用的数字变频器(FPGA)两种。

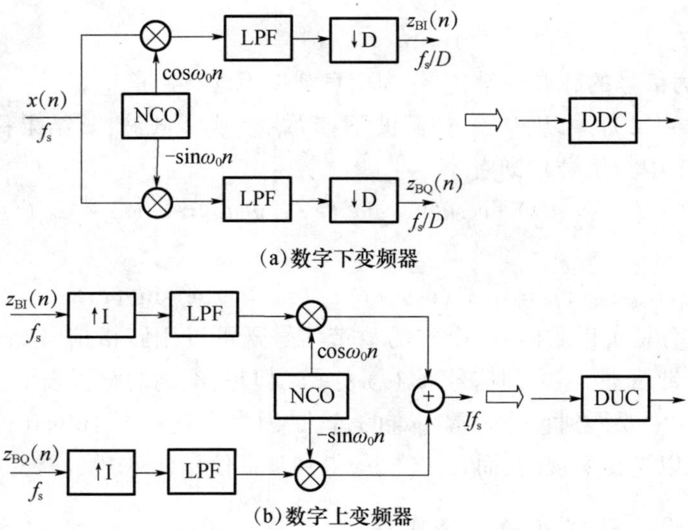

图 2-30　数字正交变频器的系统结构

从应用的角度看,采用专用的数字变频器具有处理速度快、设计简单,有一定的可编程性等优点。但是,专用的数字变频器受其结构的限制,其性能指标间的制约性较强,如有的抽取或内插因子大,但其信号处理带宽较小,而信号处理带宽较大的,其抽取或内插因子又较小。随着可编程逻辑器件技术的发展,其处理速度得到了很大的提高,尤其是 FPGA,其内部速度已达 800MHz 以上,因此目前数字变频器的应用已逐渐从 ASIC 向 FPGA 过渡。采用 FPGA 设计数字变频器的最大好处是设计灵活。设计时可以根据系统要求的数据格式、信号带宽、抽取或内插因子的大小来定制最为合适的数字变频器。对于内部资源很大的 FPGA,还可以将与数字变频器相关的一些功能集成在一起,从而降低系统的成本、缩小系统的体积。当系统需要大规模生产时,基于 FPGA 设计的数字变频器很容易通过流片转换为 ASIC 进行生产。

2.6.6　数字滤波

在采样率变换系统中,为了防止抽取后的信号产生频谱混叠,在抽取前需要使用滤波器;为了实现内插过程,在内插后也需要使用滤波器。理想的数字滤波器在实际的信号处理系统中是无法实现的,因此在实际系统中如何设计合适的数字滤波器是采样率变换实现的关键任务。

在实际应用中,数字滤波器往往借助数字滤波方法处理模拟信号。与模拟滤波器相比较,数字滤波器在体积、重量、精度、稳定性、可靠性、存储功能、灵活性以及性能价格比等方面都有明显优势。

数字滤波器的功能就是将一组输入的数字序列通过一定的运算后转变为另一组输出的数字序列,因此它本身就是一台完成给定运算的数字计算机。数字滤波器一般可以用两种方法来实现:一种是用数字硬件装配成一台专门的设备,这种设备通常称为数字信号处理器;二是直接利用通用计算机将所要的运算编成程序让通用计算机执行,也即利用计算机的软件实现。

1. 数字滤波器的冲激响应

数字滤波器的时域特性采用单位冲激响应来表示。一个单位冲激响应为 $h(n)$ 的数字滤波器的输入、输出关系可描述为

$$y(n) = h(n) * x(n) = \sum_{r=-\infty}^{+\infty} h(r)x(n-r) \tag{2-122}$$

式中:“ * ”表示离散卷积。

如果对于有限值 N_1、N_2,且 $N_1 < N_2$,当 $n < N_1$ 同时 $n > N_2$ 时,有 $h(n) = 0$,则 $h(n)$ 称为有限冲激响应(Finite Impulse Response,FIR)滤波器。令 $N_1 = 0$,$N_2 = N$,则 FIR 滤波器的转移函数为

$$H(z) = \sum_{n=0}^{N} h(n) z^{-n} \tag{2-123}$$

式中:N 称为 FIR 滤波器的阶数。

从式(2-123)可见,FIR 滤波器的系统结构为全零点结构,因此系统总是稳定的。

如果对于有限值 N_1、N_2,当 $n < N_1$ 或者 $n > N_2$ 时,有 $h(n) = 0$,则 $h(n)$ 称为无限冲激响应(Infinite Impulse Response,IIR)滤波器。IIR 滤波器的输入、输出关系一般采用差分方程描述为

$$y(n) = \sum_{r=0}^{N} a_r y(n-r) + \sum_{r=1}^{N-1} b_r x(n-r) \tag{2-124}$$

其传递函数为

$$H(z) = \sum_{r=0}^{N-1} b_r z^{-1} / (1 - \sum_{r=1}^{N} a_r z^{-1}) \tag{2-125}$$

从式(2-125)可见,IIR 滤波器的系统结构为零、极点结构,零、极点的位置由系数 a_r、b_r 决定,因此系统的稳定性需要在设计时考虑。

2. 数字滤波器的频率响应

数字滤波器的频域特性采用频率响应表示。在数字滤波器的转移函数中,令 $z = e^{j\omega}$,则得到数字滤波器的频率响应为

$$H(e^{j\omega}) = H(z)|_{z=e^{j\omega}} = |H(e^{j\omega})| e^{j\Phi(\omega)} \tag{2-126}$$

式中:$|H(e^{j\omega})|$ 为数字滤波器的幅频特性;$\Phi(\omega) = \arg[H(e^{j\omega})]$ 为数字滤波

器的相频特性,其微分 $\tau(\omega) = -\Phi(\omega)/\mathrm{d}\omega$ 为数字滤波器的群延时特性。

3. FIR 和 IIR 滤波器的特点

FIR 滤波器的特点如下:

(1) 容易获得线性相位设计,即 $\tau(\omega)$ 为常数。

(2) FIR 滤波器总是稳定的,不会有极限环发生。

(3) 当冲激响应充分长时,可以方便地以任意精度去逼近任意频率响应。

(4) 对于很多滤波器有一些很好的成熟设计技术。

(5) FIR 滤波器具有良好的量化性质(舍入噪声可以做得很小,系数可以被舍入而具有适当的字长)。

(6) 对于锐截止的滤波特性,滤波器系数的数目一般很大。

IIR 滤波器的特点如下:

(1) 可以方便地逼近任意幅频特性,特别是多通带或多阻带滤波特性。

(2) 可以利用经典的模拟滤波器设计技术设计各种类型的滤波器,如巴特沃思滤波器、切比雪夫滤波器和椭圆滤波器等。

(3) 可以方便地检查 IIR 滤波器的稳定性(如滤波器不稳定,经简单修改即可在保持其幅频特性不变的情况下保证其稳定性)。

(4) 可以很好地估计有限字长效应并可以方便地加以控制。

(5) 对于锐截止的滤波特性,IIR 滤波器的设计一般更有效。

(6) 不能得到精确的线性相位,但存在一些好的逼近方法。

2.6.7 数字分离/合成技术

在软件无线电系统中,其射频/中频部分为宽带结构,经 A/D 转换后的数字信号也是多通道的宽带信号。为此,在对多通道信号进行解调处理前,首先应该对多通道的宽带信号进行信道分离。在传统的模拟无线电系统中,信道分离是采用基于实数滤波理论的模拟滤波器来实现的,而软件无线电系统的信号处理是基于复信号处理理论的,因此其信道的分离一般采用复数滤波器实现。

1. 复数带通滤波的等效结构

基于复数带通滤波器的信道分离结构如图 2-31 所示。

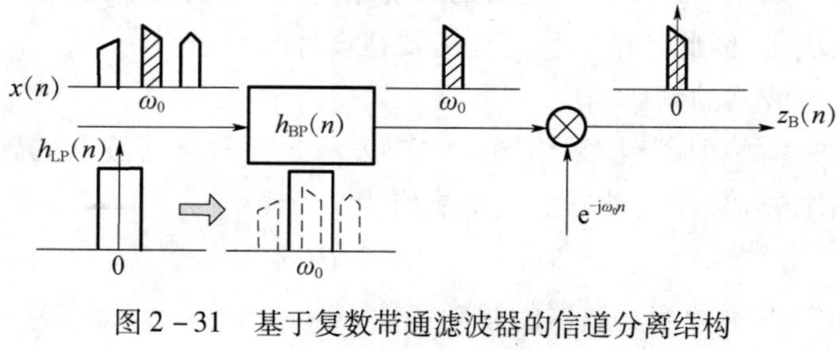

图 2-31 基于复数带通滤波器的信道分离结构

宽带的多信道信号 $x(n)$ 首先经过一个中心频率为 ω_0 的复数带通滤波器 $h_{BP}(n)$ 滤出中频频率位于 ω_0 的通道信号，再经正交下变频到基带，以便后续的抽取、解调等信号处理。选用不同中心频率和带宽的复数滤波器，就可以从多通道信号中分离出不同中频频率的单通道信号。图 2－31 的系统模型可以描述为

$$
\begin{aligned}
z_B(n) &= x(n) * h_{BP}(n) \cdot e^{-j\omega_0 n} \\
&= \{x(n) * h_{LP}(n) \cdot e^{j\omega_0 n}\} \cdot e^{-j\omega_0 n} \\
&= \left[\sum_{r=0}^{N-1} x(r) \cdot h_{LP}(n-r) \cdot e^{j\omega_0(n-r)}\right] \cdot e^{-j\omega_0 n} \\
&= \left[\sum_{r=0}^{N-1} x(r) \cdot e^{-j\omega_0 r}\right] \cdot h_{LP}(n-r) = x(n) \cdot e^{-j\omega_0 n} * h_{LP}(n)
\end{aligned}
\tag{2-127}
$$

由式(2－127)所示的等效关系，图 2－31 所示的复数滤波信道分离系统结构可等效为一个数字下变频结构，如图 2－32 所示。由图 2－32 可见，数字下变频结构在软件无线电系统中承担了信道分离、频谱搬移、采样率变换等信道处理任务，因此成为软件无线电接收机数字前端中不可缺少的核心部分。

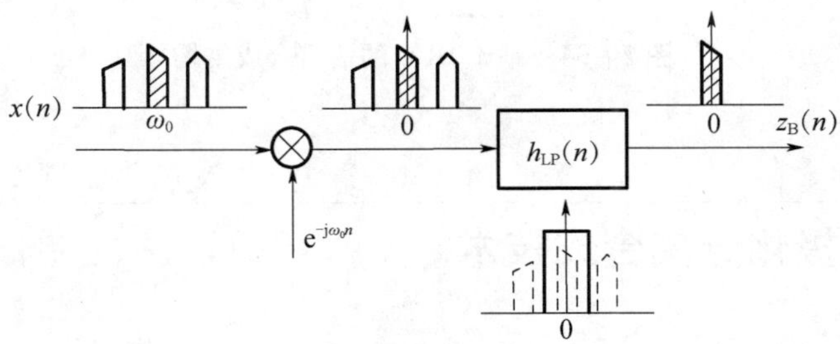

图 2－32　复数滤波信道分离的等效结构

2. 基于数字下变频的信道分离技术

在软件无线电接收机中，其输入信号都是多信道的宽带信号，为了降低信号的速率，以便于后续的并行处理，就需要在数字前端利用复数滤波器对信号进行信道分离，其结构如图 2－33 所示。

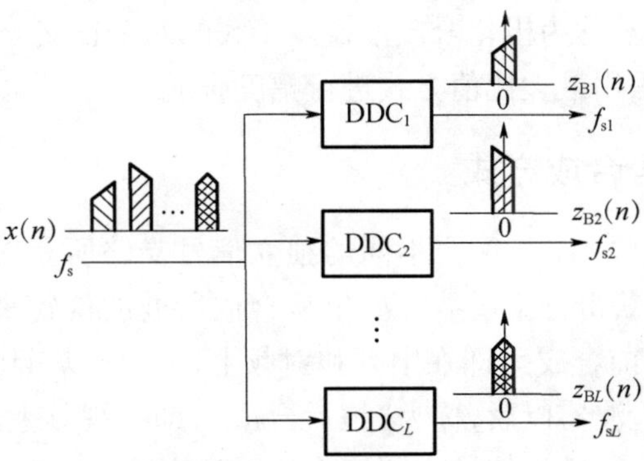

图 2－33　基于 DDC 的信道分离结构

在图 2-33 中，信道的分离是采用多个数字下变频器(DDC)来实现的，各个 DDC 的 NCO 频率根据所需分离的信道载波频率的不同而不同。

3. 基于数字上变频的信道合成技术

在软件无线电发射机中，多路复基带信号需要根据频分复用的原理分别调制到不同的载波频率，然后叠加在一起，这一过程就是信道合成。信道合成与信道分离相反，其实现是采用多个数字上变频器(DUC)来完成的，如图 2-34 所示。

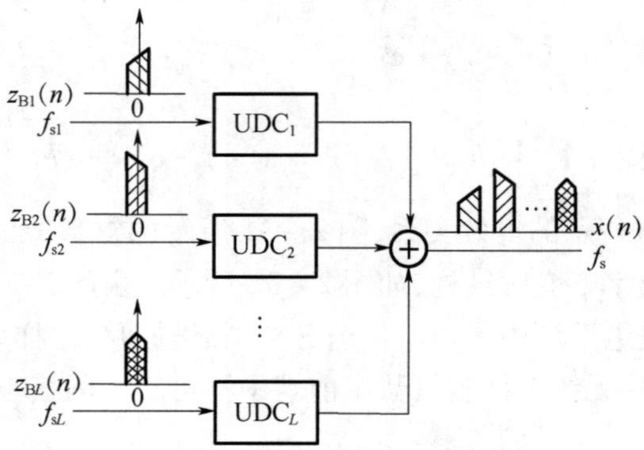

图 2-34 基于 DUC 的信道合成结构

2.7 极化分集合成技术

2.7.1 概述

在微波统一测控系统用于中、低轨航天器测控时，由于目标的运动姿态的变化以及传输途径的影响，会使地面接收到的信号的极化方式产生畸变，使电波的某一极化分量衰落。例如，在地面接收站对正交极化的两个分量同时接收，并采用适当的方式将两者合成，则可有效克服这种衰落。合成信号相对于单一极化接收方式获得的增益称为极化合成增益。接收的两个正交分量的合成必须按同频同相相加，通常采用最大比值方式进行幅度合成。

2.7.2 信号合成方式

在分集合成接收中，由 N 个不同的独立信号支路所获得的信号，可以通过不同的合成方式来获得分集增益。如果从合成所处的位置来看，合成可以在检波器以前，称为“检前合成”，即在中频和射频上进行合成，且多半是在中频上合成，合成也可以在检波器以后，称为“检后合成”，即在视频上进行合成。无论合成点在什么地方，合成后的信号 $f(t)$ 均为各支路信号 $f_1(t), f_2(t), \cdots, f_k(t)$ 的加

权和,即

$$f(t) = \sum_{i=1}^{K} a_i f_i(t) \tag{2-128}$$

式中:a_i为加权系数。a_i如何确定直接影响合成后信号$f(t)$的性能,特别是影响信噪比的性能。按a_i的选择方式,有3种幅度合成方式:选择式合成、等增益合成和最大比值合成。

1. 选择式合成

在两个极化支路中,始终选择信噪比高的极化支路作为输出,合成器输出信噪比即等于所选支路的输入信噪比。这种方案最为简单,但没有合成增益。当两个极化分量信号电平相近时,可能会发生频繁的选择切换,不利于系统工作。

2. 等增益合成

两个极化支路受AGC的控制,在合成器前始终保持两路信号电平相等。采用该方式,当两路信号电平相同时,合成增益可达3dB;当一个极化分量很强而另一个极化分量很弱时,由于两路增益相同,将弱信号一路噪声提升参与合成,使输出信噪比反而比强信号一路输入信噪比降低很多。

3. 最大比值合成

不管输入信噪比是高还是低,始终保持两路信号相加的输出信噪比最大。当两支路信号输入信噪比相同时,合成增益可达3dB;当一路信号很强而另一路信号很弱时,合成信号输出信噪比与强信号支路输入信噪比相同。因此,工程上多采用最大比值幅度合成方式。

因左旋及右旋中频信道的AGC电压直接反映出左旋及右旋信号的输入信噪比的大小,故可由计算机实时采集两个信道的AGC信息,完成最大比值估算,实时控制两支路的电控衰减器及开关,使信噪比高的一路不衰减,信噪比差的一路加大衰减,并当衰减量超过规定值(如15.5dB)时,认为该路信号可以忽略,开关关闭,将此路断开。

由此获得极化合成后信噪比等于极化合成器输入端左、右旋输入信噪比之和,实现了最大比值合成。实际控制中,当一路信噪比很差,计算机根据两路AGC电压计算出的衰减量大于15.5dB时,将关掉该路信号输入。

2.7.3 微波统一测控系统中常用的极化分集合成技术

在微波统一测控系统中,存在3种类型的极化分集接收:

(1) 有残留载波的极化分集接收,用于标准TT&C主接收通道。

(2) 抑制载波的极化分集接收,用于调频、调相等数传接收通道,由于它接收的信号没有残留载波存在。

(3) 角跟踪通道的极化分集接收,用于单脉冲角跟踪接收通道,对于双通道单脉冲体制,在跟踪目标以后,差通道的信号很小,接近于零。

2.7.3.1 有残留载波信号的极化分集合成技术

在微波统一测控系统中，标准 TT&C 信号中包含有残留单频载波，使得锁相环对它进行锁相容易实现，从而使极化分集合成也较易实现。

1. 独立双环极化分集合成方案

该方案原理框图如图 2－35 所示。

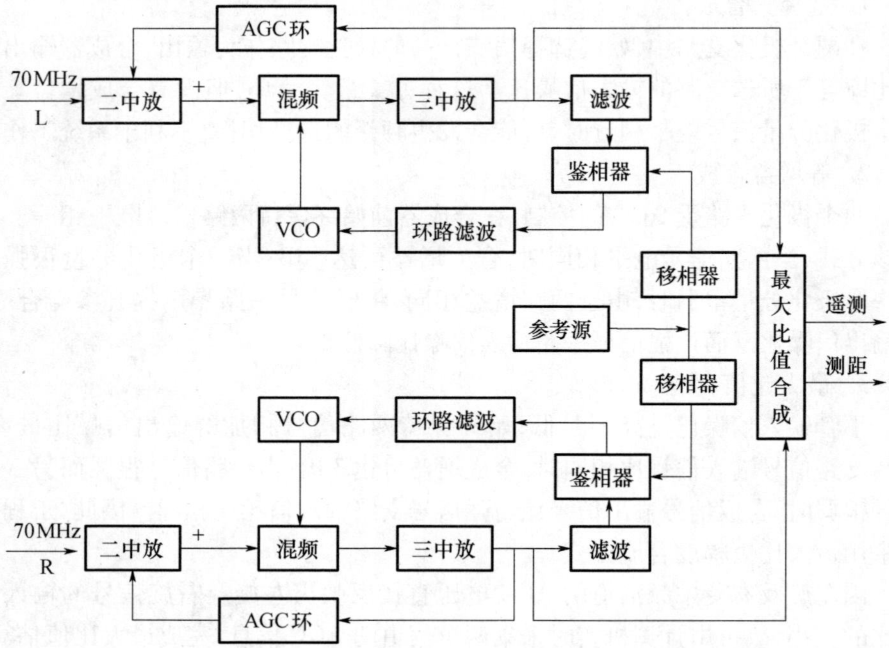

图 2－35 独立双环极化原理框图

图 2－35 中，左、右两路带有多普勒频率 f_d 的 70MHz 信号与 VCO 混频放大，经滤波后与同一参考源鉴相，产生锁相环误差信号，经环路滤波器滤波后再反馈控制 VCO 使环路锁定，由于左、右旋两路采用同一参考源，所以环路锁定后，左、右旋两路第三中频都与参考信号频率相等，相位差固定，只需在某一路移相器进行调节，即可实现同频同相相加。

设参考信号输出为

$$u_0(t) = u_0\cos(\omega_0 t + \Phi_0) \tag{2-129}$$

左路混频器两输入信号为

$$u_{L1}(t) = u_{L1}\cos(\omega_1 t + \Phi_1) \tag{2-130}$$

$$u_{L2}(t) = u_{L2}\cos(\omega_2 t + \Phi_2) \tag{2-131}$$

混频滤波后，得

$$u_L(t) = u_L\cos[(\omega_1 - \omega_2)t + (\Phi_1 - \Phi_2)] \tag{2-132}$$

鉴相器输出为

$$\frac{1}{2}u_0u_L\cos[(\omega_1-\omega_2-\omega_0)t+(\Phi_1-\Phi_2-\Phi_0)] \tag{2-133}$$

环路锁定后，有

$$\begin{cases}\omega_1-\omega_2-\omega_0=0 & \omega_1-\omega_2=\omega_0\\ \Phi_1-\Phi_2-\Phi_0=\Delta\Phi_1 & \text{稳态常量}\end{cases} \tag{2-134}$$

同理，对右路有

$$\begin{cases}\omega'_1-\omega'_2-\omega_0=0 & \omega'_1-\omega'_2=\omega_0\\ \Phi'_1-\Phi'_2-\Phi_0=\Delta\Phi_2 & \text{稳态常量}\end{cases} \tag{2-135}$$

环路锁定后，左、右两路的频率相等，均等于参考源信号频率，相位差为稳态常量，通过调整移相器，即可实现同频同相相加合成。合成器的方案可采用最大比值合成、等增益合成、选择式合成中的任意一种，但以最大比值合成的性能最好。

这种方案的优点是实现简单，性能稳定可靠，缺点是左、右两路的锁相环都只对各自的信号锁定，而不是对合成信号锁相，所以锁相环输出的相位噪声较大，影响设备的性能指标，要减小这个相位噪声，就要对合成信号进行锁相。

2. 共模、差模双环极化分集合成方案

共模、差模双环极化原理框图如图 2-36 所示。

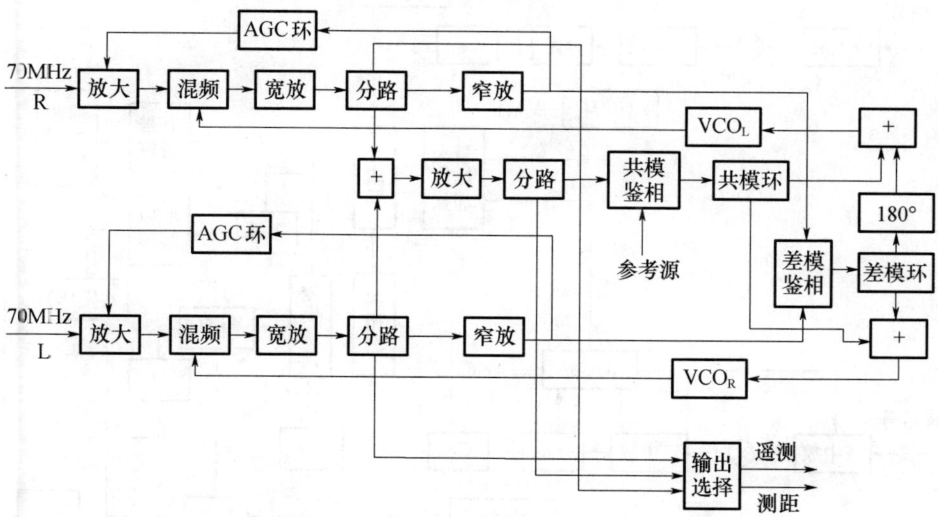

图 2-36　共模、差模双环极化原理框图

图 2-36 中，极化分集接收机左右两路信号的相干性是通过一个双环锁相回路来实现的。一个是内环“差模环”，它对窄带放大后的残留载波作用，经过鉴相器来闭环，该鉴相器跟踪两路输入信号之间相位和频率差（由于左、右两路

信号的相位或本振频率的不一致性引入的),差动误差信号被分路,并以相反的极性,分别加到左右两路的VCO上,使得两个通道以相反的方向被推到一个相同的公共频率上,即差模环完成两路信号的同频同相锁定。但是,这时的频率并不与参考源同频同相,未能实现全系统的相干,因此又采用以相干参考源为基准的共模环,环内的鉴相器以相干源为基准,鉴相出的误差信号,分成两路以相同的极性加到左旋和右旋两个支路的VCO上,使两个支路以相同的方向推到参考源的频率和相位上。作用在这个"共模环"上的信号就是合成后的信号。类似的"双环"方案还很多,但都是这个思路。

2.7.3.2 无残留载波信号的极化分集合成方案

无残留载波信号包括宽带调频信号和各种抑制载波的调相信号,对这类信号的极化分集合成方案,大致包括3类:①载波恢复方案,即采用"载波恢复环"恢复出载波后,再采用前述的有残留载波极化合成方案进行合成;②中频合成方案,即采用类似于前述的"共模、差模双环"方案进行合成;③视频合成方案,即中频信号解调检波后进行合成。

1. 检前合成方案

中频合成又常称"检前合成",下面以调频信号的极化合成方案为例介绍,其原理框图如图2-37所示,该方案采用"共模、差模"极化合成方案。

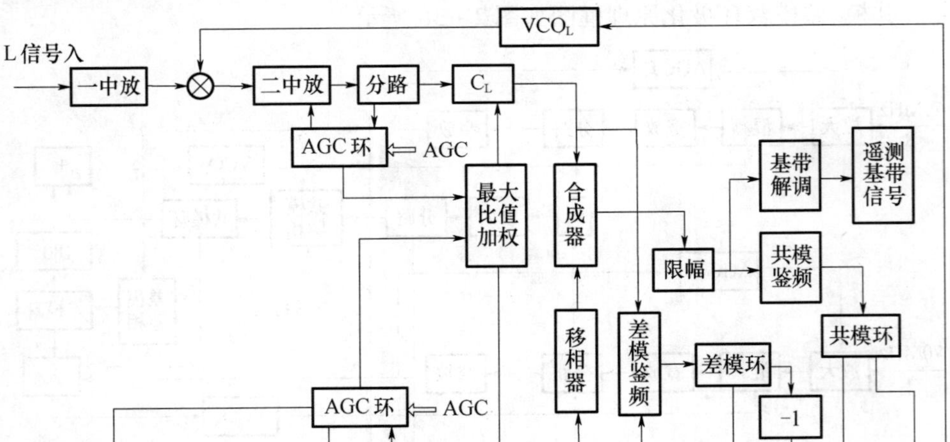

图2-37 FM极化合成接收机原理框图

图2-37中,左、右旋差模环的原理与有残留残波时相同,仅仅是在宽频谱上进行鉴频,而不是在单一载波上,显然其难度有所增加。

AGC 环取出的 AGC 电压分别加到一中放及二中放的电调衰减器上，以保证在输入场强变化的 70dB 时左、右两路输出的 AGC 电压不一致性要在小于 ±1dB范围内，以满足分集合成器的 AGC 加权电压正常工作要求。

共模环由工作在合成器后的解调鉴频器通过 AFC 环来完成闭环。共模环跟踪解调信号中包含的载波中心频率慢变频移部分（例如，发射机中心频率漂移或多普勒频率变化引起的，两个通道共有的频率偏移），其误差信号被分路，以相同的极性，分别加到左右两路的 VCO 上，使两个通道以相同的方向被推到一个公共二中频上，以保证接收机的中频信号准确落到滤波器通带的中心，即共模环完成两路信号的中心频率保持在二中放中心频率上，另外可以看出，环路增益越大，剩余频差越小，近似等于鉴频器中心频率不稳定度引入的频差，对鉴频器进行适当的温度频率补偿，可减小这个剩余频差。

通过差模环鉴频器的作用，该鉴频器的输出能自动跟踪两路输入信号之间相位和频率差，即差模环完成两路信号的同频同相锁定。另外，左、右旋信号的环路跟踪电路是完全对称的，不存在何者为主环何者为副环的问题，不会发生跟踪时相位的不连续性。

这样通过将差模误差信号和共模误差信号相加后，共同控制 VCO 的频率，使得加到分集合成器上的两路信号始终同频同相，并落在设计二中放的中心频率上。另外，采用了最大比值信号加权和连续合成技术，能获得最大的合成信噪比。

2. 检后合成方案

检后合成的信号是视频信号，故又称之为视频极化合成。

视频极化合成与中频极化合成区别如下：

（1）视频分集合成要求被合成的两个视频信号同相，由于视频信号比中频信号的频率低得多，因此其他因素对视频相位的影响也低得多，故在视频电路部分不需要分集锁相环，只要仔细设计电路即可满足。在高、中频通道，对视频信号相位的影响，表现为群时延的一致性。和测距时对信道群时延的要求相比，这个要求低得多，容易满足。

（2）视频分集合成是在视频上进行最大比值合成，由于视频频率低，易于实现加权和相加，特别是容易实现 A/D 变换，送往数字信号处理器，实现数字的最大比值合成，达到接近理论的最佳值。而且数字化以后，过去存在的失真大小、电平大小、线性差异等的不一致性问题的影响得到了有效的解决，这就克服了模拟检后合成的一些缺点。

（3）视频分集合成与中频分集合成的区别在于一个在检波前合成，一个在检波后合成，故核心问题在于检波器的影响，检波器存在门限效应，在低 C/N 输入时可使输出的 S/N 损失。对于中频极化合成而言，由于检波的信号已实现分集合成，其 C/N 得到提高，故输出 S/N 的损失可减少，对视频合成而言，则相对而言输出 S/N 损失较大，特别是当其中一路的 C/N 可能较低，则门限损失较大，特别是对 FM 解调而言主，当输入 C/N 低于 FM 解调门限时(一般为 9dB)，将产生门限脉冲噪声，对输出合成信号影响较大，所以对于低的输入 C/N 情况，视频分集合成不适于 FM 信号。

由于检波器的门限效应，线性检波、包络检波和平方律检波将在低 $(C/N)_i$ 时，损失输出信噪比，这是检后合成的根本缺点，但在 C/N 高时不存在此门限效应。相参检波例外，理论上在本地相参信号无噪声时，它在低 C/N 时不带来输出信噪比损失，所以在采用相参检波时，视频合成和中频合成输出信噪比，理论上是相同的，不会带来 $(S/N)_o$ 的损失，但实际上全锁相环恢复的本地相参信号会带有噪声，随着该噪声的加大会有损失。

从前述分析可见，检前合成和检后合成各有优缺点，在微波统一测控系统中，大多采用相参检波，因此可以采用检后合成，特别是在高 C/N 的抗多径干扰时，可采用检后极化合成。

2.7.3.3 角跟踪信道的极化分集合成技术

当接收电波存在交叉极化两种分量时，不仅使信号起伏衰落，而且对角跟踪性能有很大影响，使天线不能对准目标，产生抖动，因此测角通道采用极化分集接收，以改进跟踪性能。

对于双通道单脉冲系统，由于跟踪时，差路无信号(或 S/Φ 很小)，无法进行分集锁相，所以在实现上带来了困难。一种中频极化合成的方案是，在有信号的和路中实现左旋和右旋的分集锁相和最大比值合成，采用和路 VCO 作为差路的基准信号，并要求和、差通道的相位一致，从而保证差路左旋和右旋信号的同相，差通道的最大比值合成实现是采用与和通道最大比值合成一样的电路，用 AGC 电压来实现分集加权。这种方案是采用和、差通道完全一致的分集合成电路来实现差路的极化分集合成，即和路可自动地、自适应实现，而使差路与它相一致，从而也实现差路的极化分集合成，显然这种电路比较复杂。

由于单脉冲角误差检波是相参检波，可以采用检后合成技术，由于角误差信号的频率很低，更易于数字化，故称这种方案为低频数字极化合成，其原理因如图 2-38 所示，图中的 PD 参考信号也可由 PLL 的参考信号提供，而 IF_Σ 中包含 PLL。

这种方案的优点如下：

(1) 不需要分集锁相环，从而简化了电路。

(2) 最大比值合成可数字化，方案简单，且性能好，逼近理论结果。

(3) 充分继承以往的单脉冲信道技术，只增加最大比值合成部分。

(4) 调试简单、稳定、可靠。

工程实践已经证实，在极化衰落的情况下，采用极化分集接收的角跟踪系统，具有非常良好的跟踪性能，且提高了可靠性。

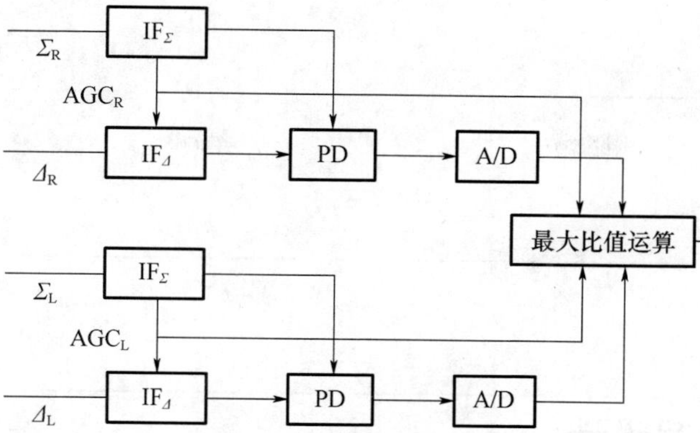

图 2－38　角跟踪通道的低频数字极化合成方案原理图

参 考 文 献

[1] 周智敏,陆必应,宋千. 航天无线电测控原理与系统. 北京:电子工业出版社,2008.

[2] 谢红卫,张明. 航天测控系统. 长沙:国防科学技术大学出版社,2000.

[3] 邹传云,黄勇,李晓茹,魏东梅,等. 高频电子线路. 北京:清华大学出版社. 2012.

[4] 阵世伟. 锁相环路原理及应用. 北京:兵器工业出版社,1990.

[5] 黄智伟. 锁相环与频率合成器电路设计. 西安:西安电子科技大学出版社,2008.

[6] 陈祝明. 软件无线电技术基础. 北京:高等教育出版社,2007.

[7] 杨小牛,楼才义,徐建良. 软件无线电原理与应用. 北京:电子工业出版社,2001.

[8] 刘嘉兴. 飞行器测控与信息传输技术. 北京:国防工业出版社,2011.

第3章 总体设计

3.1 信号设计

信号设计是指为保证系统完成所要求的各种测控任务,应怎样确定各种基带信号的组合方式、载波与副载波的调制方式及总信号的频谱结构。所设计的信号应能最有效地使用可用功率,并在使用上具有最大的适应性,以便在种类繁多的电磁干扰环境下能具有较强的抗干扰能力。为了使讨论具有一定普遍性,本节只着重介绍信号设计中的一些主要原则。

3.1.1 基带信号的设计

基带信号的结构主要取决于原始信息变换、多重调制以及保密性和抗干扰性对它的影响。

1. 原始信息变换对基带信号的影响

因将原始信息(如话音)变换成其他形式或进行编码时,会使基带信号的结构产生变化,因此基带信号设计中,首先应考虑的是如何合理地选择原始信息变换方式。通常在如下几种情况中需要对原始信息进行变换。

(1) 当指令、遥测、数传等信息需要采用抗干扰编码及误差控制时,应对原始信息进行变换。

(2) 对某些信息(如指令、数传等)进行加密时,应对原始信息进行变换。

(3) 当要求与其他信息一起对同一射频载波进行多重调制时,为满足其相容性,应对原始信息进行变换。

(4) 在原始信息中增设地址码或其他辅助信息时,有时也要改变原始信息的形式。

2. 多重调制对基带信号的影响

当几种基带信号合并成一个复合基带信号,并再用此复合基带信号对射频载波调制时,这种多重调制的基带信号可有下列几种调制方式。

(1) 频率区分调制。

(2) 时间区分调制。

(3) 在频率—时间平面重叠区域内的正交副载波进行调制。

(4) 某些特殊方法,如调频中的“功率区分”调制。

在微波统一测控系统中,经常采用的是频分调制,即各种基带信号分别对各自的正弦副载波进行调制(如调幅、调频、调相等)。使这几个正弦副载波构成一个复合基带信号。然后,再将此复合基带信号对射频载波进行线性(如调幅)或指数(如调频、调相等)调制。因此,当系统需要多重调制时,基带信号选择必须考虑到实际复合基带宽度的要求。

3. 保密性及抗干扰性对基带信号的影响

附加的保密和抗干扰措施对基带信号结构也会带来影响。例如,为了保密,可将有关信息与伪随机码(PN 码)进行模 2 加,形成另外一种难于识别的信号等。

3.1.2 副载波组合方式的选择

副载波频率选择,主要取决于组合干扰计算。这里只对副载波调制组合方式选择做些简要介绍。

应当指出,微波统一测控系统副载波的组合,受测距信号选择的影响很大。由于测距信号形式比较复杂,在不同条件下,信号形式差异较大,且精度要求高,所以需要先确定出测距信号形式(频率及调制方式),然后再安排其他副载波。

1. 测距信号的选择

对以连续波方式工作的微波统一测控系统,测距信号有 3 种形式:纯侧音测距信号(简称侧音测距)、纯二进制的伪随机码测距信号(简称伪码测距)及侧音 + 伪随机码的混合测距信号(简称音码混合测距)。这 3 种测距信号形式的性能比较如表 3 - 1 所列。

表 3 - 1 3 种测距信号形式的比较

<table>
<tr><th colspan="2">信号形式
比较项目</th><th>纯侧音测距信号形式</th><th>伪随机码测距信号形式</th><th>音码混合测距信号形式</th></tr>
<tr><td colspan="2">抗干扰能力</td><td>弱</td><td>强</td><td>中</td></tr>
<tr><td colspan="2">保密性</td><td>差</td><td>好</td><td>中</td></tr>
<tr><td colspan="2">距离分辨度</td><td>好</td><td>差</td><td>好</td></tr>
<tr><td colspan="2">解距离模糊能力</td><td>差</td><td>好</td><td>好</td></tr>
<tr><td colspan="2">副载波调制的灵活性(即几种副载波是否可同时调到一个载波上,及多站工作的相容性)</td><td colspan="3">三者均相同</td></tr>
<tr><td rowspan="2">捕获时间</td><td>近距离的情况下</td><td>短</td><td>长</td><td>中</td></tr>
<tr><td>远距离的情况下</td><td colspan="3">三者相近</td></tr>
</table>

（续）

信号形式 / 比较项目	纯侧音测距信号形式	伪随机码测距信号形式	音码混合测距信号形式
系统定标的难易	三者相同		
设备复杂程度	三者相同		
使用和维护要求	较简单	较复杂	一般
自动操作的适应性	好	差	中
所需研制经费	三者相同		

表3－1比较的结论只适合于一般情况，对于某些特殊情况则例外。由上表比较结果不难看出：

（1）当要求距离分辨率高、捕获时间短、能提供给测距信号的带宽有限时，用侧音测距系统比伪码测距系统要好。

（2）当带宽受到限制时，采用侧音测距系统比伪码测距系统更灵活。

（3）当要求保密性好且抗干扰能力强时，采用伪码测距系统比较合适。

（4）音码混合测距系统可以同时兼有纯侧音和伪码测距系统的主要优点，它特别适用于跟踪中等轨道至月球轨道的空间飞行目标以及复杂飞行任务的各个阶段，包括近地和深空操作。

2. 副载波频率及调制方式的选择

根据表3－1的比较结果及使用要求，可初步确定系统应当选用的测距信号形式，然后再从以下几个方面去选择其他副载波的信号组合方式（频率与调制方式）。

（1）应力求基带信号本身及其调制方法简单。

（2）应力求基带信号频谱谱线集中（所占带宽越小越好）。

（3）应考虑到各副载波不同调制方法所占用的带宽及功率效率。

（4）从信息有效传输的角度出发，副载波频率不应选得太高，以利于压缩中放信息带宽。

（5）各副载波的组合干扰应尽可能不落入各副载波的信息带宽内；为了保证测距精度，各副载波的组合干扰频率不应落入高侧音窄带跟踪环的带宽内。

（6）对于频移键控（FSK）和相移键控（PSK）副载波信道，必须保证所选副载波频率和基带信号的码速率保持相干并成整数倍的关系，以利相干解调。

（7）为适应不同型号飞行器测控的带宽要求、不同信息路数和数据量，应允许副载波作适当变动，以适应对各种不同型号的要求作最佳安排。

（8）为了防止应答机和接收机的载波环错锁（锁到副载波频率上），在可能的条件下副载波频率应尽可能远离载波频率。

（9）为了防止火焰衰减，副载波频率应安排在离载波5～10kHz处。

（10）应尽量利用已研制或市场上已能提供的设备。

3.1.3 射频信号的设计

所谓射频信号设计主要是指载波调制的选择。在无线电测控设备中，载波调制方式可分为三种：调幅、调频和调相，调幅属于线性调制，它的优点是占用带宽小（$B_i=2f_m$，其中 B_i 为射频带宽，f_m 为调幅信号频率），而缺点是功率利用率较低。此外，卫星所产生的波形常常具有较大峰值因素，故整个系统需要对信号进行线性处理，功率放大器必须工作于低电平，以使输入饱和影响减至最小，且不能采用效率较高的非线性功率放大器，同时在信息流程中，任何部件的非线性都将引起串扰，而线性调制对噪声和干扰的敏感性也较大，因此，一般认为线性调制是不适宜传递跟踪信号的。调频与调相都属于指数调制，它们之间的异同点可归纳如下。

1. 调相与调频的共同特点

（1）调制指数相同时，带宽也相同（$B_i=2f_m(m+1)$，m 为调制度，f_m 为调频或调相的信号频率）。

（2）抗干扰性与抗白噪声能力相同。

（3）都易于采用负反馈技术以实现最佳解调。

2. 调相与调频的区别

（1）调相解调门限比调频低，如调相采用线性相干解调门限可达 −15dB，伪码中频相关解调门限可达 −25 ~ −30dB，而调频解调门限一般为 +10dB。

（2）调相工作方式不会影响主振荡器的高稳定度，故可使载波测速精度较高。

（3）调相受火箭尾部火焰干扰比调频大。

由此可见，在高精度跟踪测量系统中采用调相方式是比较合适的，但某些专用系统，如用于火箭主动段的遥测系统，为避免火焰干扰，其载波一般采用调频方式。此外，在国际通信卫星的中精度测控系统中，也可采用调频方式。

3. 选择载波调制方式的原则

（1）应使系统简单可靠。

（2）提高有效功率的利用率，即应使发射信号中有用的功率最大，并使功率放大器的效率尽量高。

（3）应最有效地利用带宽，即尽可能地减少噪声带宽以及提高频谱的利用效率。

（4）应考虑到多载波工作时，测控载波与其他载波（如电视、多载波遥测等）的相容性。

（5）应考虑到使系统具有足够的抗干扰能力。

综上所述，微波统一测控系统信号设计的一般过程如图 3-1 所示。

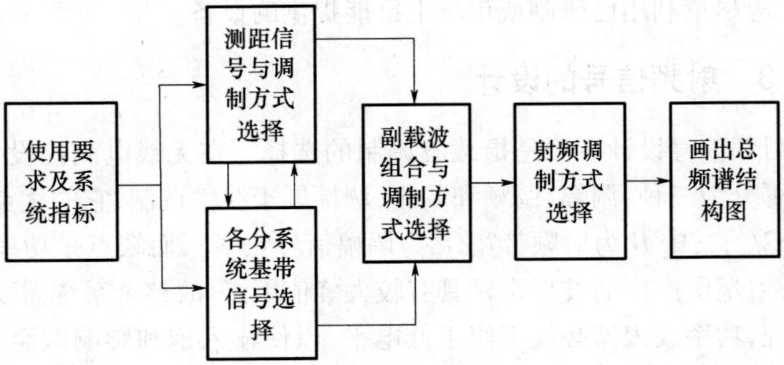

图 3-1　微波统一测控系统信号设计的一般过程

由图 3-1 可知，首先需根据被设计系统的性能指标及使用要求，确定出合理的测距信号形式、调制方式与频率，同时进行各种基带信号形式的选择（它们之间有密切关系）；然后再根据上面提到的原则去考虑其他副载波及调制方式的选择，最后是载波调制方式的选择。

在信号设计过程中，频谱图是个很有用的工具，不同信号的组合，在频谱图上可一目了然。

3.2 频率流程

微波统一测控系统频率流程的拟定是总体设计中一个重要的组成部分，它与总体方案及各分机方案密切相关。频率流程图的合理与否将影响整个系统的性能好坏、设备实现的难易程度以及设备的经济性和通用性等。下面介绍船载 S/C/X 频段微波统一测控系统的频率流程。

3.2.1 S 频段系统的频率流程

S 频段系统的频率流程如图 3-2 所示。

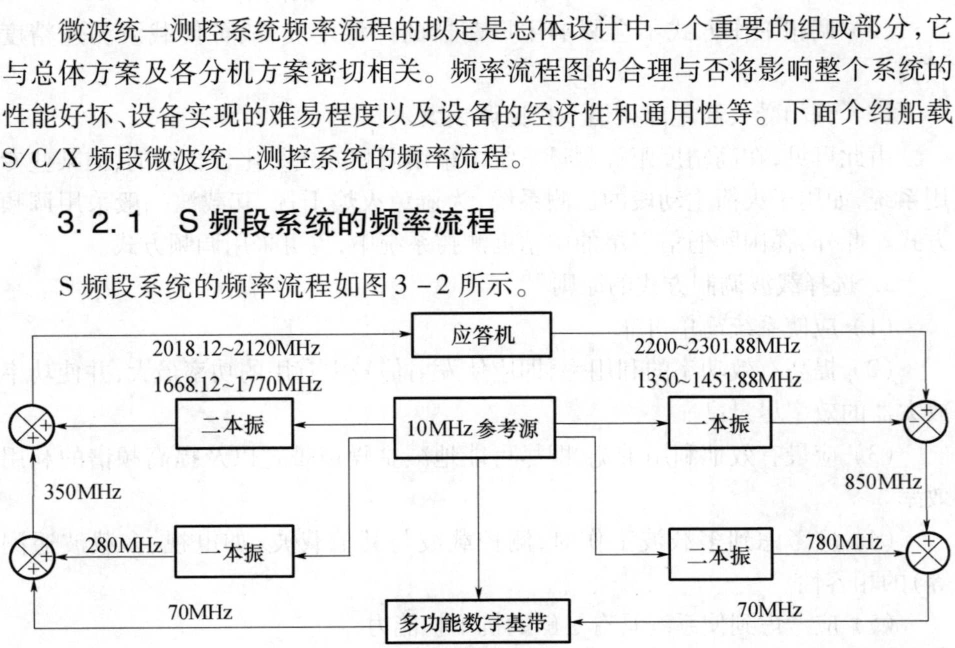

图 3-2　S 频段系统的频率流程

由时频分系统产生的10MHz频标信号经基带锁相源并经调相获得70MHz的已调中频上行载波信号，该70MHz信号经280MHz的一本振上混频到350MHz，再与频综器产生的1668.12～1770MHz二本振上混频产生上行射频信号，其频率范围为2018.12～2120MHz，频率步进为100Hz。

地面系统上行信号经星上应答机转发后，变为2200～2301.88MHz的下行信号，由星上天线发回地面站。在地面站的高频接收分系统中，输入的2200～2301.88MHz射频信号与频综器输出的频率为1350～1451.8MHz、步进为1kHz的一本振信号混频产生850MHz的一中频信号，该信号与二本振780MHz信号混频产生70MHz中频信号送基带分系统。

3.2.2 C频段系统的频率流程

C频段系统的频率流程如图3－3所示。

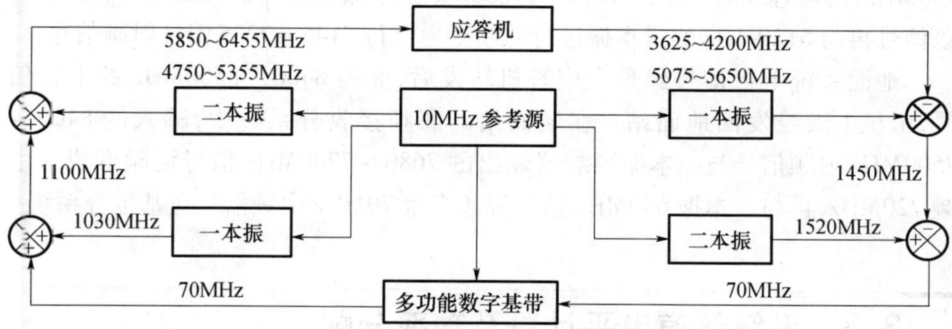

图3－3 C频段系统的频率流程

由时频分系统产生的10MHz频标信号经基带锁相源并经调频获得70MHz的已调中频上行载波信号，该70MHz信号经1030MHz的一本振上混频到1100MHz，再与频综器产生的4750～5355MHz二本振上混频产生上行射频信号，其频率范围为5850～6455MHz，频率步进为1kHz。

地面系统上行信号经星上应答机转发后，变为3625～4200MHz的下行信号，由星上天线发回地面站。在地面站的高频接收分系统中，输入的3625～4200MHz射频信号与频综器输出的频率为5075～5650MHz、步进为1kHz的一本振信号混频产生1450MHz的一中频信号，该信号与二本振1520MHz信号混频产生70MHz中频信号送基带分系统。

3.2.3 X频段系统的频率流程

X频段系统的频率流程如图3－4所示。

由时频分系统产生的10MHz频标信号经基带锁相源并经调相获得70MHz的已调中频上行载波信号，该70MHz信号经280MHz的一本振上变频到

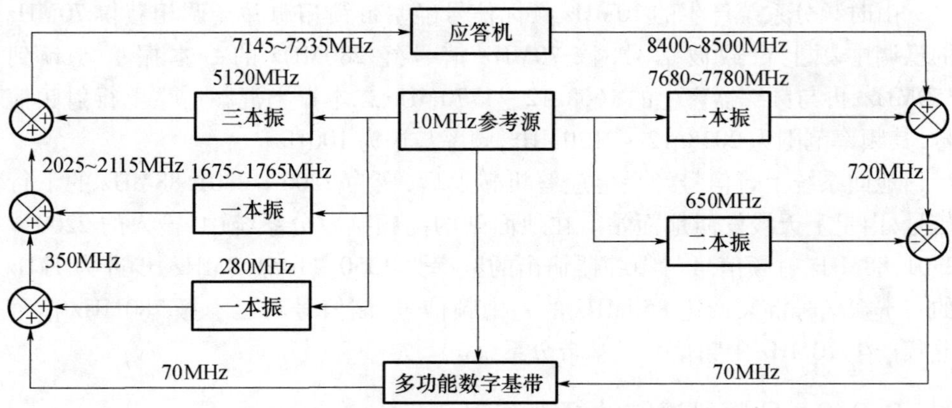

图 3－4　X 频段系统的频率流程

350MHz,再与频综器产生的 1675 ~ 1765MHz 二本振上变频到 2025 ~ 2115MHz,该信号再与 5120MHz 的三本振进行混频产生上行 7145 ~ 7235MHz 射频信号。

地面系统上行信号经星上应答机转发后,变为 8400 ~ 8500MHz 的下行信号,由星上天线发回地面站。在地面站的高频接收分系统中,输入的 8400 ~ 8500MHz 射频信号与一本振频综器输出的 7680 ~ 7780MHz 信号混频变成一中频 720MHz,再与二本振 650MHz 信号混频产生 70MHz 中频信号送基带分系统。

3.3　系统信道电平计算及功率分配

信道设计就是为地面设备和弹星(船)上设备以及传播路径合理地选择各项参数,决定其工作状态和工作性能,保证设备在所要求的跟踪范围内有良好的捕获跟踪性能和测量精度。为此,必须综合设计天线的尺寸和增益、发射功率、接收带宽和灵敏度、伺服回路参数和锁相环路参数,并考虑各种噪声影响因素。

3.3.1　系统信道电平计算

船载微波统一测控系统的上、下行信道计算基本出发点是雷达方程,应答式或信标式工作的雷达方程为

$$\frac{S}{N}=\frac{P_{\rm t}G_{\rm t}A_{\rm er}}{4\pi R^2 kT_{\rm n}B_{\rm i}L_{\Sigma}M}=\frac{P_{\rm t}G_{\rm t}G_{\rm r}\lambda^2}{(4\pi R)^2 kT_{\rm n}B_{\rm i}L_{\Sigma}M} \tag{3-1}$$

或

$$P_{\rm t}=\frac{(4\pi)^2(S/N)R^2kT_{\rm n}B_{\rm i}L_{\Sigma}M}{G_{\rm t}G_{\rm r}\lambda^2} \tag{3-2}$$

式中:S/N 为接收机检波前的信号噪声功率比;$P_{\rm t}$ 为发射机输出功率;$G_{\rm t}$ 为发射

天线增益；A_{er}为天线的有效接收面积；λ 为工作波长；G_r为接收天线增益，$G_r = 4\pi A_e/\lambda^2$；R 为测量距离；k 为波耳兹曼常数，$k = 1.38 \times 10^{-23}$ J/K；T_n为高频接收机输入端的总等效噪声温度；B_i为接收机射频带宽；L_Σ为传输通道中的总损耗；M 为设计余量。

3.3.1.1　上行信道

1. 上行信道的参数确定

（1）地面发射机输出功率：所需地面发射机输出功率主要取决于保精度测量的作用距离。发射机功率大小由功率放大器件的性能决定。随着砷化镓固态技术和功率合成技术的发展，固态功放（SSPA）具有互调小、功耗低、维护成本低、寿命长、稳定可靠等特点，在微波统一测控系统中有着广泛的应用前景。当功率小于1000W时，固态功放（SSPA）取代速调管放大器（KPA）是发展趋势；当功率大于3000 W时，建议以速调管放大器（KPA）为主。

（2）地面发射天线增益：为了提高作用距离和测角精度，船载微波统一测控系统通常采用口径大、效率高、噪声小、焦距口径比（f/D）大的抛物面天线。选定工作频率后，抛物面天线的发射增益由发射天线口径和天线效率决定，即

$$G_{gt} = \frac{4\pi A_e}{\lambda^2} = \eta\left(\frac{\pi D}{\lambda}\right)^2 = \eta\left(\frac{\pi Df}{c}\right)^2 \tag{3-3}$$

式中：抛物面天线效率 $\eta = 0.4 \sim 0.7$；c 为光速。

（3）馈线损耗：对于微波频段信号，从发射机到天线的馈线一般为波导结构。馈线损耗L_{gt}包括传输波导、发射支路微波器件和旋转关节等损耗。波导总损耗与波导长度成正比（不同规格波导的损耗可查阅相关手册），微波器件和旋转关节的损耗按插入损耗计算。

（4）有效发射功率EIRP值：等效全向有效辐射功率EIRP值反映了发射信号的实际功率强度，包括发射功率、发射天线增益及馈线损耗。

$$\mathrm{EIRP(dBW)} = P_{gt}(\mathrm{dBW}) + G_{gt}(\mathrm{dB}) - L_{gt}(\mathrm{dB}) \tag{3-4}$$

（5）空间损耗L_{sp}：信号能量在空间传播时扩散所造成的损耗。信道设计时取最大作用距离 R 时的损耗值为

$$L_{sp}(\mathrm{dB}) = 20\lg R(\mathrm{km}) + 20\lg f(\mathrm{MHz}) + 32.44\mathrm{dB} \tag{3-5}$$

（6）极化损耗L_P：发射电波和接收天线的极化方式和旋向不同对接收信号造成的损耗，圆极化损耗为

$$L_p = \frac{1}{2}\left[1 + \frac{\pm 4\rho_1\rho_2 + (1-\rho_1^2)(1-\rho_2^2)\cos 2\alpha}{(1+\rho_1^2)(1+\rho_2^2)}\right] \tag{3-6}$$

式中：ρ_1、ρ_2分别为入射波和接收天线的轴比；α 为轴倾角（即两椭圆极化长轴之间的角度或线极化之间的角度）。当入射波和接收天线为同向极化时，极化损耗为0dB，圆极化天线接收线极化波时，损耗为3dB。

(7) 上行信道其他损耗 L_{Σ}:

$$L_{\Sigma} = L_{ion} + L_f + L_{atm} + L_n + L_{sr} \tag{3-7}$$

式中:L_{ion}为电离层损耗;L_f为法拉第旋转损耗;L_{atm}为大气吸收损耗;L_n为火焰衰减;L_{sr}为应答机馈线损耗。

(8) 应答机接收天线增益:飞行器测量一般用方向性天线,其增益和方向图特性由测控总体根据被测弹道/轨道决定。在测控设备信道计算时,通常假定天线增益为 0dB。采用低频段作卫星测量时,星上天线一般为全向天线,其增益一般为 -5dB 左右。

(9) 应答机接收功率 P_{sr}:地面发射的信号,经应答机天线接收后,送到应答机输入端的功率为

$$\begin{aligned} P_{sr} &= P_{gt}(\text{dBW}) + G_{gt}(\text{dB}) + G_{sr}(\text{dB}) - L_{gt}(\text{dB}) - L_{sp}(\text{dB}) - L_p(\text{dB}) - L_{\Sigma}(\text{dB}) \\ &= \text{EIRP}(\text{dBW}) + G_{sr}(\text{dB}) - L_{sp}(\text{dB}) - L_p(\text{dB}) - L_{\Sigma}(\text{dB}) \end{aligned} \tag{3-8}$$

(10) 应答机等效噪声温度 T_{sn}。星(船)上天线受背景噪声影响较小,因此可简化为

$$T_{sn} = \left(1 - \frac{1}{L_{sr}}\right)T_0 + 290(F_{sn} - 1)K \tag{3-9}$$

式中:L_{sr}为应答机馈线损耗;F_{sn}为应答机噪声系数;T_0一般取 290 K 计算。

(11) 应答机接收端等效噪声功率 P_{sn}。折算到应答机输入端的等效噪声功率为

$$P_{sn} = kT_{sn}B_{si} = -228.6(\text{dB}) + 10\lg T_{sn}(\text{K}) + 10\lg B_{si}(\text{Hz}) \tag{3-10}$$

式中:k 为波耳兹曼常数,$k = 1.38 \times 10^{-23}$ J/K;B_{si}为应答机中放带宽。

(12) 应答机的 G_{sr}/T_{sr}:G/T 值是应答机接收系统的综合性指标,包括应答机接收天线增益、馈线损耗和等效噪声温度。

(13) 应答机输入端的信号噪声功率谱密度比。利用上述计算结果,上行信道可能提供的信号噪声功率谱密度比为

$$P_{sr}/\Phi_{sn} = P_{sr}/kT_{sn} \tag{3-11}$$

2. 上行信道各信号要求的信号噪声功率谱密度比 S/Φ

上行信道各参数确定后可得到上行信道可能提供的信号噪声功率谱密度比 P_{sr}/Φ_{sn}。然后,计算各信号要求的信号噪声功率谱密度比 S/Φ,若两者不相适应,则信道设计重新进行。由于信号噪声功率比 S/N 不能唯一反映信号功率大小,随着带宽的变化,信噪比也在变化,为此常用$(S/N)B_0$,而 $S/(N/B_0) = S/\Phi$,Φ_0为单位带宽内的噪声功率,在所取的带宽 B 内,总噪声功率为 $B\Phi_0$。

3.3.1.2 下行信道

上、下行信道的空间传输部分是公用通道,所不同的是上、下行信道所用频

率不同以及发端为星(船)设备、收端为地面设备。其计算与上行信道极为类似,故不再重述,仅计算出地面设备的 P_{gr}/Φ_{sn} 值即可。

1. 下行信号总功率 P_{gr}

该指标主要取决于星(船)上天线增益 G_{st}、应答机发射功率 P_{st}、应答机发射支路馈线损耗 L_{st}、地面接收天线增益 G_{gr} 及地面接收馈线损耗 L_{gr}。为了减小馈线损耗,低噪声场效应放大器一般紧靠在馈源后放置。使用大型天线的地面接收系统一般将高频部分放在天线俯仰箱内,接收信号以中频信号形式通过中频滑环送到地面接收机,即

$$P_{gr}(\mathrm{dBW}) = P_{st}(\mathrm{dBW}) + G_{st}(\mathrm{dB}) - L_{st}(\mathrm{dB}) + G_{gr}(\mathrm{dB}) - L_{gr}(\mathrm{dB}) - L_{sp}(\mathrm{dB}) - L_{p}(\mathrm{dB}) - L_{\Sigma}(\mathrm{dB}) \tag{3-12}$$

2. 地面接收系统的噪声功率 P_{gn}

在微波频段,外部噪声比接收机内部噪声小得多,影响系统噪声的最重要因素是前端放大器的噪声系数和天线噪声温度。为减小噪声,测控设备的前端放大器经历了晶体管、行波管、隧道二极管、常温场放和致冷场放几个阶段,现在普遍使用场效应放大器,即

$$P_{gn} = kT_{gn}B_{i} \tag{3-13}$$

$$T_{gn} = (T_{a}/L_{gr}) + [1-(1/L_{gr})] \times 290 + T_{gr}(K) \tag{3-14}$$

式中:T_{gn}为地面接收机输入端等效噪声温度;T_{a}为地面天线噪声温度;L_{gr}为天线的馈线损耗;T_{gr}(K)为接收机本身的噪声温度。

3. 地面接收机输入端信号噪声功率谱密度比 P_{gr}/Φ_{gn}

地面接收机输入端信号噪声功率谱密度比为

$$P_{gr}/\Phi_{gn} = P_{gr}/(kT_{gn}) \tag{3-15}$$

3.3.2 系统工作门限电平计算

3.3.2.1 系统工作门限

船载微波统一测控系统信道电平计算很重要的一个内容就是确定残留载波以及副载波各信道要求的信号功率噪声谱密度比 S/Φ,也即各信道工作门限。然后根据最佳化准则进行合理、正确地功率分配。既能保证残留载波分量有足够的功率,使系统易于捕获载波,又能保证各副载波信道能同时达到门限以最充分利用功率能量,达到最佳化设计。

1. 下行残留载波的 $S/\Phi|_{c}$

测角、测速信号的捕获与跟踪都是利用残留载波信号能量完成的,所以下行残留载波的 $S/\Phi|_{c}$ 是一项十分重要的指标。该指标的确定应考虑以下 3 个因素:

(1) 测角精度要求。造成测角误差的因素主要有无线电测控设备本身的机

械和电气性能、调整情况、目标性质、电离层和对流层中电波传播条件等。设计下行残留载波 $S/\Phi|_c$时,关心的是接收机热噪声引起的测角随机误差。热噪声会淹没较小的误差信号电压,使跟踪系统被噪声所控制,造成正比于噪声电平的角度误差。为保证所要求的测角精度,必须保证一定的信号噪声功率谱密度比。根据总体设计分配的热噪声测角误差 $\sigma_{\theta n}$ 指标、给定的伺服带宽 B_n 以及天线差方向图归一化斜率 K_m,可计算出所需的 $S/\Phi|_c$,即

$$S/\Phi|_c = \left(\frac{\theta_{0.5}}{K_m \sigma_{\theta n}}\right)^2 \cdot B_n \tag{3-16}$$

(2) 测速精度要求。由热噪声引起的测速误差 $\sigma_{\dot{R}n}$ 与 $S/\Phi|_c$的关系为

$$S/\Phi|_c = \left(\frac{\lambda}{4\pi T \sigma_{\dot{R}n}}\right)^2 \cdot 2B_L \tag{3-17}$$

式中:λ 为下行载波波长;T 为测速积分时间;B_L为载波锁相环路噪声带宽;$\sigma_{\dot{R}n}$ 为系统设计时所分配热噪声引起的测速误差。

(3) 环路跟踪锁定要求。在环路等效噪声带宽 B_L之内,环路失锁概率与环路输入信噪比$(S/N)_i$有确定的关系(表 3-2)。

表 3-2 环路失锁概率与环路输入信噪比的关系

失锁概率 P_e	10^{-2}	10^{-3}	10^{-4}	10^{-5}
$(S/N)_i$/dB	3.46	5.91	7.41	8.62

一般取 $P_e = 10^{-4}$或 10^{-5},则要求$(S/N)_i = 7.41\text{dB}$ 或 8.62dB,由此可计算出维持环路锁定所需的值:

$$S/\Phi|_c = (S/N)_i \cdot B_L \tag{3-18}$$

2. 高侧音所需的 $S/\Phi|_{主}$

在侧音测距系统中,由热噪声引起的测距随机误差公式为

$$\sigma_R = \frac{c}{18 f_{RH} \sqrt{S/N}} \tag{3-19}$$

根据上面的公式可求出满足测距随机误差要求的 S/N,即

$$\frac{S}{N} = \left(\frac{c}{18 f_{RH} \sigma_R}\right)^2 \tag{3-20}$$

式中:f_{RH}为主音频率,高侧音环路带宽 $2B_{fRH}$一般为 1 ~ 20Hz,则

$$S/\Phi|_{主} = (S/N) \cdot 2B_{fRH} = \left(\frac{c}{18 f_{RH} \sigma_R}\right)^2 \cdot 2B_{fRH} \tag{3-21}$$

3. 次侧音所需的 $S/\Phi|_{次}$

为了保证不出现匹配错大数,一般要求高侧音和次侧音二者的匹配概率为 10^{-5}。在预定的匹配概率下,按测距精度确定高侧音相位误差 $\Delta\Phi_1$后,可计算出低侧音的相位误差,然后将其一部分分配给热噪声,由此计算 $S/\Phi|_{次}$。

假定 $\sigma_{\Phi 2}$ 中热噪声误差 $\sigma_{\Phi 2n}$ 占 1/2,由 $\sigma_{\Phi 2n}$ 求 S/N 值,由 $S/N = 0.5 \times$

$(57.3\sigma_{\Phi 2n})^2$得 $S/\Phi|_{次}=(S/N)\cdot B_{fRL}$,式中 B_{fRL}为低侧音环路带宽。

4. 数据传输信道所需的 S/Φ

数据传输信道一般包括上行的遥控信道、下行的遥测信道、上下行的数传信道等。这些信道通常都是以脉冲编码形式和不同类型的调制方式对各自副载波进行预调制,然后再对统一载波调角,其所需要的 S/Φ 值取决于传输要求的码速率 R、误码率 P_e 以及脉冲编码对副载波的调制解调类型。对于 PCM－PSK 调制体制,采用相干解调,其误码率为

$$P_e = \frac{1}{2}\mathrm{erfc}\left(\sqrt{\frac{E_b}{N_0}}\right) \tag{3-22}$$

式中:erfc(x)为误差函数;P_e与 E_b/N_0之间的对应关系可查相关资料。接收机输入端码脉冲功率与噪声功率谱密度之比为

$$S/\Phi = (E_b/N_0)R \tag{3-23}$$

式中:E_b为码元能量;N_0为噪声功率;R 为码速率。

3.3.2.2 保精度门限电平

下面以船载 S 频段微波统一测控系统为例介绍门限电平计算。

1. 测角保精度门限

当 $S/\Phi|_c=43$dBHz 时,测角随机误差 $\sigma_{A,E}<0.01°$。

$$S/\Phi|_c = \left(\frac{\theta_{1/2}}{K_m\sigma_{\theta n}}\right)^2\cdot B_n \tag{3-24}$$

式中:$\theta_{1/2}$为半功率波束宽度,$\theta_{1/2}=70\times\frac{\lambda}{D}=70\times\frac{0.136}{12}=0.79°$;$K_m$为天线归一化斜率,取 $K_m=1.17/(°)$;B_n为伺服环路等效噪声带宽,$B_n=1.0$Hz。由此计算得到 $S/\Phi|_c=36.6$dBHz。考虑 2dB 线路不理想损失,则 $S/\Phi|_c=38.6\text{dBHz}<43\text{dBHz}$。

2. 测速保精度门限

当 $S/\Phi|_c=43$dBHz 时,积分时间 $T=0.4$s 时,测速随机误差 $\sigma_v<5$cm/s。设热噪声引入的测速随机误差 $\sigma_{vn}<1$cm/s,$B_L=1000$Hz,则

$$S/\Phi|_c = \left(\frac{\lambda}{4\pi T\sigma_{vn}}\right)^2\cdot B_L = \left(\frac{0.136}{4\times3.14\times0.4\times0.01}\right)^2\times1000 \tag{3-25}$$
$$= 7327.88(38.64\text{dBHz})$$

考虑 2dB 线路不理想损失,则

$$S/\Phi|_c=40.64\text{dBHz}<43\text{dBHz}$$

3. 测距保精度门限

当 $S/\Phi|_{主}=35$dBHz 时,测距随机误差 $\sigma_R\leqslant13$m,则

$$S/\Phi|_{主} = \left(\frac{c}{18f_{RH}\sigma_R}\right)^2\cdot 2B_{fRH} \tag{3-26}$$

式中：高侧音环路带宽 $B_{fRH}=4\text{Hz}$，$f_{RH}=100\text{kHz}$，由此可得

$$S/\Phi|_{主} = \left(\frac{3\times10^8}{18\times10^5\times13}\right)^2\times2\times4 = 1314.9(31.2\text{dBHz})$$

考虑 2dB 线路不理想损失，则

$$S/\Phi|_{主}=33.2\text{dBHz}<35\text{dBHz}$$

4. 遥测保精度门限

TT&C 遥测误码率 $P_e\leqslant10^{-5}$（接收机输入端 $S/\Phi|_{TM}=62.5\text{dBHz}$）。

据相干解调误码率公式计算，当 $P_e\leqslant10^{-5}$ 时，可得 $E_b/N_0=9.4\text{dB}$，其中 E_b 为码元能量，取码速率 $R=64\text{kb/s}$，所以有

$$S/\Phi|_{TM}=(E_b/N_0)R=57.4\text{dBHz} \tag{3-27}$$

考虑 2dB 线路不理想损失，则

$$S/\Phi|_{TM}=59.4\text{dBHz}<62.5\text{dBHz}$$

5. 数传接收通道保精度门限

指标要求：码速率 2Mb/s，误码率 $P_e\leqslant10^{-5}$ 时，$P_{min}=-130\text{dBW}$，即

$$S/\Phi|_c=-130-(-205.95)=75.95\text{dBHz}$$

对于 PCM－QPSK：当 $P_e\leqslant10^{-5}$ 时，$E_b/N_0=9.4\text{dB}$，又 $S/\Phi|_{DDT}=(E_b/N_0)R$，$R=2\text{Mb/s}$ 为码速率，故 $S/\Phi|_{DDT}=72.4\text{dBHz}$。

考虑 2.5dB 线路不理想损失，则

$$S/\Phi|_{DDT}=74.9\text{dBHz}<75.9\text{dBHz}$$

3.3.2.3 上行信道各门限值

1. 上行残留载波门限 $S/\Phi|_c$

以载人飞船测控为例，介绍计算方法。

设应答机载波环捕获信号所需的信噪比 $S/N=10\text{dB}$，应答机载波环带宽 $B_L=3\text{kHz}$，线路损耗 $L_M=2\text{dB}$。$S/\Phi|_c=S/N+10\lg2B_L+L_M=10+34.8+2=49.8\text{dBHz}$

为保证载波可靠捕获和跟踪，取：

$$S/\Phi|_c=53\text{dBHz}$$

2. 遥控解调门限 $S/\Phi|_{TC}$

调相体制：PCM－PSK－PM；误码率：$P_e\leqslant10^{-5}$；码速率：100b/s～8kb/s。根据误码要求，由相干解调误码率公式计算可得：$E_b/N_0=9.4\text{dB}$，取码速率 $R=2\text{kb/s}$，则

$$S/\Phi|_{TC}=(E_b/N_0)R=42.4\text{dBHz} \tag{3-28}$$

考虑 2dB 线路不理想损失，取

$$S/\Phi|_{TC}=45\text{dBHz}$$

3. 上行高侧音门限 $S/\Phi|_{主}$

取转发信噪比 $S/N\geqslant3\text{dB}$，应答机转发带宽 $B_L=10\text{kHz}$，考虑 2dB 线路不理

想损失，则

$$S/\Phi|_{主}=S/N+10\lg B_L+L=45\text{dBHz} \tag{3-29}$$

4. 上行次侧音门限 $S/\Phi|_{次}$

取 $S/\Phi|_{次}=42\text{dBHz}$。

5. 话音副载波的解调门限 $S/\Phi|_{AU}$

话音误码率 $P_e\leqslant10^{-4}$，由相干解调误码率公式计算可得 $E_b/N_0=8.4\text{dB}$，取码速率 $R=32\text{kb/s}$，则

$$S/\Phi|_{AU}=(E_b/N_0)\text{R}=53.5\text{dBHz} \tag{3-30}$$

考虑 2dB 线路不理想损失，故

$$S/\Phi|_{AU}=55.5\text{dBHz}$$

3.3.3 功率分配

计算出测速、测角、测距、遥控、话音、遥测所需的 S/Φ 之后，即可进一步计算出上、下行发射机所需总功率 P_T 和各个副载波对载波的调相指数，而调相指数又决定了分配给各个副载波和残余载波的功率大小。现将载波/副载波功率和噪声功率谱密度之比称为使用门限（非设备性能门限）。

令残余载波的使用门限为

$$S/\Phi=(S/N)_i(\text{dB})+B_c(\text{dBHz}) \tag{3-31}$$

式中：B_c 为接收机门限噪声带宽；$(S/N)_i$ 为噪声带宽 B_c 时要求的最小可接收信噪比。

微波统一测控系统中，上、下行都有发射机，因而上、下行都有调制指数的选择问题，应分别独立计算。上行残余载波一方面用作航天器锁相接收机跟踪的载波，另一方面用作返回地面时的多普勒频移测量。两者之中应选择 S/Φ 要求最大者进入计算。下行残余载波即用于地面站锁相接收机中的载波跟踪、角跟踪和多普勒频移测速。在三种用途中，也应选择 S/Φ 最大者进入计算。

在副载波调制中，若正弦副载波被模拟基带信号调制时，则使用门限为

$$S/\Phi=(S/N)_i(\text{dB})+B_{sc}(\text{dBHz}) \tag{3-32}$$

式中：$(S/N)_i$ 为用户要求的信噪比；B_{sc} 为检前带宽。

如正弦副载波被数字基带信号调制时，则使用门限为

$$S/\Phi=E_b/N_0(\text{dB})+R_b(\text{dBHz}) \tag{3-33}$$

式中：$E_b/N_0=ST_b/(N/R_b)$，$E_b=ST_b$，$N_0=N/R_b$，$T_b=1/R_b$，E_b/N_0 取决于对误码率的要求，调制解调过程中还应加上载波解调损耗、检前检后滤波恶化效应及副载波解调损耗。

3.3.3.1 功率最佳分配准则

（1）残余载波解调门限应小于或等于任何一个副载波信道的解调门限。因

副载波的数据要能解调出来，首先载波接收机必须能捕获和跟踪上载波和解调出副载波，这样才能保证载波解调不会影响副载波解调。

（2）所有副载波的门限值随测控距离远近变化的变化率应是相同的，这样，当总功率下降时，所有副载波会同时低于门限值。

（3）每个副载波的一阶边带中的有用功率应尽可能大，这可使全系统的交叉损耗和未利用的功率损耗最小。

3.3.3.2 连续波多信号调相系统的功率分配

1. 载波和副载波占用功率的一般表达式

设有 N 个正弦副载波和 M 个方波副载波，它们对载波调相后，载波中剩下的残余载波功率为

$$P_{\mathrm{c}} = \prod_{i=1}^{N} J_0^2(x_i) \prod_{j=1}^{M} \cos^2(y_j) P_{\mathrm{T}} \tag{3-34}$$

式中：P_{c}为残余载波功率；P_{T}为发射机总功率；$J_0(x_i)$为零阶贝塞尔（Bessel）函数；$x_i(i=1,2,\cdots,N)$为第 i 路正弦副载波对载波调相的相位偏移；$y_j(j=1,2,\cdots,M)$为第 j 路方波副载波对载波调相的相位偏移；$\prod$为连乘符号，则

$$\prod_{i=1}^{N} J_0^2(x_i) = J_0^2(x_1) J_0^2(x_2) \cdots J_0^2(x_N) \tag{3-35}$$

$$\prod_{j=1}^{M} \cos^2 y_j = \cos^2 y_1 \cos^2 y_2 \cdots \cos^2 y_M \tag{3-36}$$

第 n 路正弦副载波一阶边带可恢复的功率为

$$P_{\mathrm{si}\cdot n} = \frac{2J_1^2(x_n)}{J_0^2(x_n)} \cdot \prod_{i=1}^{N} J_0^2(x_i) \prod_{j=1}^{M} \cos^2(y_j) P_{\mathrm{T}} \tag{3-37}$$

式中：$J_1(x_n)$为一阶贝塞尔函数。

第 m 路方波副载波一阶边带可恢复功率为

$$P_{\mathrm{sq}\cdot m} = 2 \times (2/\pi)^2 \frac{\sin^2 y_m}{\cos^2 y_m} \cdot \prod_{i=1}^{N} J_0^2(x_i) \prod_{j=1}^{M} \cos^2(y_j) P_{\mathrm{T}} \tag{3-38}$$

式中：$(2/\pi)$是考虑方波副载波解调中仅恢复出第一谐波功率，因子 2 考虑了上、下边带功率。

上面 3 个公式把载波、每路正弦副载波和方波副载波的功率都表达成调相指数 x_i和 y_j的函数。调相指数选择常用到的有关贝塞尔函数如表 3－3 所列。

表 3－3 调相指数选择常用的贝塞尔函数及其比值

序号	x/rad	$J_0(x)$	$J_1(x)$
1	0	1	0
2	0.05	0.9994	0.025
3	0.10	0.9975	0.0499

（续）

序号	x/rad	$J_0(x)$	$J_1(x)$
4	0.15	0.9944	0.0748
5	0.20	0.99	0.0995
6	0.25	0.9844	0.124
7	0.30	0.9776	0.1483
8	0.35	0.9696	0.1725
9	0.40	0.9604	0.1960
10	0.45	0.95	0.2194
11	0.50	0.9385	0.2423
12	0.55	0.9258	0.2647
13	0.60	0.912	0.2867
14	0.65	0.8971	0.3081
15	0.70	0.8812	0.329
16	0.75	0.8642	0.3492
17	0.80	0.8463	0.3688
18	0.85	0.8274	0.3878
19	0.90	0.8075	0.4059
20	0.95	0.7868	0.4234
21	1.00	0.7052	0.4401
22	1.05	0.7428	0.4559
23	1.10	0.7176	0.4709
24	1.15	0.6959	0.4850
25	1.20	0.6711	0.4983
26	1.25	0.6459	0.5106
27	1.30	0.6201	0.5220
28	1.35	0.5939	0.5325
29	1.40	0.5669	0.5419
30	1.45	0.5395	0.5504
31	1.50	0.5118	0.5579
32	1.55	0.4838	0.5644
33	1.60	0.4554	0.5699
34	1.65	0.4268	0.5743
35	1.70	0.398	0.5778
36	1.80	0.34	0.5815

2. 举例说明

下面以船载 S 频段微波统一测控系统为例介绍功率分配。由于不存在测距伪码调制，则可简化为多个正弦副载波对载波的调相。

残留载波功率：

$$P_c = \prod_{i=1}^{N} J_0^2(x_i) P_T \tag{3-39}$$

以下行载波为例，设主、次测距音和遥测的调制度分别为 x_l、x_2、x_3，则第 j 个正弦副载波一阶边带功率为

$$P_{sj} = \frac{2J_1^2(x_j)}{J_0^2(x_j)} \cdot \prod_{i=1}^{3} J_0^2(x_i) \tag{3-40}$$

残留载波调制损失为

$$L_c = P_c/P_T = J_0^2(x_1)J_0^2(x_2)J_0^2(x_3) \tag{3-41}$$

主侧音调制损失为

$$L_{主} = P_{主}/P_T = 2J_1^2(x_1)J_0^2(x_2)J_0^2(x_3) \tag{3-42}$$

次侧音调制损失为

$$L_{次} = P_{次}/P_T = 2J_0^2(x_1)J_1^2(x_2)J_0^2(x_3) \tag{3-43}$$

遥测调制损失为

$$L_{TM} = P_{TM}/P_T = 2J_0^2(x_1)J_0^2(x_2)J_1^2(x_3) \tag{3-44}$$

总效率为

$$\eta = L_c + L_{主} + L_{次} + L_{TM}（式中单位为百分比） \tag{3-45}$$

可见，调制损失 L 实际上也代表各调制信号所占功率能量百分比。

$$S/\Phi|_{有效} = 各信号噪声功率谱密度比之和（取门限值） \tag{3-46}$$

$$S/\Phi|_{\sum} = S/\Phi|_{有效}/\eta \tag{3-47}$$

残留载波及各副载波的功率分配电平值为

$$S/\Phi|_c = S/\Phi|_{\sum} - L_c \tag{3-48}$$

$$S/\Phi|_{主} = S/\Phi|_{\sum} - L_{主} \tag{3-49}$$

$$S/\Phi|_{次} = S/\Phi|_{\sum} - L_{次} \tag{3-50}$$

$$S/\Phi|_{TM} = S/\Phi|_{\sum} - L_{TM} \tag{3-51}$$

注：有时为计算方便，常取 $S/\Phi|_{\sum}$ 为门限值与相应调制损失之和中最大值。

3. 调相的调制效率

多副载波对载波调相后，除一阶贝塞尔边带可用于传送信号供收方用于解调外，仍存在二阶、三阶等高阶边带，这些高阶边带的功率随调相指数而增加，在解调过程中未能被利用，形成功率损耗，导致调制效率降低。因而不论上、下行链路最后都应进行一次检查，以保持下式成立：

$$\eta = L_c + L_{s1} + L_{s2} + L_{s3} + \cdots \geqslant 85\% \tag{3-52}$$

否则,应重新选择调相指数。

3.3.3.3 上行信道功率分配及电平计算

1. 上行信道功率分配

设:主音调制度:$\beta_1 = 0.4\text{rad}$

次音调制度:$\beta_2 = 0.3\text{rad}$

遥控副载波调制度:$\beta_3 = 0.6\text{rad}$

话音副载波调制度:$\beta_4 = 0.8\text{rad}$

总调制度为

$$\beta = \sqrt{\beta_1^2 + \beta_2^2 + \beta_3^2 + \beta_4^2} = 1.12(\text{rad}) \tag{3-53}$$

残留载波调制损耗为

$$\begin{aligned} L_c &= J_0^2(\beta_1)J_0^2(\beta_2)J_0^2(\beta_3)J_0^2(\beta_4) \\ &= (0.9604 \times 0.9776 \times 0.9112 \times 0.8463)^2 = 0.525(-2.8\text{dB}) \end{aligned} \tag{3-54}$$

主侧音调制损耗为

$$\begin{aligned} L_{主} &= 2J_1^2(\beta_1)J_0^2(\beta_2)J_0^2(\beta_3)J_0^2(\beta_4) \\ &= (0.196 \times 0.9776 \times 0.9112 \times 0.8463)^2 = 0.0437(-13.6\text{dB}) \end{aligned} \tag{3-55}$$

次侧音调制损耗为

$$\begin{aligned} L_{次} &= 2J_0^2(\beta_1)J_1^2(\beta_2)J_0^2(\beta_3)J_0^2(\beta_4) \\ &= 2 \times (0.196 \times 0.1483 \times 0.9112 \times 0.8463)^2 = 0.0242(-16.2\text{dB}) \end{aligned} \tag{3-56}$$

遥控副载波调制损耗为

$$\begin{aligned} L_{TC} &= 2J_0^2(\beta_1)J_0^2(\beta_2)J_1^2(\beta_3)J_0^2(\beta_4) \\ &= 2 \times (0.196 \times 0.1483 \times 0.2867 \times 0.8463)^2 = 0.104(-9.84\text{dB}) \end{aligned} \tag{3-57}$$

话音副载波调制损耗为

$$\begin{aligned} L_{AU} &= 2J_0^2(\beta_1)J_0^2(\beta_2)J_1^2(\beta_3)J_0^2(\beta_4) \\ &= 2 \times (0.196 \times 0.1483 \times 0.2867 \times 0.3688)^2 = 0.2(-7\text{dB}) \end{aligned} \tag{3-58}$$

2. 上行信道电平计算

设飞船 $T_{sn} = 2000\text{K}$,所以 $\Phi_{sn} = kT_{sn} = -195.6\text{dBW/Hz}$。

已知:飞船接收天线增益 $G_{sr} = -10\text{dB}$,频率 $f = 2120\text{MHz}$,距离 $R = 3000\text{km}$,故空间损耗 $L_{sp} = 168.5\text{dB}$,地面上行有效辐射功率 EIRP = 73dBW,取大气、极化损耗 $L_\Sigma = 3\text{dB}$,余量 $M = 6\text{dB}$。

由此可算出飞船应答机输入端的电平为

$$\begin{aligned} P_{sr} &= \text{EIRP} + G_{sr} - L_{sp} - L_\Sigma - M = 73 - 10 - 168.5 - 3 - 6 \\ &= -114.5(\text{dBW}) \end{aligned} \tag{3-59}$$

故应答机输入端 $S/\Phi|_\Sigma$ 为

$$S/\Phi|_\Sigma = -114.5 - (-195.6) = 81.1\text{dBHz}$$

综合上面计算,结果列于表3-4。

表3-4　上行信道功率分配结果

项　目	残留载波	主侧音	次侧音	遥控副载波	话音副载波
门限值(S/Φ)/dBHz	53	45	42	46	55.5
调制度β/rad		0.4	0.3	0.6	0.8
调制损耗/dB	-2.8	-13.6	-16.2	-9.8	-7
占总功率的百分比/%	52.5	4.4	2.4	10.4	20
总效率/%	89.7				
要求的$S/\Phi\|_{\Sigma}$/dBHz	55.5+7=62.5dBHz(取63dBHz)				
分配给各信号S/Φ/dBHz	60.2	49.4	46.8	53.2	56
余量/dB	7.2	4.4	4.8	7.2	0.5
实际任务的(S/Φ)/dBHz	81.1				
任务余量/dB	25.3	22.5	22.9	25.3	18.6

3.3.3.4　下行信道功率分配及电平计算

1. 下行信道功率分配

设:主音调制度:$\beta_1=0.4\text{rad}$

次音调制度:$\beta_2=0.3\text{rad}$

遥测副载波调制度:$\beta_3=1\text{rad}$

总调制度为

$$\beta=\sqrt{\beta_1^2+\beta_2^2+\beta_3^2}=1.12(\text{rad}) \tag{3-60}$$

残留载波调制损耗为

$$\begin{aligned}L_c&=J_0^2(\beta_1)J_0^2(\beta_2)J_0^2(\beta_3)=(0.9604\times0.9776\times0.9112)^2\\&=0.516(-2.87\text{dB})\end{aligned} \tag{3-61}$$

主侧音调制损耗为

$$\begin{aligned}L_{主}&=2J_1^2(\beta_1)J_0^2(\beta_2)J_0^2(\beta_3)=(0.196\times0.9776\times0.9112)^2\\&=0.043(-13.66\text{dB})\end{aligned} \tag{3-62}$$

次侧音调制损耗为

$$\begin{aligned}L_{次}&=2J_0^2(\beta_1)J_1^2(\beta_2)J_0^2(\beta_3)=2\times(0.196\times0.1483\times0.9112)^2\\&=0.0238(-16.24\text{dB})\end{aligned} \tag{3-63}$$

遥控副载波调制损耗为

$$\begin{aligned}L_{TC}&=2J_0^2(\beta_1)J_0^2(\beta_2)J_1^2(\beta_3)=2\times(0.196\times0.1483\times0.2867)^2\\&=0.341(-4.67\text{dB})\end{aligned} \tag{3-64}$$

总效率为

$$\eta = L_c + L_{主} + L_{次} + L_{TM} = 92.38\%(-0.34\text{dB}) \tag{3-65}$$

2. 下行信道电平计算

已知:飞船测控任务时,发射天线增益 -8dB(含馈线损耗 2dB),发射功率 0.5W,距离 3000km,接收天线增益 46dB,大气、极化等各种损耗 3dB。

首先计算:路径损耗 $L_{SP} = 20\lg3000 + 20\lg2300 + 32.44\text{dB} = 169.2\text{dB}$。根据雷达方程可计算出接收的信号电平:

$$\begin{aligned} P_r &= P_t + G_t + G_r - L_{SP} - L_{\Sigma} = -3 - 8 + 46 - 169.2 - 3 \\ &= -137.2\text{dBW} \end{aligned} \tag{3-66}$$

折算成 S/Φ 为

$$S/\Phi = P_r - \Phi = -137.2 - (-206) = 68.8\text{dBHz} \tag{3-67}$$

综合上面计算,结果列于表 3-5。

表 3-5 下行信道功率分配结果

项　目	残留载波	主侧音	次侧音	遥测副载波
门限值 $S/\Phi\|_c$/dBHz	43	35	35	62.5
调制度 β/rad		0.4	0.3	1.0
总调制度/rad	1.12			
调制损耗/dB	-2.87	-13.66	-16.24	-4.67
占总功率的百分比/%	51.6	4.3	2.38	34.1
所需的 $S/\Phi\|_{\Sigma}$/dBHz	62.5 +4.67 =67.2			
分配给各分量(S/Φ)/dBHz	64.3	53.5	51	67.2
余量/dB	21.3	18.5	16	0
实际任务的(S/Φ)/dBHz	68.8			
任务余量/dB	22.9	20.1	17.6	1.6

可见,在实际任务情况下,残留载波、遥测、主次侧音都达到门限值以上,且有一定余量。

3.4 干扰抑制

3.4.1 非线性失真

在由各种有源器件构成的放大器中,由于有源器件的特性是非线性的,在放大过程中总会产生各种各样的失真,因此必须限制信号的大小,使失真限制在允许的范围内。但在诸如混频、调制和解调等频谱搬移电路中,有源器件的非线性又正是实现这些功能电路所必需的。

1. 非线性器件的描述方法

根据输入信号的大小，一般可以用三种逼近方法来描述非线性器件的特性。第一种是用解析函数来描述器件的伏安特性；第二种是当输入信号较大时，用分段折线来描述器件的非线性；第三种是将器件的伏安特性在其工作点处用幂级数展开，则非线性电路系统的输入 $x(t)$ 和输出 $y(t)$ 可以描述为

$$y(t) = a_0 + a_1 x(t) + a_2 x(t)^2 + a_3 x(t)^3 + a_4 x(t)^4 + \cdots \tag{3-68}$$

式中：a_n 的值与工作点有关。

一般来说，n 越大 a_n 越小，如果输入信号 $x(t)$ 变化幅度很小，那么式(3-68)中二次及以上的项就可以忽略而成为小信号的线性情况。在许多情况下，可以忽略三次以上的项。所取项数的多少取决于信号的大小和要求的精度。

下面基于幂级数描述，讨论有源器件非线性特性的现象及衡量性能的指标。

2. 谐波

当输入信号为 $x(t) = A\cos\omega t$ 时，输出信号为

$$\begin{aligned} y(t) &= a_0 + a_1 A\cos\omega t + a_2 A^2 \cos^2\omega t + a_3 A^3 \cos^3\omega t + \cdots \\ &= a_0 + a_1 A\cos\omega t + \frac{a_2 A^2}{2}(1 + \cos 2\omega t) + \frac{a_3 A^3}{4}(3\cos\omega t + \cos 3\omega t) + \cdots \\ &= a_0 + \frac{a_2 A^2}{2} + \left(a_1 A + \frac{3a_3 A^3}{4}\right)\cos\omega t + \frac{a_2 A^2}{2}\cos 2\omega t + \frac{a_3 A^3}{4}\cos 3\omega t + \cdots \end{aligned} \tag{3-69}$$

在式(3-69)中，含输入频率 ω 的项称为“基频”，高阶项 $n\omega$ 称为“谐波”。

如果一个正弦信号作用于一个非线性系统，输出一般将包含输入信号频率的整数倍频。由式(3-69)可以得出两点：一是基波分量是由各奇次项产生的，2 次谐波是由 2 次及 2 次以上的偶次项产生的，3 次谐波是由 3 次及 3 次以上的奇次项产生的等；二是 n 次谐波的幅度由正比于 A^n 的项及其他 A 的更高次幂的项组成，若对于较小的 A 忽略后者，可以认为 n 次谐波的幅度近似正比于 A^n。

3. 增益压缩

一个电路的小信号增益一般是在忽略谐波的假设下得到的。例如，在式(3-69)中若 $a_1 A$ 远大于所有其他任何含 A 的系数，那么小信号增益就等于 a_1。当信号大到器件的高次项不能忽略时（设只考虑到 3 次项），由式(3-69)可知输出基波信号为

$$y_1(t) = \left(a_1 + \frac{3a_3 A^2}{4}\right)A\cos\omega t = \left(a_1 + \frac{3a_3 A^2}{4}\right)x(t) \tag{3-70}$$

如果 a_1 和 a_3 的符号相反，则信号增益将随幅度 A 的增大而减小，此现象称为增益压缩。在高频线性放大器电路中，常用 1dB 压缩点来度量放大器的线性。它定义为系统实际功率增益低于理想线性功率增益 1dB（相当于减少了

21%)时对应的信号功率点(图 3-5 中 A 点),相应的输入、输出信号功率分别用 P_{i1dB}、P_{o1dB}表示,单位均为 dBm。

图 3-5 中虚线 P_{o1}是理想输出信号功率曲线,若功率增益公式用分贝数表示,则有 $P_{\mathrm{o1}}(\mathrm{dBm}) = P_{\mathrm{i}}(\mathrm{dBm}) + G_{\mathrm{p}}(\mathrm{dB})$,是斜率为 1 的直线,实线 P_{o2}是实际输出信号功率曲线。所以,A 点处的功率增益减小 1dB,也就是相当于实际输出功率比理想输出功率减小 1dBm。要计算 1dB 压缩点,可以由式(3-70)得到

$$20\lg(|a_1 + 3a_3A_{\mathrm{1dB}}^2/4|) = 20\lg|a_1| - 1 \tag{3-71}$$

$$A_{\mathrm{1dB}} = \sqrt{0.145|a_1/a_3|} \tag{3-72}$$

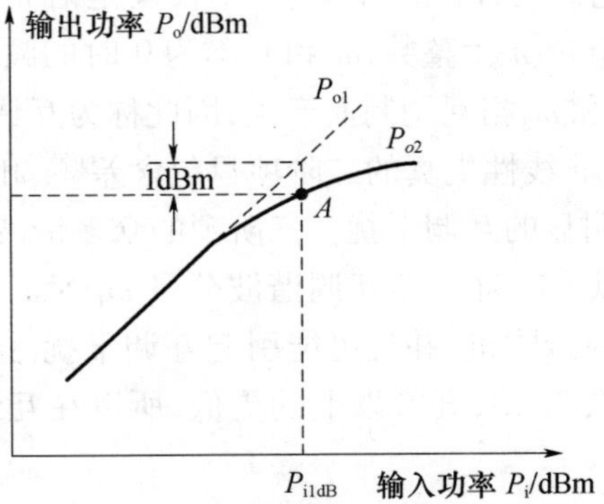

图 3-5　实际与理想输出信号功率曲线和 1dB 压缩点

4. 大信号阻塞

如果非线性电路同时接收到有用信号 $A_1\cos\omega_1 t$ 和干扰信号 $A_2\cos\omega_2 t$,即

$$x(t) = A_1\cos\omega_1 t + A_2\cos\omega_2 t \tag{3-73}$$

则输出信号基波分量为

$$y(t) = (a_1A_1 + \frac{3a_3A_1^3}{4} + \frac{3a_3A_1A_2^2}{2})\cos\omega_1 t \tag{3-74}$$

当 $A_2 \gg A_1$时,式(3-74)可简化为

$$y(t) \approx (a_1 + \frac{3a_3A_2^2}{2})A_1\cos\omega_1 t \tag{3-75}$$

a_1和 a_3的符号相反时,有用信号所得到的增益 $(a_1 + 3a_3A_2^2/2)$ 将远小于 a_1,即有用信号被大干扰信号阻塞了。高频电路设计时,抗强信号阻塞是一个很重要的指标。

5. 交调失真

如果干扰信号含有调幅成分,即

$$A_2\cos\omega_2 t \to A_2(1 + m\cos\omega_m t)\cos\omega_2 t \quad (m<1,\text{调制指数}) \tag{3-76}$$

那么,干扰调幅信号会通过非线性转移到有用信号上,即

$$y_1(t) = a_1A_1\cos\omega_1 t + 3a_3A_1\cos\omega_1 t[A_2(1 + m\cos\omega_m t)\cos\omega_2 t)]^2 + \cdots$$
$$= \left[a_1A_1 + \frac{3}{2}a_3A_1A_2^2(1 + \frac{m^2}{2} + \frac{m^2}{2}\cos2\omega_m t + 2m\cos\omega_m t)\right]\cos\omega_1 t + \cdots \tag{3-77}$$

这就产生了交叉调制，使有用信号产生了失真。如果有用信号也为幅度调制信号，则解调后的信号含有干扰信号。交调失真是由非线性器件的三次方项产生的。

6. 互调失真

两个频率不同的正弦波通过非线性系统后的输出信号中，除了基波分量 ω_1 和 ω_2 外，还包含了它们的各种组合频率（不仅仅是谐波），即输出信号的频率分量为 $\omega_0 = m\omega_1 + n\omega_2$，$m$、$n$ 为整数，m 和 n 不为 0 时的频率分量相当于通过输入的两个基波分量 ω_1 和 ω_2 相互调制而产生，因此称为互调分量。

通过分析可知，非线性失真的二阶项只包含差频、和频、二倍频，一般不会对同频段的系统产生明显的互调干扰。三阶项的众多谐波中只有三阶一类互调谐波分量 $2\omega_1 - \omega_2$ 等以及三阶二类互调谐波分量 $\omega_1 + \omega_2 - \omega_3$ 等谐波分量能够进入同频段的发射机与接收机，并且可能引起互调干扰。四阶失真项的互调谐波的幅度要比二阶项低 20dB，五阶以上的更低，所以在互调干扰分析中不必考虑四阶以上的失真项。

由于两个邻近的干扰产生的三阶互调对信号的破坏是很普遍和很严重的，所以定义了一个性能指标来表征这一现象。用来衡量互调失真程度的参数主要是三阶互调截点 IP3（Third - order Intercept Point）。分析三阶互调时通常用等幅双频法，即两个输入信号的幅度相等 $A_1 = A_2 = A$。三阶互调分量为

$$y_{IP3}(t) = \frac{3}{4}a_3A^3[\cos(2\omega_1 - \omega_2)t + \cos(2\omega_2 - \omega_1)t] \tag{3-78}$$

随着 A 的增加，基波与 A 成比例增加，而三阶互调项与 A^3 成比例增加，如图 3－6(a) 所示。画在对数坐标中如图 3－6(b) 所示，IM3 项的幅度将以三倍于基波幅度增长的速度增长，随着信号幅度 A 的增大，输出信号中的基波分量与 IM3 分量理论上会在某一点处达到相同的幅度，这一点称为三阶互调截点 IP3，如图 3－6(b) 所示，对应的输入功率值称为 IIP_3 而输出功率值则称为 OIP_3。

当用对数形式（dBm）来表示输入输出信号大小时，基波和 IM3 分量随输入信号的增加而上升的斜率分别为 1 和 3。令 $|a_1A| = |3a_3A^3/4|$，可以解得三阶互调截点处的输入信号幅度为

$$A_{IP3} = \sqrt{\frac{4}{3}\left|\frac{a_1}{a_3}\right|} \tag{3-79}$$

由上面的推导可知，1dB 压缩点和三阶互调截点 IP3 的关系为

$$A_{IP3}/A_{1dB} \approx 3.03 \approx 9.6\text{dB} \tag{3-80}$$

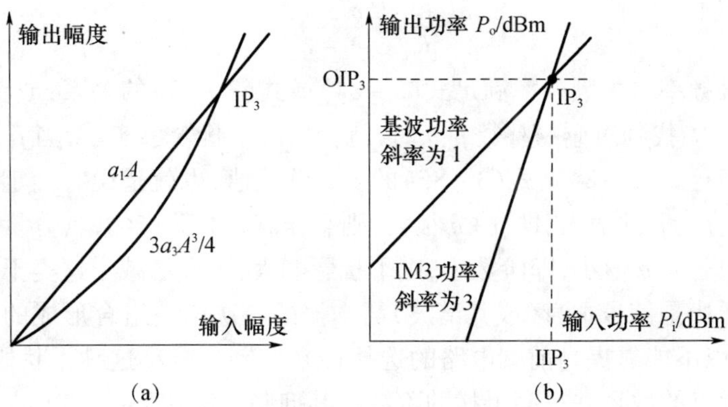

图3－6　三阶互调截点IP3

因此，三阶互调截点会比1dB压缩点高10dB左右。

3.4.2　混频干扰

混频必须采用非线性器件，而混频器件的非线性又是混频电路产生各种干扰信号的根源。混频器存在下列干扰：信号与本振的自身组合干扰、外来干扰与本振的组合干扰、外来干扰与信号形成的交叉调制干扰（交调干扰）、外来干扰互相作用形成的互调干扰以及阻塞干扰等。

1. 组合频率干扰

当混频输入端加入频率为f_c的信号电压u_s和频率为f_L的本振信号电压u_L（$u=u_s+u_L=U_s\cos\omega_c t+U_L\cos\omega_L t$）时，由于混频器伏安特性为非线性，即

$$u_o=a_0+a_1u+a_2u^2+a_3u^3+\cdots \tag{3-81}$$

因此，在u_o中将出现$f_{p,q}=|\pm pf_L\pm qf_c|$组合频率分量，其中只有$p=q=1$对应着频率为$f_L-f_c$或$f_c-f_L$的分量是所需要的中频信号，其余都是无用分量，有些甚至有害，这些无用的频率分量统称为组合频率干扰，下面分别进行讨论。

1）信号与本振的自身组合干扰

当有用中频为差频时，即$f_I=f_L-f_c$或$f_I=f_c-f_L$，只存在$pf_L-qf_c=f_I$或$qf_c-pf_L=f_I$两种情况可能会形成干扰，即

$$pf_L-qf_c\approx\pm f_I \tag{3-82}$$

这样，能产生中频组合分量的信号频率、本振频率与中频频率之间的关系为

$$f_c=\frac{p}{q}f_L\pm\frac{1}{q}f_I \tag{3-83}$$

当取$f_I=f_L-f_c$时，式(3－83)变为

$$\frac{f_c}{f_I}=\frac{p\pm1}{q-p} \tag{3-84}$$

f_c/f_I称为变频比。如果取$f_I=f_c-f_L$，可得

$$\frac{f_c}{f_I}=\frac{p\pm1}{p-q} \tag{3-85}$$

当信号频率与中频频率满足式(3-84)或式(3-85)的关系,或者说变频比f_c/f_I一定,并能找到对应的整数p、q时,就会形成干扰。事实上,当f_L、f_c确定后,总会找到满足式(3-84)、式(3-85)的p、q整数值,也就是说有确定的干扰点。但是,若对应的p、q值大,即$p+q$很大,则意味着是高阶产物,其分量幅度小,实际影响小。若p、q值小,即阶数小,则干扰影响大,应设法减小这类干扰。

上述干扰是信号本身(或其谐波)与本振的各次谐波组合形成的,与外来干扰无关,所以不能靠提高前端电路的选择性来抑制。减小这种干扰影响的办法是减少干扰点的数目并提高干扰的阶数。其抑制方法如下:

(1) 正确选择中频数值。当f_I固定后,在一个频段内的干扰点就确定了,合理选择中频频率,可大大减少组合频率干扰的点数,并将阶数较低的干扰排除。

(2) 正确选择混频器的工作状态,减少组合频率分量。

(3) 采用合理的电路形式,如平衡电路、环形电路、乘法器等,从电路上抵消一些组合分量。

2) 外来干扰与本振的组合干扰

这种干扰是指外来干扰电压与本振电压由于混频器的非线性而形成的假中频。设干扰电压为$u_J(t)=U_J\cos\omega_J t$,频率为f_J。

如果干扰频率f_J满足式(3-83),即

$$f_J=\frac{p}{q}f_L\pm\frac{1}{q}f_I \tag{3-86}$$

就能形成干扰。式中,f_L由所接收的信号频率决定,用$f_L=f_c+f_I$代入式(3-86),可得

$$f_J=\frac{p}{q}f_c+\frac{p\pm1}{q}f_I \tag{3-87}$$

反过来说,凡是满足此式的信号都可能形成干扰。这一类干扰主要有中频干扰、镜像干扰及其他副波道干扰。

(1) 中频干扰。当干扰频率等于或接近于接收机中频时,如果接收机前端电路的选择性不够好,干扰电压一旦漏到混频器的输入端,混频器对这种干扰相当于一级(中频)放大器,从而将干扰放大,并顺利地通过其后各级电路,就会在输出端形成干扰。因为$f_J\approx f_I$,在式(3-87)中,$p=0$,$q=1$,即中频干扰是一阶干扰。

抑制中频干扰的方法主要是提高前端电路的选择性,以降低作用在混频器输入端的干扰电压值,或加中频陷波电路。此外,要合理选择中频数值,中频要选在工作波段之外,最好采用高中频方式。

(2) 镜像干扰。设混频器中$f_L>f_c$,当外来干扰频率$f_J=f_L+f_I$时,u_J与u_L共

同作用在混频器输入端,也会产生差频 $f_J - f_L = f_I$。由于 f_J 和 f_c 对称地位于 f_L 两侧,呈镜像关系,所以将 f_J 称为镜像频率,将这种干扰称为镜像干扰。从式(3-83)看出,对于镜像干扰,$p = q = 1$,所以为二阶干扰。

对于 $f_L < f_c$ 的变频电路,镜频 $f_J = f_L - f_I = f_c - 2f_I$。镜频的一般关系式为 $f_J = f_L \pm f_I$。

混频器对于 f_c 和 f_J 的变频作用完全相同(都是取差频),所以混频器对镜像干扰无任何抑制作用。抑制的方法主要是提高前端电路的选择性和提高中频频率,以降低加到混频器输入端的镜像电压值。高中频方案对抑制镜像干扰是非常有利的。

一般接收机的中频频率是固定的,所以中频干扰的频率也是固定的,而镜像频率随着信号频率 f_c(或本振频率 f_L)的变化而变化。这是它们的不同之处。

(3) 其他副波道干扰。这里,只观察 $p = q$ 时的部分干扰。在这种情况下,式(3-87)变为

$$f_J = f_L \pm \frac{1}{q} f_I \tag{3-88}$$

当 $p = q = 2$、3、4 时,f_J 分别为 $f_L \pm f_I/2$,$f_L \pm f_I/3$,$f_L \pm f_I/4$。

例如,$f_J = f_L - f_I/2$,则 $2f_L \pm 2f_J = 2f_L \pm 2(f_L - f_I/2) = f_I$。可见这是四阶组合干扰。这类干扰对称分布于 f_L 两侧,其间隔为 f_I/q,其中以 $f_L - f_I/2$ 最为严重,因为它距离信号频率 f_c 最近,干扰阶数最低(四阶)。

抑制这种干扰的主要方法是提高中频数值和提高前端电路的选择性。此外,选择合适的混频电路,合理地选择混频器的工作状态都有一定的作用。

2. 非线性失真

混频器和谐振功率放大器、中频放大器一样会产生非线性失真,非线性失真包括包络失真和强信号阻塞、互调失真和交调失真等,已在上节讨论。

3.4.3 减小干扰和非线性失真的措施

在船载微波统一测控系统中,组合频率或非线性失真引起的各种频率分量要形成有效的干扰,必须满足两个条件:①该频率分量落已在有用信号带宽内;②该干扰分量的幅度足够大。因此,频率干扰的抑制可从频率选择和幅度抑制两方面进行。

3.4.3.1 频率设计

频率包含输入信号频率、一中频和二中频频率、一本振和二本振频率,设计的目的是使低噪声场放、一混频、一中频、二混频中产生的组合频率,不落入或尽量少的落入有用信号带宽内。

由于低噪声场放和一混频的非线性作用,在一混频器的输出端,不但有输入

多载波信号的一中频信号,而且还将产生大量的组合频率分量。这些组合分量中,一部分落在一中频有用信号带宽内形成干扰,还有一部分落在一中频有用信号带宽外,在此处尚未形成干扰,但如果将它们直接地全部加到二混频上,则它们将在二混频中,产生以下干扰:①多个一中频信号在二混频中产生的互调干扰,落入二中频有用信号带宽内的分量;②上述的“一中频有用带宽以外”的组合分量在二混频中产生的二次互调落入二中频有用信号带宽内的分量;③上述的“一中频有用带宽以内”的互调干扰在二中频的输出。为了减小①和②两部分的干扰,在一中频设带通滤波器,并用一本振频综来进行调谐,这样经过一中频带通滤波后只选择一个有用信号,同时大大减少了加到二混频器上的组合频率分量,从而减少了二混频输出的互调干扰分量。

3.4.3.2 减小各种频率干扰的措施

根据前面的分析,减小干扰的幅度可从改善部件的非线性特性和减小输入信号幅度两个方面进行,可采用下列措施。

1. 提高场放的动态范围

研制大动态范围和小幅 - 相变换的低噪声场放,可使 1dB 压缩电平提高到 +15dBm。

2. 混频器的选择

根据分析,互调分量的大小与混频二极管的伏安特性有关,应选择大动态范围和非线性三次项以上失真系数较小的混频二极管,以尽量减小三次项以上的失真。此外应选用高电平(> +10dBm)混频器,并选择二极管特性配对,确保分配到各二极管上的信号功率和本振功率一致,以尽量减小互调分量。

混频器选择双平衡混频器,由于信号功率平均分配到 4 只二极管上,每只二极管上加的信号小,故非线性失真小。而且,它能抑制所加信号的所有偶次组合频率。此外,还具有频带宽、隔离好等优点。因此,混频器应选用高电平双平衡混频器,本振电平大于 +10dBm。

3. 合理的增益分配

根据上述的分析,互调分量随输入信号的幅度增加而加大。由于在末级处的信号电平最高,故互调最大发生在末级,减小增益可降低互调,但减小增益又会使级联后级设备的噪声温度贡献增加,因此增益的选择必须兼顾二者。也可以将一个场放的增益分配为多个场放来实现,用后置场放来补偿电缆、功分器等的损失。同时,由于后置场放的噪声温度比后置混频器低,故可以减小后级的噪声贡献,它的缺点是增加了场放的个数使系统的可靠性下降,因此设计时,必须在可靠性、互调和噪声温度三者间全面考虑。为了确保系统的可靠性,一般应尽量减少场放的数目。

船载微波统一测控系统接收端的前级为低噪声场放,它的后级采用混频器。

根据前面的分析,混频器的非线性作用要包含本振谐波的作用,混频器的互调一般较大,为减小一混频的互调贡献,方案设计时,使一混频工作于较小输入信号,使系统的互调贡献主要由前置场放决定。为达到上述增益分配,必要时加衰减器。

4. 带发阻滤波的低噪声场放的使用

微波统一测控系统实际工作时,由于收发隔离有限,致使发射载波信号将会部分进入接收机场放中,形成阻塞干扰。它将引起增益下降,并与接收信号相互作用,产生组合频率干扰,因此必须将载波泄露抑制到足够小的程度。

由于互调主要产生于场放末级,故可在场放中间级加发阻滤波器,使进入到场放末级的发射信号足够小,从而减小互调,并降低了收发隔离器的发阻要求,从而可减小收发隔离滤波器的插损,从系统总体看,对提高系统 G/T 值有利,是低噪声设计的一项重要措施。

微波统一测控系统中,通常收/发共用一副天线,这样一来,在天线的通道中存在着方向相反的发送波和接收波,二者应互不干扰地独立传输,要求从发射机输出的信号的绝大部分向天线传输,而泄漏到接收机去的发射功率和噪声(接收频带内的部分)应尽量小到可允许的程度;另一方面,要求从天线通道来的接收信号绝大部分只向接收机传输,而尽量不漏到发射通道中去,以保证接收信号不受损失,上述要求如图 3-7 所示。

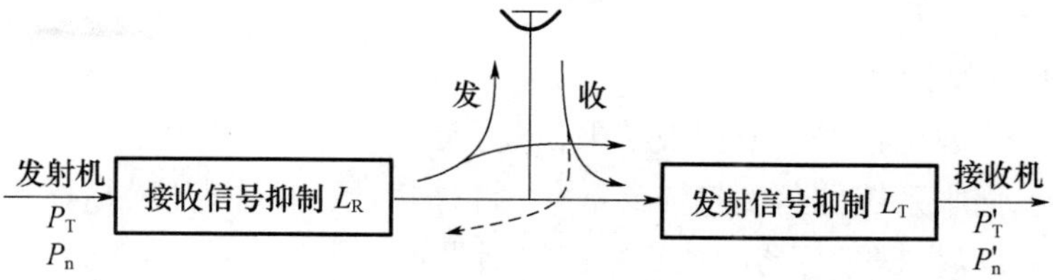

图 3-7　收/发干扰抑制

图中 L_R 是对接收频率信号的抑制倍数,它对于发射频率信号应是通过的(设通带插损为 L_t),它可用一个对接收信号频率带阻的滤波器来实现,称为收阻滤波器,它的作用有二:一是抑制发射信号中的接收频带内的噪声 P_n,并使其减至 P'_n,远小于接收机的内部噪声;二是阻挡由天线接收的信号进入发射机支路,被阻挡的接收信号被收阻滤波器反射至接收机通道,使其损失尽量小。图中的 L_T 是对发射频率信号的抑制倍数,它对于接收频率信号应是通过的(设通带插损为 L_r),它可用一个对发射信号频率带阻的滤波器来实现,称为"发阻滤波器"。它的作用是将发射信号功率 P_T 抑制 L_T 倍减小至 P'_T,对 P'_T 的要求,通常有三种可能情况:①高要求:由 P'_T 和其他频率分量在接收机中产生的组合干扰小于允许值;②中等要求:P'_T 小于或等于低噪声场放的 1dB 压缩点的输入电平;③低要求:不要对场放造成深度饱和或损坏。

按照上述要求，L_T和L_R可按式(3-89)和式(3-90)计算：

$$L_T + L_t \geqslant P_T - P'_T(\mathrm{dB}) \tag{3-89}$$

$$L_R + L_t \geqslant P_n - P'_n(\mathrm{dB}) \tag{3-90}$$

在微波统一测控系统中，通常要求P'_n为噪声温度产生的噪声功率，即$P'_n =$ kB(k为波耳兹常数，B为接收机带宽，P'_n相应为对应于B内的功率)。完成上述作用的部件，称为双工器，双工器的类型很多，如前述的发阻、收阻滤波器，也可再加接环行器，此外还有极化隔离器等。

3.5 系统捕获

系统捕获是系统设计中极为重要和复杂的工作，要解决的设计问题包括对目标的角度捕获、频率捕获、双向载波捕获(速度捕获)以及距离捕获。在船载微波统一测控系统中，工作频段有S频段、C频段、X频段；信号调制体制有标准TT&C的PM/PM和FM/PM方式、扩频TT&C的相干和非相干方式，测控数传一体化体制的PCM-CDMA-BPSK/PCM-BPSK方式等。系统工作体制众多、信号捕获方式多样，下面分别描述。

3.5.1 PM/PM的系统捕获过程

1. 角引导/天线指向

天伺馈分系统根据轨道预报结果，驱动天线指向目标进站点、等待目标进入捕获空域。伺服系统的角度扫描参数包括扫描范围、扫描速度、扫描周期、扫描步进四项，可以根据飞行器的轨道特点灵活设置。由于A/E型座架天线伺服系统的方位、俯仰驱动机构完全独立，因此可完成多种方式的机械扫描需要，典型的扫描参数举例如下：

扫描方式	扫描范围	扫描速度	扫描周期	扫描步进
方位/俯仰联合扫描 (Ⅰ、Ⅲ象限)	A：±2° E：±2°	A:2°/s E:2°/s	4s	1mil

2. 天线自跟踪

目标进入天线捕获空域后，系统接收下行信标信号，基带分系统完成载波的捕获、跟踪，跟踪接收机送出载波锁定指示、A/E角误差电压、AGC电压到天线控制单元(ACU)，经判决由人工或自动转入角跟踪，并送出“跟踪指示”信号给系统监控台，测角数据有效。

3. 发上行载波

系统监控台根据“跟踪指示”信号，人工或自动控制基带设备和功放发出未调载波信号。自动发上行信号时，应比自跟踪信号延迟 1s，以保证伺服系统稳定工作。

4. 启扫

基带设备（或监控分系统）自动判决后，发“启扫信号”控制上行载波频率进行扫描，引导应答机实现上行信号的快速捕获。

5. 随扫

应答机捕获上行扫描载波信号后，转发下行随扫载波信号，地面多功能数字基带分系统捕获下行随扫信号后，将“随扫指示”送到监控分系统。

6. 停扫与回零

基带（或监控分系统）自动判决后，发出“停扫”信号控制基带分系统调制器停止上行载波频率扫描，取捷径回到载波中心频率，同时送出“回零”指示。

7. 双向信号捕获

基带设备监控单元根据“启扫”“停扫”“回零”“接收机锁定”指示，送监控分系统进行“双捕”判决。

8. 距离捕获

基带设备测距模块收到“双捕”信号后，自动发出测距信号，并启动距离捕获程序。待下行测距信号捕获后，送出“距捕”信号到监控分系统，送出测距有效数据。

至此，系统捕获全过程结束，系统进入全跟踪状态。

3.5.2 FM/PM 的系统捕获过程

（1）角引导/天线指向：与 PM/PM 方式时相同。

（2）天线自跟踪：与 PM/PM 方式时相同。

（3）发上行载波及距捕：系统监控台根据“跟踪指示”信号，人工或自动控制基带设备和功放发出上行 FM 载波信号（遥控优先），多功能数字基带收到中心（或系统监控台）送来的“测距使能”信号后，启动测距捕获程序，按照程序自动发出侧音信号进行距离捕获。待距离捕获完成后，多功能数字基带向中心送出“距捕”信号。

至此，系统捕获过程结束，系统进入全跟踪状态。

3.5.3 扩频测控的系统捕获过程

在扩频测控体制下，无论角捕获、双向信号捕获还是距离捕获，其核心是解扩。所以，在确定扩频信号捕获程序前，首先须考虑扩频信号快速解扩。扩频 TT&C 的系统捕获过程如下：

（1）角引导/天线指向：与 PM/PM 方式时相同。

（2）角捕获：目标进入天线捕获空域后，系统接收卫星应答机下发的扩频遥测信号,天线对准目标(目标落入天线波束内)时,跟踪接收机捕获应答机信号并送出锁定指示和角误差电压。

(3) 天线自跟踪:与 PM/PM 方式时相同。

(4) 双向信号捕获:可采用两种方式实现信号的捕获,即顺序捕获方式或先发上行捕获方式。

① 顺序捕获方式:先捕获下行信号再发上行信号,如图 3-8 所示。

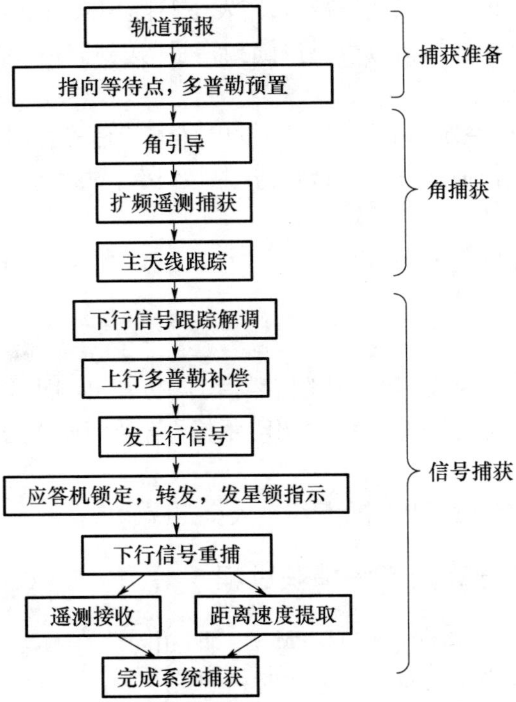

图 3-8　系统捕获过程示意图(顺序捕获)

系统在角捕获之后,根据下行信号多普勒测量值计算上行多普勒预置值,完成多普勒补偿后向卫星发射信号。星上应答机捕获跟踪后发相干或非相干下行的测距、遥测扩频信号(含星锁等信息)。在相干方式下,由于下行转发扩频码或码相位发生了变化,地面主跟踪接收机会失锁,需要重新捕获扩频伪码(时间为 PN 码的捕获时间,约 1~2s)。若采用非相干体制,下行的扩频码及码相位不发生变化,不会发生失锁重捕。

② 先发上行捕获方式:系统在角捕获之前,发上行扩频信号(根据理论值进行多普勒预置)。如图 3-9 所示,系统捕获扩频遥测信号,完成角捕获,然后解调、测距、测速,判星上是否锁定上行扩频信号。这时会出现两种情况:第一种,星上应答机未锁定,此时捕获过程与顺序捕获方式相似;第二种,星上应答机已锁定,角捕获完成后,下行扩频信号的捕获、跟踪也随之完成。

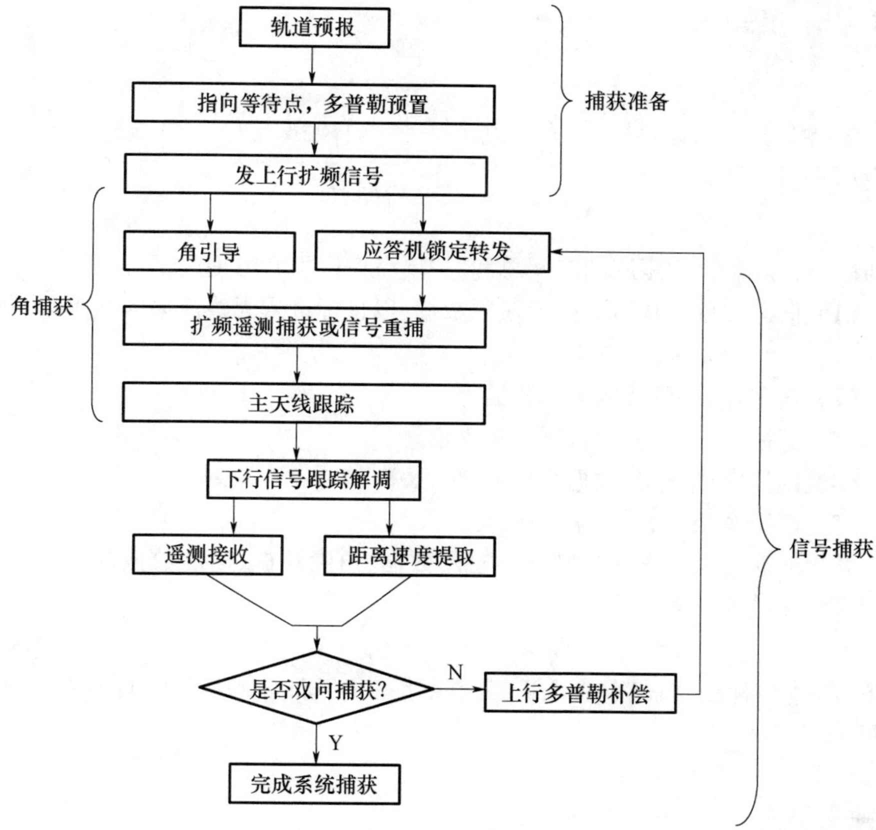

图 3-9　系统捕获过程示意图(先发上行捕获)

以上两种方式中,先发上行捕获方式的系统平均捕获时间较短。

在扩频方式下,信号捕获完成即有数据输出,故无需再进行随扫判决,只需星锁信号、测距信号综合判断,保证数据有效即可。对于非相干测距、测速方式,需完成帧同步后,才能输出距离值。

多星工作时,采用多通道同时处理。

3.5.4　测控数传一体化的系统捕获过程

测控数传一体化体制的工作原理与扩频非相干模式十分类似,差别在于下行为 PCM - BPSK 调制体制,系统接收解调时,需要进行 Turbo 或 LDPC 译码。其他系统捕获过程与扩频非相干模式类似,不再赘述。

3.5.5　捕获时间

系统捕获时间关系如图 3-10 所示。

从捕获过程及时间关系可以发现系统捕获时间主要取决于双捕时间、距捕

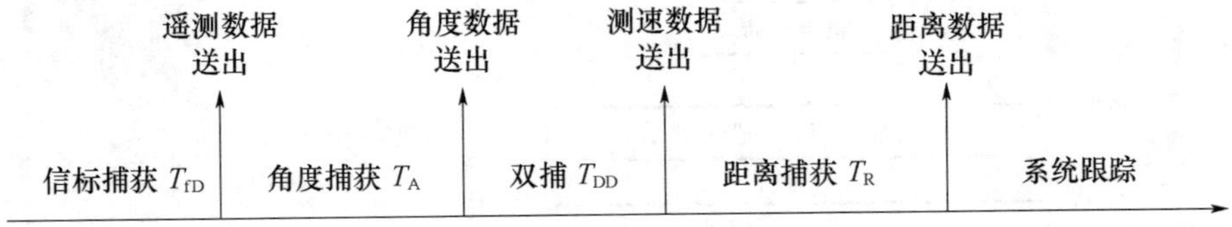

图 3-10　系统捕获时间

时间以及转入系统全跟踪的时间总和,主要考虑以下几方面的情况:

(1) 信标频率捕获后可获得遥测数据,以目标进入天线波束为起点,即获取遥测信息的起始时刻。

(2) 角跟踪后,可获取角度数据。

(3) 双捕完成,可获得目标的速度信息。

(4) 距捕完成,距离数据可以送出。

(5) 系统全跟踪。

系统捕获过程中先后分别获得遥测数据、角度数据、速度数据及距离数据,从而系统总的捕获时间为

$$T_{\Sigma} = T_{fD} + T_A + T_{DD} + T_R \tag{3-91}$$

式中:T_{fD}为信标频率捕获时间;T_A为角度捕获时间;T_{DD}为双捕时间;T_R为距捕时间。

3.6　天线合建及多目标跟踪测量

为了提高船载无线电测量设备的综合效能,有时需要用一套天线完成多个目标的跟踪测量任务,目前船载无线电测控设备完成多目标测量的方法主要包括:一是通过天馈合用技术用同一个天线同时或分时完成不同频段的测控任务;二是通过链路设计完成 S 频段同一天线波束内不同点频目标的跟踪测量,其中仅有一个目标能进行全功能测控,其他目标为 PCM-FM、数传或仅遥测接收;三是采用扩频测控技术通过码分多址完成同一波束内的多目标测控。

3.6.1　天馈线合用技术

由于受到甲板空间的限制,目前我国的第一、二代航天测量船可安装 2 套大型无线电测量设备天线,第三代航天测量船可安装 3 套大型无线电测量设备天线。然后续航天测控任务需要的船载无线电测控设备包括 C 频段脉冲雷达、S/C/X 频段微波统一测控系统,对于其他海上测量需求,还可能要安装更多的无线电测量设备,所以多频段天线合建是解决该问题的有效方案。

3.6.1.1 C+C合建

1. 概述

C+C合建全称为C频段脉冲雷达与C频段微波统一测控系统天线合建。21世纪初，总体单位提出了在第三代航天测量船上“C+C共用天伺馈”方案，经过不断论证，最终确定的原则是在C+C合建设计过程中，以确保C频段微波统一测控系统性能为主，兼顾脉冲雷达性能，且C频段微波统一测控系统和脉冲雷达分时发上行，天线类型采用标准的卡塞格伦天线，天线主反射面口径设计为10m。合建上行馈线系统可以设置两个波导开关，一个作为切换连续波雷达和单脉冲雷达发射机开关，另一个作为极化选择开关。

C+C合建对天馈子系统提出了很高的要求：为了同时满足C频段微波统一测控系统和单脉冲测量雷达的具体要求，不但使天馈子系统工作的频段宽度大大增加，同时要求尽可能降低两个系统间的相互干扰和影响，所以带来了许多技术上的难点。后来通过综合考虑系统工作模式、电性能参数、天线效率和海上具体工作环境等多个因素，最终从多个方案中筛选出多模自跟踪方案。

C+C合建站除天线、馈源、伺服驱动合建之外，两套系统的信道、终端等分系统均与单独设备配置相同。S频段和C频段连续波引导天线不能共用，只能单独分开设置。

电磁兼容设计方面主要解决单脉冲雷达和C频段微波统一测控系统遥测同时工作时可能引起的相互干扰问题。首先要考虑单脉冲雷达发射频谱在3.625~4.2GHz的杂波对C频段下行遥测接收的干扰；其次要考虑C频段微波统一测控系统本振（高频接收一本振信号：5150~5650MHz）信号对单脉冲雷达接收（点频：5596.8MHz）的干扰；另外还要考虑各种信号交调以及谐波、镜频等各种干扰。这些都必须经过详细设计，通过提高信道间的隔离度、合理分配频谱、调整上下行信号频率关系等手段来予以解决。

2. 天馈子系统的组成及特点

天馈子系统主要由三部分构成：天线、馈源和馈线；天线是修正卡塞格伦双镜天线。馈源由波纹喇叭、4G TE_{21}模耦合器、6G TE_{01}模耦合器、6G TE_{21}模耦合器、6G TM_{01}模耦合器、差模合成网络、4/6G频率复用网络、圆极化器、滤波器等部件构成。馈线由发射馈线和接收馈线组成，其主要组成部件有：波导开关、定向耦合器、方位关节、俯仰关节、功率合成器、程控功率衰减器以及连接波导和弯头。

C+C天馈子系统的特点：天线效率高；天线旁瓣及远区旁瓣性能好；和差矛盾小，各频段均可达到较高的性能；天线零深性能好而且零深一致（电轴漂移小）。

3. 馈源网络的设计

馈源网络主要由 4G TE_{21} 模耦合器、6G TE_{01} 模耦合器、6G TE_{21} 模耦合器、6G TM_{01} 模耦合器、差模合成网络、4/6G 频率复用网络、圆极化器、滤波器等部件构成。其中，4GTE_{21} 模耦合器提供微波统一测控系统的跟踪差模信号（3625～4200MHz）；而 6G TE_{01} 模、TE_{21} 模、TM_{01} 模耦合器以及合成网络则提供脉冲雷达的差模跟踪信号；4/6G 频率复用网络使系统收、发通道分离，网络中的移相对实现圆极化，滤波器实现收发隔离。

C 频段微波统一测控系统自跟踪差信号（TE_{21} 模）形成的原理：对于自跟踪天线，当天线对准目标时，接收信号在馈源中仅激励主模 TE_{11} 模；当目标偏离目标时，接收信号在馈源中不仅激励起主模 TE_{11} 模，还会激励起高次模 TE_{21} 模。由于 TE_{21} 模的幅度与偏离角度成正比，因而可根据激励起的 TE_{21} 模的幅度、相位来确定天线偏离目标的角度，从而驱动天线对目标进行跟踪。

这两种模的圆波导电场结构如图 3－11 所示；它们在空间产生的和、差信号的方向图如图 3－12 所示。

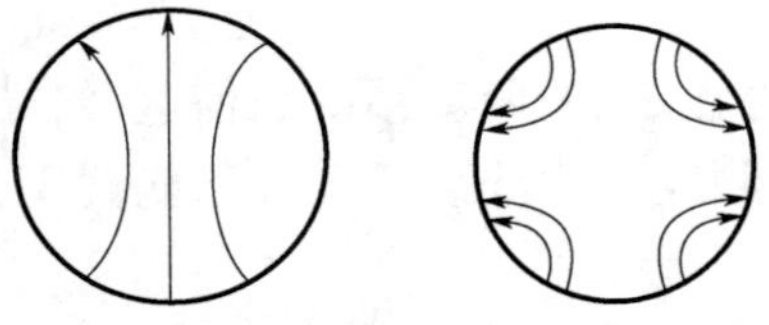

(a)TE_{11} 和模信号　(b)TE_{12} 差模信号

图 3－11　TE_{11} 模和 TE_{21} 模电场分布

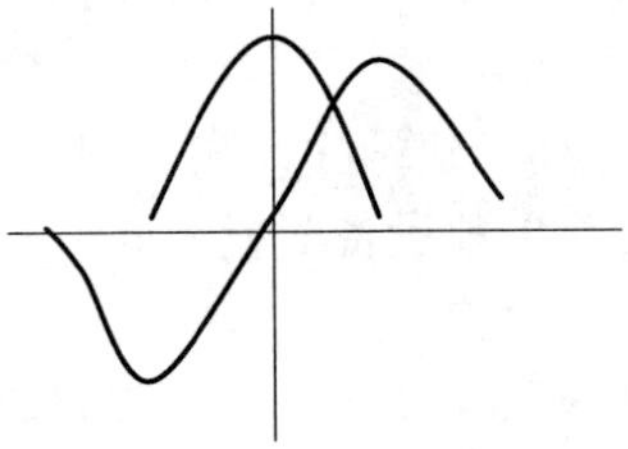

图 3－12　和、差信号方向图

目标偏离电轴 θ 角时的和、差信号可表示为

$$\begin{cases} E_{\Sigma}(t) = E_0 F_{\Sigma}(\theta) e^{-j\omega t} \\ E_{\Delta}(t) = E_0 F_{\Delta}(\theta) e^{-j\omega t} \end{cases} \tag{3-92}$$

当 θ 很小时，和信号与 θ 无关，差信号和 θ 成线性关系，即

$$E_{\Sigma}(t) = E_0 e^{-j\omega t} \tag{3-93}$$

$$E_{\Delta}(t) = \mu\theta E_0(\theta) e^{-j\omega t} \tag{3-94}$$

经自跟踪接收机用同步鉴相器解调可得方位、俯仰角误差信号，即

$$e_1 = k_1\theta = \Delta U_E \tag{3-95}$$

$$e_2 = k_1\theta = \Delta U_A \tag{3-96}$$

将 ΔU_E、ΔU_A 送伺服控制子系统，经适当调整可控制天线向减小 ΔU_E、ΔU_A 的方向运动，使电轴指向目标，连续进行这一调整过程，便可实现天线对目标的自动跟踪。

多模自跟踪馈源的工作原理框图如图 3－13 所示。多模馈源关键技术包括：6GHz TE_{21} 模的补偿耦合及其 8 个通道的一致性；TM_{01} 模耦合器；TE_{01} 模耦合器;宽带的模式组合及斜率等化;功率容量问题;喇叭罩。

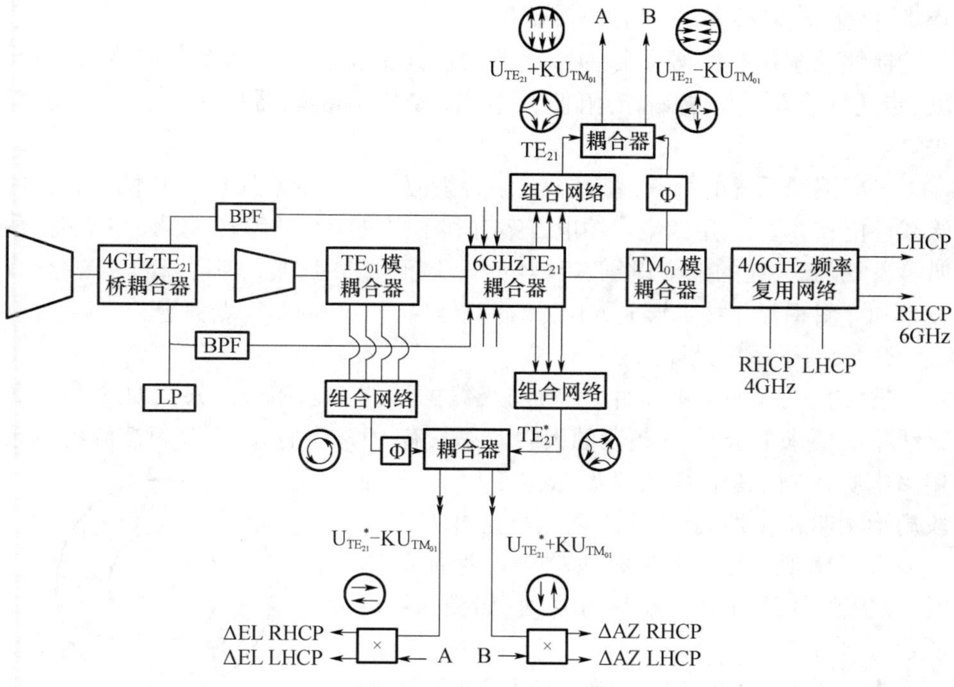

图3－13　多模馈源工作原理框图

3.6.1.2　C＋S合建

1. 概述

C＋S合建是指C频段脉冲雷达用于发射高频信号、接收目标反射或应答信号,S频段引导接收分系统与C频段脉冲雷达天线共面,用于脉冲雷达引导和S频段目标遥测接收。

C频段脉冲雷达天线为卡塞格伦修正型抛物面天线,S频段引导天线与C频段脉冲雷达天线共面设计。C频段馈电网络采用典型三通道馈电网络,针对0.8μs脉宽单载波信号和8.5μs脉宽LFM信号两种波形时分接收处理,具有手动增益控制(MGC)和自动增益控制(AGC)功能,馈线系统设有功率控制器、负荷器;S频段引导接收分系统采用单通道单脉冲体制,能够完成对工作频段内双点频PCM－FM遥测信号或1个点频PCM－FM遥测信号和1路相干扩频/非相干扩频/标准TT&C下行遥测信号实时接收,处理出角误差信号送伺服分系统。

2. 天馈子系统的组成及特点

天馈子系统主要由标准卡塞格伦双镜天线、C/S双频多模喇叭和C/S双频馈电网络组成。C频段馈电网络部件主要有TE_{01}模耦合器、TE_{21}模耦合器、TM_{01}

模耦合器、差模合成网络、圆极化器等；S 频段馈电网络部件主要有扇形口面的喇叭、极化器、和差网络、滤波器等部件。

馈线系统仅有 C 频段脉冲雷达馈线。其主要部件有功率合成器、波导开关、定向耦合器、方位关节、俯仰关节、程控功率衰减器以及连接波导和弯头等。

多模馈源系统的特点：采用 S/C 组合馈源技术可分别保证 S、C 两个频段的天线性能；S 频段采用四喇叭馈电方案有利于提高天线效率；C 频段采用多模喇叭，可以提高天线的效率，降低旁瓣电平；C 频段采用 TE_{01}、TE_{21}、TM_{01} 多模合成技术和差斜率等化技术形成方位、俯仰差信号，差效率高，零点稳定。

3. 天馈子系统设计

馈源是天线的关键器件之一，与天线的性能密切相关。根据对 S/C 双频天线指标要求的分析，S 频段的天线效率只有 10% 左右，S/C 双频馈源可以采用多喇叭体制，其中 C 频段喇叭位于中心，S 频段扇形喇叭位于四周，C 频段喇叭可选择变张角光壁多模喇叭，在兼顾 S 频段喇叭电性能的同时，以提高馈源的照射效率为原则，如图 3 – 14 所示。

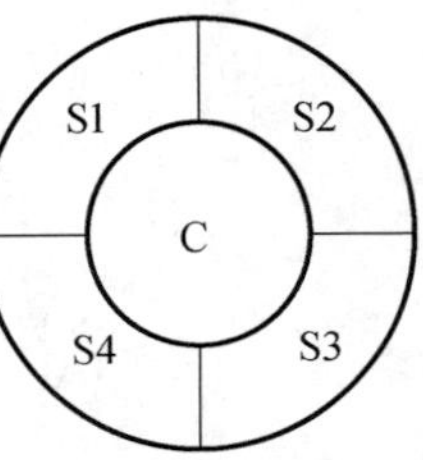

图 3 – 14　S/C 双频馈源示意图

为实现 C 频段三路单脉冲信号要求，采用 TE_{01} 模、TE_{21} 模、TM_{01} 模多模合成技术，通过斜率等化提供脉冲雷达的方位、俯仰差模跟踪信号，具体原理如图 3 – 15 所示。

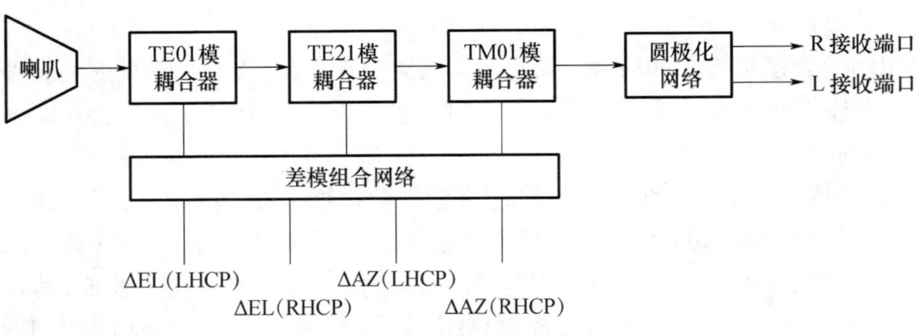

图 3 – 15　C 频段雷达馈源原理框图

S 频段采用扇形口面喇叭，通过隔板极化器后形成圆极化，将输出的左右旋圆极化信号分别通过采用电桥组成的和差网络，从而输出 S 频段左右旋圆极化的和差信号，S 频段馈源原理如图 3 – 16 所示。

由于中间部分被 C 频段喇叭占据，优化选择 S 频段喇叭的放置方式和间距，可以使差喇叭照射效率最佳，喇叭口径的选择则以天线增益和波束宽度的性能指标作为约束条件。

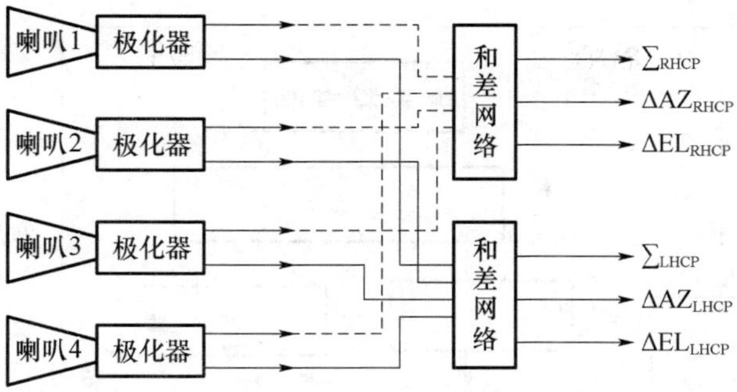

图 3 – 16　S 频段馈源原理框图

3.6.1.3　S + X 合建

1. 概述

S + X 合建是指 S 频段和 X 频段微波统一测控系统天伺馈分系统合建。在 C + C 合建的基础上，新测量船在设备研制的时候首次提出了由 S 频段、X 频段两个频段测控系统组成的综合测控系统，S 频段、X 频段系统共用一套天伺馈分系统。S 频段、X 频段系统的高频接收、发射信道、标校设备完全独立，监控、多功能数字基带、时频、自动测试、中频开关矩阵、记录分系统等终端设备共用。

2. 天馈子系统的组成

天馈子系统分为天线和馈电两大部分。天线为 12m 卡塞格伦双反射面天线，馈电部分主要由 S/X 双频段波纹喇叭、S 频段跟踪模（差模）耦合器、S 频段和模耦合器、S 频段极化器、X 频段跟踪模（差模）耦合器及 X 频段极化器、双工器、BJ22、BJ84 标准型波导元器件、波导开关、同轴开关组成。馈电系统组成框图如图 3 – 17 所示。

3. 双频馈源的设计

S/X 双频馈源主要分为 S/X 双频波纹喇叭、S 频段跟踪器、S 频段和模耦合器、S 频段极化器、X 频段跟踪器、X 频段极化器、波导元件等几大部分。

S 频段和支路网络的主要功能是接收 S 频段信号，并且分离左右旋圆极化信号。它由和模耦合器、耦合波导、E 面弯头、正交接头及极化器组成。

因为系统中 S、X 频段共用一个辐射喇叭，所以必须采用分频网络将 S、X 频段的信号分离。其基本工作原理为：利用 S 频段和模耦合器将 S 频段的能量（HE_{11}模）耦合出来，并利用合成网络将耦合出来的能量同相合成。X 频段的信号继续向后传输至喇叭的喉部。这就实现了 S、X 分频的目的。

在 S/X 双频喇叭中，由于存在 S 频段的耦合孔，势必对 X 频段的传输特性产生不利影响。为此设计了扼流装置，有效地控制了 S 频段耦合孔的不利影响，大大改善了 X 频段信号的传输特性，并且在 S 接收端添加了 X 频段发频滤波器，使 S 频段跟踪与接收支路对 X 的发射信号有 110dB 的隔离度。

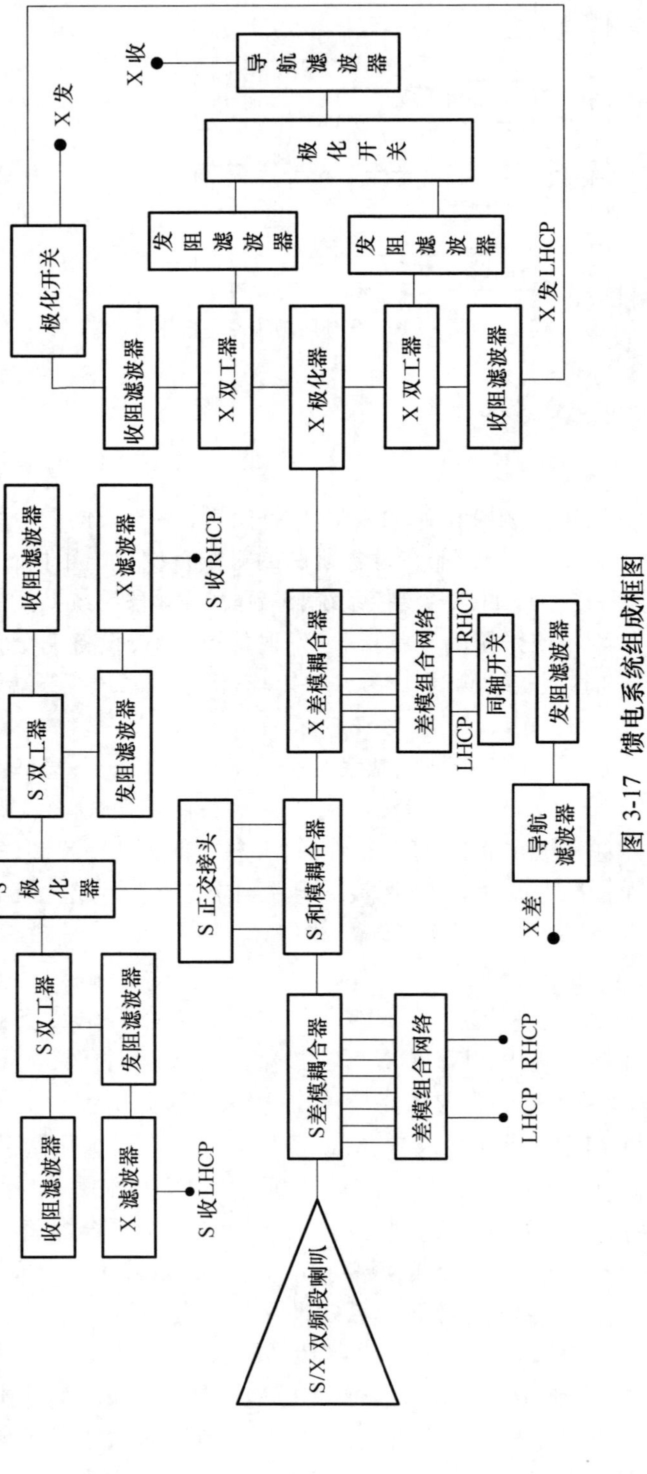

图 3-17 馈电系统组成框图

3.6.2 船载 USB 双点频跟踪链路设计

1. 双点频跟踪的需求

需求 1:由于某卫星在飞行过程中的姿态和轨道特点决定了卫星天线的对地覆盖情况有较大的变化,特别是 3 次近地点变轨前后 10min 内,测量船与卫星 +X 轴的夹角由 0°变为 180°,从而出现了安装在 +X 面和 -X 面的两副下行天线交替覆盖测量船的现象,船载 USB 系统跟踪过程中将出现一个下行点频的信号由强到弱、另一个点频的信号由弱到强的变化过程,船载 USB 系统必须适应这一特点。

需求 2:在主动段测控任务中,2 个火箭点频的跟踪。

需求 3:在主动段测控任务中,1 个火箭点频和 1 个卫星点频的跟踪。

2. 船载 USB 系统主跟踪链路设计

船载 USB 系统主跟踪链路配置如图 3-18 所示。

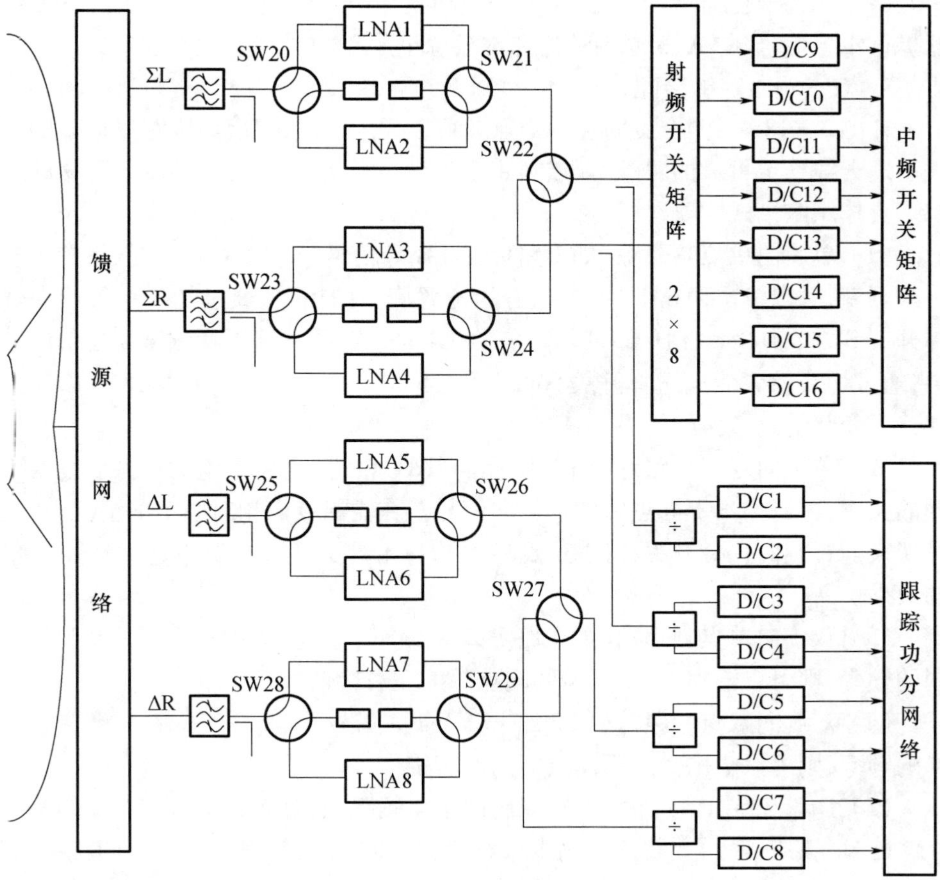

图 3-18 船载 USB 系统主跟踪链路设计原理图

在图 3－18 中，SW22、SW27 为前置旋向选择开关。D/C1、D/C3、D/C5、D/C7 为第一组下变频器，共用一套频综器和本振源（A 套）。D/C1、D/C3 用于接收点频一不同旋向的和路信号，D/C5、D/C7 用于接收点频一不同旋向的差路信号。输出的和路信号和差路信号通过中频跟踪功分网络同时送 1：1 备份的两套跟踪接收机，产生点频一的跟踪角误差信号。

D/C2、D/C4、D/C6、D/C8 为第二组下变频器，共用一套频综器和本振源（B 套）。D/C2、D/C4 用于接收点频二不同旋向的和路信号，D/C6、D/C8 用于接收点频二不同旋向的差路信号。输出的和路信号和差路信号通过中频跟踪功分网络同时送 1：1 备份的两套跟踪接收机，产生点频二的跟踪角误差信号。

频综器和本振源安装于接收机机房内，频综器产生 1kHz 步进的一本振信号，本振源产生固定点频的二本振信号。本振信号通过高频滑环或中频滑环分路送入安装于天线中心体内的主跟踪下变频器。A 套频综器和本振源为第一组跟踪下变频器提供本振信号，B 套频综器和本振源为第二组跟踪下变频器提供本振信号，C 套频综器和本振源通过开关切换为第一组或第二组主跟踪下变频器提供本振信号，与 A、B 套频综器和本振源组成 2：1 备份工作方式。

3. 双点频跟踪链路配置

在图 3－18 中，两个旋向和两个点频可以任意组配，双旋向跟踪以空分的方式实现天线稳定可靠的跟踪，双点频跟踪以频分的方式实现天线稳定可靠的跟踪。具体跟踪模式主要包括：

（1）单旋向单点频跟踪（如 1 路标准 TT&C 信号）。将两组的本振设置为相同的频率，可以输出两路 1：1 热备份的任意旋向的信号；通过切换前置旋向选择开关 SW22，D/C1 与 D/C3、D/C2 与 D/C4 可以起到和路下变频链路备份的效果；通过切换前置旋向选择开关 SW27，D/C5 与 D/C7、D/C6 与 D/C8 可以起到差路下变频链路备份的效果。

（2）单旋向双点频跟踪（如 2 路标准 TT&C 信号）。将两组的本振设置为不同的频率，可以输出不同点频的单旋向信号。在输出旋向相对固定的情况下，通过切换前置旋向选择开关，可以达到通过选择不同下变频链路以达到链路备份的效果。

（3）双旋向单点频跟踪（如 1 路 PCM－FM 信号）。将两组的本振设置为相同的频率，则可以输出 1：1 备份的同点频的左右旋信号。

（4）双旋向双点频跟踪（如 2 路 PCM－FM 信号）。将两组的本振设置为不同的频率，则可以输出 2 路不同点频的左右旋信号。

（5）1 路单旋向单点频 +1 路双旋向单点频跟踪（如 1 路标准 TT&C 信号和 1 路 PCM－FM 信号）。将两组的本振设置为不同的频率，则可以输出 1 路单旋向单点频和 1 路双旋向单点频信号。

综合以上分析，无论主跟踪链路工作在哪一种跟踪模式，系统均能够较好地完成跟踪任务,同时链路备份问题也能够得到较好的解决。

3.6.3 船载 USB 多目标测量链路设计

1. 多目标测量链路设计的需求

根据船载 USB 系统总体任务需求,系统应具有以下几种工作模式:

(1) 具备 S 频段 2 路标准 TT&C 遥测、2 路数传的同时接收功能,以及外测(测距、测角、测速)、遥控和话音功能。

(2) 具备同一天线波束内 S 频段同点频 4 个目标扩频 TT&C 测控支持能力和 1 路数传信号接收功能。

(3) 具备同一天线波束内 S 频段同点频 6 个目标扩频 TT&C 体制下的外测(测距、测角、测速)、遥控和遥测信号接收功能。

(4) 具备运载火箭 S 频段 2 个频点 FM 遥测信号接收功能。

(5) 具备运载火箭 S 频段 1 路测控数传一体化体制外测(测距、测角、测速)、遥测信号接收功能,遥控可扩展。

2. 多目标测量链路设计思路

针对系统工作模式的需要和任务配置的灵活性要求,船载 USB 系统配置 6 套相同的多功能基带设备,以适应多种工作模式下的工作和冗余备份要求。为此,方案在高频接收分系统的设计中引入下行射频开关矩阵,来满足主接收链路的工作需要。

来自天馈系统的左右旋信号经过各自的 1 : 1 热备份的场放后经过 2 路高频滑环送至高频接收机房,经过一个 2 ×8 下行射频开关矩阵进行任意切换后送至 8 台自带独立本振的下变频器。由于下行开关矩阵为点对多点工作,即左右旋接收信号均可同时任意切换至 8 台变频器的任意一台,而下变频器的输出均经过下行中频开关矩阵与 6 套多功能基带进行任意配置,因此系统的连接配置非常灵活,同时保证了左右旋工作方式下均有足够多的冗余备份,系统可靠性大大增强。

对于同时 2 路 TT&C、1 路 PCM - FM 遥测和 1 路扩频 TT&C 的最大配置工作要求,配置两套标准 TT&C 基带构成 1 : 1 备份工作,单套基带能同时接收双路标准 TT&C 遥测信号及一路小环信号,配置两套扩频 TT&C 基带构成 1 : 1 备份工作,配置两套 PCM - FM 遥测基带构成 1 : 1 备份工作。具体高频接收分系统的主收链路设计如图 3 - 19 所示。

由于有 8 条下变频器链路,某航天任务中对"一箭双星"的测量需要用 5 条下变频器链路,剩下的 3 条链路可以为 3 个点频的标准和扩频 TT&C 信号备份,或者为 1 个点频的 PCM - FM 信号(需要 2 条链路)和 1 个点频的标准或扩频 TT&C 备份,系统配置的灵活性大为增加。若不考虑备份,该设计方案可以同时接收 8 个不同点频的下行信号,测量功能将有较大的拓展。

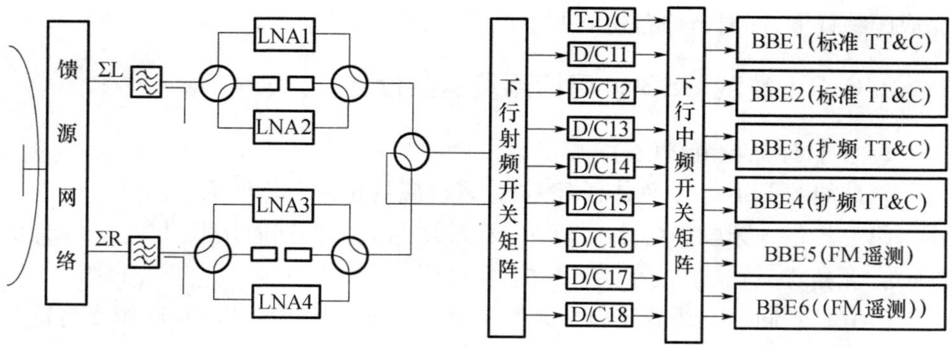

图 3-19　船载 USB 系统主接收分链路的设计原理框图

3.6.4　码分多址多目标测控技术

目前船载 S 频段微波统一测控系统具有相干直接序列扩频、非相干直接序列扩频、非相干 DS/FH 混合扩频等功能，船载 C 频段微波统一测控系统具有非相干直接序列扩频功能。扩频 TT&C 和标准 TT&C 的实现过程基本相同，但实现方式不同。下面简单介绍一下相干和非相干两种扩频测控模式及其区别。

1. 相干扩频测控模式

在该模式中上下行均采用 UQPSK 调制。上行 I 支路调制遥控信息，采用 1023 短码（Gold 码）扩频，Q 支路调制 1023 ×256（截短 m 序列）测距伪码。Q 支路 1023 ×256 测距伪码与 I 支路 1023 短码相关，以便星上利用 1023 短码辅助测距伪码捕获。下行 I 支路调制遥测信息，采用 1023 短码（Gold 码）扩频，Q 支路调制 1023 ×256（截短 m 序列）测距伪码，下行测距伪码必须与上行测距伪码相干。I 支路能量（S/Φ）较强、Q 支路能量较弱，即 I 支路伪码相位抖动小，所以测距精度取决于短码。相干扩频体制通过码分多址可以实现同一点频多路上行 UQPSK、多路下行 UQPSK。

2. 非相干扩频测控模式

码分多址提高了用户容量，考虑测距测速通道相对独立，我国提出了一种具有多站测距测速功能的非相干扩频测控模式。对应答机而言，该模式的上行链路最多可包含多路遥控 BPSK 和多路测距 BPSK 信号；相应地，下行链路包含多路遥测 BPSK 和多路测距 BPSK 信号。采用码分多址区分各路信号，在不考虑备份的情况下，每颗卫星分配 1 个遥测扩频码、1 个遥控扩频码、1 个测距下行扩频码；每个地面站安装所有卫星的遥测扩频码、测距下行扩频码用于接收，安装所有卫星的遥控扩频码、所有测距上行扩频码用于发射。

非相干扩频测控模式与相干扩频测控模式的区别在于以下两点：

（1）非相干扩频测控模式的下行测量帧帧头与收到的上行测量帧帧头并不对齐，因为非相干扩频模式中上下行测量帧、伪码不相干。非相干扩频模式比相干扩频模式多了一个星上采样的步骤，通过采样，卫星获得了地面发射时刻测量帧的初始帧计数、位计数、码片计数、码相位、星上时间等，星上采样时刻即是下行测量帧发送时刻。

(2) 非相干扩频测控模式在实现测距功能的同时，还可测量星地时差，对卫星进行校时。因为星上和地面两次采样都是以星钟为基准，而被采样的测量帧信号都是以地钟为基准的，所测时差中包含星地时差。

3.7 电磁兼容设计

3.7.1 基本概念

电磁兼容(EMC)的基本含义是指设备、分系统、系统在共同的电磁环境中能一起正常执行各自功能的共存状态，具体到船载微波统一测控系统 EMC 的要求是在测量船上配置的测控系统能正常工作，且不对处于同一测量船上的其他设备形成有害干扰。由此可见，EMC 要求电子设备少向外发射干扰信号，同时应具有抗外界干扰的能力。

电子设备的 EMC 包含电磁干扰(EMI)和敏感度的控制。电子设备的 EMI 主要包含传导干扰和辐射干扰两个方面，传导干扰是通过电压电流的形式在导线中传播的，辐射干扰是通过电磁感应的形式在空间传播的。干扰源、耦合途径、敏感设备是 EMI 的三要素，接地设计、滤波设计、屏蔽设计是 EMC 控制的三大措施。

3.7.2 电磁干扰三要素

电磁干扰具备三个要素，即电磁干扰源的特性、传输途径及电磁敏感性现象和标准。

1. 电磁干扰源

通常将电磁干扰源分成若干类，按干扰源的来源可分为自然干扰源和人为干扰源；按电磁耦合途径可分为传导干扰源和辐射干扰源；按传输的频带可分为窄带干扰源和宽带干扰源；按干扰波形可分为连续波、周期脉冲波和非周期脉冲波干扰源。

2. 电磁干扰的传输途径

电磁干扰的传输形式与电磁能量的传输形式基本相同，通常分为两大类，即传导干扰和辐射干扰。通过导体传播的电磁干扰称为传导干扰，其耦合形式有电耦合、磁耦合和电磁耦合；通过空间传播的干扰称为辐射干扰，其耦合形式有近场感应耦合(近场磁感应和近场电感应)和远场感应耦合。系统间的辐射耦合主要是远场感应耦合,而系统内的辐射耦合主要是近场感应耦合。此外,还有辐射与传导同时存在的复合干扰。

3. 电磁敏感性

电磁敏感体是电磁干扰的最终受害体,也称为受扰体。电磁干扰源产生的干扰信号经过传输通道最终到达敏感体。这时,干扰能否产生就取决于敏感体自身抵抗干扰的能力。通常把系统或设备抑制外来能量的能力称为系统或设备的电磁敏感性。不同的系统和不同的设备,其电磁敏感性也就不同。

3.7.3 电磁干扰的抑制

围绕电磁干扰(EMI)三要素,要有针对性地采取措施,如降低干扰源的干扰水平、切断干扰耦合途径、提高敏感设备的耐受能力,有效提高系统稳定性及可靠性。抑制干扰源的措施有:滤波、吸收、接地、屏蔽、布局布线。切断耦合途径的措施有:滤波、接地、空间隔离、屏蔽隔离、光电隔离、接地。提高敏感度的措施有:方案选择、滤波、屏蔽、接地。综上所述,在合理方案设计的基础上,接地技术、滤波技术、屏蔽技术就是针对电磁干扰三要素总结出来的比较有效的电磁兼容措施,这三种措施往往需要互相结合,才能实现预期的目的。

1. 地线及接地设计

地线是系统中各种信号电平的参考点,地线分为信号地、安全地两种。接地是指在系统的某个选定点与某个接地面之间建立导电通路,接地是为了形成低阻抗通路,消除公共阻抗耦合。地线是 EMC 设计中十分重要的一项内容,许多 EMI 问题都是由于不合适的地线导致的,良好的地线能保证电路内部互不干扰、稳定可靠工作,还可以减小电路的电磁辐射和对外界电磁场的敏感度。

1) 接地概念及目的

理想接地面是指零阻抗和零电位的物理实体,上面各点之间不存在电位差,它可以作为系统中所有信号电平的参考点。接地的目的主要是防止电磁干扰,消除公共阻抗的耦合,同时保障人身和设备的安全。设计中一般接地与屏蔽结合就能解决大部分电磁干扰问题。

2) 接地技术

一般在设备研制生产中有四种基本接地技术:浮地系统、单点接地系统、多点接地系统和混合接地系统。

(1) 浮地接地。在低频时,在设备工作在低频时,当各级电路的电位差被隔离,同时忽略接地面和电路的分布电容的情况下通常使用浮地接地法。

浮地接地,接地面不与大地相连,系统不受接地面质量的影响。

(2) 单点接地。当接地连线的长度远小于电路信号波长时,通常采用单点接地系统。它是在电路系统中选取某一点作为接地参考点,所有接地线都接至参考点上。

单点接地方式由于地线连线长而且多,在高频工作时,地线电感较大,会增加地线间的电感耦合,引起电磁干扰,因此,单点接地系统在高频工作时应尽量避免使用。

(3) 多点接地。当系统设备、装置、电路之间的距离比信号波长大时,尤其在低电平的输入级中,要求采用多点接地系统。多点接地系统中各单元、装置、电路都各自用接地线分别单点就近接地。在此系统中,干扰电流只能在本身系统中循环,而不会耦合到其他地方。

在多点接地系统中,可在接地面上开一些阻隔用的孔或槽,从而将电流引导到合适的接地点上。还有一种多点串联接地系统,要求接地串联的顺序由小信号电路单元到大信号电路单元,避免大信号对小信号的影响。

(4) 混合接地。在复杂的情况下,电子设备或单元电路的接地难以通过一个简单的接地形式解决,通常采用混合接地。

2. 屏蔽技术

电磁屏蔽的作用是切断电磁能量在空间的传播路径,达到消除电磁干扰的目的,是消除辐射干扰的有效措施。电磁屏蔽就是利用导电或导磁材料制成的屏蔽壳体(机箱、机柜等)将需要屏蔽的区域封闭起来,形成电磁隔离。屏蔽壳体只有正确的接地,才能发挥预期的屏蔽效果。屏蔽技术主要是应用在系统设备的机箱、机柜等结构系统上,还有互连电缆、导线等。

接地和屏蔽正确地结合起来,可以解决很多 EMI 问题。

3. 滤波技术

滤波器可以把不需要的电磁干扰减小到满意的工作电平上,是消除传导干扰的主要措施,也是解决辐射干扰的重要手段。

电磁干扰有传导干扰和辐射干扰两种,对于一个实际的设备,这两种干扰是同时存在的,干扰滤波和电磁屏蔽两项技术是互补的,只有把它们结合起来才能切断电磁能量的传播途径、解决电磁干扰问题。

滤波技术主要应用在电源供电回路、信号传输通路上。

4. 机房设计及布局

应尽量减小进入机房的干扰场强,避免外来干扰对设备的威胁。

(1) 在强功率干扰源方向的机房门、窗及通风口,应采用屏蔽措施,尽量减弱进入机房内的干扰场强。

(2) 进入机房的波导在进入机房前应先接地。

(3) 与机房内设备无关的电缆、波导等馈线,原则上不得穿过本机房。

(4) 电缆敷设时,避免电源电缆和信号传输电缆相互靠近或处于同一线扎中。机柜内电源线应尽量短,且和信号传输线分开走,并采用屏蔽的电源线。

5. 综合设计

(1) 频率选择:频率组合干扰是系统内部和系统之间的主要干扰来源之一,

系统和分系统选用的频率必须是组合干扰最小或易于对抗的频率。必要时进行充分论证和试验,然后才确定。

(2) 检测门限:船载微波统一测控系统是多副载波在同一个公用通道内传输的连续波雷达系统,也是一种窄带系统,各信号检测门限(以 S/N 表示)必须有适当的电平,因此系统设计时,各个门限的设计应进行平衡折中考虑,保证重点,使干扰的影响最小,或可忽略不计。

(3) 分机或分系统之间的数字电路接口,应尽量采用高电平传输,以增强抗干扰的能力。

(4) 分机或分系统应尽量采用差分或平衡接口电路,以减小接地电路引入的干扰。

(5) 一般低速器件的电磁干扰的敏感度比高速器件低,因此在满足电性能要求的前提下,尽量采用前者,以免把电路的速率或频率响应余量设计过大。

6. 减弱电磁干扰的措施

上述措施都为防止外来电磁干扰,而船载微波统一测控系统本身也是一个电磁干扰源,因此还应考虑减小本系统对其他系统的电磁干扰问题。

(1) 大功率发射机除加强屏蔽设计,减小泄漏外,大功率机房一律采用屏蔽设计,而且是独立结构,应和其他分机设备机房保持一定距离,且靠近天线,以减小传输馈线距离。尽量减小或抑制因泄漏产生的空间干扰使它不超过各类标准的要求。

(2) 对发射信号及各振荡源的输出应采用滤波措施,抑制谐波、杂波及带外噪声,以减小或消除对其他设备的干扰。

(3) 冷却、空调及易产生火花的设备,要求采用隔音和消火花措施,减小噪声并消除火花干扰。

(4) 对微波和放射性辐射设备,应有良好的屏蔽措施,微波泄漏和 X 射线剂量应达到 GJB 7—84《微波辐射安全限值》的规定。

3.8 可靠性设计

“可靠性”是指产品在规定的条件下和规定的时间内,完成规定功能的能力。系统可靠性设计是为了达到系统可靠性要求,提高产品的固有可靠性而采用的专门设计技术,包括建立可靠性模型,可靠性指标预计和分配,可靠性工程实施方法和可靠性试验方案的设计。它与系统整个寿命周期内的全部可靠性活动有关,从方案论证开始到系统报废为止,都应有计划地开展一系列可靠性工作,使产品具有最佳的效/费比。此外,可靠性设计的基础是对各种元器件失效率的统计和资料收集以及对失效模式的认真分析与统计。

3.8.1 系统可靠性典型指标

可靠性要求是进行可靠性设计、分析、制造、试验和验收的依据,可靠性要求可以分为两大类:第一类是定性要求,即用一种非量化的形式来设计、评价以保证产品的可靠性,它又分为定性设计要求(如简化设计,余度设计,降额设计,环境防护设计,热设计,软件可靠性设计等)和定性分析要求(如功能危险分析,故障模式和影响分析,故障树分析,区域安全性分析等);第二类是定量要求,即规定产品的可靠性参数、指标和相应的验证方法,用定量方法进行设计分析,用增长或验证方法进行可靠性验证,从而保证产品的可靠性。

在微波统一测控系统中可靠性定量要求典型指标如下:

1. 平均故障间隔时间(MTBF)

在规定的条件下和规定的时间内,产品的寿命单位总数与故障总次数之比,即

$$\mathrm{MTBF} = \sum_{i=1}^{N} t_i / N \tag{3-97}$$

式中:t_i为第 i 个产品无故障工作时间;N 为产品的数量。

2. 平均修复时间(MTTR)

在规定的条件下和规定的时间内,产品在任一规定的级别上修复性维修总时间与在该级别上被修复产品的总故障数之比,即

$$\mathrm{MTTR} = \sum_{i=1}^{N} \Delta t_i / N \tag{3-98}$$

式中:Δt_i为第 i 次故障维修时间;N 为修复次数。

MTTR 由三部分时间组成:①查找故障时间;②排除故障时间;③清理验证时间。一般查找故障时间占整个维修时间的 80% 甚至更多。

3. 可用性 A

在规定的条件下,产品在任一随机时间需要和开始执行任务时处于可工作或可使用状态的程度。

$$A = \frac{\mathrm{MTBF}}{\mathrm{MTBF} + \mathrm{MTTR}} \tag{3-99}$$

从式(3-99)可以看出,MTBF 的时间越长,MTTR 的时间越短,则 A 值越大,表示系统在任一时刻的有效工作程度越高。

4. 设备使用寿命

表示在规定的使用条件且允许维修的情况下,产品处于能够完成规定功能状态的时间区间。对船载微波统一测控系统,一般要求设备使用寿命不小于 15 年。

3.8.2 系统可靠性模型的建立与分析

系统可靠性模型是指从可靠性角度上来看,系统与分系统以及部件、元件之

间所存在的逻辑关系。用方框图将这种关系表达出来称为可靠性框图,用数学方法对这种关系加以描述,称为可靠性数学模型。建立系统、分系统(分机)或设备各级可靠性模型的目的是用于定量分配、估算和评价产品的可靠性,为设计方案等的决策提供依据,发现可靠性薄弱环节,同时便于进行故障模式、影响及危害性分析。

工程中 4 种常用的可靠性模型如下:

(1)"串联模型",是指组成产品的所有单元中任一单元发生故障都会导致整个产品发生故障。

(2)"并联模型",是指组成产品的所有单元同时工作,只要有一个单元不发生故障整个产品就不发生故障,亦称工作储备模型。

(3)"r/n 模型",是指组成产品的所有单元同时工作,但至少要有 r 个正常,整个系统才正常。

(4)"旁联模型",是指组成产品的所有单元中,只有一个单元在工作,当工作单元故障后,通过监测转换装置接到另一单元进行工作的模型,亦称非工作储备模型。

3.8.3 系统可靠性预计与分配

1. 系统可靠性预计

1)预计目的

系统可靠性预计是为了估计产品在给定的工作条件下的可靠性而进行的工作。它根据组成系统的元件、部件和分系统的可靠性来推测系统的可靠性,是一种综合过程,其主要目的如下:

(1)将预计结果与要求的可靠性指标相比较,审查设计任务书中的可靠性指标是否能达到。

(2)根据预计结果的相对性,帮助对系统方案进行比较,选择最优方案。

(3)通过预计,及时发现设计中的薄弱环节。

(4)为可靠性增长试验、验证试验及费用核算等方面的研究提供依据。

(5)为系统可靠性分配奠定基础。

2)预计方法

可靠性预计应随研制工作的进展而深化,系统、分系统或单元在不同的研制阶段应采用不同方法。不同研制阶段可靠性预计方法如表 3-6 所列。

表 3-6 不同研制阶段可靠性预计方法

序号	研制阶段	可靠性预计方法
1	方案论证	性能参数法,相似产品法
2	初步设计	专家评分法,元件计数法,修正系数法,相似产品类比论证法
3	详细设计	故障率(失效率)预计法,应力分析法

（1）元件计数法。先计算设备中各种型号和各种类型的元器件数目，然后再乘以相应型号或相应类型元器件的基本故障率，最后把各乘积累加起来，即可得到部件、分机和系统的故障率，计算公式为

$$\lambda_s = \sum_{i=1}^{n} N_i(\lambda_{Gi}\pi_{Qi}) \tag{3-100}$$

式中：λ_s为系统的失效率；λ_{Gi}为第 i 种元器件的通用失效率；π_{Qi}为第 i 种元器件的质量系数；N_i为第 i 种元件的数量，n 为设备所用元器件的种类数目。

（2）元器件应力分析法。电应力和环境条件（温度等）对元器件失效率有重大影响，不同的元器件对应有不同的失效率数学模型，因此用元器件应力分析法预计的设备可靠性比计数法预计要精确些。以晶体三极管和二极管为例，失效率数学模型为

$$\lambda_p = \lambda_b(\pi_E\pi_Q\pi_R\pi_A\pi_{S2}\pi_C) \tag{3-101}$$

式中：λ_p为元器件工作失效率；λ_b为元器件基本失效率；π_E为环境系数；π_Q为质量系数；π_R为电流额定值系数；π_A为应用系数；π_{S2}为电压应力系数；π_C为配置系数。

系统的故障率 $\lambda_s = \sum_{i=1}^{n} N_i\lambda_{pi}$ 中，λ_{pi} 为第 i 种元器件的故障率，N_i为第 i 种元器件的数量，n 为系统中元器件的种类数。系统的 $MTBF_s = 1/\lambda_s$。

（3）预计流程。当进入工程详细设计阶段时，确定系统（分系统）原理图→画出可靠性逻辑图→建立可靠性数学模型→选出元部件，并确知它们的类型、数量、失效率、环境及使用应力→系统（分系统）可靠性预计→若没有满足系统（分系统）可靠性要求，改进设计。可用失效率法预计该系统（分系统）的可靠度，即

$$\lambda = \prod_k \cdot D \cdot \lambda_0 \tag{3-102}$$

式中：λ 为系统（分系统）失效率；$\prod_k$环境因素；D 为减额因素，其值小于或等于1，由应力决定取值大小；λ_0为元部件基本失效率。

2. 系统可靠性分配

系统可靠性分配，就是根据系统设计任务书中规定的可靠性指标定量要求，按一定的方法分配给组成该系统的分系统、分机和单元，甚至元器件，使系统和分系统、分机和单元的可靠性定量要求协调一致。

（1）分配原则。船载微波统一测控系统是一种大型复杂电子系统，因此在可靠性指标分配时必须考虑：

① 分系统（分机）对保证系统正常工作的相对重要性，重要的分机 MTBF 值取高值。

② 分系统（分机）的相对复杂性，复杂的分机 MTBF 取低值。

③ 分系统（分机）正常工作时的环境条件。

(2) 可靠性指标分配流程图如图 3－20 所示。

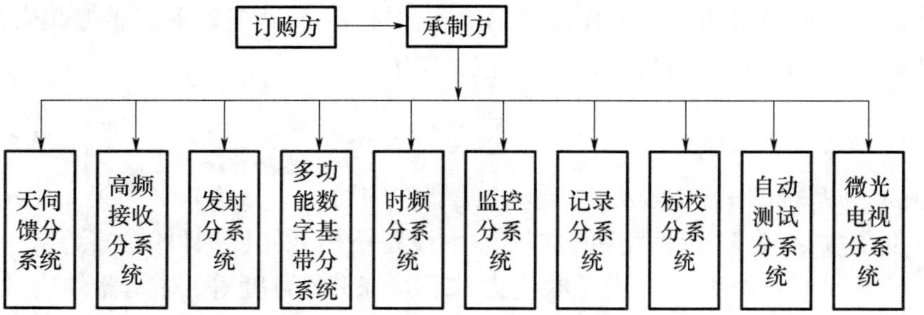

图 3－20 可靠性指标分配流程图

(3) 可靠性指标分配。系统可靠性指标分配方法有多种，对船载微波统一测控系统，一般采用工程加权评分分配法。为使各分系统分配的可靠性指标更加合理可行，应考虑影响系统可靠性的各种因素如下：

① 重要因素：该分系统(分机、部件)发生故障对全系统可靠性影响的大小，以相对重要性取值，最高的评 10 分，最低的评 1 分。

② 复杂因素：根据组成分系统的部件数量以及它们组装的难易程度来评定，最复杂的评 10 分，最简单的评 1 分。

③ 标准化程度或技术发展水平，表示该分系统实现标准化设计难易程度，标准化水平最低的取 10 分，水平最高的评 1 分。

④ 环境因素：设备虽属同一系统，但所处环境并非一致，如天线高频接收机等室外工作环境，其他设备为室内工作环境。环境条件严酷的评 10 分，环境条件最好的评 1 分。

⑤ 维修因素：维修方便的系统、分机评分可取低值，否则应取高值。

⑥ 其他：除上述因素外，对不同的产品和不同的情况，还可以考虑其他因素如元器件质量因素，继承性因素等，对这些因素同时进行加权评分，参加系统可靠性指标分配。

3.8.4 可靠性设计准则

系统可靠性设计是为了在设计过程中挖掘和确定隐患，发现薄弱环节，并采取设计预防和设计改进措施，从而有效地消除隐患，克服薄弱环节。

可靠性设计准则就是将产品的可靠性要求和规定的设计约束条件，转换为产品设计过程中应遵循的具体而有效的可靠性技术设计细则。它将根据产品的类型、特点、任务、要求及其他约束条件，对国家有关的标准、规范进行剪裁，同时把已有的相似产品的工程经验总结起来，使其条理化、系统化、科学化，从而形成该系统或产品专用的可靠性设计准则。它不仅是产品设计的依据，也是可靠性评审的重要依据。

1. 电路可靠性设计

(1) 简化设计：产品越复杂，其可靠性越低，因此尽可能地对方案和电路作简化，电路简化设计可采用下述几种方法：

① 尽量扩大设备软件承担的功能，使设备在不同的时间间隔内发挥多功能的作用，减少硬件数量及软件指令条数。

② 优选和采用标准电路和电路组件，压缩元器件、零件和设备的品种规格。

③ 采用数字化处理技术，提高电路的集成化程度。

④ 尽可能体现电路的继承性，对高性能、高指标与电路的复杂性，可靠性要综合平衡。

(2) 冗余设计："冗余"又称"余度"，是指系统或设备具有一套以上能完成功能的单元，只有当规定的几套单元都发生故障时系统或设备才会丧失功能，从而大大提高设备的任务可靠性。但是，这会造成设备体积重量、费用等的增加，因此采用冗余设计应根据产品研制的目标及限制条件进行综合权衡。冗余设计要有下列几种方式：

① 增加整机（分机、分系统）或单元数量，采用并联或旁待等方法，使可靠性得到相应的提高。

② 增加插件、开关、继电器的冗余接点，实现多点并接或复接。

③ 增加备份单元和备份件冗余，实现脱机维修。

(3) 裕度设计：裕度设计又称"漂移设计"或"容差设计"，为了防止电路因公差、环境、电压负荷等变化，造成漂移性故障，必须进行裕度设计，一般包括如下几种方法：

① 功率裕度设计：增加电路使用状态的容限安全系数，一般应达 20% ~ 30%，关键的应大于 50%，可靠性指标越高，要求设计的裕度越大。

② 电路工作状态设计：正确地选择电路工作点，使工作点处于稳定性好的区域，也就是对元器件参数漂移反应不灵敏的区域。

③ 温度补偿设计：可以采用温度系数相反的器件组合使用或其他温度补偿措施。

④ 环境控制设计：如温控、热设计、抗机械应力、"三防"（防潮湿、防盐雾、防霉菌）设计等，尤其是对关键部位环境敏感的元器件应采取特殊措施。

(4) 抗暂态效应设计：设备因接通或断开电源、机内打火、输出端开路、短路造成元器件瞬态过载而失效称为暂态效应。可预先对元器件特别是半导体器件、电容器、电感器等器件在瞬态过程中的承受能力进行分析，采取相应措施抑制暂态过程的发生。

2. 软件可靠性设计

随着信息技术对软件技术的依赖性不断增强，船载微波统一测控系统中广泛采用了应用软件和嵌入式软件。要实现有人值守、无人操作，软件可靠性和安全性是实现系统可靠性的关键。系统软件工程化管理按照软件工程化技术标准进行，在软件研制过程的阶段评审中重点进行安全性分析、设计内容评审，并跟踪落实情况。在具体设计中采用的技术措施如下：

1）容错设计

容错设计可以屏蔽软件故障，恢复因出现故障而影响系统运行的进程，降低因软件错误所造成的不良影响。在软件设计中，要综合考虑研制周期、设计代价、费效比等多种因素。软件设计中采取的容错技术主要有故障检测技术、故障恢复技术及故障隔离技术等。在关键功能模块及信息处理中进行适当的信息冗余，采用数据相异技术，将分时采集到的系统重要数据和信息分别保存在不同的缓冲区，并在执行时通过表决方式来裁决，尽量过滤数据中可能出现的瞬时干扰信息，保证信息处理的可靠性。

2）避错设计

在软件开发过程中，应用软件工程技术、方法、工具，加强软件工程管理，避免错误的引入。在软件设计中，以常规设计方法为基础，简化设计，合理规划程序的层次结构，控制软件的复杂性，综合考虑软件模块的复杂度和规模，从模块的单入口单出口、独立性要求等方面采取措施来尽量减少模块的失效率。使用健壮性设计对各种接口数据进行极限量程检验和合理性检测，尽量防止误操作，在错误发生时，给予操作提示和纠正措施。使用抗干扰设计、软硬件相结合等专门措施，对接口干扰提供异常保护机制，保证软件可靠性。在应用软件运行中可提供详尽的在线帮助文件，指导操作和设备维护，尽量避免误操作。

3）查错设计

测控系统设备故障点繁多，分析和排除都非常困难。只有在系统设备运行中，不断检查各种可能的错误来源，积极处理，才能减少设计和测试的缺陷。在软件的各种结构层次中，采用被动式错误检测技术，遵循相互怀疑原则和立即检测原则，对软件的内部错误和软件单元间传递的错误进行有效性检查，一旦发现故障，立刻进行隔离，避免故障扩散和蔓延而影响整个系统；还要采用主动式错误检测技术，根据设备技术实现，定义故障模式并设置设备检测点，进行周期性故障检测及处理。

3. 结构可靠性设计

1）热设计

一般半导体器件的失效率随温度的增加而指数上升，即温度降低 10℃，设备可靠性增加 1 倍。热设计就是考虑温度对产品的影响，使产品能在较宽的温度范围内可靠地工作。措施如下：

（1）减少发热：对发热元件降额使用，降低变压器、扼流圈、大功率晶体管、电阻等功耗将有效地降低元器件工作温度；

（2）隔热：在设计时应考虑对温度敏感的元器件加以保护，以减轻发热元器件对工作性能的影响；

(3) 散热：将设备内部元器件产生的热能根据设备工作实际情况采用自然冷却、强制风冷、液体冷却和蒸发冷却方式进行散热。

2）人—机匹配设计

机器和环境与人类的生理特点和行为有密切的联系，好的人—机匹配设计，可大大降低设备在维护、使用过程中"误操作"所发生的设备故障，因此人—机—环境的综合设计是可靠性设计的一项不可忽视的因素。在设计中应注意：

(1) 设备的设计和显示装置是否适合人的视觉和听觉的生理特点。

(2) 设备颜色、声音是否符合人的思维方式和反应能力。

(3) 设备的布局操作方式是否在人体四肢活动范围内的最佳位置。

(4) 工作环境温度、湿度是否影响人的操作速度和效率。

3）防振、减振设计

产品设计时对产品在储存、运输和工作过程中可能遇到的一切外界影响因素进行调查和了解，以便设计出耐环境振动的产品。特别是防止元器件或整机的固有频率与外界的机械振动发生共振，以保证产品能可靠地工作。

4. 工艺可靠性设计

(1) 印制板的可靠性设计：电子设备中采用大量印制电路板，对设备可靠性的影响十分明显，必须采取有效措施加以控制，在设计中要注意。

(2) 板面合理布局：一块板面尽可能容纳一个单元或一个功能电路，便于调试和维修。

(3) 电路合理安排：各级电路应基本上按电原理图顺序排列，输入级与输出级分开，以防止寄生耦合和电磁干扰。

(4) 元器件合理布置：元器件在印制板上布置必须适合全面目视检查，以便能迅速观察元器件标称值确定故障部位。大而重的元器件应有加固装置，以增加印制板耐共振与耐冲击能力。

(5) 合理布线：印制板线径、间距、均匀性等直接影响分布电感、电容、电晕、电弧、集热、附着力等电气和机械性能，设计中应严格按标准化规范执行；

(6) 电气互连设计：电子设备具有大量的焊点，一台含有上万个元器件的工程设备，其焊点总数是元器件数的 5 ~ 8 倍，甚至更多，为了排除虚焊点，实现可靠互连，在工艺设计中必须强调规范。

(7) 环境应力筛选：环境应力筛选与环境试验不同，它是通过对电路板、单元施加有效的应力从而暴露内部缺陷，达到事故预想、自我质量反馈的目的。

(8) 环境防护设计：当产品在潮湿、盐雾、霉菌、核辐射等恶劣环境下工作时，其中部分单元会难以承受这种环境应力的影响而发生故障，因此需要采取环境防护设计。对潮湿、盐雾和霉菌的防护是保证电子产品在规定环境条件下可靠工作的重要措施。

参 考 文 献

[1] 姜昌,范晓玲. 航天通信跟踪技术导论. 北京:北京工业大学出版社,2003.
[2] 韩魁选,忻鼎勇,等. 微波统一测控系统设计导论. 北京:国防工业出版社,1984.
[3] 赵业福等. 无线电跟踪测量. 北京:国防工业出版社,2003.
[4] 邹传云,黄勇,李晓茹,魏东梅,等. 高频电子线路. 北京:清华大学出版社,2012.
[5] 曾兴雯. 高频电子线路. 北京:高等教育出版社,2009.
[6] 张厚,唐宏,丁尔启. 电磁兼容技术及其应用. 西安:西安电子科技大学出版社,2013.
[7] 程五一,李季,等. 系统可靠性理论及其应用. 北京:北京航空航天大学出版社,2012.

第4章 天馈与跟踪测角技术

在航天测控系统中,常采用天线跟踪测角法和干涉仪测角法。天线跟踪测角法是利用天馈伺分系统对目标进行自跟踪,使天线电轴准确指向目标,这时与天线电轴指向一致的天线座位置显示值,经修正后即为角度测量值。加大天线口径,减小波束宽度可以提高其测角精度,但是这种方法受天馈伺加工精度、天线转动和跟踪接收机等因素的限制,其测角精度最多只能达到0.001°,要更进一步测高测角精度则要采用干涉仪体制,这是因为单个天线的口径毕竟有限,而干涉仪可以通过加长两个测量单元(又称端站)间的距离(又称基线)来测高测角精度,而且相位干涉仪的测量元素是信号的相位或时延,电子测量技术的发展已使它们的测量达到了较高的精度,因此目前高精度、远距离的测角方案采用英长基线干涉仪(VLBI)技术,如在深空测控通信中。

本章主要介绍船载微波统一测控系统中的天馈技术以及天线跟踪测角技术,有关干涉仪测角技术可参考相关资料。

4.1 天线跟踪测角系统概述

天线跟踪测角系统是船载微波统一测控系统的重要组成部分,它的主要任务是使天线在方位与俯仰两个方向上始终对准目标,实现对目标的跟踪并瞬时地测出空间飞行目标的角坐标位置,它和无线电测距系统所得到的距离数据综合求解,可以确定空间飞行目标的瞬时位置。

4.1.1 组成与原理

天线跟踪测角系统主要由天线、天线座、馈源、馈线、跟踪接收机、天线驱动单元(ADU)、天线控制单元(ACU)、监控计算机(MAC)等组成,其系统组成如图4-1所示。

船载微波统一测控系统的天线馈源一般采用多模馈源,当天线的电轴对准目标时,馈源只激励起 TE_{11} 模(和信号),而当天线电轴偏离目标时,馈源同时激励起 TE_{11} 模(和信号)和 TE_{21} 模(差信号),该信号经高频单元送至跟踪接收机,解调出方位和俯仰误差信号送伺服系统,经校正放大后驱动天线向着减小误差

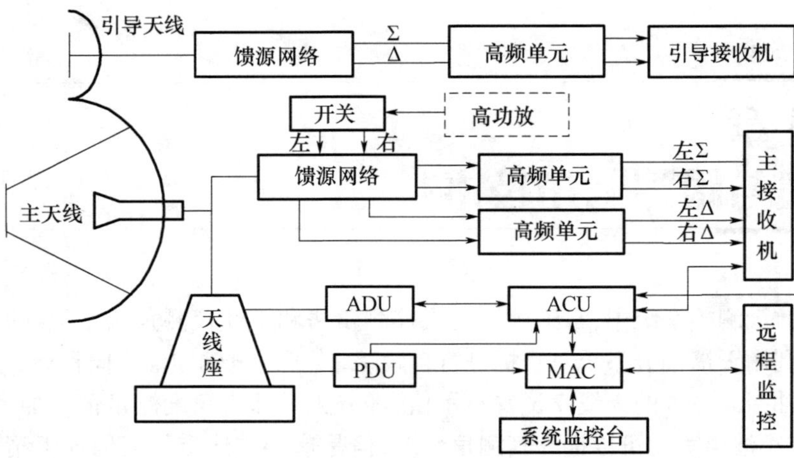

图 4-1　天线跟踪测角系统组成框图

的方向转动,使天线电轴对准目标,并给出目标的角度位置。

(1) 天线结构设备。天线结构设备主要由天线、天线座、安全保护装置及附加设备组成。

(2) 天线射频设备。天线射频设备包括天线、馈源和高频单元等。要求其具有高效率、低旁瓣、低损耗和一定的方向性。

(3) 跟踪接收机。跟踪接收机对高频单元送出的中频角误差信号进行放大、变换和处理,从中频误差信号中检测出低频角误差电压,送至伺服设备控制天线运转。

(4) 天线伺服系统。天线伺服系统包括机械结构和控制系统两部分,其中伺服控制系统由天线控制单元、天线驱动单元、位置显示单元(PDU)、监控计算机组成。它主要用于天线指向的控制、操作和运转。在各种测控信号的作用下,使天线快速、稳定、准确地指向目标或预定位置。

(5) 标校设备。标校设备用于校准和标定自跟踪系统的光电轴一致性、误差电压斜率、方位和俯仰零位等。对于双通道跟踪接收机,标校设备可用于调整角误差检测器的相位关系。

4.1.2　基本要求

(1) 测量精度:数据读出设备指示与被跟踪目标真实方向的精确度,它是反映跟踪系统和数据传递系统的综合指标。通常用系统误差和随机误差表示。

(2) 天线 G/T 值:它是衡量天馈网络及高频单元性能优劣的品质因素,G/T 值越高,性能越好。

(3) 角度工作范围:一般方位工作范围为 0°~360°,俯仰范围为 -4°~184°。

(4) 角速度和角加速度:根据地面测控站与目标的几何位置以及船摇的幅度确定出最大、最小保精度的角速度、角加速度要求。

(5) 工作方式:待机、手控、自跟踪、自引导、数字引导、扫描、收藏等。

(6) 伺服带宽:反映伺服系统的跟踪性能。

(7) 船摇隔离度:反映天线隔离船摇的能力。

(8) 设备能承受的风速:一般要求 7 级风保精度,8 级风能正常工作,12 级风不被破坏。

(9) 环境条件:包括室内外环境温湿度及"三防"能力。

(10) 可靠性要求:平均无故障工作时间(MTBF)和故障平均维修时间(MTTR)。

4.1.3 工作方式

在天线跟踪测角系统使用过程中,主要包括以下几种工作方式:

(1) 待机方式。系统初始加电后,天线控制单元一般处于待机方式,其他任何方式都可以由待机方式转入。在待机方式下,天线制动器抱闸,天线不能驱动。

(2) 手控方式。手控方式分为位置手控和速度手控,而位置手控又包括大地手控和甲板手控。在位置手控方式下,可利用操作面板上的两个手轮对天线位置实施增量控制,天线位置按设置的增量变化。在速度手控方式下,使用操纵单杆向速度环加一控制信号使天线以一定的速度转动。

(3) 自动搜索扫描。控制天线在一定的范围内,按一定的规律运动,扫描也可叠加在系统其他工作方式上,通过搜索一个空域来发现和捕获目标。

(4) 数字引导方式。来自船中心机的引导数据,送入天线控制单元,引导数据与实时角度比较,产生误差信号送入位置环使天线转动。

(5) 自引导方式。在该方式中,由于引导天线口径小、波束宽,容易发现、捕获目标,在满足主天线跟踪条件后,可由引导天线自跟踪状态转入主天线自跟踪方式。

(6) 自跟踪方式。在该方式中,以跟踪接收机的误差信号、AGC 电平、锁定指示信号作为依据,实施自跟踪。

(7) 记忆跟踪方式。当天线处于自跟踪时,由于某种原因导致接收机暂时失锁,此时天线将保持着失锁时刻的速度和运动方向滑行 5s。

(8) 互引导方式。ACU 以其他引导设备送来的能够反映系统角位置的信息为依据,使被引导天线随动于引导设备的转动,这种方式称为互引导方式。

(9) 收藏方式。收藏方式是在遇到大风或长期不用的情况下为保护天线而采取的一种措施。这种方式是在天线座上设置机械的锁销装置,插锁后天线驱动单元无法加上高压,天线不能转动。

4.2 跟踪测角体制

微波统一测控系统根据赋予的任务不同,采用不同的工作体制与信号形式,相应角度自动跟踪的体制也不相同。常用的体制有单脉冲、圆锥扫描、步进跟踪等。因误差信号形成的机理不同,单脉冲体制又分为相位比较单脉冲与振幅比较单脉冲。振幅比较单脉冲是微波统一测控系统用得最广泛的一种跟踪体制,根据所用的和、差信道的数量的差别,将振幅比较单脉冲又细分为 3 种类型,即典型三通道单脉冲、双通道单脉冲与单通道单脉冲。

4.2.1 圆锥扫描跟踪体制

圆锥扫描技术是波束转换(技术)发展成波束环绕目标连续旋转而成的。当目标偏离旋转轴时,从接收机输出的一组视频脉冲包络中可得到角误差信息,再与一个作为基准的信号比较后得到角误差信号。角误差信号经过伺服放大系统放大,驱动天线转动,直到误差信号最小,从而实现目标的角跟踪。

圆锥扫描自引导系统主要由抛物面天线、斜口波导馈源网络、高频单元、跟踪接收机、天线控制单元、驱动单元组成,其显著特点是结构简单、技术成熟、调试方便和具有高的 G/T 值,如图 4-2 和图 4-3 所示。

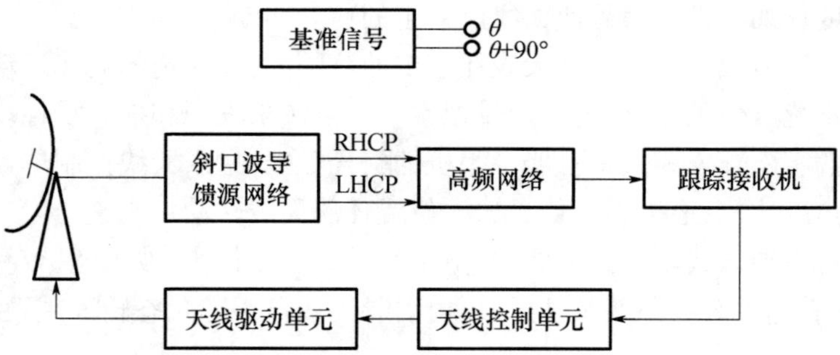

图 4-2 圆锥扫描自引导系统组成框图

自引导系统的工作方式是自跟踪,主要内容包括:天线及馈源产生携带目标偏离电轴位置信息的射频(RF)信号,跟踪接收机解调出目标相对于电轴的误差电压给天线控制单元校正处理,由驱动单元驱动天线朝着减小误差的方向运动,完成对目标的连续跟踪。

1. 角误差信号的产生

圆锥扫描馈源为"斜口波导",具有优良的天线电气性能,其系统可靠性高,克服了双圆极化同时工作的技术难题。较低的旁瓣和交叉极化提高了天线的跟踪、引导性能。该天线系统只有一个运动部件,即偏离视轴的"斜口波导"。斜口

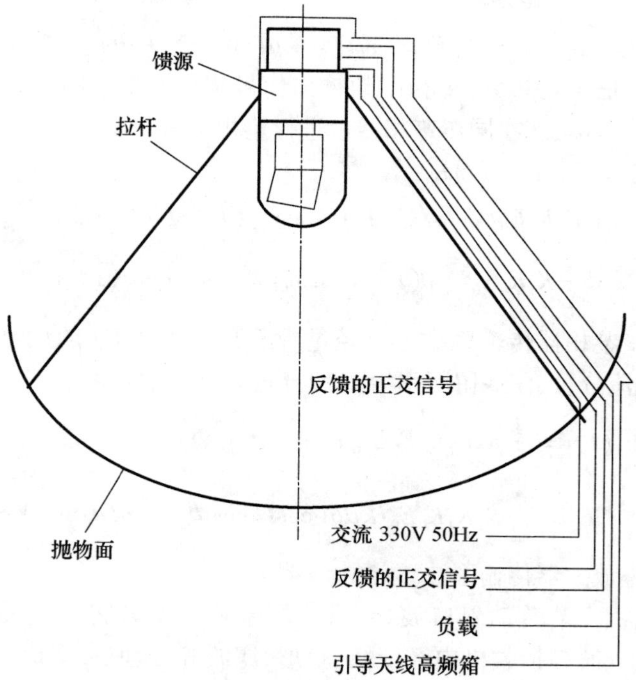

图 4－3　圆锥扫描自引导天线

波导绕天线轴线以 25 周/s 速度旋转，由于波导口的相位中心偏离天线轴线，从而产生偏离天线轴线一定角度的圆锥扫描波束。在旋转的斜口圆波导内，一对固定的相互正交的电偶极子用来激励波导 TE_{11} 模。用一个空心无刷电机来驱动斜口波导旋转，在空心电机的空心轴内穿过正交电偶极子激励器，与 90°同轴电桥相连，保证了双圆极化的实现。当电机一端转动“斜口波导”，另一端基片的旋转将产生两组正交的方波作为基准信号，用于误差信号的解调。

波束在扫描过程中，绕着天线轴线连续旋转，因天线轴线方向是等信号方向，故扫描过程中这个方向天线的增益始终不变。当天线对准目标时，接收机中放输出一个等幅中频信号。

如果目标偏离等信号轴方向，则在扫描过程中波束最大值旋转在不同位置时，目标有时靠近有时远离天线，这使得接收的信号幅度也产生相应的强弱变化。

在接收机输入端可得一个含角误差信息 θ、Φ 的调幅信号，即

$$u(t) = E_0\cos\omega t[1 + \mu\theta\cos(\Omega t + \Phi)] \tag{4-1}$$

式中：θ 为误差角的数值；Φ 为相对于水平轴的误差方向；E_0 为天线几何中心处场强增益；μ 为天线归一化误差斜率；ω 为微波信号角频率；Ω 为馈源旋转角频率(25Hz)。

2. 角误差信号解调

接收机收到含有角误差信息 θ、Φ 的调幅信号后，经过放大、变频产生的输

出信号为

$$u_0(t)=K_0E_0\cos\omega_0 t[1+\mu\theta\cos(\Omega t+\Phi)] \tag{4-2}$$

式中：ω_0为中频信号角频率；K_0为中频输出信号幅度系数。将此信号与基准信号 $u_b(t)=U_b(t)\cos\omega_0 t$ 在同步鉴相器中进行鉴相可得

$$\begin{aligned}u_1(t)&=u_0(t)u_b(t)K_1\\&=K_1K_0E_0U_b\cos\omega_0 t[1+\mu\theta\cos(\Omega t+\Phi)]\cos\omega_0 t\\&=\frac{1}{2}K_1K_0E_0U_b\{(1+\cos2\omega_0 t)[1+\mu\theta\cos(\Omega t+\Phi)]\}\end{aligned} \tag{4-3}$$

式中：K_1为同步鉴相器传输系数。再经过中心频率为25Hz的调整放大器滤去高频分量和直流分量，仅保留频率为Ω的分量。可得信号为

$$\begin{aligned}u_2(t)&=\frac{1}{2}K_2K_1K_0E_0U_b\mu\theta\cos(\Omega t+\Phi)\\&=\frac{1}{2}K_2K_1K_0E_0U_b\mu\theta(\cos\Omega t\cos\Phi-\sin\Omega t\sin\Phi)\end{aligned} \tag{4-4}$$

式中：K_2为调整放大器传输系数。

当馈源电机一端转动斜口波导，另一端基片的旋转将产生两组相位差为90°的方波，此方波在接收机内经变换、整形、滤波等处理后，形成一对正交基准信号，即

$$u_{s1}(t)=U_s\cos\Omega t \tag{4-5}$$

$$u_{s2}(t)=U_s\sin\Omega t \tag{4-6}$$

将此基准信号送入幅度相位检波器对信号 $u_2(t)$ 进行相干解调，可得

$$\begin{aligned}u_3(t)&=U_2(t)U_{s1}(t)K_3\\&=\left(\frac{1}{2}\right)K_2K_1K_0E_0U_b\mu\theta K_3U_s(\cos\Omega t\cos\Phi-\sin\Omega t\sin\Phi)\cos\Omega t\\&=\left(\frac{1}{4}\right)K_3K_2K_1K_0E_0U_b\mu\theta U_s[(1+\cos2\Omega t)\cos\Phi-\sin2\Omega t\sin\Phi]\end{aligned} \tag{4-7}$$

式中：K_3为幅度相位检波器传输系数。滤除2Ω交流分量，可得

$$u_{\Delta a}=[(1/4)K_4K_3K_2K_1K_0E_0U_bU_s\mu]\theta\cos\Phi=K_A\theta\cos\Phi \tag{4-8}$$

同理可得

$$u_{\Delta e}=[(1/4)K_5K_3K_2K_1K_0E_0U_bU_s\mu]\theta\sin\Phi=K_E\theta\sin\Phi \tag{4-9}$$

式中：$K_A=(1/4)K_4K_3K_2K_1K_0E_0U_bU_a\mu$；$K_E=(1/4)K_5K_3K_2K_1K_0E_0U_bU_a\mu$；$K_4$和$K_5$分别为方位和俯仰的低通滤波器的传输系数。

4.2.2 振幅比较单脉冲跟踪体制

4.2.2.1 基本原理

在单脉冲体制中角误差信号是通过测量各个波束间的相对振幅或相对相位

（振幅比较单脉冲或相位比较单脉冲）来得到的。对脉冲雷达而言，只需要一个回波脉冲就可以得到完整的角误差信号。对连续波测量设备而言，每个瞬间都可以得到完整的角误差信息，因此，又可称为同时波瓣制技术。

比较多波束同时接收的信号幅度而获得角误差信息，实现角度跟踪和测量，称为振幅比较单脉冲跟踪。脉冲体制雷达可从一个四喇叭馈源接收脉冲信号中得到目标偏离天线轴线的全部误差信息，因而称为单脉冲雷达。连续波体制的测量设备则比较接收的电磁波信号在馈源中激励起的多模信号而获得目标偏离天线轴线的全部误差信号进行跟踪。目前，脉冲制和连续波制跟踪测量设备一般均采用单脉冲跟踪体制，只是角误差信号的提取方式有所区别。

连续波测量设备利用一个圆波导单喇叭多模馈源的同时波瓣制进行角度自动跟踪。这种多模自跟踪方式的工作原理如下：利用天线馈源圆波导管基本模（TE_{11}模）单峰辐射图和最低高次模（TM_{01}或TE_{21}模）双峰辐射图产生和、差信号。TE_{11}模在轴向上为最大值，而TM_{01}或TE_{21}模的激励电场与瞄准轴是对称的，所以其辐射方向图在轴向上为零。目标落在瞄准轴上时（$\theta=0°$），在圆波导管中只激励基本模；当目标偏离瞄准轴时，除激励出基本模TE_{11}外，还激励出高次模TM_{01}或TE_{21}模。由TM_{01}或TE_{21}模激励电场的幅度检测角度误差值θ。角度误差θ的大小由TM_{01}或TE_{21}型波的激励电场ΔE的幅度来反映出来，而角误差信号的极性由TE_{11}型波和TM_{01}或TE_{21}型的激励电场的相位判断。

对于基准信号，无论目标在何方向上，电场方向总是取同一方向；对于误差信号，其电场方向对称于轴线并成辐射状。图 4－4 表示出这几种信号的电场方向。当目标出现在轴线上方或下方时，和、差两信号的相位同相或反向；当目标出现在左或右时，和、差两信号在波导中的电场矢量相垂直。若以此两信号进行同步检波，则由于其激励相位差为$\pi/2$，所以没有检波输出，必须将和信号移相$\pi/2$再检波。

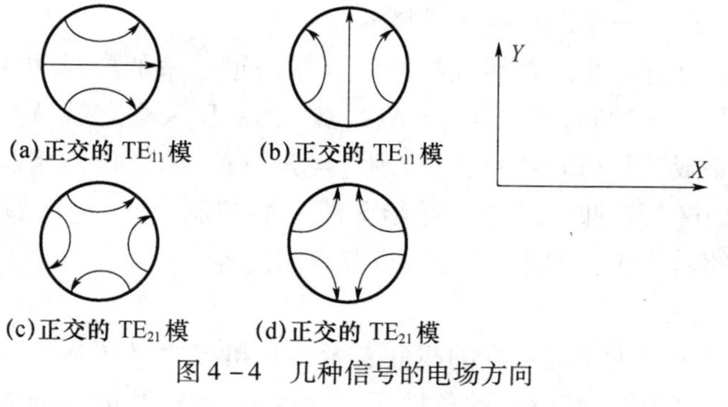

图 4－4　几种信号的电场方向

因此，以基准信号和移相$\pi/2$后的基准信号的相位为基准，分别对误差信号进行相位同步幅度检波，从而判断角误差信号的大小和极性，即可得到俯仰和方位角误差信号。图 4－5 表示和、差模信号（电场E）与误差角θ的关系。

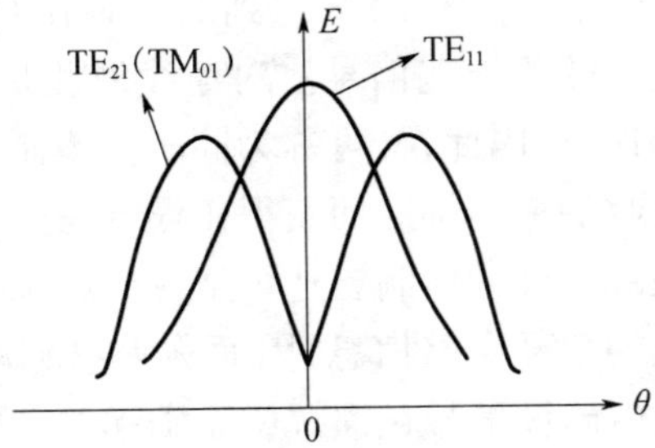

图 4-5　和、差模信号与误差角关系示意图

单脉冲与圆锥扫描跟踪体制的区别在于获取角位置信息的原理不同，圆锥扫描是通过比较目标反射(或应答机)脉冲串的振幅而得到误差信号，而单脉冲体制是从单个反射(或应答)脉冲得到角位置信息。因此，单脉冲体制与圆锥扫描体制相比具有以下优点：

(1) 跟踪精度高，因为圆锥扫描天线中总存在目标信号幅度起伏的误差，而单脉冲不会有此误差。

(2) 数据率高，从理论上讲，单脉冲采用同时波束比较，可以从一个脉冲回波取得目标空间位置信息。

(3) 作用距离远，不像圆锥扫描天线要受扫描频率的限制。

因此，船载微波统一测控系统选用振幅和差式单脉冲跟踪体制是比较合理的，也是现代最先进的跟踪体制之一。

4.2.2.2　双通道数字跟踪接收机

根据所采用的和、差信道的数量，可将振幅比较单脉冲体制分为三通道单脉冲、双通道单脉冲、单通道单脉冲三种类型。下面介绍船载微波统一测控系统常用的双通道单脉冲数字跟踪接收机接。

双通道单脉冲数字跟踪接收机接收高频信道送来的中频 70MHz 左右旋圆极化和差信号。中频和差信号经过 AGC 放大、A/D 采样之后，转换为数字信号送给大规模集成芯片(FPGA)进行处理。经过方位、俯仰角鉴相器检波之后，分别 D/A 输出方位、俯仰误差电压送给天线伺服控制单元，完成跟踪环路闭环。本节着重介绍基本工作原理、性能特点等有关内容。

1. 主要指标

(1) 捕获灵敏度。灵敏度的高低表示接收机接收微弱信号的能力，它定义为：在给定要求的输出信噪比的条件下，接收机所能检测的最低输入信号电平。能够接收到的信号越微弱，灵敏度越高。可以看出，灵敏度与所要求的输出信号质量即输出信噪比有关，还与接收机本身的噪声大小有关。对于中频接收机，灵敏度一般用输入信号的信号噪声功率谱密度比(S/Φ)表示。对于测控接收机，输入噪声功率谱密度一般为 -206dBW/Hz 左右，而中频接收机的捕获灵敏度一般为 $S/\Phi=35\sim40$dBHz，换算到接收机输入端的信号电平为 -171 ~ -166dBW。

（2）幅度一致性。由于和路具有闭环 AGC，所以用和路 AGC 电压去归一化差路增益，当和路输出不变，差路输出电平变化量体现了幅度一致性指标。在测控跟踪系统中，当输入电平变化 60dB 时，一般要求归一化差路输出电平变化在 3dB 之内。

（3）相位一致性。相位一致性是指在系统跟踪过程中，和、差通道之间相位的相对变化量，它直接影响角误差检测器的增益、测角精度及跟踪系统的收敛特性，一般控制在 10°之内。

（4）角误差检测器灵敏度（也称定向灵敏度）。此项指标与天馈的和差归一化斜率和接收机差通道增益有关，船载 S 频段微波统一测控系统为 0.5V/mil。

2. 典型双通道跟踪接收机设计

双通道单脉冲体制的信号形式为

$$\sum \mathrm{IF} = A\cos[\omega_c t + f(t)] \tag{4-10}$$

$$\Delta \mathrm{IF} = A\{\Delta A\cos[\omega_c t + f(t) + \theta] + \Delta E\sin[\omega_c t + f(t) + \theta]\} \tag{4-11}$$

式中：A 为接收信号幅度；$\sum$ IF 为送给基带的合路中频信号；ΔIF 为送给基带的差路中频信号；ΔA、ΔE 分别为方位和俯仰误差；ω_c为中频载波信号；$f(t)$为副载波调制；θ 为和差信号载波相位差。

典型双通道跟踪接收机模块流程如图 4-6 所示。基带接收中频开关网络送来的 70MHz 信号，利用与差信号同旋向的和通道 AGC 及载波信息完成差信号角误差解调。通过模拟端口输出方位电压、俯仰电压、AGC 控制电压和锁定指示给天线控制单元。跟踪解调信号流程图如图 4-7 所示。

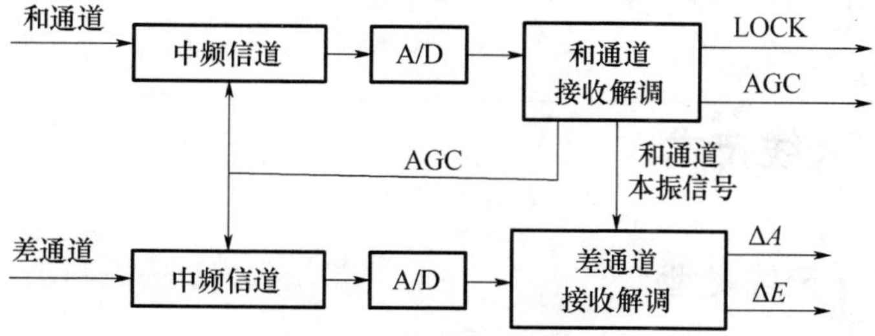

图 4-6 跟踪接收模块流程图

跟踪接收单元的 A/D 带通采样和正交数字混频过程与中频接收模块相同，其 AGC 控制电压也由中频接收模块统一提供，以实现和差通道信号幅度的归一化，差斜率灵敏度可以通过快速校相过程中差斜率修正来校准。差通道正交混频的本振参考信号来自中频接收的和通道本振信号，为补偿和、差通道信息传输造成的同步时延，和通道送来的本振参考信号需要在校相过程中通过相位校正

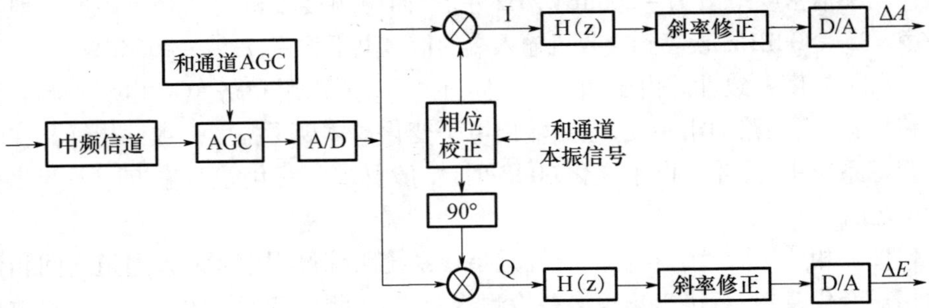

图 4-7 跟踪解调信号流程图

模块进行相位修正,以保证差路输入信号与本地参考信号同频同相。正交混频后的两路正交基带信号一路代表方位误差,一路代表俯仰误差,分别经带宽为20Hz 的数字窄带滤波器 H(z)低通滤波,得到方位、俯仰误差数字分量,由斜率修正模块修正后,通过 12 位高精度 D/A 输出送天线控制单元完成天线的角跟踪。相位校正和斜率修正都可以在自动标校过程中进行参数设置,主要目的是提高系统跟踪精度。

跟踪接收模块可以配合监控软件完成快速校相。跟踪接收模块单机也可以完成自动校相。自动校相由 DSP、相位校正模块和斜率修正模块共同完成。相位校正模块通过一个 10b 的数字移相器对和通道本振信号进行 0°~360°相位修正,可以精确实现载波相位的修正。斜率修正功能由 DSP 完成,它是一个系数可变的乘法器,保证满足系统角误差检测灵敏度的要求。斜率修正模块有两个方面的作用:①修正由于和差中频模拟通道器件不一致性带来的中频信号AGC 放大差别;②修正不同天馈系统对误差斜率的不同要求。角误差输出信号斜率可编程控制,以适应不同的天馈跟踪设备。

4.3 天线技术

4.3.1 天线类型

船载微波统一测控系统天线的主要形式是反射面天线。对反射面的要求是把远处来的电磁波能量经反射面反射后能聚束起来,然后由馈源接收;或由馈源辐射的电磁波能量,经反射面反射后,能集中向某一方向辐射。能满足这样性能的反射面有球面、椭球面、双曲面和抛物面等几种形式,其中以抛物面的性能为最佳。图 4-8 中,由抛物面焦点 O'发出的射线,经抛物面反射后成为平行于对称轴 OO'的射线,它们到达垂直于对称轴的任一平面时所经过的路程相等,即 $O'AA' = O'BB' = O'CC'$,这样,放置于焦点 O'上的馈源所发出的球面波,经抛物面反射后就形成了能量不发散的平面波。同样远处来的平面波经抛物面反射后都聚束于焦点，由馈源接收。所以，抛物面有很好的聚束特性，天线效率很高。

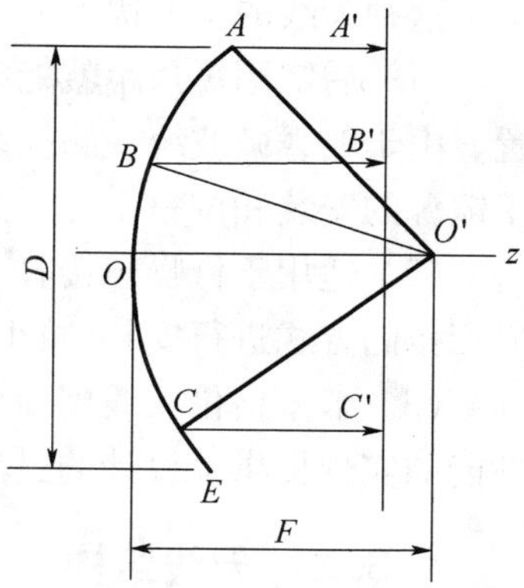

图4-8 抛物反射面的聚束特性

根据馈源与图4-8中反射面的辐射口面AE间的相对位置，反射面天线又分成前馈和后馈两种类型，如果馈源的辐射方向与反射面辐射口面AE的辐射方向相反，则称前馈型，如图4-9(a)所示；如果馈源的辐射方向与反射面辐射口面AE的辐射方向相同，则称后馈型，如图4-9(b)、(c)所示。后馈型天线必须还有一个副反射面，其口径尺寸较小，在这种情况下，原抛物面称为主反射面，所以后馈型反射面天线也一定是双反射面天线。副反射面可以是椭球面或双曲面，因为它们都有对称的两个焦点：一个称为虚焦点，它与抛物面天线的焦点重合；另一个称为实焦点，馈源就放置其上。这样，由馈源发出的球面波，经副反射面和主反射面两次反射后，变成垂直对称轴的平面波。图4-9(b)的副反射面是旋转双曲面，这种天线称为卡塞格伦天线，实际应用较广。图4-9(c)的副反射面是旋转椭球面，这种天线又称为格利高里天线，因它的纵向尺寸较大，故实际应用较少。电磁波在金属面上的反射与光波在镜面上反射类似，所以双反射面天线又称双镜天线。

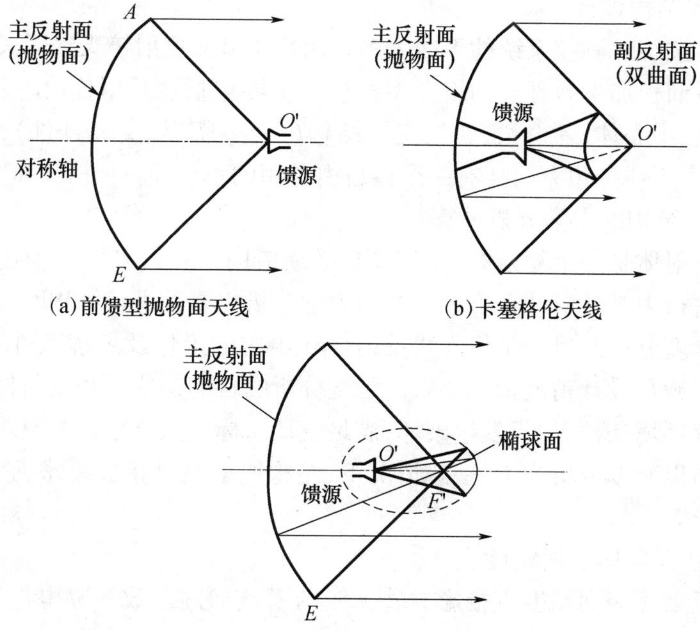

图4-9 反射面天线类型

这种天线的主要优点如下：

(1) 后馈用短焦距就能实现长焦距的性能，结构紧凑，馈源可放在合适的位置。由于船载微波统一测控系统馈源结构复杂且体积庞大，采用后馈型天线便于馈源的安装和调整。

(2) 适用于低噪声接收。因为低噪声场放及高频头可采用直接和馈源输出口相接的方式进行安装，减小了馈线噪声，可以提高接收灵敏度。

(3) 卡塞格伦天线副面设计具有极大的自由度，为满足各种应用所需天线性能的实现提供了设计的灵活性。

4.3.2 天线结构

天线系统结构通常可分为天线反射体、天线座、伺服传动装置、安全保护装置等结构组件。

1. 天线设计要求

天线结构应满足电性能的各项指标。一个具有良好电性能的天线要求有高的增益、一定的方向图和低的旁瓣电平等。天线在各种载荷作用下，应具有足够的强度，保证不发生破坏，同时应具有足够的刚度，使结构变形限制在允许的范围内。天线设计时应采取措施使结构本身的固有频率要高，防止发生结构谐振；要求重量轻、惯量小，所受的风阻力应尽量小。另外，天线结构应能适应各种环境条件，应能耐高热、耐低温、防腐蚀、防盐雾、防霉菌等。

2. 天线结构设计

船载微波统一测控系统的天线大多采用修正型双反射镜天线。天线反射体采用主反射面板加主力骨架的组合型结构。主要包括主反射面、副反射面及支撑调整装置、中心体、辐射梁、背架支撑结构（环梁、辐梁、交叉杆件），因为有自引导要求，主天线旁边有时还有一个供自引导用的小天线。

3. 天线结构的力学分析计算

天线反射体是一个复杂的空间结构，必须借助计算机采用结构连续体的有限元方法进行力学分析计算。天线结构力学分析主要是进行结构刚度分析和强度分析。刚度分析的目的是使天线反射体在给定的工作及环境条件下，保持确定的形状以满足设计精度指标要求。强度分析的目的是使天线反射体在给定的工作及生存环境条件下，不发生破坏，满足设计指标中保全指标的要求。天线结构力学分析以刚度分析为主，一般情况下，结构刚度满足指标要求，强度亦可满足指标要求。

4. 天线反射体表面精度

天线反射体表面精度直接影响着天线的增益、旁瓣、效率等电性能，是表征天线反射体结构性能的重要指标。由于反射面的制造误差以及自重、风力、温差等引起的变形，实际的反射面不可能与理想反射面完全一致。根据不同用途的电性能要求，对天线反射体结构设计应合理规定制造误差和允许的变形，限制总误差在一定限度之内。如果公差定得太小，就会造成结构笨重，制造困难；公差定的太大，会使电性能变坏。天线反射面表面精度不仅与结构设计、外载荷的影响有关，而且和反射体的加工、装配、测量等各个环节密切相关，必须严格控制每一个环节，确保总精度的实现。

4.3.3 天线座结构

天线座是天线的支撑和定位装置，通过伺服控制系统，使天线能够按照预定的规律跟踪指定运动目标，并精确地测出目标的方向。

天线座的种类很多，可按多种方法分类。按座架的形式可分为：方位—俯仰型、X－Y 型、极轴型等。按天线尺寸可分为大型(10m 以上)、中型(3～10m)、小型(3m 以下)天线座。船载微波统一测控系统一般采用方位—俯仰型天线座。

1. 天线座设计要求

1）保证天线的转动范围

一般要求天线能够覆盖整个空域，对于方位—俯仰型天线座来说，通常要求方位能够在 360°内转动，俯仰工作范围为 0°～90°，转动范围为－4°～184°。

2）保证天线转动的角速度和角加速度

天线转动的角速度和角加速度是根据设备的使用要求和目标的运动参数确定的。一般要求具有转动的快速性和低速平稳性，这就要求驱动系统要有足够的动力，天线座的转动惯量小，而且要减小齿隙和摩擦起伏。

3）保证天线座的轴系精度

船载微波统一测控系统既要精确跟踪被测目标，又要准确给出被测目标的真实方向的数据，所以测角精度就成为该系统的重要性能指标。而天线座的轴系精度又直接影响测角误差，因而在设计与加工制造中必须予以保证。

4）保证天线座的刚度

天线座的结构变形影响船载微波统一测控系统的测角精度，另外天线座的刚度还影响整个系统的固有谐振频率，从而影响系统的动态性能。所以，为了保证整个设备的动态性能，天线座必须具有足够的刚度。

5）保证天线座的强度

天线座设计要求除了规定保精度风速以外，还规定了不破坏的极限风速。在超过工作风速时，可将天线转到比较安全的位置锁定，在锁定位置按极限风速校核天线座的强度，保证天线座不破坏。

2. 天线座结构设计

方位—俯仰型天线座承载能力大、刚度好、精度高、结构紧凑、布局合理、调整测量方便、技术上比较成熟。天线座大致可以分方位部分和俯仰部分，方位减速箱以下为方位部分，以上为俯仰部分。

3. 天线座轴系精度

天线座的轴系精度主要是指方位轴与水平面的垂直度、俯仰轴与方位轴的垂直度、光轴与俯仰轴的垂直度，轴系精度直接影响天线的测角精度。

1）方位轴与水平面的垂直度

这项误差主要是由方位轴承的轴向跳动和底座的调平误差造成的。方位轴承的轴向跳动，引起了方位轴的晃动，造成了方位轴的不垂直，可选用高精度轴承来减小其影响。天线座水平调整剩余误差的大小，取决于天线座的结构刚度、水平调整装置的灵敏度及测量方法的精确度。

2）俯仰轴与方位轴的垂直度

这项误差主要是由俯仰轴的晃动误差和俯仰轴的倾斜误差造成的。俯仰轴的晃动是由于俯仰轴承的跳动所引起。因此，选择高精度的轴承，减小轴承装配间隙、适当增加两俯仰轴承间的跨距，甚至可以对轴承进行精密测量及定向安装，使工作区域的轴承跳动量减小。俯仰轴的倾斜误差是由于俯仰轴左右轴承中心与方位旋转水平面不等高引起的，通常采用合理分配各环节的尺寸公差，靠机械加工精度来保证。

3）望远镜光轴与俯仰轴的垂直度

天线电轴与俯仰轴的垂直度误差会引起测角误差。但由于电轴与俯仰轴是否垂直不易检测，一般都在随俯仰转动的部件上安装光学望远镜。先将望远镜的光轴调成与俯仰轴垂直，再将电轴与光轴调平行，这样以光轴为过渡，电轴就与俯仰轴垂直了。

4. 天线座机械谐振频率

天线结构系统通常包括天线、座架、驱动系统和地面（或船甲板）基础，是一个复杂的弹性系统，具有一定的固有频率。

天线系统由电机通过传动链带动天线和天线座做方位、俯仰运动，电机的电枢具有一定的惯量 J_D，传动链具有刚度 K，天线、天线座也具有一定的惯量 J_T，因此，最简单的情况是把天线座看成一个双质量弹簧扭振系统。这个系统发生扭转振动时具有一定的固有频率。

如果电机电枢 J_D 固定不变，仅 J_T 与 K 发生共振时的固有频率称为锁定转子谐振频率，即

$$f_{锁} = \frac{1}{2\pi}\sqrt{K/J_T} \tag{4-12}$$

如果 J_D 与 J_T 通过 K 同时发生扭转，此时的固有频率称为自由转子谐振频率，即

$$f_{自} = f_{锁} \cdot \sqrt{(J_D + J_T)/J_D} \tag{4-13}$$

由此得出以下特性：

(1) 锁定转子谐振频率只与天线的惯量和刚度有关,自由转子谐振频率除与天线刚度、惯量有关外,还与电机惯量有关。

(2) 锁定转子谐振使控制对象幅频特性下陷、相频特性超前,自由转子谐振则相反。

(3) 在机电系统中,自由转子谐振频率一定高于锁定转子谐振频率。

(4) 在天线驱动系统中,盲目追求电机惯量小是不妥的。选择电机惯量应该综合考虑,在驱动功率允许的情况下,电机惯量越大,$f_{锁}$和$f_{自}$越靠近,谐振峰谷抵消越厉害。如果相对来说负载惯量J_T可以忽略不计,则$f_{锁}=f_{自}$,谐振峰谷抵消,在电机轴上就没有谐振,此时的速度环带宽将不受结构谐振的限制。

机械谐振频率是天线座的一个重要参数,它决定着伺服系统带宽,从而影响整个系统的动态性能。天线座的固有频率可通过频率特性分析仪测试速度回路开环幅频特性得到。

4.4 馈线技术

4.4.1 馈源喇叭

馈源是天线的心脏,它用作高增益聚集天线的初级辐射器,为抛物面天线提供有效的照射,有时形象地称为喷口。在多反射系统中,把喷口和副面的组合称为馈源系统。对馈源天线有如下一些基本要求:

(1) 合适的方向图。为了使抛物面得到最大的口径效率,要求抛物面口径场为台形分布。但因实用的抛物面天线边缘有一定的空间衰减,相应的馈源方向图应是轴向辐射稍小,边缘最强,成凹形分布。但是,为了使抛物面天线辐射场副瓣小,馈源方向图的远角部分应为理想的渐降形式。因此,完全理想的馈源方向图形状为鞍形分布。

(2) 理想的波前。通常要求馈源具有理想的球面波前,但是由于各种实际条件的制约,馈源常常没有唯一的相位中心,这时须寻找近似的相位中心或最优辐射中心。

(3) 无交叉极化。不管是线极化工作还是圆极化工作,都要求辐射场无交叉极化。交叉极化是指干扰主极化工作的交叉分量。

(4) 所需的频带宽度及一定的功率承受能力。

(5) 尺寸尽可能小,以免对主反射面的辐射造成大的遮挡。

4.4.2 馈电网络

馈电网络主要包括以下部件:TE_{21}模耦合器、跟踪网络极化器、隔板极化器、收发双工器、带通滤波器、方位和俯仰的高频旋转关节。

1. TE_{21}模跟踪器

1）TE_{21}模跟踪器的结构

跟踪器由传输TE_{11}模和TE_{21}模的中心圆波导（主波导）、外围的8根传输TE_{10}模的矩形波导（副波导）、6个功率合成器（MT）及1个魔T（即电桥）构成。主、副波导通过公共臂上的耦合小孔实现TE_{21}模的耦合。

2）工作原理

TE_{21}模耦合器的实质是一个选定特定模的选模耦合器，它由中间可传输TE_{21}模和TE_{11}模的圆波导和外围传输TE_{10}模矩形耦合波导组成。通过耦合波和小孔耦合理论，在能传输TE_{11}模和TE_{21}模的圆波导外壁上，设计8个纵向耦合的矩形波导。选择一系列耦合孔使得TE_{21}模从圆波导的跟踪器中有效地耦合出来，而对TE_{11}模有较好的抑制能力。当天线接收圆极化波时，在馈源中，激励起两个正交的TE_{21}模，如图4－10所示，它们幅度相等，相位相差90°，分别被耦合到副波导中去，通过组合网络输出左旋、右旋极化信号，如图4－11所示。

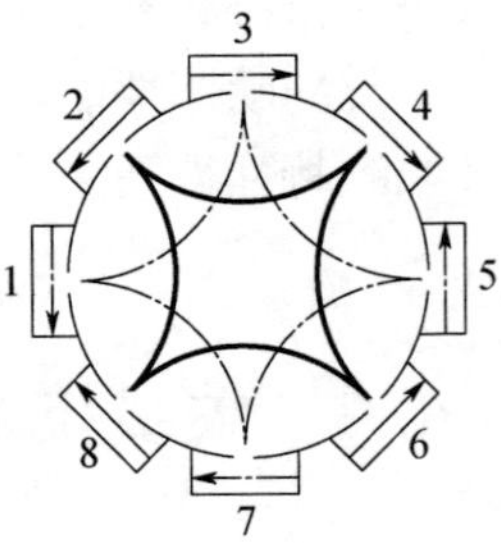

图4－10　TE_{21}模场分布

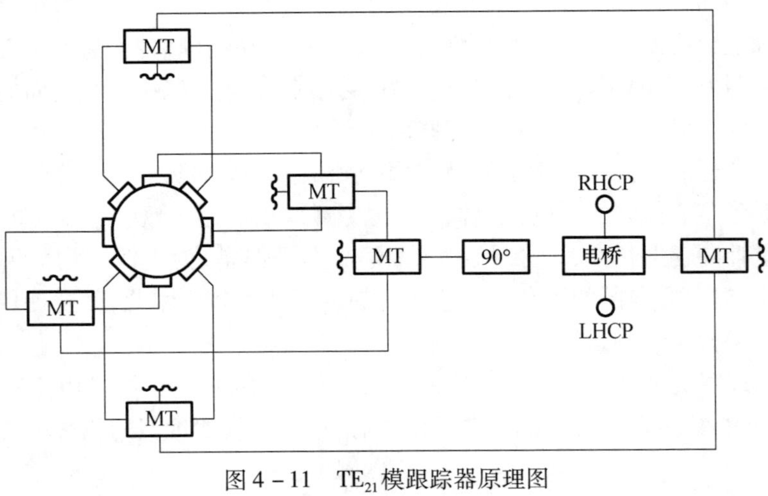

图4－11　TE_{21}模跟踪器原理图

2. 隔板极化器

隔板极化器是一个四端口网络，它具有体积小、重量轻、结构简单等特点。隔板极化器将完成把线极化信号转化为圆极化信号和左右旋极化的分离。它的基本结构如图4－12所示。

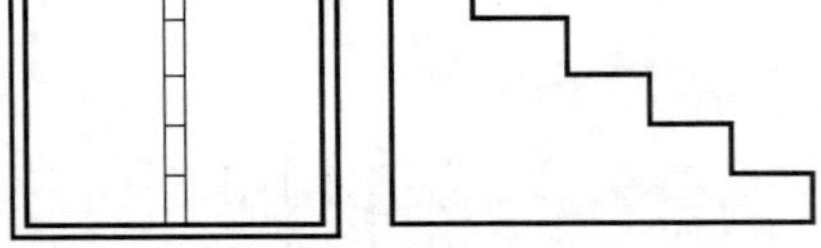
图4－12　隔板极化器及隔板示意图

方波导管的一端构成两个端口，有一个阶梯隔板把一个方波导管分成两个矩形波导管，共用一个公共宽壁。馈入矩形波导管某一端口的信号，在方波导中被变换成圆极化（左旋或右旋）；反之，某一旋向的圆极化波由方波导馈入，仅能耦合到矩形波导的某一端口。

3. 滤波器及收发双工器

一般滤波器的作用主要是解决信道之间的隔离度问题。若天馈系统工作的收、发频率相隔较近，则需采用由发阻滤波器、收阻滤波器和T型接头组成的收发双工器。它的基本工作原理是利用滤波器的电抗特性，在T型接头两个端口的适当位置提供各自的等效短路面，把工作在不同频率的收、发信号分开。因此，这种滤波电路不仅解决信道之间的隔离问题，而且还把收发频段的信号分开。双工器和滤波器连成一体，其结构示意图如图4－13所示。

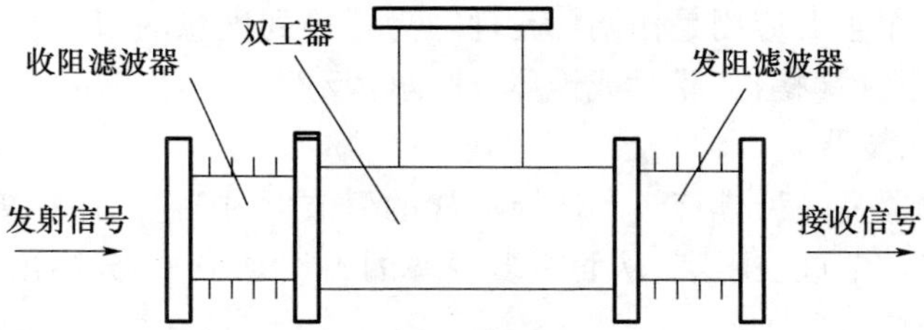

图4－13　双工器和滤波器结构示意图

1）T形接头

将微波能量从主波导中分路接出的元件称为T形接头，它是微波功率分配器件的一种，常用的T形接头有E面T形接头（简称E－T接头）、H面T形接头（简称H－T接头）和匹配双T（魔T）。

E－T接头是在主波导宽边面上的分支，其轴线平行于主波导的TE_{10}模的电场方向。E－T接头相当于分支波导与主波导串联。

H－T接头是在主波导窄边面上的分支，其轴线平行于主波导TE_{10}模的磁场方向。H－T接头相当于并联于主波导的分支线。

将E－T接头和H－T接头合并，并在接头内加匹配以消除各路的反射，则构成匹配双T，也称为魔T，如图4－14所示。通常3臂为E臂，4臂为H臂，1、2臂为平分臂或侧臂，3、4臂为隔离臂。由E－H和H－T接头特性可知，匹配双T具有如下特性：

（1）由E臂输入的功率将由侧臂反相等分输出，而不进入H臂。

（2）由H臂输入的功率由侧臂同相等分输出，而不进入E臂。

（3）由E臂和H臂接匹配负载，功率由两侧臂输入，如果输入信号的场强在共同对称面上为同相时，则功率进入H臂而不进入E臂；如果对称面上为反相时，则功率进入E臂而不进入H臂。

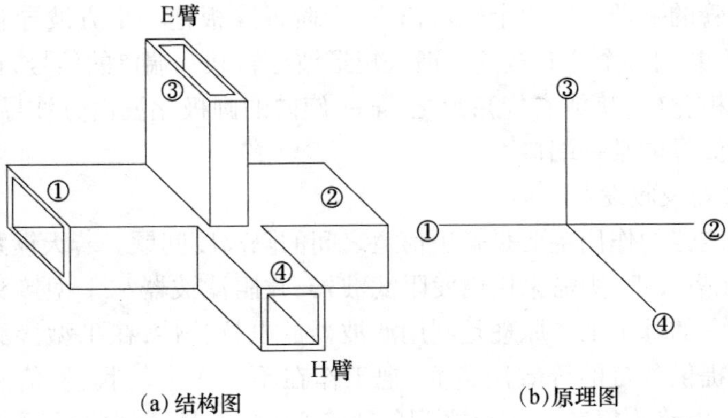

图 4-14　匹配双 T 接头

双 T 的一个重要应用是作调配元件。为了得到理想的双 T 特性,通常在接头外加入匹配元件(螺钉、膜片或锥体)来消除反射,经匹配后的双 T 称为魔 T。

2) 微波滤波器

微波滤波器是一种具有频率选择功能的微波元件,它使得在规定频率范围内的信号得以传输或被阻隔,从而在多频率的工作系统中,分离出有用信号,抑制掉不需要的信号。

微波滤波器是一类无耗双端口网络,如图 4-15 所示。设从一个端口输入一个具有均匀功率谱的信号,信号通过网络后,在另一端口的负载上吸收的功率谱不再是均匀的,即网络具有频率选择性。

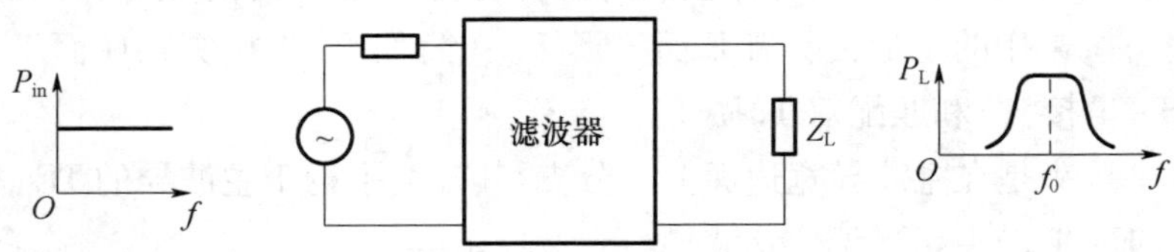

图 4-15　滤波器特性示意图

通常采用工作衰减来描述滤波器的衰减特性,即

$$L_A = 10\lg\frac{P_{in}}{P_L}(\text{dB}) \tag{4-14}$$

式中:P_{in} 和 P_L 分别为滤波器的输入功率和负载吸收功率。频率不同,式(4-14)的数值也不同,这就是滤波器的衰减特性。根据衰减特性,滤波器分为低通、高通、带通和带阻四种,这四种微波滤波器的特性都可由低通原型特性变换而来。

微波滤波器还可以按照其他方式进行分类:按其频率特性分类有最平坦滤波器、切比雪夫滤波器、椭圆函数滤波器等;按其结构分类有波导滤波器、同轴线滤波器、带状线滤波器、微带线滤波器等;按用途分类有信道选择滤波器、频段选择滤波器、镜频抑制滤波器、发阻滤波器、收阻滤波器等。

4.5 伺服传动装置

4.5.1 伺服传动装置设计要求

由于伺服传动机构一般安装在天线座上,又作为整个伺服系统的一个组成环节,传动装置的性能对伺服系统的性能有很大影响,故在设计时必须考虑伺服系统性能对传动装置提出的要求。

伺服传动装置的设计要求,大致可归纳为以下几个方面:

(1) 要有足够的强度,保证动力和运动能从传动装置的输入轴可靠地传递至输出轴。

(2) 要有足够的刚度,传动时的弹性变形要限制在一定范围内。这不仅是因为弹性变形将影响伺服精度,更重要的是弹性变形将降低整个系统的谐振频率,从而限制伺服带宽,对伺服系统的稳定性、快速性和精度造成不利的影响。

(3) 传动精度要高,主要是传动误差和回差要小。这是因为传动误差将影响伺服精度,而回程误差则有可能引起系统的振荡以及传动的滞后。

(4) 传动装置的传动平稳性要好,噪声要小。

(5) 转动惯量要小,这是因为惯量小有利于提高伺服系统的稳定性、动态响应和伺服精度,惯量小还有利于减小用于克服惯性负载的功率损耗。

(6) 传动效率要高。这不仅因为摩擦负载将增加功率损耗,还因为摩擦将降低系统的静态精度,并容易引起低速爬行现象。但是,适当的摩擦阻尼有时对抑制伺服系统的振荡又有有利的一面。

(7) 结构紧凑、重量轻,以满足安装空间和重量方面的限制。

(8) 满足使用环境提出的各种要求,如密封性能要好,抗腐蚀性强等。

4.5.2 典型负载分析

负载是传动装置设计计算过程中一项重要的原始数据和基本依据。

作用在动力传动装置上的典型负载有风负载、惯性负载、摩擦负载等。

1. 风负载

风力矩又称为风负载,它是由于空气对物体的相对运动而产生的,气体绕经天线反射体时,在尖锐的边缘发生分离,在反射体背部形成漩涡区,迎风面和背面各对应点的压差就形成了风力和风力矩。天线结构的风力主要是形状阻力(涡流阻力),它是由于边界层从物体表面分离后在物体后面形成旋涡而产生的。对大口径天线来说，风力矩是船载伺服系统负载力矩的主要分量。风力矩体现了环境因素对驱动力矩的要求。

（1）静态风负载力矩。天线风力和风力矩的计算是一个复杂的问题，因为影响因素很多，除了风速、空气密度、反射体尺寸以外，还与反射面的形状、背架结构、转轴位置、天线姿态等诸多因素有关。如图4－16所示，假设天线自身的旋转中心为O，天线的旋转轴为O'，则阻力、升力、力矩可分别按下列公式进行计算，即

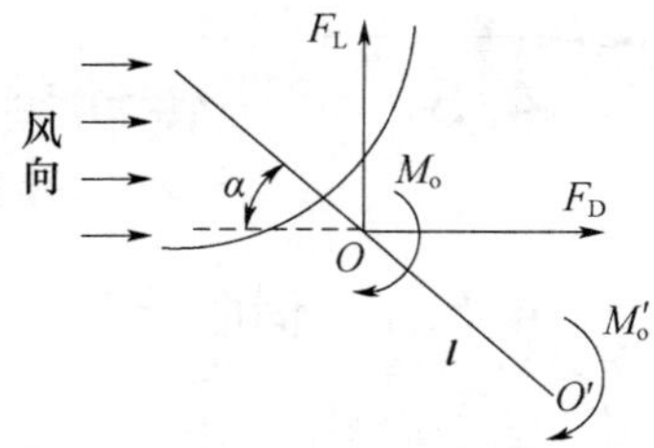

图4－16　天线受风示意图

$$F_D = C_D A q \tag{4-15}$$

$$F_L = C_L A q \tag{4-16}$$

$$M_0 = C_M A D q \tag{4-17}$$

式中：C_D为阻力系数；C_L为升力系数；C_M为风力矩系数；A为天线受风面积；D为与转轴垂直方向的天线尺寸；$q = 0.5\rho V^2$为动压力，ρ为空气的质量密度，V为风速。

在实际的天线上，反射体的顶点往往不在旋转轴上，而是偏离了一定的距离。为了求出旋转轴上的风负载，可以按"力系移动法则"将作用在反射体顶点的风力和风力矩移到旋转轴上去。

对于天线旋转轴O'的风力矩为

$$M = M_0 + (l\sin\alpha)F_D + (l\cos\alpha)F_L \tag{4-18}$$

式中：C_D、C_L和C_M应该用实物的相似模型通过风洞试验测定。

（2）天线转动时的风力矩。上面介绍的风力矩计算公式是在天线静止的情况下得出的，称为静态风力矩。实际上天线是转动的，在这种情况下，气流的流速除了风速以外还包括天线的旋转速度，气流流经反射体的情况更为复杂。一般来说，在天线转动过程中，风力矩是变动的，不均匀的。

天线运动对风力矩的影响为

$$M_r = M + \frac{2R}{3} \times \frac{\omega R}{V} \times F_D \tag{4-19}$$

式中：M_r为动态风力矩；M为静态风力矩；R为天线的转动半径；ω为天线转动的角速度。

若离海平面高度10m处的风速为V_{10}（可根据常用的蒲氏风级表查得），则要计算离海平面高度xm处的风速，即

$$V_x = V_{10}\left(\frac{x}{10}\right)^{0.125} \tag{4-20}$$

正确的风负载计算，首先需要获取符合实际天线结构的风负载系数，因此，除了参考现有的同类型结构的风洞试验数据外，最好能对实物模型进行风洞试

验测试。合理的拟定设计风速同样是正确的风负载计算必不可少的工作，对船载伺服传动装置，设计风速有工作风速、收藏风速和保全风速。

2. 惯性负载

惯性负载是由于物体具有加速度才产生的。惯性力矩又称为加速力矩，它体现了负载运动特性对系统驱动力矩的要求。惯性力矩 M_J的计算公式为

$$M_J = J_L \varepsilon_m (\mathrm{N \cdot m}) \tag{4-21}$$

式中：ε_m为设计要求中给出的最大角加速度($\mathrm{rad/s^2}$)；J_L为负载转动惯量($\mathrm{kg \cdot m^2}$)。

有一点要引起注意，对最大加速度的选择，既要满足工作范围对加速度的要求，又要同时考虑系统带宽和线性范围。若要求伺服带宽为 β_n(Hz)，线性范围为 θ(rad)，则要满足带宽要求的加速度为

$$\varepsilon'_m = 0.707 \cdot \frac{\theta}{2} \cdot (2\pi\beta_n)^2 = 1.414\theta\pi^2\beta_n^2 \tag{4-22}$$

若 $\varepsilon'_m > \varepsilon_m$，则计算惯性力矩时用的加速度要用 ε'_m。

在计算传动装置的转动惯量时，常需将转动惯量从一根轴折算到另一根轴。低速轴的转动惯量 J_o在高速轴 h 上的折算惯量为

$$J_{oh} = (J_o / i^2) \cdot \eta \tag{4-23}$$

高速轴 h 的转动惯量 J_h在低速轴上的折算惯量为

$$J_{ho} = J_h \cdot i^2 \cdot \eta \tag{4-24}$$

式中：J_o、J_h分别为低速、高速轴上的转动惯量；i 为减速比；η 为传动效率。

由以上公式可知：减轻重量或转动惯量可减小惯性负载；适当提高传动比，可减小折算到电机轴的转动惯量。

3. 摩擦负载

摩擦力矩又称为摩擦负载，它是在两个相互接触物体接触面上，当两个物体间有相对运动或相对运动趋势时，产生的一种阻止其运动的力或力矩。摩擦力与摩擦系数及接触面的正压力有关，摩擦力与其作用力臂的乘积即为摩擦力矩。

传动装置上的摩擦力矩一般是由于轴与密封装置之间的摩擦、轴承摩擦、齿轮啮合齿面之间的摩擦以及其他一些附属在轴上的装置所赋予的摩擦引起的。

摩擦力矩 M_f是伺服系统负载力矩中较小的分量，它体现了机械传动链的阻尼对系统驱动力矩的要求。摩擦力矩有静摩擦力矩与动摩擦力矩。

最大静摩擦力矩可由实验测得。动摩擦力矩又分为库仑摩擦力矩 M_{f1}与速度摩擦力矩 M_{f2}。前者是指天线座的转动部分由静止刚转入运动时的摩擦力矩，后者是指转动部分以一定速度运转时的摩擦力矩。库仑摩擦力矩不易测量，一般假定为最大静摩擦力矩的1/2。最大速度摩擦力矩的计算式为

$$M_{f2} = f_2 \cdot \omega_{max} (\mathrm{N \cdot m}) \tag{4-25}$$

式中：f_2为速度摩擦系数（N·m·s）；ω_{max}为设计要求中给出的最大角速度（rad/s）。

由于M_{f1}与M_{f2}相关，所以M_f的计算式为

$$M_f = M_{f1} + M_{f2} \tag{4-26}$$

天线座未生产出来时，无法由试验得到M_f。一般情况下，要求摩擦力矩小于惯性力矩的1/10。

减小正压力、摩擦系数和作用力臂就可以减小摩擦力或摩擦力矩。

4. 负载力矩的合成

由于摩擦力矩M_f为常负载，而惯性力矩M_J和风力矩M_r均具有随机性，因而负载力矩的合成为

$$M_L = M_f + \sqrt{M_r^2 + M_J^2} \tag{4-27}$$

4.5.3 伺服传动装置的机构设计

1. 电机的选取

选择执行元件是船载伺服系统静态设计的主要内容。对于机电伺服执行元件，通常有直流伺服电机和交流伺服电机两种。直流伺服电机控制简单，控制特性好，但电机体积大、有火花、需经常维护；交流伺服电机控制复杂，控制特性与直流电机相当，体积小，不需经常维护。

根据对作用于动力传动装置上的负载（如风负载、惯性负载、摩擦负载）的分析，综合出负载力矩，并结合系统的动态性能、稳态精度、低速平稳性等要求，选取合适的电机。

2. 传动链速比的确定

在驱动电机到负载的功率传递过程中，根据其转矩和转速的匹配选择总传动比。根据折算到电机轴的转动惯量小的原则，选择传动链合适的级数及各级的速比。在满足强度、刚度的前提下，根据结构空间的允许和实际加工的可能性，尽可能取大的末级速比，以减小负载轴上的折算惯量和折算角误差。

4.5.4 传动链的传动精度

影响传动链传动精度的误差有两类：一类称为传动误差，另一类称为回程误差。传动误差定义：当输入轴单向回转时，输出轴转角的实际值对理论值的变动量。回程误差定义：从输入轴开始反向回转后到输出轴也跟着反向时，输出轴在转角上的滞后。传动链的传动误差和回程误差对伺服系统性能的影响，按其在系统中的所处位置而对伺服精度及系统稳定性产生不同的影响。

1. 传动误差的分析与综合

传动链的传动误差为组成传动链的各个齿轮上反映出来的传动误差的综合，而影响单个齿轮传动误差的主要因素有齿轮本身的运动误差、齿轮内孔与轴的配合间隙、轴上配合面的径跳。

传动链的传动误差可用输出轴上的传动链传动误差或输入轴上的传动链传动误差来表示,即各个齿轮的传动误差折算到输出轴或者输入轴后的综合。

理论分析和实际动态测试可知:传动链的传动误差可视为大周期误差和小周期误差的迭加,大周期误差对应的频率即轴的转角频率,称为“转频误差”;小周期误差对应的频率基本上为齿轮轮齿数与转频的乘积,称为“齿频误差”。由于伺服系统中传动链误差的低频分量和高频分量对伺服精度的影响不一样,故对传动误差进行频谱分析很有必要。

2. 回程误差的分析和综合

传动链的回差是各个齿轮付上回差的综合,而各个齿轮付上的回差则是每个齿轮上的回差以及箱体孔中心距误差的综合。每个齿轮上的回差则是齿轮本身、轴、轴承等部件在制造、装配时的误差综合。齿轮付上的回差还受使用中产生的温度变形和弹性变形的影响。制造装配时的各种误差和使用中的变形综合表现为齿轮付啮合节圆上的齿侧间隙,因此在反向回转过程中,齿轮的转角就会滞后,从而产生回差。

伺服系统中传动链的回程误差,特别是处于闭环内的传动链的回程误差,更应严格加以控制,避免因振荡导致系统无法工作。

3. 提高传动精度的结构措施

伺服系统中的传动链传动精度对系统精度及系统稳定性有着直接影响,因此在进行传动链的结构设计时应采取措施提高传动精度。通常,提高传动精度的结构措施如下:

(1) 适当地提高零部件本身的精度。提高各传动零部件本身的制造、装配精度,显然就能提高传动精度。对减速传动链来说,对传动精度影响较大的是末级传动机构,提高这一级的精度,效果较为显著。

(2) 合理的设计传动链,减少零部件制造、装配误差对传动精度的影响。在传动链的设计中,减少传动级数,就可减少零件数量,也就减少了产生误差的来源。在结构空间允许的前提下尽量提高末级传动比,将精度较低的传动机构布置在高速轴上,以减小低速轴上的误差。

(3) 采用消隙机构来减小或者消除回差。消隙机构有机械消隙机构和电消隙机构。传动链电消隙机构如图 4 - 17 所示,它是利用两个相同的传动链,连接两个伺服电机到末级大齿轮,两个伺服电机分别由两套功率放大器控制。在低负载力矩时,两个伺服电机之间建立一个偏置电压,从而得到一个偏置转矩,消除齿隙;在高负载力矩时,偏置力矩自行取消,负载力矩由两个电机分担。

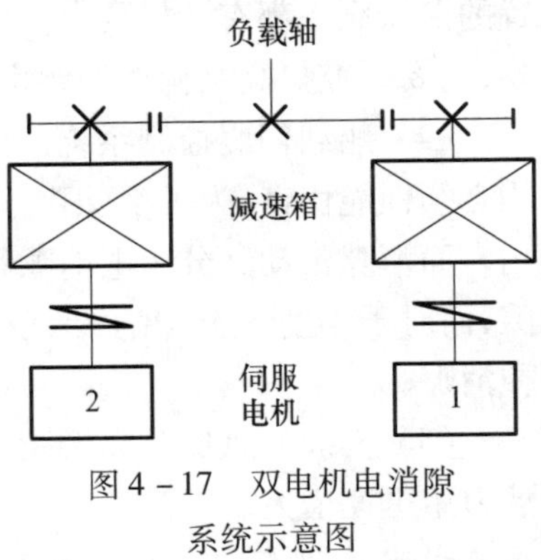

图 4 - 17 双电机电消隙系统示意图

4.6 船载伺服控制技术

4.6.1 船载伺服控制的作用与特点

伺服控制系统是船载微波统一测控系统的重要组成部分，它由伺服机械结构和伺服控制系统组成，其性能的好坏将直接影响系统的跟踪性能和跟踪精度。

伺服控制系统是自动控制理论的典型应用，对它的分析与设计，完全可借助于自动控制理论来进行。但是，船载伺服控制系统与其他类型的伺服控制系统相比，又有其自身的特点，在系统的分析和设计中需要特别注意。

（1）船载伺服控制系统属于高精度的伺服控制系统。因为船载伺服控制系统的精度与测角精度密切相关，因此，一般要求将船载伺服控制系统设计成二阶无静差系统，有时为了提高系统的精度，甚至需要采用高阶无静差系统。

（2）船载伺服控制系统是一种高动态响应的伺服控制系统。由于海上测控任务要完成火箭、飞船、卫星等各种飞行目标的海上测量，同时还要克服船摇对跟踪目标的影响，这就要求船载伺服控制系统要有足够高的动态响应性能，才能稳定跟踪并确保测角精度。

（3）随着船载微波统一测控系统的作用测量距离不断增加（从对同步卫星的测控到绕月探测，甚至更远距离），天线的口径不断增大，造成船载伺服控制系统的负载转动惯量随之增大。在大惯量伺服控制系统中，从执行元件到负载间的传动链不可避免地存在一定的柔性，构成一个结构谐振系统，这个结构谐振系统的谐振频率随着天线口径的增大而降低，从而限制了船载伺服控制系统带宽、加速度误差常数，并成为限制系统跟踪精度的主要因素。因此，对于大、中型无线电测控天线来说，船载伺服控制系统的最大特点，莫过于对结构谐振的考虑。在这里，不仅要考虑传动链、天线座、天线系统的结构谐振，连天线在甲板位置的谐振频率都有严格要求。为了克服谐振频率对船载伺服控制系统性能的影响，需要研究提高结构谐振频率的各种措施。

（4）船载伺服控制系统是一种精密伺服控制系统，因此要求系统的传动机构必须性能优良，为了消除由于传动链间隙引起的空回，需要采用消隙传动结构。而消隙传动又分为电消隙和机械消隙。对于大、中型天线，一般都采用电消隙，而对于小型天线，由于天线座空间比较狭小，因此小型天线有时需要采用机械消隙。

（5）天线的风负荷和天线口径的3次方成正比，天线口径增大，风引起的负载力矩迅速增大。船载微波统一测控系统工作时，为了保证测量精度和克服船摇的影响，一般需要在航行状态下进行，所以最终影响天线工作的风负荷为合成风(包括航行风和自然风)。船载大、中型无线电测控通信设备由于无法加天线罩,克服风负载也是伺服控制系统设备必须考虑的一个重要问题。

(6)船载微波统一测控系统要实现动基座测量,也就是说,系统除了要驱动天线跟踪运动目标外,还要克服船摇的影响,所以它的设计要比陆站伺服控制系统复杂得多。

4.6.2 船载伺服控制系统的组成与工作原理

船载伺服控制系统的基本组成包括伺服机械结构(控制对象)和伺服控制系统两大部分。伺服控制系统主要包括执行元件、功率放大元件、误差检测元件、校正控制元件、计算机等。

船载伺服控制系统是靠误差工作的反馈闭环控制系统。误差经过变换、放大校正和功率放大后,控制执行元件带动伺服机械传动装置,驱动天线朝减小误差和船摇相反的方向转动,直至天线对准目标,这就是船载伺服控制系统的基本工作原理。

为了满足船载微波统一测控系统提出的高动态性能、高跟踪精度要求,伺服控制系统应具有快速响应特性、高跟踪精度和宽调速范围。这样一个高性能的伺服控制系统,通常由电流环、速度环、陀螺稳定环和位置环四个回路组成,如图4-18所示,图中用虚线将船载伺服控制系统分为伺服控制器和伺服机械结构两大部分。

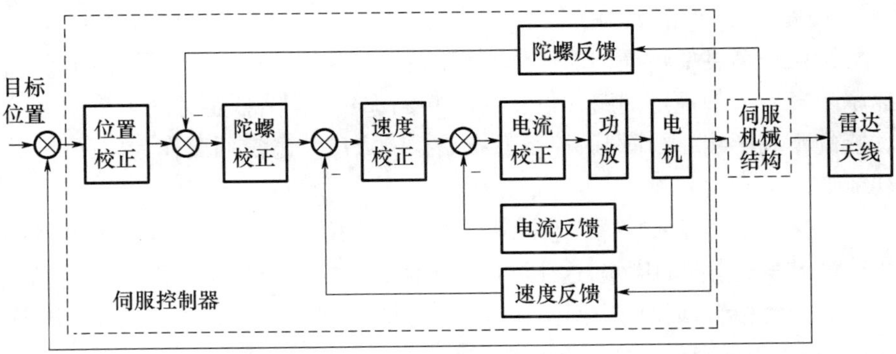

图4-18 船载伺服控制系统原理框图

当目标在空间运动,船载微波统一测控系统处于跟踪状态时,目标在波束内不停地运动,跟踪接收机送出方位误差信号和俯仰误差信号,伺服跟踪放大器进行校正、放大,经信号处理后,送入位置回路。将位置回路输出的误差信号与陀螺输出的天线惯性空间速度信号进行比较,形成跟踪速度误差信号(对惯性空间而言),经过稳定放大器进行放大和校正,将处理好的信号送入速度回路,这个稳定误差信号和测速机信号(对甲板而言)进行比较,形成速度误差信号。经过速度放大器进行放大和校正,用处理好的信号控制驱动电机运动,使天线在甲板上产生方位转动和俯仰转动,电波轴中心向目标接近,反复进行,目标不会出波束,跟踪就这样完成。这里陀螺仅仅当作天线惯性空间角速度的测速元件,而测速机仅当作天线甲板上角速度的测速元件,实际二者都当作速度负反馈元件在工作着,无论测量船是否在运动。

1. 电流回路的作用

电流回路的作用如下:

(1) 减小前向通路元件参数变化对回路输出的影响,提高伺服控制系统抗内部干扰(如温度漂移)的能力。

(2) 减小前向通路内元件的非线性因素的影响,扩大回路输出的线性范围。

(3) 减小电枢回路的时间常数。

(4) 由于电流变化比较快,在分析回路动态特性时,可以不考虑执行电机反电动势的影响。

(5) 电流闭环对结构谐振环节有一定的抑制作用,使回路具有宽的带宽。

2. 速度回路的作用

速度回路的作用如下:

(1) 减小前向通路环节的时间常数,改善回路的动态特性。

(2) 增加速度摩擦阻尼,减小伺服控制系统过渡过程的超调。

(3) 提高伺服控制系统的低速平稳性能,扩大系统的调速范围。

(4) 提高系统抗负载扰动的能力。

3. 陀螺稳定回路的作用

对于跟踪精度要求高的船载伺服控制系统,在伺服控制系统位置回路内,利用速率陀螺构成的稳定回路和位置回路共同作用,消除船摇对伺服控制系统跟踪性能的不利影响,提高伺服控制系统船摇隔离度。稳定回路作为内回路,其主要功能如下:

(1) 速率陀螺提前敏感出船摇对方位或俯仰角的扰动,通过稳定回路隔离船摇扰动对天线轴指向的影响,这比利用位置回路来抑制船摇扰动显得迅速而有效。

(2) 作为位置回路的内回路,控制天线方位或俯仰轴,使方位或俯仰角误差信号减小,实现对目标的闭环角跟踪。

4. 位置回路的作用

位置回路的作用是根据系统的工作方式命令,实现精确定位和位置随动。通常,船载统一载波测控系统的工作方式分为跟踪方式、引导方式和搜索方式 3 种。

跟踪方式依据误差信号的来源不同又可分为主跟踪、引导跟踪和电视跟踪。在主跟踪方式下,由系统的馈源网络、接收、伺服等分系统共同组成了一个大的闭环控制系统。它属于全闭环系统,由馈源网络完成角误差形成,由跟踪接收机完成误差解调放大,伺服控制系统完成校正控制,并驱动天线始终对准目标。在跟踪方式下,馈源网络及跟踪接收机的线性范围、线性度、时间常数等因素均对伺服控制系统的跟踪性能有影响。

4.6.3 方位—俯仰型天线的正割补偿

当系统采用方位—俯仰型天线座时，方位伺服控制系统需要进行正割函数补偿，其跟踪目标时的空间位置几何关系如图 4-19 所示。

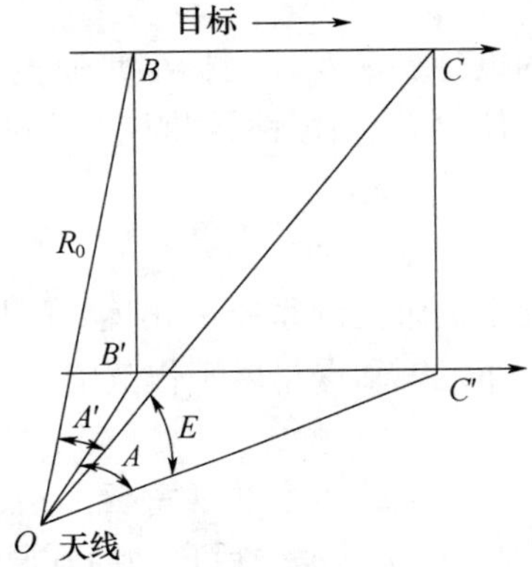

图 4-19 跟踪目标时的几何关系

由图 4-19 可以看出，当俯仰角为 E 时，目标从 B 点移动到 C 点，天线轴线要从 OB 线转动到 OC 线，这时，在 OBC 平面内转过的角度为 A'，此时伺服控制系统方位支路必须带动天线在 $OB'C'$ 平面内转过角度 A，由于方位角 A 和横扫角 A' 是在两个不同的平面内，因而存在坐标变换问题。相同的横扫角 A'，在俯仰角 E 不同时，对应的角 A 也不同。为此，要对方位伺服控制系统回路的角误差进行正割补偿。

可以证明方位角 A、横扫角 A' 与俯仰角 E 的关系为

$$\sin A = \sin A' \sec E \tag{4-28}$$

当 A 很小时，A' 也很小，则 $\sin A \approx A$ ，$\sin A' \approx A'$ ，于是

$$A = A' \sec E \tag{4-29}$$

由式(4-29)可以看出，方位角是横扫角和俯仰角的正割的乘积。将式(4-29)两边对时间微分就可得到方位角的角速度，即

$$\omega_A = \frac{\mathrm{d}A}{\mathrm{d}t} = \omega_{A'} \sec E \mid_{E=\text{常数}} \tag{4-30}$$

将式(4-30)两边对时间微分就可得到方位上的角加速度，即

$$a_A = \frac{\mathrm{d}\omega_A}{\mathrm{d}t} = a_{A'} \sec E \mid_{E=\text{常数}} \tag{4-31}$$

由此可见，当天线在横扫面内以很小的角速度和角加速度运动时，随着俯仰角的增加，在方位平面内的角速度和角加速度会不断增加，当俯仰角趋近 90° 时，方位角速度和角加速度趋近于无穷大，使方位伺服回路无法完成自跟踪。

因此，在计算因目标速度或加速度引起的方位动态滞后时，应该用横扫面内的角速度和角加速度量。这里要澄清一个错误说法，即方位在高仰角跟踪时因正割补偿会导致产生很大的动态滞后，这是不正确的，事实上目标偏离天线波束中心依然很小，只不过反映在方位角上时被正割补偿放大了而已。

4.6.4 船载伺服控制系统的主要技术指标

船载伺服控制系统的设计要求及评判标准是通过主要技术指标来体现的，这些技术指标主要包括工作范围、稳定性、伺服带宽、过渡过程品质、系统精度和船摇隔离度等。

1. 工作范围

工作范围指标用来确定伺服控制系统的角度、角速度、角加速度的范围，通常将工作范围分为最大工作范围和保精度工作范围。

2. 稳定性

稳定性是船载伺服控制系统的一个非常重要的指标，它反映了系统受到外部扰动偏离原稳定平衡状态，在扰动消失后自动回到原来的平衡状态的能力。

船载伺服控制系统开环对数频率特性的一般形式如图 4-20 所示。

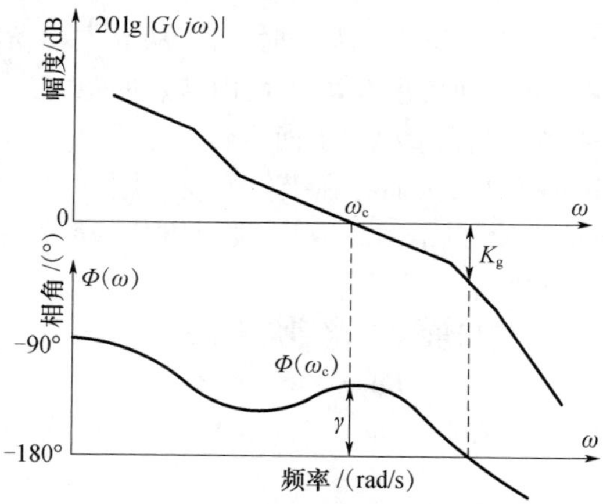

图 4-20 船载伺服控制系统的开环对数频率特性

对于最小相位系统，一般只需研究对数幅频特性。系统的幅频特性可分为三段：低频段、中频段、高频段。在 20 ~ 30dB 处为低频段和中频段的分段线；-20 ~ -15dB 处为中频段和高频段的分段线。各个不同频段曲线形状对控制系统性能影响是不同的。由分析可知，低频段特性和系统稳态精度关系密切；中频段特性基本决定了系统的动态性能；高频段特性决定过渡过程的起始形状，并和系统抗噪声干扰的性能有关。

在图 4-20 中，若系统的开环频率特性相位为 -180°时，幅值为 K_g，将该频率下幅值的倒数定义为幅值裕度 G_m，即

$$G_m = 1/K_g \tag{4-32}$$

若系统的开环频率特性在穿越频率处的相位为 $\Phi(\omega_c)$，则系统的相角裕度 $\gamma = \Phi(\omega_c) + 180°$。幅值裕度和相角裕度越大，则系统对扰动的抑制能力就越强，稳定性就越好。一般来说，要求 $G_m \geqslant 6 \sim 8\text{dB}$，$\gamma \geqslant 30°$。

3. 伺服带宽

典型伺服控制系统位置闭环频率特性曲线如图 4－21 所示。

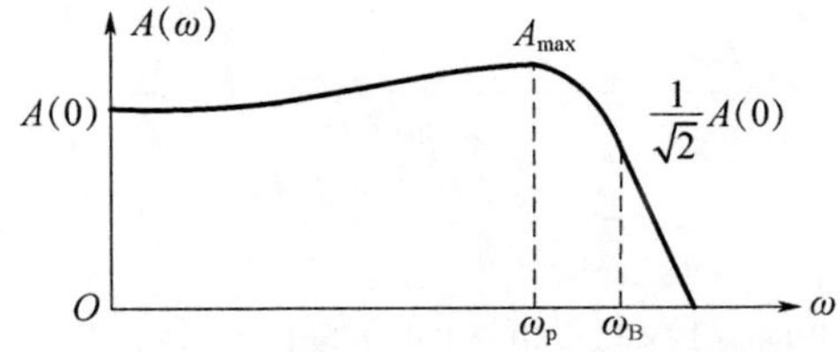

图 4－21 伺服控制系统位置闭环频率特性曲线

可利用系统开环传递函数 $G(s)$ 计算系统的动态性能指标。这时，需画出系统的闭环频率特性曲线 $A(\omega)$，$A(\omega) = \left|\dfrac{G(j\omega)}{1+G(j\omega)}\right|$。

（1）闭环带宽 ω_B：

$$A(\omega_B) = \frac{1}{\sqrt{2}}A(0) \tag{4-33}$$

（2）振荡指数 M_P：

$$M_P = \frac{A_{max}}{A(0)} \tag{4-34}$$

M_P 值越大，系统稳定性越差，一般要求 $M_P = 1.3 \sim 1.5$。

（3）上升时间 t_r：

$$t_r \approx \begin{cases} \dfrac{2.8}{\omega_B} & \sigma\% \leqslant 10\% \\ \dfrac{2.2}{\omega_B} & \sigma\% > 10\% \end{cases} \tag{4-35}$$

（4）超调量 $\sigma\%$：

$$\sigma\% = e^{-(M_P - \sqrt{M_P^2-1})\pi} \times 100\% \tag{4-36}$$

4. 过渡过程品质

伺服控制系统过渡过程通常指在系统输入端加一单位阶跃信号，系统输出达到稳态的过程，如图 4－22 所示。表征系统过渡过程品质的参数有上升时间 t_r、过渡过程时间 t_T、超调量 $\sigma\%$ 及振荡次数 n_T。

（1）上升时间。上升时间 t_r 是输出首次达到稳态位置的时间。t_r 的大小取决于系统开环截止频率的大小。

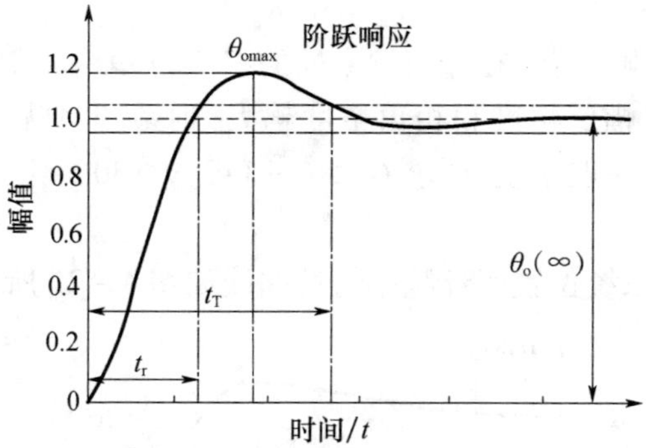

图 4-22 过渡过程

（2）过渡过程时间。过渡过程时间 t_T 是自单位阶跃信号加入的瞬时起，到使式 $|\theta_o(t)-\theta_o(\infty)|\leqslant\Delta\theta_o$ 成立的时间，式中 $\theta_o(\infty)$ 为当时间 $t\to\infty$ 时的输出量，即输出量的稳态值，$\Delta\theta_o$ 为给定的允许误差值，一般取 $\theta_o(\infty)$ 的 5%。

（3）超调量。超调量 $\sigma\%$ 由下式确定，即

$$\sigma\% = \frac{\theta_{omax}-\theta_o(\infty)}{\theta_o(\infty)}\times 100\% \tag{4-37}$$

式中：θ_{omax} 为输出信号的最大值；$\theta_o(\infty)$ 为当时间 $t\to\infty$ 时的输出量，即输出量的稳态值。一般超调量不应超过 30%，其大小由系统的相角裕度 γ 决定。

（4）振荡次数。振荡次数 n_T 是伺服控制系统输出在过渡过程时间 t_T 内超过稳态位置次数的一半，一般要求 $n_T\leqslant2$ 次。

5. 精度要求

船载伺服控制系统的精度分为静态精度和动态精度。

1）静态精度

船载伺服控制系统的静态精度，通常称为静态误差。它是船载伺服控制系统在测量船静止条件下跟踪固定目标时产生的误差。静态误差有两种表现形式：一种是伺服控制系统跟踪上固定目标后，雷达天线轴线始终保持不动，即指向确定的位置，其误差称为定值静态误差；另一种是当伺服控制系统跟上固定目标后，天线轴将产生振幅固定的周期性摆动，称为伺服控制系统的自持振荡（又叫极限环振荡），它是一种允许的稳定振荡，其振幅对应的误差角称为自振静态误差。

2）动态精度

船载伺服控制系统的动态精度，通常称为跟踪精度或跟踪误差。跟踪误差是船载伺服控制系统在测量船运动条件下驱动天线跟踪运动目标时产生的误差，包括系统误差和随机误差。

6. 船摇隔离度

船的摇摆使天线基座也作相应的摇摆，船载伺服控制系统使天线产生一个

相反的摇摆量，使之相对目标不产生附加的运动。天线波束轴稳定的效果用船摇隔离度来量度。船摇隔离度体现船载伺服控制系统抵消船摇、稳定天线大地指向的能力，用一定船摇角和天线指向剩余角之比表征。

一般来讲对于有外测精度要求的船载微波统一测控系统，其船摇隔离度指标要求比较高，要求总的船摇隔离度约为 45 ~ 55dB。

4.6.5 船载伺服控制系统稳态指标计算

单回路系统如图 4 – 23 所示。

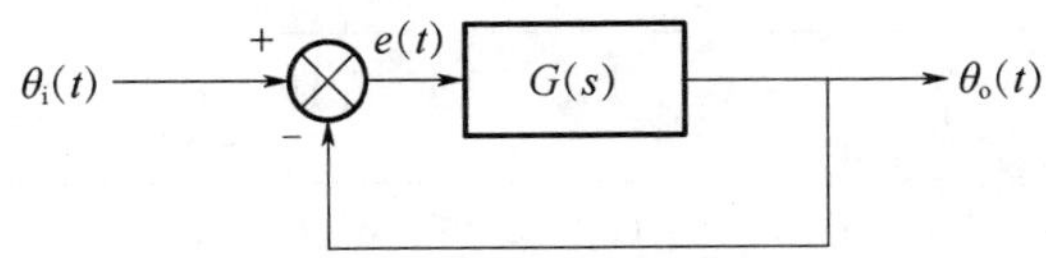

图 4 – 23 单回路系统

输入与输出信号的误差为

$$e(t) = \theta_i(t) - \theta_o(t) \tag{4-38}$$

拉普拉斯变换为

$$E(s) = \theta_i(s) - \theta_o(s) = \theta_i(s) - E(s) \cdot G(s) \tag{4-39}$$

从而得到 $E(s) = \Phi_e(s) \cdot \theta_i(s)$，其中 $\Phi_e(s) = 1/(1 + G(s))$ 称为误差传递函数。从式(4 – 39)看出系统稳态误差 $E(s)$ 不仅与系统本身参数有关，而且和目标参数有关。

通常情况下，伺服控制系统开环传递函数为

$$G(s) = \frac{K(1 + \beta_1 S + \beta_2 S^2 + \cdots + \beta_m S^m)}{S^v(1 + \alpha_1 S + \alpha_2 S^2 + \cdots \alpha_n S^n)} \tag{4-40}$$

式中：K 为开环传递系数；v 表示开环系统中含积分环节的个数，又称为系统的无静差度，当 $v = 0,1,2,\cdots$ 时，分别称为有静差系统(0 型系统)、一阶无静差系统(Ⅰ型系统)、二阶无静差系统(Ⅱ型系统)等。

将式(4 – 40)代入 $\Phi_e(s) = 1/[1 + G(s)]$ 中，并用幂级数展开得

$$E(s) = \Phi_e(s) \cdot \theta_i(s) = \left[C_0 + C_1 s + \frac{C_2}{2!}s^2 + \frac{C_3}{3!}s^3 + \cdots\right]\theta_i(s) \tag{4-41}$$

式(4 – 41)在 $s = 0$ 的邻域内是收敛的。由 $s \to 0$ 对应于时域 $t \to \infty$，故当 t 很大时，有

$$e(t)\big|_{t\to\infty} = C_0\theta_i(t) + C_1 \cdot \frac{\mathrm{d}\theta(t)}{\mathrm{d}t} + \frac{C_2}{2} \cdot \frac{\mathrm{d}^2\theta(t)}{\mathrm{d}^2 t} + \cdots \tag{4-42}$$

式中：$e(t)$ 为系统的动态误差；C_0、C_1、$C_2/2!$ …为动态误差系数。

表 4 – 1 给出了 $v = 0,1,2$ 时，C_0、C_1、$C_2/2!$ 的计算公式。系统的动态误差

(也称为误差函数)可由输入量和输入量的各阶导数分别乘以它们的误差系数来表示,它包含了系统误差的全部信息。

系统的稳态误差可根据拉普拉斯变换终值定理求得

$$e(\infty) = \lim_{t \to \infty} e(t) = \lim_{s \to 0} sE(s) = \lim_{s \to 0} \frac{s\theta(s)}{1 + G(s)} \tag{4-43}$$

表 4-1 稳态误差系数计算公式

系统模型	系数	公式
$v = 0$	C_0	$\frac{1}{1+K}$
	C_1	$\frac{(\alpha_1 - \beta_1)K}{(1+K)^2}$
	$\frac{C_2}{2!}$	$\frac{(\alpha_2 - \beta_2)K}{(1+K)^2} + \frac{\alpha_1(\beta_1 - \alpha_2)K}{(1+K)^3} + \frac{\beta_1(\beta_1 - \alpha_1)K^2}{2(1+K)}$
$v = 1$	C_0	0
	C_1	$\frac{1}{K}$
	$\frac{C_2}{2!}$	$\frac{\alpha_1 - \beta_1}{K} - \frac{1}{K^2}$
$v = 2$	C_0	0
	C_1	0
	$\frac{C_2}{2!}$	$\frac{1}{K}$

0 型系统的开环增益 K_p 表示输入、输出的比例关系,称为位置误差常数,无量纲。Ⅰ型系统开环增益 K_v 称为速度误差常数,单位为 1/s。Ⅱ型系统开环增益 K_a 称为加速度误差常数,单位为 $1/s^2$。

4.7 目标前馈技术

船载微波统一测控系统由于机械结构的谐振频率不高,伺服控制系统带宽受到限制,跟踪目标时动态滞后误差较大。所以,在波束比较窄的微波统一测控系统中,当目标运动加速度比较大的时候,还需要采用目标前馈的方法来消除跟踪目标的动态滞后,目标前馈的理论基础是复合控制技术。当然,为了提高船载伺服控制系统的精度,可以尽量提高系统的结构谐振频率,以提高系统的加速度误差常数;或者提高系统的无静差度,如采用三阶无静差系统等。然而这些措施都受到许多因素的限制,使之对系统精度的提高受到限制。复合控制系统是提高系统精度的一条有效途径。在Ⅰ型、Ⅱ型反馈系统中引入复合控制后,可以实现Ⅱ

型、Ⅲ型高阶无静差系统，同时使系统具有足够的稳定性。

4.7.1 动态滞后误差分析

1. 跟踪目标时动态滞后的理论分析

动态滞后误差是由于目标以高角速度相对测控站运动，而天线角加速度有限造成的，此时，天线在跟踪时会比真实目标位置滞后一定的角度，这种情况在目标的加速度变化剧烈时表现尤为显著。

在一个稳定的伺服控制系统中，对任意输入函数 $\theta_i(t)$ 的稳态响应 $\theta_o(t)$ 可以用幂级函数表示，它们之间的误差 $e(t)=\theta_i(t)-\theta_o(t)$ 就称为动态滞后误差。$e(t)$ 可以用输入函数及各阶导数和伺服控制系统的误差常数来表示，即

$$e(t)=\frac{\theta_i}{K_P}+\frac{\dot{\theta}_i}{K_v}+\frac{\ddot{\theta}_i}{K_a}+\frac{\dddot{\theta}_i}{K_3}+\cdots \tag{4-44}$$

式中：θ_i、$\dot{\theta}_i$、$\ddot{\theta}_i$…分别为输入函数的各阶导数；K_P、K_v、K_a…分别为伺服控制系统的位置、速度、加速度以及更高阶的误差常数。

2. 船载伺服控制系统的速度、加速度分析

为了检验船载伺服控制系统的动态性能，可进行海上动态性能和精度校飞，飞机飞行高度为8km，飞行速度为800km/h。飞机以等速、等高、直线飞行通过测量点，如图4-24所示，测量点所在位置为 O，目标距测站的水平最小距离为 X_0，图中示出方位角为 A，俯仰角为 E。

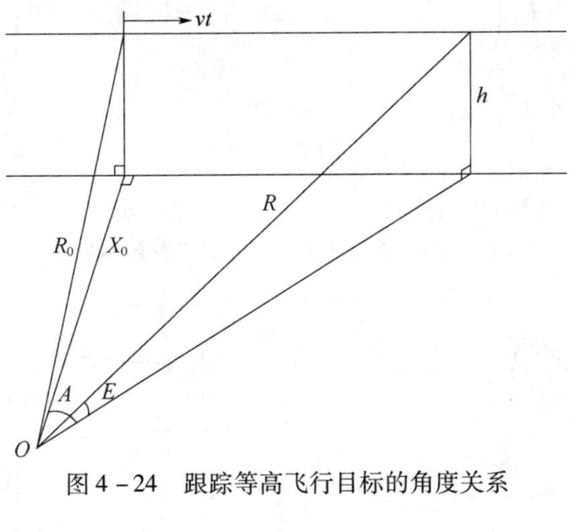

图4-24 跟踪等高飞行目标的角度关系

根据几何关系，有

$$A=\arctan\frac{v\cdot t}{X_0}=\arctan at \tag{4-45}$$

$$E=\arctan\frac{h}{\sqrt{X_0^2+(vt)^2}}=\arctan\frac{b}{\sqrt{1+(at)^2}} \tag{4-46}$$

其中

$$a = v/X \text{ , } b = h/X_0$$

对式(4－45)求导,得

$$\frac{\mathrm{d}A}{\mathrm{d}t} = a \cdot \cos^2 A \tag{4-47}$$

$$\frac{\mathrm{d}^2 A}{\mathrm{d}t^2} = - a^2 \cdot \sin 2A \cos^2 A \tag{4-48}$$

同样,对俯仰角 E 有

$$\frac{\mathrm{d}E}{\mathrm{d}t} = \frac{a^2 bt}{[1 + (at)^2]3/2} \cos^2 E = - \frac{v}{R} \sin A \cdot \sin E \tag{4-49}$$

$$\frac{\mathrm{d}^2 E}{\mathrm{d}t^2} = - \frac{v^2}{R^2} \cdot \tan E[1 - \sin^2 A(1 + \cos^2 E)] \tag{4-50}$$

假设过航捷时的仰角为 80°(对应 $X_0 = 1.41\mathrm{km}$),分别计算出方位角速度 $\mathrm{d}A/\mathrm{d}t$、角加速度 $\mathrm{d}^2 A/\mathrm{d}^2 t$ 的变化特性(图 4－25)以及俯仰角速度 $\mathrm{d}E/\mathrm{d}t$、角加速度 $\mathrm{d}^2 E/\mathrm{d}^2 t$ 的变化特性(图 4－26)。

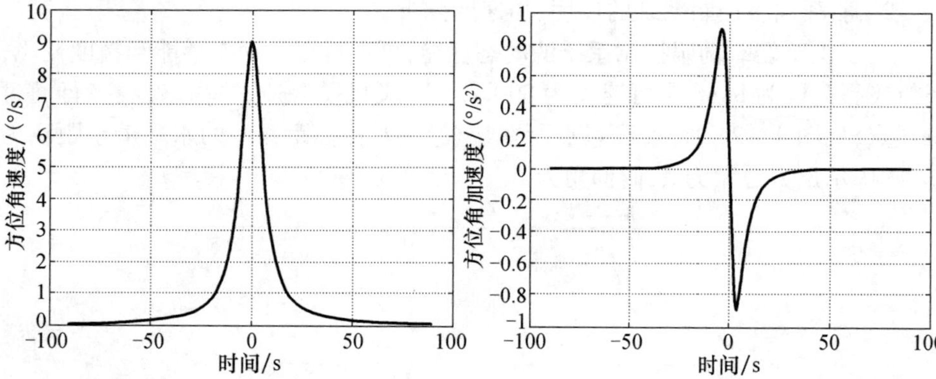

(a)方位角速度随时间变化图　(b)方位角加速度随时间变化图

图 4－25　方位角速度、角加速度变化特性

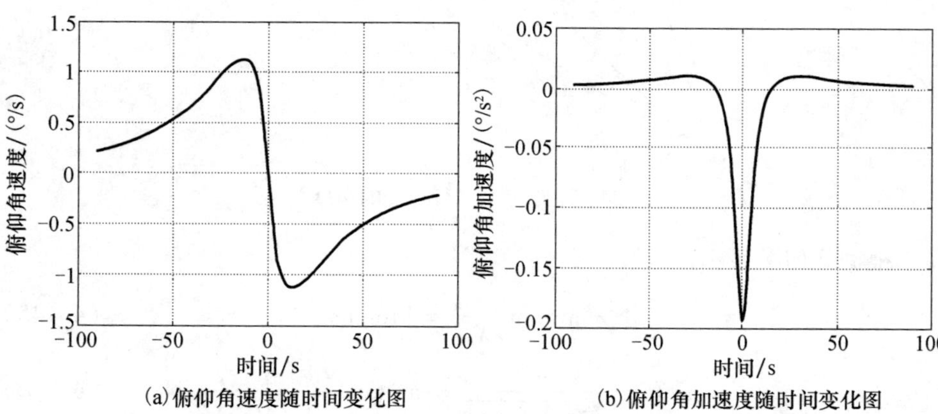

(a)俯仰角速度随时间变化图　(b)俯仰角加速度随时间变化图

图 4－26　俯仰角速度、角加速度变化特性

由图 4－25、图 4－26 可见，即使目标做简单的等速直线运动，伺服控制系统的输入信号也是很复杂的，跟踪误差也将是变量。

3. 船载伺服控制系统动态滞后误差估算

船载伺服控制系统的误差大小，不但与系统本身的结构参数有关，同时也与系统的输入及干扰信号的形式相关。因此，针对特定的系统，必须分析它的输入信号、干扰信号以及由此而引起的控制误差。

船载伺服控制系统采用二阶无静差系统，其 K_P、K_v 为无穷大，可消除位置及速度误差，通常情况下，主要考虑式(4－44)中的第三项，所以可写成

$$e(t) \approx \frac{\ddot{\theta}_i}{K_a} \tag{4-51}$$

当空间目标在一定加速度下运动时，伺服控制系统会产生动态滞后，K_a决定了动态滞后的大小。当目标运动的角加速度过大时，动态滞后产生的误差大于天线半功率波束宽度，就会造成目标丢失。例如，船载 X 频段微波统一测控系统半功率波束宽度 $\theta_{1/2}=0.2°$，并通过估算，方位加速度误差常数 $K_a=3/s^2$、俯仰加速度误差常数 $K_e=1.75/s^2$，从图 4－25、图 4－26 中可以计算出方位的最大加速度 $a_A=0.916°/s^2$，俯仰的最大加速度 $a_E=0.2°/s^2$，则伺服控制系统的动态滞后误差为

$$e_A = \frac{0.916}{3}\cos 78.2 = 0.062° < \frac{1}{2}\theta_{1/2} = 0.1° \tag{4-52}$$

$$e_E = \frac{0.2}{1.75} = 0.114° > \frac{1}{2}\theta_{1/2} = 0.1° \tag{4-53}$$

俯仰动态滞后误差 $e_E>0.1°$意味着目标不在天线的主瓣之内或超出了线性区，很容易造成伺服控制系统跟踪目标丢失，而且这里面还没有考虑船摇的影响。

4.7.2 复合控制的基本原理

复合控制在随动系统中的应用历史已经很悠久了，船载伺服控制系统中的目标前馈技术就是复合控制的典型应用。

1. 复合控制的概念

为了减小或消除系统在特定输入作用下的稳态误差，可以提高系统的开环增益，或者采用高阶无静差系统，但是这两种方法都将影响系统的稳定性，并会降低系统的动态性能。此外，通过适当选择系统带宽，可以抑制高频扰动，但对低频扰动却无能为力，采用比例－积分反馈校正，虽可抑制来自系统输入端的扰动，但反馈校正装置的设计比较困难，且难以满足系统的高性能要求。如果在系统的反馈回路中加入前馈通路，组成一个前馈控制和反馈控制相结合的系统，只要参数选得适当，不但可以保证系统稳定，而且可以减小稳态误差，而且可以抑

制几乎所有的可测量扰动,包括低频强扰动。这样的系统称为复合控制系统,相应的控制方式称为复合控制。复合控制原理框图如图 4-27 所示。

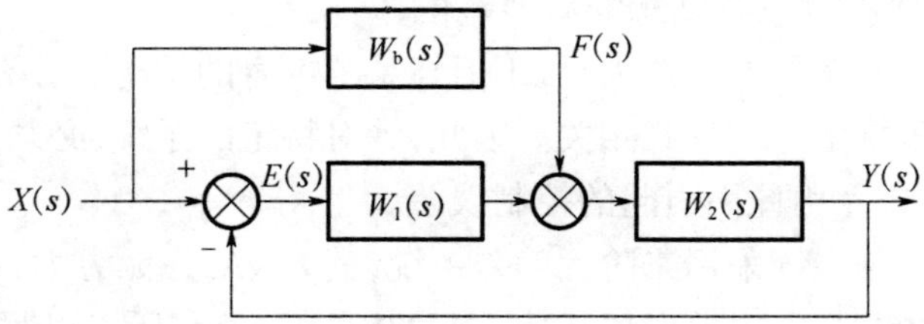

图 4-27 复合控制原理框图

闭环传递函数为

$$G(s) = \frac{W_b(s)W_2(s) + W_1(s)W_2(s)}{1 + W_1(s)W_2(s)} \tag{4-54}$$

误差传递函数为

$$\Phi(s) = \frac{1 - W_b(s)W_2(s)}{1 + W_1(s)W_2(s)} \tag{4-55}$$

若选择前馈补偿传递函数 $W_b(s)W_2(s)=1$,这时,对于任意的输入,都有 $G(s)=1$, $\Phi(s)=0$。即输出等于输入或误差为零,这就是所谓的不变性原理。

在船载伺服控制系统中,设

$$W_1(s) = \frac{K_1\beta(s)}{\alpha(s)} \tag{4-56}$$

$$W_2(s) = \frac{K_2\eta(s)}{\gamma(s)} \tag{4-57}$$

$$W_b(s) = \frac{K_3\Phi(s)}{\rho(s)} \tag{4-58}$$

船载伺服控制系统都是按照二阶无静差系统设计的,其中 $W_1(s)$ 有一个积分环节,$W_2(s)$ 中也有一个积分环节,这样上述传递函数的分母和分子可表示为

$$\beta(s) = (1 + \beta_1 s + \cdots + \beta_m s^m) \tag{4-59}$$

$$\alpha(s) = (1 + \alpha_1 s + \cdots + \alpha_n s^n)\cdot s \tag{4-60}$$

$$\eta(s) = (1 + \eta_1 s + \cdots + \eta_q s^q) \tag{4-61}$$

$$\gamma(s) = (1 + \gamma_1 s + \cdots + \gamma_p s^p)\cdot s \tag{4-62}$$

$$\Phi(s) = (1 + \Phi_1 s + \cdots + \Phi_j s^j)\cdot s \tag{4-63}$$

$$\rho(s) = (1 + \rho_1 s + \cdots + \rho_k s^k) \tag{4-64}$$

如果满足不变性条件,那么

$$W_b(s) = \frac{1}{W_2(s)} = \frac{(1 + \gamma_1 s + \cdots + \gamma_p s^p)\cdot s}{(1 + \eta_1 s + \cdots + \eta_q s^q)} \tag{4-65}$$

对于一个实际系统的 $W_2(s)$, $p > q$,而且除了积分项外,最大极点大于最大

零点，所以式(4-65)所表示的 $W_b(s)$ 是难以实现的。

下面具体讨论 $W_b(s)$ 的形式和参数对系统性能的影响，图 4-27 所示的复合系统中，$X(s)$ 到 $Y(s)$ 的传递函数为

$$G(s) = \frac{W_1(s)W_2(s) + W_2(s)W_b(s)}{1 + W_1(s)W_2(s)} \tag{4-66}$$

可以找到一个实现式的等效单闭环系统，如图 4-28 所示。

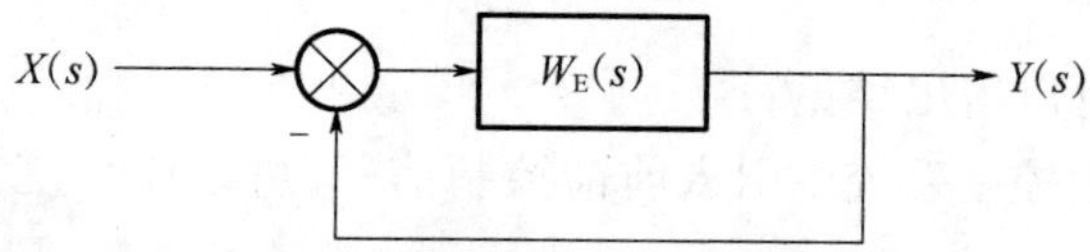

图 4-28　等效单闭环系统

图 4-28 所示的等效单闭环系统中，$X(s)$ 到 $Y(s)$ 的传递函数为

$$\frac{W_E(s)}{1 + W_E(s)} = G(s) \tag{4-67}$$

$$W_E(s) = \frac{G(s)}{1 - G(s)} = \frac{W_1(s)W_2(s) + W_2(s)W_b(s)}{1 - W_2(s)W_b(s)} \tag{4-68}$$

把 $W_1(s)$、$W_2(s)$、$W_b(s)$ 代入式(4-68)，得

$$W_E(s) = \frac{K_1K_2\beta(s)\eta(s)\rho(s) + K_2K_3\eta(s)\Phi(s)\alpha(s)}{\alpha(s)[\gamma(s)\rho(s) - K_2K_3\eta(s)\Phi(s)]} \tag{4-69}$$

令 $K_1 \cdot K_2 = K$ 称基本环路的开环放大量；$K_2 \cdot K_3 = A$ 称为补偿度。其分母为

$$\begin{aligned}&(1 + \alpha_1 s + \cdots + \alpha_n s^n) \cdot s^2 [(1 + \gamma_1 s + \cdots + \gamma_p s^p)(1 + \rho_1 s + \cdots + \rho_k s^k)\\ &- A(1 + \eta_1 s + \cdots + \eta_q s^q)(1 + \Phi_1 s + \cdots + \Phi_j s^j)]\end{aligned} \tag{4-70}$$

可计算分母中括号项

$$\begin{aligned}&[(1 + \gamma_1 s + \cdots + \gamma_p s^p)(1 + \rho_1 s + \cdots + \rho_k s^k)\\ &- A(1 + \eta_1 s + \cdots + \eta_q s^q)(1 + \Phi_1 s + \cdots + \Phi_j s^j)]\end{aligned} \tag{4-71}$$

式中：常数项为 $(1-A)$；s 项系数为 $(\gamma_1 + \rho_1) - A(\eta_1 + \Phi_1)$。

如果 $A=1$，那么式(4-71)所示的常数项为零，则从 $W_E(s)$ 分母中可提取 s^3 项，系统等效为三阶无静差系统。

如前所述，$W_b(s)$ 的一般形式可写成

$$W_b(s) = \frac{K_3(1 + \Phi_1 s + \cdots + \Phi_j s^j) \cdot s}{1 + \rho_1 s + \cdots + \rho_k s^k} \tag{4-72}$$

分子上的 s 项就意味着首先要有一个角度的纯微分信息，即

$$\dot{X}(s) = sX(s) \tag{4-73}$$

如果给 $W_b(s)$ 送入速度信号,它的传递函数为

$$W_b^1(s) = \frac{K_3(1+\Phi_1 s+\cdots+\Phi_j s^j)}{1+\rho_1 s+\cdots+\rho_k s^k} \tag{4-74}$$

若要求 $A=1$,就是 $K_3=1/K_2$。

按照 $W_E(s)$ 计算,可得

$$K_a = \frac{K}{1-A} \tag{4-75}$$

从以上分析可以得出结论:

(1) 当在反馈控制系统中引入前馈控制信号,可以使系统完全准确地复现控制信号。

(2) 从控制系统的稳定性方面看,由于复合控制系统的特征方程式和无前馈控制通道时反馈控制系统的特征方程式完全一致,因此,控制系统的稳定性不受前馈控制信号的影响。

从这里可以看出,复合控制很好地解决了一般反馈控制在提高控制精度和确保系统稳定性之间的矛盾。

2. 复合控制系统的设计

上面提到,复合控制可以解决系统稳定性和精度之间的矛盾。对复合控制系统的分析和设计方法有"等效传递函数法"和"误差系数法"。前者建立在"完全不变性"基础上,在工程设计中具有一定的局限性,因为工程中实现完全不变性是有困难的,后者旨在提高精度,以实现部分不变性为目的,且可以将误差系数与系统的开环特性相联系,便于工程应用,下面主要讨论"误差系数法"。

由不变性原理可知,图 4-27 所示系统前馈通道 $W_b(s)$ 的引入主要在于提高精度,以超前控制作用来补偿系统的动态滞后,而并不影响 $W_1(s)$ 和 $W_2(s)$ 构成的闭环系统的稳定性。所以,整个系统的设计可分别按闭环部分和前馈通道部分(开环部分)两个步骤先后来设计。

这里介绍一种工程上实用的计算方法:先根据系统动态品质要求设计闭环部分。鉴于系统的精度要依靠前馈补偿通道 $W_b(s)$ 来解决,故设计闭环部分时主要考虑系统的动态品质指标,然后按精度要求设计前馈补偿通道 $W_b(s)$,最后验算 $W_b(s)$ 引入后系统的动态品质是否符合预定的要求。必要时需重复以上步骤,以获得较满意的结果。

设系统闭环部分已设计出来,$W_1(s)$ 和 $W_2(s)$ 为已知,$W_b(s)$ 不可能满足不变性条件,则利用误差系数法来估计部分消除误差和完全消除误差(即部分补偿和全补偿)的接近程度。首先写出系统的误差传递函数:

$$\Phi(s) = \frac{E(s)}{X(s)} = \frac{1-W_b(s)W_2(s)}{1+W_1(s)W_2(s)} \tag{4-76}$$

通常 $\Phi(s)$ 在坐标原点无极点,则 $\Phi(s)$ 可展开成

$$\Phi(s) = C_0 + C_1 s + \frac{C_2}{2!}s^2 + L + \frac{C_n}{n!}s^n \tag{4-77}$$

将 $E(s) = \Phi(s) \cdot X(s)$ 变换成原函数，得

$$e(t) = C_0 x(t) + C_1 \frac{\mathrm{d}x(t)}{\mathrm{d}t} + \frac{C_2}{2!}\frac{\mathrm{d}^2 x(t)}{\mathrm{d}^2 t} + L + \frac{C_n}{n!}\frac{\mathrm{d}^n x(t)}{\mathrm{d}^n t} \tag{4-78}$$

式中：C_0、C_1、$\frac{C_2}{2!}$、…、$\frac{C_n}{n!}$ 为误差系数。

一般来说，系统精度取决于对数幅频特性的低频段，亦即 ω 很小的频段。而式(4-77)只有在 $s=0$ 的邻域内是收敛的，也就是在 ω 值很小时(输入信号的频谱处于低频段，至少大部分是在低频段时)，就可用式(4-78)计算误差量 $e(t)$。这个限制条件对大多数实际应用的场合来说都能满足要求。

将误差传递函数式(4-76)写成

$$\Phi(s) = \frac{B(s)}{A(s)} = \frac{b_0 + b_1 s + b_2 s^2 + \cdots \times b_n s^n}{a_0 + a_1 s + a_2 s^2 + \cdots \times a_n s^n} \tag{4-79}$$

由式(4-77)可得到计算误差系数的关系式为

$$\begin{cases} C_0 = \lim\limits_{s\to 0}[\Phi(s)] = \dfrac{b_0}{a_0} \\ C_1 = \lim\limits_{s\to 0}\dfrac{1}{s}[\Phi(s) - C_0] = \dfrac{1}{a_0}(b_1 - C_0 a_1) \\ \dfrac{C_2}{2!} = \lim\limits_{s\to 0}\dfrac{1}{s^2}[\Phi(s) - C_0 - C_1 s] = \dfrac{1}{a_0}(b_2 - C_0 a_2 - C_1 a_1) \\ \dfrac{C_3}{3!} = \lim\limits_{s\to 0}\dfrac{1}{s^3}\left[\Phi(s) - C_0 - C_1 s - \dfrac{C_2}{2!}s^2\right] = \dfrac{1}{a_0}(b_3 - C_0 a_3 - C_1 a_2 - \dfrac{C_2}{2!}a_1) \\ \quad\vdots \\ \dfrac{C_n}{n!} = \lim\limits_{s\to 0}\dfrac{1}{s^n}\left[\Phi(s) - \sum\limits_{k=0}^{n-1}\dfrac{C_k}{k!}s^k\right] = \dfrac{1}{a_0}(b_n - \sum\limits_{k=0}^{n-1}\dfrac{C_k}{k!}a_{n-k}) \end{cases} \tag{4-80}$$

不难看出，式(4-80)可以用来根据低阶的误差系数计算 n 阶以下的误差系数，改变误差传递函数式(4-79)的形式，即可得到所希望的误差系数。若要 $C_0=0$，有 $b_0=0$；要使 $C_1=0$，应有 $b_1=0$ 和 $b_0=0$；要使 $C_2=0$，应有 $b_2=0$、$b_1=0$、$b_0=0$，依此类推。另外，$C_0=0$ 则成为一阶无静差系统，$C_1=0$ 则成为二阶无静差系统，$C_2=0$ 则成为三阶无静差系统，依次类推。可见，复合控制可改变系统无静差度阶次，这便是复合控制系统之所以能够提高精度的实质。

在实际工程中，并非全部误差系数都等于零，而只是希望消除一部分误差。根据等于零的误差系数的数目，能够判断部分不变性条件距离完全不变性条件相差多少，因此可对前馈补偿环节 $W_b(s)$ 的选取进行优化，对选择不同形式的

$W_b(s)$实现条件下的系统精度进行评估。最终，根据对系统误差的要求确定所设计的前馈补偿环节 $W_b(s)$的基本参数。

随动系统要实现不变性有两个问题需要解决，一是控制对象 $W_2(s)$精确已知，且 $W_b(s)$可以实现；二是控制信号 $X(s)$必须已知。对于船载伺服控制系统来说，这两点都难以实现。首先，目标的精确轨道事先不可知，系统接收到的只是雷达波束和目标之间的角误差信号，而不是目标的位置信号。其次，$W_2(s)$本身就是一个高阶系统，除了含有一个积分环节外，还包含多个惯性环节及振荡环节。这就要求 $W_b(s)$含有多个微分环节。除了各微分环节的系数不能精确已知外，在工程应用中，由高阶微分产生的噪声也会使系统无法工作。因此说，在船载伺服控制系统中要实现完全不变性是不可能的。于是，人们从工程实际出发，就开始研究近似不变性或部分不变性，即对目标信号的较低阶导数实现不变性，设法构造有限阶次的无静差系统。这种想法是符合工程实际的。因为各种飞行器由于受自身动力学特性的限制，其高阶导数会随着阶次的提高而衰减很快，误差主要由低阶导数产生。

对于船载伺服控制系统而言，要实现三阶无静差，就必须提供目标的速度信号。而要实现四阶无静差，就必须提供目标的速度信号和加速度信号。但在工程实际中提取加速度信号是很困难的，所以，实现三阶无静差是比较可行的方案。

4.7.3 目标前馈的实现方法

1. 在球坐标系内实现目标前馈

在船载伺服控制系统中，目标运动轨道是不知道的，可利用的信息源只有测角编码器输出 A、E 和角误差电压 ΔU_a、ΔU_e，且 $\Delta U_a = k_a \cdot \Delta A$，$\Delta U_e = k_e \cdot \Delta E$，式中 ΔU_a、ΔU_e为横切轴、俯仰轴误差电压，k_a、k_e为横切轴、俯仰轴误差灵敏度，ΔA、ΔE 为横切轴、俯仰轴误差角。

实现复合控制需要的是目标角速度信号和角加速度信号。如何重构角速度和角加速度信号是关系到复合控制是否有效的关键。由于角误差电压反映的是天线输出角与目标位置的夹角，那么，目标位置显然等于天线输出与误差角之和，即

$$A_i = A_o + \frac{\Delta U_a}{k_a \cos E_o} \tag{4-81}$$

$$E_i = E_o + \frac{\Delta U_e}{k_e} \tag{4-82}$$

式中：A_o、E_o为船载伺服控制系统的角度输出，A_i、E_i为目标的角位置。所以，前馈信息为

$$F_a(s) = \left(A_o + \frac{U_a(s)}{k_a \cos E_o}\right) W_{ba}(s) \tag{4-83}$$

$$F_e(s) = (E_o + \frac{U_e(s)}{k_e})W_{be}(s) \tag{4-84}$$

式中:$F_a(s)$、$F_e(s)$分别为方位、俯仰的前馈补偿量;$W_{ba}(s)$、$W_{be}(s)$分别为方位、俯仰的前馈传递函数。根据式(4-84)可以画出在球坐标内实现复合控制的原理框图,如图4-29所示。

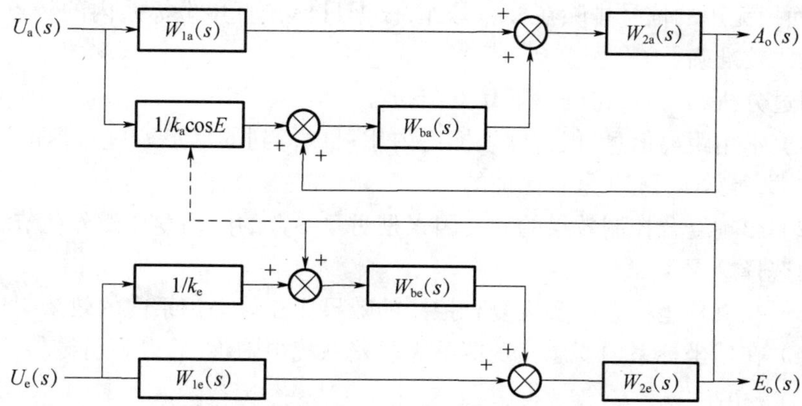

图4-29　在球坐标系内实现目标前馈的原理框图

在图4-29中,下标a为方位支路,下标e为俯仰支路,则

$$f_a(t) = \frac{1}{K_{2a}}(A_o + \frac{U_a}{K_a\cos E_o})' + \frac{2\xi_a T_{2a} + T_{1a}}{K_{2a}}(A_o + \frac{U_a}{K_a\cos E_o})'' \tag{4-85}$$

$$f_e(t) = \frac{1}{K_{2e}}(E_o + \frac{U_e}{K_e})' + \frac{2\xi_e T_{2e} + T_{1e}}{K_{2e}}(E_o + \frac{U_e}{K_e})'' \tag{4-86}$$

式(4-86)即为前馈量的实用计算公式。考虑到U_a、U_e及A_o、E_o中都有噪声,对其进行微分后,噪声要增大,所以式(4-86)在使用时要根据实际情况适当滤波。另外,参数K_2是一个比较容易得到的而且易于准确测量的常数,但T_1、T_2等参数是与整个控制对象及伺服环路有关的一组参数,即不易准确测量,而且与使用环境、工作状态有关,因此,这组参数应在理论计算的指导下,通过实验来选择。正是因为加速度信号难以提取,以及与其相关的补偿系数难以精确确定,所以四阶无静差系统在船载伺服控制系统中应用很少。

2. 在直角坐标系内实现目标前馈

对于大多数情况,甚至目标作等速直线飞行的情况,输入信号的许多高阶导数都存在。在球坐标系这种情况是很不利的,首先,这些导数都将引起动态滞后,尤其对于高速度、近距离运动的目标,高阶导数造成的动态滞后误差分量在总误差中占有一定份量;其次,信号高阶导数的频谱、噪声频谱、误差频谱相互重叠,要想完整的保留有用的信号分量而滤除掉无用信号几乎是不可能的。

相反,如果采用直角坐标系,由于受飞行器动力学特征的限制,飞行器在直角坐标系中3个坐标分量仅具有有限次的导数,更高阶的导数项为零。如对于匀速直线飞行的目标,其一阶导数为常数,二阶导数为零;对于匀加速飞行的目标,其二阶导数为常数,三阶导数为零。因此在直角坐标系中,输入信号具有较窄的频谱,输入信号的导数项是接近于零的直流信号,而误差信号、噪声信号的变化要快的多,具有较宽的频谱。这样,就可以用较低的低通滤波器提取有用的信号,而把无用的信号排除在外。另外,根据目标在直角坐标系内的特点,外推预测也比较准确。

通过分析和仿真,得到以下几点结论:

(1) 不用距离信息,仅在球坐标系内用可以得到的信息实施目标前馈复合控制技术,等效 $K_a \geqslant 20$ 是有保证的。

(2) 影响复合控制效果的主要因素是对象参数的准确度和微分环节滤波时常数的选择。

(3) 在直角坐标系内实现复合控制的效果比在球坐标系内的效果明显好。

(4) 在球坐标系内要想实现四阶无静差系统很困难,效果不明显。

4.8 船摇稳定技术

目前,在船载统一载波测控系统中比较常用的伺服稳定控制方法主要包括坐标变换法、速率陀螺反馈法和船摇前馈控制法。

坐标变换方法是用软件处理的方法补偿船摇,要求船上必须有惯导平台,它可以向伺服提供船摇信息,包括横摇、纵摇及航向信息。该方法的特点是:除要提供计算机与惯导平台的接口外,对伺服控制系统的硬件没有额外的要求。换言之,伺服控制系统的硬件结构与地面固定站相同,该方法主要用于数字引导或大地手控工作方式。本节主要介绍的陀螺稳定技术和船摇前馈技术则主要应用于自跟踪方式。

船摇稳定的效果一般用船摇隔离度来表示,船载微波统一测控系统的船摇隔离度一般包括三个部分:一是自跟踪位置环的船摇隔离度,约为20dB;二是陀螺稳定环的船摇隔离度,约为20dB;三是船摇前馈的船摇隔离度,约为8~15dB;总的船摇隔离度指标约为45~55dB。

4.8.1 陀螺稳定技术

船载统一载波测控系统天线的稳定问题,对一般小型设备而言,可采用稳定平台,就是将天线座安放在稳定平台上,平台能克服大部分船摇扰动,因此天线的指向也相应稳定在惯性空间,但对大中型测控系统,由于天线尺寸比较大,天线座的重量较重,如果采用稳定平台,平台就要做的很大,这样做是很不经济的,同时在加工和技术上都存在着不少的问题，因此目前船载微波统一测控系统一般都是采用伺服稳定技术，就是稳定的对象不是整个天线座，而是天线反射体，天线座安装在甲板上，将速率陀螺安装在天线上，通过敏感转动轴的旋转角速率并加入系统，使反射体向着船摇反方向运动。

速率陀螺是稳定回路的关键器件，工作原理是利用陀螺效应敏感输入轴的角速率并以电压信号成比例地送出来，如果陀螺安装在天线座的俯仰轴上，使得输入轴和所要测量转动轴平行，就可以测出该转动轴的角速率信号，将该信号加入系统构成闭环，这样当船在摇动或者天线转动时，陀螺就有信号送出来，其信号极性调整使其为负反馈，当船摇时，信号的作用就是使系统中天线负载向着与扰动相反的方向转动，抵消扰动的影响，使天线反射体稳定在惯性空间。

陀螺安装示意图如图 4－30 所示。

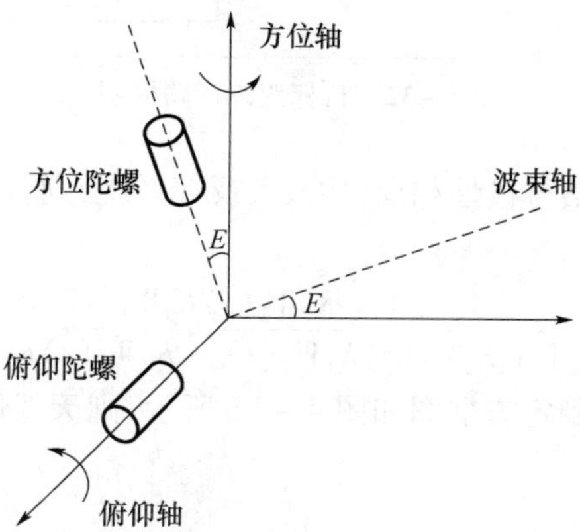

图 4－30　陀螺安装示意图

其中，一只陀螺的输入轴敏感俯仰轴，另外一只陀螺的输入轴敏感横轴。两只陀螺安装与敏感轴的平行度及两只陀螺的敏感轴垂直度有一定的精度要求，否则就有交叉耦合，轻则影响精度，重则难以工作。

方位支路的陀螺安装在与波束轴和俯仰轴的面相垂直的横轴上，敏感的信号（ω_A'）换算到方位轴上（ω_A）与俯仰的余弦成比例关系，即

$$\omega'_A = \omega_A \cos E \tag{4-87}$$

因此，回路的开环增益就随着不同的仰角不断变化，这是我们不希望的。为此在回路加入补偿因子—正割函数 secE，这样回路的增益就不变。

具有稳定回路的跟踪系统框图如图 4－31 所示。图中，θ_m 为目标相对于惯性空间的角位置，θ_s 为船摇引起天线相对于惯性空间的变化，θ_f 为天线相对于甲板的角位置变化，θ_L 为天线相对于惯性空间的角位置变化。$K_2W_2(s)$ 和 $K_3W_3(s)$ 是稳定回路的环节，$K_1W_1(s)$ 是位置回路正向部分环节。

目标跟踪回路框图如 4－32 所示。

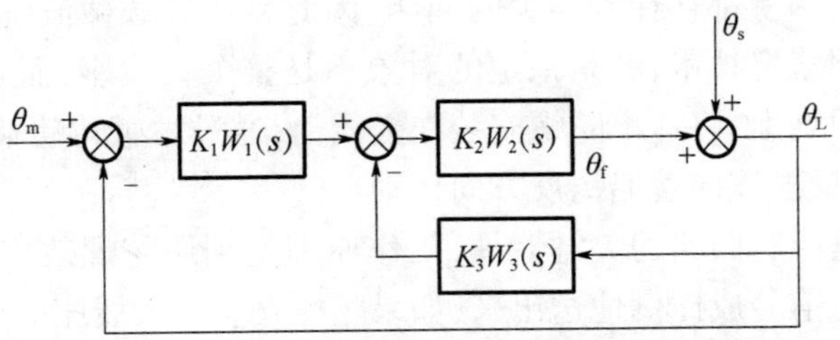

图 4-31 跟踪系统框图

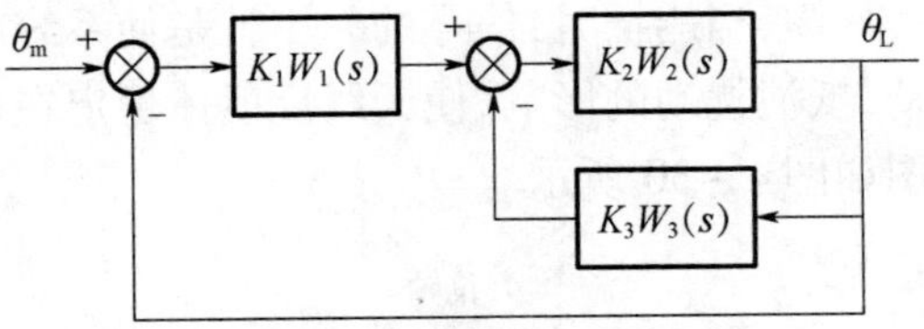

图 4-32 目标跟踪回路框图

陀螺信号与误差信号极性相反，构成负反馈系统，则目标跟踪回路误差传递函数为

$$e_1(s)=\frac{1+K_2W_2(s)K_3W_3(s)}{1+K_2W_2(s)K_1W_1(s)+K_2W_2(s)K_3W_3(s)} \tag{4-88}$$

对于船摇扰动的稳定方框图如图 4-33 所示，则天线跟踪系统对船摇扰动的误差传递函数为

$$\begin{aligned}e_2(s)&=\frac{1}{1+K_2W_2(s)K_1W_1(s)+K_2W_2(s)K_3W_3(s)}\\&=\frac{1}{[1+K_sW_s(s)][1+K_gW_g(s)]}\end{aligned} \tag{4-89}$$

式中：$K_gW_g(s)$为稳定回路的开环传递函数：

$$K_gW_g(s)=K_2W_2(s)K_3W_3(s) \tag{4-90}$$

$K_sW_s(s)$为位置回路的开环传递函数：

$$K_sW_s(s)=K_1W_1(s)\frac{K_2W_2(s)}{1+K_2W_2(s)K_3W_3(s)} \tag{4-91}$$

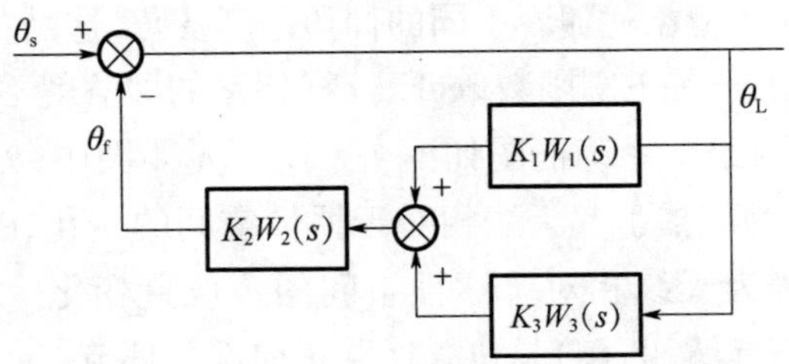

图 4-33 船摇扰动的稳定方框图

由式(4-91)可以看出,由于船的扰动造成系统的误差大小与稳定回路和位置回路的开环增益有关,同时也和输入信号的频率有关。一般衡量回路对于船摇扰动抑制的程度,用隔离度表示,即

$$g(s) = \theta_2/\theta_1 = 20\lg[1 + K_s W_s(s)][1 + K_g W_g(s)] \qquad (4-92)$$

式中:θ_2为没有船摇稳定措施时天线的摇摆角度;θ_1为有船摇稳定措施时天线剩余摇摆角度,度量隔离度用 dB 表示。

由隔离度表示式可以明显看出:船摇扰动稳定的效果与陀螺稳定回路的开环传递函数与位置回路的开环传递函数的乘积有直接关系。对于不同频率的信号其增益是不同的,随着频率的增加,增益下降,因此船摇隔离度不仅和船摇频率(或船摇周期)有关,而且和稳定回路、位置回路的参数有关。

当船摇为低频扰动时,船摇隔离度仅与陀螺开环增益、位置环开路增益有关,船摇隔离度为

$$g(s) = 20\lg[1 + K_s][1 + K_g] = L_1 + L_2 \qquad (4-93)$$

式中:L_1为位置环船摇隔离度;L_2为陀螺环船摇隔离度。

例如,假设船摇的周期为10s,摆幅为±6°,则船摇信号可表示为$U(t) = 6°\sin[(2\pi/T)t] = 6°\sin(0.628t)$,则在$\omega = 0.628\text{rad/s}$的频率下,某船载伺服控制系统的稳定回路的开环增益为30dB,位置回路的开环增益为26dB,船摇隔离度为56dB。这里是对速度而言的,对加速度的隔离是比较差的。

4.8.2 干扰补偿的基本原理

前面介绍了利用目标前馈来提高系统输入稳态响应的精度。事实上,也可以利用前馈消除干扰对系统的影响,这就是所谓的干扰补偿控制(也是复合控制的一种)。船摇前馈的理论基础是干扰补偿控制技术,为了便于读者的理解,在介绍船摇前馈前先简单介绍一下干扰补偿控制技术。

对于消除干扰而言,如果干扰可测量,则前馈控制是消除干扰对系统输出影响的有效方法。采用前馈补偿,就是在可测量干扰的不利影响产生之前,通过补偿通道对它进行补偿,来控制和抵消干扰对系统的不利影响,它克服了反馈控制靠误差调节的不足。

一般情况下,只考虑一个主要干扰因素,用$N(s)$表示,它的结构图如图4-34所示,其中$G_2(s)$、$G_3(s)$为控制对象所固有的传递函数,扰动$N(s)$通过它对被控制对象$C(s)$发生作用;$G_1(s)$为控制器的传递函数;$G_4(s)$为测量干扰装置和补偿控制器的传递函数。

由图4-34,得

$$C(s) = [G_1(s)E(s) + G_3(s)N(s)]G_2(s) \qquad (4-94)$$

其中

$$E(s) = R(s) - C(s) + G_4(s)N(s)$$

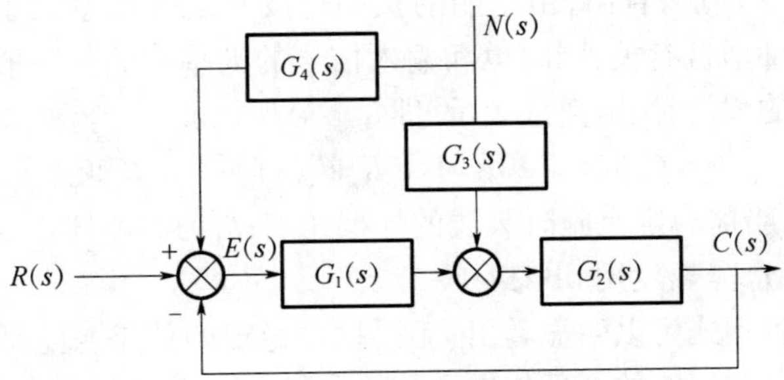

图 4-34　扰动补偿方框图

由此可得

$$C(s) = \frac{G_1(s)G_2(s)}{1+G_1(s)G_2(s)}R(s) + \frac{[G_1(s)G_4(s)+G_3(s)]G_2(s)}{1+G_1(s)G_2(s)}N(s) \tag{4-95}$$

适当选择 $G_4(s)$，使得

$$G_1(s)G_4(s)+G_3(s) = 0 \tag{4-96}$$

即

$$G_4(s) = -\frac{G_3(s)}{G_1(s)} \tag{4-97}$$

可以完全消除扰动信号 $n(t)$ 对系统输出 $c(t)$ 的影响，实现了对干扰信号的全补偿。即系统对干扰信号具有完全不变性，这种前馈方法就是船载伺服控制系统船摇前馈的基本原理。

具体设计时，可先选择 $G_1(s)$ 的形式与参数，使系统获得满意的动态性能和稳态性能，然后按式(4-96)确定前馈补偿装置的传递函数 $G_4(s)$ 使系统完全不受可测干扰的影响。然而，误差全补偿条件式(4-96)在物理上往往无法准确实现，因为对由物理装置实现的 $G_1(s)$ 来说，其分母多项式次数总是大于或等于分子多项式的次数。因此，在实际使用时，多在对系统性能起主要影响的频段内采用近似全补偿，或者采用稳态全补偿，以使前馈补偿装置易于实现。

从补偿原理来看，因为前馈补偿实际上是采用开环控制方式去补偿可测量的干扰信号，所以前馈补偿并不改变反馈控制系统的特性。从抑制扰动的角度来看，前馈控制可以减轻反馈控制的负担，所以反馈控制系统的增益可以取得小一些，以有利于系统的稳定性。

4.8.3　船摇前馈的实现方法

船载微波统一测控系统不同于陆地站的地方在于它既有目标前馈补偿，又有船摇前馈补偿。船载伺服控制系统一般按二阶无静差系统设计，由于受到伺服带宽限制，加速度常数 K_a 不可能做得很大，所以当目标或船摇加速度比较大的时候会出现比较大的动态滞后。目标前馈用于补偿由于目标运动的加速度而引起的伺服控制系统滞后误差；船摇前馈用于补偿由于船摇的加速度而引起的伺服控制系统滞后误差。对于船摇速度前馈，可将目标看作是静止不动的，目标速度、加速度都为零，在这种假设条件下计算出船摇速度补偿信息。对于目标速度前馈可看作船摇已采取措施被有效地隔离了，从而可以像陆地设备一样采用惯性坐标系中的补偿公式进行计算。

前馈信号由不同地方加入，目标前馈一般在稳定回路输入口上加入，船摇前馈一般在速度回路输入口上加入，如图 4-35 所示。

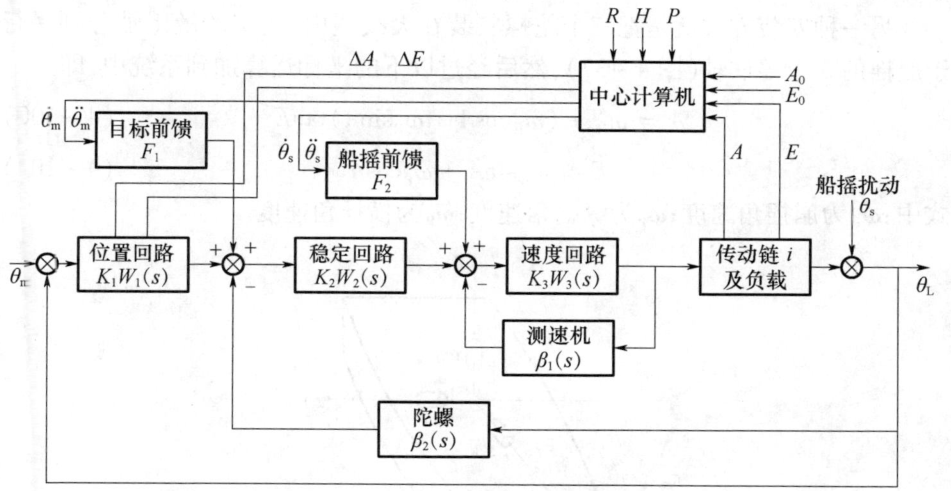

图 4-35　目标/船摇前馈框图

船摇前馈包括中心机船摇前馈和陀螺船摇前馈。中心机船摇前馈就是利用惯导设备提供的船摇数据，经计算机坐标变换和数值变换得到船摇前馈速度补偿信号。在自跟踪时，将船摇前馈速度补偿信号加入天线甲板速度环路，起到抑制扰动的作用。陀螺船摇前馈是在船载微波统一测控系统天线座中安装若干个速率陀螺来敏感船或者天线摇摆的角速度，然后将速度补偿信号加入天线甲板速度环路。由于前馈陀螺能实时测量船的角速度量，其测量精度、实时性都要略优于中心机船摇前馈。这里主要讨论前馈陀螺的两种安装形式以及分析其在船载伺服控制系统中的船摇隔离效果。

如果将前馈陀螺安装用在船载伺服控制系统中，需要将陀螺安装在天线座里面，主要有两种安装方式。一种安装方式（图 4-36）是把两个陀螺装在随方位大盘转动的俯仰箱内壁上，一只平行于俯仰轴，另外一只垂直于俯仰轴并

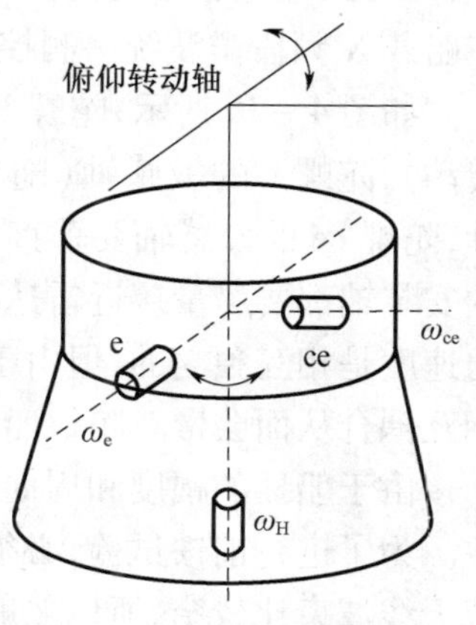

图 4-36　前馈陀螺安装方式一

与方位大盘转动平面平行，可以随着大盘的转动而转动，艏摇的陀螺安装在方位底盘不动的部分上。

船摇的角速度量换算到方位轴和俯仰轴上的角速度为

$$\dot{A} = \omega_H + \omega_{ce}\tan E \tag{4-98}$$

$$\dot{E} = \omega_e \tag{4-99}$$

式中：ω_H为艏摇角速度；ω_e为船摇引起的俯仰轴转动角速度；ω_{ce}为船摇引起的垂直于俯仰轴的方位大盘摇摆角速度。

另一种安装方式就是把三个陀螺安装在天线座内，陀螺的敏感轴分别平行于船摇的3个摇摆轴（图4-37），然后经过以下的坐标运算加到系统中，即

$$\dot{A} = \omega_H + (\omega_R\cos A + \omega_P\sin A)\tan E \tag{4-100}$$

$$\dot{E} = \omega_R\sin A + \omega_P\cos A \tag{4-101}$$

式中：ω_H为艏摇角速度；ω_P为纵摇角速度；ω_R为横摇角速度。

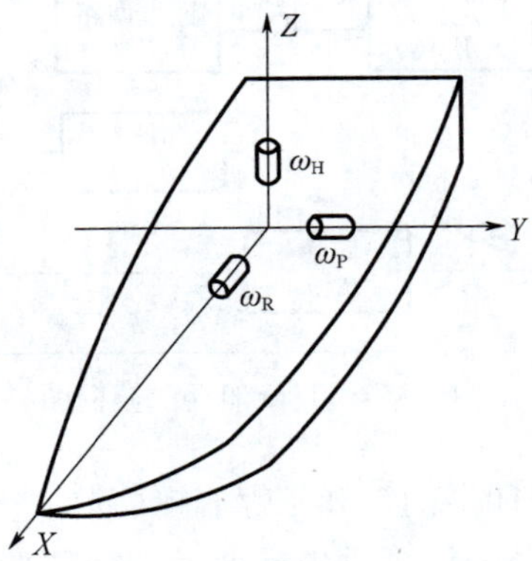

图4-37　前馈陀螺安装方式二

相比于前馈陀螺安装方式二，方式一转换公式比较简单，所以该种方式首先在船载X频段微波统一测控系统中得到成功应用。

如图4-36所示，陀螺H的敏感轴要平行于雷达方位轴（但不随方位大盘转动），陀螺e的敏感轴（随方位大盘转动，但不随俯仰轴转动）要平行于俯仰轴，陀螺ce的敏感轴要垂直于俯仰轴并在方位大盘转动平面内，并且3个陀螺的安装轴都要尽量接近雷达的三轴旋转中心。由于理想状态下3个陀螺敏感的角速度是相互独立的，但由于安装精度不高或结构变形将导致角速度之间产生相互耦合从而会影响陀螺船摇前馈补偿的效果。

由于船摇的幅度和周期都是随机的，在这种情况下很难调整最佳的前馈系数。为了进行前馈试验，必须采用船舶生摇的办法，考虑到船载微波统一测控系统天线波束比较窄，所以船舶生摇的幅度不能太大，约为3°~5°，船舶横摇的固有周期约为12s，其运动规律近似正弦运动，但并不十分规则。

在测试船摇隔离度时，释放了一个信标球，为了较好测量方位的船摇隔离度，通过调整航向，使天线稳定跟踪信标球时方位的甲板角度正对着船艏或船尾，此时方位摇摆的幅度大约为横摇角乘以 tna$E$，如果俯仰角为 45°，则方位摇摆幅度与横摇的摇摆幅度是一样的。而在测量俯仰的船摇隔离度时，应使甲板的方位角为 90°或 270°，此时俯仰的摇摆幅度与横摇的摇摆幅度是一样的。具体测试结果如表 4－2 所列。

表 4－2　船载微波统一测控系统船摇隔离度测试结果

模式	方位船摇隔离度/dB	俯仰船摇隔离度/dB
自跟踪环＋陀螺反馈	39.6	39.8
自跟踪环＋陀螺前馈	43.8	45.8
自跟踪环＋陀螺反馈＋陀螺前馈（总隔离度）	52.1	55.3

由于船载 X 频段微波统一测控系统的波束宽度比较窄，单独测试自跟踪环船摇隔离度时很容易丢失目标，所以未能单独分离出“陀螺前馈”“陀螺反馈”单独隔离效果，但从测试结果看，“自跟踪环＋陀螺前馈”的船摇隔离效果优于“自跟踪环＋陀螺反馈”4～6dB，而总隔离度达到了 52dB，完全满足指标要求。至于船摇前馈的使用策略，可按如下原则使用：假设“自跟踪环＋陀螺反馈”的隔离效果为 40dB，且船舶横摇大于纵摇，则船舶横摇幅度（峰—峰值）大于 2°建议使用船摇前馈。

参考文献

[1] 沈民谊，蔡镇远．卫星通信天线馈源和跟踪系统．北京：人民邮电出版社，1993.

[2] 瞿元新，黄国雄．航天测量船测控通信设备船摇稳定技术．北京：国防工业出版社，2009.

[3] 刘胜，彭侠夫，叶瑰．现代伺服系统设计．哈尔滨：哈尔滨工程大学出版社．2001.

[4] 李连升．现代雷达伺服控制．北京：国防工业出版社，1987.

[5] 李连升．雷达伺服系统．北京：国防工业出版社，1983.

[6] 赵业福，等．无线电跟踪测量．北京：国防工业出版社，2003.

[7] 夏福梯，等．防空导弹制导雷达伺服系统．北京：宇航出版社，1996.

第5章 测距技术

5.1 概　述

测距是指地面测控站至航天器之间的径向距离，它是航天器轨道测量的元素之一。

船载微波统一测控系统的测距是将一定形式的测距信号调制在连续载波上，比较接收测距信号与发射测距信号的时延求得距离。上述的一定形式的测距信号，是指具有特殊时刻标志（如正弦波的过零点）或相位标志的信号，这类连续波测距信号的特点是存在相位模糊，所以距离解模糊是连续波测距的一个特殊的问题。目前连续波测距信号主要有三种：纯侧音信号（正弦单频或方波信号），伪随机码信号（简称伪码信号，英文缩写为 PN 码）和音码混合信号（纯侧音信号与伪随机码信号的混合），此外还有基于类似原理的扩频测距、载波测距等，本章主要介绍侧音测距、伪码测距、音码混合测距及扩频测距，而载波测距在 GPS 中应用较多，可参阅相关资料。

距离测量的基本原理是利用电磁波在空间的传输特性，测量收发信号的相对时延，从而得出测控站和目标之间的距离值。假定目标和测站之间的距离为 R，则有

$$R = \frac{c}{2}\tau \tag{5-1}$$

式中：c 为电磁波在自由空间的传播速度，其值等于光速，一般取为 299792458m/s；τ 为信号在测站和目标之间的往返时延。

很多情况下，往返信号的相对时延是通过测量相位差来实现的。以正弦测距信号为例，如果其频率为 f_R 则对应的相位启为

$$\Phi = 2\pi f_R \tau = 4\pi \frac{Rf_R}{c} \tag{5-2}$$

由此可得

$$R = \frac{c\Phi}{4\pi f_R} \tag{5-3}$$

5.2 侧音测距

在侧音测距系统中,测距信号由一系列正弦波组成。这些正弦波被称为侧音,其中频率最高的侧音被称为主音,其余侧音被称为次音。在船载微波统一测控系统中,侧音调制在载波上,由测控站发送至应答机,应答机对侧音进行解调和再生转发,返回地面。测控站提取下行侧音的相位,同上行侧音进行比较,得出相位差,获取距离值。

5.2.1 信号设计

假设一个角频率为 ω 的信号为

$$s(t) = A\sin\omega t \tag{5-4}$$

其自相关函数为

$$R(\tau) = \frac{A^2}{2}\cos\omega\tau \tag{5-5}$$

显然, ω 越大,$R(\tau)$越尖锐,对应的距离测量精度为

$$\sigma_R = \frac{1}{\sqrt{2}\omega\ \sqrt{\mathrm{SNR}}} \tag{5-6}$$

式中:SNR 为信噪比。由此可知,在同样的信噪比的情况下,侧音的频率越高,其测距精度也就越高。所以,为了保证距离测量的精度,必须使用高频率的侧音。但是,最高侧音的频率会受到以下因素的制约:

(1) 高频率的侧音波长较短,目标至测站的距离包含很多个波长,而我们只能测量 360°以内的相位,无法确定所包含的波长的个数,最终获得的只能是距离值的零头,这个问题称为距离模糊问题。

(2) 为获得大的无模糊距离,必须采用频率较低的侧音,这就带来了保精度和解模糊之间的矛盾。为解决这一矛盾,侧音测距系统采用一系列的正弦波相互配合。用频率最高的侧音(主音)保精度,用频率最低的侧音解模糊,中间的侧音辅助完成匹配过程。

(3) 最高侧音频率选择受制于信道的带宽,同时最高侧音和最低侧音的频率差越大,需要的中间匹配侧音就越多,设备就越复杂。最低侧音的频率越低,无模糊距离越大,但产生这个侧音的难度相应增大。

5.2.2 侧音的组合方式

所谓侧音的组合方式,即合理地选择各侧音间的频率关系和幅度关系,以满足系统的设计指标。

根据测距的精度要求和最大无模糊距离的要求，可以很快求出对应的最高侧音频率和最低侧音频率。由于最高侧音和最低侧音频率相差较大，二者不能直接进行匹配，因此还需再插入中间匹配侧音信号，它们的频率按等比级数配置，就可得一组等比音。

$$\frac{\omega_1}{\omega_2} = \frac{\omega_2}{\omega_3} = \cdots = \frac{\omega_{N-1}}{\omega_N} = M \tag{5-7}$$

在给定正确匹配概率的条件下，其他侧音频率的正确选择，需要对侧音间的频率比、功率分配进行合理的综合。M 值越大，所需的侧音数目少，设备简单，但要求各侧音功率大，信道稳定，才能保证正确的匹配概率。M 值小，则各侧音所需的功率小，并可降低对信道稳定性的要求，但侧音数目相对增加，设备也变得复杂。在很多测距系统中都按照等比级数法进行频率配置。在船载 S 频段微波统一测控系统中，采用的侧音频率为 100kHz、20kHz、4kHz、800Hz、160Hz、32Hz、8Hz、2Hz、0. 5Hz，侧音频率比为 5，最后三个侧音频率比为 4。利用等比级数法配置侧音频率，具有易实现、简单、可靠的优点。但是占用的频谱较宽，同时调制在载波上的较低频率的侧音容易对载波跟踪环形成干扰。另外，由于匹配音不参加精测，所以功率利用率不高。

因考虑到上、下行载波尚要供测速、调制遥控和遥测副载波使用，有必要压缩侧音占用的频谱宽度。在船载 S 频段微波统一测控系统中，将 4kHz、800Hz、160Hz、32Hz、8Hz、2Hz、0. 5Hz 这 7 个次音，分别采用混频办法将频率搬移到 16kHz 附近，以避免干扰作为测速用的残余载波分量。具体来讲，将 4kHz 与 20kHz 折叠，产生 16kHz 折叠音，再将 800Hz 以下的侧音分别与 16kHz 折叠产生 16. 8kHz、16. 032kHz、16. 008kHz、16. 002kHz 以及 16. 0005kHz 折叠音。

5. 2. 3　侧音测距的设计

1. 侧音测距模块设计

侧音测距模块由侧音产生器、侧音跟踪环和相位提取及数据处理等部分组成，测距模块信号流程图如图 5 – 1 所示。

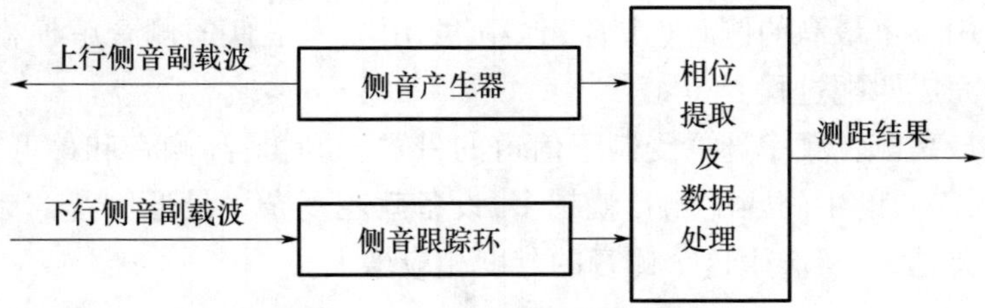

图 5 – 1　测距模块信号流程图

侧音产生器产生的侧音信号经上行 PM 调制输出，再上变频到射频后由天线发射，应答机相干转发后的 PM 信号经基带设备解调出测距副载波，送到侧音跟踪环解调出侧音相位，通过读取本地侧音产生器和侧音环的跟踪相位以及时间码，获取采样时刻各个侧音信号的相位延迟，完成距离捕获跟踪。

侧音产生器用于产生上行侧音信号，采用全数字化方式实现。考虑到信号返回时侧音相位差的采集问题，需要有多个侧音产生器同时工作，发送某个侧音时只要将对应的输出开关打开即可，信号返回时虽然上行侧音有可能已经停止发送，但上行侧音 NCO 仍然在按照既定频率进行累加，需要采集某个侧音相位时可直接使用。

侧音跟踪环如图 5-2 所示。环路跟踪精度取决于两个方面，随机相位误差和稳态相位误差，它们的大小均与带宽有关，随机相位误差与带宽成正比，即带宽越大，随机相位误差就越大；而稳态相位误差与带宽成反比，即带宽越大，稳态相位误差越小。

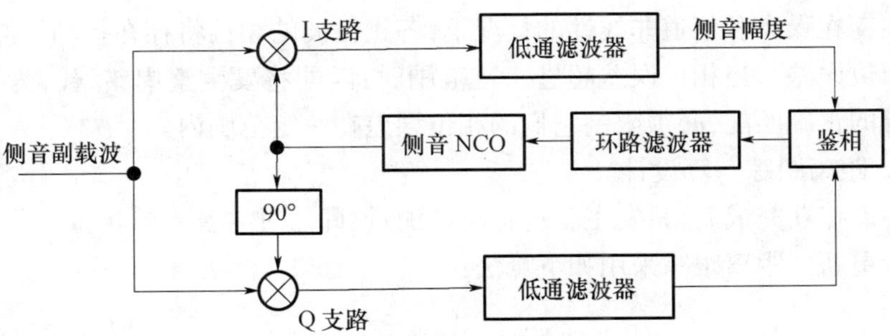

图 5-2　侧音跟踪环

2. 距离解模糊流程

首先，测控站先单独发出主音，当测控设备捕获到主音后由锁相环产生出返回主音的复制信号。测控站将往、返主音比相，计算出测距的尾数，并且由主音复制品分频得出那些较低的测距侧音的复制品；然后测控站将第一个次音和主音同时发送，经过一段时间后，使其与相应的复制品达到相位匹配；接着停止发送第一个次音而发送第二个次音。一直继续重复以上相位匹配过程，直到所有的次音都依次发送完毕，而且所有返回侧音的复制品都已达到相位锁定并将距离确定为止。在整个测距过程中，主音是要一直连续发送的，次音在距离捕获后停止发送，测距系统开始只使用主音连续进行距离尾数的测量工作。

下面以船载 S 频段微波统一测控系统为例，说明侧音测距系统的工作过程。

距离捕获时，首先发送最高次音 20kHz。分别获取返回的主音、次音与本地主音、次音之间的相位差，分别记为 Φ_{100k} 和 Φ_{20k}。在不考虑噪声和信道非线性的情况下，并假定系统不存在其他误差，由于主音和次音经过了相同的时延且频率之比为 M，所以应有

$$\Phi_{100k} = M\Phi_{20k} \tag{5-8}$$

由于距离模糊的存在，通过 Φ_{100k} 和 Φ_{20k} 得到的只能是真实距离的零头。但 20kHz 的波长是 100kHz 的 5 倍，可以首先确定 Φ_{20k} 所对应的时延内包含有多少个 100kHz 的整周期，然后逐级上推，最终得到无模糊的距离值。对 Φ_{100k} 和 Φ_{20k} 进行匹配，可首先获得

$$N_1 = \mathrm{INT}\left[\frac{M\Phi_{20k} - \Phi_{100k}}{2\pi}\right] \tag{5-9}$$

式中：INT 为取整运算。

然后，再发送下一个次音 4kHz，对 Φ_{20k} 和 Φ_{4k} 作匹配处理，获得其中包含的 20kHz 次音的整周期个数。以此类推，实现距离解模糊。

距离捕获完成后，主音 100kHz 始终连续发送，并通过主音跟踪环路得到连续的相位差 Φ_{100k}，实现对距离的连续测量。

在存在噪声和信道非线性的情况下，各正弦波的相位将存在抖动和漂移，即存在相位误差。当相位误差超过一定范围时，匹配将发生整周错误。为了保证各侧音的正确匹配，必须限制它们的相位误差在一定范围内。

3. 距离跟踪解算设计

距离捕获完成后，只发主音进行距离测量，即通过主音当前相位测量值对距离进行更新。距离跟踪采用如下算法：

$$R_{n+1} = R_n + \frac{1}{2} \times \frac{\Delta\Phi_{n+1}}{360°} \times \lambda_1 \tag{5-10}$$

式中：R_{n+1} 为 $n+1$ 时刻对飞行器的距离测量值；R_n 为 n 时刻对飞行器的距离测量值；$\Delta\Phi_{n+1}$ 为主音在 $n+1$ 时刻测量相位 Φ_{n+1} 相对 n 时刻测量相位 Φ_n 的增量；$\lambda_1 = C/f_1$ 为主音波长。

由于相位取值在 0°～360°之间，考虑到相位测量值的进周问题，$\Delta\Phi_{n+1}$ 的取值为

$$\Delta\Phi_{n+1} = \begin{cases} \Phi_{n+1} - \Phi_n & \text{当} \left|\Phi_{n+1} - \Phi_n\right| \leqslant 180° \\ \Phi_{n+1} - \Phi_n - 360° & \text{当} \ \Phi_{n+1} - \Phi_n > 180° \\ \Phi_{n+1} - \Phi_n + 360° & \text{当} \ \Phi_{n+1} - \Phi_n < -180° \end{cases} \tag{5-11}$$

通过以上算法，可以不断利用新得到的主音相位测量值对飞行器距离进行更新，完成距离跟踪。考虑到卫星运动的最大速度为 16.7km/s，设计的相位数据采样率为 200Hz，则在两次采样间隔 5ms 内，因飞行器运动产生的最大双向距离变化为 167m，对应 100kHz 主音的相位变化约为 20.0°，不会产生跳周距离模糊问题。

如果飞行器相对于测控站的距离大于最低侧音的最大无模糊距离，这时需要根据飞行器相对于测控站的距离预报值 R_p 对最低侧音所测相位对应的一个周期内距离值解距离模糊，得到无模糊空间距离值。

5.3 伪码测距

纯侧音测距体制虽然可以满足测距的要求，但最大无模糊距离仅为最低侧音的半波长。如最低侧音频率为8Hz、2Hz、0.5Hz时，其最大无模糊距离为

$$R_{\max(8\text{Hz})} \leqslant 1.875 \times 10^4 \text{km}$$

$$R_{\max(2\text{Hz})} \leqslant 7.5 \times 10^4 \text{km}$$

$$R_{\max(0.5\text{Hz})} \leqslant 3.0 \times 10^5 \text{km}$$

月球与地球之间距离约3.8×10^5km，即使采用0.5Hz的次音测距最大无模糊距离也只有30万km。而采用二进制的伪随机序列作为测距信号就能做到更大的无模糊距离。如对0和1的出现赋于一定的周期规律，并使其具有随机序列的特性，该序列即为伪随机序列，也称伪随机码（简称伪码）。

伪码测距信号具有良好的周期自相关特性，其测量精度取决于码元宽度，周期可设计为任意长，无模糊距离和码长成正比。最大无模糊距离为

$$R_{\max} = \frac{c}{2} P \Delta \tag{5-12}$$

式中：c为电波传播速度；P为伪随机码一个周期的码元数（又称为码长）；Δ为码元宽度。

5.3.1 伪码的概念及其性质

5.3.1.1 序列、波形和码

由0和1组成的二元序列可以用波形进行模拟，如“0”元素用一定宽度和振幅的正电压来表示，而“1”元素用同一宽度和振幅的负电压来表示，如图5－3所示。通常把二元序列中元素称为比特，其持续时间称为比特长度；而其对应的二元波形中元素称为码元，其持续时间称为码元长度。

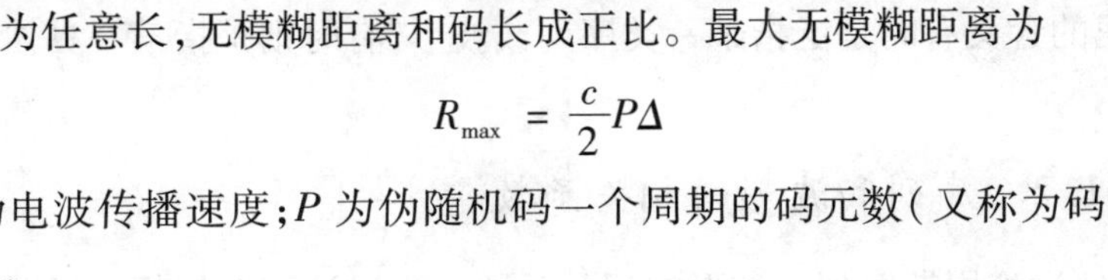

图5－3 二元序列与二元波形的对应关系

二元序列与二元波形之间有一一对应的关系，因此，二元序列与二元波形可以看成同一事物的两种不同表示方法。一般而言，在进行理论分析时，宜采用二元序列表示方法，而在讨论具体实现系统时，宜采用二元波形表示方法。

序列的运算与波形的运算也存在相对应的关系，两个二元序列的逐项模 2 和(异或)运算等效于它们相对应的二元波形的相乘，如图 5-4 所示。

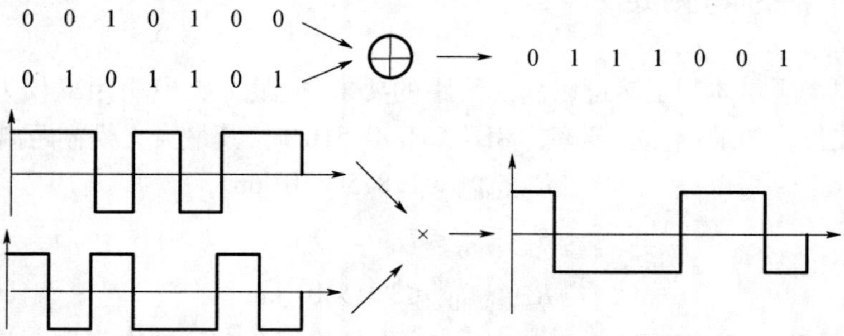

图 5-4　序列模 2 和运算与波形相乘运算的对应关系

序列及其波形可以用来代表消息。在编码理论中，把代表消息的个别序列或波形叫做一个码字(不代表消息的序列或波形的称为字)；而把由一组码字所组成的总体叫做码。本书中只是简单地把码理解为同一序列或波形的总称，也就是说，码的含义有时是泛指某一类序列或波形，有时则是指某一具体的个别序列或波形。

5.3.1.2　序列和波形的相关函数

这里仅讨论周期序列与波形的相关函数。先讨论波形的相关函数。两个周期均为 T 的周期波形 $S_1(t)$ 与 $S_2(t)$ 之间的互相关函数 R 定义为

$$R(\tau) = \frac{1}{T}\int_0^T S_1(t)S_2(t-\tau)\mathrm{d}t \tag{5-13}$$

式中：τ 为波形的时延参量。当 $S_1(t)=S_2(t)$ 时，R 就成为波形的自相关函数。

两个不同周期的周期波形之间的互相关函数定义为

$$R(\tau) = \frac{1}{T_1T_2}\int_0^{T_1T_2} S_1(t)S_2(t-\tau)\mathrm{d}t \tag{5-14}$$

式中：T_1 和 T_2 分别为 $S_1(t)$ 和 $S_2(t)$ 的周期。

周期序列的相关函数是针对由“1”和“-1”组成的二元序列定义的。两个周期都是 p 的周期序列 $\{a_n\}$ 与 $\{b_n\}$ 之间的互相关函数定义为

$$R(\tau) = \frac{1}{p}\sum_{n=1}^{p} a_n b_{n-\tau} \tag{5-15}$$

式中：a_n、b_n 取值 ±1，而时延 $\tau=0, \pm1, \pm2, \cdots$。当 $\{a_n\}=\{b_n\}$ 时，R 即为序列的自相关函数。

同理，两个不同周期的周期二元序列之间的互相关函数定义为

$$R(\tau) = \frac{1}{[p_1,p_2]}\sum_{n=1}^{[p_1,p_2]} a_n b_{n-\tau} \tag{5-16}$$

式中:p_1和p_2分别是$\{a_n\}$和$\{b_n\}$的周期,$[p_1,p_2]$表示p_1和p_2的最小公倍数。

若p_1和p_2互素,则式(5-16)变成

$$R(\tau)=\frac{1}{p_1p_2}\sum_{n=1}^{p_1p_2}a_nb_{n-\tau} \tag{5-17}$$

式(5-15)~式(5-17)是针对±1二元序列定义的,对由0、1组成的二元序列则不适用。为了使上述定义也适用于0、1序列,须对它们做适当修改。在式(5-15)~式(5-17)中,当两个参加相关运算的序列的对应元素(如a_k与$a_{k-\tau}$)相同时(即a_k与$a_{k-\tau}$均为1或-1),它们的乘积为1;反之,当两个参加相关运算的序列的对应元素相反时(一个为1,另一个为-1),它们的乘积为-1。因为对应元素相乘的结果只有这两种情况,不可能有别的情况,因此两个二元序列的互相关函数可写成

$$R(\tau)=\frac{A-D}{A+D}=\frac{A-D}{N} \tag{5-18}$$

式中:A表示两序列对应元素相同的个数,D表示两序列对应元素不同的个数,$N=A+D$则表示相关的元素总数,$N=p$或$[p_1,p_2]$或p_1p_2,由式(5-18)表示的相关函数不仅适用于由1和-1组成的二元序列,同时也适用于由0和1组成的二元序列。

对由0和1元素组成的二元序列求相关函数时,可先求出两序列的模2加序列,然后将和序列中0的个数减去1的个数,两者之差除以N就是相关函数。

为计算两个周期互素的序列之间的互相关函数,先要把它们化成周期相同的序列,然后再求这两个新序列之间的互相关函数。假设第一个序列的周期为p_1,第二个序列周期为p_2,且$(p_1,p_2)=1$,即p_1和p_2互素,则将第一个序列(用循环序列表示)重复p_2次,而将第二个序列(用循环序列表示)重复p_1次,这样就可以求出这两个长度为p_1p_2的新序列之间的互相关函数。通过计算分析可得如下结论:

(1) 两个周期互素的周期序列之间的互相关函数也是一个周期序列,其周期与较短的序列周期相同。

(2) 两个周期互素的周期序列之间的互相关函数是一个常数。

这两点结论,对伪码(m序列)也同样成立。

5.3.1.3 伪随机序列的定义及基本特性

一般而言,如果一个确定序列(即预先可确定的,并且可重复实现的序列)具有某种随机序列的随机特性,则将这个序列称为“伪随机序列”。伪随机序列应具备以下三个随机特性:

(1) 在每一周期内,两种不同元素出现的次数最多相差一次。

(2) 在每一周期内,长度为n的游程出现的次数比长度为$n+1$的游程出现

的次数多一倍。

（3）伪随机序列具有双值自相关函数，即

$$R(\tau) = \begin{cases} 1 & \tau = 0 \\ -1/p & 1 \leqslant \tau < p-1 \end{cases} \tag{5-19}$$

式中：p 为序列周期（或长度）。

伪随机序列可用带有反馈的线性移位寄存器来产生，如图 5-5 所示。图中所示为一具有线性反馈逻辑的 n 级移位寄存器的原理框图。

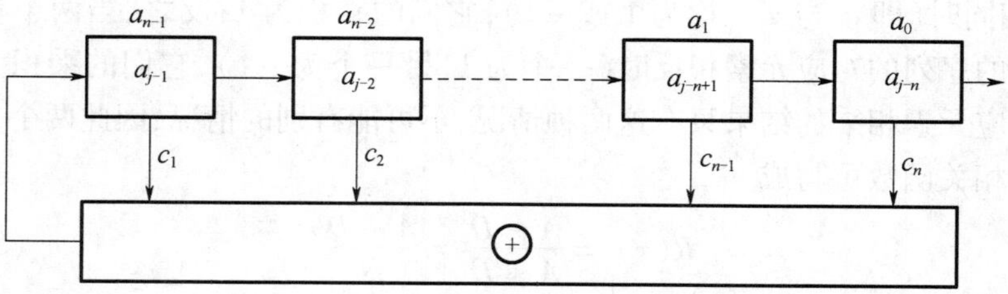

图 5-5　线性反馈移位寄存器原理框图

图 5-5 中 $a_{j-1}, a_{j-2}, \cdots, a_{j-n+1}, a_{j-n}$ 分别表示移位寄存器各级的状态；$c_1, c_2, \cdots, c_{n-1}, c_n$ 为逻辑反馈系数，c_i 的取值为（0,1）。

$$c_i = \begin{cases} 0 & \text{第 } i \text{ 条反馈不存在} \\ 1 & \text{第 } i \text{ 条反馈存在} \end{cases} \tag{5-20}$$

当 $j=n$ 时，线性移位寄存器的末级输出为 a_0，$j=n+1$ 时，输出为 a_1，随着 j 的推移，移位寄存器将输出一个周期为 P 的无穷序列。

$$\{a_j\} = \{a_0, a_1, a_2, \cdots, a_{P-1}, \cdots\} \tag{5-21}$$

可以看出，由线性反馈移位寄存器产生的伪随机序列，是与移位寄存器各级的初始状态和反馈系数 $c_1, c_2 \cdots c_n$ 有关的，且满足以下反馈逻辑关系式：

$$a_j = \sum_{i=1}^{n} \oplus c_i a_{j-i} \quad j = n, n+1, \cdots \tag{5-22}$$

5.3.1.4　m 序列

测距用的伪随机码序列，主要有 m 序列（最大长度线性移位寄存器序列）和 L 序列（二次剩余序列），而应用最多者为 m 序列。

m 序列伪码的自相关函数为

$$R(\tau) = \begin{cases} 1 - \left(1 + \dfrac{1}{p}\right)\dfrac{|\tau|}{\Delta} & |\tau| \leqslant \Delta \\ -\dfrac{1}{p} & \Delta \leqslant |\tau| \leqslant (p-1)\Delta \end{cases} \tag{5-23}$$

图 5-6 示出了这种自相关函数的图形，它是一个等腰三角形脉冲，底部宽为 2Δ，重复周期为 p，一般码的自相关函数为 τ 的偶函数。

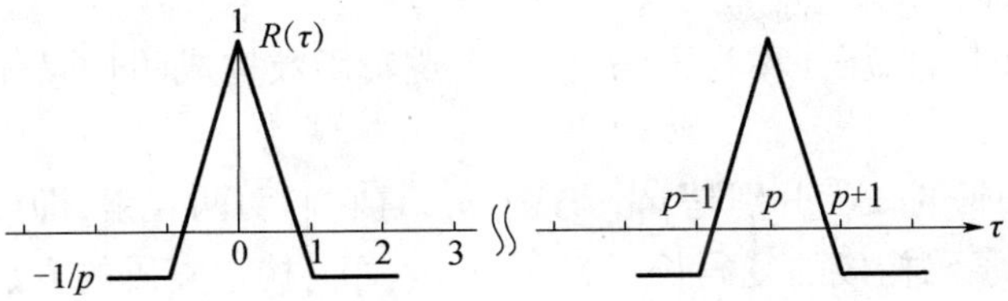

图 5－6　m 序列伪码的自相关函数

分析表明，当两个 PN 码时间相差一个码元以上时，输出接近零（为最大输出的 $1/p$，p 为伪码周期中的码元数，称为码长）；当时间差为零，即两序列完全对准时，输出最大；当时间差在正负一个码元以内时，相关值随着时间差而变化。在一个序列周期内，相关值只在一个码元宽度内有明显输出，为三角形，其他时间输出基本为零，相关特性为周期性的尖峰特性，称为相关峰。

5.3.1.5　复合伪随机码

1. 单一伪码测距所存在的主要问题

由一个线性移位寄存器所产生的伪码（包含 m 序列），称为单一伪码。由单一伪码测距，因伪码的周期可以很长，故可获得很大的无模糊距离。以码元宽度 $t_0 = 1\mu s$ 为例，序列的最大无模糊距离典型值如表 5－1 所列。

表 5－1　伪码序列的最大无模糊距离典型值

移位寄存器级数 n	伪码周期 $p = 2^n - 1$	最大无模糊距离/km	相应目标
14	16 383	2 400	地球卫星
22	4 194 303	625 000	月球
29	536 870 911	80 000 000	金星

当用伪码测距时，关键是测量接收码（回码）与本地码之间的相对时延 τ，而 τ 的测量是通过确定回码和本地码的相关函数峰值（即回码时延或初相）位置来进行的。相关函数峰值位置可以通过相关试探的方法来确定，具体步骤如下：先任选某一个初相（称为试探初相）的本地码，并求出它与回码的相关函数，这是第 1 次试探。若相关函数处于低电平，即无峰值出现，则选择下一个初相进行第 2 次试探，若相关函数仍未出现峰值，则继续进行第 3 次、第 4 次试探，……，直至最后求得相关函数峰值位置为止。若测距码的长度（周期）为 p，则一般来讲，需要进行 p 次相关试探，才能最后确定回码的正确时延 τ。

在深空测距中，不能直接使用单一伪码，主要原因是捕获时间太长。为了克服单一伪码在测距应用中的缺点，我们希望找到这样一种测距码：它既有很长的周期，可保证很大的无模糊距离，同时又能快速捕获。这种测距码，便是下面要研究的“复合伪码”，简称“复码”。

2. 复码的基本概念

由两个以上的短码（称为子码）按一定逻辑函数构成的长码称为复码（或复合码或组合码）。

设 n 个子码的长度分别是 $p_1, p_2, \cdots, p_n$，且它们两两互素，即 $(p_i, p_j) = 1, i \neq j$，则由这几个子码构成的复码长度为 $p = p_1 p_2 \cdots p_n$，构造复码的方法一般是将第 i 个长度为 p_i 的子码复重 p/p_i 次，然后根据给定的复码与子码之间的逻辑函数关系式逐项确定复码的元素。

当两个子码 a 与 b 的长度 p_a、p_b 互素，可以用不同方法构成复码，且 0 和 1 出现的概率是相同的。构造复码的逻辑关系是多种多样的，可以是相乘 $x = a \cdot b$，也可以是模 2 加运算，$x = a \oplus b$。

为研究复码的相关函数，这里先介绍一下用概率表示序列相关函数的方法。在前面已介绍过序列的自相关函数可表示成以下形式

$$\rho(\tau) = \frac{A - D}{p} \tag{5-24}$$

式中：A 和 D 分别表示在模 2 加序列中的每一周期 p 内 0 和 1 的个数。这个公式可表示成概率形式：

$$\rho(\tau) = \frac{A - D}{p} = \frac{A}{p} - \frac{D}{p} = P_{和}(0) - P_{和}(1) \tag{5-25}$$

这里 $P_{和}(0)$、$P_{和}(1)$ 分别表示模 2 加序列中 0 和 1 的出现概率。因此，只要能够求出模 2 加序列中 0 和 1 出现概率，便可直接用式（5-25）求两序列的相关函数，且式（5-25）对序列自相关函数和互相关函数都适用。

3. 模 2 加复码及其自相关函数

用若干个子码组合而成的复码的形成可以是多种多样的，其中由子码的模 2 加构成的复码被称为模 2 加复码。模 2 加复码有一个很重要的特征，就是自相关函数可简单地表示成子码自相关函数的乘积。由于序列之间的模 2 加对应于波形之间的相乘，因此模 2 加复码实际上是子码之间的调制复码。正由于模 2 加复码具有这一重要特性，使其在测距中得到广泛应用。由它们构成的模 2 加复序列为

$$x = a \oplus b \tag{5-26}$$

序列 x 与其位移序列 x_τ 的模 2 加序列记为

$$H = x \oplus x_\tau = (a \oplus b) \oplus (a_\tau \oplus b_\tau) = (a \oplus a_\tau) \oplus (b \oplus b_\tau) \tag{5-27}$$

通过分析可得以下结论：由两个周期互素的序列组成的模 2 加复序列的自相关函数等于其子序列自相关函数的乘积，即

$$\rho_x(\tau) = \rho_a(\tau)\rho_b(\tau) \quad \tau = 0, \pm 1, \pm 2, \cdots \tag{5-28}$$

以上结果可推广至多个子码的情况。设

$$x = a \oplus b \oplus \cdots \oplus c \tag{5-29}$$

则复码 x 的自相关函数为

$$\rho_x(\tau) = \rho_a(\tau)\rho_b(\tau)\cdots\rho_c(\tau) \quad \tau = 0, \pm 1, \pm 2, \cdots \tag{5-30}$$

根据模 2 加复码的自相关函数与子码自相关函数之间的关系，可画出复码自相关波形图。

5.3.2 伪码测距的原理

伪码测距可分为单码测距和复合码测距两种。复合码测距系采用几个短单码用一定的逻辑组合方法组合成长的 m 序列。

令 R_m 为双程最大待测距离，Δ 为码元时间宽度，则有

$$p \geqslant \frac{R_m}{c \cdot \Delta} \tag{5-31}$$

式中：c 为光速。伪随机码用于测距或扩频时，p 的计量单位用 chip（片）代表。

PN 码周期为

$$T = p \cdot \Delta = R_m / c \tag{5-32}$$

如 $R_m = 8 \times 10^4$km，$\Delta = 100$ns，则

$$p \geqslant \frac{8 \times 10^7}{(3 \times 10^8) \times (200 \times 10^{-9})} = 2.667 \times 10^6 (\text{chip}) \tag{5-33}$$

若采用单码时，移位寄存器的级数 n 必须为 22 级以上。

若采用复合码时，令 j 个子码长各为 $p_1, p_2, \cdots, p_j$，则复合码码长为

$$p = \prod_{i=1}^{j} p_i = p_1 \cdot p_2 \cdot \cdots \cdot p_j \tag{5-34}$$

式中：子码长度 p_i 互素。

如美国的“阿波罗”测控系统，测距码为 5 个子码组成的复合码，各子码码长：$C_L = 2$、$A = 11$、$B = 31$、$C = 63$、$D = 127$。由于各子码码长是互素的，所以由它们组成的复合码的码长 p 就是各子码码长的最小公倍数（各子码码长的积）：

$$p = \prod_{i=1}^{n} p_i = 2 \times 11 \times 31 \times 63 \times 127 = 5456682 \tag{5-35}$$

复合码的捕获时间为各子码单独捕获时间之和，就是说，各子码捕获了，整个复合码就捕获了。假定，每个码元的捕获时间为 $\tau_0 = 0.1$s，则复合码的捕获时间为

$$T_{复} = \left(\sum_{i=1}^{n} p_i\right)\tau_0 = 23.4\text{s} \tag{5-36}$$

而与复合码码长相同的单一伪码的捕获时间为

$$T_{单} = p\tau_0 = \left(\prod_{i=1}^{n} p_i\right)\tau_0 = 545668.2\text{s} \tag{5-37}$$

由于 $T_{单} \gg T_{复}$，所以在一般伪码测距体制中，单一伪码的测距信号形式很少用。伪码测距的测距精度，取决于码元宽度（与码钟对应），码元宽度越小测距

误差越小，而码长决定其无模糊距离。

复合 PN 码对载波的调制在 TT&C 系统中仍采用调相，若令 PN 码为 $C(t)$，$C(t)=\pm 1$，$\Delta\Phi$ 为调制指数，则调制后发方发出的信号为

$$s(t)=A\cos[\omega_c t+\Delta\Phi\cdot C(t)] \tag{5-38}$$

收方接收 $s(t)$ 信号采用相关接收，一般采用视频相关法。即收方解调出 PN 序列基带信号之后，再和本地跟踪 PN 序列相关，也称为基带相关。

单码相关检出是复合码相关检出的基础，复合码靠每个子码单独相关，最后完成整个复合码相关。

设复合码的构造为 $X\cdot Y\oplus 2C_L$。其中，X、Y 为 PN 子码，令子码 Y 长大于子码 X 长，C_L 为钟码，Δ 为 PN 码的码元宽，如取 2 倍钟，则复合码为 $X\cdot Y\oplus\Delta$。先对钟和子码分配相关值，如钟捕获后的相关值为 1/2，则 X、Y 子码捕获后的相关值分别为 1/4，总相关值为 1。先对钟进行捕获，钟未捕获时，总相关值为零；钟捕获完成后，相关值跃变为 1/2；然后对子码 X 进行捕获，用跳位或步进方式改变 X 子码产生器的输出相位，直到本地子码和接收到的子码对齐，相关值增到 3/4；最后对子码 Y 进行捕获，当所有本地子码和收到的子码都对齐后，相关值上升到 1.0 时，复合码的捕获过程即完成。

此后，即可开始测距，选择全“1”作为测距信号标记样值，记录发码发出全“1”的时刻，并启动时间测量器开始计时，当收到码出现全“1”图形时，本地跟踪码也产生全“1”图形。用此图形时刻关闭时间测量器计时，即测出双程时延 τ。

5.3.3 伪码测距的设计

1. 伪码测距流程

目前，航天应用领域的测距以双向相干转发测距和双向相干再生测距为主。当飞行器距地面测控站较远，地面测控站发射的上行信号到达飞行器时，信号的信噪比极低，测距信号通常淹没在噪声里，飞行器应答机对测距信号的相干转发需要较宽的转发带宽，而转发带宽内的噪声功率将会与测距信号一起转发到测距下行链路，从而导致地面测控站接收的测距信号恶化严重，甚至可能引起测距失败。采用再生测距时，飞行器应答机对上行的测距信号进行环路跟踪，并发送纯净的测距下行信号，此时下行信号的相位受到测距环路带宽内的噪声的影响，但由于测距环路带宽远远小于相干转发时的转发带宽，因此，在信号十分微弱时，相干再生测距与相干转发测距相比将可以获得较大的性能增益。由于侧音测距和 ESA 标准的音码混合测距都有比较严格的距捕流程，不宜采用再生体制，而伪码测距则比较适合采用再生方式。

伪码测距流程如图 5-7 所示。在伪码测距中，测控基带发送的上行载波是对整形后的测距伪码信号进行相位调制。测控站接收解调下行载波，用本地产生的测距信号与接收的测距信号进行相关可得到测距信号的收发时延。

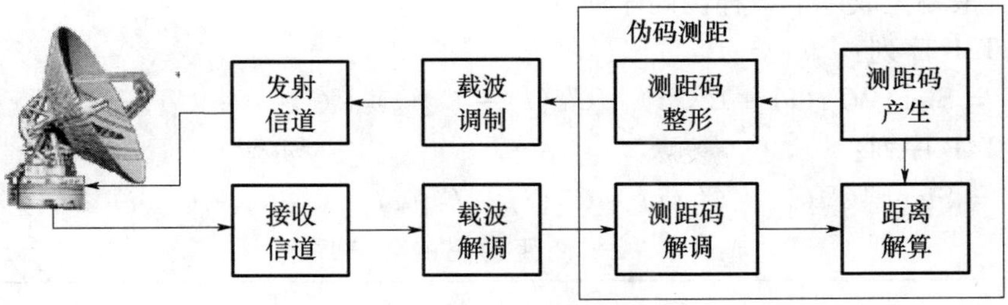

图 5-7　伪码测距流程

2. 伪码测距信号产生

伪码测距信号由测距时钟和测距伪码组合而成。

1）测距时钟

测距时钟是一个周期性的正弦波信号，为伪码测距信号中的主要分量，其频率与上行载波相关，与载波频率和测距伪码码率的关系为

$$F_{\mathrm{chip}} = 2F_{\mathrm{clock}} = \begin{cases} l \cdot \dfrac{f_{\mathrm{S}}}{128 \times 2^{k}} & S\text{ 频段上行} \\ l \cdot \left(\dfrac{221}{749}\right) \cdot \dfrac{f_{\mathrm{X}}}{128 \times 2^{k}} & X\text{ 频段上行} \end{cases} \tag{5-39}$$

式中：F_{chip}为以 Mchip/s 为单位的码速率；F_{clock}为以 MHz 为单位的测距时钟；f_{S}和f_{X}分别表示 S 波段和 X 波段的上行载波频率；$k=6$，$l=\{1,2,4,8,16,32,64\}$，或者 $l=2$，$k=\{8,9,10\}$。

地面站为了更好地协同工作，至少需要满足两种码速率：2Mchip/s（$l=8$，$k=6$），1Mchip/s（$l=4$，$k=6$）。

2）伪码结构

PN 测距标准中推荐了两种伪码用于再生伪码测距体制。两种码都属于同一类型的伪码，具有相似的结构，但在强度上有差别。第 1 种为权重平衡 Tausworthe 码（权重因子 $v=4$），简写为 T4B，该码具有较强的测距时钟分量，以稍长的捕获时间为代价获得较高的测距精度。因此，对于更关注测距精度的系统，建议采用 T4B 作为测距码。第 2 种为权重平衡 Tausworthe 码（权重因子 $v=2$），简写为 T2B，该码具有较弱的测距时钟分量，以更强的抖动为代价获得较短的捕获时间。因此，对于更关注捕获时间的系统，建议采用 T2B 作为测距码。

权重平衡 Tausworthe 码是利用 6 个二进制周期分序列的组合得到周期接近10^6码片的周期序列。第 n 个分序列的长度为 λ_n，$1 \leqslant n \leqslant 6$，$\lambda_1=2$，$\lambda_2=7$，$\lambda_3=11$，$\lambda_4=15$，$\lambda_5=19$，$\lambda_6=23$。第一个分序列是一个与测距时钟同频率的方波时钟，第 n 个分序列的第 i 个 Chip 表示为 $C_n(i)$，$0 \leqslant i < \lambda_n$。表 5-2 分别列出了各个分序列的一个周期（读取顺序为从左至右）。

将 $C_n(i)$ 表示为周期序列形式 $C'_n(i)$，$C'_n(i)=C_n(i \bmod \lambda_n)$，根据用户的

选择,最终生成以下 2 种伪码序列。

T2B 序列:

$$p(i) = \text{Sign}[2C'_1(i) + C'_2(i) - C'_3(i) - C'_4(i) + C'_5(i) - C'_6(i)] \quad (5-40)$$

T4B 序列:

$$p(i) = \text{Sign}[4C'_1(i) + C'_2(i) - C'_3(i) - C'_4(i) + C'_5(i) - C'_6(i)] \quad (5-41)$$

表 5-2 测距伪码的各分序列

	比特顺序
C_1	+1, -1
C_2	+1, +1, +1, -1, -1, +1, -1
C_3	+1, +1, +1, -1, -1, -1, +1, -1, +1, +1, -1
C_4	+1, +1, +1, +1, -1, -1, -1, +1, -1, -1, +1, +1, -1, +1, -1
C_5	+1, +1, +1, +1, -1, +1, -1, +1, -1, -1, -1, -1, +1, +1, -1, +1, +1, -1, -1
C_6	+1, +1, +1, +1, +1, -1, +1, -1, +1, +1, -1, -1, +1, +1, -1, -1, +1, -1, +1, -1, -1, -1, -1

以上介绍的两种测距码与各个分序列 $C'_n(i)$ 的相关系数 R_n 如表 5-3 所列,CCSDS 评估的测距码性能如表 5-4 所列。

表 5-3 测距码与各分序列的相关性能

n	λ_n	R_n	
		T2B	T4B
1	2	0.6274	0.9387
2	7	0.2447	0.0613
3	11	0.2481	0.0613
4	15	0.2490	0.0613
5	19	0.2492	0.0613
6	23	0.2496	0.0613

表 5-4 CCSDS 测距码主要性能参数

序列	周期 L	直流分量	测距时钟相关值 R_1	码片跳变密度	归一化捕获时间/s	σ/m
T2B	1009470	0.0014	0.6274	0.7099	706.3	0.4223
T4B	1009470	0.0003	0.9387	0.9415	11707.0	0.2833

测距时钟的相关系数是时钟分量强度的指示:相关系数越大,时钟分量的能量越大,其捕获速度越快,测量精度越高。由表 5-3 和表 5-4 可看出,T4B 序列的测量精度明显优于 T2B 序列,且 T4B 的直流分量更小,这是该序列的一个重要优点。同时在总的序列捕获时间性能上,T2B 序列明显优于 T4B 序列,但

其热噪声引起的测量误差较大。T2B 和 T4B 序列的周期均为 1009470chips，区别如下：①T4B 序列的测量精度高；②T4B 序列的直流分量小；③捕获时间 T2B ≪T4B；④T2B 序列对码率较高的遥测信号干扰大。

3. 伪码测距解调

伪码测距解调主要包括对测距码时钟分量的相位跟踪和用于测距码序列恢复的多个并行相关器。

分析测距码与其组成的各个分序列之间的相关特点，用 $\mathrm{cor}(n,m)$ 表示第 n 个序列分量与偏移 m 个 chip 的测距序列时的相关结果，则

$$\mathrm{cor}(n,m) = \sum_{i=0}^{1009469} p(i+m)C'_n(i) \tag{5-42}$$

式中：n 表示伪码分量序号，$1 \leqslant n \leqslant 6$，$m < \mathrm{Len}(n)$。

结果如下：

$\mathrm{Cor}(1,0) = 1009470R_1$。

$\mathrm{Cor}(1,1) = -1009470R_1$，$R_1$ 为测距时钟相关值。

$|\mathrm{Cor}(n,0)| \gg |\mathrm{Cor}(n,j)|$，$2 \leqslant n \leqslant 6$，$j \neq 0$。

观察发现，对于 C_1 即测距时钟分量来说，当 C_1 与测距分量 chip 偏移为 0 时，相关值为正值，否则为负值；对于 C_2 到 C_6 序列分量来说，只有当 chip 偏移为 0 时才能得到一个绝对值最大的相关值，在进行相关运算时，只要取得绝对值最大的相关值即可得到该序列分量与组合序列的相对关系。对于序列分量 C_n 来说，其与组合序列最多只需 $\mathrm{Len}(C_n)$ 次便可得到其与组合序列的相对位置关系，因此，C_1 分量即测距时钟分量将最快完成捕获，并利用 C_1 分量与测距序列相关系数较高的特点实现对测距序列的 chip 相位的跟踪。利用码跟踪环的时钟来驱动码产生器，在相关器的输入端产生本地复制的 6 个分序列。由于组合测距码的特点非常适合于并行实现，对于 6 个伪码分量需要 77 个（2 + 7 + 11 + 15 + 19 + 23）并行的积分便可以在一个积分周期内实现对测距序列的位置确定。测距码的解调原理框图如图 5 - 8 所示。

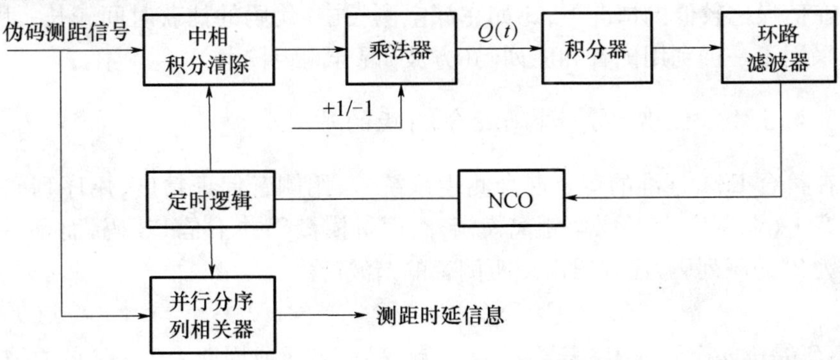

图 5 - 8　测距码解调原理框图

5.4 音码混合测距

侧音测距的优点是捕获时间短,测量精度高;而缺点是抗干扰能力差,解模糊过程复杂和次音太低时难以实现,不能测量太远的距离。PN 码测距的优缺点正好和侧音测距相反。如果将侧音和伪码(或序列码)结合,就可以实现音码混合测距。

5.4.1 侧音+伪码混合测距技术

侧音调制伪码测距,即侧音加 PN 码,其中侧音用来保证测距精度,PN 码用来解模糊。侧音频率的选择由要求的测距误差和设备能提供的 SNR 决定,测距伪随机码码元(位,chip)宽 Δ 取决于要求 PN 码能提供的粗测精度。Δ 太小,占用射频带宽过宽,然而 Δ 小时,接收机和伪随机码时钟内部热噪声对测距精度的影响减小了。伪随机码序列长度 M 的选择,应保证对所测距离不出现模糊,令伪随机码的周期为 T,$T=M\cdot\Delta$,应大于最大距离(双程)R_m 的行程时间。同时,$M\cdot\Delta=R_m/c$,$M>R_m/(c\cdot\Delta)$。音码混合测距中,若 M 过长,PN 码也应采用复合 PN 码。

目前,NASA 深空网 26m 站使用的测距侧音为 500kHz、100kHz、20kHz、4kHz、800Hz、160Hz、40Hz 和 10Hz。其中前 3 个侧音可以作为主音,由此决定测距精度,其他作为次音,用于解距离模糊。测量时,主音连续发送,次音顺序发送。最低的侧音 10Hz,解模糊距离大约是 15000km,为进一步增大解模糊距离,4kHz 次音上还可以调制码长为 1023 的伪随机码,码率为 160b/s,则码周期为 6.39375s,对应的无模糊距离为 958000km。

5.4.2 侧音+序列码混合测距技术

在信噪比较低的情况下,比如在深空测控中,伪码的捕获时间较长。因而,ESA 采用了一种利用侧音和序列码(方波)混合测距技术。

5.4.2.1 侧音+序列码混合测距的原理

在符合 ESA 标准的音码混合测距系统中,用侧音保证精度,用序列码调制在侧音上(调制度 45°)来解距离模糊,然而解模糊码并不是 PN 码,而是一系列长度为 2^n 的序列码,序列码由测距侧音的谐波产生:

$$C_n = Q_1 \oplus Q_2 \oplus \cdots Q_n \quad n=1,2,\cdots \tag{5-43}$$

式中:C_n 是第 n 个码,$\oplus$ 代表异或;Q_i 是频率为 $f_t/2^i$(或周期为 $2^i/f_t$)的方波,f_t 为测距侧音的频率(100kHz~1.5MHz),$C_n(t)$ 是双极性(±1)周期矩形函数。

上行信号为遥控副载波及测距信号对载波 PM 调制。上行测距信号包括测距侧音和由其谐波得到的码 $C_n(t)$，$C_n(t)$ 对测距侧音 PM 调制后，再将测距侧音对载波 PM 调制。

将遥控信号和测距信号调制在上行载波上，得到上行信号为

$$S(t) = \sqrt{2P}\sin\{2\pi f_c t + K_{tc}d(t)\cos(2\pi f_{tc}t + \Phi_{tc}) + K_{PM}\cos[2\pi f_t t + K_{tone}C_n(t)]\} \tag{5-44}$$

$C_n(t)$ 由测距侧音的谐波产生，分为 n 级，各级顺序发送，首先发送高侧音，待地面系统捕获高侧音后，将第 1 级序列码 $C_1(t)$ 调制到主音上发送出去，则

$$C_1(t) = Q_1 \tag{5-45}$$

式中：Q_1 为高侧音 Q_0 二分频得到。地面系统捕获 $C_1(t)$ 后，再将第 2 级序列码 $C_2(t)$ 调制到主音上发送出去，则

$$C_2(t) = Q_1 \oplus Q_2 \tag{5-46}$$

式中：Q_2 为 Q_1 二分频得到。顺序将第 n 级序列码 $C_n(t)$ 调制到主音上发送出去，则

$$C_n = Q_1 \oplus Q_2 \oplus \cdots \oplus Q_n \tag{5-47}$$

$C_n(t)$ 的周期 $T_n = 2^n/f_t$，其中 f_t 为高侧音频率，2^n 为 n 阶码的长度，n 的取值取决于无模糊距离。在主音频率 500kHz 时，如果要得到与 0.5Hz 侧音相当的无模糊距离，n 需取 20 级。

采用序列码 $C_n(t)$ 测距无需采用码相关搜索来捕获测距码，而靠连续发送各级码时，由分频链解相位模糊连续捕获测距码，所以对码的相关特性要求较低。

下行测距信号与上行测距信号形式相同。由于测距信号频谱较宽，与遥控或遥测信号同时对载波调制时，可能会产生干扰和互调，但是如果：①测距侧音频率与遥测（或遥控）副载波频率及其谐波相差很远时，误码率性能降低会降到可忽略的量；②测距调制系数 ≤0.7rad 时，误码率降低会很小；③对于 $n \geqslant 4$ 的测距码，得到的遥测误码率几乎与 n 无关。

5.4.2.2 侧音 + 序列码混合测距的设计

音码混合测距分捕获、解模糊、测量三个阶段，捕获阶段是完成单音的接收解调；解模糊阶段是按照一定单码发送间隔顺序发送解模糊码，一直发送到最高的解模糊码；测量阶段是一直发送最高的解模糊码且将捕获阶段音码调制度 45°降为 22.5°，提高测量精度。

音码混合测距只有一个侧音频率，仅需进行一次侧音副载波捕获、跟踪，解模糊码与侧音相干不需要环路跟踪，音码混合测距能快速捕获低信噪比测距信号。侧音 + 序列码混合测距模块组成框图如图 5-9 所示。

音码发生器也称测距信号产生器，测距信号由正弦信号（侧音）和一系列码

组成。码序列可以表示为以下的形式：$C_n = Q_1 \oplus Q_2 \oplus \cdots Q_n$，其中，$C_n$为第 n 个码，$\oplus$代表异或，Q_i为频率为$f_t/2^i$的方波；每个码与侧音信号同步；每个码传输一个固定的周期以便接收点进行相关和相位对齐；正弦信号被一系列码进行相位调制，用来解模糊。

在欧洲航天标准化合作组织（ECSS）标准中发送码序列数最高达到 C24，船载 X 频段微波统一测控系统中的音码混合测距体制最高达到了 C31，进一步提高了测距无模糊距离。

音码混合测距处理单元通过控制测距信号产生器和测距信号同步器来实现音码混合测距功能，音码混合测距包括单音捕获、音码解模糊和测量三个阶段。测距处理单元在测量阶段采样测距信号产生器和测距信号同步器的码元个数差值和侧音相位差值，通过解模糊并扣除飞行器和地面设备零值后计算出地面测控站与飞行器之间的径向距离。

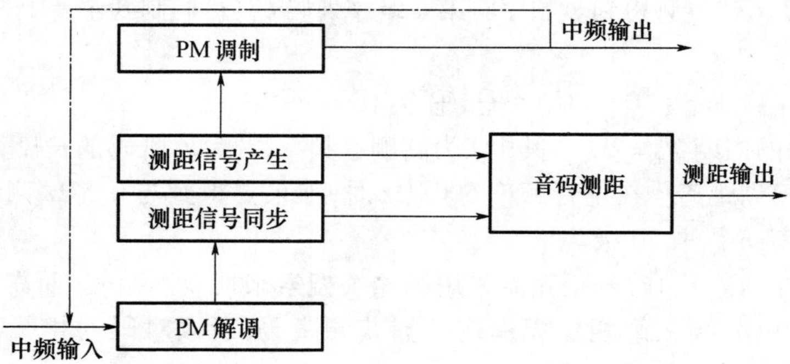

图 5－9　侧音＋序列码混合测距模块的组成框图

5.5　扩频测距技术

5.5.1　相干扩频测距

相干扩频模式伪码测距原理如图 5－10 所示。

在相干扩频测控系统中，测距采用相干伪码测距技术。伪码测距是根据伪码可复制，且其自相关函数为 δ 函数这一特点，来测定电波传播时延 τ。地面测站接收机在本机产生与应答机发射信号相同的 PN 码，不断改变其相位，与带有噪声的接收信号进行相关计算，当相关函数出现尖锐的相关峰时，本地 PN 就可完全替代接收信号，此时测量收发 PN 码之间的时延，也就是电波传播时延 τ。由于伪随机编码信号周期可以做得很长，恰当地选择码型，其自相关特性可以非常尖锐，所以采用相关检测的方法，可以使测距抗干扰能力大大增强。

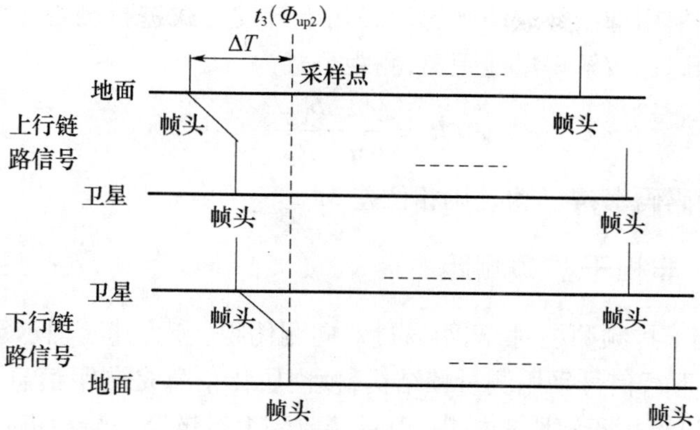

图 5-10　相干扩频模式伪码测距原理示意图

图 5-10 中,地面测距标志(帧头)传送至卫星,卫星收到立即转发该标志(即下行测距标志与到达卫星的上行测距标志一致),地面接收到下行测距标志(帧头)对上行信号采样 Φ_{up2},计算出下行测距标志(帧头)至地面开始发出上行测距标志(帧头)间的时延 $\Delta T(\Phi_{up2}/R_{PN})$,即为信号上下行传输时延,乘以光速即可得到双向路程。最终测出的距离是卫星在上行帧头到达时刻即下行帧头发出时刻相对测控站的距离。

相干扩频模式伪码测距时的信号流程图如图 5-11 所示。

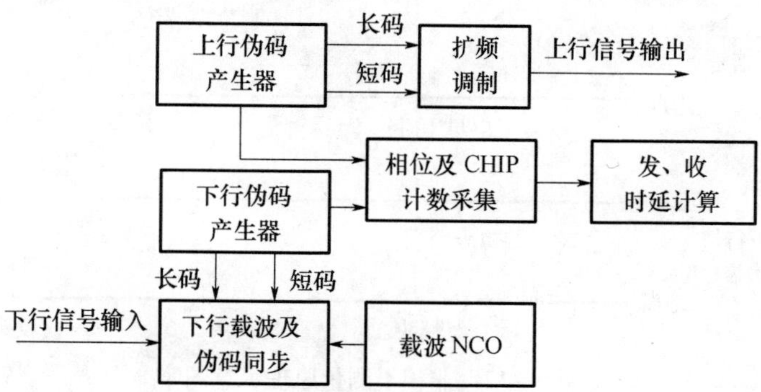

图 5-11　伪码测距信号流程图

地面站以 UQPSK 调制方式将短码和长码分别调制在 I 通道和 Q 通道上,长码码长是短码的整数倍,而且长短码序列完全同步,星上应答机可以利用短码辅助进行上行测距长码的捕获,短码同时用于对上行遥控指令的扩频调制。星上应答机进行伪码相干转发时保持长短码的同步关系,地面站同样利用短码辅助进行下行测距长码的捕获。地面站利用发射和接收伪码信号的时间延迟来获得地面站和目标之间的径向距离。测距长码码长的选择关系到最大作用距离和捕获时间,码长越长最大作用距离越远,但捕获时间也越长;码长越短捕获越快,但最大作用距离越近。此方式下最大单向作用距离为长码周期的 1/2 乘以光速。

相干扩频模式采用抑制载波调制的伪码相干转发方式进行测距，地面接收下行伪码与上行伪码比较解得星地距离，测距公式为

$$R = \frac{c \cdot \Phi_{\mathrm{up2}}}{4\pi \cdot R_{\mathrm{PN}}} \tag{5-48}$$

式中：R_{PN}为伪码码率；Φ_{up2}为伪码相位差。

5.5.2 非相干扩频测距

采用非相干扩频测控时，测距通过双向测伪距实现，其原理示意图如图5－12所示。上、下行信号采用测量帧结构，帧内所传信息是测距信息，上行测量帧可不调制信息，仅用于解距离模糊，卫星接收到上行链路信号后进行解扩、解调、帧同步，再利用自身形成的下行测距信息帧同步（后沿）对上行信号采样，提取位计数、扩频伪码计数、码相位等信息，并采样上行伪多普勒值等测量信息，将这些采样信息实时放入下行测量帧送至地面，下行帧频根据测量数据采样率需要而定。测距精度取决于测距支路伪码码元宽度和信号能量，无模糊距离取决于上行帧周期，数据采样率取决于下行测量帧频。

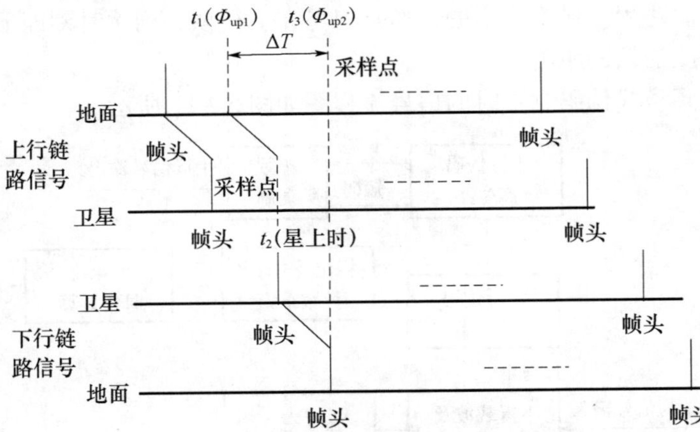

图5－12 非相干测量原理示意图

与相干伪码测距方式相比，非相干方式的上行伪码及速率与下行伪码及速率无需相干，但上行伪码速率必须是上行信息位速率的整数倍，伪码时钟和信息位时钟同源，下行伪码速率也必须是下行信息位速率的整数倍，伪码时钟和信息位时钟同源。由于采用非相干伪码测距，星地各自以本地时钟为基准，分别进行双向伪距测量，由地面计算出真实距离。上、下行信号采用帧结构，帧内含时间信息（帧号、码片数、码相位等），用于测距和解距离模糊。

假设上/下行测量帧（测量帧长度为500b）1s传输2帧，如果要求上/下行测量帧同步（帧同步码最后一位码的后沿位置）与地面/星上时间系统的半秒节点对齐同步，且上/下行测量帧信号的产生与地面/星上时钟的形成共用频率基

准,则可以通过上/下行测量帧信号形成直接包含地面/星上时钟信息。

非相干测距与相干测距的差别在于:星上独立形成下行测距标志(下行测量帧帧头),与收到的上行测量帧头并不对齐,而是与到达上行信号的 Φ_{up1} 位置对齐,相当于地面上行信号 Φ_{up1} 位置是测距标志,该标志位置不固定,但每次都可由星上下行测距标志(帧头)对收到的上行测距信号采样得到,这样,以该标志为准测得时延 $\Delta T = \frac{\Phi_{up2} - \Phi_{up1}}{R_{PN}}$,即信号($\Phi_{up1}$ 位置)上下行传输时延,乘以光速即可得到双向路程。最终测出的距离是卫星在上行信号 Φ_{up1} 位置到达时刻即下行帧头发出时刻相对测控站的距离。

地面将从下行测量帧中获取的帧计数、位计数、扩频伪码计数、码相位(星上采样值,上行伪距信息 Φ_{up1})信息与地面采样获取的帧计数、位计数、扩频伪码计数、码相位(地面采样值,下行伪距信息 Φ_{up2})等测量信息进行比较计算,得到信号在地面与卫星间传输的双程时延 ΔT,计算出卫星与地面站的距离。测距时标应为 $t_3 - R/c$ 或 $t_1 + R/c$。

$$\Delta T = t_3 - t_1 = \frac{\Phi_{up2} - \Phi_{up1}}{R_{PN}(1 + \sigma_g)} \approx \frac{\Phi_{up2} - \Phi_{up1}}{R_{PN}} \tag{5-49}$$

$$R = \frac{1}{2} \times \Delta T \times c \approx \frac{(\Phi_{up2} - \Phi_{up1}) \cdot c}{2R_{PN}} \tag{5-50}$$

若考虑上下行设备信道传输时延(上行时延与下行时延和设为 $\sum \tau$,可在地面标校得出该值)的影响,式(5-50)可修改为式(5-51)。

$$R = \frac{1}{2} \times \Delta T \times c \approx \frac{(\Phi_{up2} - \Phi_{up1}) \cdot c}{2R_{PN}} - \frac{\sum \tau}{2} \tag{5-51}$$

非相干扩频模式伪码测距时的信号流程图如图 5-13 所示。

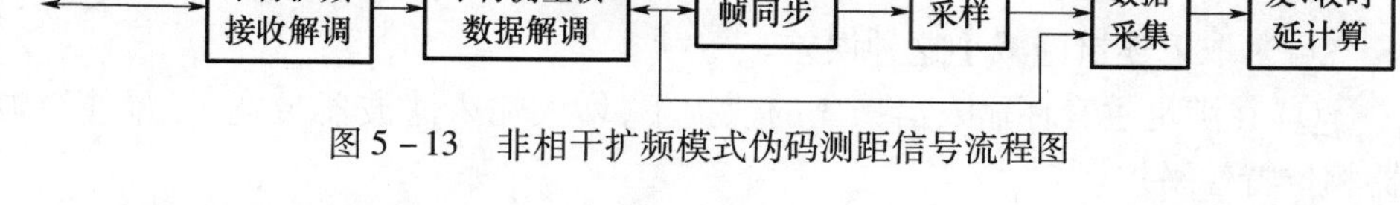

图 5-13　非相干扩频模式伪码测距信号流程图

在上行调制端,伪码首先对测距信息进行扩频,然后以 BPSK 方式调制在载波上。伪码速率是测距信息速率的整数倍,时钟相干。上行信号状态如帧计数、位计数、伪码周期计数、扩频伪码计数、码相位、地面时间等实时状态,在采样信息的作用下送测距模块。

在下行接收端，对信号进行扩频接收解调后对下行测距数据进行帧同步并提取卫星应答机测量上行信号的各种数据。利用提取的帧同步信号作为采样信号，采集地面设备的上行信号的各种实时状态。综合星上和地面采样得到的各种数据，通过计算可得到卫星与地面的距离。

5.6 测距精度分析

测距的精度由较高频率的正弦波信号决定（如高侧音、码钟），所以正弦波信号的测距精度是连续波测距精度分析的基础。而由正弦波信号衍生出的其他测距信号，如采用音码混合信号时，测距音的频谱被展宽到了一个频带内，该频带的幅/相频率特性将会引入附加的测距系统误差，这时总的系统误差可以用单正弦波信号的测距误差附加一个损失因子来处理。对于纯 PN 码测距或是扩频测距时，则要考虑码环时间鉴别器零点变化引起的系统误差。

5.6.1 侧音测距精度分析

1. 系统误差分析

(1) 目标动态滞后误差 ΔR_1。动态误差是指由目标速度、加速度等引起的误差，它主要由主音环的相差 $\Delta\theta_e$ 引起，计算式为

$$\Delta R_1 = \frac{c}{4\pi f_R}\Delta\theta_e \tag{5-52}$$

式中：c 为光速；f_R 为主音频率。

(2) 主音环输入滤波器群时延随温度时间变化引入漂移误差 ΔR_2。不同主音相位变化引起的距离误差如表 5-5 所列。

表 5-5　主音环输入滤波器对测距的影响

主音/kHz	相位漂移/(°)	距离误差/m
100	1	4.17
27	1	15

可采取下述措施减小这种误差。

① 在满足主音环输入信噪比的前提下，增大输入滤波器带宽，尽量使滤波器相位特性平坦。

② 采用数字滤波器。采用数字化测距终端后，这一误差已基本消除。

(3) 距离零值校准误差 ΔR_3。校零残差包括设备零值的变化、校零变频器时延测试误差以及校零时的空间距离误差及校零频率与任务工作频率不一致引起的误差等。

（4）上行信道群时延及群时延稳定性引入的误差 ΔR_4。群时延变化的上行链路主要包括中频/高频电缆、功放、滤波器。群时延变化总共可达 1ns，最大取 3ns。

（5）下行信道群时延及群时延稳定性引入的误差 ΔR_5。在下行信道中，影响群时延变化的主要有高/中频电缆、功分器、滤波器，其总共影响群时延变化与上行信道相当，为 1ns，最大取 3ns。

（6）航天器上应答机时延不稳造成的误差 ΔR_6。这种误差随着输入信号电平、环境温度而缓慢变化，已成为测距主要的误差源之一。

（7）对流层折射误差 ΔR_7。对流层引起的测距误差和航天器相对于地面站的位置有关，对其运动轨道测量数据进行处理时可用一个对流层传播模型予以适当修正，修正后只剩下少量修正不掉的残差。

地面站总的测距系统误差为

$$\Delta R = \sqrt{\Delta R_1^2 + \Delta R_2^2 + \Delta R_3^2 + \Delta R_4^2 + \Delta R_5^2 + \Delta R_6^2 + \Delta R_7^2} \tag{5-53}$$

2. 随机误差分析

（1）热噪声引起的随机误差 δR_1。设备测相误差受到待解调侧音信号的信噪比限制，为了提高主音测相精度，必须采用锁相环，用锁相环的闭环窄带滤波特性提高侧音的信噪比，在加性白高斯噪声 $n(t)$ 的作用下，当锁相环信噪比 $(S/N)_L$ 大于门限值（7dB）时，主音环输出的相位抖动与环路信噪比的关系为

$$\delta_{\Phi} = \frac{1}{\sqrt{2\left(\frac{S}{N}\right)_L}} = \frac{1}{\sqrt{\frac{S}{\Phi} \cdot \frac{1}{B_L}}} \tag{5-54}$$

其引起的测距随机误差为

$$\delta R_1 = \frac{c\delta_{\Phi}}{4\pi f_R} \approx \frac{c}{18f_R\sqrt{\left(\frac{S}{N}\right)_L}} = \frac{c}{18f_R\sqrt{\left(\frac{S}{\Phi}\right)_L \cdot \frac{1}{2B_L}}} \tag{5-55}$$

式中：c 为光速；f_R 为主音频率；$N = 2\Phi B_L$，其中 Φ 为噪声功率谱密度，B_L 为环路单边等效噪声带宽。

（2）主音短期频率不稳定度引起的测距误差 δR_2。

$$\delta R_2 = \frac{cT}{\sqrt{2}}\sigma_y(T) \tag{5-56}$$

式中：$\sigma_y(T)$ 为主音短期频率不稳定度的阿仑方差；T 为收/发信号间的时延。

（3）主音锁相环 VCO 自身相位噪声抖动引起的测距误差 δR_3。

$$\delta R_3 = \frac{c}{4\pi f_R}\sigma_c \tag{5-57}$$

式中：σ_T 为主音锁相环 VCO 的相位噪声（rad）。

（4）过零检测电路时间抖动 σ_T 引起的侧音测距误差 δR_4。

$$\delta R_4 = \frac{\sqrt{2}}{2}c \cdot \sigma_T \tag{5-58}$$

式中：σ_T为计数器开、关门脉冲时间抖动的均方根值。

（5）量化误差 δR_5。

$$\delta R_5 = \frac{c}{2\sqrt{6}f_R} \tag{5-59}$$

（6）多径引起的测距误差 δR_6。

$$\delta R_6 = \frac{\left(\dfrac{U_{m2}}{2\pi U_{m1}}\right)c}{2f_R} \tag{5-60}$$

式中：U_{m2}为多径反射信号幅度；U_{m1}为直达信号幅度。

（7）对流层随机起伏引起的测距误差 δR_7。

地面站总的测距随机误差为

$$\delta R = \sqrt{\delta R_1^2 + \delta R_2^2 + \delta R_3^2 + \delta R_4^2 + \delta R_5^2 + \delta R_6^2 + \delta R_7^2} \tag{5-61}$$

5.6.2 音码混合测距精度分析

音码混合测距的精度分析与侧音测距精度分析基本一致，下面以船载 X 频段微波统一测控系统为例介绍热噪声引入的系统误差。

地面设备热噪声引起的测距随机误差计算公式为

$$\delta R_1 = \frac{c}{18f_R\sqrt{\left(\dfrac{S}{\Phi}\right)_L \cdot \dfrac{1}{2B_L}}} \tag{5-62}$$

假设侧音测距主音环路单边带宽 $B_L = 0.01\text{Hz}$，音码混合测距主音环路单边带宽 $B_L = 0.01\text{Hz}$，纯侧音主音频率为 $f_L = 500\text{kHz}$，音码混合主音频率为 $f_L = 1\text{MHz}$，$S/\Phi|_L = 10\text{dBHz}$ 为主音信号与噪声功率谱密度比，则热噪声引入的系统误差为：

$$\delta R_1 = \frac{c}{18f_R\sqrt{\left(\dfrac{S}{\Phi}\right)_L \cdot \dfrac{1}{2B_L}}} = \begin{cases} 1.51(\text{m}) & \text{侧音测距} \\ 0.75(\text{m}) & \text{音码混合测距} \end{cases} \tag{5-63}$$

5.6.3 相干扩频测距精度分析

相干扩频测距的精度分析也与侧音测距精度分析基本一致。在扩频测控系统中，测距误差主要由码环（即延时锁定环 DLL）决定，码环中的测距误差主要包括热噪声误差和动态误差。

在相干伪码测距中，距离的测量一般采用测 PN 码整周数（粗测）和 PN 码相位（精测）的方式，地面设备热噪声对码环相位提取会产生影响，从而导致距离

精测误差。如果采用非相干单 Δ 环,码跟踪误差为

$$\delta R_1 = \Delta \sqrt{\frac{B_n(1 + 2/T(C/N_0))}{2C/N_0}} \tag{5-64}$$

式中:Δ 为 PN 码码元宽度; B_n 为码环带宽;T 为预检测积分时间, $T \leqslant 1/R_b$,其中 R_b 为信息速率; C/N_0 为载噪比。

5.6.4 非相干扩频测距精度分析

在非相干模式下,地面站和星上应答机各自有自己的时钟作参考,按规定帧格式发送扩频测距信号。其帧格式包括帧同步头、帧号、信源地址、信宿地址、数据段、帧校验等。每个信息位又对应一定数量的扩频码周期,星上和地面站的本地钟,也做成与扩频测距信号帧格式相同的形式,各自独立运行。这时的码钟为精测距,码片数、信息位数和帧号用来解模糊。测距时,通过比较接收信号和本地钟的码相位差、码片差、信息位差及帧号差来获得距离值,因为天、地设备之间时钟存在差值,各自得出的距离值为伪距。

设地面站发出的扩频信号由地面终端发出,经地面站发射信道时延 τ_t 和空间传输时间 τ_s 到达卫星应答机,经应答机接收信道时延 τ_p 到达卫星终端,检测出 PN 码和信息码。星上终端在星上时钟的第 K 帧来到时刻 T_k 读取接收信号与卫星本地时钟的时差(包括码相位差、码片差、信息位差和帧号差)得到上行伪距 R_u。星上终端将这一伪距值填到下行扩频信号的第 $K+J$ 帧的数据段中,地面站收到卫星下行信号,测量接收信号和地面本地钟之间的时差,得到下行伪距 R_d。假设卫星上的时间比地面超前 Δt,则上行伪距 R_u 比真实的距离小 $\Delta R = \Delta t \times c$,下行伪距比真实时延大 $\Delta R/c$,考虑到除设备时延之外,上、下行空间时延是一样的,因此在地面站测出下行伪距再加上由下行数据中得到的上行伪距值,星地时钟引入到伪距中的偏差刚好抵消。

从上面的分析可以看出,非相干情况与相干情况相比,测距误差的主要误差源是相同的。星地时钟的独立工作并不带来额外的误差,但是星地的取样时刻必须保证上、下行信号的对应关系。所以测距精度与相干模式相当。

参考文献

[1] 韩魁选,忻鼎勇. 微波统一测控系统设计导论. 北京:国防工业出版社,1984.

[2] 吴有杏,等. 航天测控数字基带技术. 北京:国防工业出版社,2012.

[3] 姜昌,范晓玲. 航天通信跟踪技术导论. 北京:北京工业大学出版社,2003.

[4] 周智敏,陆必应,宋千. 航天无线电测控原理与系统. 北京:电子工业出版社,2008.

[5] 陈略,唐歌实,韩松涛,等. 深空测控再生伪码测距技术研究. 飞行器测控学报,2012(3):11 - 15.

[6] 巨兰. 深空网测距技术分析与比较. 电光系统,2007(1):15 - 18.

[7] 汪远玲. 深空测控系统测距信号体制分析. 电视技术,2008(5):1 - 6.

第6章 测速技术

测量航天器的径向运动速度,一般可采用两种方法。第一种方法是先测出距离,后再对距离进行时间微分得出速度,但微分后的测速精度较差且得出的速度是不连续的。第二种方法即现代测速方法,其主要内容是:测量航天器与测控站相对运动的径向速度所引起载波上的多普勒频移f_d,也有人直接称其为多普勒频率,再由多普勒频移f_d换算出速度。多普勒频移测速得到的数据在所有的轨道/轨迹测量参数中是精度较高的,可达 mm/s 数量级。

6.1 多普勒测速原理

6.1.1 多普勒频率的产生过程

测量目标速度的原理是基于物理学上的多普勒效应。目标运动产生的多普勒频率,正比于目标相对于地面测控站运动的速度而反比于波长 λ。当目标飞向测控站时,多普勒频率为正值,接收信号频率高于发射频率;当目标背离测控站飞行时,多普勒频率为负值,接收信号频率低于发射频率。

本节给出了两种情况的多普勒频率计算公式,并分析了双向相干测速时多普勒频率的产生过程,具体公式的推导过程可参见文献[1]。

1. 发射源固定,接收机运动

假设发射源频率为f_T(对应的波长为$\lambda_T = c/f_T$),接收机收到的频率为f_R,目标距离为$R(t)$,径向速度为$v = \dot{R}(t)$,多普勒频率为$f_d(t)$,c为光速,则有

$$f_R(t) = f_T \frac{c - \dot{R}(t)}{c} = K_d f_T \tag{6-1}$$

$$f_d(t) = f_R - f_T = -f_T \frac{\dot{R}(t)}{c} = -\frac{\dot{R}(t)}{\lambda_T} \tag{6-2}$$

由式(6-2)可以看出,目标运动产生的多普勒频率,正比于目标相对于地面测控站的运动速度而反比于波长。

2. 接收机固定,发射源运动

假设发射源频率为f_T,接收机收到的频率为f_R,目标距离为$R(t)$,径向速度为$v = \dot{R}(t)$,多普勒频率为$f_d(t)$,则有

$$f_R(t) = f_T \frac{c}{c + \dot{R}(t)} = K'_d f_T \tag{6-3}$$

$$f_d(t) = f_R - f_T = -\frac{\dot{R}(t)}{c + \dot{R}(t)} f_T \tag{6-4}$$

当目标运动速度$\dot{R}(t) \ll C$时,有

$$f_d(t) = -\frac{\dot{R}(t)}{c} f_T \approx -\frac{\dot{R}(t)}{\lambda_T} \tag{6-5}$$

将式(6-2)与式(6-5)比较,可以看出两式完全相同,这就说明只要目标运动速度远小于信号传播速度,则发射源固定、接收机运动与接收机固定、发射源运动情况下的多普勒频率近似相等。因此,经常使用式(6-5),而不再说明发射源和接收机所处的状态。

3. 双向多普勒频率的产生过程

双向相干多普勒测速系统主要包括地面发射机、应答机和接收机三个主要部分。地面发射机发射正弦波载波信号,频率为f_T。应答机装在飞行器上,相对于发射机、接收机运动,根据式(6-1),到达应答机处的频率为f_R,即$f_R(t) = K_d f_T$。由于目标运动速度很小,即$\dot{R}(t)/c \ll 1$,所以应答机的接收频率f_R与地面发射机的原频率f_T相差很少。因此,应答机必须用一个新的频率转发,才能使地面接收机把上行频率和下行频率区分开来,使收、发间隔足够大,发射的漏信号不致使接收机饱和。上、下行频率应相差较大的另一个理由是为了防止应答机输入、输出间的干扰。若用f_t表示下行频率,则称f_t/f_R为应答机的转发比,用符号ρ来表示。应答机的下行频率为

$$f_t = \rho f_R = \rho\left(1 - \frac{\dot{R}(t)}{c}\right) f_T \tag{6-6}$$

根据发射源运动、接收机固定时的多普勒频率计算公式(6-4),f_t到达地面接收天线时的频率变为f_G,即

$$f_G = K'_d f_t = \frac{c}{c + \dot{R}(t)} f_t = \rho\left(1 - \frac{\dot{R}(t)}{c}\right)\left(\frac{c}{c + \dot{R}(t)}\right) f_T = \frac{c - \dot{R}(t)}{c + \dot{R}(t)} \rho f_T \tag{6-7}$$

在接收机中,用ρf_T与f_G混频,消去ρf_T得到双程多普勒频率f_d,即

$$f_d = f_G - \rho f_T = -\frac{2\dot{R}(t)}{c + \dot{R}(t)} \rho f_T \approx -\frac{2\dot{R}(t)}{c} \rho f_T \tag{6-8}$$

6.1.2 多普勒频率测速的方法

船载微波统一测控系统通常采用载波多普勒测速，其中最常见的有单向非相干载波测速、双向相干载波测速、双向非相干载波测速三种方案。

1. 单向非相干载波测速

单向非相干载波测速是指航天器上装备有高准确度和高稳定度的信标机，测控站不用发出上行信号，只负责接收航天器发来的信标机频率，因而只需下行信号即可测出 f_d，故称之为单向。

单向多普勒频移测速时，依照式(6-4)可求出目标径向速度 v，即

$$v = -\frac{f_d}{f_T + f_d}c \approx -\frac{f_d}{f_T}c \tag{6-9}$$

式中：f_T为信标机标称频率；c 为光速。

测速误差为

$$\Delta v = -\left(\frac{\Delta f_d}{f_T}c + \frac{f_d}{f_T}\Delta c - \frac{f_d}{f_T^2}c\Delta f_T\right) \tag{6-10}$$

式中：Δf_d为多普勒频率测量误差；Δc 为光速不确定性；Δf_T为信标频率不稳定性，其中信标的频率漂移占主要成分。

在深空测控某些应用场合下，如星载测控设备的上、下行信号设计为非相干时，需要采用单向测速。用单向多普勒频移测量径向速度的优点是：设备相对简单，不需要上行信号即能工作，但对星上信标机的频率稳定度和准确度都要求较高，因它们必须和多普勒频率区分开。单向多普勒测速简化了地面设备，并为航天器遥测数据的接收提供了更好的信噪比(SNR)。单向测速还有另一个优点，即用一个天线就能同时获取同一波束内的多个航天器和着陆器的单向多普勒和遥测信息，而不需要多路上行信号。因此，这种配置将更有效地使用地基资源，并能利用差分测量来提高轨道解算精度。

2. 双向相干载波测速

双向相干载波测速，地面接收频率包含双向多普勒频率，根据式(6-7)有

$$f_G = \frac{c - v}{c + v}\rho f_T \tag{6-11}$$

式中：f_T为地面发射机发射频率；f_G为地面接收机接收频率；ρ 为相干转发比；c 为光速；v 为目标径向速度。$(c-v)/(c+v)$称双向多普勒因子，表明了电波来回双向多普勒效应的大小。当目标带有转发器时，上、下行频率不同，因而有上行多普勒因子 K 与下行多普勒因子 K'之分，各表示上行和下行多普勒效应的大小。由于上下行多普勒因子相差很小，可以认为两者相同，等于双向多普勒因子的平方根。

$$K = K' = \sqrt{\frac{c - v}{c + v}} \qquad KK' = \frac{c - v}{c + v} \tag{6-12}$$

而对有应答机的目标来说，应答机接收频率为

$$f_R = Kf_T \tag{6-13}$$

由于$f_T = M_1 \cdot f_0$，其中M_1为地面发射机的倍频次数，f_0为频率源标称频率，则应答机转发频率为

$$f_t = K\rho M_1 f_0 \tag{6-14}$$

式中：ρ为应答机转发比。

地面接收频率为

$$f_r = KK'\rho M_1 f_0 \tag{6-15}$$

当目标速度为零时，有

$$f_{r0} = \rho M_1 f_0 \tag{6-16}$$

双向多普勒频率为

$$f_d = f_r - f_{r0} = (KK' - 1)\rho M_1 f_0 \tag{6-17}$$

接收机混频输出频率为

$$f_{混出} = f_r - M_2 f_0 = (KK'\rho M_1 - M_2) f_0 \tag{6-18}$$

式中：M_2为接收本振倍频次数。

当目标速度为零时，有

$$f_{混出0} = (\rho M_1 - M_2) f_0 \tag{6-19}$$

一般情况下，ρM_1与M_2相接近，而M_1与M_2又很大，可以看出，由频率源引起混频输出频率的慢漂移将远远小于微波频率f_T或f_r的慢漂移，双向相干载波测速系统的优点即在于此。

3. 双向非相干载波测速

非相干应答机也可用于双向多普勒测速系统，但是要消除应答机独立本振带入的非相干频移，这就是常说的非相干转发实现相干测速。有两种形式的非相干应答机：中频调制转发式和混频转发式，相关内容可参考文献[1,2]。

6.2 多普勒频率测量技术

随着数字电路技术特别是大规模数字集成电路的发展，目前数字测速方法已得到广泛应用。以往的“固定时间测整周”“固定整周测时间”和“基本固定时间测整周”等方法已经很少采用。现在的锁相接收机采用中频数字锁相环捕获跟踪应答机下行信号，同时完成载波多普勒频率的提取和测量，不但实现了多功能，而且大大简化了测速终端设备。

中频数字锁相环的主要组成部分都由数字电路组成，如图 6－1 所示，它可以消除模拟锁相环中的鉴相器、滤波器及 VCO 各环节的参数随着时间、温度、电平变化的慢漂。数字鉴相器由数字乘法器和累加器构成，环路滤波器为数字滤

波器,一般由 DSP(数字信号处理器)承担,数控振荡器 DCO 由外加高频时钟驱动的数字合成器构成,输出频率和相位受环路滤波器控制。

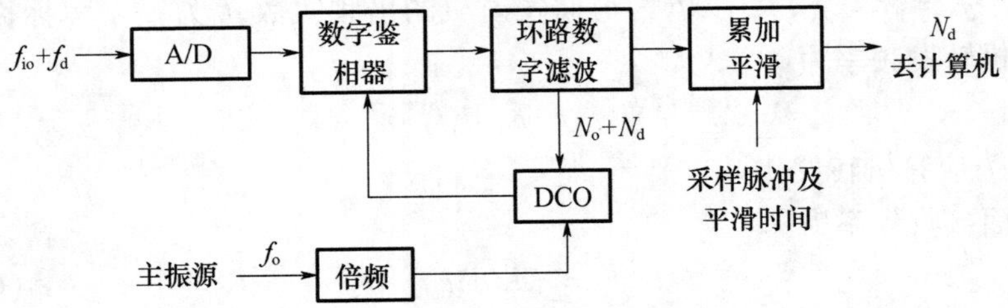

图 6 – 1　中频数字锁相环多普勒提取和测量

环路锁定以后,DCO 的频率与输入信号相等输入频率的任何慢速变化(如多普勒频移),全部反映在环路滤波器输出的控制码中,DCO 的频率控制码变化量完全与输入信号频率变化一一对应,有着准确的数学对应关系。载波多普勒频率控制字平均法测速原理框图如图 6 – 2 所示,测速积分过程如图 6 – 3 所示。

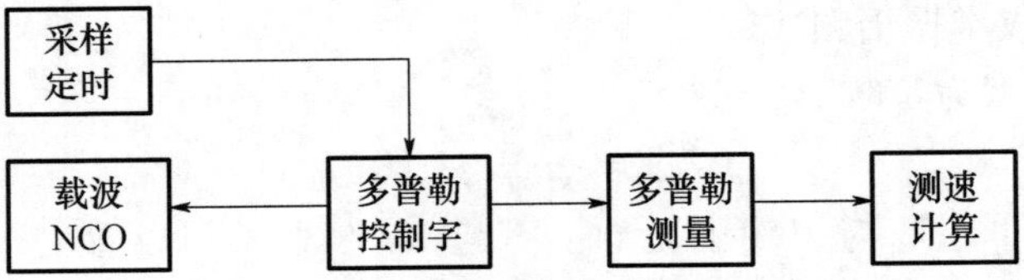

图 6 – 2　多普勒频率控制字平均法测速原理框图

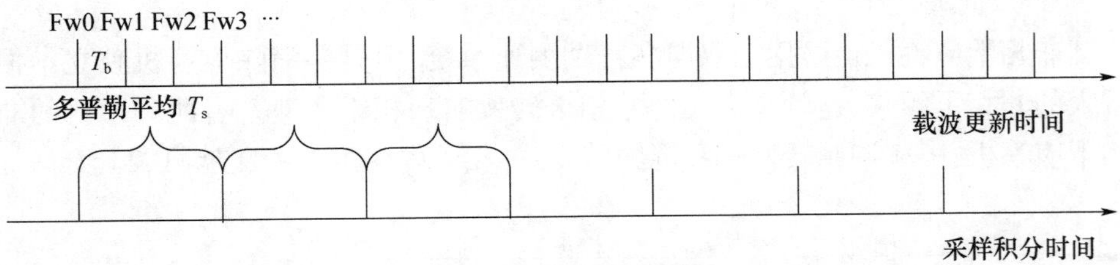

图 6 – 3　多普勒频率控制字平均法测速积分过程

多普勒频率控制字平均法测速过程即为从载波跟踪过程的控制字更新到采样积分时间的平均过程,最后打时标的时刻为积分的终止时刻。

频率控制码的变化量乘以确定的常数等于输入信号的多普勒频移,这样,输出频率控制码也就完成了多普勒频率的提取和测量,而且几乎是实时完成多普勒频率的测量,可连续输出频率控制码(间隔为环路滤波运算重复周期),即可连续输出速度值。

当然,频率控制码也会受输入热噪声的影响产生瞬时跳变,为了去除热噪声的影响,频率控制码亦需进行平滑滤波,一般采用累加平滑,累加的起始时间受采样脉冲控制，平滑时间也受外加指令控制，平滑后送计算机换算成速度数据。

设 DCO 的频率控制系数为 k_i，输入频率为 $f_{io}+f_d$，f_{io} 为中心频率，环路滤波器输出控制码 N_o+N_d，则有 $N_o=f_{io}/k$，$N_d=f_d/k_i$。累加平滑输出多普勒频率码的平均值 N_d，多普勒频率的平均值 $f_d=k_iN_d$。

为了消除 DCO 输入时钟频率的不相干变化，以免造成非相干测速误差，DCO 的高频时钟应由发射机的主振源频率 f_o 倍频产生，使发射机频率源和接收机多普勒提取电路组成一个完全的相干系统，不存在非相干误差。

数字方法通常都有量化误差，设计中应将量化误差减小到比输入热噪声引入的误差小得多的程度。当用 DSP 作环路滤波运算器时，一般采用 16 位运算或双精度的 32 位运算，利用环路的自身调整作用，可以消除运算量化误差对 DCO 平均频率的影响，运算完毕后输出的频率控制码的分辨力由环路滤波输出字长和 DCO 频率调整精密度共同保证，设计时，首先根据速度范围和速度分辨率确定 f_d 码的最短字长，设飞行器最大速度为 12km/s，速度分辨率为 0.1cm/s，f_d 码的最少容量为 $12\text{km}/0.1\text{cm}=1.2\times10^7$，而 $2^{24}=1.68\times10^7$，所以 f_d 的最短字长为 24 位二进制码。再从速度分辨率导出 DCO 的频率控制分辨率。

设 DCO 频率调整步长为 ΔF，速度分辨率为 Δv，则有

$$\Delta F=\frac{2\Delta v}{C}f_b \tag{6-20}$$

当 $f_b=2\text{GHz}$，$\Delta v=0.1\text{cm/s}$，可得 DCO 频率调整步长最大为 0.013Hz。

现在，DCO 可采用 DDS 器件（直接数字合成器），DDS 由二进制相位累加器和数字正（余）弦表组成，由外加时钟驱动输出正（余）弦的数字幅度信号，经 D/A 器件再变成模拟正（余）弦波形。频率控制分辨率取决于相位累加器位数和时钟频率，即

$$\Delta F=\frac{f_{op}}{2^n} \tag{6-21}$$

一般 DDS 器件的相位累加器位数为 24 位或 32 位，当时钟频率 $f_{op}=5\text{MHz}$，位数 $n=24$ 时，频率调整步长为 0.3Hz，达不到 0.013Hz 的要求，况且 DDS 应用于中频环的时钟频率均高于 5MHz，所以要采用 32 位的 DDS 器件，这时时钟频率可以用到 50MHz。

以上对量化的讨论要求是充分条件，并非必要条件。当 DCO 的频率调整步长较粗，或环路滤波运算字长较短时，由于环路本身的调整作用，DCO 的平均频率还是始终等于输入信号频率，锁定过程中 DCO 的控制码围绕平均频率的控制值上下跳动，控制码的时间平均值将是一个带小数的控制值。这样，当 DCO 或环路滤波运算分辨率不够时，可以通过频率控制码的时间积累提高输出分辨率。当然，不能得到瞬间的或短时间的高分辨率。这样，频率控制码的时间积累，既可消除热噪声的影响，又可提高速度分辨率，提高倍数等于平滑次数。中频数字

环环路带宽为数百赫到数千赫，为此，环路滤波运算重复频率一般为 $F_r=20\sim50\text{kHz}$，做一次滤波运算，就可输出一个频率控制码，输出速度等于滤波运算重复频率，当测速积分时间为 T 时，控制码的积累次数 $N_1=F_rT_i$，亦即分辨率改善倍数。当积累时间 $T_i=40\text{ms}$，$F_r=20\text{kHz}$，积累次数或分辨率改善倍数 $N_1=800>2^9$。这样，对于24位的速度分辨率，采用时间积累后，环路滤波输出字长16位就可满足需要，DCO 的调整步长可以增加到 $0.012\times800\approx10\text{Hz}$。

6.3 扩频测控体制测速技术

6.3.1 相干扩频测速技术

相干扩频系统测速与微波统一测控系统相同，采用载波多普勒测速，其测速的随机误差与微波统一测控系统相同。相干扩频系统速度测量分成两步，首先提取载波多普勒频率，然后通过计算机将多普勒频率转换成速度值。载波多普勒频率直接由载波恢复环提取。由于载波环为数字环，环路 DCO 的振荡频率准确性和稳定性很高，与数字环工作时钟频率相同。环路锁定后 DCO 频率偏移量准确地等于载波多普勒频率值，DCO 输入控制码可直接作为多普勒频率的测量值，将 DCO 的频率控制码进行平滑滤波消除噪声的影响后输出，就完成了载波多普勒频率的精确提取。送到计算机后，再根据相关公式换算成目标的径向速度值。

由于星上应答机相干转发上行载波及伪码，所以下行信号的载波频率不受星钟的影响。根据多普勒效应，由地面接收多普勒频偏可获得地面站和目标之间的径向速度，即

$$v=\frac{-f_d\times c}{2f_r+f_d}$$

式中：c 为光速；f_d 为地面接收多普勒频偏；f_r 为下行标称频率。

6.3.2 非相干扩频测速技术

采用非相干扩频测控时，测速通过双向测伪多普勒实现。为实现测速，要求星上接收和发射信道时钟共源。卫星接收到上行链路信号后进行解扩、解调、帧同步，再利用自身形成的下行测量帧同步（后沿）对上行信号采样得到上行伪多普勒值（采用“固定时间测周期”的方法，固定时间为以星钟为基准的下行测量帧周期）等测量信息，将这些采样信息实时放入下行测量帧送至地面。

地面将从下行测量帧中获取的上行单向伪多普勒测量值与地面采样获取的下行单向伪多普勒测量值进行比较计算，可得到双向多普勒测量值。要求星上

伪多普勒测量积分时间和地面伪多普勒测量积分时间一致，星上采样时刻为下行测量帧同步时刻（后沿），地面采样时刻为接收到下行测量帧同步时刻（后沿）。

设前一下行帧同步产生时刻为 t_1，下一下行帧同步产生时刻为 t_2，t_1 时刻目标距离为 R_1，t_2 时刻目标距离为 R_2，则 t_1 时刻至 t_2 时刻间平均速度为 $v=(R_2-R_1)/(t_2-t_1)$。令 $\Delta R=R_2-R_1$，$\Delta t=t_2-t_1$，则 $v=\Delta R/\Delta t$。

设标称上行载波频率为 f_{RF1}，标称下行载波频率为 f_{RF2}，星载应答机的时钟频率误差为 $\sigma_{\mathrm{s}}(t)$，地面站的时钟频率误差为 $\sigma_{\mathrm{g}}(t)$，光速为 c，上行伪多普勒测量值为 f'_{d1}，下行伪多普勒测量值为 f'_{d2}。星上测速积分时间为 $t_1\sim t_2$，星上积分时间段内收到的地面上行信号发出时间段为 t_1-R_1/c 至 t_2-R_2/c，该时间段地面发出的上行信号载波相位增量为

$$\int_{t_1-R_1/c}^{t_2-R_2/c} f_{\mathrm{RF1}}\times[1+\sigma_{\mathrm{g}}(t)]\mathrm{d}t=f_{\mathrm{RF1}}\times\left\{\int_{t_1-R_1/c}^{t_2-R_2/c}[1+\sigma_{\mathrm{g}}(t)]\mathrm{d}t\right\} \tag{6-22}$$

星上在积分时间段内以星上时钟为参考测得上行信号载波相位增量为

$$\int_{t_1}^{t_2}(f_{\mathrm{RF1}}+f'_{\mathrm{d1}})\times[1+\sigma_{\mathrm{s}}(t)]\mathrm{d}t=(f_{\mathrm{RF1}}+f'_{\mathrm{d1}})\times\left\{\int_{t_1}^{t_2}[1+\sigma_{\mathrm{s}}(t)]\mathrm{d}t\right\} \tag{6-23}$$

式中：$f_{\mathrm{RF1}}+f'_{\mathrm{d1}}$ 为测得的上行信号频率值。

因为到达星上的上行信号相位增量不变，则经整理可得

$$f_{\mathrm{RF1}}\times\left\{\int_{t_1-R_1/c}^{t_2-R_2/c}[1+\sigma_{\mathrm{g}}(t)]\mathrm{d}t\right\}=(f_{\mathrm{RF1}}+f'_{\mathrm{d1}})\times\left\{\int_{t_1}^{t_2}[1+\sigma_{\mathrm{s}}(t)]\mathrm{d}t\right\} \tag{6-24}$$

星上发出的下行信号时间段为 t_1 至 t_2，该时间段星上发出的下行信号载波相位增量为

$$\int_{t_1}^{t_2}f_{\mathrm{RF2}}\times[1+\sigma_{\mathrm{s}}(t)]\mathrm{d}t=f_{\mathrm{RF2}}\times\int_{t_1}^{t_2}[1+\sigma_{\mathrm{s}}(t)]\mathrm{d}t \tag{6-25}$$

地面积分时间为 $(t_1+R_1/c)\sim(t_2+R_2/c)$，地面在积分时间段内以地面时钟为参考测得下行信号载波相位增量为

$$\int_{t_1+R_1/c}^{t_2+R_2/c}(f_{\mathrm{RF2}}+f'_{\mathrm{d2}})\times[1+\sigma_{\mathrm{g}}(t)]\mathrm{d}t=(f_{\mathrm{RF2}}+f'_{\mathrm{d2}})\times\left\{\int_{t_1+R_1/c}^{t_2+R_2/c}[1+\sigma_{\mathrm{g}}(t)]\mathrm{d}t\right\} \tag{6-26}$$

式中：$f_{\mathrm{RF2}}+f'_{\mathrm{d2}}$ 为测得的下行信号频率值。

因为到达地面的下行信号相位增量不变，则经整理可得

$$f_{\mathrm{RF2}}\times\left\{\int_{t_1}^{t_2}[(1+\sigma_{\mathrm{s}}(t))\mathrm{d}t]\right\}=(f_{\mathrm{RF2}}+f'_{\mathrm{d2}})\times\left\{\int_{t_1+R_1/c}^{t_2+R_2/c}[(1+\sigma_{\mathrm{g}}(t))\mathrm{d}t]\right\} \tag{6-27}$$

由式(6-24)和式(6-27)可以列出下面的方程组:

$$\begin{cases} f_{RF1} \times \left\{ \int_{t_1-R_1/c}^{t_2-R_2/c} [1+\sigma_g(t)]\mathrm{d}t \right\} = (f_{RF1} + f'_{d1}) \times \left\{ \int_{t_1}^{t_2} [1+\sigma_s(t)]\mathrm{d}t \right\} \\ f_{RF2} \times \left\{ \int_{t_1}^{t_2} [(1+\sigma_s(t))\mathrm{d}t] \right\} = (f_{RF2} + f'_{d2}) \times \left\{ \int_{t_1+R_1/c}^{t_2+R_2/c} [(1+\sigma_g(t))\mathrm{d}t] \right\} \end{cases} \tag{6-28}$$

从式(6-28)可知,星钟的 $\int_{t_1}^{t_2}[1+\sigma_s(t)]\mathrm{d}t$ 项在方程组联立求解时,可以抵消掉。同时,由于地面站采用原子钟,短稳指标较高,信号往返时间内(对于地球轨道卫星一般小于1s)时钟频率变化很小,可以忽略,又考虑到地面原子钟是测量系统频率参考基准,可以认为 $\sigma_g(t)$ 为零。因此,理论上可以认为,此时的测速误差与星上时钟无关,仅取决于载波环的跟踪精度和积分周期(帧周期)。

将式(6-28)简化,$\Delta R/\Delta t$ 用 v 替换,变为

$$\begin{cases} f_{RF1} \times \left(1 - \dfrac{v}{c}\right) = \dfrac{f_{RF1} + f'_{d1}}{\Delta t} \times \left\{ \int_{t_1}^{t_2} [1+\sigma_s(t)]\mathrm{d}t \right\} \\ \dfrac{f_{RF2}}{\Delta t} \times \left\{ \int_{t_1}^{t_2} [1+\sigma_s(t)]\mathrm{d}t \right\} = (f_{RF2} + f'_{d2}) \times \left(1 + \dfrac{v}{c}\right) \end{cases} \tag{6-29}$$

由式(6-29)可解得径向速度为

$$v = \left[\frac{f_{RF1} \times f_{RF2} - (f_{RF2} + f'_{d2}) \times (f_{RF1} + f'_{d1})}{f_{RF1} \times f_{RF2} + (f_{RF2} + f'_{d2}) \times (f_{RF1} + f'_{d1})}\right] \times c \tag{6-30}$$

式中:f_{RF1} 为上行载波的射频点频;f_{RF2} 为下行载波的射频点频;f'_{d1} 为应答机测得的上行多普勒频偏;f'_{d2} 为地面接收的多普勒频偏;c 为光速。

6.4 测速精度分析

6.4.1 双向相干载波多普勒测速精度分析

1. 系统误差

测速系统误差很小,一般可忽略不计,主要由主振荡器长期频率不稳定度引起,由测速公式:

$$v = -\frac{c}{2f_i}f_d \tag{6-31}$$

可知,通过 f_d 测量速度需要发射频率的具体数值,当发射频率 f_i 产生漂移时,速度值会产生误差,因此,引起的测速误差为

$$\Delta v = \frac{cf_{\mathrm{d}}}{2f_{\mathrm{i}}^{2}}\Delta f_{\mathrm{i}} = \frac{cf_{\mathrm{d}}}{2f_{\mathrm{i}}}\frac{\Delta f_{\mathrm{i}}}{f_{\mathrm{i}}} = v \times \frac{\Delta f_{\mathrm{i}}}{f_{\mathrm{i}}} \tag{6-32}$$

误差大小等于被测速度与主振源的相对长期不稳定度的乘积,长期不稳定包括漂移和准确度误差。当 $v = 10\mathrm{km/s}$,长期不稳定度为 1×10^{-9},引起的测速误差只有 $10^{-5}\mathrm{m/s}$,可见测速系统误差很易满足,当随机误差已经满足时,一般很小考虑。

2. 随机误差

测速随机误差主要包括:地面频率源短稳引入的测速误差、热噪声引起的误差、光速不稳引起的误差、量化和脉冲形成电路时间抖动等。其中,量化和脉冲形成电路时间抖动误差经合理设计可以使其足够小以致忽略不计。

(1) 主振荡器短稳引入的测速误差。考虑到电波传播时延对短稳相关性的影响,发射机短稳引入的测速随机误差计算式为

$$\sigma_{\mathrm{V1}} = \sqrt{\frac{Rc}{T}} \times \sigma_{y(T)} \tag{6-33}$$

式中:$\sigma_{y(T)}$ 为发射机短稳;c 为光速;T 为测速采样间隔时间。当目标距离 R 较近,回波中的发射机短稳分量在接收混频中可以得到部分抵消。

(2) 载波环热噪声引入的测速误差为

$$\sigma_{\mathrm{V2}} = \sqrt{\frac{B_n}{(S/\Phi)}}\frac{\lambda}{4\pi T_{\mathrm{s}}} \tag{6-34}$$

式中:S/Φ 为地面接收机的载波分量信号噪声功率谱密度比;λ 为载波波长;T_{s} 为采样积分时间。

(3) 光速不稳定引起的测速误差为

$$\sigma_{\mathrm{V3}} = 3.33 \times 10^{-7}\dot{R} \tag{6-35}$$

(4) 其他误差为 σ_{V4}。

综合以上 4 种主要误差,总的测速随机误差为

$$\sigma_{\dot{R}} = \sqrt{\sigma_{\mathrm{V1}}^{2} + \sigma_{\mathrm{V2}}^{2} + \sigma_{\mathrm{V3}}^{2} + \sigma_{\mathrm{V4}}^{2}} \tag{6-36}$$

6.4.2 扩频测速精度分析

相干扩频测速精度与 5.4.1 节分析内容基本一致,这里不再进行介绍。

非相干扩频测速误差主要包括地面频率源短稳引入的测速误差、热噪声引起的误差、光速不稳引起的误差、星上频率源不准引起的误差(地面积分时间段错位部分)以及量化和脉冲形成电路时间抖动等误差。前三项与相干测量相同;第四项为非相干测量在工程实现中地面积分时间段不能与下行测量帧对齐造成,经分析,在错位小于 $0.1\mu\mathrm{s}$ 的情况下,该项误差可忽略;量化和脉冲形成电路时间抖动误差与相干测量相同,经合理设计可以使其足够小以致忽略不计。

下面重点介绍星上频率源不准引起的误差。

星上频率源不准主要在错位积分时间段引起误差。由于星上采用的是星钟固定积分时间测速，积分时间段可以完全与下行测量帧（同源）时间段对齐，可以保证式（6－22）右边的积分时间段为$t_1 \sim t_2$；而地面采用的是固定接收信号相位增量测速，接收信号与地面钟不同源，难以实现积分时间段完全与下行测量帧时间段严格对齐，即地面积分时间段与$(t_1 + R_1/c) \sim (t_2 + R_2/c)$时间段有偏移或错位，假设值为$\Delta T$，造成式（6－23）左边的积分项与式（6－22）右边的积分项不完全相等，积分时间段相同的部分完全抵消，错位部分将引起最终的测速误差，其大小与星上频率源短稳和错位部分时间长短有关。通过分析计算，可以算出星上频率源不准引起的误差为

$$\sigma_{cs} = \sqrt{\frac{\Delta T}{t_1 - t_2}} 0.707 \times c \cdot \sigma_{sy}(t_1 - t_2) \tag{6-37}$$

式中：$\sigma_{sy}(T_s)$为该段时间内星上频率源短稳；c为光速。

在上述假设条件下，可得总测速误差为

$$\sigma_{\dot{R}} = \sqrt{\sigma_{V1}^2 + \sigma_{V2}^2 + \sigma_{V3}^2 + \sigma_{V4}^2 + \sigma_{cs}^2} \tag{6-38}$$

参 考 文 献

[1] 韩魁选，忻鼎勇，等．微波统一测控系统设计导论．北京：国防工业出版社，1984.

[2] 刘嘉兴．飞行器测控与信息传输技术．北京：国防工业出版社，2011.

[3] 吴有杏，等．航天测控数字基带技术．北京：国防工业出版社，2012.

[4] 姜昌，范晓玲．航天通信跟踪技术导论．北京：北京工业大学出版社，2003.

第7章 遥测技术

7.1 概述

7.1.1 遥测的定义和作用

1. 遥测的定义

遥测是指对飞行器上的待测参数(信息)进行检测,并将测量结果传输到地面站进行记录、显示和处理的测量技术。若遥测数据包括反映飞行器各系统(如姿控、动力、能源系统)运行状况的有关数据,称为工程遥测;若包括飞行器上有效载荷的运行状况的有关数据,称为业务遥测。对于遥测设备来讲,工程遥测与业务遥测是基本相同的。不同之处在于终端数据处理计算机处理的数据种类不同,工程遥测往往有较多参数需要处理。

2. 遥测的作用

遥测系统是航天飞行器在试验和运行过程中不可缺少的重要支持系统。在航天器的研制阶段,利用遥测系统获取试验飞行中的航天器各系统的工作状态参数和环境数据,为检验航天器的性能及故障分析提供依据。在轨运行的卫星、宇宙飞船,需要利用遥测信息来判断卫星/飞船的工作状态、航天员的身体状况。概括起来讲,遥测系统在航天领域中的作用有以下几方面:①获取飞行试验数据;②为故障分析提供数据;③测定航天器的环境参数、航天员的生物医学数据;④为航天器遥控提供反馈信息。

3. 遥测的特点

航天器的遥测系统与其他遥测系统基本相同,但由于其使用环境的特殊性,有如下特点:①被测参数多,系统复杂;②作用距离远,数据格式复杂;③系统可靠性要求高;④实时性强。

7.1.2 遥测系统的组成和工作原理

航天器的遥测系统的组成如图7-1所示,它主要包括三个部分:

(1) 发送设备:将需要测量的参量(或参数)转换成适合于采集并远距离传输的规范化信号。

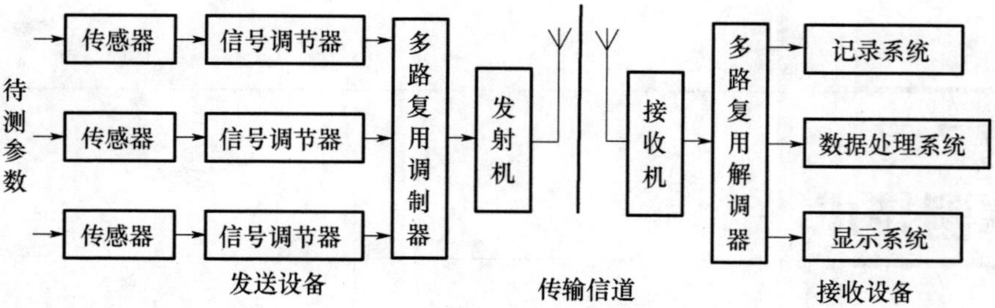

图 7-1　无线电遥测系统原理框图

（2）传输信道：将全部遥测信号（通常是多路信号）通过一个预先准备好的信道传送到远处的接收地点。

（3）接收设备：对遥测数据进行接收、解调、记录、处理和显示。

遥测体制主要分为编码遥测和模拟遥测。下面以编码遥测为例介绍遥测系统的工作原理。

在发送端，首先对模拟信号进行采样、量化和编码，再插入直接的数字信息和同步信息（帧同步码组），按照一定的格式形成串行 PCM 数据流，经调制后送发射机。接收端在接收和解调后，重新得到 PCM 数据流，但是这时的 PCM 数据流受到噪声干扰，经提取码同步并对二进制码元进行判决后，得到重建后的 PCM 数据流。再经帧同步器实现帧同步之后，即可恢复出原始遥测参数，分送不同的用户进行相应的处理、显示和记录。

7.1.3　遥测系统的分类和发展

1. 遥测系统的分类

航天器遥测系统信号传输的基本原理实质上就是无线多路通信原理。按照所采用的多路复用调制技术，遥测系统可分为频分制（FDM）、时分制（TDM）和码分制（CDM）。

1）频分制（FDM）

频分制是把待传送的各种信号分别调制到不同的副载波上。当被调制的各路副载波的频率间隔足够大时，各路已调波的频谱将不会相互重叠，经过公共信道传送后，在接收端可以很方便地用一组带通滤波器分开，达到多路信号共用一个信道的目的。频分制一般需要进行两次调制，两次调制的不同组合可以组成多种体制的遥测系统，如 FM-FM，PSK-PM 等。PSK-PM 的含义为：第一次调制为对副载波调制，调制体制为 PSK；第二次调制为对载波调制，调制体制为 PM。

2）时分制（TDM）

时分制是指利用一个信道按时间顺序来传输从多个不同通道来的离散信息的多路通信体制。它的工作原理是：在发射端，“时分开关”对各路连续信号采样，并按时间顺序排列在一起形成多路信号（称为时分复接），当时分开关旋转一个周期（进行一次循环），就把各路信号依次采样了一次，这称为传输了一帧信号。在接收端，“时分开关”再把排列在一起的多路信号区分开来（称为时分分路），这就要求发、收两个时分开关必须同步工作，才能把各个采样信号送到相对应的通道中去。实现同步的方法是在发射端发射一个帧同步信号，接收端收到帧同步信号以后，控制它的时分开关旋转周期与帧同步信号周期相同，从而可将多路信号分离开来。为了易于识别此帧同步信号，应使它是一种与所传输的信号相区别而有特殊标志的信号，如可用脉冲幅度差别或特殊的编码信号等。

3）码分制（CDM）

码分制是指利用不同码型（或波形）区分多个（路）遥测信息。码分多址遥测主要用于多目标遥测，如从多个目标采集的各个遥测数据序列用伪随机序列（PN）进行直接序列扩频（DS）后都对相同载波进行相移键控调制，通过采用码分多址技术地面站只需用一台接收机就能同时接收这些目标发送的遥测信号。这种遥测的主要优点：一是比频分多址（FDMA）和时分多址（TDMA）体制成本低，因为使用前两种体制时每个目标都需要一个接收机；二是在同样技术要求条件下占用带宽小，节省无线电频率资源；三是抗干扰性强，截获困难，保密性好。

2. 遥测多路传输体制的发展

遥测多路传输体制的发展共经历了以下4个阶段。

（1）频分多路遥测体制：20世纪50年代初航天遥测起步时，采用频分多路复用（FDM）思想，采用多个副载波进行频分多路传输，它是一种模拟传输体制。

（2）时分多路遥测体制：开始于20世纪50年代中期，它根据采样定理，用时分形式（又称交换子）对多路遥测信息采样形成离散信息，并将各路信息安排在不同的时间间隙中传输。它虽然用多级分帧解决了上千路信号在一定带宽内的时分传输问题，但仍是一种模拟系统，因而模拟系统的误差积累和不便处理的缺点依然存在。

（3）数字脉冲编码遥测体制（PCM，简称编码遥测）：20世纪60年代初，在PAM的基础上增加了模数变换（A/D）和数模变换（D/A）技术及数字同步技术，构成了PCM遥测系统。遥测系统数字化后的好处是遥测信息可以存储，方便运算和自动化数据处理；可对数码信号进行纠错编码；可进行信源编码从而实现压缩和信息加密；可进行数据再生，防止多次转发引起的误差累积。

（4）分包遥测体制：20世纪80年代中期至90年代，又将效率低的多级时分采样开关进行串接的编帧方式改进为通信中的分组交换方式，即每个信源按各自的频响和测量要求，进行采样和数字化后先将所生成数据存储起来，然后多个信源数据再统一编帧打包形成统一数据流，用同一种速率传送。这种方法一方面提高了每个信源的采样率，减少了数据的冗余度；另一方面摒弃了过去因频响不同、数据率不同而不得不采用众多的时分采样开关、众多副载波或载波的信息传输方法。

模拟遥测一般采用调幅、调频等模拟调制方式,遥测基带信号数字化后,都改用幅度键控(ASK)、频移键控(FSK)、相移键控(PSK)等数字调制解调方法,目前都趋于采用 PSK 及其演变的调制解调方法。目前遥测体制的发展趋势是:采用 PCM、分包遥测和"带宽效率"高的调制/解调方式。

7.1.4 遥测技术在船载微波统一测控系统中的应用

目前船载 S 频段微波统一测控系统的下行遥测调制体制为 PCM - PSK - PM,火箭遥测的调制体制为 PCM - FM,相干扩频测控下行遥测调制体制为 PCM - CDMA - UQPSK,其中 I 支路为遥测信号,非相干扩频测控下行遥测调制体制为 PCM - CDMA - BPSK,数传调制体制有 PCM - BPSK、QPSK、UQPSK、SQPSK、8PSK,测控数传一体化的下行数传体制为 PCM - BPSK。船载 C 频段微波统一测控系统下行遥测的调制体制有编码遥测和模拟遥测,其中编码遥测的调制体制为 PCM - PSK - PM,模拟遥测的调制体制为 PPM - mFSK - PM。船载 X 频段微波统一测控系统下行遥测的调制体制主要是 PCM - PSK - PM。

7.2 遥测信号的基本理论

在遥测信息传输中,采用的信号调制方式有多种,按被调制信号的形式可分为连续波调制和脉冲调制;按调制信号的形式可分为模拟调制和数字调制。根据被调信号的参数不同,连续波调制和脉冲调制又可分为以下几种调制类型:

$$\text{连续波调制}\begin{cases}\text{幅度调制(AM)}\\ \text{频率调制(FM)}\\ \text{相位调制(PM)}\end{cases}$$

$$\text{脉冲调制}\begin{cases}\text{脉冲幅度调制(PAM)}\xrightarrow{\text{量化编码}}\text{脉冲编码调制(PCM)}\\ \text{脉冲宽度调制(PDM)}\\ \text{脉冲相位调制(PPM)}\end{cases}$$

同样,对于数字信号调制,依据被调对象是载波的幅度、频率还是相位,也可分为以下几种方式:

$$\text{数字信号调制}\begin{cases}\text{幅移键控(ASK)}\\ \text{频移键控(FSK)}\\ \text{相移键控(PSK)}\\ \text{差分相移键控(DPSK)}\\ \text{四相相移键控(QPSK)}\end{cases}$$

对于连续波调制,在遥测系统中应用较多的是调频体制(FM),其特点是抗干扰能力较强。以下重点介绍脉冲调制和数字信号调制。

7.2.1　脉冲调制

当被调制信号为一个脉冲序列，让脉冲的幅度、宽度、相位随调制信号作线性变化时，分别称为脉冲幅度调制（PAM）、脉冲宽度调制（PDM）和脉冲相位调制（PPM）。当把 PAM 信号的脉冲幅度值（调制信号被采样值）用一组二进制码表示时，称为脉冲编码调制（PCM）。这几种脉冲调制方式的波形示意图如图 7－2 所示。其中 PAM 和 PCM 是遥测系统中应用最多的两种调制方式。

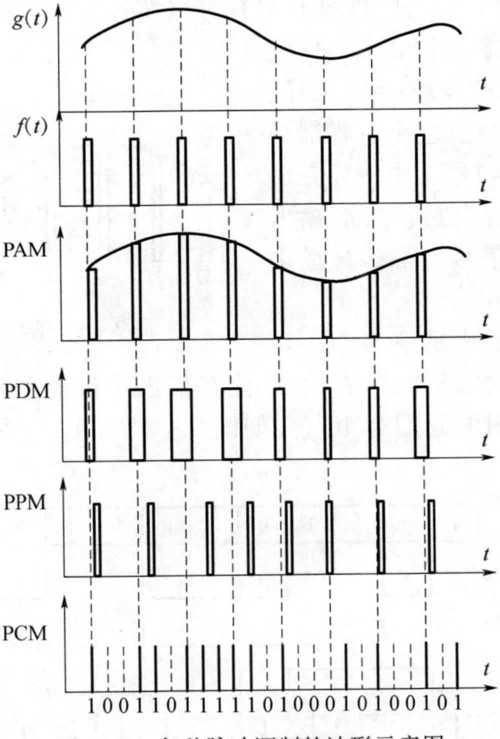

图 7－2　各种脉冲调制的波形示意图

7.2.1.1　脉冲幅度调制（PAM）

脉冲幅度调制实际就是采样过程，即用所要传输的基带信号 $g(t)$ 对采样脉冲进行幅度调制，采样脉冲的重复频率应满足采样定理。信号的采样过程如图 7－3 所示。

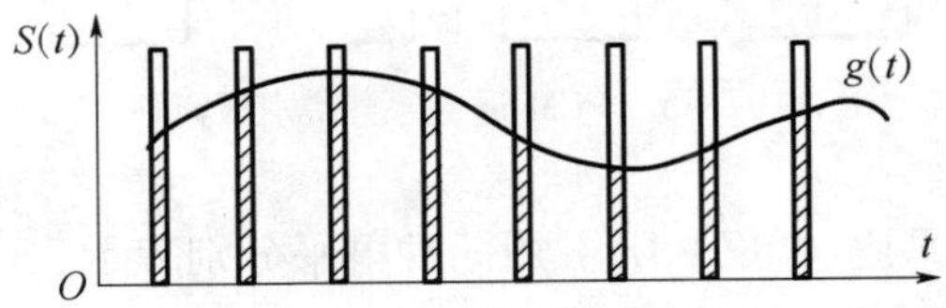

图 7－3　信号采样过程

7.2.1.2 脉冲编码调制(PCM)

对基带信号采样,就得到 PAM 信号,而 PAM 信号的脉冲幅度,即采样值的大小,用一组有限个离散电平代替,称为 PAM 信号的量化。把量化后的电平值用码字表示,称为数字化。采样、量化、数字化三个过程统称为编码。编码后的信号称为 PCM 信号。在二进制 PCM 信号中,传送的信号电平值为两个,分别用"0""1"码表示,只要噪声的幅度不超过两个电平值之差的一半,接收端就能够正确分辨出"0"和"1",因此,PCM 信号具有很强的抗干扰能力,这也是 PCM 体制被广泛采用的重要原因之一。

随着电子技术的发展,目前采样、量化、编码(数字化)这三个过程都是在 ADC(模/数转换)器件中一并完成的,ADC 的输入为模拟信号,而输出则是 PCM 信号。信号的采样与量化过程如图 7-4 所示。

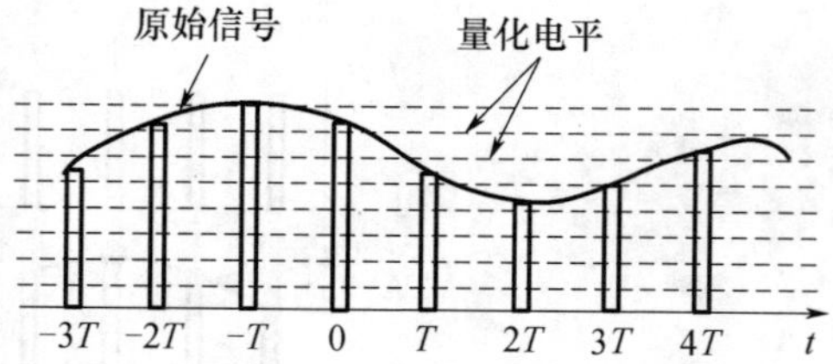

图 7-4 信号的采样与量化

PCM 遥测数据中的逻辑"0"和"1",必须用相应的电压波形表示,才能在信道中传输和记录,这就是码型。PCM 遥测系统常用的码型有 10 种,如图 7-5 所示。下面对这些码型予以说明。

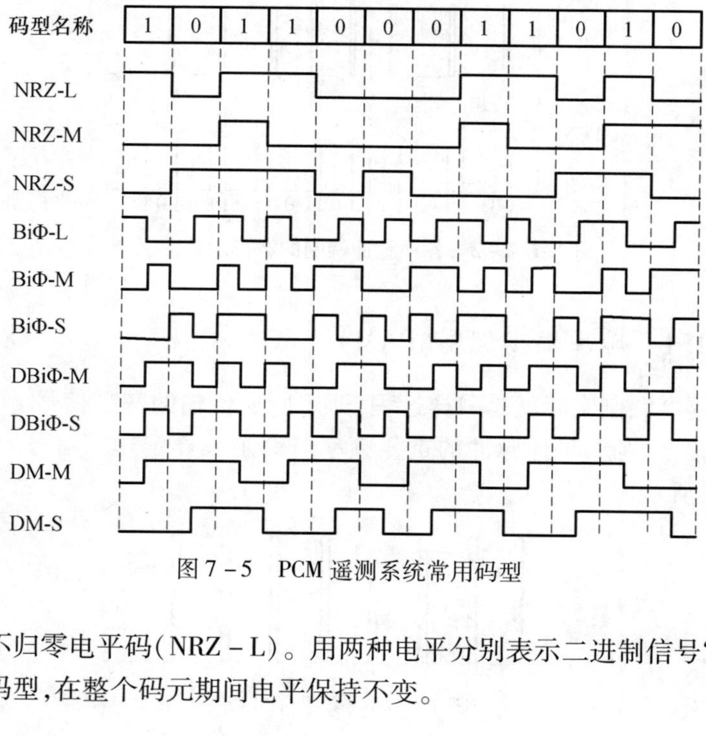

图 7-5 PCM 遥测系统常用码型

(1) 不归零电平码(NRZ-L)。用两种电平分别表示二进制信号"1"和"0"的二进制码型,在整个码元期间电平保持不变。

(2) 不归零传号码(NRZ - M)。逢“1”电平翻转一次,逢“0”电平不翻转的二进制码型,又称为传号差分码。

(3) 不归零空号码(NRZ - S)。逢“0”电平翻转一次,逢“1”电平不翻转的二进制码型,又称为空号差分码。

(4) 双相电平码(BiΦ - L)。每位码元中间均有电平翻转,二进制“1”用从“1”电平翻转成“0”电平表示,二进制“0”用从“0”电平翻转成“1”电平表示,又称为分相码或曼彻斯特码。

(5) 双相传号码(BiΦ - M)。每位码元起始均有电平翻转,二进制“1”用码元中间有电平翻转表示,二进制“0”用码元中间无电平翻转表示。

(6) 双相空号码(BiΦ - S)。每位码元起始均有电平翻转,二进制“1”用码元中间无电平翻转表示,二进制“0”用码元中间有电平翻转表示。

(7) 差分双相传号码(DBiΦ - M)。每位码元中间均有电平翻转,二进制“1”用码元起始无电平翻转表示,二进制“0”用码元起始有电平翻转表示。

(8) 差分双相空号码(DBiΦ - S)。每位码元中间均有电平翻转,二进制“1”用码元起始有电平翻转表示,二进制“0”用码元起始无电平翻转表示。

(9) 延迟调制传号码(DM - M)。“1”用码元中间有电平改变来表示。“0”若跟在“0”之后,则前一个“0”之末有电平改变,“0”之前若为“1”,则无电平改变。

(10) 延迟调制空号码(DM - S)。“0”用码元中间有电平改变来表示。“1”若跟在“1”之后,则前一个“1”之末有电平改变,“1”之前若为“0”,则无电平改变。

以上各种码型,究竟选用哪种,要根据实际情况而定。在选择码型时,一个必须考虑的重要因素是信号的带宽和频谱,另外还应考虑所选码型的抗干扰能力、信号的同步能力、设备的性能价格比以及实现的复杂度等。在无线电 PCM 遥测系统中,选择码型时首先要考虑抗干扰特性的优劣,而且要求占用带宽小,对解决同步问题有利,因而主要采用 NRZ 码。

7.2.1.3 PCM 遥测信号格式

常用的 PCM 遥测信号涉及到以下几个基本参数:

1. 码速率

码速率是指需传输原始信息 PCM 编码后每个码元的传输速率,单位为 b/s。

2. 字

多路码元构成的有意义的码组就是字。通常每字包括 8 个码元,即 8b。

3. 帧格式

PCM 的帧格式如图 7 - 6 所示。将各路遥测数据至少采集一遍而构成的循环数据格式称为帧(图 7 - 6 中第 1 行)。每帧的一个特定的帧同步码组做为每帧的开始,按顺序称为第 1 字、第 2 字、…、第 N 字,或称为路。全部帧和副帧循环完毕,称为“全帧”。一个全帧包括 $N \times M$ 个字。

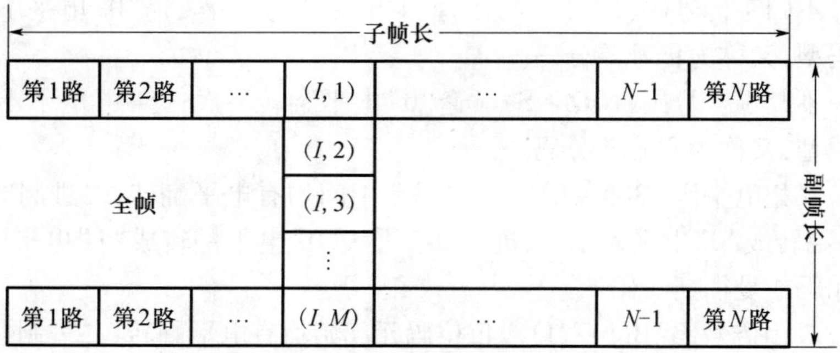

图 7-6 PCM 的帧格式

（1）帧同步码组。帧同步码组长度一般不超过 48 码位，也不少于 16 码位。同步码组应优先选用 16、24、32 比特码组的图样。表 7-1 列出国内外不同遥测标准推荐的码长为 16、24、32 比特的帧同步码组的图样。

表 7-1 主要遥测标准推荐的最佳帧同步码组

序号	标准名称	16 比特	24 比特	32 比特
1	IRIG106-86	EB90	FAF320	FE6B2840
2	ESA PSS-46	EB90	FAF320	FAF33400
3	GJB 21.2A-92	EB90	FAF320	FDB18540
4	GJB 1198.2-91	EB90	FAF320	—

（2）副帧同步。副帧同步方式一般有：

① ID 副帧：用副帧计数码（ID）表示副帧序号，达到副帧同步的目的。此计数码应位于子帧的某个固定位置上，按子帧速率计数。可以是加计数，也可以是减计数。如果是加计数，全帧开始时 ID 为 0；如果是减计数，全帧开始时 ID 为最大。

② 反码副帧：在遥测数据帧中用帧同步码组的反码取代帧同步码组来标志副帧的起始。

③ 循环副帧：在副帧中安排专用字来标志副帧的起始，其字长与该副帧的原有字长相同。

7.2.2 基本数字信号调制

用二进制 PCM 数字序列对载波的幅度、频率、相位进行调制，分别称为幅度键控（ASK）、频移键控（FSK）和相移键控（PSK）调制。对应 PCM 信号的逻辑“0”和“1”，载波的被调参量也是两个给定的离散值。下面仅对其调制波形和误码率性能进行简单分析。

7.2.2.1 幅移键控

用 PCM 序列对载波幅度进行 100% 的调制，即载波振荡器只工作于开启和

关闭两个状态。一个理想的 ASK 调制波形如图 7-7 所示。ASK 系统传送信号的形式为

$$S(t)=\begin{cases}U(t)\cos\omega t & 传“1”时\\0 & 传“0”时\end{cases} \tag{7-1}$$

采用相干检测时 ASK 信号的误码率为

$$P_e=\frac{1}{2}\mathrm{erfc}\left(\sqrt{\frac{\gamma}{4}}\right) \tag{7-2}$$

式中:erfc(·)为误差函数,且有

$$\mathrm{erfc}(\gamma)=1-\frac{2}{\sqrt{\pi}}\int_0^{\gamma}\mathrm{e}^{-x^2}\mathrm{d}x \tag{7-3}$$

式中:γ 表示接收机输出端信噪比,当接收机滤波器为理想匹配滤波器时,$\gamma=E_b/N_0$,E_b为码元能量,N_0为噪声功率谱密度。

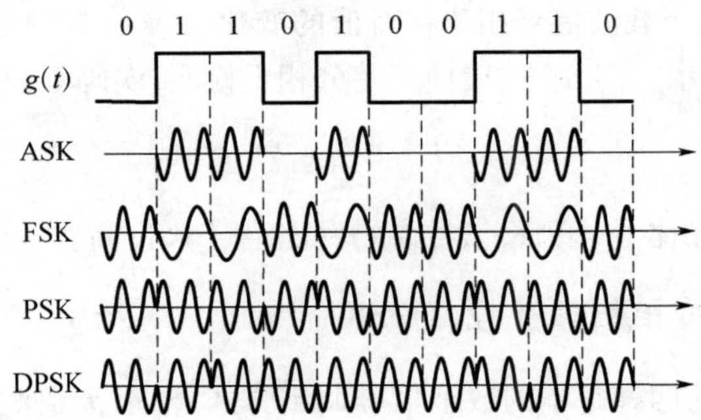

图 7-7　四种数字调制的波形图

7.2.2.2　频移键控

利用载波的两个不同频率来表示 PCM 序列的两个电平。调制波形如图 7-7所示。FSK 系统传送信号的形式为

$$S(t)=\begin{cases}U(t)\cos\omega_1 t & 传“1”时\\U(t)\cos\omega_2 t & 传“0”时\end{cases} \tag{7-4}$$

FSK 信号主要采用相干检测与最佳非相干检测两种检测方式,采用相干检测时,其误码率为

$$P_e=\frac{1}{2}\mathrm{erfc}\left(\sqrt{\frac{\gamma}{2}}\right) \tag{7-5}$$

采用最佳非相干检测时,误码率为

$$P_e=\frac{1}{2}\mathrm{e}^{-\gamma/2} \tag{7-6}$$

最佳非相干检测与相干检测相比，在同样误码率条件下，所需的信噪比要高 1~2dB。

7.2.2.3 相移键控

利用载波信号相位绝对值的变化来表示 PCM 的两个电平，又称为二相相移键控信号（BPSK）。调制波形如图 7-7 所示。BPSK 系统传送信号的形式为

$$S(t)=\begin{cases}U(t)\cos\omega t & \text{传“1”时}\\ U(t)\cos(\omega t+\pi) & \text{传“0”时}\end{cases} \tag{7-7}$$

PSK 信号一般采用相干检测，其误码率为

$$P_{\mathrm{e}}=\frac{1}{2}\mathrm{erfc}(\sqrt{\gamma}) \tag{7-8}$$

7.2.2.4 差分相移键控（DPSK）

DPSK 调制利用载波信号相位相对值的变化来表示 PCM 的两个电平，调制波形如图 7-7 所示。DPSK 一般使用差分相干检测，误码率为

$$P_{\mathrm{e}}=\frac{1}{2}\mathrm{e}^{-\gamma} \tag{7-9}$$

在相同的信噪比下，DPSK 信号误码率比绝对 PSK 高。

7.2.2.5 四相相移键控（QPSK）

除上面介绍的四种基本的数字信号调制方式外，航天遥测系统中还广泛使用 QPSK。QPSK 调制通过相位的变化来表示 PCM 信号的 4 个电平值。在理想信道条件下，其传送性能与 BPSK 相同，效率是 BPSK 的 2 倍。

QPSK 调制的原理如图 7-8 所示。其表达式为

$$s(t)=a(t)\cos\omega_0 t+b(t)\sin\omega_0 t \tag{7-10}$$

式中：$a(t)$、$b(t)$为输入数据码元，由待调制数字信号经串/并变换得到，其值为 ±1。QPSK 信号的带宽是 BPSK 的一半，相干检测误码率与 BPSK 相同。

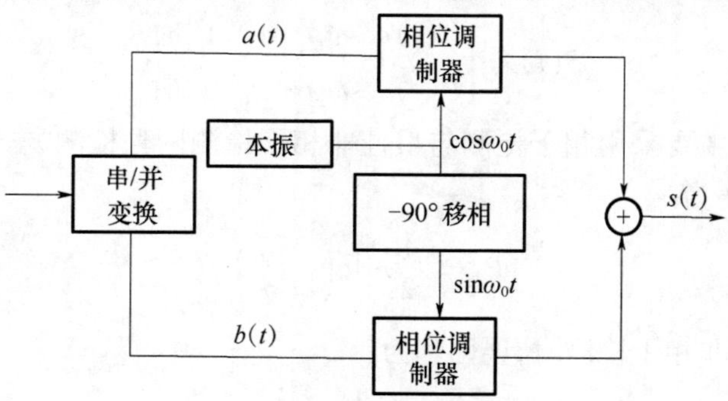

图 7-8 QPSK 调制原理图

最后将 5 种基本调制信号的性能进行比较,如表 7-2 所列。

表 7-2　5 种键控调制方式的比较

调制方式	信号带宽	解调方式	误码率特性
ASK	$2R_b$	相干检测、包络检测	最差
FSK	$2\Delta f+2R_b$	相干检测或最佳非相干检测	较差
PSK	$2R_b$	相干检测	最好
DPSK	$2R_b$	差分相干检测	较好
QPSK	$2R_b$	相干检测	最好
注:R_b为码速率			

7.3　遥测信道编译码技术

近年来,随着航天测控需求的不断变化,微波统一测控系统逐步呈现出测控距离远、遥测(数传)码率高等发展趋势,为缓解这些变化带来的对遥测信道的压力,需要在遥测信道设计上应用编译码技术。

7.3.1　概述

7.3.1.1　香农极限

信道编码可以获得编码增益,但不是无限的,其最大限度由"香农极限"所限制。

香农在第二定理(纠错编码定理)中证明:当信息传输的速率 R_m低于信道容量 C(又为无差错容量)时,将存在一种编码方案可以实现无差错的传输。信道容量是信道特性的函数,在加性高斯白噪声信道中可表示为

$$C = B\log_2(1 + S/N) = B\log_2\left(1 + \frac{E_b}{N_0}\cdot\frac{R_m}{B}\right) \tag{7-11}$$

对带宽 B 归一化后的结果为

$$\frac{C}{B} = \log_2\left(1 + \frac{E_b}{N_0}\cdot\frac{R_m}{B}\right) \tag{7-12}$$

式中:C 为信道容量(b/s);B 为传输带宽(Hz);S 为接收信号功率(W),且 $S=E_b R_m$,其中 E_b是接收端每比特信号的能量,R_m是每秒可传输比特速率;N 为噪声功率,且 $N=N_0 B$,其中 N_0为单边带噪声功率谱密度(W/Hz)。

故根据香农第二定理,将式(7-12)中的 C 等于 R_m(C 等于 R_m意味着传输速率等于信道容量),可得到 E_b/N_0与 R_m/B 之间的关系曲线,即

$$E_b/N_0 = 10\lg\frac{2^{R_m/B}-1}{R_m/B} \tag{7-13}$$

式(7-13)的关系曲线如图7-9所示,该曲线表明:系统工作在某一参量点上(E_b/N_0,R_m/B)能否实现任意小差错概率的边界,当系统工作在曲线左面或上方时,可利用编码实现任意小差错概率。因而,对于任意R_m/B,总存在一个最小的E_b/N_0,只有大于等于这一最小的E_b/N_0才能实现任意小的差错概率。从图7-9中可见,对一固定R_m,当带宽B非常大时,无论采用哪种信道编译码方式,实现误码率为零的最小极限E_b/N_0是-1.6dB,它也称为“香农极限”。

“香农极限”是纠错编码研究人员多年来追求的一个目标,目前在Turbo码和LDPC码中已经实现,但实现的前提是信源和信道的恰当匹配,而且它在带宽、时延和复杂性上也要付出代价。

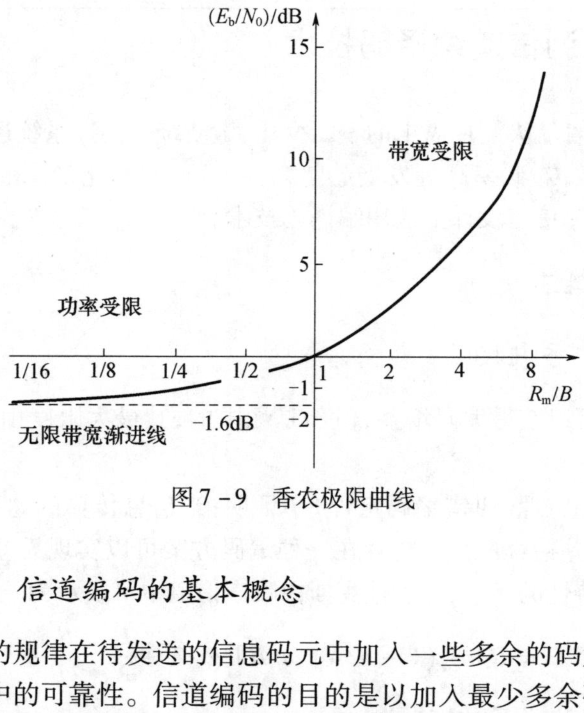

图7-9 香农极限曲线

7.3.1.2 信道编码的基本概念

根据一定的规律在待发送的信息码元中加入一些多余的码元,可以换取信息码元在传输中的可靠性。信道编码的目的是以加入最少多余码元为代价,换取最大的可靠性,获得编码增益,编码增益的定义是:无编码和有编码的情况下,实现同一误码率时所需的信噪比(E_b/N_0)间的差值。这里E_b/N_0中的E_b是信道编码前每个信息数据码元的能量,而不是编码后信道符号码元的能量,所以不会由于编码后符号速率增加使带宽增加且带来E_b/N_0损失。

常用的信道编译码方法可分为两类:分组码和卷积码。分组码纠、检错的方法是,将发送方要传送的信息按每k码位分成一组,然后按码的特定运算规则算出($n-k$)个奇偶校验位,加在信息位后面形成n个符号为一组的序列,发给收方,这种编码后序列用(n,$n-k$)代表。接收方按每分组译码纠错后,输出k个信息码位。而卷积码编码则不用将信息序列进行分组，而是每向编码器输入一个信息位时，编码器将先前的 $k-1$ 个信息位（这里 k 称为约束长度）和现在输入的信息位加在一起进行模 2 加运算，将模 2 加运算结果作为编码器的输出。接收方的译码广泛采用 Viterbi 译码法和门限译码法。输入编码器的信息速率和输出的符号速率之比称为编码效率（简称码率），用 r 代表。为了区别编码器的输入序列和输出序列的不同性质，输入单位用信息位（b，bit）来代表，输出单位用符号位（s，symbol）来代表。

7.3.1.3 信道编码的特点

在飞行器测控系统中，广泛采用信道编码技术来获得编码增益，以降低对 E_b/N_0 的要求。飞行器测控的信道编码有着自己的特点，它采用信道编码技术的原因来自于物理实质相同而需求表现不同的五个方面：

（1）增加作用距离：在飞行器上发射功率不变和地面接收误码率不变的条件下，系统由于获得编码增益而使作用距离得到提高。

（2）减小飞行器上的发射功率：在作用距离和误码率不变的条件下，可减小发射功率，这一点对于体积、重量、功耗受限的飞行器是十分重要的。

（3）扩大多路通信容量：随着传输信息路数的增加，传输的码速率亦相应增加，在获得纠错编码的编码增益后，在功率受限系统中，可以传输更高的码速率。

（4）抗干扰：对于连续的随机差错干扰具有一定的抗干扰作用，对于火焰干扰等突发干扰，RS 编码具有一定的抗干扰作用，对于多径干扰引起的深衰落等突发干扰，交织编码具有一定的抗干扰作用。

（5）抗截获和加密作用：将不同的编码方式构成一个码库，其中包括明码和暗码，使用时经常改变这些编码，也可获得一定的保密作用。

7.3.1.4 信道编码设计的基本问题

遥测信道编码技术早已成熟，在 CCSDS 国际标准和我国遥测信道编码标准中对它的使用规范都已有了规定：一般采用约束长度 $k=7$、编码率为 1/2 或 1/3、8 电平软判决方式，以 Viterbi 最大似然译码的卷积码为内码，以最大码组长度为 255 符号数的（255，223）RS 码为外码的级联码，也可单独用上述卷积码。为适应运载火箭遥测信道的特点，在我国遥测标准中，还规定上述 RS 码可单独使用。

1. 信道编码的编码增益

在 CCSDS 标准中给出了如图 7－10 所示的信道编码增益曲线图。

从图 7－10 可以看出，对于约束长度 $k=7$、编码率 1/2 的（7，1/2）卷积码，采用 8 电平（3 位）量化软判决、Viterbi 译码，若误码率要求为 10^{-5}，所需要的归一化信噪比 E_b/N_0 为 4.3dB，比不用任何编码的信道少 5.3dB 的编码增益。以这种卷积码为内码、以(255,223)RS 码为外码组成的级联码,在 10^{-5}误码率条件下,所需归一化信噪比 $E_b/N_0 = 2.3\text{dB}$,可获得 7.3dB 的编码增益。

这是一个相当可观的信道增益。如果要用加大天线口径的办法获取这样的增益,则需要把 5m 口径的天线加大为 11.7m。而用信道编码,则只需增加几块芯片。所以,在进行通信或遥测系统设计时,如果在现有条件下增益不足,则首先应该想到通过信道编码获得增益。

这里指出两个常不被人注意而引起误会的简单事实:其一,采用信道编码后,误码率 P_e将不能再利用通常的公式计算,比如对 BPSK、QPSK、OQPSK 等体制都不能用公式 $P_e = \frac{1}{2}\text{erfc}(\sqrt{E_b/N_0})$ 计算,只能按图 7-10 中的曲线得出 P_e 与 E_b/N_0的数值关系;其二,在谈到编码增益时,必须指明某种码在多大误码率条件下的编码增益。

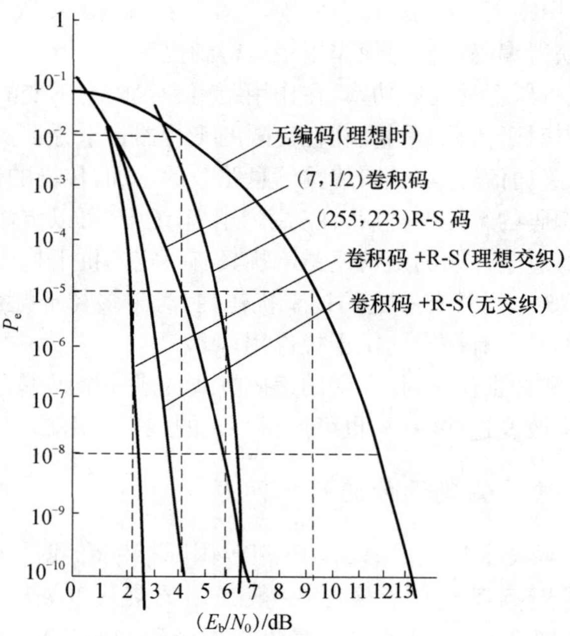

图 7-10　不同编码方式的性能比较

2. 相干检测与非相干检测

图 7-10 中的曲线都是在假设载波采用最佳检测方式下获得的,通常认为载波采用 PSK 调制体制,解调采用相干检测。如果载波不采用相干检测,例如在运载火箭遥测中通常采用 PCM-FM 体制,采用非相干的、限幅鉴频方式解调,在这种情况下,采用信道编码获得的编码增益不能由图 7-10 曲线决定。针对该问题的结论有:对这样的非相干检测方式的信道,当采用(7,1/2)卷积码 Viterbi 译码技术时,不论是否采用 3bit 软判决,都只能获得约 3dB 的增益,此

外，解调门限还会因带宽加倍而增大 3dB。

另外，有的文献把信道编码所获得的增益说成是检测门限的下降，这是不正确的。其一，对相干检测，理论上不存在门限效应；实际上，由于解调电路与载波提取等环节的不理想，相干检测也只存在很低的门限。其二，对非相干检测，已如上述，信道编码不仅不能降低门限，反而提高了门限。

3. 信道编码的门限

一切用于纠错的信道编码都存在一定的门限效应：当信道的原始误码率大于某一值时，或者等效地，当信道的 E_b/N_0 低于某一值时，采用信道编码不但不能纠错，反而越纠越错。卷积码与 RS 码也是如此（有的 RS 码的译码算法可以对错误数目超过纠错能力的被纠码组不进行纠错处理，从而可减小差错扩散）。由图 7-10 不难看出卷积码和级联码的门限：当原始误码率近于 10^{-1}，或 $E_b/N_0 < 0.8 \sim 1.5$dB 时，卷积码与级联码的误码率均大于不采用信道编码的情况。当然，在航天遥测系统中设计出这样差的信道是不可能的。但在航天遥测系统的应用中，偶然出现这种情况则是有可能的，应用设计时应予以注意：此时信道纠错编码只能帮倒忙。所以说信道编码对运载火箭遥测抗火焰衰落只能在一定限度内有效。

另一种与信道编码有关的门限效应就是上段讲到的，载波非相干检测时，信道编码会抬高检测门限。

4. 信噪比 S/N 与卷积编码的关系

信噪比 S/N 与 E_b/N_0 的关系通常可写成

$$\frac{S}{N}=\frac{E_b}{N_0}\frac{R}{B} \tag{7-14}$$

式中：S 为信号输入功率；N 为输入端的噪声功率；R 为传输数据率；B 为接收机带宽；E_0 为每个数据码元的能量（而不是卷积编码后的符号码元的能量）；N_0 为输入端的噪声功率谱密度。

相干检测的误码率 P_e 只与 E_b/N_0 有关，与 R/B 无关，即在 E_b/N_0 一定的条件下，P_e 与 S/N 无关。特别是在 R 一定的条件下，P_e 与输入的噪声总功率 $N=N_0B$ 无关，即与 B 无关。带宽 B 只要满足把噪声限制为窄带噪声即可。

这一简单的结论可以澄清下述时常听到的不正确的说法：采用(7,1/2)卷积码可以获得 5.3dB 编码增益，但为了采用此码，信道带宽需增加一倍，又因为信噪比损失 3dB，所以实际获得的增益只有 2.3dB。这种说法是不正确的。

7.3.1.5 信道编译码技术在船载微波统一测控中的应用

信道编译码技术在船载微波统一测控系统中有着广泛的应用。船载 S/C/X 频段微波统一测控系统、S 频段中低码率数传（最大码速率 20Mb/s）、S 频段相干/非相干扩频测控系统以及扩跳频系统的遥测信道采用了标准(7,1/2)卷积码、RS(255,223)编码、卷积码与 RS 码的级联码。船载 S 频段测控数传一体化系统的下行数传码速率不大于 8Mb/s 时遥测信道编码采用 Turbo 码,大于 8Mb/s 时遥测信道编码采用 LDPC 码。另外,当火箭 PCM - FM 遥测采用 TPC 编码时,船载 S 频段火箭调频遥测基带还具备 MSD(多符号检测技术) + TPC(Turbo 乘积码)译码功能。

7.3.2 卷积码与 Viterbi 译码

7.3.2.1 卷积码

卷积码是一种前向纠错(FEC)编码方法,它可用 3 个数字(b,n,k)表示其基本特征,b 为每次送入编码器进行编码的信号序列的码元数,n 为每次对 b 个码元编码得出的码元的个数,b/n 称为编码效率,k 为码的约束长度,在卷积码编码中,每个信号码元对其后信号码元的编码也产生影响,k 反映了相互影响的信号码元的个数。

卷积码的码型结构和编码器的构成与分组码相似,可以用码生成矩阵 G 表示。用生成矩阵可以把编码过程写成矩阵方程

$$c = mG \tag{7-15}$$

式中:c 为输出的卷积码序列;m 为输入信号序列。

卷积码不像许多获得广泛应用的分组码那样具有一定的代数结构,所以,不可能通过解析的方法找到好的码型和译码方法,也没有分组码那样的纠错代数运算技术。卷积码的码型选择只能靠计算机对大量码子进行筛选,以找出具有好的距离特性的码子。衡量一种卷积码好坏的一个主要指标是它的最小自由距离,最小自由距离最大者为好码。

关于 k,n,b 的选择,简单地说明如下。b/n 越小,可获得的编码增益越大,但需要的传输带宽越宽;反之,b/n 越大,所需带宽越小而增益也越低。目前常用的 b/n 值有 1/2、1/3、2/3,而以 1/2 更为常用。卷积码 Viterbi 译码的计算量或设备的复杂程序与 2^{kb} 成正比,所以,用 Viterbi 方法实现译码时,k 不能太大,这是卷积码 - 维特比(Viterbi)译码的一个主要特点。对于 1/2 码,一般地,k 选 5 ~8,用 $k=7$ 较为普遍。在 10^{-5} 误码率下,k 值每增加 1,编码增益可增加 0.4 ~0.5dB。

1. 标准卷积码的特性参数

在 CCSDS101.0 - B - 5 蓝皮书中推荐使用的卷积码如下:①编码方式:卷积码,Veterbi 译码;②编码效率:每符号 1/2 比特;③约束长度:7 比特;④生成矢量:$G_1=1111001$;$G_2=1011011$;⑤G_2的输出端反相。

2. 卷积编码器

卷积编码器原理如图 7 - 11 所示。

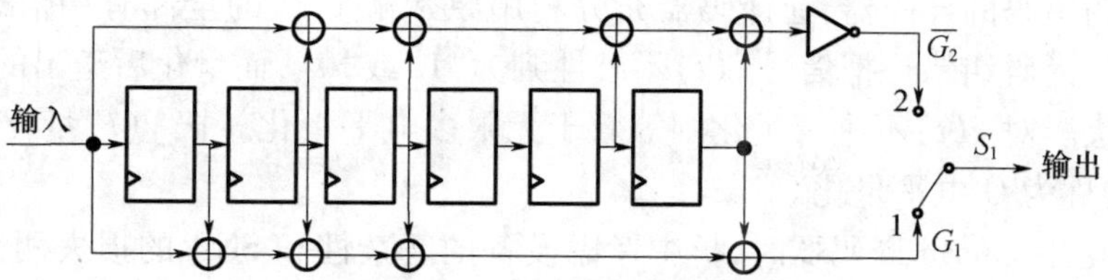

图 7 - 11　卷积编码器原理图

（1）编码器输入：卷积编码器的输入 PCM 信号可以是不归零电平码（NRZ - L）或不归零传号码（NRZ - M）。其他类型的 PCM 信号，在带有卷积编码的遥测系统中，一般情况下不予采用。

（2）编码器输出：卷积编码器输出是二元电平符号序列，即比特序列。每输入一个信息比特，产生二个输出符号（即一个符号对，这个符号对在符号流中称为一节）。

符号的输出顺序如下：第一输出符号为 G_1 的输出；第二输出符号为 G_2 的反相输出。

7. 3. 2. 2　Viterbi 译码

卷积码的译码算法主要有两种：代数译码、概率译码。代数译码是指根据卷积码的本身编码结构进行译码，译码时不考虑信道的统计特性。概率译码在计算时要考虑信道的统计特性。典型的概率译码算法有 Viterbi 译码、序列译码等。在我国现有卫星遥测系统中，所采用的译码算法为 Viterbi 译码。

1967 年，Viterbi 提出一种基于最大似然函数的卷积码译码算法，称为 Viterbi 译码算法。Viterbi 译码算法可以看作是对有限状态 Markov 链在无记忆噪声状态下序列估计的一种动态规划方法。

7. 3. 2. 3　软判决译码器

一般数字调制信号，如 PSK 信号，在接收端经相干检测后，在采样判决之前的电压 $y(t)$ 服从高斯分布。如果有两个被接收的信号，一个稍大于判决门限，另一个远大于判决门限。按照一般的判决方法，这两个信号都被判为“1”。然而实际上，前一个信号为“1”的可信度要比后者差得很多，但经这样判决后，二者则毫无差别，再也看不到谁比谁判为“1”更可信。也就是说，这样的判决把反映数据可信度的信息完全损失掉了。这种把 $y(t)$ 硬性判为“1”或“0”的判决方式，称为硬判决。硬判决必然损失 $y(t)$ 所携带的一部分有用信息。尽管如此，在通常情况下，为了给出一个明确的结果是“1”还是“0”，不得不采用硬判决。然而当通信系统中采用纠错编码技术时，则有可能不采取这种损失有用信息的判决方法。可以把 $y(t)$ 的模拟量或数字化后的数字量不经任何判决，原封不动地送给纠错码的译码器,让译码器充分利用原始量 $y(t)$ 的全部有用信息,更有效地进行译码纠错。把信号 $y(t)$ 不硬性判为“1”或“0”,而量化后送出的方式称为软判决。对 $y(t)$ 不进行量化则等效于无限多电平量化。把 $y(t)$ 量化成 Q 个电平,这称为 Q 电平量化。

在设计 Viterbi 译码器时,折中考虑设备的复杂性和 SNR 的损失两个方面,一般都采用 8 电平(3 位)量化。

7.3.3 RS 码

RS 码(Reed - Solomon 码)是以发明者的名字命名的一种纠正突发差错功能很强的码,具有很低的检不出的差错概率,因而译码器能够可靠地显示出是不是已纠正了差错。RS 码是以字节(8b)为单位(称为一个 RS 符号)来工作的。它有两种纠正差错的能力供使用者选择,性能最好的为 $E=16$,指在每个 RS 码字中可纠正 16 个 RS 符号差错,但开销大。另一种为 $E=8$,指在每个 RS 码字中可纠正 8 个 RS 符号差错,开销较少,但性能下降。这两种选择不能在同一个遥测数据流中同时使用。RS 码具有很低的检不出差错率,RS 译码器能确认译出的码块是正确无误的,因而采用 RS 码后的遥测传送帧和 AOS(高级在轨系统)的 VCDU(虚拟信道数据单元)用不着再加 CRC(循环余度码)校验措施。但 RS 码本身不能保证提供足够的信道符号转换密度,以维持收方符号同步器不失锁。如果不能用其他措施保持信道符号有足够的转换密度,则必须采用伪随机化器。

RS 码可以单独使用,因它在突发噪声信道中能提供优良的前向纠错能力,然而如果此时不能提供足够的编码增益,则可以和卷积码级连起来使用。

1. RS 码的主要技术特性

令 j 为每个 RS 符号的码位数,$j=8$b;E 为 RS 码纠错能力,以 RS 符号为计算单位,$E=8/16$ 个 RS 符号;I 为交织深度,可选 $I=1,2,3,4,5$;n 为每个 RS 码字的符号数,$n=(2^j-1)$ 符号;$K=n-2E$,它表示一个 RS 码字中代表信息的 RS 符号数。

RS 码的生成多项式为

$$g(x)=\prod_{j=128-E}^{127+E}(x-a^{11j})=\sum_{i=0}^{2E}G_i x^i \qquad \text{遍及 } G_F(2^8) \tag{7-16}$$

式中:a 是 $G_F(2^8)$ 的一个素元,且是下列方程式的一个根:

$$F(x)=x^8+x^7+x^2+x+1 \tag{7-17}$$

式中:$F(x)$ 为域生成多项式。

当 $E=16$ 时,$F(x)$、$g(x)$ 定义了一个(255,223)的 RS 码。当 $E=8$ 时,RS 码用(255,239)表达。RS 码是一种组织码,产生的码块是一种组织码块。现以 $E=16$ 符号为例,它是在 223 信息符号(字节)后附加 32 个奇偶校验符号块而构成一个 RS 码字的。

2. 符号交织操作

允许可选择的交织深度为：$I=1,2,3,4,5$；$I=1$ 是无交织的 RS 码，I 对于某一个任务的物理信道应固定不变。符号交织原理如图 7－12 所示。

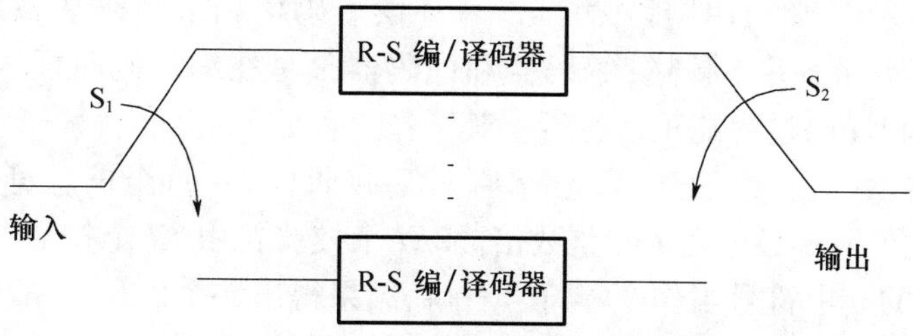

图 7－12　RS 编码交织/解交织原理图

设交织深度为 I 时，传送帧的原始输入信息符号（字节）流可顺序地表达为

$$d_1^1 d_1^2 \cdots d_1^I d_2^1 d_2^2 \cdots d_2^I \cdots d_{223}^1 d_{223}^2 \cdots d_{223}^I \tag{7-18}$$

式中：d 的上标表示该信息字节应送给交织编码器的编号，下标为分给每个编码器的信息码位计数。I 个 RS 编码器计算出每组由 32 个奇偶校验符号组成的 I 组校验符号为

$$P_1^1 P_1^2 \cdots P_1^I P_2^1 P_2^2 \cdots P_2^I \cdots P_{32}^1 P_{32}^2 \cdots P_{32}^I \tag{7-19}$$

计算要遍及每 I 组 223 个信息码位。

$$d_1^i d_2^i \cdots d_{223}^i \quad i=1,2,\cdots,I \tag{7-20}$$

共形成 I 个 RS 码字，其中第 i 个码字为

$$d_1^i d_2^i \cdots d_{223}^i \qquad P_1^i P_2^i \cdots P_{32}^i \quad i=1,2,\cdots,I \tag{7-21}$$

用这种方法计算出来的 $32 \times I$ 个奇偶校验符号，最后应附加在 $223 \times I$ 个信息符号后面，因而最后产生出来的输出序列为

$$d_1^1 d_1^2 \cdots d_1^I d_2^1 d_2^2 \cdots d_2^I \cdots d_{223}^1 d_{223}^2 \cdots d_{223}^I \qquad P_1^1 P_1^2 \cdots P_1^I P_2^1 P_2^2 \cdots P_2^I \cdots P_{32}^1 P_{32}^2 \cdots P_{32}^I \tag{7-22}$$

图 7－12 中开关 S_1 和 S_2 是同步工作的，并采用循环方式，依照次序接通 I 个 RS 编码器，在每个编码器上停留一个 RS 符号间隔时间。由于开关 S_1 的工作方式，每个编码器接收 $K=223$ 个 RS 信息符号，其中每个信息符号在原输入信息流中相隔 I 个信息符号。这 223 个 RS 符号直接通过每个编码器输出，因为开关 S_2 是同步工作的，在输出端又重新组合这些符号，恢复了进入的次序。紧接着，每个编码器产生出 $2E$ 个校验符号，被开关 S_2 按时序取样，也每次输出一个校验符号，如果在每个码字中有 q 个虚拟填空符号，则用 $(K-q)$ 取代。

用这样的交织方法，原来的 KI 个连续信息符号进入编码器后可顺序无改变地在输出时再现出来，编码结果只是在输出增加了 $2EI$ 个 RS 校验符号。

交织后最大码块长度（用 RS 符号计算）为

$$n_{\max} = nI = (2^j - 1)I = 255I \tag{7-23}$$

3. 减短 RS 码块

当传送帧长比最大规定帧长要短时,则需采用减短 RS 码块来传输。因 RS 码是一种分组码,译码器必须在一完整的分组(块)基础上进行操作。为了达到完整码块的要求,必须用"虚拟填充"来补偿短码块和最大码块长度之差。因"虚拟填充"实际上并不传送,编码器和译码器只是在编译码时插入它们,以利于编码过程和译码过程能正常进行。其工作过程如下:

编码器在一个分组的开始,先清零,然后接收($KI-q$)个信息符号。其中,q 代表填充符数目,q 必须是 I 的整数倍。$2EI$ 个校验符由 KI 个符号计算出来,将其中最前面的 q 个符号当作全零符号看待,结果得出一个($nI-q$,$KI-q$)的减短码块。其中前面的 q 个符号既不进入编码器,也不被送入调制器。

4. RS 码块的构造和虚拟填充位置

RS 码块的划分如图 7-13 所示,图中几个符号段的含义是:RS 校验符号,由码块结尾 $2EI$ 符号(160 个 RS 符号,$2EI=1280$b)组成;遥测传送帧,由 CCSDS 分包遥测所定义,当采用 RS 编码时,不包括 32b 的帧同步在内,最大允许长为 1115B(8920b);帧同步码,表示附属同步标志,在 RS 编码或卷积编码构造中是一个长 32b 的图形,放在遥测传送帧前面或传送 RS 码块时的前面;传送码块,由遥测传送帧和 RS 校验符号组成,不包括 32b 的帧同步码在内,当 $E=16$,$K=223$,$I=5$ 且无虚拟填充时,传送码块长 1275B(10200b),如果有虚拟填充时,传送码块将变短,至于短到什么程度,则取决于填充量;虚拟填充,用于在逻辑上补满一完整的码块,但它在物理信道中并不传送,如采用虚拟填充时,应满足如下规定:①由全"0"组成;②不进入物理信道传送;③在一次跟踪译码过程中,长度不应改变;④只在每码块的开始插入,放在帧同步码位置之后和传送码块之前;⑤只能用 $8I$b 的整位数插入。逻辑码块是 RS 编码器据以工作的逻辑上的数据块,长度不等于传送码块,当 $E=16$,$K=223$,$I=5$ 时,逻辑码块长度等于 10200b。

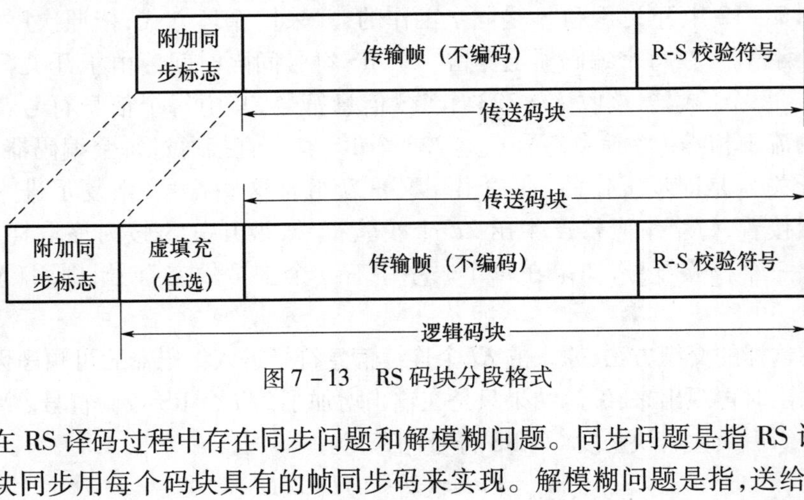

图 7-13 RS 码块分段格式

在 RS 译码过程中存在同步问题和解模糊问题。同步问题是指 RS 译码器的码块同步用每个码块具有的帧同步码来实现。解模糊问题是指,送给 RS 译码器输入的数据必须是真数据流，而真数据流和补数据流之间的模糊问题必须先解决。如采用 NRZ－L 波形传送数据，解模糊可用 32b 长的帧同步码来判断，如采用 NRZ－M 波形传送数据，NRZ－M 本身即具有解模糊能力。

7.3.4 级联码

将 RS 码和卷积码串接起来工作，称为级联码。其中卷积码用于克服白色高斯噪声引起的差错，当译码器输入信噪比过低，超过卷积码的纠错能力时，卷积码译码器的输出将出现成片的突发差错，此时，可用 RS 码译码器来克服。在这种工作方式中 RS 码称为外码，卷积码称为内码，连接方式如图 7－14 所示。

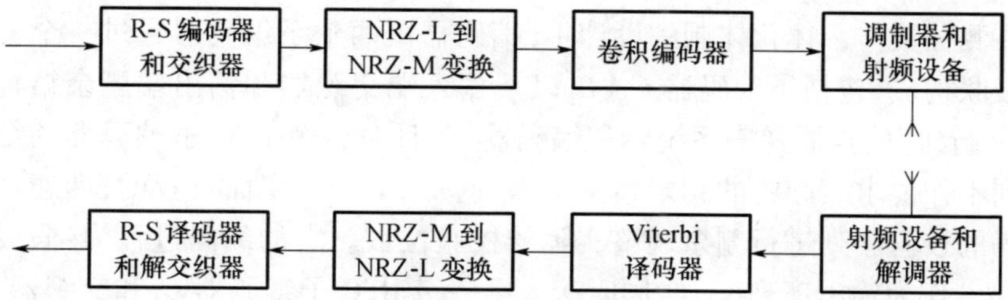

图 7－14　编译码系统框图

在 $P_e=10^{-5}$ 时，卷积码可提供 5.5dB 的编码增益，RS 码可提供 2.0dB 的编码增益，总的编码增益为 7.5dB。

7.3.5 Turbo 码

在测控数传一体化体制中，当下行数据传输信息速率低于 8Mb/s 时，其下行数传采用 Turbo 编译码技术。

1993 年法国人 Berrou 等在 ICC 国际会议上提出了一种采用重复迭代译码的并行级联码（Turbo，意为涡轮驱动，即反复迭代的意思），可以获得接近香农极限的性能（至少在大的交织器和误码率近似为 10^{-5} 条件下，可以达到这种性能），这种 Turbo 码的优良性能，立即受到测控通信领域广泛的重视。

Turbo 码的实现方法大体分成 Turbo 乘积码（TPC）和 Turbo 卷积码（TCC）两种类型。相比 TCC 码，TPC 编码方法比较简单，具有显著的“瀑布效应”，译码算法复杂度较小，编码效率高（最高可到 0.98）。工程中为了便于实现，通常采用相同扩展汉明码构成 TPC 的子码，译码一般采用软入软出（SISO）迭代译码算法。

1. Turbo 码的编码器

图 7－15 为一般 Turbo 码编码器结构，它由两个（或以上）的子编码器通过一个（或以上）交织器并行级联构成。

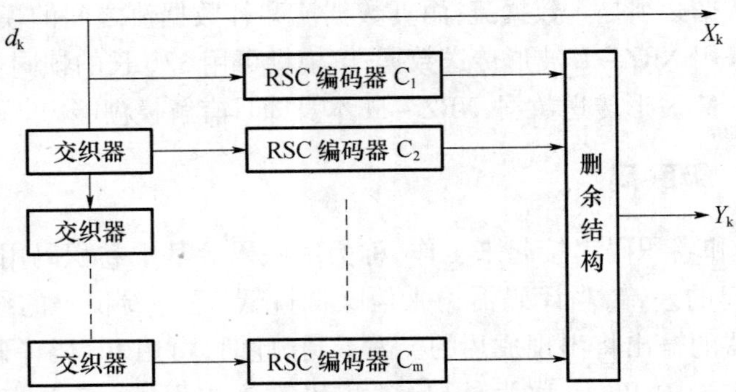

图 7－15　Turbo 码编码器结构

在测控数传一体化体制的设计中，编码器由两个子编码器通过一个交织器并行级联构成，包括子编码器 C_1、C_2 以及输入端交织器和输出端删余结构。C_1 和 C_2 并行级联，均属递归系统卷积编码器，并且对各个 RSC 子编码器的结构是否相同不作要求。图中的删余结构是为调整总编码速率而设置的，即通过对两次编码的校验序列进行删余调整实际的校验位数。它的编码过程为：假设输入序列 $\{d_k\}$ 作为输出序列 $\{X_k\}$，同时送入第一级 RSC 子编码器 C_1 和交织器，交织器输出序列位 $\{d_n\}$ 作为 RSC 子编码器 C_2 的输入，两个 RSC 子编码器产生的冗余比特序列 $\{Y_{1k}\}$ 和 $\{Y_{2k}\}$ 可以直接输出，也可以通过删余结构以获得更高的码率，在编码器的最终输出序列为 $\{X_k, Y_k\}$。

所谓"删余"就是依据特定格式从卷积编码输出中删去某些时刻的输出比特。借助于删余结构，可以用同一个基本的卷积编码器产生若干种码率不同的卷积编码结果，删余格式用矩阵 $\boldsymbol{P}$ 表示，矩阵的一行对应于一个编码输出序列。

2. Turbo 码的译码器

Turbo 码译码器一般采用并行级联卷积码的反馈迭代结构，类似于涡轮机原理，故称为 Turbo 码。固译码算法采用软入/软出（SISO）的迭代算法。Berrou 指出，当分量码采用简单递归型卷积码，交织器大小为 256×256 时，计算机仿真结果表明：当 $E_b/N_0 = 0.7\text{dB}$、误码率 $\leqslant 10^{-5}$，性能极其优良。Turbo 码的优良性能是由分量码设计、交织器设计、译码算法及其并联结构进行组合优化共同取得的。

3. 交织器

交织器是 Turbo 码编、译码器的重要组成部件，它在编码过程中，使两个子编码过程趋于相对独立，而在译码侧则是连接两个子译码器的桥梁。由于使用了交织器，使得在译码端，对于某一个子译码器来说不可纠的差错事件，而在另一个子译码器中被分割开，成为可纠差错。

交织器的采用也有不利的一面，那就是带来了一定的编、译码延时。交织器越大，延时也越大，但同时性能也越好。交织器的存在，使得在 Turbo 码中，延时与性能成为一对不可调和的矛盾。交织器的大小,即编码的码长 N,对 Turbo 码的性能有决定性的影响。选择好的交织方式,可以在一定程度上提高性能。

4. Turbo 码的优点

(1) 发端交织器起到随机化码重分布的作用,即随机化编码的作用。

(2) 收端交织器与相应的多次迭代译码起到随机译码的作用,同时对有突发错误的衰落信道起到化突发为随机独立差错的作用。

(3) 级联编译码起到利用短码构造长码的作用,再加上交织的随机性使级联也具有随机性。

(4) 并行级联结构与最优的多次迭代软输入/软输出算法,大大地改善了译码的性能。

5. Turbo 码的缺点

(1) 译码设备很复杂,要寻找在译码性能与复杂性上折衷的改进型算法。

(2) 译码时延太大,在深空测控中影响不大,但在中、低轨卫星测控时则要着重考虑。

(3) 在低误码率时产生地板效应,其主要原因是由于 Turbo 码的自由距离太小。

7.3.6 LDPC 码

LDPC 码(低密度奇偶校验码)是一种线性分组码,它于 1962 年由 Gallager 提出,之后很长时间没有受到人们的重视。直到 1993 年 Berrou 等人提出了 Turbo 码,人们发现 Turbo 码从某种角度上说也是一种 LDPC 码,后来人们重新认识到 LDPC 码所具有的优越性能和巨大的实用价值。1996 年 MacKay 和 Neal 的研究表明:采用 LDPC 长码可以达到 Turbo 码的性能,而最近的研究表明,被优化了的非规则 LDPC 码采用可信传播(Belief Propagation)译码算法时,能得到比 Turbo 码更好的性能。目前,LDPC 码被认为是迄今为止性能最好的码。LDPC 码是当今信道编码领域的最令人瞩目的研究热点,近几年国际上对 LDPC 码的理论研究和工程应用都已取得重要进展。基于 LDPC 码的优异性能可广泛应用于光通信、卫星通信、深空通信、移动通信系统等。

LDPC 码可以用非常稀疏的校验矩阵或二分图来描述,也就是说 LDPC 码的校验矩阵的矩阵元素除一小部分不为 0 外,其他绝大多数都为 0。通常我们说一个(n,j,k)LDPC 码是指其码长为 n,其奇偶校验矩阵每列包含 j 个 1,其他元素为 0;每行包含 k 个 1,其他元素为 0。j 和 k 都远远小于 n,以满足校验矩阵的低密度特性。校验矩阵中列和行的个数即 j 和 k 为固定值的 LDPC 码称为规则码,否则称为非规则码。一般来说非规则的性能优于规则码。

1. LDPC 码的编码方法

LDPC 码所面临的一个主要问题是其较高的编码复杂度和编码时延。对其采用普通的编码方法,LDPC 码具有二次方的编码复杂度,在码长较长时这是难以接受的,幸运的是校验矩阵稀疏性使得 LDPC 码的编码成为可能。目前,比较好的编码方法有如下几种:①T. J. Richardson 和 R. L. Urbanke 给出了利用校验矩阵的稀疏性对校验矩阵进行一定的预处理后,再进行编码;②设计 LDPC 码时,同时考虑编码的有效性,使矩阵 $\boldsymbol{H}$ 具有伴随机矩阵的格式;③矩阵 $\boldsymbol{H}$ 具有某种不变特性所采用的其他编码方法,例如基于删除译码算法提出的编码方案。这几种编码方案都是在线性时间内编码的有效算法,初步解决了 LDPC 码的应用所面临的一个主要问题。

2. LDPC 码的译码算法

LDPC 码有很多种译码方法,本质上大都是基于 Tanner 图的消息迭代译码算法。根据消息迭代过程中传送消息的不同形式,可以将 LDPC 的译码方法分为硬判决译码和软判决译码。如果在译码过程中传送的消息是比特值,称为硬判决译码;如果在译码过程中传送的消息是与后验概率相关的消息,称为软判决译码,有时也称为和积译码算法。硬判决译码计算比较简单,但性能稍差;软判决译码计算比较复杂,但性能较好。为了平衡性能和计算复杂度,可以将两者结合使用,称为混合译码算法。根据消息迭代过程中传送的消息是否进行了量化及量化所使用的比特数,我们可以将译码方法分为无量化译码和量化译码。硬判决译码可以看成是 1 比特量化译码,软判决译码可以看成无穷多比特量化译码,而混合译码可以看成变比特量化译码。从量化译码的角度看,硬判决译码和软判决译码属于同一类译码方法,已有的研究表明,可以用 3 比特量化取得和和积译码算法非常接近的性能。目前主要的硬判译码算法有一步大数逻辑译码算法(MLG)、Gallager 提出的比特翻转算法(BF)、加权的大数逻辑译码算法(WMLG)、加权的比特翻转算法(WBF)以及一些对以上几种算法作改进的算法如 IWBF 等硬判译码算法;软译码算法主要有迭代结构的置信传播算法(BP)以及基于标准 BP 算法,对信息进行部分处理,降低译码复杂度的译码算法,如 UMP BP - based 算法(min - sum 算法)、Normlized BP - based 算法,还有基于最优化理论的译码算法如线性规化算法(LP)。下面首先对译码算法作简单的介绍。

1) 硬判译码算法

一步大数逻辑译码算法,主要原理是根据通过一系列的正交方程,比较校验结果 1 和 0 的数目来完成译码过程。这种译码算法译码结构简单,复杂度较低,但是应用场合有限,只适用于某些码结构比较特殊的码字,如有限几何 LDPC 码。基于 Tanner 图的信息传递的比特翻转算法,在每一次迭代过程中,根据某一种准则,决定将其中的某一个比特进行翻转,直至迭代过程结束,或者校验方程全部满足。这种译码算法的核心在于确定比特翻转的准则,如 Gallager 最初提出的 BF 算法,准则是不满足校验方程个数最多的比特进行翻转,后来提出的加权算法主要是在翻转准则加入变量节点可靠性度量,改进算法主要是在检测翻转过程中防止出现翻转成环的现象，这些改进都进一步提高了性能，而没有增加复杂度。

2）软判译码算法

软判译码算法主要包含 BP 算法及其简化形式、LP 算法等。

BP 算法中消息的传递形式是对数似然比（LLR），在迭代过程中，每次在变量结点和校验结点分别按照和规则与 tanh 规则更新节点的信息，直至译码结束或者校验方程全满足。BP 算法适用于各类信道，具有逼近香农限的优异性能，但校验节点的消息计算复杂度非常复杂，为了简化校验节点的消息计算，人们提出了很多简化算法，如 UMP（min - sum）译码算法就是一个有代表性的简化算法，另外为了保证性能上接近与 BP 算法，以提出了归一化的 BP 算法。各种译码简化译码算法的目的就是在计算复杂度、译码性能及译码时延等方面取得最优的折中。

线性规化算法（LP）是基于最优化理论提出的一种新的译码算法，主要思想是可以把译码问题看作一个整数优化问题，通过对约束条件的放缩，形成一个简单的线性规化问题，利用最优化理论的知识完成译码。这种译码算法的好处在于译码复杂度是线性的，性质便于分析，开拓了新的译码思路。

3. LDPC 码与 Turbo 码的比较

LDPC 码是目前人们发现的纠错性能最好的一种码。为了说明这一问题，下面对 LDPC 码和 Turbo 码进行了简要比较：LDPC 码是一种线性分组码，采用 BP 迭代译码；而 Turbo 码采用的是卷积码，译码方法主要有 MAP 类的算法和软输出 Viterbi 算法的迭代译码。LDPC 码的理论极限性能优于 Turbo 码，在给定 1/2 码率条件下，采用 BPSK 调制的高斯信道中两种编码方法的纠错性能比较，LDPC 码比 Turbo 码更接近香农极限，目前最优的 LDPC 码离香农极限仅差 0.0045dB。相对于 Turbo 码而言，LDPC 码具有更低的误码平台；其描述简单，对严格的理论分析具有可验证性；吐量大，极具高速译码潜力，而且因为 LDPC 码采用了并行的迭代译码算法，以及由于 LDPC 码具有随机码特性，在与信源或者信道级联时，不需要额外加交织器，系统的复杂度和延时都比 Turbo 码要低。

7.3.7 MSD + TPC 技术

从遥测体制上看，PCM - FM 系统是一种非相干检测系统，捕获和重捕时间短，具有很强的抗火焰、抗衰落、抗干扰的能力。PCM - FM 遥测系统在今后较长一段时间内仍是各国战略武器和运载火箭靶场遥测的主要手段。我国现有地面和航天测量船的遥测设备均支持 PCM - FM 遥测体制。

理论分析和工程实践都表明，采用传统解调方式，即非相干鉴频来实现 PCM - FM 信号解调的方法，其解调门限大致在 10dB，如果低于这个门限，解调性能将急剧恶化。

门限效应的存在限制了高效信道编译码方式在 PCM - FM 系统中的应用，因此需要采取更先进的解调方式从根本上克服 PCM - FM 体制的门限效应。

美国在靶场先进遥测计划(ARTM)中一直致力于研究 PCM - FM 遥测系统的性能增强技术，即将多符号检测(MSD)技术与 Turbo 乘积码(TPC)编译码技术相结合用于 PCM - FM 遥测系统。多符号检测技术(MSD)应用非相干最大似然序列检测算法，使 PCM - FM 体制获得了与相干 PSK 体制相当的解调性能，并且保留了 PCM - FM 体制的优点，从根本上克服了门限效应，为高效信道编译码方式在 PCM - FM 遥测系统中的应用提供了前提条件和技术保障。Turbo 乘积码(TPC)是一种新型的编译码方法，能够在系统带宽增加不大的前提下，获取显著的信道增益，且译码延时相对较小。

我国新一代火箭遥测系统具有两个特点：①码速率较高，最高可达 10Mb/s；②采用了 TPC 编码技术。地面测控设备为适应该体制，采用了 MSD + TPC 技术，极大降低了 PCM - FM 解调门限。

7.3.7.1 多符号检测(MSD)技术

多符号检测技术(MSD)最初是为 CPM(连续相位频移键控体制)信号而提出的，特别适合 MSK 和 PCM - FM 体制。它充分利用信号间记忆的关联信息进行最大似然检测，接收端收到一个码元信号时，并不立即进行判决，而是要持续观察后继 3 ~ 5 个码元后，再对这一码元判决，从而减少码元判决的错误，提高接收机信道增益。

7.3.7.2 TPC 编码技术

Turbo 码的基本原理是通过编码器的巧妙构造，即多个子码通过交织器进行并行或串行级联，然后以类似内燃机废气反复利用的机理进行迭代译码，从而获得接近香农极限的纠错性能。理论研究表明：采用码型为 $(64\times57)^2$ 的 TPC，在误码率为 1×10^{-7} 时，以占用 125 %的系统信道带宽，能够获得约 7dB 的信道增益。

乘积码的子码由 (n,k,δ) 的线性分组码构成，其中 n、k、δ 分别代表码长，信息位长度和最小汉明距离(在信息论中，两个等长字符串之间的汉明距离是两个字符串对应位置的不同字符的个数)。按照构成子码种类的不同，Turbo 乘积码可分为 RS 乘积码、BCH 乘积码、加了一个奇偶校验比特后构成的扩展 Hamming 乘积码以及单一的奇偶校验乘积码。Turbo 乘积码构造上的灵活性使得它在性能、复杂度和编码效率上都具有较大的灵活性。

Turbo 乘积码的编码方法比较简单，把信息码元排成 $k_1\times k_2$ 的矩阵，编码时先按行进行编码，每行编成 (n_2,k_2) 的系统线性分组码 C_2。然后再按列编码，每列编成 (n_1,k_1) 的系统线性分组码 C_1，从而构成 $(n,k)=(n_1,k_1)\times(n_2,k_2)$

的乘积码 P。工程中为了便于实现,常采用相同 C_1、C_2的扩展汉明码,乘积码的编码结构如图 7-16 所示。$(8\times4)^2$的 TPC 编码矩阵如图 7-17 所示,其中 D 代表信息位,E 代表校验位。具有代表性的乘积码如表 7-3 所列。

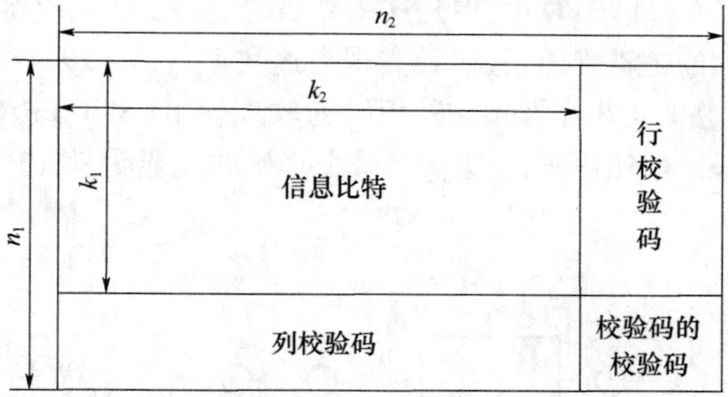

图 7-16 Turbo 乘积码编码结构图

D	D	D	D	E	E	E	E
D	D	D	D	E	E	E	E
D	D	D	D	E	E	E	E
D	D	D	D	E	E	E	E
E	E	E	E	E	E	E	E
E	E	E	E	E	E	E	E
E	E	E	E	E	E	E	E
E	E	E	E	E	E	E	E

图 7-17 $(8\times4)^2$的 TPC 编码矩阵

表 7-3 具有代表性的乘积码

具有代表性的乘积码	块大小	编码效率
(128,127)×(128,127)	16384	0.98
(128,120)×(128,127)	16384	0.93
(64,57)×(64,57)	4096	0.793
(32,26)×(16,15)×(8,7)	4096	0.66
(16,11)×(16,11)	256	0.47
(16,11)×(16,11)×(16,11)	4096	0.32

7.3.7.3 TPC 译码技术

一般来说,前向纠错码的译码算法有两种,硬判决译码和软判决译码。对二进制通信系统而言,硬判决译码严格地按照二进制符号 0 和 1 两个值来判决运行;软判决译码使用软信息,这些软信息是实数或经过 Q 电平量化后的数。在同样的条件下,硬判决译码相比软判决译码有 3dB 的性能损失。

乘积码的发展过程中曾经诞生过几种硬判决和软判决译码算法,它们在实现复杂度和纠错性能上都不同。乘积码的硬判决译码算法主要有:级联译码及大数逻辑译码。软判决译码算法主要有:软输出 Viterbi(SOVA)译码算法,迭代的 BCJR 算法以及带非本征信息的迭代软入软出(SISO,Soft - Input Soft - Output)最大后验概率(MAP)算法,但是这些算法的译码复杂度较高,采用 FPGA 实现将会占用巨大的逻辑资源,且很难实现高速数据通信。1994 年 R. Pyndiah 对 Chase 算法作了修改提出了 Turbo 乘积码的软入软出(SISO)迭代译码算法,这是一种近似的最大似然译码,能大大地降低译码的复杂度,其迭代译码结构图如图 7 - 18 所示。

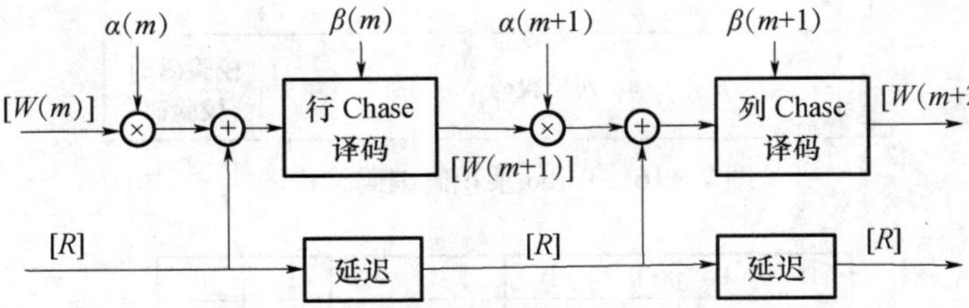

图 7 - 18　串行迭代译码结构图(一次迭代)

7.3.7.4　MSD + TPC 技术在 PCM - FM 系统中的应用

应用 MSD + TPC 技术的 PCM - FM 系统性能曲线如图 7 - 19 所示。

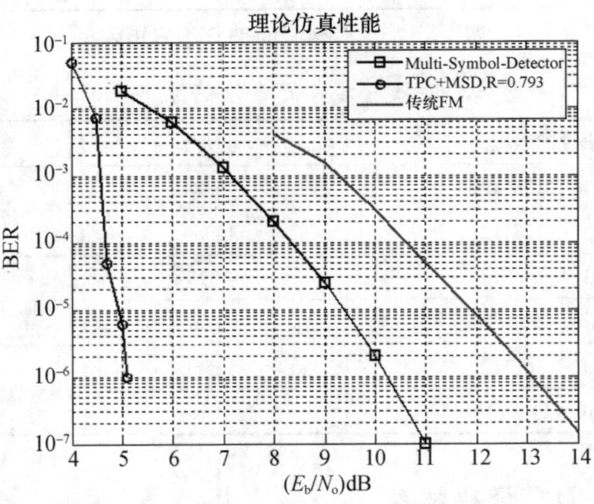

图 7 - 19　应用 MSD 及 TPC 的 PCM - FM 系统性能曲线

在 PCM - FM 遥测系统中应用 MSD 和 TPC 技术,可以根据具体的应用需求灵活地选择两种应用模式:①仅采用 MSD 技术;②采用 MSD + TPC 技术。仅采用 MSD 技术的应用模式适用于信道增益稍显不足(在 3dB 以内)或遥测发射机不宜做出改变的应用场合,此时,遥测数据不需要进行 TPC 编码,相比传统技术

(非相干鉴频),在不增加系统信道带宽的前提下,获取3dB的信道增益。采用MSD + TPC技术的应用模式适用于信道增益严重不足(大于3dB)的应用场合,此时,遥测数据需要进行TPC编码,与传统技术相比,仅占用125%的系统信道带宽,在误码率为1×10^{-7}条件下,可获取约9dB的信道增益。

7.3.8 遥测加解扰规则

对数据流采用伪随机化的方法以增加码位转换密度,这是协助取得位同步的一种良好措施。和BiΦ - L/M/S波形变换相比较,BiΦ虽也能增加码位转换密度,但基带信号占用带宽和NRZ相比,必须增加1倍。而对NRZ数据流采用伪随机化方法,则不用增加基带信号占用带宽。伪随机化是一种可选项,只有在不便采用波形变换或卷积码不能保证提供足够码位转换密度时才采用。另外,伪随机化后由发方送来的遥测信号本身给不出是否采用了伪随机化的提示,只有靠任务管理者事先通知地面接收方加以选择。

1. 伪随机化器的工作过程

航天器上的伪随机化器先对经过Turbo码或RS码编码后的传送帧进行伪随机化处理,如果采用卷积码则必需在卷积码编码之前先进行伪随机化,帧同步码(ASM)不在伪随机化之列。接收方应在卷积码译码之后在帧同步码后面消除伪随机化,RS码或Turbo码则应在译码前对数据进行消除伪随机化的操作。

发送方伪随机化器原理图如图7-20所示。收方消除伪随机化时,可采用一个“或非”门对传送帧符号或RS码符号和伪随机序列进行“或非”运算,从而消除伪随机化影响。如采用Turbo码时,应根据伪随机化序列图形,对解调器输出进行反相或不反相处理。

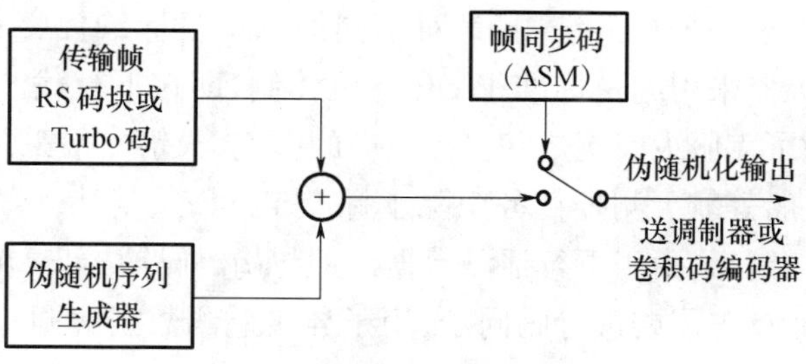

图7-20 伪随机化器原理图

伪随机化器的同步是采用帧同步码作为同步工作基准的,伪随机序列和传送帧RS码或Turbo码的第一符号同时开始,传送帧或码块的第一符号和伪随机序列第一符号用“或非”运算来随机化。

收方用同样的伪随机序列来重构原来的传送帧或码块,一旦确定帧同步码在收到数据流中的位置后,伪随机序列的第一符号位即和紧接帧同步码后的第一符号位进行“或非”运算,后面按此类推,但伪随机序列不能和帧同步码进行

"或非"运算。

2. 伪随机序列的特点

伪随机化序列的生成多项式为

$$H(x) = x^8 + x^7 + x^5 + x^3 + 1; \quad [\text{“1A9h”(16 进制)}] \qquad (7-24)$$

此序列由传送帧或码块的第一符号开始,每 255 符号后重复一次,一直连续重复下去,直到传送帧或码块结束为止。伪随机序列生成器在每帧或码块的开始,由全"1"状态开始工作。伪随机序列的最先 40 个符号为:1111,1111,0100,1000,0000,1110,1100,0000,1001,1010…。产生上述序列的生成器的逻辑图如图 7-21 所示。

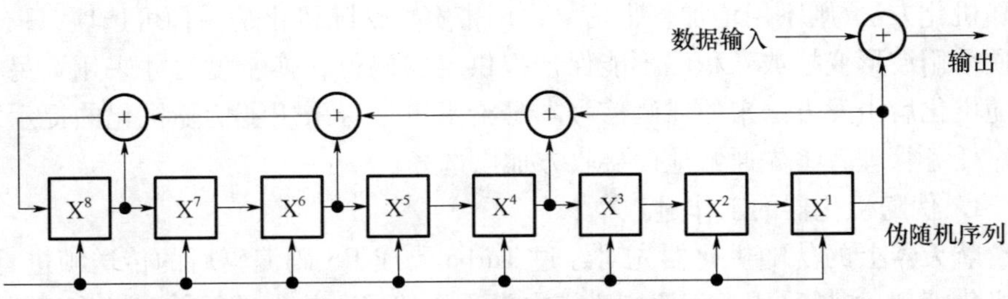

图 7-21 伪随机化逻辑框图(1A9h)

7.4 遥测功能设计

在船载微波统一测控系统中,针对不同的测量目标,遥测采用了不同的体制。大多数航天器采用的是标准 TT&C 遥测体制,即在下行载波中调制了一个遥测副载波;为了克服火箭尾焰和多径效应的影响,火箭一般采用 PCM-FM 体制;而在载人飞船等航天测控任务中除了标准 TT&C 遥测外,增加了下行数传;采用扩频测控体制后,由于下行遥测数据码钟与伪码码钟异步,在完成扩频解调进入遥测模块后首先需要进行码同步,用于异步遥测数据解调。本节主要介绍标准 TT&C 遥测、PCM-FM、数传功能的设计,有关扩频测控的内容将在第 9 章中进行介绍。

7.4.1 标准 TT&C 遥测功能

7.4.1.1 中频接收机

船载微波统一测控系统的下行信号是调相体制,测距和遥测副载波按照一定的调制度以调相的方式调制到载波上,为了获取调制的副载波信息,先要完成载波的解调，中频接收机模块就是完成载波解调的功能。图 7－22 是实现载波解调的原理框图。

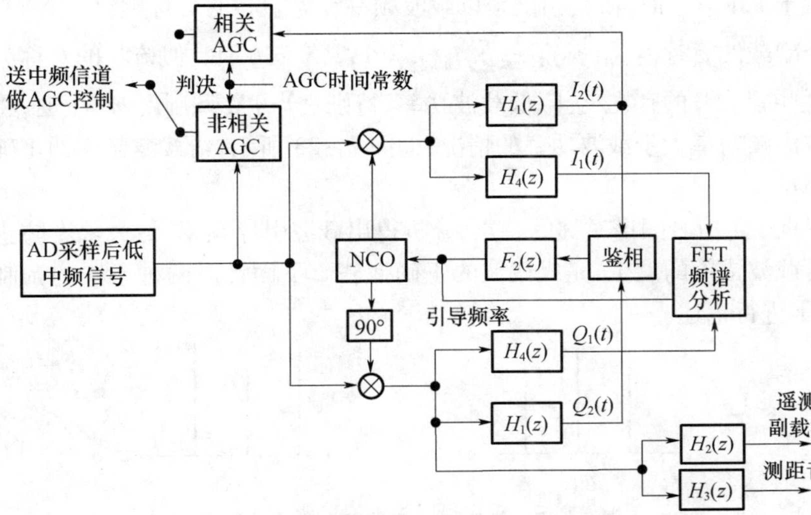

图 7－22　中频接收机模块工作原理框图

船载微波统一测控系统的下行调相信号的调制指数小于 1.6rad，载波信号没有完全被抑制，所以选择跟踪残留载波信号的最佳装置—科斯塔斯环，输入的低中频信号在 FPGA 内部通过科斯塔斯环正交下变频到基带信号，在 DSP 内对 FPGA 缓冲送来的 I、Q 基带数据进行 FFT 频谱分析，捕获载波的多普勒，并将捕获到的载波多普勒置入 FPGA 内部，转入跟踪状态，载波的跟踪通过理想二阶环实现。

输入的下行调相信号为

$$s(t) = A\cos[\omega_0 t + k_{p1}m_1(t) + k_{p2}m_2(t) + \theta_0] \tag{7-25}$$

式中：k_{p1}为遥测副载波的调相指数；$m_1(t)$为遥测副载波信号；k_{p2}为侧音副载波的调相指数；$m_2(t)$为侧音副载波信号。

1. 正交下变频

输入信号通过科斯塔斯环实现正交下变频，产生同相和正交两路信号，分别通过不同带宽的数字滤波器$H_4(z)$和$H_1(z)$，滤除镜频和带外干扰噪声，产生$I_1(t)$、$Q_1(t)$、$I_2(t)$、$Q_2(t)$四路基带信号：

$$I_1(t) = A_1\cos[\Delta\omega t + k_{p1}m_1(t) + k_{p2}m_2(t) + \Delta\theta] \tag{7-26}$$

$$I_2(t) = A_1\cos(\Delta\omega t + \Delta\theta) \tag{7-27}$$

$$Q_1(t) = A_1\sin[\Delta\omega t + k_{p1}m_1(t) + k_{p2}m_2(t) + \Delta\theta] \tag{7-28}$$

$$Q_2(t) = A_1\sin(\Delta\omega t + \Delta\theta) \tag{7-29}$$

$I_1(t)$和$Q_1(t)$数据在 FPGA 内部缓冲，并送 DSP 进行 FFT 频谱分析，$I_2(t)$

和 $Q_2(t)$ 送到载波鉴相单元。

2. 防假锁

对于 PM 信号而言，其频谱是以载波频率 f_0 为中心的对称频谱，当调制信号为多个副载波 f_n 时，会出现 $f_0 \pm \sum f_n (n=1,2,3,\cdots)$ 型类似梳状的对称频谱分布。这些副载波的存在，会降低载波功率，特别是当 PM 调制度 $m>1$ 时，将出现副载波边频功率大于载波功率的情况，如图 7-23 所示，给载波频率的正确识别带来困难。

根据 PM 信号频谱对称的特点，分析得出载波引导频率，最大限度防止大调制度时载波错锁的发生，完成载波的正确捕获。下面针对两种不同的调制度情况，分别进行论述。

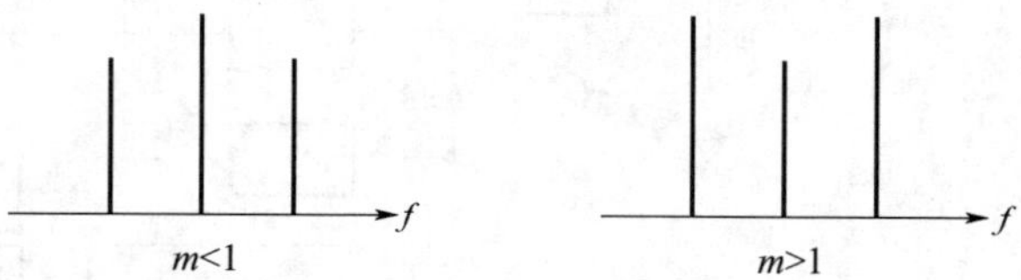

图 7-23　带有副载波的 PM 频谱示意图

（1）当载波调制度较小时，副载波功率有可能降至噪声附近，受噪声干扰较大，对称性将受到影响。但是，此时载波功率将会比副载波功率高得多，由频谱对称分析法仍能得到正确结果。针对这一特点，接收机首先得到所有具有峰值能量的频率点，比较最高峰和次高峰的能量是否大于 6dB，如果满足此关系，则可以认为最高峰是载波线谱。

（2）当载波的调制度较大（一般不超过 1.6rad）时，副载波单边能量小于或基本等于载波能量。因为当调制度较大时，一定存在两个或三个能量相当的峰值（双边副载波和载波）。采用三点分析法，即对峰值能量最高的三个频率点进行对称性分析，如果满足能量均衡和频率对称原则，则认为中间频率点为载波能量。

3. 载波跟踪

载波的捕获完成后，将捕获到的载波频率置入 FPGA 内部本振数控振荡器，环路转入跟踪状态。正交基带信号 $I_2(t)$ 和 $Q_2(t)$ 通过 $\theta=\arctan(I_2/Q_2)$ 的鉴相算法，提取载波相位误差。误差信号经过环路滤波器滤波后，与载波引导频率一起送到数控振荡器，产生与输入信号载波同频、同相的本地数字参考信号，完成载波跟踪的闭环处理，输出副载波信号。

载波环采用理想二阶环，环路滤波器由环路等效噪声带宽 B_L 和环路阻尼系数 ξ 唯一确定，通过下面公式计算环路参数，即

$$y(n) = y(n-1) + \frac{1}{\tau_1}[T_s \times x(n) + \tau_2 \times x(n) + \tau_2 \times x(n-1)] \quad (7-30)$$

式中：$\tau_1 = \dfrac{K}{\omega_n^2}$；$\tau_2 = \dfrac{2\xi}{\omega_n}$；$T_s$ 为闭环周期；$\omega_n = \dfrac{B_L \times 8\xi}{1+4\xi^2}$ 为环路自由振荡频率；K 为环路增益。

理想二阶环，可以无误差的跟踪频率阶跃信号与相位阶跃信号，在跟踪信号的载波多普勒时会存在稳态相差，综合考虑载波捕获和跟踪时的各项因素，设计最佳的环路带宽参数，确保能够跟踪载波多普勒的变化，且满足稳态相差小于30°。

7.4.1.2 编码遥测

编码遥测的主要功能包括：完成 PSK/DPSK－PCM 卫星遥测信号的解调和位同步，恢复基带 PCM 信号；完成字同步、帧同步、副帧同步，完成 Viterbi 译码、RS 译码，恢复遥测帧信息；将带时标的全帧遥测数据送 DTE（数据终端设备）；具有解扰功能。遥测终端的信号流程图如图 7－24 所示。

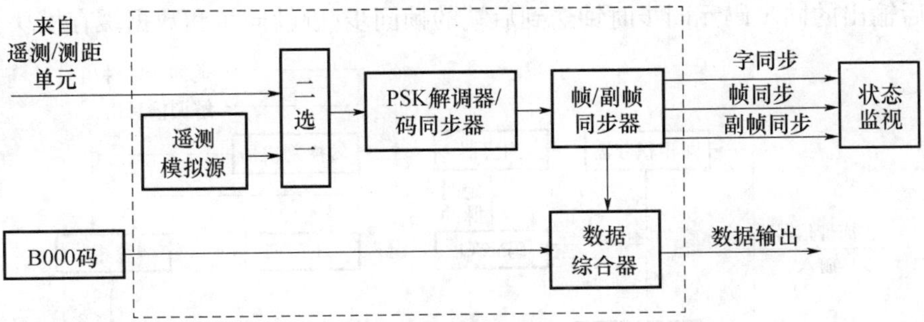

图 7－24　遥测终端的信号流程图

由图 7－24 可以看出，编码遥测解调单元由 PSK 解调器/码同步器、帧/副帧同步器、遥测模拟源和数据综合器组成。

1. PSK 解调器/码同步器

PSK 解调器/码同步器的工作原理如图 7－25 所示。

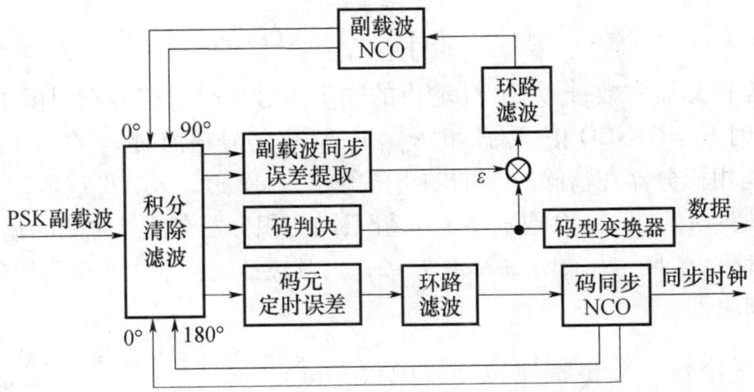

图 7－25　PSK 解调器/码同步器功能图

PSK 解调器的主要功能是对输入的 PSK 副载波信号进行解调,恢复副载波,用来与输入信号做相干解调,重建原始的调制数据及时钟。此解调器使用了判决反馈环,有两个数控振荡器(NCO),一个为副载波恢复电路提供本振,另一个为码元同步电路提供定时脉冲,副载波 NCO 产生一对正交的信号与输入的信号进行混频,得到基带信号后送入积分/清除滤波器,完成匹配滤波,将提取出的相位误差送入环路滤波器,用环路滤波器的输出调整副载波 NCO,实现副载波的同步跟踪。

码同步器的主要功能是从接收的受干扰的 PCM 串行遥测信号中提取码同步时钟,进行最佳码元判决,完成码型变换,最终输出统一的 NRZ - L 码和同步时钟。码同步器采用最佳的数字信号检测电路——数据转换跟踪环(DTTL),充分利用接收信号的能量。数据转换跟踪环由同相积分、中相积分、码元判决、相位误差提取、环路滤波和 NCO 等电路所组成。码同步单元功能如图 7 - 26 所示,码同步完成后输出的同步码元同步时钟送到后端的帧同步/副帧同步和数据缓存模块。

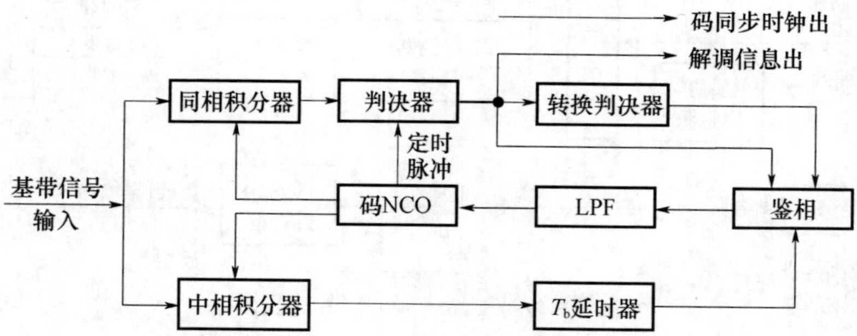

图 7 - 26　码同步单元功能图

1) 同相积分器

完成一个周期 T 内的积分,在准确同步时正好与一个码元重合,即从一个定时脉冲到下一个定时脉冲,其积分作用表示如下

$$y_1(t) = K_1\int_{(k-1)T+\tau_\varepsilon}^{kT+\tau_\varepsilon}[x(t)]\mathrm{d}t \tag{7-31}$$

式中:K_1 为积分器常数;τ_ε 为 NCO 输出的同步信号与码位信号在时间上的延迟。准确同步时 $\tau_\varepsilon=0$;NCO 信号滞后时 $\tau_\varepsilon>0$;NCO 信号超前时 $\tau_\varepsilon<0$。在 $\tau_\varepsilon=0$ 的情况下,同相积分器在清除时刻的输出值等于 K_1AT 或 $-K_1AT$,这取决于信号码是 $+A$ 或是 $-A$。在 $\tau_\varepsilon<0$ 或 $\tau_\varepsilon>0$ 的情况,同相积分器在清除时刻的输出值都将比 $\tau_\varepsilon=0$ 时的值小一些,等于 $\pm K_1A(T-2\tau_\varepsilon)$,其极性同样取决于信号码的极性。

2) 判决器

它是一个输入输出特性为符号函数 $\mathrm{sgn}[y]=\begin{cases}+1 & 当\ y>0\\ -1 & 当\ y<0\end{cases}$ 的硬限幅器。因此,不论是同步或者 NCO 超前或者 NCO 滞后,对应于信号正码元,其输

出总是 +1，对应于信号负码元，其输出总是 -1。

3）转换判别器

转换判别器检查两个相邻的输入码元 a_{k-1} 与 a_k，判别其转换的性质。其判别规则如下：

$$\begin{cases} 若\ a_k = a_{k-1} & 则\ I_k = 0 \\ 若\ a_{k-1} = +1, a_k = -1 & 则\ I_k = +1 \\ 若\ a_{k-1} = -1, a_k = +1 & 则\ I_k = -1 \end{cases} \tag{7-32}$$

由 I_k 去控制相乘器，当无码元转换时（$I_k=0$）将中相积分支路的输出 J_k 消除；当码元由正到负转换时（$I_k = +1$），J_k 得以直通；当码元由负到正转换时（$I_k = -1$），将 J_k 进行反相后通过。总之，数码转换信号 I_k 可对中相积分支路输出的含有同步误差信息的信号 J_k 进行适当的极性变换。

4）中相积分器

它的积分区域跨在两个码元之间，积分域的宽度先假定为一个码元的宽度 T，则它的积分作用可表示为

$$y_2(t) = K_2\int_{(k-1/2)T+\tau_\varepsilon}^{(k+1/2)T+\tau_\varepsilon}[x(t)]\mathrm{d}t \tag{7-33}$$

式中：K_1 为中相积分器的常数。当准确同步时，只要码元有转换，不论是由负转换到正，或由正转换到负，其积分结果，在清除时刻的输出值都等于零。而当连续出现两个相同极性的码元，即无转换时，它的积分结果为 $\pm K_2AT$，但由于此时转换判别器输出 $I_k=0$，J_k 被消除，对环路无作用。

当存在同步误差（即 $\tau_\varepsilon \neq 0$）时，中相积分器是有输出的，并可得如下结论：作用在环路中的误差电压 $v_\mathrm{d}(t)$ 与 τ_ε 成正比，且与 τ_ε 的极性（即 NCO 输出信号的超前还是滞后）有关，而与码元转换无关。用这个误差电压经滤波后去控制 NCO，以调整相位，实现同步。

5）延迟器

中相积分输出时刻（清除时刻）与同相积分输出时刻（清除时刻）是不同的，它们在时间上差 $T/2$。这样，可将具有同步误差信息的中相积分结果在相乘器中作适当的极性变换，获得所需要的误差电压 $v_\mathrm{d}(t)$。此电压的大小反映同步误差的大小，而它的极性反映同步误差的极性，即超前 $\tau_\varepsilon<0$，滞后 $\tau_\varepsilon>0$。

2. 帧/副帧同步器

1）帧同步器

帧同步器的主要功能是接收来自码同步器的 PCM 串行信号和同步时钟，按照编程给定的数据帧格式规范完成数据帧格式的提取，产生帧同步脉冲和字同步脉冲以及帧锁定状态指示。帧同步器的原理如图 7-27 所示。

帧同步器工作于下列三种状态：搜索态、校核态、锁定态。在搜索态时，帧同步器逐位地搜索，查找帧同步码组。当找到符合规定标准的码组后，帧同步器即

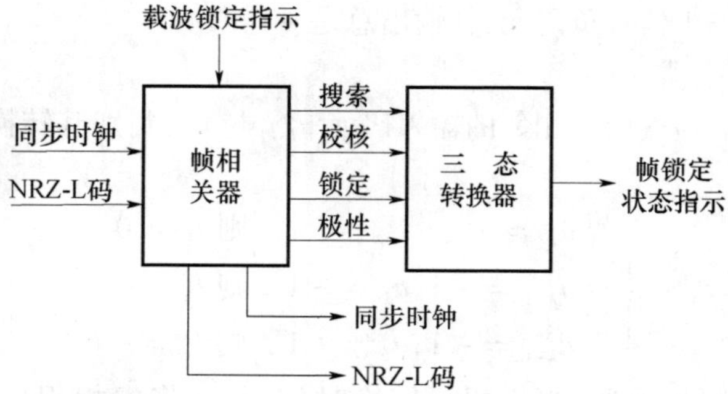

图 7－27　帧同步器原理图

进入校核态。在校核态下，帧同步器需检验在搜索态时找出的位置是否确实为帧同步码组的位置。如果检查到下一帧中相同位置并非帧同步码组，则帧同步器回到搜索态。如果连续检查规定的帧数，位置全都正确时，帧同步器便转入锁定态，同时给出帧锁定状态指示。当帧同步器进入锁定态后，不再进行帧同步检测，将同步时钟和数据直接输出。当载波失锁后，重新进行帧同步搜索。

帧相关器的作用是检出串行信号中的帧同步码组。通过接口，可将帧同步码组设置给相关器。相关器将串行码与预先设置的帧同步码组逐位进行实时比较，从而得到误码个数。对应不同的状态，分别设置不同的容错数，用某一状态下的容错数与误码个数做比较，可以得到该状态下的判决指示信号，指示检出或未检出。

2）副帧同步器

副帧同步器的主要功能是在帧同步器同步的基础上，接收来自帧同步器的PCM 数据及定时信号，按照编程给定的数据格式规范完成数据副帧格式的提取，产生副帧同步脉冲和副帧锁定状态指示。

3. 数据综合器

数据综合器的主要功能是完成格式化遥测数据的提取、时间码插入，并形成存盘数据格式和进行数据缓冲处理。

7.4.1.3　模拟遥测

模拟遥测（简称模遥）的主要功能包括：完成 mFSK 卫星模拟遥测信号的解调和姿态脉冲及时延脉冲的恢复、整形和精确脉冲沿时刻输出，并解决基准脉冲重叠的问题；向同步控制（简称同控）器提供姿态基准脉冲和时延脉冲。

模遥解调的主要功能是从模遥副载波信号中解调出代表卫星自旋的姿态脉冲送同控，并在脉冲后沿插入当前绝对时，与脉冲代号一起打包后实时传送给中心计算机解算卫星姿态。其主要部件由 FSK 解调器、逻辑判决电路、数据综合器和模遥模拟源组成，各部分连接框图如图 7－28 所示。

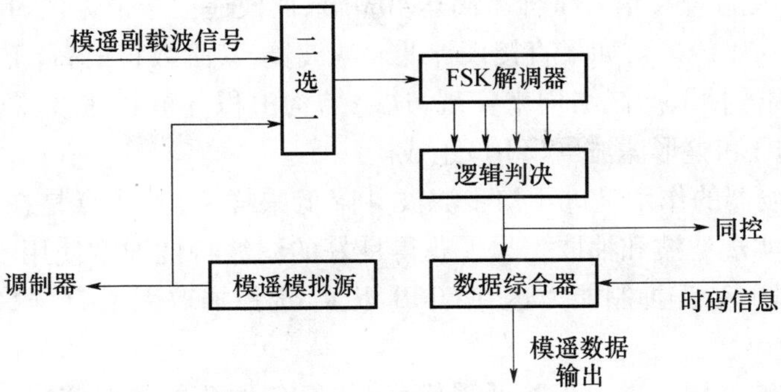

图 7-28　模遥功能方框图

1. FSK 解调器

FSK 解调器工作在全数字环境下，由四个分路解调器组成。FSK 信号首先进入四个分路解调器，在其中进行副载波解调，然后将解调结果送逻辑判决电路，其功能框图如图 7-29 所示。

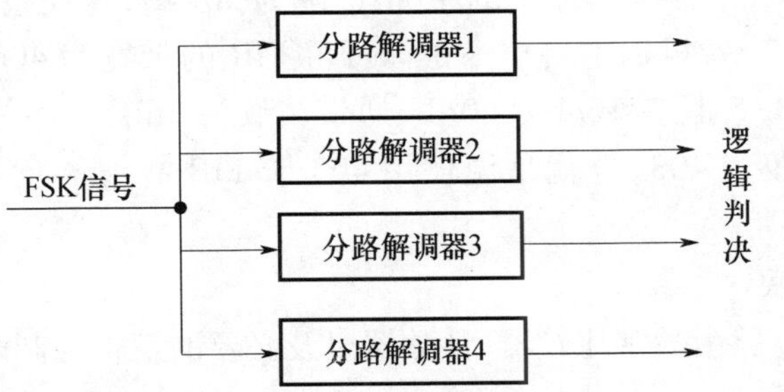

图 7-29　FSK 解调功能框图

分路解调器的功能是对副载波进行解调，这是 FSK 解调器的关键部分，四个分路解调器的工作原理和实现方法是一样的，采用的都是正交解调的方法，前端利用正交混频（四路 NCO 的中心频率分别为 162、164、166、168kHz）和低通滤波得到 I、Q 两路信号，后端利用幅度检波（$|r| = \sqrt{I^2 + Q^2}$）得到信号振幅送逻辑判决电路，其功能框图如图 7-30 所示。

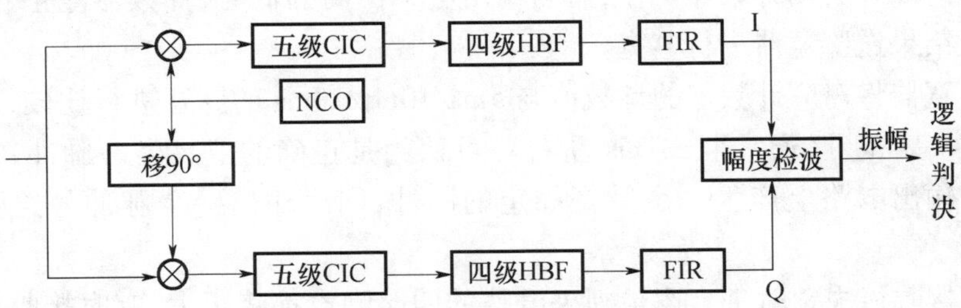

图 7-30　分路解调器功能框图

由于输入的 FSK 信号采样率高达 40MHz，而模遥信号带宽仅为 400Hz，其相对带宽很窄（为 10^{-5}），如果直接设计低通滤波器，其阶数将很高，工程上难于实现，故采用高效抽取滤波结构来实现，这一结构由积分梳状滤波器（CIC）、半带滤波器（HBF）和整形滤波器（FIR）组成。

CIC 滤波器的作用是进行初步滤波并降低采样率，其优点是在数字电路中能够有效地实现滤波和抽取。为了获得良好的滤波特性通常使用多级级联，如采用五级级联，旁瓣抑制能力达到 60dB 以上，选择抽取因子 $D_c = 50$，数据采样率降为 800kHz。

HBF 滤波器用于进一步降低采样率，与 CIC 滤波器一起完成滤波及抽取，避免 CIC 因抽取因子过大而导致数值溢出。HBF 滤波器的优点是计算量约为同阶数 FIR 滤波器的一半。分路解调器中采用四级 HBF 级联，每级 HBF 滤波后进行两倍抽取，四级的总抽取因子为 16。

整形滤波器 FIR 的作用是实现低通整形滤波，以获取良好的滤波特性，其滤波性能直接影响解调器解调的性能。由于经过 CIC 和 HBF 两次抽取后（总的抽取因子为 800）采样率由原来的 40MHz 降为 50kHz，这使整形滤波器 FIR 的实现变得较为容易，根据主要技术指标可得 FIR 的带宽为 400Hz，若令滤波器的矩形系数为 1.5、阻带衰减为 60dB、通带波纹为 3dB，采用等波纹法设计，可得 FIR 的阶数仅为 403，也就是说仅用 403 阶 FIR 滤波器就可获得较好的滤波性能。

2. 逻辑判决

逻辑判决电路由数字比较器、计数器以及必要的逻辑控制电路组成，其结构如图 7-31 所示。

数字比较器的作用是进行交叉判决，当没有发生混叠时三个副载波分别与填充频率 162kHz 进行交叉判决，当发生混叠时优先级最高的 168kHz 副载波与同它混叠的另一副载波频率（166kHz 或 164kHz）进行交叉判决，这样不仅避免了太一、太二的丢失，而且保证了较高的判决精度，数字比较器的输出是标识四路副载波的电平信号，而其中最多只有一路信号为高电平。

数字比较器输出的电平信号分别控制四个计数器，当输出电平由低到高时，计数器清零并启动计数器工作；而当输出电平由高到低时，计数器停止计数，并将计数结果送鉴宽器进行鉴宽。

鉴宽器将对应计数器的计数值与 5ms/10ms/20ms 的脉宽进行比较，若误差不超过一定范围（通常取 ±1ms 左右），可认为是正确的卫星姿态脉冲，在对应的脉冲输出电路上产生一个脉宽固定的脉冲，同时输出一个脉冲号给数据综合器。

当接收机失锁时进入逻辑判决电路的四路噪声都将很大，有时接收机虽未失锁，但不包含模遥的四个副载波信号，这时进入逻辑判决电路的四路信号将非

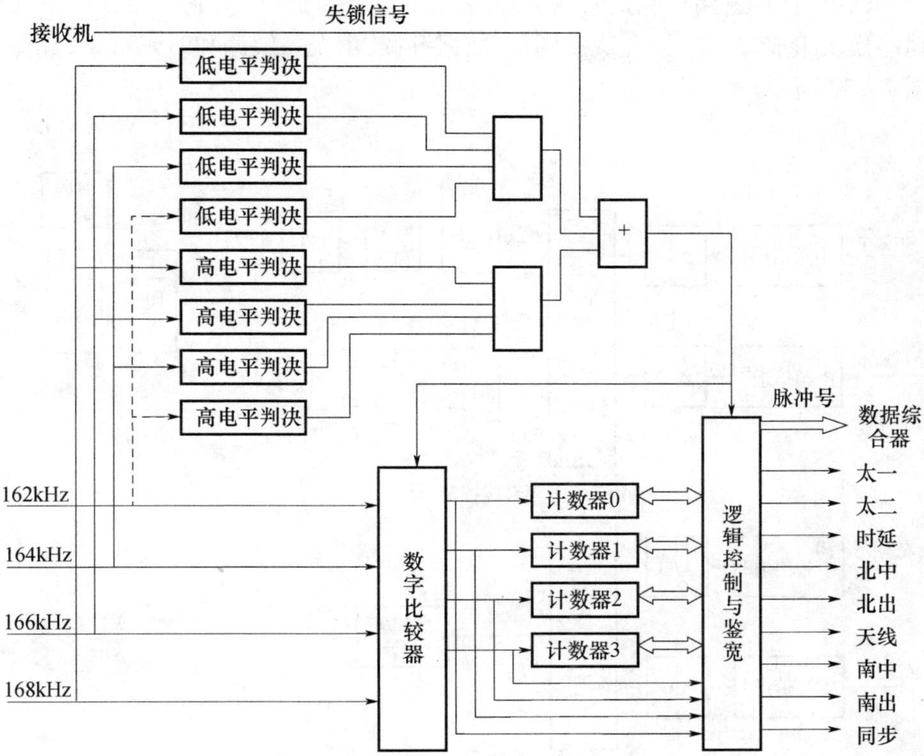

图 7-31　逻辑判决电路

常弱,为避免以上两种情况引起逻辑判决电路误动作,引入四路高电平、四路低电平判决电路,高电平判决的四路输出相与产生一个信号,低电平判决的四路输出相与产生一个信号,再加上失锁信号共三个信号相或产生一个控制信号(高电平判决的四路输出相与产生的信号和失锁信号具有可替代性,在这里一并用上是为了增加可靠性)。当四路输入信号为全低、全高或失锁信号为高时将产生一个高电平的控制信号,其作用结果为:四个计数器停止计数并清零;锁定九个姿态脉冲为低电平;将输出给数据综合器的脉冲号置0。

3. 数据综合器

数据综合器的作用是将模拟遥测数据在每一脉冲到来时加上48位时间码数据,数据打包后实时传送至计算机。每个数据包的长度为64B,其中包括三类信息,依次是:脉冲号,占1B;时间码,占6B;数据包结束标志FF,占1B。

7.4.2　PCM-FM 遥测功能

我国运载火箭遥测的主要体制是 PCM-FM 调制,调频体制是一种非相干检测系统,捕获和重捕时间短,采用了分集合成技术,具有较强的抗干扰的能力,特别是抗多径效应和火箭尾焰的干扰。

PCM－FM 遥测功能是船载 USB 系统的重要组成部分，它主要由以下几个功能模块组成：AGC 控制、载波同步、数据解调、角误差解调和时码解调，具体如图 7－32 所示。

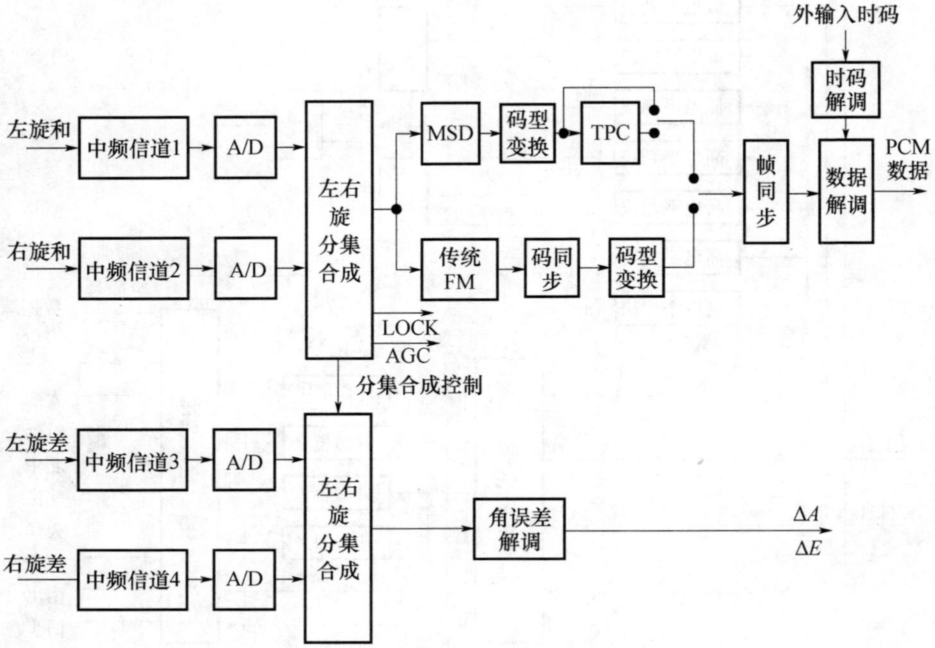

图 7－32　PCMFM 遥测信号流程图

1. AGC 控制

为了对抗信号快速衰落时对接收解调的影响，一般需采用 AGC/AM 电路进行增益控制。

AGC 检测电路对信号进行幅度检波、数字滤波和 AGC 时间常数控制后，输出 AGC 电压的数字控制量，该 AGC 数字控制量通过 D/A 转换输出模拟控制电压，送入中频模拟信道的 AGC 放大电路，完成 AGC 闭环操作，保证在输入信号动态范围内 A/D 采集的中频信号电平稳定。

由于 AGC 时间常数通常是 ms 量级，因此当射频信号衰落速率达到 kHz 以上量级时，如果只用接收机的 AGC 电压对最大比合成器进行加权，加权系数的变化将滞后于信号的变化，出现合成信号失真，影响接收解调性能。因此，必须把中频信号中未被 AGC 跟踪的 AM 包络检出来，经过处理后与 AGC 电压相加，实现快衰落信号的增益控制。

AGC 电压与信噪比有一定的对应关系，一般需要标定输入信号幅度与 AGC 电压和信噪比的一一对应关系。

2. 载波同步

FM 接收采用检前最大比极化分集合成技术，可有效改善信号衰落的影响，提高接收的信号质量和可靠性。分集合成模块采用信噪比加权方法确定加权系数,实现左右旋两路和信号的最大比合成。分集合成算法流程如图7-33所示。

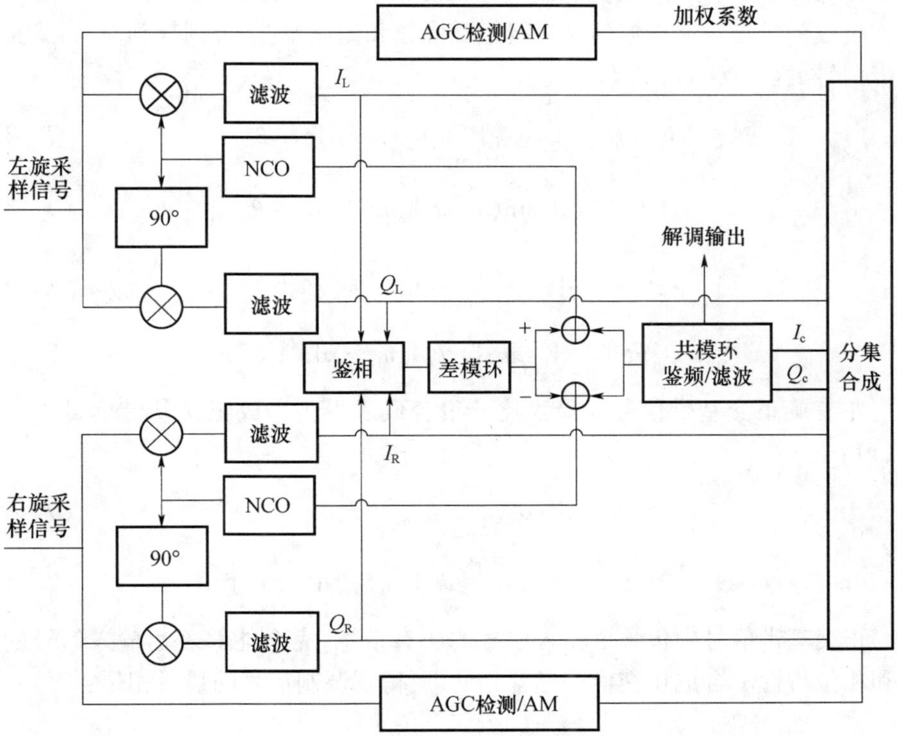

图7-33 分集合成算法流程图

分集合成由两大关键部分组成:共模环和差模环。其中共模环部分用于跟踪输入信号的公共频率和相位变化,差模环部分用于跟踪两路输入信号之间的频率和相位变化,并对称控制两路输入信号的对应的本振NCO频率和相位,保证跟踪的连续性,避免信号深衰落造成的数据丢失。

两路合成正交基带信号在FPGA内部经数字鉴频以及环路滤波后,得到本地载波和输入信号的共模误差。左右旋I、Q正交信号共同送入差模环,得到差模误差。共模误差同时送到左右旋两路NCO中,以相同方向被推到一个公共频率上,以保证中频信号准确地落到滤波器带宽的中心。差模误差分两路以相反的极性分别加到两路的数控振荡器上,使得两路本地载波以相反方向被推到一个相同的公共频率上。这样,通过将差模误差信号和共模误差信号相加后,共同控制数控振荡器的输出频率,使得输入到分集合成器上的两路信号始终保持同频同相,并落在设计的滤波器通带中心频率上。

经过分集合成后的信号进入载波接收模块,在载波接收模块完成FM信号

的解调。FM 解调模块接收左、右旋和路信号,其时域表达式:

$$s_{FM}(t) = A_0\cos[\omega_0 t - \int_{-\infty}^{t} k_f A_m m(\tau)\mathrm{d}\tau] \tag{7-34}$$

式中:ω_0为载波角频率;A_m为调制信号幅度;$m(t)$为调制信号;k_f为调制指数。

接收信号与数字本振信号进行正交混频和低通滤波,分别得到左、右旋正交基带信号 $I_L(t)$、$Q_L(t)$和 $I_R(t)$、$Q_R(t)$:

$$I_L(t) = A_L\cos(\int_{-\infty}^{t} k_f A_m m(\tau)\mathrm{d}\tau + \theta_L) \tag{7-35}$$

$$Q_L(t) = A_L\sin(\int_{-\infty}^{t} k_f A_m m(\tau)\mathrm{d}\tau + \theta_L) \tag{7-36}$$

$$I_R(t) = A_R\cos(\int_{-\infty}^{t} k_f A_m m(\tau)\mathrm{d}\tau + \theta_R) \tag{7-37}$$

$$Q_R(t) = A_R\sin(\int_{-\infty}^{t} k_f A_m m(\tau)\mathrm{d}\tau + \theta_R) \tag{7-38}$$

左右旋正交基带信号经最大比分集合成后得到合成正交基带信号 $I_c(t)$、$Q_c(t)$:

$$I_c(t) = A_c\cos(\int_{-\infty}^{t} k_f A_m m(\tau)\mathrm{d}\tau + \theta_c) \tag{7-39}$$

$$Q_c(t) = A_c\sin(\int_{-\infty}^{t} k_f A_m m(\tau)\mathrm{d}\tau + \theta_c) \tag{7-40}$$

正交基带信号中包含了输入信号的所有信息,完全能够表达输入信号的幅度和相位特性。合成正交信号经鉴相处理,得到调制信号的瞬时相位:

$$\theta_m(t) = \arctan\frac{I_c(t)}{Q_c(t)} = \int_{-\infty}^{t} k_f A_m m(\tau)\mathrm{d}\tau + \theta_c \tag{7-41}$$

瞬时相位再经微分处理,得到瞬时频率 $A_m \cdot m(\tau) + \frac{\mathrm{d}\theta_c}{\mathrm{d}t}$,其中包含了本地载波和输入载波的频差与调制信号。当载波同步正常时,频率差分量可以忽略,即得到原始调制信号$f(t) = A_m m(t)$,完成 FM 解调。

差模环闭环所使用的输入误差信号为左、右旋信号的相位差 $\Delta\theta$,即

$$\Delta\theta = I_L(t)Q_R(t) - I_R(t)Q_L(t) = A_L A_R\sin(\theta_L - \theta_R) \approx A_L A_R(\theta_L - \theta_R) \tag{7-42}$$

$\Delta\theta$ 经环路滤波后,得到差模误差控制电压,用于调整左、右旋 NCO,消除左、右旋信号的频率差和相位差。

共模环完成对输入微分后的瞬时频率信号进行滤波,滤除调制信号分量以及由于信号的突变和抖动引起的高频分量,得到共模误差控制电压,用于消除本地载波和输入载波的频差,使混频后的信号落在设计的滤波器通带中心频率上。

3. 数据解调

数据解调模块分为传统调频解调、MSD + TPC 译码解调两个模块。

1）传统调频解调

传统调频解调模块主要功能是接收前端 FM 解调模块送来的 PCM 数据，提取码同步信号、完成帧/副帧同步，给出帧锁定指示，同时完成码型变换功能。由码同步、码型转换、帧同步、副帧同步四个子模块组成，如图 7－34 所示。

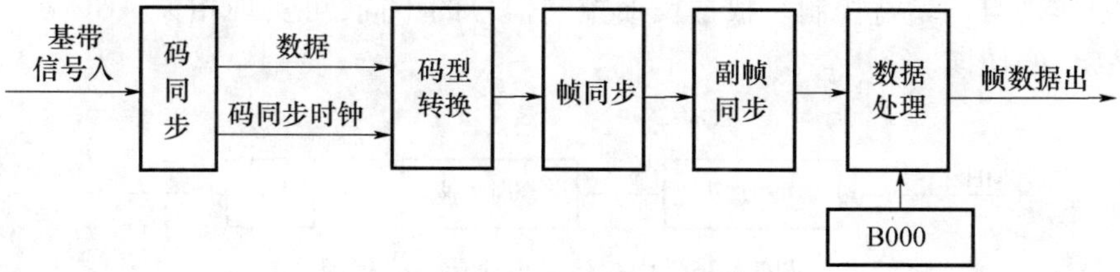

图 7－34　数据解调流程图

2）MSD＋TPC 译码解调

MSD＋TPC 译码解调模块对分集接收后的 TPC 编码数据实现 MSD 检测，并将检测后的数据经过码同步、码型变换、块同步后，输出帧脉冲和软判决数据给 TPC 译码模块，译码后的数据经过重新组帧后，输出打包数据给上层软件，如图 7－35 所示。

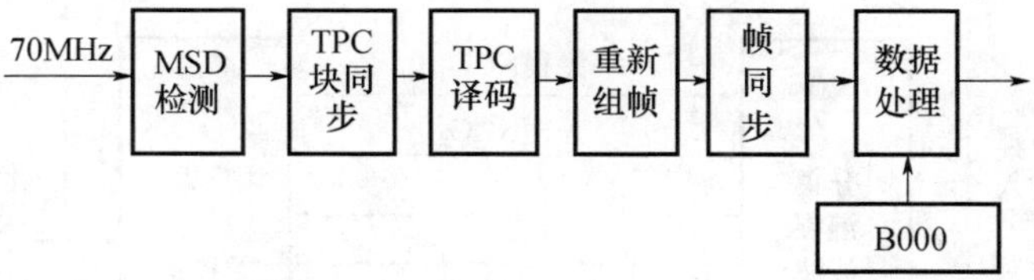

图 7－35　有 MSD＋TPC 译码解调模块原理框图

4. 角误差检前分集合成

FM 遥测角跟踪解调门限一般是低于解调门限 3dB，此时载波环路依然能够正常跟踪。虽然地面接收的左、右旋信号之间存在一定的多普勒频差或相位波动，也可以利用载波环路的跟踪特性，采用检前分集合成的方式进行角误差解调。检前分集合成的处理过程对左和、右和进行检前分集，对左差、右差也进行检前分集，然后，再对分集合成的和路与差路进行相关处理，进行角误差解调。采用检前分集合成方案，合成输出的角误差信号相对于单旋输出理论上可以获得最大 3dB 的分集增益。

7.4.3　数传功能

数传接收机接收前端送来的中频数传信号，进行增益控制、分集合成、载波解调、码元同步和数据译码，得到码流数据，然后进行帧同步和解扰处理，再通过网络以用户数据包的形式送出。中低码率数传包括中频信道模块、分集合成模块、载波接收模块、数据解调模块、数据处理模块、时频模块等。

1. 中频信道模块

中频信道模块信号流程图如图 7-36 所示。信道模块接收前端送来的中频模拟数传信号,进行中频放大和滤波,并根据后端送来的反馈控制信号控制放大增益,实现自动增益控制。根据反馈控制信号的不同,可实现相关 AGC 和非相关 AGC 的切换。

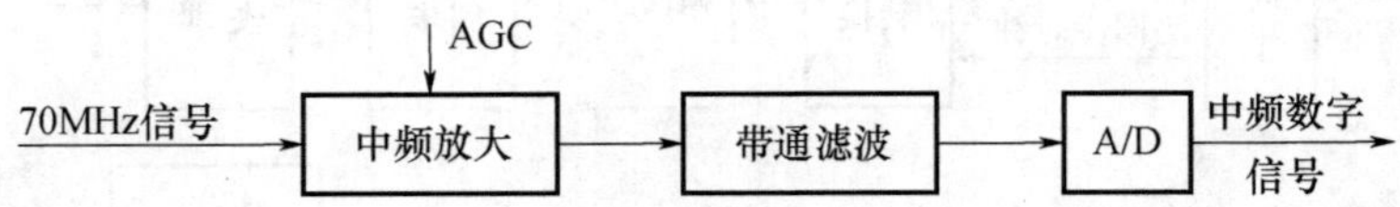

图 7-36 中频信道模块信号流程图

增益控制后的中频模拟信号送入 A/D,进行中频采样,完成 A/D 转换,得到数字化的数传信号。

2. 分集合成模块

分集合成共有四个功能模块:分集混频滤波模块、分集合成模块、分集对称差模环模块和分集锁定检测模块,如图 7-37 所示。

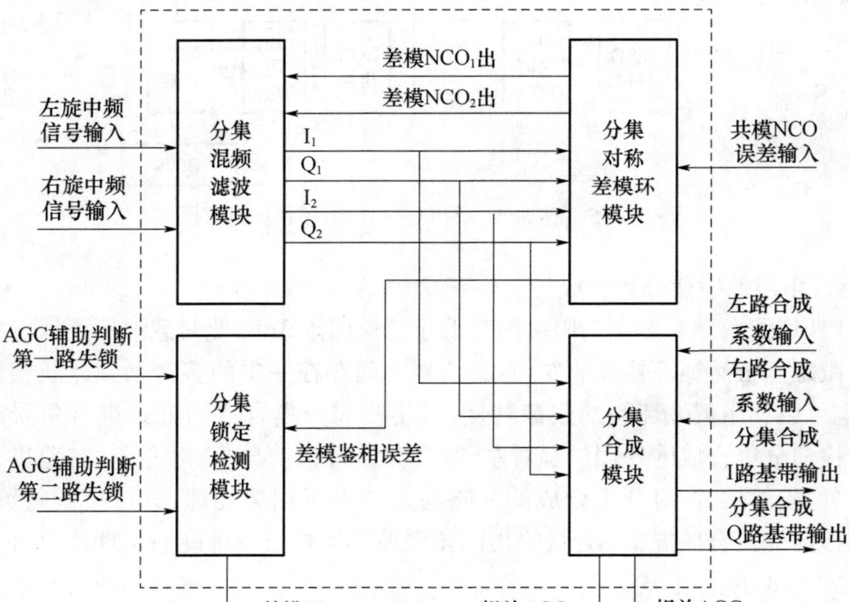

图 7-37 分集合成模块框图

1) 分集混频滤波模块

分集混频模块的主要功能是把本地 NCO_1 和 NCO_2 产生的两路本振信号对应

地与输入的两路信号进行正交混频，经过低通滤波后得到 I_1、Q_1 和 I_2、Q_2 两路基带信号。

通过对输入信号进行正交混频，可以去除信号中的载波成分。但混频的同时又引入 2 倍载波的频率成分，此频率成分必须通过低通滤波来消除，这是低通滤波器的首要作用。另外，如果按照输入信号的码速率要求，合理设计此低通滤波器，还可以最大限度地保留信号，滤除噪声，提高后端的解调性能。

2）分集对称差模环模块

分集对称差模环模块主要由对称分集鉴相器、差模环路滤波器、对称差模 NCO 三部分组成。对称分集鉴相器根据输入的 I_1、Q_1 和 I_2、Q_2 两路基带信号提取两路输入信号之间的相位误差信息，将此误差信息送入差模环路滤波器，得到差模环路 NCO 误差，此误差分为两路：一路进行 π 相翻转，与共模 NCO 误差相加形成差模 NCO_1 输出；另一路直接与共模 NCO 误差相加形成差模 NCO_2 输出。这两路差模 NCO 输出的变化方向相反，互为对称。实际接收情况下，由于电波空间传输的相位变化、接收信道的群延时差异、NCO 变化的不一致性和信号的极化多普勒效应等影响，这两路 NCO 输出之间存在一定相位误差。两路差模 NCO 输出的中间值为共模环路所跟踪的等效 NCO 输出。这两路差模 NCO 输出始终对称地处于共模环路跟踪的等效 NCO 两侧。

3）分集合成模块

分集合成模块首先对 I_1、Q_1 和 I_2、Q_2 两路基带信号进行 AM 包络检测，得到每一路信号的包络幅度。此包络幅度真实反映了经过载波解调后基带信号的实际幅度，是最直接的加权判据。

卫星下发射频信号的衰落速率可能非常快。如果使用普通的非相干 AGC 对最大比合成器进行加权，就不能稳定可靠的跟踪信号的快速衰落，无法实现最佳分集合成。为此，必须把未被中频非相干 AGC 跟踪到的信号幅度动态通过基带 AM 包络检测出来，得到信号电平值，与非相干 AGC 电平值进行合成处理，去加权最大比合成器。通过这样的 AGC/AM 加权最大比合成器设计，能够实现快衰落信号的最佳分集合成。

4）分集锁定检测模块

分集锁定检测模块的组成框图如图 7－38 所示。

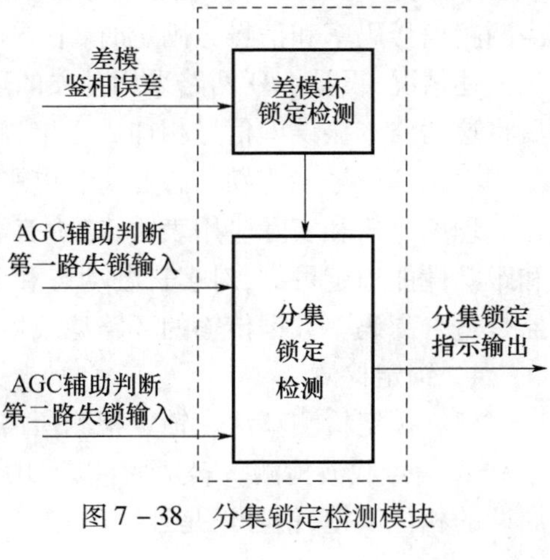

图 7－38　分集锁定检测模块

3. 载波接收模块

载波接收模块实现形式如图 7 - 39 所示。

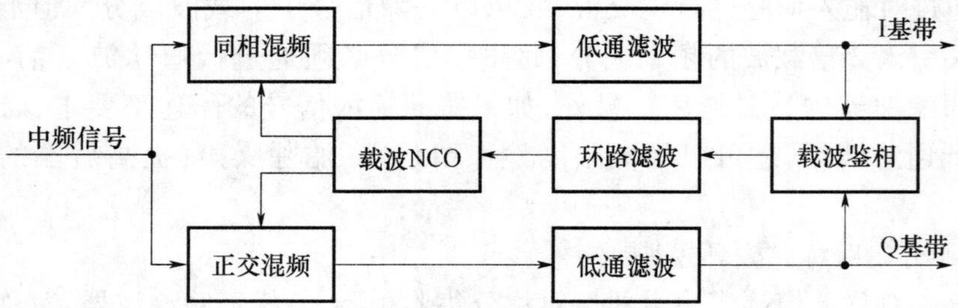

图 7 - 39　载波接收模块信号流程图

载波接收模块将数字化的中频信号与本地载波进行正交混频和低通滤波，得到 I 路和 Q 路基带信号，根据这两路基带信号进行载波鉴相，得到的鉴相误差经过环路滤波器滤波后，送载波 NCO，控制本地载波，完成载波接收过程。

1）滤波器

滤波器选用 CIC 级联 FIR 滤波器的方式实现。在固定滤波器结构的基础上，通过改变滤波器抽头的参数设置，调整滤波器带宽及性能，满足数传滤波器变化范围大的需求。这样的设计在滤除高次谐波的同时，降低了滤波器对资源的高需求。

2）鉴相

鉴相为 MAP（最大后验概率）环路中升余弦滤波器以后到数字滤波器之间的部分。鉴相模块接收输入的经过升余弦滤波后的 I、Q 基带信号，检出输入信号与本地本振之间的相位误差，并将此误差输出至后端环路滤波器。

3）环路滤波器

对 UQPSK 体制来说，I、Q 两路的不平衡性主要表现在信号功率、传输码率上的不同，同时信号的编码方式也会对接收造成影响。在高数据带宽的情况下，当两路信号码率和信噪比固定时，平方损失主要与支路的数据形式有关。考虑到上述情况，设计 I、Q 两路采用独立的环路滤波方式产生两路本振误差信号，然后将这两路本振误差信号相加后送出，修正本振频率。

考虑到信号多普勒动态变化和电平动态变化，载波解调采用二阶有源滤波器。理论分析和实际应用表明，二阶有源环路滤波器设计简单，实现容易，捕获和跟踪性能稳定可靠，对多普勒动态和电平动态的适应能力强。二阶有源滤波器是适合高码率数据传输的环路滤波器形式。

4）锁定检测

（1）锁定检测算法。锁定检测所需信号来自于滤波后的 I、Q 基带信号。对于 PSK 信号载波检测，信号具有以下几个特征。第一，即使存在具有以 $2\pi/N$ 为周期的相位误差，信号还是连续的；第二，当相位误差为零时信号具有最大值，并且一段时间的积分值为零。锁定检测的输出 z 能够通过一段时间间隔的信号累加值得到。在载波检测中，每输出一个 z 值就与预先设定的门限值 τ 进行比较，当 z 比 τ 大的时候系统可以判定环路已经锁定。

通常的锁定检测算法为

$$z = \sum_{k=1}^{M} y_k, y_k = (2I_kQ_k)^2 - (I_k^2 - Q_k^2)^2 \tag{7-43}$$

在式(7－43)中，正交和同相信道的第 k 个抽样值为(假定具有良好的增益控制和码元同步)

$$I_k = \sqrt{2}\cos\theta_k + n_c\cos\Phi_k - n_s\sin\Phi_k \tag{7-44}$$

$$Q_k = \sqrt{2}\sin\theta_k + n_c\sin\Phi_k + n_s\cos\Phi_k \tag{7-45}$$

式中：输入相位 $\theta_k = \Phi_k + \Theta_k$，$\Theta_k$为第 k 个码元信息，如 $\pm\pi/2$ 或是 $\pm 3\pi/4$；Φ_k 为第 k 个相位误差；n_c、n_s为基带噪声。

但是，这种算法在数字实现的时候需要大量的计算负荷，且当信噪比低时，由于噪声平方造成的性能下降越发明显。因此，从性能和实现角度考虑，需要实现一种灵敏可靠、设计简单的数字锁定检测器。

对此，常采用的锁定检测器算法如下：

$$z = \sum_{k=1}^{M} y_k \tag{7-46}$$

$$y_k = \frac{\left||I_k + Q_k| - |Q_k - I_k|\right|}{\sqrt{2}} - \left||I_k| - |Q_k|\right| = \begin{cases} (\sqrt{2}+1)|Q_k| - |I_k|, |I_k| \geqslant |Q_k| \\ (\sqrt{2}+1)|I_k| - |Q_k|, |I_k| < |Q_k| \end{cases} \tag{7-47}$$

这种算法很容易通过数字实现，因为它不需要任何乘法器。由该算法实现的锁定检测器如图 7－40 所示。此锁定检测器适合于高码率应用，可解决以往检测器所忽略的载波相位抖动带来的影响，能有效提高高码率情况下的性能指标。

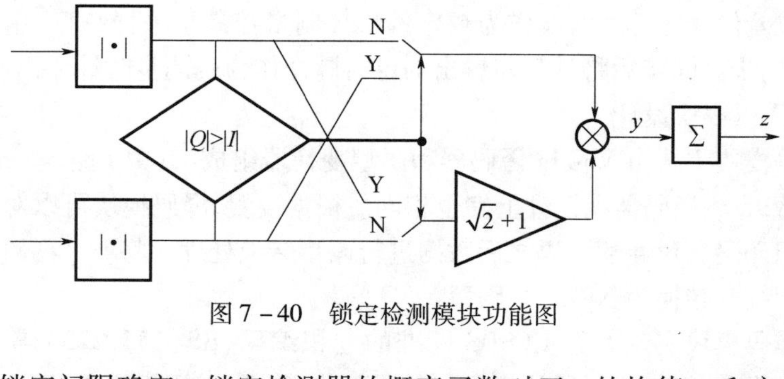

图 7－40　锁定检测模块功能图

(2) 锁定门限确定。锁定检测器的概率函数对于 z 的均值 μ_z 和方差 σ_z^2 是高斯的。其函数表达式如下：

$$P_{\mathrm{d}} = \frac{1}{\sqrt{2\pi\sigma_z^2}}\int_{\tau}^{\infty}\exp\left[-\frac{(z-\mu_z)^2}{2\sigma_z^2}\right]\mathrm{d}z = \frac{1}{2}\left(1+\mathrm{erf}\left(\frac{\mu_z-\tau}{\sqrt{2\sigma_z{}^2}}\right)\right) \quad (7-48)$$

式中：τ 为锁定门限值。

在未锁定状态，概率函数可写成

$$P_{\mathrm{f}} = \frac{1}{2}\mathrm{erf}\left(\frac{\tau-\mu_{z0}}{\sqrt{2\sigma_{z0}^2}}\right) \quad (7-49)$$

由式(7－49)得出检测门限为

$$\tau = \mu_z - \mathrm{erf}^{-1}(2P_{\mathrm{d}}-1)\sqrt{2\sigma_z^2} = \mu_{z0} + \mathrm{erf}^{-1}(2P_f)\sqrt{2\sigma_{z0}^2} \quad (7-50)$$

4. 数据解调模块

数据解调模块主要包括码同步模块和译码模块两部分。码同步模块完成PCM码元的时钟同步和数据解调功能，译码模块完成卷积译码和码型转换功能。

1）码同步模块设计

码同步器主要由数据转换跟踪环（DTTL）实现。码同步模块功能如图7－26所示，数据转换跟踪环的主要功能是从前端送来的基带数字信号中提取码同步时钟，进行最佳码元判决，得到串行数据信息流。数据转换跟踪环主要由同相积分、中相积分、码元判决、鉴相、低通滤波和码NCO等部件所组成。其中码NCO可以产生同相和中相积分所需要的0°和180°相位的时钟信号。同相和中相积分器的积分时间都是$2T_{\mathrm{b}}$（对于BPSK是T_{b}），其中T_{b}为QPSK信号的数据码元宽度。积分采用累加器实现，累加时间由计数器控制，计数器进位数值根据重采样频率与码速率的比值得到。累加结束，同相和中相累加器都要进行清除，但同相累加比中相累加的起始和清除时刻都晚T_{b}。每次清除都将同相累加结果送至数据提取器，在计数器输出的定时脉冲控制下，解调出数据信息，并送至转换判决模块和鉴相器。转换判决模块给出的码元转换信息也送至鉴相器。中相累加器的积分输出延迟T_{b}（对于BPSK来说是$T_{\mathrm{b}}/2$）后，亦送至鉴相器。鉴相器利用数据转换信息和当前数据消除信号码元转换的影响，获得位同步相位误差信号。此误差信号经低通滤波作为频率偏移控制量控制重采样频率，用以调整相位，实现同步。同步后将计数器输出的定时脉冲作为码同步时钟输出。

2）译码模块设计

译码模块主要由Viterbi译码器和码型变换器组成，其中I路Viterbi译码器和Q路Viterbi译码器在设计上完全相同。根据设置，译码模块可以对解调数据进行卷积译码。对卷积译码之后数据进行码型转换处理。将I、Q两路数据从所应用码型统一转换为NRZ－L码型。

编译码模块实现符合CCSDS标准的卷积编码、RS(255,223)码、RS(255,239)码和卷积＋RS级联码的编码及其译码功能。以采用级联码（RS码为内码，卷积码为外码）为例，译码框图如图7－41所示。

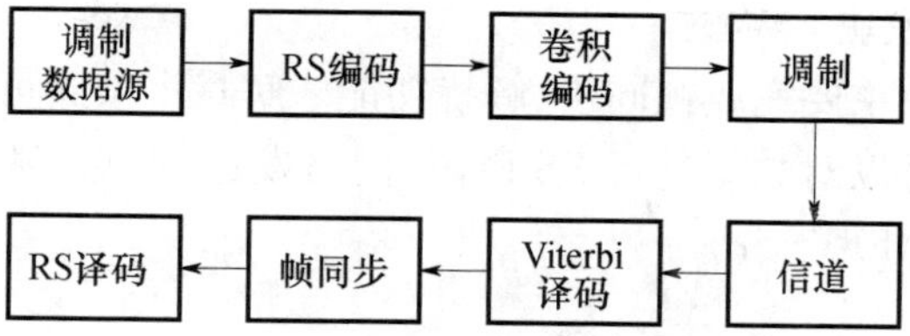

图 7－41　级联码译码框图

（1）Viterbi 译码模块。卷积编码模块是对数据进行编码，Viterbi 译码模块的主要功能是对卷积编码数据译码。编码参考 GJB 1198.3A－2004 中 5.1～5.2 的规定，标准卷积码的特性参数如下：

① 码速率：$r=1/2$ 比特/符号。

② 约束长度：$k=7\mathrm{b}$。

③ 码类型：非系统码，透明码。

④ 码生成矢量：$G_1=1111001$；$G_2=1011011$（G_1产生的符号 C_1 直接输出，G_2产生的符号 C_2反相后输出）。

⑤ 自由距离：最佳自由距离 $d=10$。

（2）码型转换子模块。码型转换子模块完成对 Viterbi 译码后的数据作格雷译码，支持 NRZ－L 码型变换。

（3）模糊解调模块。QPSK 调制体制 I、Q 两路独立接收解调时，I/Q 之间产生相位模糊。接收数据（I_1，Q_1）可能情况见表 7－4。由于帧同步具有抗相位模糊的功能，只需依靠帧同步可解 90°或 270°模糊。具体方法是：将 I 信号同时送入 I/Q 两个帧同步模块，哪一路帧同步锁定即可判定输入信号模糊形式，再将 I、Q 两路数据按照无模糊方式送入帧同步即可。如果两路帧格式相同或者不明确的情况下，传输系统应采用四相差分编码（GRAY0～7）解决模糊问题。

表 7－4　接收数据（I_1，Q_1）可能情况对照表

序号	I_1	Q_1
1	I	Q
2	Q	－I
3	－I	－Q
4	－Q	I

UQPSK 体制中，当 I/Q 功率比不为 1 时，按照功率比解模糊；I/Q 功率比等于 1 时，方法同 QPSK。

（4）IQ 分路合路转换模块。QPSK/SQPSK 体制中，选用合路工作模式时，转换模块将解模糊后的 IQ 分路数据合成合路数据，送数据处理模块做数据解调恢复；选用其他工作模式时，转换模块不工作。

5. 数据处理模块

数据处理模块主要完成帧同步、解扰功能。解扰多项式可设置。根据设置，数据处理模块还可以对数据进行 RS 译码、网络发送、存盘、显示，以及存盘文件进行回放、查看等处理工作。

7.5 分包遥测

分包遥测是一种航天遥测数据传输结构，是空间数据系统咨询委员会(CCSDS)建议的一部分。CCSDS 于 1986 年针对常规自由飞行的空间飞行器颁发了一套 CCSDS 常规在轨系统(COS)建议，其核心内容是"分包遥测"和"分包遥控"。1989 年，针对载人航天器颁发了 CCSDS 高级在轨系统(AOS)建议。目前与分包遥测直接相关的蓝皮书标准有如下几项：CCSDSl01.0 – B – 6，遥测信道编码，2002 年 10 月；CCSDS102.0 – B – 5，分包遥测，2000 年 11 月；CCSDS103.0 – B – 2，分包遥测业务规范，2001 年 6 月。

7.5.1 分包遥测概念

分包遥测规定了从空间获得的数据源传输到地面用户的数据传输结构与机制。分包遥测概念的核心是允许航天器上运行多个过程，每个过程的数据源产生最佳的数据单元，这些数据单元通过空—地通信通道进行传输，地面系统能可靠地恢复相应的数据单元，再依次提供给相应的数据接收器。

为完成上述功能，分包遥测规范定义了两种数据结构—源包和传送帧，并定义了一种多路复用过程，把不同应用过程的源包插入到数据帧中去。数据帧中还可能包含另外三种数据包：SCPS 网络协议数据包、IPv4 数据包和密封数据包。密封数据包使得传送帧可以传送 IPv6 数据包和其他自定义的数据包，如加密数据包。

源包是航天器应用过程根据需要产生的数据结构，产生的间隔既可以固定也可以变化，数据长度既可以固定也可以变化。除了包头定义数据包的源和包结构外，源包的内部数据内容完全由应用过程控制。源包允许应用过程不受空—地传输信道的限制优化各自数据包的长度与结构，不同的应用可以定义相互独立的数据包，因而适用于不同的应用需求。

传送帧是定义在源包之上的一种数据结构，用于空—地信道数据的传输。传送帧一定包含主导头，地面系统利用主导头信息将传送帧路由到相应的接收机，传送帧也一定包含长度可变的数据域。另外传送帧根据需要可能包含传送帧副导头和操作控制域。

分包遥测的数据流程如图 7 – 42 所示。

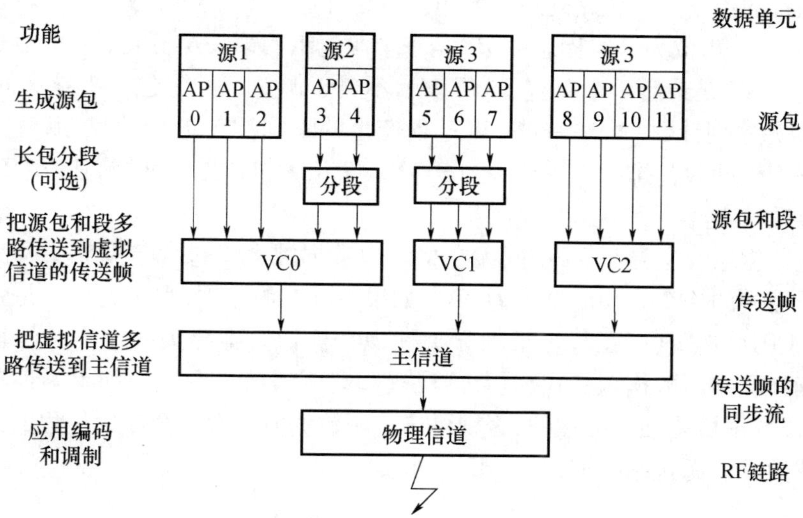

图 7-42　分包遥测数据流程

图 7-42 中只给出了发送端的流程，接收端是发送端的逆过程。发送端将不同应用过程的数据按一定格式打成不同的源包，不同的源包多路到传送帧中去，将传送帧分配到不同的虚拟信道，不同的虚拟信道再多路送到主信道中去，最后通过编码、射频调制，利用物理信道发送出去。在接收端则进行相应解帧、解包，恢复出发送端不同应用过程产生的数据。其中虚拟信道利用信号分时传输原理，向用户提供若干性能相同的信道，多个用户可以同时使用其中的一个或几个信道来传输自己的数据，在信道管理单元的控制下，在一段时间内仅有一个虚拟信道被物理信道传输。分包遥测中定义的虚拟信道数为 64 个。

7.5.2　源包与传送帧结构

源包包含两个位置连续按次序排列的域：长度为 48b 的主导头和长度可变的包数据域。源包长度至少为 7B，最多为 65542B。在包数据域中包含闲置数据的源包称为闲置包，闲置包由航天数据系统根据需要产生，目的是使数据传输和包提取过程保持同步。单一应用过程连续产生的一系列源包可以被列为一个源包组。

主导头由版本号、包标识、包序列控制和包数据长度 4 个域构成。版本号在第 0 ~ 2 位，当数据单元是源包时应为“000”，其他数值为保留值，以利于将来引用其他数据结构。包标识分类型标识、副导头标识和应用过程标识三个子域。类型标识占主导头第 3 位，对遥测数据单元类型标识置“0”，对遥控数据单元类型标识置“1”。主导头第 4 位为副导头标识，“1”表示有副导头，“0”表示无副导头。主导头第 5 ~ 15 位为应用过程标识，同一主信道的不同应用过程标识符的位不同。包序列控制域包括分组标志和源序列计数两个子域。主导头的第 16 ~ 17 位为分组标志:“01”是一个源包组的第一个源包,“00”是中间连续源包,“10”是最后一个源包,“11”表示不属于源包组的源包。主导头的 18 ~ 31 位为源序列计数,对由一个应用过程产生的不同源包进行计数,以对同一应用过程产生的源包排序。主导头的第 32 ~ 47 位为包数据长度域,其值为包数据域字节数减 1。

包数据域在主导头后,中间无空格。包数据域至少包含包副导头和源数据两个子域中的一个。长度至少为 1B。如果不存在源数据,则包副导头是强制存在的,否则可选,其存在与否由副导头标识符标识。副导头的作用是将辅助数据,如时间、内部数据域格式、航天器位置和高度等放入源包。如果不存在包副导头,源数据域是强制存在的,否则可选。源数据域包含一个应用过程的源数据或闲置数据。源包结构如图 7 – 43 所示。

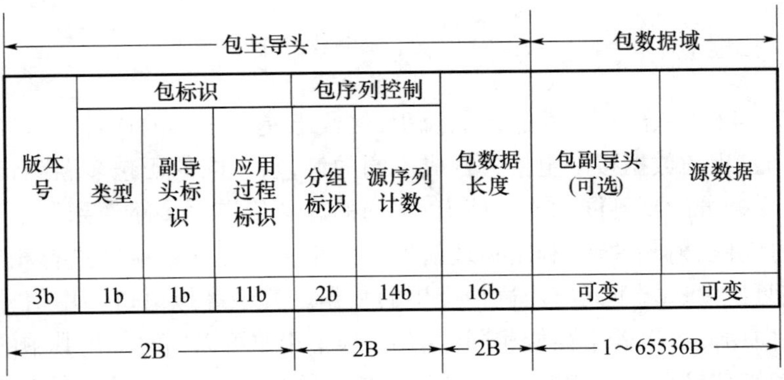

图 7 – 43　源包结构

传送帧由传送帧主导头、传送帧副导头、传送帧数据域、帧操作控制域和帧差错控制域组成。其中传送帧副导头和帧操作控制域为可选项,如果源包没有差错控制域,则帧差错控制域为必选项,否则为可选项。传送帧主导头是强制性的,包含 5 个位置相邻按顺序排列的 5 个子域:传送帧版本号、传送帧标识符、主信道帧计数、虚拟信道帧计数和传送帧数据域状态。传送帧副导头包括传送帧副导头标识符和传送帧副导头数据两个子域。传送帧的结构如图 7 – 44 所示。

总体而言,分包遥测与传统遥测系统相比具有以下特点:

(1) 按应用过程管理数据。分包遥测按应用过程进行分类管理,而传统遥测直接对遥测参数进行管理。

(2) 动态调度,信道利用率高。每个应用过程的数据都先进入存储器,随后打包,允许遥测数据源的输出信息速率暂时高于信道容量。传统遥测系统中任何时刻数据源信息速率都不能超过信道容量,信道容量按整个任务期间最高遥测信息流速率来设计,而实际上大部分时间数据量没有那么大,造成信道浪费。

传送帧主导头

传送帧版本号	传送帧标识符			主信道帧计数	虚拟信道帧计数	传送帧数据域状态				
	航天器标识符	虚拟信道标识符	操作控制域标识			传送帧副导头标识	同步标识	包序标识	段长度标识	首导头指针
2b	10b	3b	1b	8b	8b	1b	1b	1b	2b	11b

传送帧副导头			传送帧数据域	操作控制数据域	帧差错控制数据域
传送帧标识符		传送帧副导头数据	航天器应用数据	操作控制域数据（可选）	帧差错控制域数据
传送帧副导头版本号	传送帧副导头长度				
2b	6b	最多63B	可变	4B	2B

图 7-44　传送帧结构

（3）对用户的适应性强。分包遥测以包格式代替传统遥测的固定帧格式。用户可根据当时需要测量的遥测参数及采样率来设置包的长度、包数据域及其排列格式，尤其适合于多信源、多用户测量场合。

（4）信道质量要求高，冗余信息多。分包遥测需要高质量的传输信道（$P_e \leqslant 10^{-6}$）。帧头和包头是按位定义的，当分包遥测实施动态管理时，这些关键数据位的差错会给解包带来困难，甚至造成混乱。为提高传输质量，往往需要采用信道编码技术。

（5）遥测数据稍有延时。分包遥测对源数据进行存储、打包、组帧，都要占用一定的时间，所以数据实时性比传统遥测稍差一些。

参考文献

[1] 刘蕴才，等．无线电遥测遥控（上册）．北京：国防工业出版社，2001.

[2] 吴有杏，等．航天测控数字基带技术．北京：国防工业出版社，2012.

[3] 刘嘉兴．飞行器测控与信息传输技术．北京：国防工业出版社，2011.

[4] 姜昌，范晓玲．航天通信跟踪技术导论．北京：北京工业大学出版社，2003.

[5] 周智敏，陆必应，宋千．航天无线电测控原理与系统．北京：电子工业出版社，2008.

[6] 郝建民，张力余．航天遥测信道编码系统设计的几个基本问题．遥测遥控，1996（1）：1－15.

[7] 王晓波，吴岭，徐松艳．MSD 与 TPC 技术在 PCM－FM 遥测系统中的应用研究．遥测遥控，2007（28 卷增刊）：49－53.

第8章 遥控技术

8.1 概述

8.1.1 遥控的基本概念

遥控又称为指令控制(Command Telecontrol),它是指控制站利用传输信道将控制指令传送给相隔一定距离(即遥远)的被控对象使其产生预定动作的过程。与遥测相比,遥控有如下特点:第一,遥控信息流是断续发送的,没有必要时不用发出遥控信息,而遥测则相反,它需要一直连续不断地传送;第二,遥测是以信源的取样点作为传送单位的,而遥控则以一个完整的命令或数据注入(加载)容量为单位进行传送;第三,遥控帧一般比遥测帧短,因而帧同步只能一次完成,不能再采用遥测惯用的全窗口搜索、三码位窗口搜索、校核、锁定等措施;第四,因遥控帧长过短,而且是不连续传送,因而信道编码措施也不能采用遥测惯用的卷积码,只能采用分组码;第五,遥控命令传送和执行对可靠性的要求比遥测对可靠性的要求高得多,因而在遥控命令的传送和执行过程中常采取多重保护措施,以免出现灾难性的误动作,不但采用了前向纠错(FEC)技术,有时还要采取上、下行信道配合的自动重复排队(ARQ)技术,以确保次序和每一个码位都不出差错,因遥控命令传送时的高可靠性要求,遥控的误码率(BER)一般比遥测要低两个或两个以上的数量级,相应的E_b/N_0要求也比遥测的要求高。

8.1.2 遥控的分类

按照指令信号形式的不同,遥控可分为模拟遥控和数字编码遥控。模拟遥控体制的信号是连续波形,它适用于对连续变化状态的控制,如以脉冲宽度去控制发动机喷管喷气的持续时间即为模拟遥控。编码遥控体制以离散的码位或符号表示指令的内容和地址,目前飞行器遥控体制主要采用编码遥控体制。

按照用途不同,遥控又分为箭(弹)安全遥控(简称安控)和飞行器遥控。安控的任务是为保障发射场及航区的安全,控制炸毁飞行中故障火箭或导弹,安控的特点是安全可靠性高、实时性强、指令条数少、执行任务时间短、抗火焰影响能力强，鉴于其安全可靠性要求高的特殊性，一般设计为天地都采用宽波束天线的专用独立安控系统。飞行器遥控的主要任务是对飞行器的轨道、姿态、发动机点火、各级分离、航天员逃逸以及有效载荷等进行控制，同时还要向飞行器进行数据注入，即注入要求的飞行轨道参数、动力学参数、工作程序、计算机程序、时钟校正和延时开关指令等。它的特点是指令条数多、执行任务时间长、作用距离较远。

按照遥控的运行模式的不同，又可分为常规遥控和分包遥控。前者只适用于航天器的拥有者进行专门独立操作，后者适用于航天器及其有效载荷拥有者进行市场化操作和商业化运行。

8.1.3 遥控的工作过程

遥控系统的工作内容可以概括为三点，即指令的形成、传输与执行。从信息传输的角度上看，它与遥测系统是基本相同的，不同点是：断续发送，采用分组编码，码速率较低，遥控帧较短，实时性高，可靠性要求高，常采用多重保护措施等。

1. 指令和数据的形成

遥控有指令控制和数据注入两种工作方式。根据遥控计划和遥外测系统提供的受控目标的实时飞行状态和工作状态信息，指挥控制中心的计算机自动计算生成遥控程序、信息和需要注入的数据，并送往遥控系统的监控台。遥控信息需经变换器变换成数字指令信号后再送入编码器。在编码器中，编码方式有静态编码和动态编码两种方式，静态编码就是预先将选好的指令码按规定的数据格式并编上指令序号存储在编码器中，发令时根据控制目标和指令序号查表输出即可，这种编码方式简单、可靠，但所需要存储容量较大，改变较难；动态编码是将指令码的各部分分别存储，在发令时将指令码的各部分组合起来，这种方法的优缺点正好与静态编码相反，在指令太长、条数又多，内存受限或指令码中有些部分要经常改变时，要采用动态编码方式。产生的指令码再经加密单元加密和进行码型变换、信道编码后送调制器进行调制，而注入的数据可直接经码型变换后送调制器。

2. 控制指令和数据信息的传输

控制指令和数据信息的传输过程包括指令信息编码、信道编码、对载波信号进行调制，经上变频、功放后由地面天线向飞行器辐射射频信号；飞行器上接收天线收到信号后，先后经接收机、解调器、信道译码再输出至遥控检出设备，检出设备包括译码器、指令判决器和控制门。译码器对解调器的输出进行译码识别，检出指令和数据，并送往指令判决器进行抗干扰判决和保密判决，一般还将地面发射指令预先存储于指令判决器中，将实际接收到的指令与之比对，判决无误后才开控制门，将正确无误的指令信号送往执行机构或将正确数据送往飞行器上计算机。

3. 控制指令的执行

对控制指令的执行,一般有两种情况,一种对执行时刻无精确度要求;另一种对执行时刻精确度有严格要求,如对自旋稳定式同步卫星的指令控制,要求控制信号和卫星的自旋速度严格同步,称为同步控制(简称同控)。

8.2 遥控体制

8.2.1 差错控制体制

由于干扰和噪声的存在,遥控信号经无线传输可能会出现错误。一旦遥控指令发生错误,将可能造成无法挽回的损失。所以遥控指令的错误概率必须很小。一般要求遥控指令的漏指令概率小于 10^{-6},虚指令概率小于 10^{-8},安全遥控的要求则更高。

要减少遥控指令的错误概率,可从两个方面着手:一是提高信道质量、降低误码率;二是在编码、接收、判决体制方面采取措施,即采用差错控制技术来减小指令错误概率。仅用前者,很难满足要求,还必须联合使用后者。一般而言,使用前者可把误码率降到 $10^{-5} \sim 10^{-6}$,而使用后者可以使指令错误概率降到任意小,当然要以增长指令时间和提高设备复杂度为代价,一般要求误码率达到 $10^{-6} \sim 10^{-8}$ 量级较为适宜。

差错控制体制较多,遥控中常用的主要有大回路反馈校验体制和前向纠错体制两大类。

1. 大回路反馈校验体制

将控制的内容作为“预令”,执行动作作为“动令”。基本过程是地面遥控站向飞行器发送遥控预令码,飞行器收到后,先存储起来暂不执行,然后通过遥测将收到的预令原码返回地面。由地面与原发指令比对,若发现错误,则发取消指令并重新重复上述过程,直到大回路比对正确后,才发动令脉冲(执行脉冲)。飞行器收到动令脉冲后再根据原存储的预令码的内容产生规定的动作。这种体制的优点是利用简单的编码方法能够得到较低的错误概率,同时由于“动令”是脉冲信号,可以控制其相位精度,从而实现同步控制功能。它的缺点是由于反馈校验所需时间较长,故控制较慢,这对可控时间较短的中、低轨道飞行器难以应用,但对于定点卫星就没有问题,所以迄今为止,国内外同步卫星都采用大回路反馈校验体制。

2. 前向纠错体制

前向纠错体制的特点是“预令”和“动令”合一,即飞行器上收到可识别的指令就立即动作。由于传输中的失真和干扰可能造成错误,飞行器上收到的指令可能是地面发的指令(正确指令),也可能不是地面原发的指令(误指令);或者地面根本就没有发指令,而是由于干扰产生的(虚指令);或者地面发了,而飞行器上没译出来(漏指令),这样就会产生一些错误动作。为了减小这种体制的错误概率,就需在编码技术上下功夫,但又势必造成编码解码较复杂、指令较长、执行动作的相位也很难精确控制。特别是采用检错重发来完成前向纠错的指令码,执行动作的时间随机性就更大了,很难用于完成同步控制。但这种指令码虽然较长,其发令时间比前述的反馈校验指令体制还是短得多,这一优点对于可控时间很短的中、低轨道飞行器来说是非常宝贵的,所以国内外的中低轨道飞行器遥控都采用前向纠错体制。

8.2.2 调制体制

弹(箭)、航天器遥控系统常用三重调制体制,即脉冲编码调制(PCM)、二次调制和载波调制。

1. 脉冲编码调制(PCM)

目前航天器遥控系统一般都采用码分多路体制,即所有遥控指令、数据都首先进行脉冲编码调制(PCM)。PCM 大多用二进制码进行处理,即使是多元码在终端处理时也转换为多位二进制码。

2. 二次调制

为了提高遥控的保密性和抗干扰性,遥控指令、数据码在进行载波调制前都进行二次调制。二次调制有三大类:一是副载波调制;二是主字母调制;三是用高速伪码进行调制,也称扩频调制。

(1) 副载波调制。副载波调制就是用 PCM 码对频率远低于载波的正弦信号进行调制。副载波调制又有调幅、调频、调相三种基本调制方式。由于 PCM 码是离散的数字信号,对正弦波的调制分别造成三个参数的离散变化,故分别称幅移键控(ASK)、频率键控(又称频移键控,FSK)和相位键控(又称相移键控,PSK)。

(2) 主字母调制。主字母调制是国外安全遥控系统常用的一种二次调制。它与副载波调制的主要区别是在每个码元内不是填充一个副载波,而是同时填充两个副载波。其要点是用多个副载波中每两个频率组合对应一个主用字母(例如,7 个频率就能组合出 21 个字母),然后再在多个字母中,选取几个字母的排列组成不同的码字。由于组成的字母远远大于二进制及其他多进制的元,所以在相同指令长度的情况下可选指令码比二元码或其他多元码多得多,这就极大地提高了这种码字的保密性和抗干扰性。

(3) 扩频调制。扩频调制有多种,但比较适合遥控系统使用的是直接序列扩频。直接序列扩频就是利用一种码速率比指令码速率高几千到几十万倍的伪随机码代替副载波,将指令码调制到伪码上得到一个与伪码速率相同、携带着指令码信息的高速二进制序列,再将此信号调制到载波上。这一射频信号的带宽要比指令码带宽宽几千到几十万倍,致使指令码信号的能量分散在很宽的频谱中。在收端利用相关接收技术,将有用信号能量汇聚,而无用信号进一步展宽,因而扩频调制具有很强的保密性和抗干扰性能。

3. 载波调制

遥控信号经过二次调制后还要调制到载波上,变成射频信号才能由天线辐射出去。在航天器遥控系统中常用的载波调制有调频(FM)和调相(PM)两种。副载波及主字母二次调制信号可以和这两种载波调制任意组合,而直接序列扩频调制的指令一般采用载波调相体制。

8.2.3 信道体制

根据信道利用情况,地面遥控系统分为独立信道体制和统一信道体制两种。统一信道是遥控与其他系统如测距、话音等共用信道设备及载波。现今的卫星遥控系统大都采用统一信道体制,船载S/C/X频段微波统一测控系统用的都是统一信道体制。

8.3 遥控指令种类和发送方式

8.3.1 指令信息的种类

上行遥控信息包括遥控指令和注入数据两大类。

1. 遥控指令

遥控指令是指地面控制航天器及其有效载荷运行操作的一种命令。遥控指令一般都比较短。一条遥控指令一般完成一项指定的操作,有时也用多条指令按一定顺序发送来完成一项指定的操作,并将多条指令组合为指令链。

2. 注入数据

注入数据是通过遥控上行信道向航天器发送数据块。注入数据的长度一般都比指令长,由延迟指令、程序和数据组成,延迟指令是指延时执行的指令;程序是指地面送给航天器上计算机的新程序,以改变后阶段航天器的工作;数据是给航天器平台设备和有效载荷提供的新参数,以改变有关设备的工作参数。

8.3.2 遥控指令信息的发送方式

遥控操作的实施分立即实施、定时实施和延迟实施三种方式,对应的遥控指令称为立即指令、时间符合指令和延迟指令。

1. 立即指令

根据测控计划,由指挥员下达或计算机程序自动产生发送立即指令的命令,然后按远程、本地、应急三种方式之一形成发立即指令(含数据)命令信号,传至遥控指令终端。遥控指令终端收到发立即指令命令信号后,立即启动发令程序,完成指令编码和调制,将含遥控指令的载波信号发送到航天器。航天器的遥控接收设备接收到该信号,经解调、译码并校验正确后,立即启动执行机构完成相应的控制操作。

立即指令是航天器遥控特别是开关控制最常用的一种遥控指令。

2. 时间符合指令

时间符合指令的产生过程与立即指令一致,但发时间符合指令的命令中,除包含立即指令命令所包含的指令序号或指令码外,还包含该条指令的发令时间。发时间符合指令的命令传到遥控指令终端后,遥控指令终端根据符合指令发送时间的先后顺序进行排队,并对最前面的一条进行时间符合,当应发时间与时统时间一致时,立即将该指令发送出去。航天器上收到该指令时,立即处理,完成指定的操作。遥控指令终端接着再对下一条时间符合指令进行时间符合,直到全部时间符合指令发完为止。

时间符合指令与立即指令不同之处在于指令终端对发令命令的响应时间不同。后者是收到发令命令后立即响应,并将指令发送出去;而前者是收到发令命令后,先将该时间符合指令存储起来,等指令的发令时刻到来时,才将该指令信号发送出去。时间符合指令常用于有时间精度和顺序要求的控制操作。

3. 延迟指令

延迟指令是将指令和执行时间装订成数据块,然后用立即指令(数据)或时间符合指令(数据)的方式把数据发送到航天器。航天器收到该数据块并校验正确后,并不立即执行,而是先把它存储起来,并启动航天器的时间符合装置进行时间符合,待到指定的执行时间时,才启动执行机构完成指定的操作。延迟指令和时间符合指令都有时间符合问题,但时间符合指令是在地面指令发送终端对发令时间进行符合,而延迟指令是在航天器上对执行时间进行符合。乍看起来对发令时间进行符合,也能起到对执行时间进行符合的作用,但实际工作中二者的作用不完全相同。时间符合指令所能控制的执行时间只能在测控站作用范围内变化,当要对测控站作用范围外的航天器及有效载荷进行控制操作时就必须使用延迟指令。

如果航天器的飞行轨道预报准确,延迟指令可以将遥控的作用范围扩充到全球范围。在全球覆盖的天基网建成前,只有靠延迟指令来扩充地面对航天器的遥控范围。例如,根据测控计划和轨道预报参数,计算出需要对照相机进行操作的时间及指令,然后把控制相机的系列指令及操作时间编成延迟指令数据块,当卫星经过某地面测控站时,由该地面站将其注入到星上。卫星接收并反馈校验正确后,地面发出确认指令。星上设备收到确认指令后,将数据锁存到相应的地方,然后对延迟指令按时间先后顺序排队,并对最近的一条进行符合,等预定执行时间与时统时间一致时,就输出相应执行指令,完成指定的操作。接着对下一条进行符合,直到全部延迟指令符合完毕,从而完成预定时间(即预定地点)的拍照任务。

8.3.3 遥控的环回比对

1. 自环比对与小环比对

遥控指令应该迅速准确无误地发出,为了及时了解设备工作情况,确认遥控指令已经无误地发出,在系统中设置了自环比对与小环比对。

自环比对是将调制器产生的副载波信号送至中频调制的同时,也送到遥控设备自己的解调器上,经解调得到 PCM 串行码,经码型变换和串并转换把遥控指令回送到遥控指令终端,并对发、收指令进行比对,得到自环比对结果。

小环比对是将上行链输出至馈源的射频信号,通过定向耦合器“取出”一小部分,经鉴频器对载波信号进行解调,得到副载波信号,再送至遥控解调器完成小环比对。小环比对的目的是确认遥控指令已送至天线。

2. 大环比对

大环比对应用于天地大回路反馈校验指令体制。在通常情况下,遥控指令的执行分为两个步骤。第一步,指令被发送至卫星并存储在星上,处于待执行状态,星上收到指令后,将星上收到的指令通过遥测通道传至地面,测控中心(或测控站)通过监视遥测参数并与发的指令进行比对,即可确认星上收到的指令无误;第二步,经过比对后发出执行命令,星上才开始执行前面所收的指令。

8.3.4 遥控指令码的组成

航天器遥控指令码按功能分为指令信息码和执行码两部分。

1. 指令信息码

指令信息码(简称指令码)指明指令控制的内容,就像行军口令中的预令一样,告诉被控对象要进行什么动作。在现代导弹、航天器遥控系统中,指令信息码都用 PCM 编码。通常所说的指令编码就是指令信息的编码。

2. 执行码

执行码类似行军口令中的动令,告诉被控对象按指令码指定的内容执行操作。一般开关指令只有一项执行操作,而模拟控制的执行码除指示执行操作外,还要控制指令执行的起始时间、持续时间和次数。采用前向纠错体制的遥控系统,执行码和指令码合二为一,即指令码解码正确后立即执行,产生相应的控制操作。采用大回路反馈校验体制的遥控系统,如果采用 PCM – PSK 体制,执行码与指令码一般用不同的数据码来区别;如果采用 PCM – FSK 体制,执行码一般采用不同于指令码的副载波调制的脉冲信号来充任。一般的开关指令,对执行脉冲的宽度及前、后沿时间的精度要求不高,而对于模拟控制,尤其是同步控制，执行脉冲的起始相位及脉冲宽度都有严格的要求。

8.4 遥控信道编译码技术

8.4.1 信道的差错图样

为了讨论信道编码，首先要了解信道中产生差错的特性。传输信道一般包括调制器、传输媒质和解调器。数据在信道中传输时受到干扰，引起两种形式的差错：一种是随机错误，即数据序列中前后码元之间是否发生错误彼此无关，产生这种错误的信道称为无记忆信道或随机信道，如卫星信道、深空信道等；另一种是突发性错误，即序列中一个错误的出现往往导致其他码元的错误，错误之间有相关性。由于实际信道的复杂性，所呈现的错误不是单纯的一种，而是随机的和突发的错误并存，只不过有的信道以某种错误为主。在进行传道编码的设计中，必须设计能够检测和纠正随机错误和突发错误的指令码。信道差错图样完全反映了信道中产生差错的情况，故在讨论信道编码时，可以不必完全知道传送的物理特性，而只要知道差错图样中“0”和“1”的统计特性。

为了从数学上描述信道差错图样的“0”和“1”分布规律，常使用数字信道模型。如果信道对所传信号的影响是独立的，或者说调制器的判决输出只与在该时刻上所传输的信号有关，就称该信道是无记忆的。这时，离散输入信号的调制器、实际传输媒质和离散输出的解调器的全体可以用一个离散无记忆信道（DMC）模拟。DMC 可以用一组转移概率 $P(j/i)$ 来描述，其中 i 表示调制器的输入符号，j 是解调器的输出符号。如果 i,j 是取自集合 $\{0,1\}$，而且 $P(0/0)=P(1/1)$，$P(1/0)=P(0/1)$，则称该信道为二进制对称信道，用 BSC 表示。它是最早提出的一种模型，如图 8－1 所示。

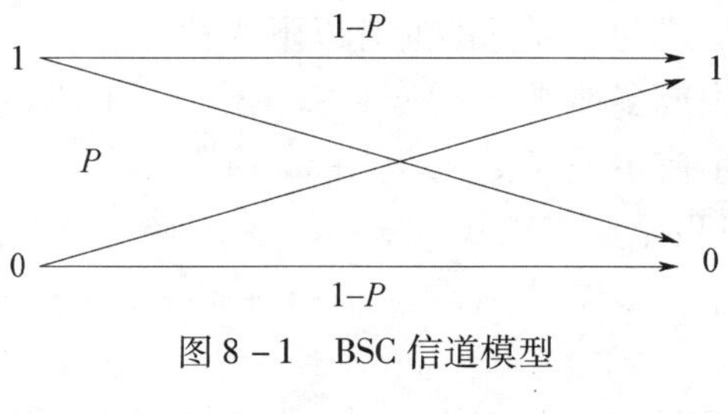

图 8－1　BSC 信道模型

BSC 信道模型中只有一个参数 P，即“0”错成“1”或“1”错成“0”的概率，也就是人们常说的误码率。由于 BSC 模型完全由一个参数确定，在进行统计和计算时特别简便，并且也基本上符合航天测控实际信道的差错特性，所以在航天测控中往往以它为基础来估计各种差错控制方式的性能。

8.4.2 遥控中常用的编码类型

纠错编码的实质在于使传输码字中码元之间具有某种相关性(规律性)。若这一规律性仅局限在每一个码字内,即每一个码字的监督码元仅与该码字的码元序列相关,而与其他码字中信息码元序列无关,这类码字就称为分组码,亦称块码。

如果分组码的规则或规律性可以用线性方程来表述,则该分组码称为线性分组码。如果分组码的规则或规律性不能用线性方程来表达,则该分组码称为非线性分组码。

如果采用的规则是使若干个相邻的码字具有一定的相关性,则称这个码为卷积码或连环码。换句话说,本码字所附加的监督位为何值,不仅取决于本码字中的信息序列,还取决于相邻若干个码字中的信息序列。

若以码的纠错能力分类,仅能发现或检测出差错,不能对错误定位的码字称为检错码。不仅能发现错误,而且能给错误定位从而纠正错误的码字,称为纠错码。而纠错码又可分为纠正随机错误的码和纠正突发错误的码。

8.4.2.1 检错码

循环码特别适合于检测错误,这是由于它既具有很强的检错能力,同时实现也很简单,常用于遥控信息传输中。

1. 循环冗余校验(简称 CRC)码的检错功能

(1) 能发现突发长度小于 $n-k+1$ 的错误。

(2) 能发现大部分突发长度等于 $n-k+1$ 的错误,其中不可检的错误为 $2^{-(n-k-1)}$。

(3) 所有与许用码组码距小于等于最小距离 $d_{\min}-1$ 的错误。

(4) 所有奇数个错误。

2. 常用的 CRC 码

常用的 CRC 码已成为国际标准的有以下 4 种。

(1) CRC-12:生成多项式 $g(x)=1+x+x^2+x^3+x^{11}+x^{12}$。

(2) CRC-16:生成多项式 $g(x)=l+x^2+x^{15}+x^{16}$。

(3) CRC-CCITT:生成多项式 $g(x)= l+x^5+x^{12}+x^{16}$。

(4) CRC-32:生成多项式 $g(x)= l+x+x^2+x^4+x^5+x^7+x^8+x^{10}+x^{11}+x^{12}+x^{16}+x^{22}+x^{23}+x^{26}+x^{32}$。 (8-1)

其中,CRC-12 用于字符长度为 6b 情况,其余 3 种用于 8b 字符。

8.4.2.2 BCH 编译码

BCH 码常在遥控信息传输中采用。BCH 码是一类最重要的循环码,它能在一个分组中纠正多个独立随机差错,属于二元钱性循环码。它是由三位发现者的名字字头 BCH 命名，有纠错能力强、构造方便等特点，被广泛采用。

BCH 码的生成多项式：

$$g(x)=\mathrm{LCM}[m_1(x),m_3(x),\cdots,m_{2t-1}(x)] \tag{8-2}$$

式中：t 为纠错个数；$m_i(t)$ 为素（不可约）多项式；LCM 为最小公倍数。

由此生成的码称为 BCH 码。BCH 码的最小距离 $d \geqslant d_0=2t+1$，其中 d_0 为设计距离，它能纠正 t 个独立随机差错。

1. BCH 编码

假设待编码的信息序列为 $m=(m_0,m_1,m_2,\cdots,m_{k-1})$，相应的信息多项式为 $m(x)=m_0+m_1x_1+m_2x_2+\cdots+m_{k-1}x_{k-1}$。将 $m(x)$ 与生成多项式 $g(x)$ 相乘得到码多项式 $c(x)=m(x)\times g(x)$，这就是 BCH 编码过程。但这样产生的码字不是系统码，为了方便译码，最好编成系统循环码。

生成系统循环 BCH 码的编码过程主要由以下三步组成：①用 x^{n-k} 乘以消息多项式 $m(x)$；②用生成多项式 $g(x)$ 除 $x^{n-k}m(x)$ 得到余式 $b(x)$；③得到码字多项式 $c(x)=x^{n-k}m(x)+b(x)$。

根据需求不同，BCH 编码器电路分为串行编码器和并行编码器两种结构，图 8-2 给出了 BCH 串行编码器的电路结构，它的编码过程如下：

（1）所有移位寄存器的初始状态全部为 0，门 1 接通，开关打到位置 1，送入信息组 $m(x)$ 的系数（高次位系数在前），一方面经开关输出，一方面进入 $g(x)$ 除法电路，经过移位寄存器移位，GF(2) 域上的乘法和加法运算，生成校验位。

（2）全部信息位移位进入电路中后，移位寄存器中的内容即为校验位，此时门 1 断开，开关打到位置 2，经过移位寄存器移位送出校验位。至此产生一个完整的 BCH 码组。

（3）送入下一组信息位，并重复上述过程。

图 8-2 所示 BCH 串行编码器结构简单，但数据串行输入，延时较大，不能满足高速数据传输的需求，由此引出 BCH 并行编码器。

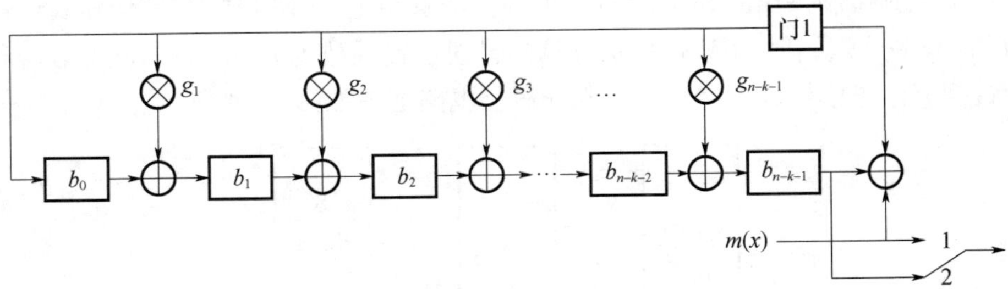

图 8-2　BCH 串行编码器电路

并行算法通过在一个周期同时处理 p 个信息来提高处理速度，因此并行编码算法的关键是求出时刻 T 到时刻 $T+p$ 的寄存器与输入的 p 个信息比特的关系。并行度 p 最好能被信息序列长度 k 整除，这样寄存器的内容则恰为校验序列。

设时刻 t 的寄存器状态为 $\boldsymbol{B}(t)=[b_0,b_1,b_2,\cdots,b_{n-k-1}]$，那么时刻 $t+1$ 的状态可表示为

$$\boldsymbol{B}(t+1)=\boldsymbol{B}(t)[0\mid I_{n-k-1}]\oplus(b_{n-k-1}\oplus m_t)\boldsymbol{G} \tag{8-3}$$

式中：$\boldsymbol{G}=(g_0,g_1,g_2,\cdots,g_{n-k-1})$；$m_t$为 t 时刻的输入。

并行运算时每次处理 p 比特，即输入 $m(t)=[m_t,m_{t+1},\cdots,m_{t+p-1}]$，那么状态转移方程可表示为

$$\boldsymbol{B}(t+p)=\boldsymbol{B}(t)[0\mid I_{n-p}]\oplus m(t)\boldsymbol{D} \tag{8-4}$$

其中

$$B(t)=[b_0,b_1,b_2,\cdots,b_{n-p-1}]$$

$$\boldsymbol{D}=\begin{bmatrix}\boldsymbol{G}\\ \boldsymbol{GA}^1\\ \boldsymbol{GA}^2\\ \vdots\\ \boldsymbol{GA}^{p-1}\end{bmatrix},\boldsymbol{A}=\begin{bmatrix}0&1&0&\cdots&0\\0&0&1&\cdots&0\\ \vdots&\vdots&\vdots&\ddots&\vdots\\0&0&0&\cdots&1\\g_0&g_1&g_2&\cdots&g_{n-k-1}\end{bmatrix}$$

式中：$\boldsymbol{A}^j$表示矩阵 $\boldsymbol{A}$ 的 j 次幂。

上述过程可以通过以下三步完成：①根据生成多项式个 $g(x)$ 求出矩阵 $\boldsymbol{A}$ 及 $\boldsymbol{A}$ 的各次幂；②根据并行度 p 求出矩阵 $\boldsymbol{D}$；③计算得到 $\boldsymbol{B}(t+p)$。

并行编码器的结构框图如图 8－3 所示。

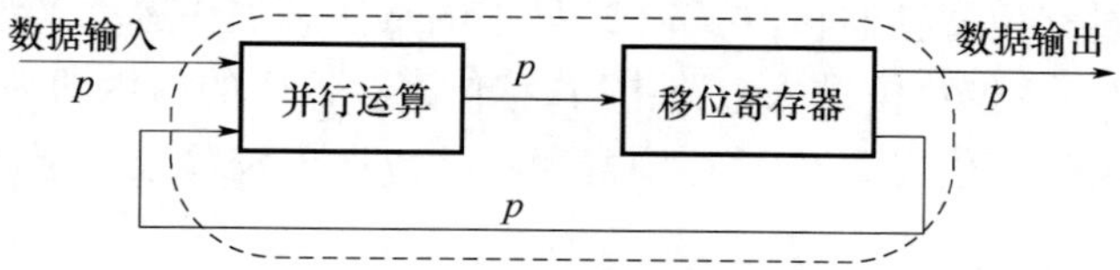

图 8－3　BCH 并行编码器结构框图

2. BCH 译码

扩跳频体制采用的 BCH(234，110)码，能够纠正 $t=18$b 错误，其伴随式计算为 $S_1,S_2,\cdots,S_{35}$，利用 BM 迭代法计算的错误位置系数为 $\sigma_0,\sigma_1,\cdots,\sigma_{18}$，最后利用钱搜索法求解错误位置的根。其译码器电路框图如图 8－4 所示。

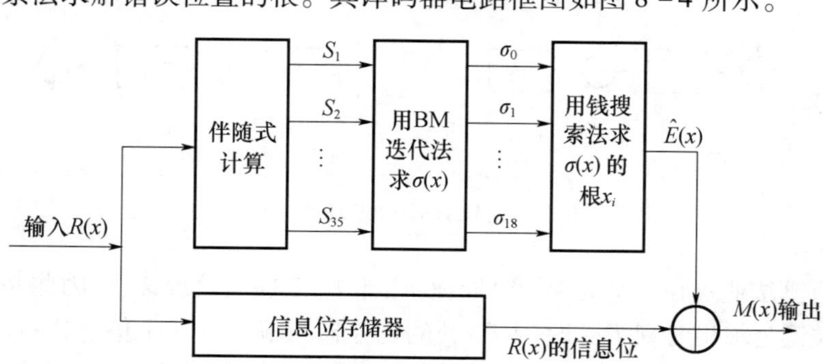

图 8－4　BCH 码(234，1(10)的译码电路

通过对本原 BCH(255,131)码、截短 BCH(234,110)码以及无编码的 BPSK 调制系统进行仿真,在误码率为 10^{-6} 条件下,(255,131)BCH 码能够获得 4.7dB 编码增益,截短(234,110)BCH 码相比本原(255,131)BCH 码增益提高 0.2dB 左右。

8.5 遥控功能设计

下面以船载 S/C 频段微波统一测控系统为例介绍遥控功能设计。

8.5.1 遥控功能组成

PSK 体制下遥控模块主要由波特率产生器、指令移位寄存器、码型转换器、副载波调制器、执行脉冲发生器、前补及后补序列发生器、空闲序列发生器等组成,遥控模块(PSK)信号流程图如图 8-5 所示。

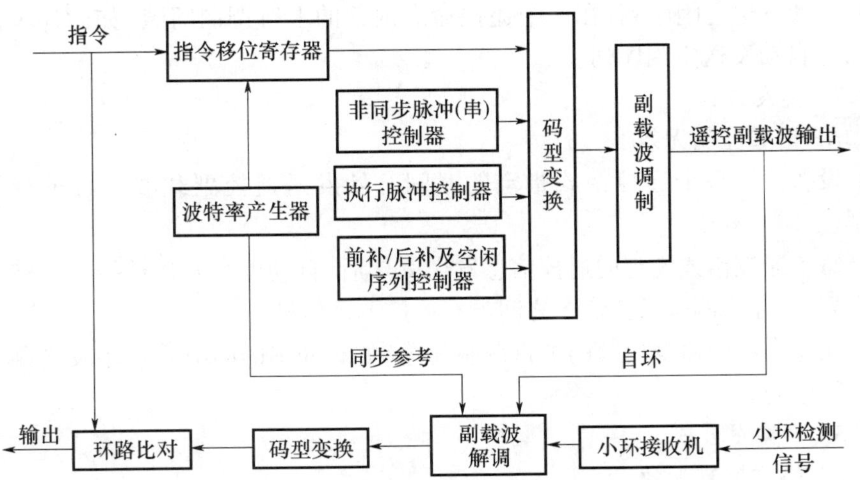

图 8-5　遥控模块(PSK)信号流程图

FSK 体制下遥控模块的组成与 PSK 体制有所不同,其信号流程图如图 8-6 所示。FSK 体制下,指令发送完毕后,可以发送填充脉冲,填充脉冲以填充频率的方式发送,执行脉冲以执行频率的方式发送,填充频率和执行频率可设。

8.5.2 遥控工作方式

在 PSK 体制下,遥控有三种工作方式:常发、突发、半突发。每个卫星任务只能选择一种工作模式。

1. 常发方式

受 AF(遥控工作期开始)控制,常发遥控副载波及空闲序列(交替的“1”

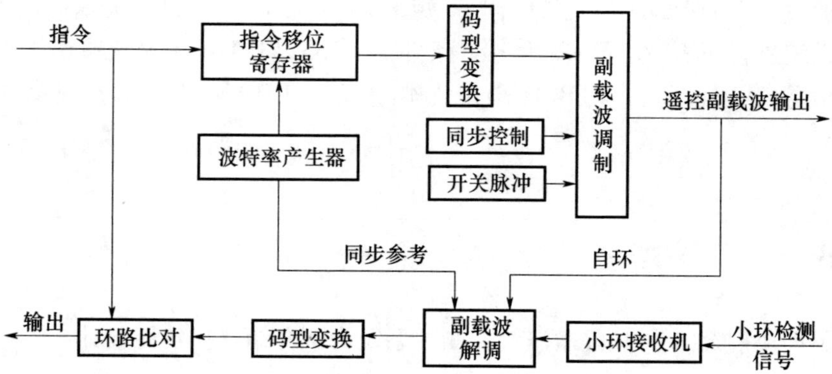

图 8-6　遥控模块(FSK)信号流程图

"0"码,即同步序列);受 AF(遥控工作期结束)控制,停发遥控副载波及空闲序列。

在遥控工作期当中,收到遥控上行命令后对副载波进行上行调制;无遥控命令时自动发送空闲序列;在一个遥控命令内部的上行调制间隙(如脉冲串的间隙),也自动发送空闲序列。

2. 突发方式

AF 格式控制无效。

设备按照每个遥控格式指定的时间开始发送遥控副载波并且进行信号调制。

每个遥控格式规定的遥控信息发送完毕后,自动停止发送遥控副载波及空闲序列,相邻的两个遥控命令之间没有遥控上行信号。

在一个遥控命令内部的上行调制间隙(如脉冲串的间隙),也不发送副载波及空闲序列。

3. 半突发方式

AF 格式控制无效。

设备按照每个遥控格式指定的时间开始发送遥控副载波并且进行信号调制。

相邻的遥控命令之间可能需要发送遥控副载波及空闲序列,由不同的遥控格式规定。各种遥控格式对其内部和其后的遥控副载波及空闲序列的控制要求如表 8-1 所列。

表 8-1　各种遥控格式的控制要求

序号	信息名称	对其后的副载波及空闲序列要求
1	遥控数据注入/指令内容数据	停发副载波及空闲序列
2	遥控指令代号数据	停发副载波及空闲序列
3	停发遥控	设备完成 AB 原有的任务要求后,停发副载波及空闲序列

（续）

序号	信息名称	对其后的副载波及空闲序列要求
4	遥控工作期开始/结束数据	不响应
5	遥控数据注入	数据发送后，继续发送副载波及空闲序列
6	应急数据注入	在C8的注入数据发送后，发送副载波及空闲序列；在C8的执行脉冲发送完毕后，停发副载波及空闲序列
7	发执行脉冲	执行脉冲发送完毕后，停发副载波及空闲序列
8	非同步控制脉冲串	脉冲串间隔必须发送副载波及空闲序列；脉冲串发送完毕后，继续发送副载波及空闲序列
9	非同步控制单脉冲	单脉冲发送完毕后，继续发送副载波及空闲序列
10	同控器控制命令	完成非同步控制开始、中断、取消命令后，继续发送副载波及空闲序列

8.5.3 遥控指令格式设计

以下将对几种指令格式的具体实现过程做详细介绍：

1. 数据注入指令设计

数据注入模块主要完成指令码的发送，数据注入指令可分为立即数据注入和时间符合数据注入。

PSK体制下数据注入模块工作原理如图8－7所示。数据注入模块根据参数设置将指令码拼接前补、后补序列，进行立即发令或者按时间符合发令。

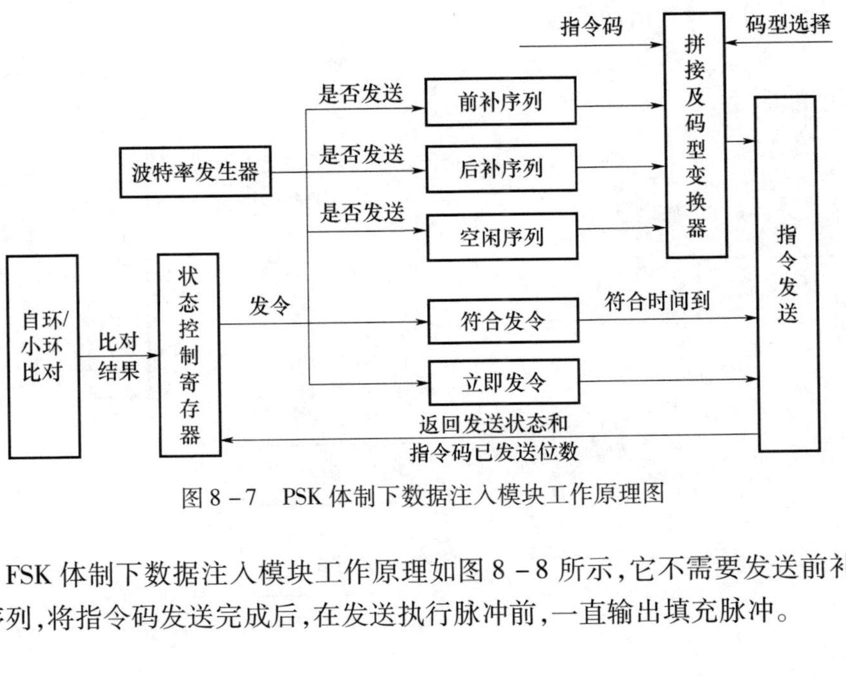

图8－7　PSK体制下数据注入模块工作原理图

FSK体制下数据注入模块工作原理如图8－8所示，它不需要发送前补、后补序列，将指令码发送完成后，在发送执行脉冲前，一直输出填充脉冲。

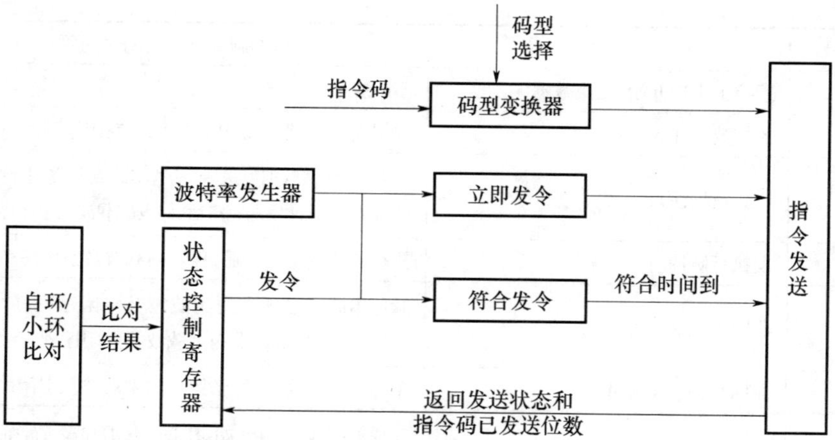

图 8-8　FSK 体制下数据注入模块工作原理图

应急注入和数据注入的区别在于:应急注入包括指令码和执行脉冲两部分,在指令码发送完毕后直接启动执行脉冲的发送;而数据注入只含指令码的发送。

2. 执行脉冲(串)指令设计

执行脉冲(串)指令模块可同时完成单个执行脉冲指令和执行脉冲串指令的发送,执行脉冲(串)指令可分为立即发送和时间符合发送。

PSK 体制下执行脉冲(串)发生器工作原理如图 8-9 所示,基带收到“执行脉冲(串)”指令,首先向硬件写入是否发送前补、后补序列、执行脉冲串指令的脉宽宽度、周期宽度、重复次数,如果是立即指令,直接启动发送;而对于时间符合指令,在符合时刻启动发送。

FSK 体制下,不需要发送前补、后补序列,脉冲串间隔发送填充脉冲,其工作原理图如图 8-10 所示。

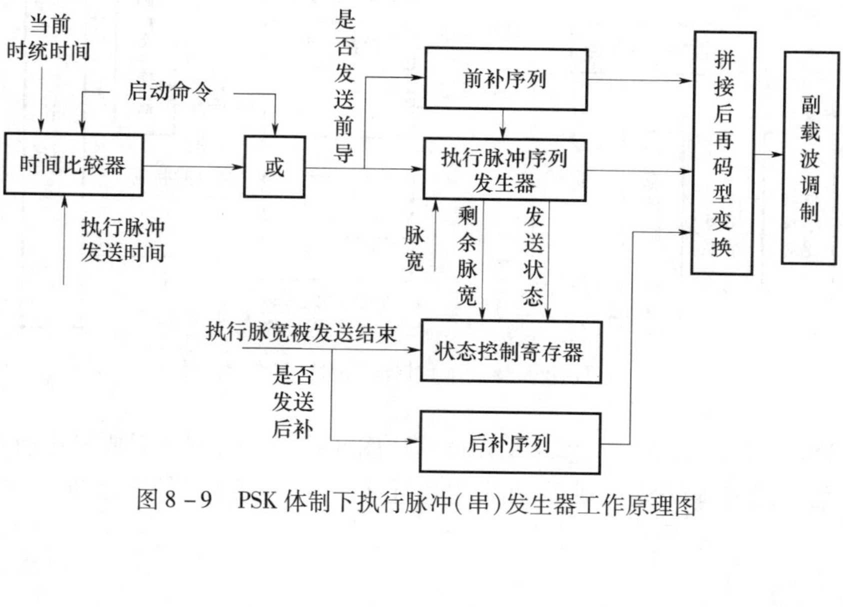

图 8-9　PSK 体制下执行脉冲(串)发生器工作原理图

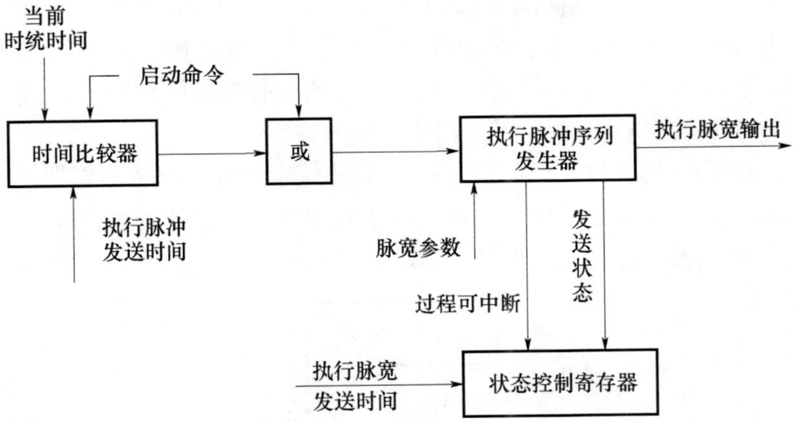

图 8－10　FSK 体制下执行脉冲(串)发生器工作原理图

硬件收到“执行脉宽”指令，取出指令信息和执行脉宽宽度。如果是立即指令，硬件立即将脉冲调制输出；而对于时间符合指令，硬件按软件设定的时间调制脉冲。

硬件把执行脉宽的上升沿打上时标，作为准确发送时刻返回，连同已发送脉宽一并上报。

3. 非同步脉冲串指令设计

非同步脉冲串指令由非同步脉冲串序列发生器完成发送，宽度可设、次数可设，周期可设，同时具备单个非同步脉冲发送能力。

PSK 体制下，其工作原理如图 8－11 所示。

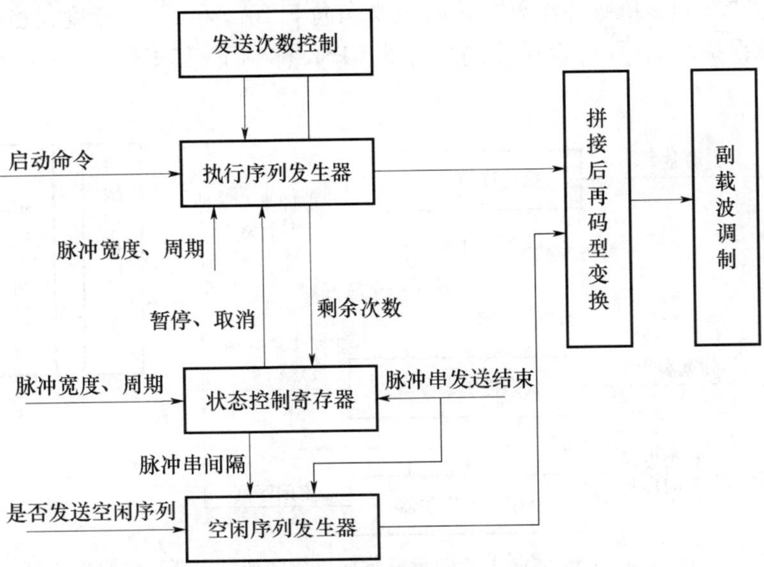

图 8－11　PSK 体制下非同步脉冲串执行序列发生器工作原理图

脉冲串每个脉冲周期间隔均添加“空闲序列”。脉冲串发送过程中可以接收暂停、取消的控制命令，若在脉冲有效过程中收到暂停和取消命令，需要在当前脉冲发送完毕后有效，在脉冲间隔的空闲序列处收到暂停和取消后，等当前单位空闲序列发送完毕后，继续发送空闲序列。

FSK 体制下，其工作原理如图 8-12 所示。脉冲串每个脉冲周期间隔均发送填充脉冲；若在脉冲串的脉冲有效过程中收到暂停和取消命令，立即停止当前脉冲发送，再开始发送填充脉冲，直到收到“非同步开始”命令。

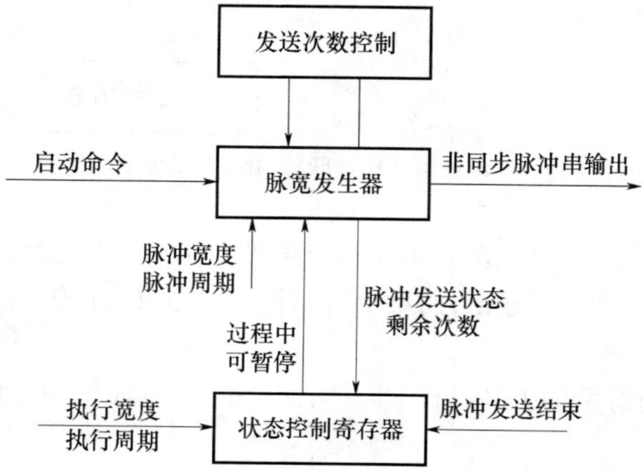

图 8-12　FSK 体制下非同步脉冲串发生器工作原理图

4. 非同步单脉冲指令设计

非同步单脉冲指令可以看作是非同步脉冲串指令的一种特殊情况。首先，DSP 收到“非同步单脉冲参数”，按参数要求向 FPGA 写入脉冲宽度，收到“非同步控制开始”指令后，立即发送非同步脉冲。PSK 体制下，其工作原理图如图 8-13 所示。

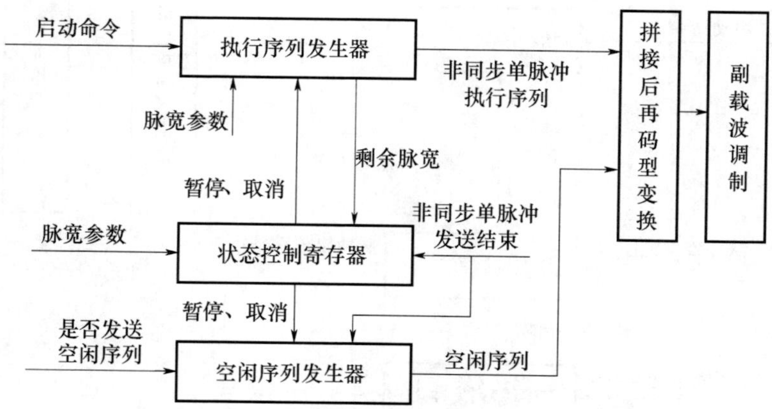

图 8-13　PSK 体制下非同步单脉冲执行序列发生器工作原理图

在非同步单脉冲“发送”状态接收到“暂停”命令后，等待继续发完当前单位执行序列的内容后，暂停执行序列剩余比特的发送，再开始发送空闲序列，并将实际脉冲宽度（以 bit 为单位）返回。此时再收到“非同步开始”命令，则继续发完剩余脉宽，若“暂停”后，收到“取消”命令，则剩余脉宽不再发送，一直发送空闲序列，直到发送下一条新的命令。

FSK 体制下，在“发送”状态，可以暂停脉冲的发送，剩余脉宽在接收到新的启动命令后，继续发送；在“发送”和“暂停”状态，接收到取消的命令，硬件立即终止当前脉冲的发送，开始发送填充脉冲，填充脉冲以填充频率方式发送。

8.6 分包遥控

自 20 世纪 80 年代起，国际上已逐步推行新的分包遥控体制，空间数据系统咨询委员会（CCSDS）为此制定了分包遥控建议书，全面地规定了这种新体制的技术细节。

8.6.1 分包遥控的概念和产生的背景

分包遥控就是把遥控信源的命令数据打成包之后经上行信道送到航天器，实现对航天器上过程和设备的高可靠遥控。

分包遥控概念的产生有其技术背景和需求。首先，航天器上广泛应用微处理器，越来越多的分系统和设备具有自主处理数据的能力，一方面对控制过程的复杂性和灵活性提出了更高的要求，另一方面各用户设备不再需要大量遥控命令的物理接口，要求变为统一数据包的接口。随着地面因特网的飞速发展和普及，许多航天器上应用过程的遥控用户希望能借助于因特网在自己的实验室里对其进行远程透明操作控制，不必像现在要通过指挥控制中心，统一安排遥控流程，这就必须由单任务、单用户体制转换为多任务、多用户体制。

8.6.2 分包遥控的结构

CCSDS 标准规定了分包遥控系统的七层信息处理结构，提供三种业务，如图 8 – 14 所示。这种分层的思想来自国际标准化组织的开放系统互联参考模型（OSI – RM），但两者略有差异。

分包遥控提供的三种业务是信道业务、数据路由业务和数据管理业务。信道业务包含物理层和信道编码层，在星地之间提供一个可靠的数据传输物理信道；数据路由业务包含了传送层和分段层，一方面提供多路径传输能力，另一方面通过实施 ARQ（自动重传请求）等机制确保遥控数据传输的可靠性；数据管理业务面向遥控应用过程，包含分包层、系统管理层和应用过程层，提供数据包装及其管理服务,实现过程与物理系统的接口。

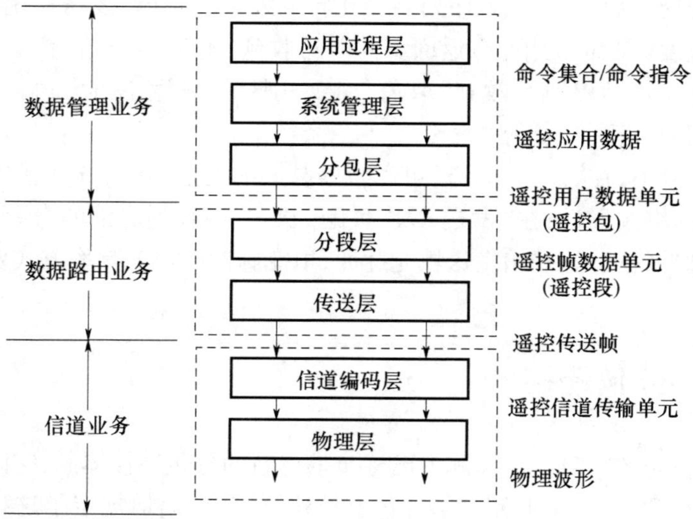

图 8－14　分包遥控系统的层次结构

现在以发送过程介绍各层的功能,接收端各层功能是发送端的镜像变换。

(1) 应用过程层向用户提供远程控制航天器上特定应用过程的途径,使用户指令与遥控系统接口。允许单个用户用一条指令控制空间的单一功能,这时直接将指令与物理系统接口;也允许多用户分享公共资源,实现相互独立的多项远程控制,这时需要把多用户指令汇集起来与物理系统接口。该层的实施关键是要以高级语言来描述用户指令及其执行与传送的需求。

(2) 系统管理层在发送端把应用过程层的描述语言转换为适合于物理系统传送和处理的遥控应用数据(通常为二进制码元序列)。在接收端则反过来把遥控应用数据转换为用户指令,去控制应用过程,同时还要从系统角度验证指令集合的完整性和有序性。目前 CCSDS 尚未对以上两层推出具体标准,有待开发。

(3) 分包层从系统管理层接收遥控应用数据,然后包装成端对端传送的标准格式数据单元—遥控包。遥控包是空间数据系统传送的基本数据单元,由包头和遥控应用数据两部分组成。

(4) 分段层接收从分包层送来的遥控包,或从其他系统来的自定义格式数据单元(统称遥控用户数据单元),输出适合于送入传送层标准格式的数据单元——遥控段(包含段头和段数据域两部分)。分段层完成以下两种处理:

① 把输入的遥控用户数据单元转换为遥控段,包括把一个长的遥控用户数据单元分割为几个较短的遥控段,或者把几个短的遥控用户数据单元集装为一个较长的遥控段。

② 把来自不同的遥控用户数据单元组织起来，以多路接收指针方式实现信道分享。

如果不需要上述两种功能，可不采用分段层。

（5）传送层是分包遥控的核心层，在该层形成并控制其传送的标准格式数据单元是传送帧（包含帧头和帧数据域）。传送层一方面以虚拟信道方式实现多用户信道分享，另一方面通过闭环星地操作协议确保传送帧的可靠性。

（6）为了降低物理信道上噪声对遥控数据的影响，信道编码层采用分组码进行差错控制。其标准格式数据单元是遥控信道传输单元，包含起始序列、分组码块序列和结尾序列。该层还提供可选的随机化功能。

（7）物理层提供由地面站到航天器的射频信道及其相应的操作，以支持遥控数据的传输。它规定了标准格式的遥控数据发送序列。

8.6.3 分包遥控与传统遥控的区别

下面介绍分包遥控的实质、机理及其与传统遥控系统的本质区别。

（1）常规 PCM 遥控系统是点对点的封闭系统，而分包遥控系统的每一层都可以向外开放，也就是都可以接收来自其他遥控系统相应的数据单元，也可以输出数据单元到其他遥控系统的相应层次，从而实现多层次的交互支持。送入分段层或传送层的遥控用户数据单元可以是 CCSDS 格式的遥控包，也可以是来自其他系统的自定义格式数据单元，都可装入传送帧，然后进入信道传送。传送层是 CCSDS 标准分包遥控系统之间交互支持的优选数据出入口，即以传送帧为交叉传输的标准数据格式，这是因为传送帧可以借助不同虚拟信道支持不同星地操作协议。一个空间组织的遥控传送帧可以不经过信道编码直接传送到另一个空间组织的地面站，然后经由他的编码层和物理层向航天器发出；也可以变换成遥控信道传输单元后，借助其他地面站的发射设备发出，交互支持的灵活性较大。

多层次开放的基础是多层次的标准包装。可以在同一空间遥控数据流中混合编进多个航天器、多个飞行任务或者多个控制过程的数据包，实现有序传送、有序组合和分离，最终到达各自的目的端点。遥控包头、段头或传送帧头都包含有识别目的地和标志本包在所属序列中位置的信息，这些信息既保证数据流向正确，又保证信息的完整性。

当然包装有一定开销，如传送帧头 5B，占最大传送帧长度的 2%；如果帧长选得更长，则开销更大。除此之外，为了保证包装后遥控数据传送的正确性，要采用差错控制编码，要进行各种信息完整性和有效性检验。这些措施都比常规 PCM 系统复杂，但换来了系统的开放性，拓展了控制时段等。

（2）常规 PCM 遥控系统以单用户工作方式运行，即对航天器上不同应用过程的控制必须按人工事先安排的顺序进行。由于各用户互相独立，信息的发生时刻、信息量和信息率都相差很大，各自对实时性、可靠性和安全性的要求也不尽相同，传统的静态分配管理办法不能随时最佳地利用信道资源去满足各用户的需求。有时候遥控信道拥挤不堪甚至互相冲突，有时候信道又会闲置起来。当一个用户正往航天器注入长数据包，而另一个用户想立即发一条短应急命令时，却挤不进去，只有排队等候，因为信道已被前者所垄断。

分包遥控，借助多路接收指针(MAP)和虚拟信道(VC)两种手段可实现按需分配式的动态资源管理。在分段层可按多达64个接收指针组织遥控段，并可分别赋予优先级。在传送层中按虚拟信道组织传送帧，多达64个不同的虚拟信道不但可以具有不同的优先级，还可以独立完成传送操作，例如打开、关闭、重传和设置各种控制状态的操作过程，就如同64个独立信道一样。它们分时占用同一物理信道，但不是预先分配的，而是由系统根据待传送信息的数量和优先级动态地调度的，从而能在一定信道资源条件下最大程度地满足不同用户的需求，实现系统优化。

多信源多用户信息流控制的关键是“动态管理”。根据信源的统计特性建模，安排优先级，选择适当的缓存容量、信道容量和数据处理能力，制定动态管理规则，通过仿真运行验证系统能否满足不同用户要求，防止长期垄断信道、缓存溢出或者信道利用率低等不合理情况出现。这些都是设计分包遥控系统的主要内容，而不再像常规PCM遥控系统那样以设计译码方案和物理电路为重点。

(3) 常规PCM遥控系统只从总体上考虑遥控信息在系统中的传输问题，不考虑各个控制过程的不同需求，更无法考虑同一过程在不同飞行阶段的需求变化。某个飞行任务向遥控系统只提出总需求，如需要传送的开关指令数、注入数据量及其总时延要求等。系统与用户的接口局限于低层次的物理接口。对系统的使用管理集中在飞行控制中心，如每个可测控时段安排哪些指令和数据的发送、它们的制约关系、相应应急预案等全凭经验都在事先安排好。这种方式不仅工作量大，而且各用户不能直接参与控制，透明性和主动性差，机动应变能力弱，其根本原因就在于传统遥控系统没有提供面向应用过程的高层服务。

CCSDS建议规定分包遥控系统要提供数据管理业务，使用高级语言来描述用户的控制要求，包括指令及其传送要求和执行条件。将来在用户和遥控系统之间不仅有标准的物理接口，还有标准的语言接口。用户的要求变化可以随时通过描述语言通知系统，系统据此组织并调度数据包的传送，最终实现对星上应用过程的控制。这种管理的高级形式是远程文件操作即用户对航天器的远程控制像在计算机前面做文件操作一样独立透明。这时候的地面控制中心起到网络服务器的作用，把各用户指令综合，形成序列，从而彻底摆脱繁杂的人工信息汇集，使数据管理业务系统化、自动化。

参 考 文 献

[1] 刘蕴才,等. 无线电遥测遥控(下册). 北京:国防工业出版社,2001.
[2] 吴有杏,等. 航天测控数字基带技术. 北京:国防工业出版社,2012.
[3] 刘嘉兴. 飞行器测控与信息传输技术. 北京:国防工业出版社,2011.
[4] 姜昌,范晓玲. 航天通信跟踪技术导论. 北京:北京工业大学出版社,2003.

第9章 扩频测控技术

随着扩频测控技术的引入和深化使用,我国航天测控系统在测控体制、组网方式、测控设备等方面都发生了较大变化。与此同时,我国也自主发展了很多新的扩频测控技术,以满足我国航天工程不断发展的新需求,逐渐形成了具有特色的扩频测控系统。

目前船载S频段微波统一测控系统具有相干直接序列扩频、非相干直接序列扩频、非相干DS/FH混合扩频等功能,船载C频段微波统一测控系统具有非相干直接序列扩频功能。另外,为满足一箭多星直接入轨发射方式下上面级测控需求,提出了测控数传一体化测量体制,也称上面级非相干测量体制,由于测控数传一体化体制的工作原理与非相干直接序列扩频十分类似,所以在本章中一并介绍。

9.1 扩频测控技术原理

9.1.1 扩频测控的基本概念

扩频技术是一种信息传输技术,扩频测控系统是指利用直接扩频(DS)、跳频(FH)、跳时(TH)或它们组合而成的混合扩频来实现测控信息传输的系统,扩频信号主要采用PN(Pseudo - Noise,PN)码。扩频测控技术是扩频技术与传统测控技术相结合的新型测控技术。

以扩频技术为核心的扩频测控系统同时具有通信及遥测、遥控、测距、测速、跟踪功能,呈现抗干扰能力强、发射功率谱密度低、低截获概率、对其他通信影响小等特点;拥有良好的码分多址通信能力,通信保密性能优异;应用伪随机码测距,测距精度高。

在扩频测控系统中,传输同样的信息内容时所需要的射频带宽,远远超过被传输信息信号所必需的最小带宽。扩频后射频信号的带宽至少是信息信号带宽的几百倍甚至几千倍。信息已不再是决定射频信号带宽的一个重要因素,射频信号的带宽主要由扩频函数来决定。由此可见,扩频技术有以下两个特点:

(1) 经扩频后的信号带宽必须大于(一般是远远大于)信息带宽,且扩频码和信息码互不相关,用信息码对扩频码进行调制(如模2加)来实现扩频。

(2)接收解调时必须有解扩的相关过程,即用本地码对发射的扩频码进行相关运算,通常用码环来获得本地码。

以上两个特点也是判断是否为扩频系统的准则。

9.1.2 扩频测控的主要性能指标

扩频测控系统在发端扩展了信号频谱,在收端相关处理后恢复了所传信息,这一处理过程带来了信噪比上的好处,即接收机输出的信噪比相对于输入的信噪比大有改善,从而提高了系统的抗干扰能力。

1. 处理增益 G_p

处理增益 G_p 定义为接收机解扩(跳)单元输出信噪功率比与接收机的输入信噪功率比之比,即

$$G_p = \frac{(S/N)_{out}}{(S/N)_{in}} \tag{9-1}$$

处理增益的物理意义是表明扩频系统对于信噪比的改善程度,亦即对干扰的抑制程度。它亦可表示为频谱扩展后的信号带宽与频谱扩展之前信号带宽之比,即

$$G_p = \frac{B_c}{B_d} = \frac{R_c}{R_d} = \frac{T_d}{T_c} \tag{9-2}$$

式中:B_c 为伪码带宽;B_d 为基带信息带宽;T_c 为伪码码元宽度;R_c 为伪码速率;T_d 为基带码元宽度;R_d 为基带码元速率。

通常处理增益用dB的形式表示,因而又可表示为

$$G_p = 10\lg\frac{(S/N)_{out}}{(S/N)_{in}}(\mathrm{dB}) \tag{9-3}$$

或

$$G_p = 10\lg\frac{B_c}{B_d} = 10\lg\frac{R_c}{R_d} = 10\lg\frac{T_d}{T_c}(\mathrm{dB}) \tag{9-4}$$

对于直扩系统,若一个基带码元含有一个周期的伪码,而伪码的周期为 2^n-1,则

$$T_d = (2^n-1)T_c \tag{9-5}$$

因而,其处理增益为 $G_p=2^n-1$。

对于直扩系统,提高扩频增益有两种途径:一是提高伪码的速率;二是降低基带信息速率。

对于跳频系统。假设频率跳变的范围为 B_R,整个跳频频带被分成 N 个频道,即跳频频率数为 N,频率间隔为 ΔF,而信息带宽 $B_d \leqslant \Delta F$,则跳频系统处理增益为跳频带宽与基带信息带宽之比,即

$$G_p = \frac{B_R}{B_d} \leqslant N \tag{9-6}$$

当 $B_d = \Delta F$ 时，$G_p = N$。可见跳频系统的处理增益与跳频系统的可用频率数 N 成正比，N 越大，射频带宽越宽，抗干扰能力越强。

DS/FH 混合系统的扩频处理增益的计算相对来说要复杂一些。设 DS/FH 系统信息码的码速率为 R_b，进行 DS 扩频时扩频码的码速率为 R_c，$R_c = N_1 R_b$，则 DS 系统的扩频处理增益为

$$G_{pDS} = R_c / R_b = N_1 \tag{9-7}$$

进行 FH 扩频时，系统共有 N_2 个可用频率数，且各频点间的频谱相互不重叠，即各频点的频点间隔不小于 $2R_c$，则 FH 系统的扩频处理增益为

$$G_{pFH} = N_2 \tag{9-8}$$

而混合系统 DS/FH 的扩频信号带宽为

$$B_{RF} = 2R_c \cdot N_2 = 2R_b \cdot N_1 \cdot N_2 \tag{9-9}$$

解扩（包括 DS 信号的解扩和 FH 信号的解跳）后信号的带宽为

$$B_b = 2R_b \tag{9-10}$$

这样，混合系统 DS/FH 的扩频处理增益为

$$G_p = B_{RF} / B_b = N_1 \cdot N_2 = G_{pDS} \cdot G_{pFH} \tag{9-11}$$

即混合系统 DS/FH 的扩频处理增益 G_p 等于 DS 系统的扩频处理增益 G_{pDS} 和 FH 系统的扩频处理增益 G_{pFH} 的乘积。

当然，计算混合系统 DS/FH 的扩频处理增益时，要注意它的应用条件，这就是在进行 FH 扩频时，各频点间的频谱相互不重叠。如各频点间的频谱发生重叠时，扩频信号的带宽要小于 $2R_b \cdot N_1 \cdot N_2$，而解扩后信号的带宽是 $2R_b$ 保持不变。这时，混合系统 DS/FH 的扩频处理增益要小些，至于小多少，要视频谱的重叠程度而定。

2. 干扰容限 M_j

处理增益表明了扩频系统对干扰的抑制程度，但系统能否正常工作仅靠处理增益是不能描述的，它主要取决于干扰容限。干扰容限的定义为

$$M_j = G_p - [(S/N)_{out} + L_{sys}] \tag{9-12}$$

式中：M_j 为干扰容限（dB）；G_p 为系统的处理增益（dB）；L_{sys} 为系统的损耗（dB）；$(S/N)_{out}$ 为相关解扩单元输出端要求的信噪比（dB）。

例如，一个扩频系统的处理增益为 30dB，要求进入基带解调器的最小输出信噪比 $(S/N)_{out} = 10\text{dB}$，系统损耗 $L_{sys} = 4\text{dB}$，则其干扰容限为

$$M_j = G_p - [(S/N)_{out} + L_{sys}] = 30 - (10 + 4) = 16(\text{dB}) \tag{9-13}$$

这就是说扩频系统的输入干扰功率电平最多只能在比信号高 16dB 条件下，系统才能正常工作。亦即具有 30dB 处理增益的扩频系统，在考虑保证基带数字解调器要求有 10dB 信噪比以及系统损耗为 4dB 的条件下，系统要正常工作

的输入信噪比应为 - 16dB。

由于在实际工程应用中，扩频接收机达不到理想的线性要求，其非线性和码元跟踪误差导致了信噪比的部分损失，在输入信噪比很低时，还存在门限效应。实际的扩频系统允许的输入干扰与信号功率比，较干扰容限还要低些，在设计时，应留有一定的设计余量（通常为 1 ~ 2dB）。

9.1.3 扩频测控的特点

扩频技术是一种具有优异抗干扰性能的新技术，它的主要优点是：

（1）抗干扰性能好。它具有极强的抗人为宽带干扰、窄带瞄准式干扰、中继转发式干扰的能力，特别适合在军事通信系统和航天测控等系统中运用，而且 DS - SS、FH - SS、DS/FH、DS/TH 等系统对多径干扰不敏感。

（2）选择性寻址能力强，可以用码分多址的方式来组成多址测控通信网。多址测控通信网内的所有接收机和发射机可以同时使用相同的频率工作。对于给定的接收机，当指定了特定的扩频码后，该接收机就只能和使用相同扩频码的发射机相联系。当网内所有的接收机都指定了不同的扩频码后，网内的任一发射机可通过选择不同的扩频码来和使用相应扩频码的接收机相联系。

（3）保密性能好，信息隐蔽以防窃取。扩频信号的频谱结构基本与待传输的信息无关，主要由扩频码来决定。信息的隐蔽程度或安全程度取决于所使用的扩频码。由于扩频测控通信系统使用码周期很长的伪随机码，在一个伪码周期中具有随机特性，经过它调制后的数字信息类似于随机噪声，因而将其用于保密测控通信系统中，对方采用普通侦察手段和破译方法不易发现和辨识信号。同时，扩频信号的功率相当均匀的被分布在很宽的频率范围内，以至被传输的功率谱密度很低，侦察接收机难以检测，使得系统具有低的截获概率，从而提高了系统的保密性能。

（4）频谱密度低，对其他测控通信系统的干扰小。在输出信号功率相同的情况下，由于扩频信号扩展了频带，降低了输出信号单位频带内的功率（能量），从而降低了系统在单位频带内电波的通量密度。频谱密度低，对空间通信大有好处。当无线电测控通信系统在地面上产生的电波通量密度太大时，会造成对其他地面无线电系统的干扰。对于当前无线电中频率资源匮乏的问题，利用扩频测控通信技术，使频率资源可重复利用。

（5）高分辨率测距。测距是扩频技术最突出的应用之一。无线电测距在测量距离增大的情况下，下行信号变弱，造成接收困难。为克服这一困难，就必须加大发射信号的功率。利用连续波雷达测距时，会出现距离模糊问题。利用扩频技术测距，扩频码序列的长度（周期）决定了测距系统的最大不模糊距离；而扩频码序列的速率（码元宽度）决定了测距系统的分辨率。产生长周期高速率的伪随机码，目前已不存在问题。

PN码直接序列扩频测控系统的模型如图9－1所示，它常用码环来给出同步的本地PN码并测距，用载波恢复环来给出测速信息。

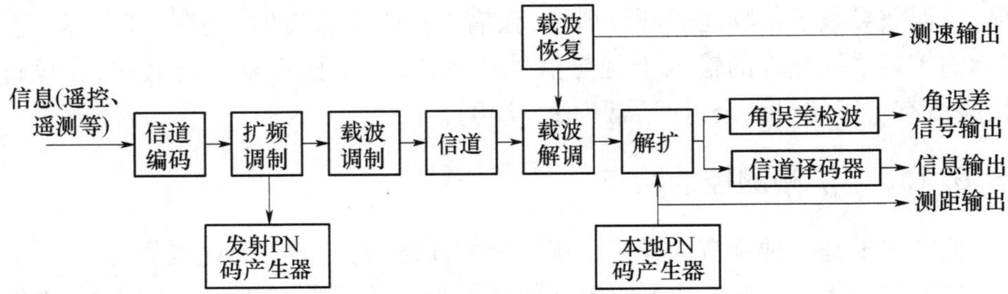

图9－1　PN码直接扩频测控系统模型

扩频调制信道的框图如图9－2所示。

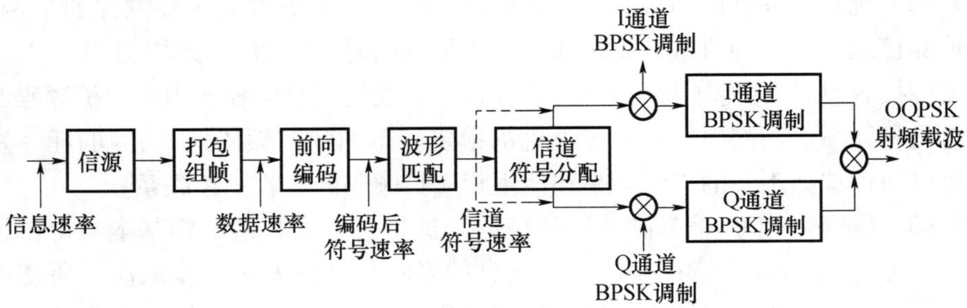

图9－2　扩频调制信道框图

（1）信息速率：一般指信源中，信源编码前的速率。

（2）数据速率：打包和组帧之后，信道编码前，每秒钟的未编码数据位数。

（3）编码后符号速率：在前向纠错（FEC）编码之后的二进制速率。

（4）信道符号速率：在前向纠错（FEC）编码和信道符号分配之后的二进制速率，即信道中实际传输的码速率。仅应用于多信道调制，适用于QPSK模式。

扩频测控系统最先出现在TDRSS和GPS中，目前，在国内外已经广泛使用扩频微波统一测控系统。

扩频测控与扩频通信的区别是：

（1）要利用PN码进行高精度测距。扩频测控系统的PN码，不只是为了对信息码扩频，而且要用作测距，为了解模糊的需要，其PN码长度要长，带来在高多普勒频率、低S/N下长码捕获难等技术难题。为了减小测距系统误差，就要减小码环的相位漂移误差，这就要求PN码的失真尽量小，从而对系统的幅/相频率特性有较高要求，为了减小测距的随机误差，PN码的码钟频率要尽量高，码环的带宽要尽量窄。

（2）要用解扩和载波恢复后的载波进行高动态、高精度的多普勒测速，这时要考虑短稳引入的测速误差，要考虑解扩和载波恢复环对测速精度的影响。

(3) 要用解扩和载波恢复后的载波进行高精度测角,由于采用了扩频信号,使输入信噪比很低,这种低信噪比时的角跟踪将是一个技术关键,当采用单脉冲测角体制时,对和路及差路都要解扩,差路的信噪比更低,技术难度更大。

概括地讲,扩频测控相对于扩频通信的区别是要进行测轨,而测轨就牵涉及到测量精度这一特殊的关键问题。

9.2 扩频测控的基本方式

扩频技术有直接序列扩频(DSSS)、跳频扩频(FHSS)和跳时扩频(THSS)等几种方式。

最经典的扩频信号产生方法是用一个带宽很宽的扩展信号对已由数据调制过的载波进行第二次调制。扩频调制可以是相位调制,或载波频率的快速变化,或它们和其他技术的组合。当使用相位调制进行频谱扩展时,得到的信号称为直接序列(DS)扩频信号,当使用快速变化的载波频率进行频谱扩展时,得到的信号称为跳频(FH)扩频信号;当同时使用直接序列扩频和跳频技术时,得到的信号称为 DS/FH 混合扩频信号。

直接序列扩频(Direct Sequence Spread Spectrum, DSSS)是用编码序列直接对载波进行调制的扩频技术。编码序列通常采用伪随机序列即 PN 码,需要传输的信息与 PN 码模 2 加后形成复合码去调制载波。直接序列扩频系统通常对载波进行相移键控调制。为了节省发射机功率和提高发射机效率,扩频系统采用平衡调制器。船载 S 频段微波统一测控系统应用了直接序列扩频技术,它又可分为两种:相干直接序列扩频(简称相干扩频)和非相干直接序列扩频(简称非相干扩频)。

跳频扩频(Frequency - Hopping Spread Spectrum, FHSS)利用伪随机序列来选择系统工作频率的扩频技术。跳频扩频系统主要由码产生器和频率合成器两部分组成,其中快速响应的频率合成器是跳频扩频系统的关键部件。跳频扩频系统的发射机在一个约定的频率集合中,由码序列控制频率合成器使发射频率随机的由一个频率跳到另一个频率。接收机中的频率合成器也按相同的顺序跳变,产生一个和发射频率只差一个中频的本振频率,经混频后得到一个固定的中频信号。

跳时扩频(Time - Hopping Spread Spectrum, THSS)是用扩频码来控制发射机的通断,其信号是间歇发射出去的。与 FHSS 一样,发端的扩频码也不发射出去。这样的系统既不能测速也不能测距,只能进行数据传输。

以上几种扩频技术可以混合使用,构成直接序列/跳频(DS/FH)、直接序列/跳时(DS/TH)、跳频/跳时(FH/TH)等扩频方式,称之为混合扩频。船载微波统一测控系统也采用了直接序列/跳频(DS/FH)技术。

9.2.1 直接序列扩频

直接序列扩频(DSSS)的基本原理:有用信号和 PN 码序列在发射端进行相乘运算,相乘后的信号频谱宽度被拓展,同时功率谱密度降低,之后再调制载波;在接收端,同样先将接收到的信号和一个与发射端同步的 PN 码序列进行相乘,而后解调出有用信息。其原理框图如图 9-3 所示。

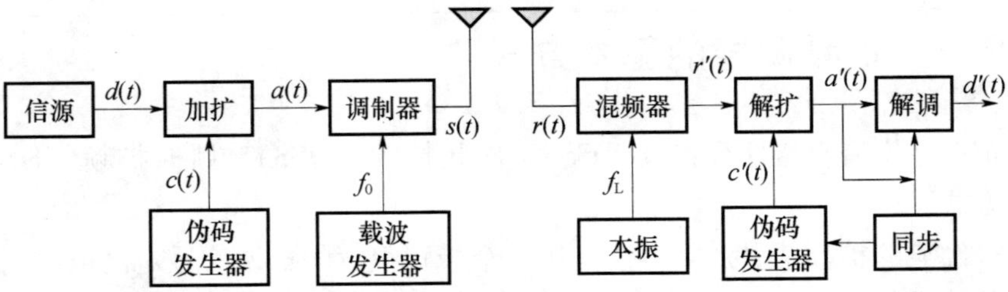

图 9-3 直接序列扩频的原理框图

令 $d(t)$ 为信息流,T_b 为码元宽度,R_b 为码元速率,其中 $R_b = 1/T_b$,则有

$$d(t) = \sum_{n=0}^{\infty} d_n g_d(t - nT_b) \qquad (9-14)$$

式中:$g_d(t) = \begin{cases} 1 & 0 \leqslant t \leqslant T_b \\ 0 & \text{其他} \end{cases}$;$d_n$ 以等概率取 ± 1。

令 $c(t)$ 为序列发生器产生的 PN 码序列,T_c 为码元宽度,其码速率 $R_c = 1/T_c$,则有

$$c(t) = \sum_{n=0}^{\infty} c_n g_c(t - nT_c) \qquad (9-15)$$

式中:$g_c(t)$ 与 c_n 的定义与 $g_d(t)$ 和 d_n 的定义类似。

随后进行扩频,即

$$a(t) = d(t) \times c(t) \qquad (9-16)$$

经傅里叶变换之后,可得功率谱密度的平方为

$$S_a^2(f_c) = \left(\frac{\sin f_c}{f_c}\right)^2 \qquad (9-17)$$

此函数主瓣宽度为 $1/T_c$。信号在频域中的频谱宽度用来度量信号的带宽。扩频后信号的带宽由原来的 $2R_b$ 扩展到 $2R_c$,如图 9-4 所示。

然后用该序列去调制载波,调制后的信号为

$$s(t) = d(t)c(t)\cos\omega_0 t \qquad (9-18)$$

式中:ω_0 为载波的角频率。

在接收端,使用和发射端相同的 PN 码序列,只是初始相位由于干扰等影响与发射端有所不同,记为 $c'(t)$。解扩过程就是扩频的逆序,使用本地产生的

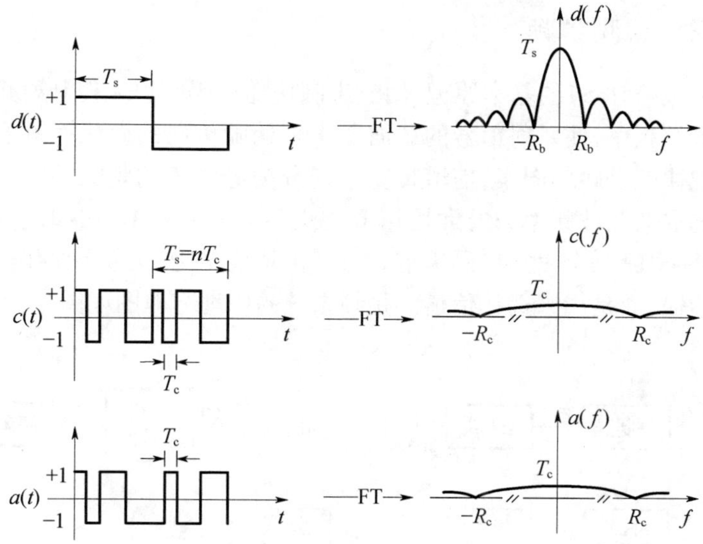

图 9-4　频谱扩展示意图

PN 码序列 $c'(t)$ 与接收到的信号相乘,可得

$$a'(t) = d(t)c(t)\cos(\omega_0 t)c'(t) \tag{9-19}$$

当接收端本地序列发生器产生的 PN 码序列和发射端用来扩频使用的 PN 序列达成同步时,即 $c(t) = c'(t)$,则有

$$a'(t) = d(t)\cos\omega_0 t \tag{9-20}$$

经过滤波之后,直接进行解调,恢复有用信号。

直接序列扩频系统对信号的处理过程如图 9-5 所示。

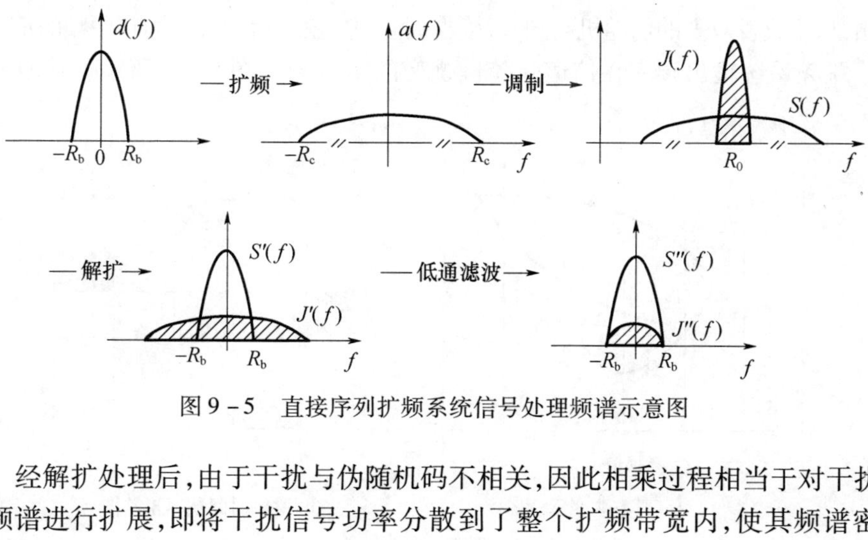

图 9-5　直接序列扩频系统信号处理频谱示意图

经解扩处理后,由于干扰与伪随机码不相关,因此相乘过程相当于对干扰信号频谱进行扩展,即将干扰信号功率分散到了整个扩频带宽内,使其频谱密度降低。

9.2.2 跳频扩频

跳频扩频(FHSS)的基本原理:用二进制伪随机码序列去控制射频载波振荡器输出信号的频率,使发射信号的载波频率随伪随机码的变化而跳变。这个控制跳变的规律就是跳频图案,信道带宽被划分为等间隔的频隙间隔。跳频系统可供随机选取的载波频率数通常是几千至几万个离散频率,在如此多的离散频率中,每次输出哪一个由随机码决定。与直扩系统相比,跳频系统中的伪随机码不是直接传输,而是用来选择信道。跳频系统的原理方框图如图 9-6 所示。

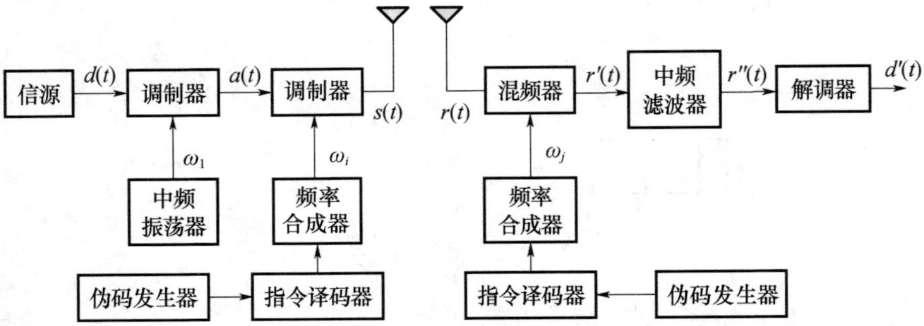

图 9-6　跳频系统的组成原理框图

用信源产生的信息流去调制频率合成器产生的载波,得到射频信号,频率合成器产生的载波受伪随机码的控制,按一定规律跳变。接收端接收到的信号经过高放滤波后送至混频器,在混频器与本振信号相乘并经中频滤波后,得到一个不变的中频信号,经过中频放大器后,送到信息解调器恢复出原信息信号。接收机的本振信号也是一频率跳变信号,跳变规律与发射端相同,但与发射端频率相差一个固定中频,只要收发双方的伪随机码同步,接收机混频后就可得到一个固定中频的信号。

跳频系统输出频率在信道间随机跳变的示意图如图 9-7 所示。从时间—

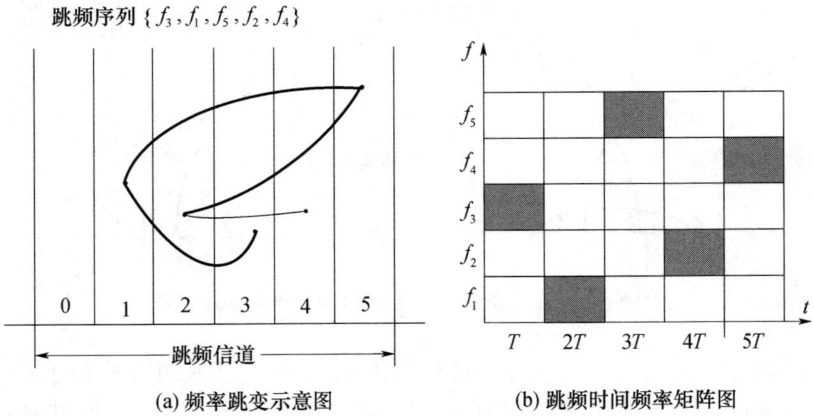

图 9-7　跳频时间频率矩阵图

频率域来看,多频率的跳频信号是由时间频率矩阵图(也称跳频图案)组成的,每个频率的持续时间为 T_h,并按照跳频指令的规定在时间频率矩阵内跳变。

跳频系统的频率合成器产生的频率频谱图和跳频系统的射频信号频谱图如图 9-8 所示。理想的频率合成器产生的频谱图为离散、等间隔、等幅度的线谱,占用的频带为 $B_{RF}=N\times f_\Delta$,f_Δ 为相邻频率谱线的间隔,N 为跳频系统可选的频率数。某一时刻的频率是 N 个频率中的一个,由伪随机码确定。图 9-8(b)所示为经过基带信息信号 $d(t)$ 调制后的跳频信号频谱图,为基带信息信号频谱与频率合成器频谱的卷积,卷积的结果相当于将基带信息信号 $d(t)$ 的频谱搬移到离散的频率合成器谱线位置。在某一时刻,跳频系统是窄带的,这点与直扩系统不同。但从整个时间上看,信号在整个宽频带内跳变,是宽带的。

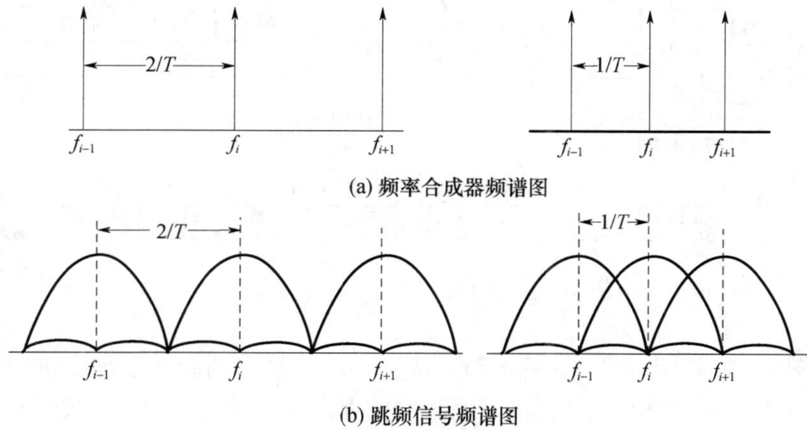

图 9-8 跳频系统频谱图

跳频系统与常规通信系统相比较,最大的差别在于发射机中的载波发生器和接收机中的本地振荡器。在常规通信系统中这二者输出信号的频率是固定不变的,然而在跳频系统中这二者输出信号的频率是跳变的。在跳频系统中发射机的载波发生器和接收机中的本地振荡器主要由伪随机码发生器和频率合成器两部分组成。快速响应的频率合成器是跳频系统的关键部件。

跳频系统发射机的发射频率,在一个预定的频率集内由伪随机码序列控制频率合成器(伪)随机的由一个跳到另一个。接收机中的频率合成器也按照相同的顺序跳变,产生一个和接收信号频率只差一个中频频率的参考本振信号,经混频后得到一个频率固定的中频信号,这一过程称为对跳频信号的解跳。解跳后的中频信号经放大后送到解调器解调,恢复出传输的信息。

在跳频系统中,控制频率跳变的指令码(伪随机码)的速率,没有直接序列扩频通信系统中的伪随机码速率高,一般为 10b/s ~ 10kb/s。由于跳频系统中输出频率的改变速率就是扩频伪随机码的速率,所以扩频伪随机码的速率也称为跳频速率。根据跳频速率的不同,可以将跳频系统分为频率慢跳变系统和频率快跳变系统两种。

假设数据调制采用二进制频移键控调制，T_b是一个信息码元比特宽度，每T_b秒数据调制器输出两个频率中的一个。每隔T_c秒系统输出信号的射频频率跳变到一个新的频率上。若$T_c > T_b$，这样的频率跳变系统称为频率慢跳变系统。现举例说明频率慢跳变系统的工作过程，如图9-9所示。

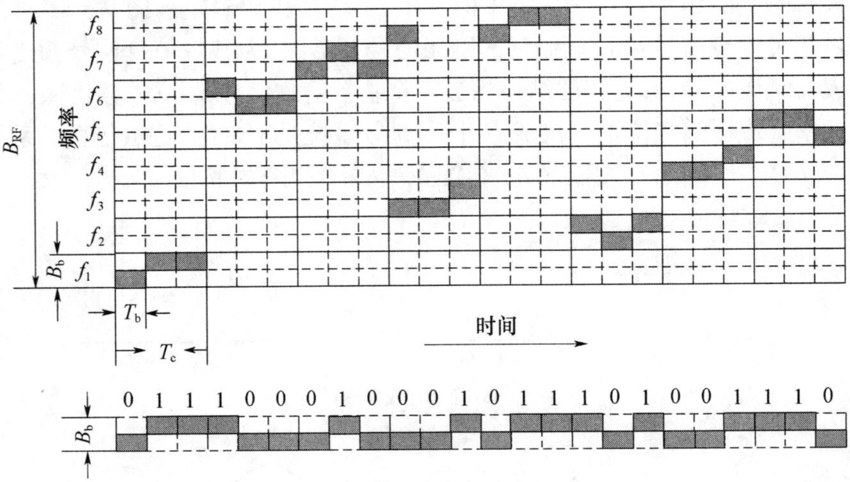

图9-9　频率慢跳变系统频率跳变示意图

在图9-9中，$B_b = 2/T_b$，$T_c = 3T_b$，$B_{RF} = 8B_b$。数据调制器根据二进制数据信号选择两个频率中的一个，即每隔T_b秒数据调制器从两个频率中选择一个。频率合成器有8个频率$\{f_1, f_6, f_7, f_3, f_8, f_2, f_4, f_5\}$可供跳变，每传送3比特后跳变到一个新的频率。该频率跳变信号在接收机中同本地参考振荡信号进行下变频，参考本振频率的集合为$\{f_1+f_{IF}, f_6+f_{IF}, f_7+f_{IF}, f_3+f_{IF}, f_8+f_{IF}, f_2+f_{IF}, f_4+f_{IF}, f_5+f_{IF}\}$，下变频后的中频信号集中在频率为$f_{IF}$、宽度为$B_b$的频带中。

在频率慢跳变系统中，频率的跳变速度比数据调制器输出符号的变化速度慢。若在每个数据符号中，射频输出信号的频率跳变多次，这样的频率跳变系统就叫做频率快跳变系统。图9-10给出了频率快跳变系统输出射频信号的频率。在图9-10中，$T_c = T_b/3$，频率合成器有16个频率$\{f_5, f_{11}, f_7, f_{14}, f_{12}, f_8, f_1, f_2, f_4, f_9, f_3, f_6, f_{13}, f_{10}, f_{16}, f_{15}\}$，$B_b = 2/T_b$，$B_{RF} = 16B_b$。

发送端，先对信源产生的数据信号进行中频调制得到$a(t) = d(t) \cdot \cos\omega_1 t)$，然后进行上变频得到$s(t) = a(t) \cdot \cos\omega_i t$。$\omega_i$是由频率合成器在不同时段产生的载波频率，该频率合成器由PN码作为控制序列。

接收端接收到的信号为

$$r(t) = d(t) \cdot \cos\omega_1 t \cdot \cos\omega_i t = \frac{1}{2}d(t)[\cos(\omega_1 t + \omega_i t) + \cos(\omega_i t - \omega_1 t)] \quad (9-21)$$

经过下变频后的信号为

$$r'(t) = \frac{1}{2}d(t)[\cos(\omega_1 t + \omega_i t) + \cos(\omega_i t - \omega_1 t)]\cos\omega_j t \quad (9-22)$$

当接收端和发射端的频率合成器达到同步时，在某一时刻产生的频率是相同的，则有 $\omega_i = \omega_j$。$r'(t)$经过中频滤波后得到的信号为 $r''(t)$，则

$$r''(t) = \frac{1}{2}d(t)\cos\omega_1 t \quad (9-23)$$

由于跳频图案对于干扰方来说是完全未知的，这样对方就无法将收到的信号进行混频得到中频信号，从而提高了抗干扰性能。

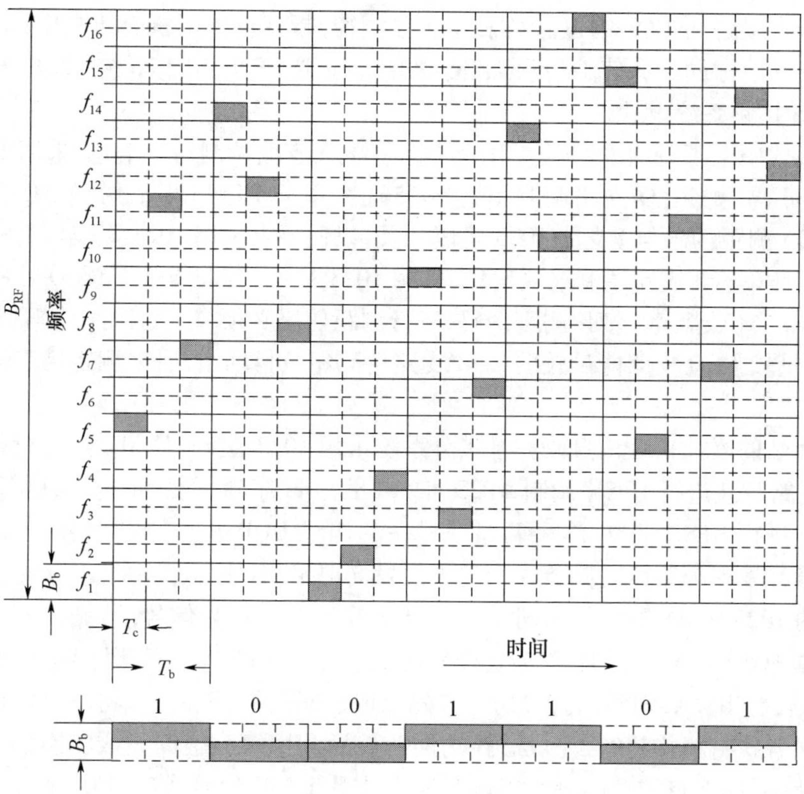

图 9－10　频率快跳变系统频率跳变示意图

9.2.3　混合扩频

DS/FH 混合系统可看作是一个载波频率作周期性跳变的直接序列扩频系统。采用 DS/FH 混合方式能够大大提高扩频系统的性能，并且有通信隐蔽性好、抗干扰能力强、频率跳变系统的载波频率难于捕捉、便于适应多址通信或离散寻址和多路复用等特点，尤其在要求扩频码速率较高或跳频数目较多时，采用这种混合系统特别有利。DS/FH 是在直接序列扩频系统的基础上增加载波频

率跳变的功能。它的基本工作方式是直接序列扩频,因此系统的同步也是以直接序列的同步为基础的。

9.3 相干直接序列扩频测控技术

9.3.1 工作原理

相干直接序列扩频测控(简称相干扩频测控)模式参照欧洲标准《卫星地球站和系统—地球同步通信卫星射频和调制准》(ETSI EN 301 926 V1.2.1)和美国 TDRSS 扩频系统设计。

该模式中上下行均采用 UQPSK 调制。上行 I 支路调制遥控信息,采用 1023 短码(Gold 码)扩频,Q 支路调制 1023×256(截短 m 序列)测距伪码。Q 支路 1023×256 测距伪码与 I 支路 1023 短码相关,以便星上利用 1023 短码辅助测距伪码捕获。下行 I 支路调制遥测信息,采用 1023 短码(Gold 码)扩频,Q 支路调制 1023×256(截短 m 序列)测距伪码,下行测距伪码必须与上行测距伪码相干。I 支路能量较强、Q 支路能量较弱,即 I 支路伪码相位抖动小,所以测距精度取决于短码。

地面站的遥控指令信息码在基带分系统采用 1023 短码(Gold 码)进行扩频后对 I 支路载波进行 BPSK 调制,1023×256(截短 m 序列)的测距伪码直接对 Q 支路载波进行 BPSK 调制,然后两路信号一起构成 UQPSK 调制的信号,该已调中频信号经发射分系统变频放大后送天线发向卫星,其中 I 支路的 1023 短码与 Q 支路的 1023×256 测距伪码同步。卫星接收到上行扩频信号后,利用其自身产生的本地伪码,通过码环捕获上行测距码。上行码与本地码码同步头对齐(达到最大自相关),则码捕获成功。首先完成短码的捕获、跟踪,将解调出的遥控信息送各执行机构执行,完成遥控功能。然后利用短码辅助完成测距伪码的捕获、跟踪。星上将捕获的测距码调制为 Q 支路 BPSK 信号,将扩频后的遥测信息调制为 I 支路 BPSK 信号,I、Q 支路合成为 UQPSK 信号,由应答机发往地面。下行测距标志与到达卫星的上行测距标志一致,即下行伪码与上行伪码相参。同时,对下行遥测信号扩频,调制到下行载波上,发射的下行载波与上行载波也相参。地面站接收到信号后经低噪声放大器、下变频,送基带分系统完成伪码捕获、跟踪,进行解扩、解调,将解调出的遥测信息送基带遥测单元处理。基带测速单元提取相参转发的载波多普勒得到速度信息。

地面接收并捕获下行测距码后,再对上行测距信号采样(在基带分系统进行相关检测),可得到从地面开始发上行测距码,到地面接收到下行测距码之间的时延 ΔT,由此得出地面站与卫星之间的径向距离。

相干扩频测控系统的每个通道包括上行扩频调制模块、中频接收解调模块、测距模块、测速模块、遥控模块等，工作原理图如图 9－11 所示。

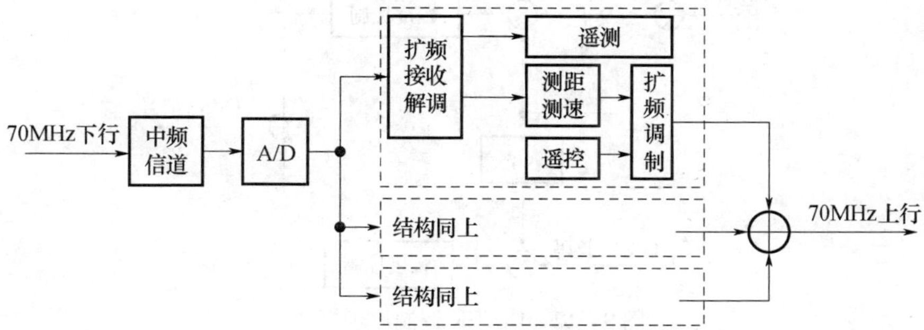

图 9－11　相干扩频测控工作原理框图

9.3.2　相干扩频测控工作模式设计

9.3.2.1　信号形式

（1）上行信号为多路 UQPSK 扩频信号，以其中一路为例，I 路为指令通道，Q 路为测距通道，其功率之比可调，可以表示为

$$s(t) = \sqrt{2P_{\mathrm{TC}}}d_{\mathrm{TC}}(t)PN_{\mathrm{TC}}(t)\cos\omega t + \sqrt{2P_{\mathrm{R}}}PN_{\mathrm{R}}(t)\sin\omega t \quad (9-24)$$

式中：ω 为上行载波角频率；P_{TC} 为 I 路信号功率；$d_{\mathrm{TC}}(t)$ 为遥控指令；$PN_{\mathrm{TC}}(t)$ 为平衡 Gold 码，长度为 1023；P_{R} 为 Q 路信号功率；$PN_{\mathrm{R}}(t)$ 为截短 m 序列，长度为 1023×256。两种 PN 码使用相同的码片钟。

（2）下行信号为多路 UQPSK 扩频信号，以其中一路为例，I 路为测距通道，Q 路为遥测通道，其功率之比可调，可以表示为

$$s(t) = \sqrt{2P_{\mathrm{TM}}}d_{\mathrm{TM}}(t)PN_{\mathrm{TM}}(t)\cos\omega t + \sqrt{2P_{\mathrm{R}}}PN_{\mathrm{R}}(t)\sin\omega t \quad (9-25)$$

式中：ω 为下行载波角频率；P_{TM}为 I 路信号功率；$d_{\mathrm{TM}}(t)$为遥测数据；$PN_{\mathrm{TM}}(t)$为平衡 Gold 码，长度为 1023；P_{R}为 Q 路信号功率；$\mathrm{PN}_{\mathrm{R}}(t)$为截短 m 序列，长度为 1023×256，与上行 $\mathrm{PN}_{\mathrm{R}}(t)$相同。两种 PN 码使用相同的码片钟，并与上行的 PN 码相干。

9.3.2.2　上行调制

遥控指令与本地短码异步模 2 加，再与 Q 路长码分别与正交的载波分量混频，按照比例分配能量后合路输出，完成 UQPSK 调制（原理框图如图 9－12 所示），信号形式为

$$s(t) = \sqrt{2P_{\mathrm{I}}}d_{\mathrm{I}}(t)PN_{\mathrm{I}}(t)\cos\omega t + \sqrt{2P_{\mathrm{Q}}}PN_{\mathrm{Q}}(t)\sin\omega t \quad (9-26)$$

式中：ω 为上行载波角频率；P_{I}为 I 路信号功率；$d_{\mathrm{I}}(t)$为遥控指令；$\mathrm{PN}_{\mathrm{I}}(t)$为平衡 Gold 码；$P_{\mathrm{Q}}$为 Q 路信号功率；$\mathrm{PN}_{\mathrm{Q}}(t)$为截短 m 序列。

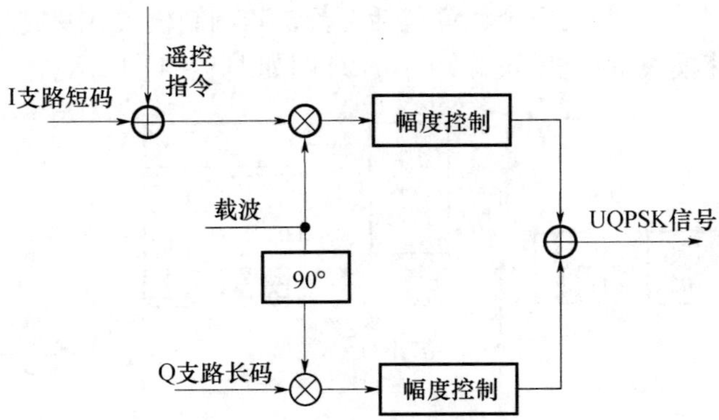

图 9-12 UQPSK 调制原理框图

9.3.2.3 下行信号的捕获与跟踪

1. PN 码与载波的捕获

卫星信号由于相对运动和钟差引入的多普勒频偏一般都在 ±180kHz 范围内,可以采用近似最大似然估计(AMLE)算法,进行 PN 码相位和载波频率的二维捕获。常用方法有并行通道法、分段匹配滤波和 FFT 分析法。

并行通道法通过对码相位分段分析、载波步进扫描,检测所有码相位的相关能量,实现伪码和载波的捕获,通常采用并行多通道的方法提高分析速度。并行通道法采用硬件实现滤波器,适用于信息数据率较高情况下 PN 码与载波的快速捕获。

分段匹配滤波与并行通道法类似,对码相位分段分析。匹配滤波器进行相关峰检测,需要至少一个伪码周期时间,但如果存在多普勒损失,会降低相关峰值,因此分段匹配滤波一般采用载波步进扫描。对于捕获范围较大的情况,由于硬件代价很大,现阶段匹配滤波器很难实现多通道,所以匹配滤波器一般用于 PN 码在较小载波频偏范围内的捕获,对于大频偏的目标信号需要多普勒预报支持。

FFT 分析法在搜索到 PN 码相位的同时,利用本地 PN 码与输入信号相乘后,剩下残留的载波,对其做 FFT 谱分析。当本地 PN 码与输入信号伪码相位一致时,可以检测到能量峰值并获得多普勒频移。使用 FFT 分析法,载波频率捕获范围能够达到 ±200kHz 以上,并且可以节省硬件资源。

相干扩频测控综合运用以上三种快捕技术以及相干/非相干累积方法,确保在门限情况下达到最短捕获时间。

2. 短码辅助长码的捕获

当测控模式为相干扩频测控模式时,需要采用短码辅助长码进行捕获的策略。短码辅助长码捕获的过程是首先将对接收信号完成短码和载波的捕获跟踪,然后利用长码处于初始相位时短码也处于初始相位的性质来实现长码的同步。具体来讲就是检测当短码处于初始相位时长码是否处于初始相位。

首先,在短码处于初始相位时,将长码置为初始相位。然后,将接收信号和长码进行相关,在相关结束时刻判断积分结果是否超过门限。如果没有超过门限,则将长码再置为初始相位,继续进行相关判决处理;如果超过门限,则认为长码同步完成。

以伪码速率为5Mchip/s、I/Q 功率比为4:1 的 UQPSK 扩频信号为例,基带采用串行检测方法,长码平均捕获时间约为130ms。如果采用并行检测方法,捕获时间将更短。

3. 载波与PN码的跟踪

在由捕获转入跟踪时,相干扩频测控系统首先完成PN码解扩,跟踪环路采用非相干的延迟锁定环(DLL);而载波频率偏差可能不在载波环的快捕带内,因此,首先采用AFC环将载波频率牵引到载波环的快捕带内,再进行载波的跟踪。为了提高PN码跟踪的精度,在载波跟踪锁定后,将非相干DLL转换为相干DLL;环路滤波器采用二阶最佳维纳滤波器。

相干伪码和载波跟踪的信号流程如图9-13所示。伪码延迟锁定环及载波Costas锁相环采用理想二阶环。伪码延迟锁定环路带宽越窄测距的随机误差越小,载波Costas锁相环路带宽越小测速的随机误差越小。

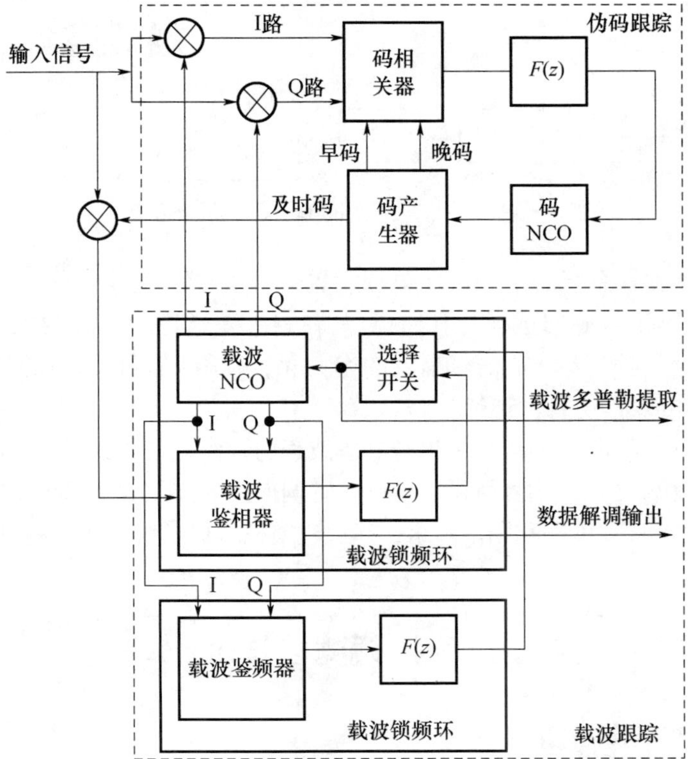

图9-13　相干伪码和载波跟踪信号流程图

对于理想二阶环,在输入信噪比一定的情况下,环路带宽越窄,则测量得到的相位精度就越高。理想二阶环可以无误差跟踪频率阶跃信号,跟踪一次频率斜升信号不存在频率偏差,但会产生稳态相差,其大小为 $e(\infty) = \Delta\dot{\omega}/\omega_n^2$,$\Delta\dot{\omega}$ 为一次频率斜升信号的斜率。一般要求的环路带宽设计值为 5Hz ~ 2kHz,对于最大多普勒变化率 ±15kHz/s,当环路带宽 500Hz 时的稳态相差为 6°。

9.3.2.4 角跟踪信号解调

相干扩频测控系统的角跟踪采用双通道单脉冲体制,其信号形式为

$$\sum \mathrm{IF} = d \times P_{\mathrm{n}} \times \cos\omega_{\mathrm{c}} t \tag{9-27}$$

$$\Delta \mathrm{IF} = d \times P_{\mathrm{n}} [\Delta A \times \cos\omega_{\mathrm{c}} t + \Delta E \times \sin\omega_{\mathrm{c}} t] \tag{9-28}$$

式中:$\sum \mathrm{IF}$ 为送给接收机的合路中频信号;$\Delta \mathrm{IF}$ 为送给接收机的差路中频信号;d 为数据码元跳变;P_{n} 为伪随机码;ΔA、ΔE 分别为方位和俯仰误差;ω_{c} 为中频载波信号。相干扩频基带的角跟踪信号流程图如图 9-14 所示。

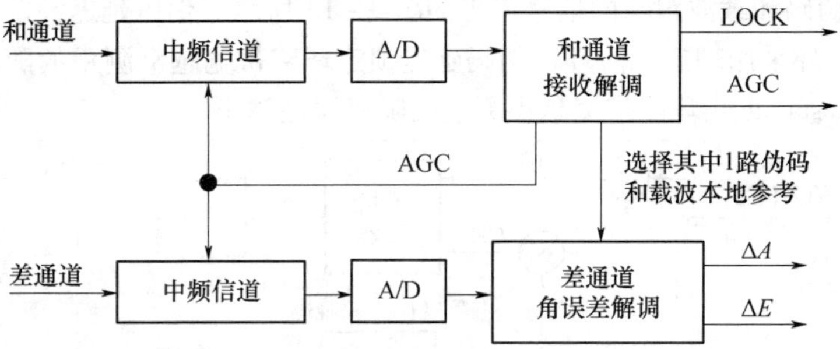

图 9-14 相干扩频基带角跟踪信号流程图

相干扩频测控系统的每个目标根据设置选择前端信道输入的左、右旋和通道,差通道中频信号旋向选择与和通道保持一致,差通道的 AGC 控制电压由和通道提供,以实现和、差通道信号幅度的归一化;解调出的角误差信号根据设置输出一路,也可以择优自动选择一路。

如图 9-14 所示,和通道恢复出来的载波和伪码作为差通道的参考信息,实现差通道方位、俯仰角误差信号解调。角误差解调得到的方位 ΔA 和俯仰 ΔE 误差信号,与和通道的 AGC 电平和锁定指示一起通过模拟端口送给天线控制单元。

9.4 非相干直接序列扩频测控技术

9.4.1 工作原理

非相干直接序列扩频测控(简称非相干扩频测控)模式为我国自主设计,与

相干扩频测控模式比较，非相干扩频模式不仅支持单站测距、测速，而且支持多站测量，还能完成多站一星、一站多星间的时差测量。

非相干扩频测控的测量原理如图 5 – 12 所示。非相干扩频测控采用非相干伪码测距、多普勒测速方式，即测距采用双向测伪距方式，上、下行信号采用测量帧结构，帧内所传信息是测距信息，上行测量帧仅用于解距离模糊，下行测量帧调制应答机状态信息、上行伪距、伪多普勒测量信息、星上时间采样信息等。测距精度取决于测距信号的伪码码元宽度和信号能量，无模糊距离取决于上行帧周期，数据采样率受下行测量支路数据率的限制，与下行测量帧频相同。测速通过上行和下行两个单向载波伪多普勒测量实现，为实现测速，要求星上接收和发射信道时钟共源。而星地时差通过单向时标传递测量扣除距离传输时延实现。与一般伪码相干或直接转发测距方式相比，非相干方式的上行伪码及速率与下行伪码及速率无需相干；与信息帧解模糊伪码相干测距系统相比，非相干方式的上行信息帧速率、信息速率与下行信息帧速率、信息速率不需要相关，但上行伪码速率同样必须是上行信息位速率的整数倍，伪码时钟和信息位时钟共源，下行伪码速率也同样必须是下行信息位速率的整数倍，伪码时钟和信息位时钟同源。

图 5 – 12 中，地面站上行测量帧编帧扩频后，利用上行链路（地面使用高精度时钟）发送到卫星上；卫星接收到上行链路信号后进行解扩、解调、帧同步，再利用自身形成的下行测量信息帧同步对上行信号采样，提取位计数、伪码周期计数、扩频伪码计数、码相位，并采样上行伪多普勒等测量信息，将这些采样信息实时放入下行测量帧送至地面，下行帧频根据测量数据采样率需要而定。

地面接收到下行测量链路信号后进行解扩、解调、帧同步提取得到下行测量帧同步信号，再利用下行帧同步对自身形成的上行信号采样，提取位计数、伪码周期计数、扩频伪码计数、码相位，并采样下行伪多普勒值等测量信息。

地面对卫星传送下来的星上上行伪距、伪多普勒测量量、时间采样值和地面测得的下行伪距、伪多普勒测量量、时间采样值进行计算，完成测距、测速、时间差测量，它们的测量公式为

$$\text{测距公式：} R = \frac{(\Phi_{\text{up2}} - \Phi_{\text{up1}}) \cdot c}{2R_{\text{PN}}} \tag{9-29}$$

$$\text{测时差公式：} \Delta t = t'_2 - t'_3 + \frac{\Phi_{\text{up2}} - \Phi_{\text{up1}}}{2R_{\text{PN}}} \tag{9-30}$$

$$\text{测速公式：} v = \left[\frac{f_{\text{RF1}} \times f_{\text{RF2}} - (f_{\text{RF2}} + f'_{\text{d2}}) \times (f_{\text{RF1}} + f'_{\text{d1}})}{f_{\text{RF1}} \times f_{\text{RF2}} + (f_{\text{RF2}} + f'_{\text{d2}}) \times (f_{\text{RF1}} + f'_{\text{d1}})}\right] \times c \tag{9-31}$$

式中：t_2'为星上时间采样值；t'_3为地面时间采样值；Φ_{up1}为上行伪距信息（以伪码

chip 为量化单位）；Φ_{up2} 为下行伪距信息（以伪码 chip 为量化单位）；R_{PN} 为上下伪码标称速率；f_{RF1} 为上行标称频率；f_{RF2} 为下行标称频率；f'_{d1} 为上行伪多普勒测量值；f'_{d2} 为下行伪多普勒测量值；$\Delta T'_j$ 为星上标称积分时间。距离测量和时差测量时标为 t'_3，速度测量积分起始时刻为

$$t'_3 - R/c - \frac{f_{RF1} \times f_{RF2} + (f_{RF1} + f'_{d1}) \times (f_{RF2} + f'_{d2})}{2 \times f_{RF1} \times (f_{RF2} + f'_{d2})} \times \Delta T'_j \quad (9-32)$$

式中：$t'_3 - R/c$ 为测速积分结束时刻，R 可以是综合处理后的值。

9.4.2 非相干扩频测控工作模式设计

9.4.2.1 信号形式

（1）上行信号为多路遥控 BPSK 和 1 路测距 BPSK 扩频信号，可以表示为

$$\begin{aligned} s(t) = & \sum_i [\sqrt{2P^i_{TC}} d^i_{TC}(t) PN^i_{TC}(t) \cos(\omega t + \Phi^i_{TC})] + \\ & \sqrt{2P_R} d_R(t) PN_R(t) \cos(\omega t + \Phi_R) \end{aligned} \quad (9-33)$$

式中：ω 为上行载波角频率；P_{TC} 为遥控信号功率；$d_{TC}(t)$ 为遥控指令；$PN_{TC}(t)$ 为平衡 Gold 码，长度为 1023；Φ_{TC} 为遥控信号载波初相；P_R 为上行测距信号功率；$d_R(t)$ 为上行测距信息；$PN_R(t)$ 为平衡 Gold 码，长度为 1023；Φ_R 为上行测距信号载波初相。两种 PN 码使用相同的码片钟。

（2）下行信号为多路遥测 BPSK 和多路测距 BPSK 扩频信号，可以表示为

$$\begin{aligned} s(t) = & \sum_i [\sqrt{2P^i_{TM}} d^i_{TM}(t) PN^i_{TM}(t) \cos(\omega t + \Phi^i_{TM})] + \\ & \sum_j [\sqrt{2P^j_R} d^j_R(t) PN^j_R(t) \cos(\omega t + \Phi^j_R)] \end{aligned} \quad (9-34)$$

式中：ω 为下行载波角频率；P_{TM} 为遥测信号功率；$d_{TM}(t)$ 为遥测数据；$PN_{TM}(t)$ 为平衡 Gold 码，长度为 1023；$\Phi_{TM}(t)$ 为遥测信号载波初相；P_R 为下行测距信号功率；$PN_R(t)$ 为平衡 Gold 码，长度为 1023；$d_R(t)$ 为下行测距信息；Φ_F 为下行测距信号载波初相。两种 PN 码使用相同的码片钟，与上行的 PN 码不相干。

9.4.2.2 上行调制

非相干扩频测控系统中遥控指令与本地遥控扩频伪码 PN_{TC} 异步模 2 加，然后与载波分量混频，形成遥控 BPSK 信号；上行测量帧与本地扩频伪码 PN_R 同步调制后再与载波分量混频，形成上行测量 BPSK 信号。BPSK 调制信号流程如图 9-15 所示。遥控支路和上行测量支路同时进行多普勒补偿以模拟实际中由于卫星运动而导致的星上应答机接收信号频率的多普勒变化。

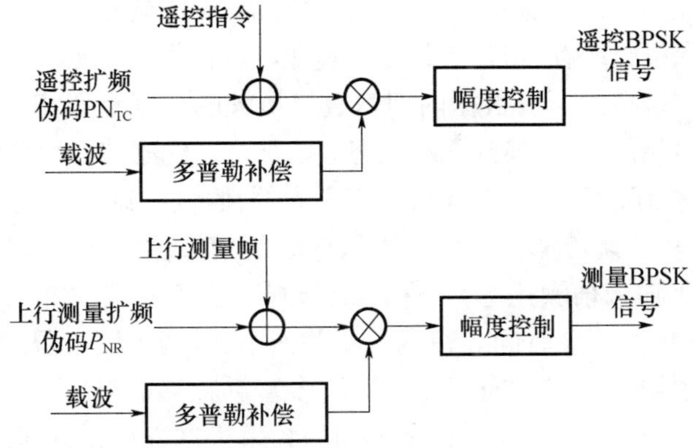

图 9-15　BPSK 调制信号流程图

9.4.2.3　下行信号的捕获与跟踪

非相干扩频测控的遥测 BPSK 的扩频接收解调模块主要完成遥测 BPSK 扩频信号的捕获和跟踪,并完成遥测数据解调。

非相干扩频测控的测距 BPSK 与遥控 BPSK、遥测 BPSK 相比,具有按测量帧结构同步调制的特点,所以其扩频接收解调模块主要完成测量 BPSK 扩频信号的捕获和跟踪,并完成下行测量帧的解调,恢复星上采样信息,并且提取下行测量帧同步信号。由于下行测量帧和下行测量伪码是同步调制,信号处理比遥测解调要简单一些。

扩频接收解调主要完成 BPSK 扩频信号的快速捕获和精确跟踪。其中的关键技术有伪码和载波的捕获、伪码和载波的跟踪等。

扩频接收解调模块接收前端送来的数字信号进行同相和正交混频,并和本地伪码进行相关操作,得到 I 路和 Q 路正交基带信号。捕获单元提取出伪码相位和载波频率,进行伪码和载波的捕获。同时,跟踪单元将两路正交信号分别进行低通滤波,然后送至鉴相器,提取伪码和载波的相位误差,完成数字鉴相。误差信号经环路滤波后,修正本地伪码和载波 NCO 产生与输入信号同频同相的本地参考信号,完成伪码和载波的跟踪。

1. 伪码和载波的捕获

非相干扩频 TT&C 基带伪码与载波捕获模块采用匹配滤波器,确保在门限情况下达到最短捕获时间。

伪码与载波捕获模块采用了 4 个并行的匹配滤波器以加快捕获速度,捕获时将整个载波多普勒捕获区间分为 4 个部分,每个匹配滤波器对应其中的一个部分。每个匹配滤波器输出的相关数据结果进入数据处理单元进行分析得出载波所在位置及短码的相位。

在捕获开始时分别设置4个并行捕获通道的NCO频率控制字,对匹配滤波器输出的相关结果进行缓存,当判断载波已实现对捕获范围内无盲区扫描时,载波扫描可以结束。在缓存的所有数据内搜索数值最大的数据点即相关峰点并分析出载波频率和伪码相位,并切换到跟踪状态。以下对匹配滤波器性能做详细分析。

以伪码速率10.23Mchip/s、码长1023为例,假设系统要达到高于95%的捕获概率,低于10^{-5}的虚警概率,相关器积分后的信噪比应大于13dB。相关器的积分时间取决于输入信噪比,为了保证积分判决达到一定的捕获概率和虚警概率,必须有足够长的积分时间。在伪码相关器中,有两个因素限制相干累积的时间长度:多普勒偏移和调制数据率。首先,多普勒频移引起的相位变化将降低相干累积的峰值,采用小于相关器带宽1/2的频率步进方法,可以降低多普勒频移的影响;其次,一个伪码周期内有两个以上的信息符号周期,伪码极性就会多次发生翻转,相干累积结果会互相抵消,造成相关峰的严重损失。对此引入了分段匹配滤波器的方法,相干累积的码元数越少,段内累积的多普勒损失越小,而分段的周期小于等于数据周期的一半时,段内累积的影响就很小了。

2. 伪码和载波的跟踪

扩频信号的跟踪环包括伪码环和载波环,伪码环完成伪码相位的精确跟踪,载波环完成载波相位的精确跟踪。扩频信号的信噪比一般较低,无法在码跟踪以前进行载波跟踪,所以首先进入码跟踪环,待伪码跟踪上以后,再进载波环跟踪,因此伪码环又称非相干码跟踪环,而载波环则是相干载波跟踪环。由于多普勒动态的影响,伪码捕获后载波可能存在较大的频偏,需要用锁频环辅助,当锁频环锁定后换到载波锁相环。伪码延迟锁定环及载波Costas锁相环采用理想二阶环。伪码延迟锁定环路带宽越窄测距的随机误差越小,载波Costas锁相环路带宽越小测速的随机误差越小。

9.4.2.4 角跟踪信号解调

非相干扩频测控系统对单目标跟踪时,基带具有两路角误差解调能力,默认测量支路,无测量支路信号时自动切换到遥测支路。多目标跟踪时,采用指定目标跟踪方式,同时具有自动切换跟踪其他目标的能力。引导天线和主天线跟踪体制均为双通道单脉冲体制,因此角误差解调设计相同。

9.5 非相干DS/FH混合扩频测控技术

9.5.1 工作原理

非相干DS/FH混合扩频测控系统(简称扩跳频测控系统)主要防止大功率干扰设备造成测控系统功能丧失,是一种强对抗环境下的工作系统,是现有测控系统的有效补充，具备较强的链路抗干扰能力、信号抗截获能力以及抗微波损毁能力等。

在扩跳频测控系统中，数字基带接收中频开关网络矩阵送来的中频和通道信号，在数字域完成基于频域判决的抗干扰处理，再由中频接收单元完成直扩伪码、跳扩伪码以及载波捕获和信号解调，输出解调后的遥测及测距 PCM 信号。遥测信号经过码同步、帧同步和信道译码处理后，得到遥测数据；测量单元完成基于非相干的测量帧测量数据的提取，并用下行测量帧同步对上行伪码、本地时间进行采样，对下行多普勒进行积分清除采样，由基带信息处理软件完成距离、速度、时差计算及距离解模糊，以及将携带时间信息或遥控数据的上行测量帧调制到中频后发射出去。同时，接收下行中频差通道信号，完成主跟踪天线角误差信号解调。

扩跳频测控基带包含地面上行信号发送和下行信号接收处理功能，上行信号发送主要包含传送帧组帧及信道编码单元、直扩调制单元和跳扩调制单元等；下行信号接收处理主要包含干扰抑制、解扩/跳捕获单元、解扩/跳跟踪单元、测量计算单元、下行信道译码单元和数据同步分发单元等组成，其原理框图如图 9－16 所示。

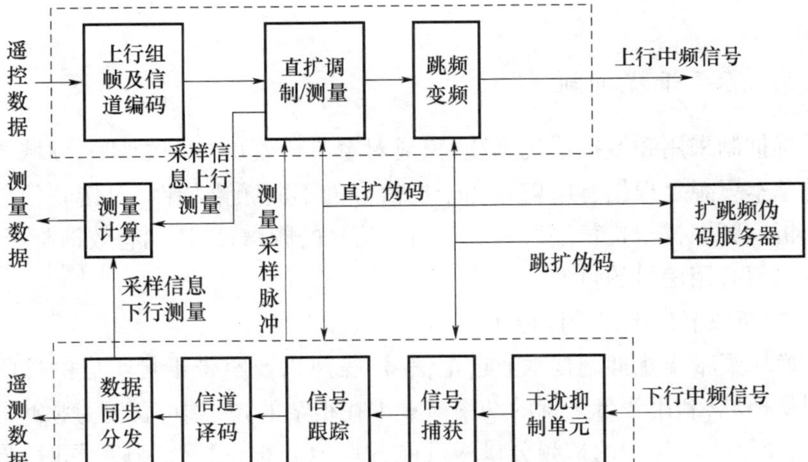

图 9－16　扩跳频测控原理框图

上行组帧及信道编码单元主要完成上行数据格式编排及信道编码（BCH 编码）。直扩调制单元完成加密长周期伪码直接序列扩频调制，可分为扩频码产生模块和扩频调制模块。干扰抑制单元接收下行信号，进行有效地干扰抑制，并监测下行信号功率。信号捕获单元主要完成信号的载波频率、直扩伪码码片、跳频伪码码样的搜索。信号跟踪单元主要完成信号的载波频率与相位跟踪、直扩伪码相位跟踪。下行信道译码单元主要完成 Viterbi 译码和 RS 译码。

9.5.2 扩跳频测控工作模式设计

9.5.2.1 上行调制

上行调制模块完成直扩/跳扩混合扩频信号的调制。该模块能够根据时间信息取出不同的直扩跳扩伪码,对需要发送的上行测量信息(遥控信息插入测量帧中发送)进行调制。上行调制模块的原理框图如图9-17所示。

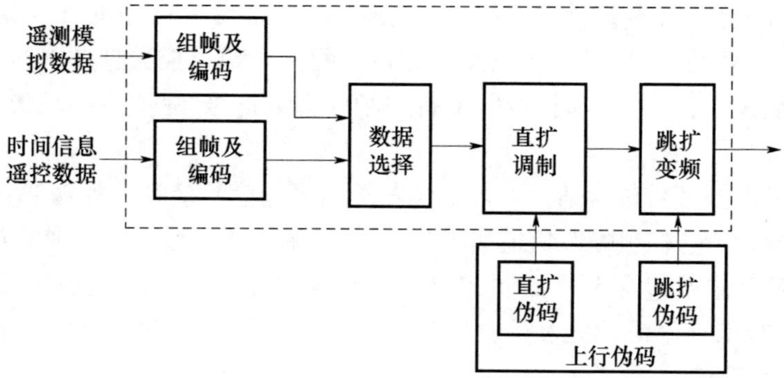

图9-17 上行调制模块原理框图

9.5.2.2 干扰抑制

干扰抑制采用频域抗干扰算法,完成对窄带干扰的抑制处理。频域抗干扰算法的基本思想是根据有用信号和干扰信号的不同频谱特性,对接收信号进行频域分析。频域抗干扰算法需要准确估计信号的频谱,以达到有效抑制干扰、最大限度保留有用信号的目的。

1. 变换域窄带干扰抑制原理

变换域窄带干扰抑制技术通过把信号、噪声以及窄带干扰组成的接收信号映射到变换域,利用窄带干扰的功率谱集中在很窄的频带中,表现为脉冲形状这一特点,使接收信号中的扩频分量尽可能的均匀分布在整个频段,同时,将窄带干扰尽可能地压缩到有限的谱线或子带内,通过对包含干扰的谱线或子带进行处理,去除干扰,还原有用信号。其核心问题就是选取一种变换,使信号与干扰得以有效的分离,并且这种变换是可逆的。其基本原理如图9-18所示。

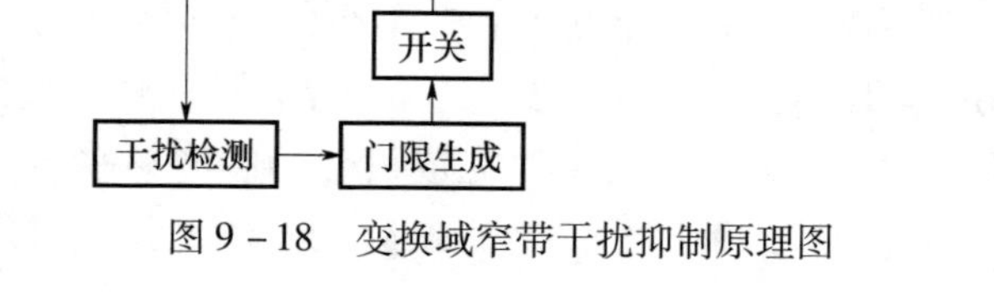

图9-18 变换域窄带干扰抑制原理图

变换域干扰抑制技术具有许多优点，在时域复杂的滤波过程可以在变换域通过简单的相乘来完成，而且时域无法实现的理想滤波器传递函数，如矩形滤波器等，也可以很方便地在变换域实现。

除此之外，变换域窄带干扰抑制处理技术能同时处理多个窄带干扰信号，当干扰信号变化时，能对干扰的变化迅速做出反应，因此对时变干扰的抑制处理相对于时域处理具有明显的技术优势，工程上采用较多。

2. 基于离散傅里叶变换的窄带干扰抑制算法

变换域窄带干扰抑制处理技术中，基于离散傅里叶变换（DFT）的变换域窄带干扰抑制技术是应用最为广泛的干扰处理技术之一。频域抗干扰算法的基本思想是根据有用信号和干扰信号的不同频谱特性，对接收信号进行频域分析。频域抗干扰算法需要准确估计信号的频谱，以达到有效抑制干扰、最大限度保留有用信号的目的。

基于离散傅里叶变换的干扰抑制技术首先由 Milstein 于 1977 年提出：用声表面波（SAW）器件构成模拟的抽头延迟线结构实现对接收信号的 DFT 变换，借此检测和抑制窄带干扰，基于 DFT 的窄带干扰抑制原理如图 9－19 所示。

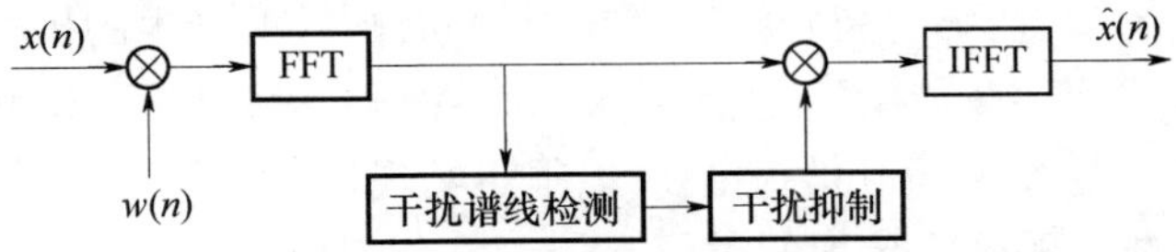

图 9－19　基于 DFT 的窄带干扰抑制原理图

首先对接收信号 $x(n)$ 进行加窗处理，然后进行快速傅里叶变换（FFT），在变换域进行干扰检测，对存在干扰的谱线进行适当处理，以减小或消除窄带干扰，再对处理之后的频域信号进行逆变换（IFFT），得到输出信号 $\hat{x}(n)$ 。

3. 基于 LMS（最小均方误差）的自适应窄带干扰抑制算法

由于扩跳频测控中窄带干扰的频率和幅度的随机性，因此在接收机中很难实时地去估计干扰的频率和幅度，然后再去对干扰进行抑制，必须采用自适应技术。自适应滤波技术是通过特定的自适应算法不断调整滤波器的抽头系数，在时域或者频域自动跟踪窄带干扰的幅度或频率特性，然后去除接收信号中的窄带干扰成分，实现对干扰的抑制。一般采用基于 LMS 的格型自适应滤波器实现 NBI（窄带干扰）抑制。

从仿真结果看，基于 LMS 的格型自适应滤波器可以实现对音频干扰的抑制，但是对有用信号有损伤，因此还要采用自适应抗干扰策略实现干扰抑制算法模式的智能选择。

4. 脉冲干扰抑制算法

在脉冲干扰抑制方面，采用数字化 SMART－AGC 方法实现对大功率脉冲信号的抑制，同时可利用信道纠错码技术实现对因脉冲干扰引起突发错误的信号进行纠错。通过 AGC 模块实现了对大功率信号的限幅,同时利用高纠错性能编码等实现对突发错误的纠正,从而提高系统抗脉冲干扰能力。

9.5.2.3 链路同步

DS/FH 混合扩频测控体制直扩采用非线性长周期复合序列、跳频采用无明显周期特性的混沌码,为便于描述,统称为扩跳长码。由于非线性序列和混沌码无周期特性,传统的直接搜索同步方式难以建立链路同步。经分析,扩跳长码测控链路的同步必须借助于其他辅助信息。

为了有效建立扩跳频长码测控链路同步,将时间作为同步辅助信息,利用星地时间同步实现星地扩跳长码信号同步。时间辅助扩跳频测控链路同步的主要思路为:将扩跳长码与时间建立紧密的对应关系,根据当前时间、直扩码速率、跳频速率、扩跳长码的初始状态、起始时刻、生成方式等,可以推导、计算扩跳长码的当前时刻状态。如果星地时间系统同步,则星地对应产生的扩跳长码必然同步。

1. 时间同步

时间同步指通过地面授时或其他方式,使卫星与地面的时间同步。经分析,如果星地时间同步、伪码的初始状态等参数相同,则星地产生的扩跳长码也必然相同。由于星地间存在传播延迟、星地设备存在信号处理延迟,这些延迟随星地距离以及环境温度等因素不断变化,所以很难实现精确的星地时间同步。因此,时间同步的主要目的是将星地的时间差控制在相对较小的范围内,为扩跳频测控链路同步提供基础。

2. 扩跳长码同步

在时间同步的基础上,根据当前时间、扩跳长码初始状态约定以及码速率等,地面或者卫星可以推导、计算当前直扩码和跳频码的状态、产生本地伪码搜索扩跳信号的同步。由于星地间的时间不是严格意义上的同步,而是存在一定范围的同步误差,因此扩跳长码的同步需要在一定码片偏差范围内进行捕获搜索。

基于时间辅助同步的前提是伪码与时间具有紧密、确定的对应关系。为了便于扩跳频测控体制设计星地根据时间计算产生扩跳长码,扩跳频测控体制为直扩码和跳频码设定共同的时间起始点 t_0,该时刻后的直扩码和跳频码与时间建立确定的对应关系。t_0时间后的任意时间对应的跳扩伪码的状态,均可利用跳扩伪码的初始状态、当前时刻与 t_0的时差和码速率等信息推导得到唯一解。值得指出的是,跳频采用混沌码的截短码,周期长度为 T_F,t_0时刻后跳频码按照周期 T_F循环使用。

9.5.2.4 下行信号的捕获与跟踪

1. 伪码与载波的捕获

跳频信号的捕获需要完成时间不确定度、基于时间同步的直/跳扩信号以及载波多普勒频移等三个维度的搜索,其关键部分为直/跳扩信号的捕获。

DS/FH扩频信号的捕获包括直扩(DSSS)信号的捕获和跳扩(FHSS)信号的捕获。DSSS信号捕获是指为了让接收机顺利转入FHSS信号捕获阶段而给出接收信号的直接序列PN码相位估计值和多普勒估计值,而FHSS信号捕获是为了得到发射机跳频图案及其跳频序列的码相位。

DS/FH混合扩频信号捕获框图如图9-20所示。接收信号$r(t)$首先与从频率合成器输出的跳频信号进行混频,然后进入直扩捕获电路,其结果送入门限检测部分进行检测,若超过门限,说明混合扩频已经捕获,逻辑控制部分控制电路转入跟踪,同时调整跳频码发生器重新进行跳频的捕获,调整伪码NCO进行直扩的捕获。

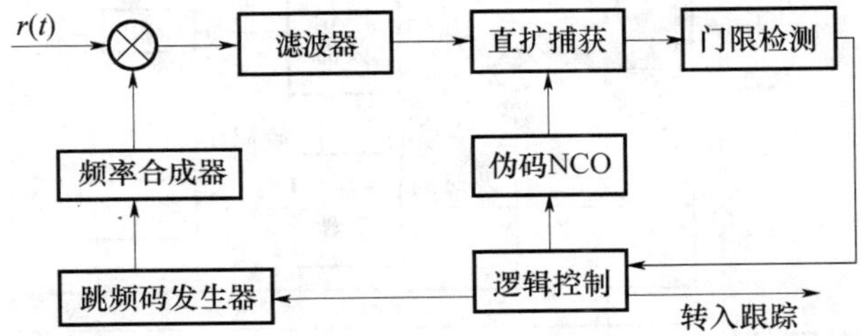

图9-20　DS/FH混合扩频信号捕获框图

通过对输入信号和本地伪码进行基于FFT的快速相关运算,且依据直扩伪码和跳扩伪码的相互关系,同时控制载波频率合成器生成相应的跳频频率,可实现信号能量的检测,另外,扩/跳伪码捕获的同时,对载波多普勒在±70kHz范围内搜索,当接收机的载波频率和扩/跳伪码均与中频信号对齐时,伪码与载波的捕获即完成,转入跟踪环节。

2. 伪码与载波的跟踪

跟踪分为载波跟踪和伪码跟踪,通过跟踪可以实现对接收信号载波相位和直扩伪码相位的精确对准,从而实现直扩/跳扩混合扩频的解跳、解扩、解调,直扩/跳扩混合扩频信号跟踪框图如图9-21所示。

星地链路中,飞行器相对于地面进行高速运动,整个测控系统必然会处于高动态的应用环境之下。此时,载波多普勒频偏会导致伪码码片的伸展或收缩,也即所谓的伪码多普勒。在直扩/跳扩混合扩频系统中,由于载波多普勒的跳变,引起伪码多普勒的跳变,影响伪码的精密跟踪。在有载波多普勒频移的情况下,直扩伪码速率为$R=(1+f_d/f_c)R_0$,式中f_d为多普勒频率、f_c为载波频率、R_0为无多普勒时的伪码速率。当多普勒频移不大时,直扩伪码速率的增量对跟踪的影响可以忽略不计,而在高动态环境下,该增量对跟踪的影响足以使测距精度降低到指标以下。为了保证伪码的良好跟踪,可采用载波辅助技术将多普勒频移在伪码环路更新间隔内引起的伪码延时偏移量反馈给伪码NCO,进而补偿伪码多普勒带来的影响。

直扩/跳扩混合扩频测控系统需要进行高精度的载波跟踪以满足距离和速度测量的需求,跟踪精度一般要求在1Hz以下。载波跟踪环接收到的信号将是一个携带有多普勒频率捷变的信号,它实质上是在载波跟踪环路的输入端引入了一个频率阶跃,使得载波跟踪环持续地进入到频率阶跃的瞬态响应过程,从而导致载波跟踪环的测量精度下降甚至失锁。为此,可采用一种基于跳频图案辅助的直扩/跳扩混合扩频信号载波跟踪方法,通过预知的跳频图案和当前的载体速度测量值估计出下一个跳频点引入的多普勒捷变量,并将其及时补偿到跟踪环路的NCO调整量中。

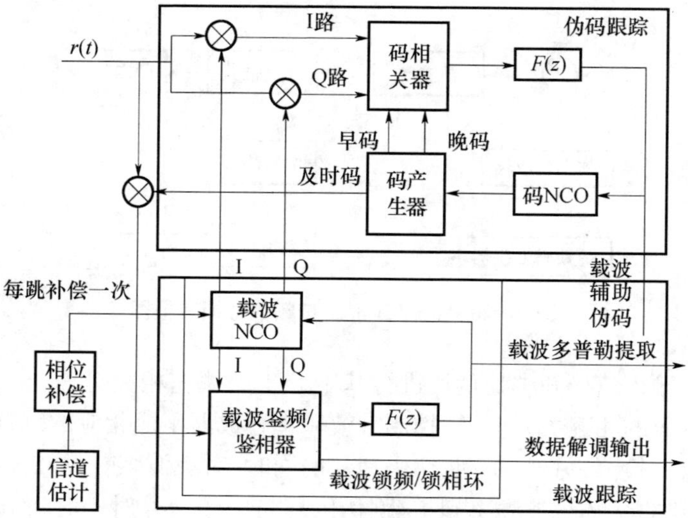

图9-21　伪码载波跟踪组成框图

基于跳频图案辅助的载波多普勒跟踪方法基本思想如下:跳频图案同步后,假设在两个跳频点驻留时间内载体的运动速度不变,则根据当前驻留时间内的载体速度和当前射频载波的频率,可以计算出下一个跳频点处的多普勒频偏$f_{\Delta d}(i)$,在下一个跳频点的开始时刻将多普勒频偏注入到载波跟踪环的NCO误差调整量中,从而补偿由于载波频率捷变带来的环路瞬态效应,使环路始终处于稳定的状态。跳频图案辅助中的载体初始速度通过信号捕获模块提供,在载波跟踪环进入稳态之前,跟踪算法都必须以初始速度进行辅助量的计算,当载波环路稳定后,则通过环路自身实时提取出当前跳频点的多普勒,并用此时的多普勒对下一个驻留时间内的辅助量进行计算,从而确保跟踪补偿算法在高动态环境下的适应性,环路的原理如图9-22所示。

跳频图案辅助后跟踪环路的测量误差除了动态应力误差、热噪声误差和振荡器颤动误差等普通锁相环所具有的误差外,还包括频率综合器频率稳定度引入的频率抖动颤动误差以及由于跳频图案的不完全同步引入的误差，其中最主要的误差是由于跳频图案在时间上不完全同步引入的误差。

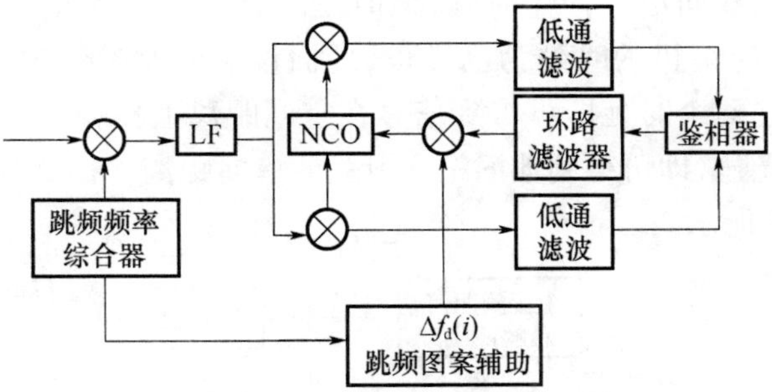

图 9-22　基于跳频图案辅助的载波跟踪环路

在载波跟踪技术上采用更加稳定的锁相环路增益控制技术和形式统一的二阶、三阶环路，可实现固定锁相环带宽和变环路带宽的精确设计。

三阶锁相环理论上可实现对一次频率斜升信号的无误差跟踪，但使其稳定所需的条件比二阶环多，在环路工作过程中，尤其是环路工作的初期容易出现环路不稳定甚至失锁的现象，为此跳频基带的载波相位跟踪采用了二阶、三阶变环路形式和变带宽设计相结合的方法。在初期采用二阶环对载波相位进行跟踪，稳定之后采用三阶环，同时进行环路变带宽处理，使其最终工作在窄带条件下，满足跟踪和测量的高精度要求。

9.5.2.5　测距与测速

扩跳频测量系统利用下行帧同步对自身形成的上行信号采样，提取帧计数、位计数、码相位、chip 相位、地面时间，并采样下行多普勒值等信息。同时从跳频接收解调模块输出的下行测量帧中提取星上应答机对上行信号的采样信息，包括帧计数、位计数、码相位、chip 相位、地面时间、上行多普勒值等信息。

1. 扩跳频测距

扩跳频测距也采用非相干测距，即不对称双向伪距测量。非相干测量原理利用下行测量帧的帧同步码后沿采样上行测量帧位置信息，用该位置信息表征测量的伪距值，因此采样点信息的表征格式与上行测量帧结构密切相关。非相干扩频模式的伪码周期与下行测量信息位周期构成整数倍关系，下行测量帧的测量信息通过测量帧数据位计数、伪码相位和伪码 chip 共同表征。扩跳频测控体制直扩选用非线性无周期序列，由于非线性无周期序列的周期与扩跳频测控系统下行测量信息位周期已不构成整数倍关系，因此原非相干体制下行测量帧中测量采样信息的表征方式已不适用于扩跳频测控系统。根据扩跳频测控体制直扩码的特点，可采用上行测量帧的帧数据位、数据位内累积伪码位数和伪码内的 chip 相位表征测量采样的伪距信息。

扩跳频测距系统在载波双向捕获的前提下，利用采样信息计算上行伪码的发、收相位差并利用测量帧和伪码的同步关系进行解模糊运算，可计算出地面站和目标之间的双向信号传输时延，该时延包含地面站及星上应答机的固定设备时延，星上应答机的时延为已知量，地面设备的时延通过校零可以得到。总的时延扣除这两个时延即可得到信号在空间距离上传输的时延。双向时延除以 2 再乘以光速，即可得到地面站和卫星的单向距离。扩跳频测距的信号流程图如图 9－23 所示。

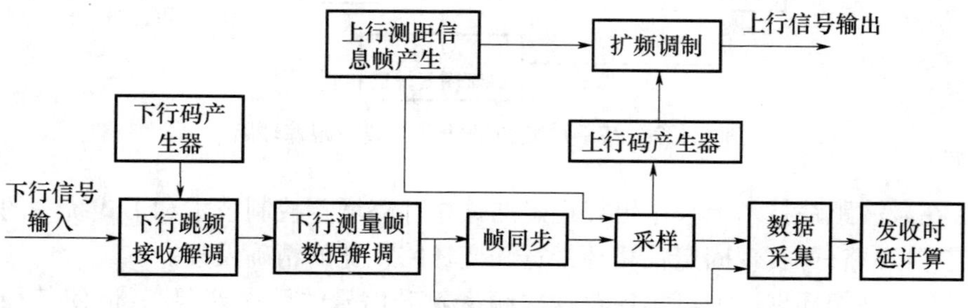

图 9－23　扩跳频测距测距的信号流程图

在上行调制端，伪码首先对测距信息进行扩跳频调制。伪码速率是测距信息速率的整数倍，时钟相干。上行信号状态如帧计数、位计数、扩频伪码计数、码相位、地面时间等实时状态，在采样信息的作用下送测距系统。

在下行接收端，对信号进行扩跳频接收解调后对下行测距数据进行帧同步并提取卫星应答机测量上行信号的各种数据。利用提取的帧同步信号作为采样信号，采集地面设备的上行信号的各种实时状态。综合星上和地面采样得到的各种数据，通过计算可得到卫星与地面的距离。

跳频基带配合监控软件能够自动完成对塔校零，获得系统距离零值。当目标的径向距离超出了测量帧的 1/2 时，扩跳频系统需要根据预报距离进行软件解模糊计算。

2. 扩跳频测速

采用扩跳频测控体制时，测速原理与非相干扩频测速基本一致，主要差别为：由于扩跳频测控体制引入跳频，不同载波频率的多普勒不同，因此测速信息不能简单地依赖多普勒信息，设计时需要采用伪速度信息代替原非相干体制的伪多普勒信息。扩跳频测速模块在载波双向捕获的前提下采用星地分别测量多普勒方式进行，其流程图如图 9－24 所示。

非相干测速模块在解调下行信号的过程中获取下行单向载波多普勒值，同时从下行测量数据中获取上行单向多普勒测量值。

地面将从下行测量帧中获取的上行单向伪多普勒测量值与地面采样获取的下行单向伪多普勒测量值进行比较计算，可得到双向多普勒测量值。要求星上

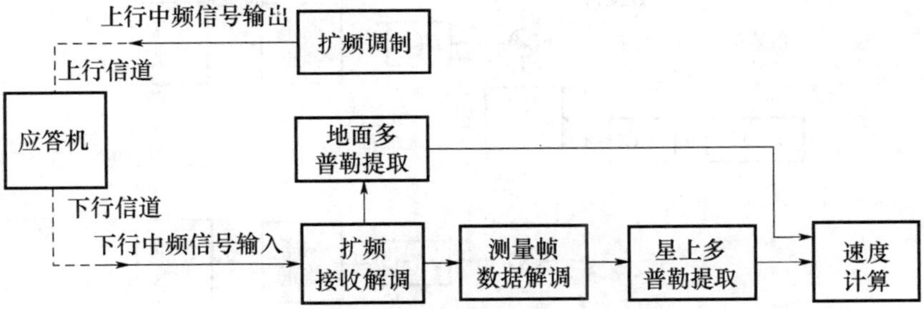

图 9-24 扩跳频测速流程图

伪多普勒测量积分时间和地面伪多普勒测量积分时间一致，星上采样时刻为下行测量帧同步时刻，地面采样时刻为接收到下行测量帧同步时刻。

设前一下行帧同步产生时刻为 t_1，下一下行帧同步产生时刻为 t_2，t_1 时刻目标距离为 R_1，t_2 时刻目标距离为 R_2，则 t_1 时刻至 t_2 时刻间平均速度为 $v=(R_2-R_1)/(t_2-t_1)$。令 $\Delta R=R_2-R_1$，$\Delta t=t_2-t_1$，则 $v=\Delta R/\Delta t$。

在扩跳频测控体制下，载波频率是不断跳变的，不同频点的多普勒频率值不同，不能直接用伪多普勒数据表征测速信息，星上应答机通过下行测量帧传递上行伪速信息。在测速解算时，将上行单向伪速测量值按照多普勒频偏量转换上行伪多普勒测量值。

设计地面扩跳频测控基带时，在每一跳积分计算当前跳点实时跟踪的多普勒值，并归一化到中心频率点对应的伪多普勒值，最后对整个测量积分时间内的各跳数对应的归一化伪多普勒做积分计算，从而得到下行单向伪多普勒测量值。

设标称上行载波频率为 f_{RF1}，标称下行载波频率为 f_{RF2}，光速为 c，上行伪多普勒测量值为 f'_{d1}，下行伪多普勒测量值为 f'_{d2}，星上积分时间为 $t_1\sim t_2$。

经整理，可得到地面站和目标之间的径向速度为

$$v=\left[\frac{f_{\mathrm{RF1}}\times f_{\mathrm{RF2}}-(f_{\mathrm{RF2}}+f'_{\mathrm{d2}})\times(f_{\mathrm{RF1}}+f'_{\mathrm{d1}})}{f_{\mathrm{RF1}}\times f_{\mathrm{RF2}}+(f_{\mathrm{RF2}}+f'_{\mathrm{d2}})\times(f_{\mathrm{RF1}}+f'_{\mathrm{d1}})}\right]\times c \tag{9-35}$$

9.5.2.6 角跟踪信号解调

跳频基带的角跟踪采用双通道单脉冲体制，其信号形式为

$$\sum \mathrm{IF}=d\times P_n\times\cos(2\pi F_n\times t) \tag{9-36}$$

$$\Delta\mathrm{IF}=d\times P_n[\Delta A\times\cos(2\pi F_n\times t)+\Delta E\times\sin(2\pi F_n\times t)] \tag{9-37}$$

式中：$\sum\mathrm{IF}$ 表示送给接收机的和路中频信号；$\Delta\mathrm{IF}$ 表示送给接收机的差路中频信号；d 为数据码元跳变；P_n 为伪随机码；ΔA 和 ΔE 分别为方位和俯仰误差；F_n 为跳频载波频率。

跳频基带差信号跟踪解调信号流程图如图 9-25 所示。

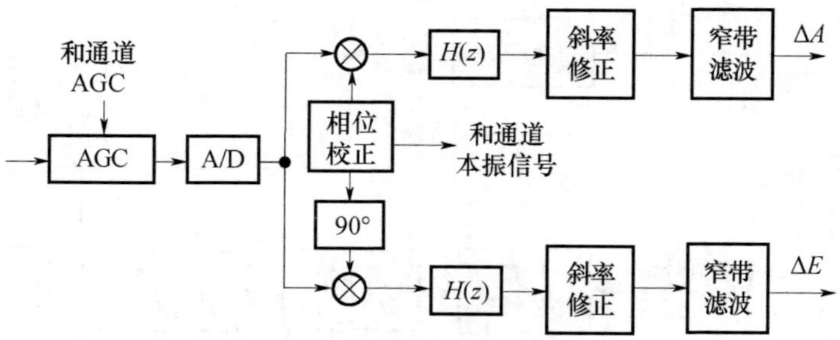

图 9 - 25　跳频差信号跟踪解调信号流程图

跟踪模块接收前端信道输入的差信号，和通道的中频接收模块提供载波参考信号，完成方位、俯仰角误差信号解调。角误差解调结果、AGC 控制电压和锁定指示通过模拟端口送跟踪测角分系统。

9.6　测控数传一体化技术

目前我国的航天器一般有两种信道，即低速率全向测控信道和高速率业务数据信道，分别实现测控和数据传输功能。相应地，地面系统分为测控系统和应用系统两大类。地面测控系统只配置 S/C/X 频段测控设备，不能接收应用数据。地面应用系统则按照不同应用和不同用户，建设各自不同的地面站和信息处理中心。采用 CCSDS 的 AOS 标准，统一测控信道与数传信道，将简化星上设备、提高电磁兼容能力、减少功率消耗、节约频率资源，又整合了地面站资源、降低了管理复杂度。

9.6.1　工作原理

测控数传一体化体制在继承原非相干扩频测控体制的基础上，顺应航天器高码率数传的发展趋势，采用非相干测量原理，利用上行非相干扩频测量信号和下行数传信号完成航天器测量（可扩展遥控）和高码率数传，实现测控和数传信号的统一。测控数传一体化体制上下行各一路信号，采用测量帧结构。上行信号采用非相干扩频测量信号（上行测量帧内也可填写遥控信息）；下行信号为 PCM - BPSK 数传信号，数传帧内填写数传和上行测量信息。测控数传一体化体制充分利用现有非相干扩频测控资源，实现了数传和测量信号的统一；下行数传信号采用 CCSDS 建议的 AOS 业务，根据用户需求可采用不同类型的业务；采用 Turbo 和 LDPC 信道编码设计，支撑远距离、高码率数传，同时增加符号速率，保证非相干测量的精度。

采用测控数传一体化体制可实现航天器高码率遥测数据下传、多颗卫星遥测数据下传、遥控和外弹道测量。

1. 上行信号体制设计

测控数传一体化体制上行信号采用非相干扩频测量信号格式，与非相干直序扩频测距支路基本相同，但是遥控信息按相关规定填入上行测量帧相应位置。其测量信息速率、码型、调制体制、伪码速率、帧频、帧长、数据帧格式等相关内容均与非相干直序扩频上行测量支路一致。

2. 下行信号体制设计

测控数传一体化体制下行数据传输采用 CCSDS 建议的 AOS 业务和协议，各用户数据保持原设计格式不变，采用不同的业务数据组成数据传送帧。

非相干上行测量数据（共时钟源）直接采用插入业务，高速数传数据可采用位流业务后再采用虚拟信道帧业务，非共源的低速数传数据（如卫星遥测数据）缓存后采用插入业务，可保证测量数据传输的实时性和等时性以及数传数据传输的实时性。根据测控数传一体化体制应用场景的特点，可对各数传用户选用合适的业务，并完成具体传输格式设计。

3. 下行数据编码

下行数据传输信息速率根据码率的不同，采用不同的编码方式。码率较低时采用 Turbo 编码，码率较高时采用 LDPC 编码。

4. 编码后的随机化

数据流的随机化有助于实现信号捕获和同步。这里采用的随机化方法是用标准伪随机化序列对 Turbo/LDPC 码块的每一位进行异或运算。在发送端对 Turbo/LDPC 编码之后的码块进行随机化，在接收端对 Turbo/LDPC 解码之前的数据进行解随机化。发送端编码码块随机化配置如图 9－26 所示。

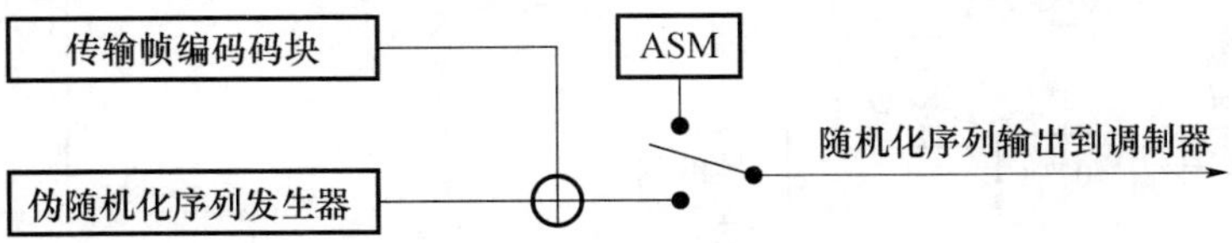

图 9－26　发送端编码码块随机化配置图

在发送端，码块的随机化由 Turbo/LDPC 码块的第一位与伪随机化的第一位异或，第二位以后也相应地进行异或得到。在接收端，确定接收数据中的帧同步码之后，使用相同的伪随机化序列与 ASM 后面的数据逐位异或。

9.6.2　测控数传一体化设计

9.6.2.1　上行调制

测控数传一体化基带中遥控指令与本地遥控扩频伪码 PN_{TC} 异步模 2 加，然后与载波分量混频，形成遥控 BPSK 信号；上行测量帧与本地上行测量扩频伪码 PN_R 同步调制后再与载波分量混频，形成上行测量 BPSK 信号。上行调制信号流程如图 9 - 27 所示。

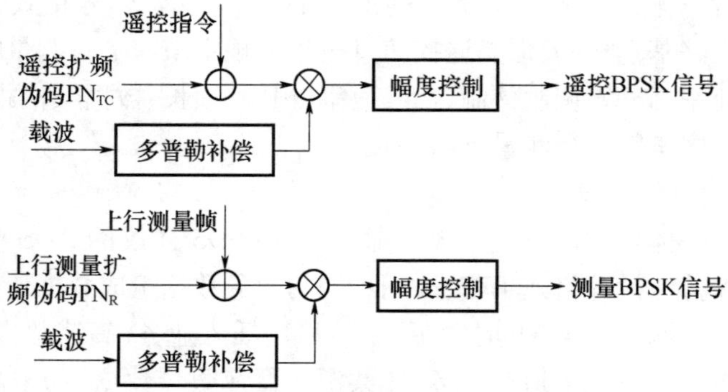

图 9 - 27　PCM - CDMA - BPSK 调制信号流程图

遥控支路和上行测量支路可以进行多普勒补偿以模拟实际中由于卫星或上面级运动而产生的应答机接收信号频率的多普勒变化。

9.6.2.2　载波同步

载波接收采用检前最大比极化分集合成技术,可有效改善信号衰落的影响,提高接收信号的质量和可靠性。分集合成模块采用 AGC/AM 加权办法确定加权系数,实现左右旋两路和信号的最大比合成。分集合成算法流程如图 9 - 28 所示。

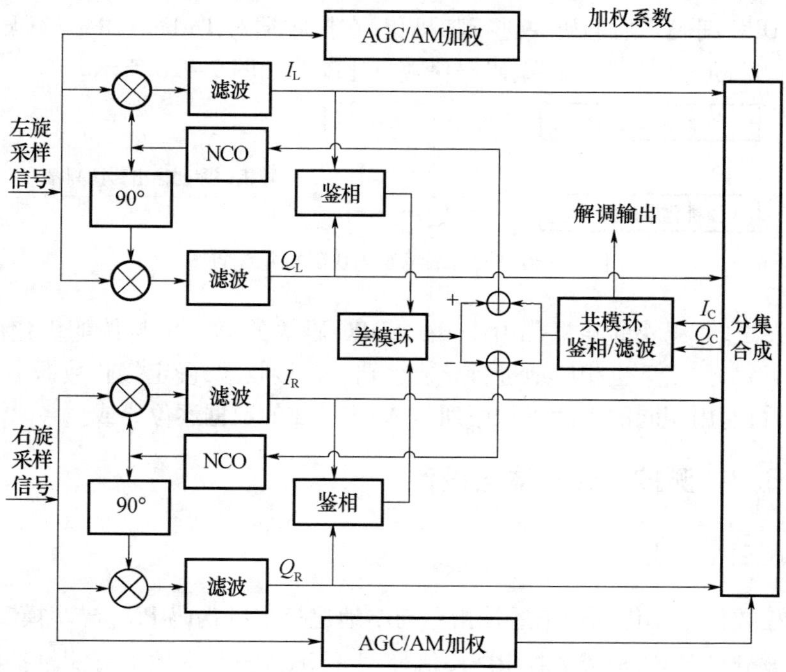

图 9 - 28　分集合成算法流程图

分集合成由两大关键部分组成:共模环和差模环。其中共模环部分用于跟踪输入信号的公共频率和相位变化,差模环部分用于跟踪两路输入信号之间的频率和相位变化,并对称控制两路输入信号的对应的本振 NCO 频率和相位,保证跟踪的连续性,避免信号深衰落造成的数据丢失。

两路合成正交基带信号在 FPGA 内部经数字鉴相以及环路滤波后,得到本地载波和输入信号的共模误差。左右旋 I、Q 正交信号共同送入差模环,得到差模误差。共模误差同时送到左右旋两路 NCO 中,以相同方向被推到一个公共频率上,以保证中频信号准确地落到滤波器带宽的中心。差模误差分两路以相反的极性分别加到两路数控振荡器上,使得两路本地载波以相反方向被推到一个相同的公共频率上。这样,通过将差模误差信号和共模误差信号相加后,共同控制数控振荡器的输出频率,使得输入到分集合成器上的两路信号始终保持同频同相,并落在设计的滤波器通带中心频率上。

9.6.2.3 码同步和帧同步

1. 码同步

码同步模块完成 PCM 码元的时钟同步和数据解调功能,主要由数据转换跟踪环(DTTL)实现。数据转换跟踪环的主要功能是从前端送来的基带数字信号中提取码同步时钟,进行最佳码元判决,得到串行数据信息流。数据转换跟踪环主要由同相积分、中相积分、码元判决、鉴相、低通滤波和码 NCO 等部件所组成。其中码 NCO 可以产生同相和中相积分所需要的 0°和 180°相位的时钟信号。同相和中相积分器的积分时间都是 T_b,其中 T_b为信号的数据码元宽度。积分采用累加器实现,累加时间由计数器控制,计数器进位数值根据重采样频率与码速率的比值得到。累加结束,同相和中相累加器都要进行清除,但同相累加比中相累加的起始和清除时刻都晚 T_b。每次清除都将同相累加结果送至数据提取器,计数器输出的定时脉冲控制下,解调出数据信息,并送至转换判决模块和鉴相器。转换判决模块给出的码元转换信息也送至鉴相器。中相累加器的积分输出延迟 $T_b/2$ 后,亦送至鉴相器。鉴相器利用数据转换信息和当前数据消除信号码元转换的影响,获得位同步相位误差信号。此误差信号经低通滤波作为频率偏移控制量控制重采样的重采样频率,用以调整相位,实现同步。同步后将计数器输出的定时脉冲作为码同步时钟输出。

2. 帧同步

帧同步模块的主要功能是接收来自码同步器的 PCM 串行信号和同步时钟,按照编程给定的数据帧格式规范完成数据帧格式的提取,产生帧同步脉冲和字同步脉冲以及帧锁定状态指示。

帧相关器的作用是检出串行信号中的帧同步码组。通过接口,可将帧同步码组设置给相关器。相关器将串行码与预先设置的帧同步码组逐位进行实时比较,从而得到误码个数。

帧同步器的工作状态转换由三态转换器来控制。启动时,三态转换器处于搜索态,同时搜索态判决指示信号有效,一旦该信号指示检出,则三态转换器转到校核态;在校核态下,校核态判决指示信号有效,一旦该信号指示未检出,则回到搜索态;若连续出现指示为检出的次数达到预置的校核帧数,则转到锁定态,送出帧锁定状态指示。

9.6.2.4 下行信道编译码

1. Turbo 编译码

下行数据传输信息速率低于 8Mb/s 时,测控数传一体化采用 Turbo 编码,Turbo 编码说明如下:

(1) 码型:系统并联卷积码。

(2) 分量编码器数量:2(加一个未编码部分使之系统化)。

(3) 分量编码器类型:递归卷积编码。

(4) 每一个卷积编码状态数:16。

(5) 标称编码比率:$r=1/2$、1/3、1/4 或 1/6。

(6) 信息块长度 k:与传输帧数据长度对应,即 8160b。

(7) 交错深度 I:4。

Turbo 码译码算法属于置信度传播(BP)算法的一种,采用迭代的软判决译码方式实现,由两个分量译码器和交织器、解交织器组成,译码器结构如图 9-29 所示。

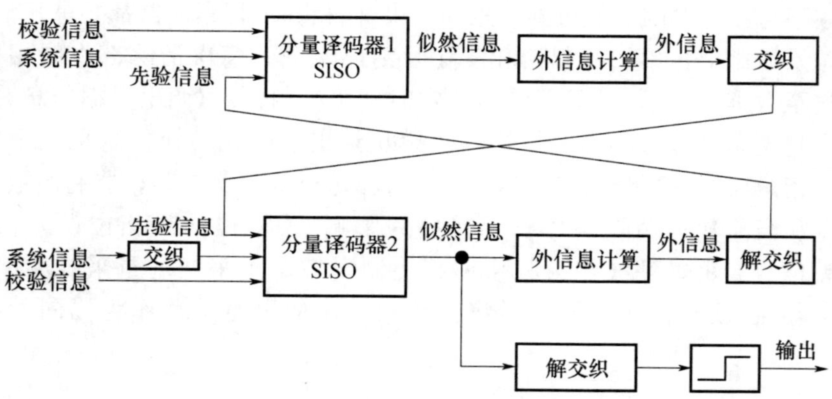

图 9-29 Turbo 码译码器结构

每个分量译码器分别接收解调得到的系统信息、校验信息,以及分量译码器反馈的先验信息,经过多次迭代译码,置信信息在两个分量码译码器传递过程中逐渐收敛,从而使判决结果有效的逼近最大似然(ML)译码。

分量译码器采用软输入/软输出(SISO)译码器。SISO 译码器可以采用最大后验概率译码(MAP)算法或者软维特比(SOVA)算法,其中,MAP 算法的译码性能接近最优,但计算复杂度高;SOVA 算法的译码复杂度较低,但在译码性能上有一些损失。在 SISO 译码器设计实现时,为了实现性能与复杂度的折中,对 MAP 算法进行复杂度的优化,采用对数域最大后验概率译码算法(即 LOG - MAP 译码算法),将大量的乘法运算转化为加法运算,从而有效减少了计算复杂度,提高了硬件的可实现性。

2. LDPC 编译码

当下行数据传输信息速率高于 8Mb/s 时,采用 CCSDS 建议的编码比率约为 7/8 的(8160,7136)的 LDPC 编码。CCSDS 建议的(8160,7136)的 LDPC 编码是由(8176,7154)的 LDPC 编码经编码前 16b 填充和编码后 2b 填充形成的,发送端不发送编码前的 16b 填充位,接收端译码前先移除后 2b 填充位。

LDPC 码通常采用基于置信传播(BP)的迭代译码算法,该算法基于 Tanner 结构图,其复杂度与码长成正比,在硬件中的并行实现能够极大地提高译码速度;并且可以克服其他译码算法所具有的"误码平底"现象。

近年来,先后出现了 LDPC 码的各种简化译码算法,如最小和(Min - Sum)算法、归一化最小和算法、偏置最小和算法、归一化 BP 算法、偏置 BP 算法等。这些简化算法的基本思想都是降低计算复杂度,提高可实现性。

测控数传一体化下行 LDPC 译码采用了归一化最小和译码算法,该算法对校验节点更新步骤的计算处理进行简化,将复杂的指数、对数、求积运算转化为求最小值运算,大大简化了计算复杂度。简化的校验节点信息计算公式为

$$L^{(l)}(r_{ji}) = \frac{1}{\alpha} \cdot \prod_{i' \in R_j \backslash i} \operatorname{sgn}(L^{(l-1)}(q_{i'j})) \cdot \min_{i' \in R_j \backslash i}(|L^{(l-1)}(q_{i'j})|) \tag{9-38}$$

式中:sgn( )表示求符号运算;min( )表示求最小值运算;α 为归一化因子。归一化因子用来降低更新过程中的校验信息幅度,使简化算法的性能更接近 LLR BP 算法,归一化因子可以通过仿真获得。

9.6.2.5 测距与测速

根据测控数传一体化测量原理,测量模块从下行数传帧同步中每隔 500ms 恢复出一个下行测量帧同步,然后利用下行测量帧同步对自身形成的上行信号采样,提取帧计数、位计数、扩频伪码周期计数、码相位、chip 相位,并采样下行多普勒值等测量信息。同时,从下行数传帧中对应波道提取出下行测量帧数据,重新组帧恢复出下行测量帧,从中提取星上应答机对上行信号的采样信息,包括帧计数、位计数、扩频伪码周期计数、码相位、chip 相位、上行多普勒值等测量信息。

1. 测控数传一体化测距

测控数传一体化测距模块在载波双向捕获的前提下,利用采样信息计算上行伪码的发、收相位差并利用测量帧和伪码的同步关系进行解模糊运算,可计算出地面站和目标之间的双向信号传输时延,该时延包含地面站及应答机的固定设备时延,应答机的时延为已知量,地面设备的时延通过校零可以得到。总的时延扣除这两个时延即可得到信号在空间距离上传输的时延。双向时延除以 2 再乘以光速,即可得到地面站和应答机的单向距离。

测距模块的信号流程图如图 9 - 30 所示。

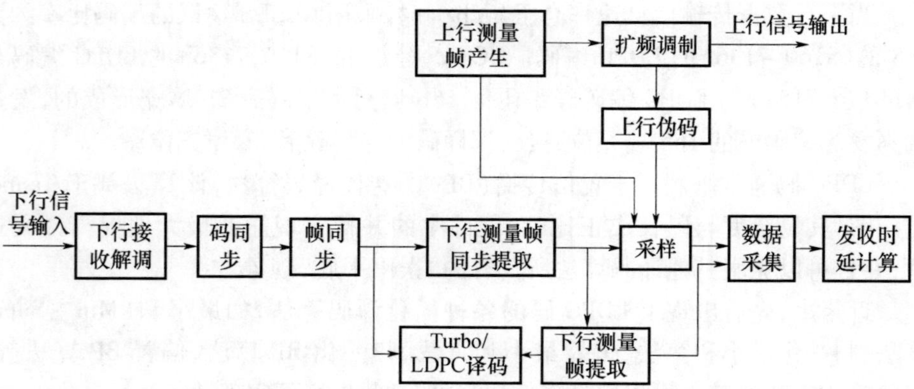

图 9 - 30　测控数传一体化测距信号流程图

在上行调制端,伪码首先对测距信息进行扩频,然后以 BPSK 方式调制在载波上。伪码速率是测距信息速率的整数倍,时钟相干。上行信号状态如帧计数、位计数、伪码周期计数、扩频伪码计数、码相位、地面时间等实时状态,在采样信息的作用下送测距模块。

在下行接收端,对信号进行接收解调后得到的下行数传数据进行码同步、帧同步,并提取出下行测量帧同步和上面级应答机测量上行信号的各种数据。然后利用恢复出的下行测量帧同步信号作为采样信号,采集地面设备的上行信号的各种实时状态。综合应答机和地面采样得到的各种数据,通过计算可得到应答机与地面的距离。

2. 测控数传一体化测速

测控数传一体化测速模块在载波双向捕获的前提下采用箭地分别测量多普勒方式进行,测速信号的流程图如图 9 - 31 所示。

测控数传一体化测速模块在解调下行信号的过程中获取下行单向载波多普勒值,同时从下行测量数据中获取上行单向多普勒测量值。按照一定的采样率对这两个多普勒偏移量进行平均运算后,按照公式:

$$v = \left[\frac{f_{\mathrm{RF1}} \times f_{\mathrm{RF2}} - (f_{\mathrm{RF2}} + f'_{\mathrm{d2}}) \times (f_{\mathrm{RF1}} + f'_{\mathrm{d1}})}{f_{\mathrm{RF1}} \times f_{\mathrm{RF2}} + (f_{\mathrm{RF2}} + f'_{\mathrm{d2}}) \times (f_{\mathrm{RF1}} + f'_{\mathrm{d1}})}\right] \times c \qquad (9-39)$$

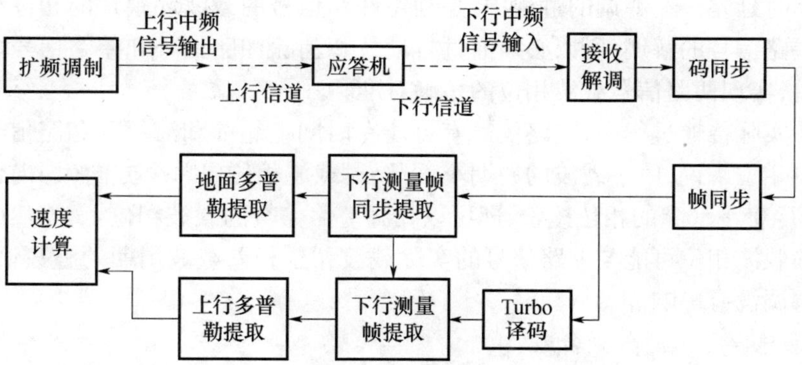

图 9-31　测控数传一体化测速信号流程图

进行计算即可得到地面站和目标之间的径向速度。

9.6.2.6　角跟踪解调设计

标准数传双通道单脉冲体制的信号形式为

$$\sum \mathrm{IF} = A\cos[\omega_c t + \Phi(t)] \tag{9-40}$$

$$\Delta \mathrm{IF} = A\{\Delta A\cos[\omega_c t + \Phi(t)] + \Delta E\sin[\omega_c t + \Phi(t)]\} \tag{9-41}$$

式中:A 为接收信号幅度;$\sum$IF 为送给接收机的和路中频信号;ΔIF 为送给接收机的差路中频信号;ΔA、ΔE 分别为方位和俯仰误差;ω_c 为中频载波信号;$\Phi(t)$ 为数据调制。如果是 BPSK 调制,则可以转换为

$$\sum \mathrm{IF} = A \cdot d(t) \cdot \cos\omega_c t \tag{9-42}$$

$$\Delta \mathrm{IF} = A \cdot d(t) \cdot \Delta A \cdot \cos\omega_c t + A \cdot d(t) \cdot \Delta E \cdot \sin\omega_c t \tag{9-43}$$

1. 角误差解调单元

当实现了载波的自动校相之后,即和路与差路信号的载波不存在相位差。通过载波环进行解调后的和路和差路信号形式如下:

$$\sum = d \tag{9-44}$$

$$\Delta I = d \cdot \Delta A \tag{9-45}$$

$$\Delta Q = d \cdot \Delta E \tag{9-46}$$

利用和路信号对差路信号进行去码元信息之后的差路信号形式如下:

$$\Delta I_1 = \Delta I \cdot \mathrm{sgn}(\sum) = \Delta A \tag{9-47}$$

$$\Delta Q_1 = \Delta Q \cdot \mathrm{sgn}(\sum) = \Delta E \tag{9-48}$$

至此实现了方位误差信号和俯仰误差信号的解调。当出现载波相位模糊时,不影响上述过程的正确性。在上述推导过程中,未考虑信号幅度大小的影响,这种影响在角误差斜率调整单元中进行修正。

2. 相位标校

在双通道单脉冲体制下,由于差通道与和通道的传输通道是相互独立的,所

以存在时延差。在解调的过程中,是利用和路信号的载波环跟踪的相位结果来实现差路信号的解调,所以必须通过自动校相消除和路信号和差路信号之间的时延差,实现两路信号载波相位的精确对准。

在实际传输过程中,差路信号有可能在时间上超前和滞后于和路信号。对于载波相位来说,由于载波的周期小,可以对载波相位向单个方向(即向延迟方向)进行0°~360°的相位搜索,即可以找到差路信号的载波相位点,虽然此时所确定的载波相位可能与差路信号的实际载波相位相差载波周期的整数倍,但对载波解调没有影响。

3. 角误差检后分集合成

测控数传一体化角误差提取为检后分集合成,即左旋载波混频后的I、Q信号独立提取出误差电压,右旋载波混频后的I、Q信号独立提取出误差电压,再根据信噪比得到的加权系数进行合成。分集合成校相时,流程为先校左旋再校右旋。单旋校相和合成校相时,和路相位均为单路载波环跟踪的结果,和、差之间的相位差在单旋和分集合成两种模式下不存在区别。

4. 和差链路时延

在校相时,仅能考虑载波相位,而无法将和、差链路时延消除。在角误差解调单元可以看到,角误差解调时用和路的数据对差路进行去数据化的处理,如果码率较高、和差链路时延较大时,去数据化就会有误差,影响接收机校相与角跟踪。

参考文献

[1] 暴宇、李新民. 扩频通信技术及原理. 西安:西安电子科技大学出版社,2011.

[2] 田日才. 扩频通信. 北京:清华大学出版社,2007.

[3] 赵刚主. 扩频通信系统实用仿真技术. 北京:国防工业出版社,2009.

[4] 刘嘉兴. 飞行器测控与信息传输技术. 北京:国防工业出版社,2011.

[5] 吴有杏,等. 航天测控数字基带技术. 北京:国防工业出版社,2012.

[6] 聂少军,何兵哲,王宏卓. 测距数传一体化信道的测距精度分析. 中国宇航学会深空探测技术专业委员会第九届学术年会论文集,692-697.

第10章 系统标校技术

10.1 概述

测量船测控设备标校和校飞技术是海上测控技术的重要组成部分。测量船测控设备标校包括坞内标校、码头标校和海上标校。坞内标校是基础,码头标校和海上标校是在准静态和动态条件下对坞内标校成果的复检;校飞包括海上性能校飞、海上精度校飞和码头精度校飞,性能校飞是前提,一般情况下只有完成了性能校飞,才能转入精度校飞。通过标校和校飞可以使设备达到最佳状态,为及时捕获目标、稳定跟踪目标和获得高精度的测量数据提供技术保证。有关测量船测控设备标校和校飞技术的内容可参见文献[1],本章主要围绕船载微波统一测控系统介绍设备标校技术。

坞内标校、码头标校、海上标校是对航天测量船测控设备在不同环境条件下进行的标校,由于所处环境条件不同,从标校目的、内容、参加的设备及组织实施上均有自己的特点。

坞内标校是在测量船进坞坐墩、静止不动的条件下进行的,所有相关设备均需参加。目的是获得误差修正模型系数、建立统一的甲板坐标系和对设备参数进行调整。实施时需要在船坞周围设立方位标、标校塔等标校设施,并进行大地测量。在坞内可进行全面精确的标校,某些项目必须在坞内进行标定。

在码头系泊状态,测量船姿态是变化的,只能对部分项目进行标定和复检。码头标校主要集中在无线电测量设备的标定项目上,主要的标校设施是码头附近的标校塔。

海上标校是测量船在海上动态条件下进行的标校工作。通过架设在船桅的标校设施、设备本身自带的记忆装置及同步卫星、信标球等对部分项目进行复检和标定,利用应答机、信标机和各种自检设施、模拟装置等对信道和性能进行检查和调整。

表10-1、表10-2和表10-3分别列出了船载微波统一测控系统坞内标校、码头标校和海上标校可以完成的项目以及采用的方法。

表 10-1　坞内标校可以完成的项目

序号	项目名称	方法	备注
1	大盘不水平度	水平仪法	必须在坞内进行
2	光轴与机械轴不平行度(光机偏差)	瞄方位标	
3	角度甲板零位	瞄方位标	
4	标校电视光轴与望远镜光轴不平行度	对标校塔	
5	甲板零位记忆值	对记忆装置	
6	主引天线电轴不平行度	对标校塔(也可跟同步星)	
7	主天线光电轴不平行度(光电偏差)	对标校塔	
8	主天线定向灵敏度	对标校塔(也可跟同步星)	
9	引导天线定向灵敏度	对标校塔、桅杆靶标	
10	主天线重力下垂误差	对标校塔	
11	距离零值	对标校塔	

表 10-2　码头标校可以完成的项目

序号	项目名称	方法	备注
1	甲板零位记忆值	记忆装置法	
2	主引天线电轴不平行度	对标校塔(也可跟同步星)	
3	主天线光电轴不平行度	对标校塔	
4	主天线定向灵敏度	对标校塔(也可跟同步星)	
5	引导天线定向灵敏度	对标校塔、桅杆靶标	
6	主天线重力下垂误差	对标校塔	
7	距离零值	对标校塔	

表 10-3　海上标校可以完成的项目

序号	项目名称	方法	备注
1	甲板零位记忆值	记忆装置法	
2	主引天线电轴不平行度	跟踪同步卫星	
3	主天线光电轴不平行度	跟球	
4	主天线定向灵敏度	跟球(也可跟同步星)	
5	引导天线定向灵敏度	对船桅靶标	
6	距离零值	射频无线或有线记忆	

设备标校按照标校内容可分为角度标校、距离零值标校、相位标校等;按照标校方式可分为标校塔标校、偏馈标校、有线/无线闭环检查、卫星标校等。

本章主要介绍船载微波统一测控系统的标校方法,主要内容包括角度标校、距离零值标校、相位标校等,并对一些标校新技术进行介绍,如快速校相、星体标校、基于经纬仪指向的动态标定以及卫星标校等。

10.2 角度标校技术

10.2.1 角度标校的原理

微波统一测控系统的角度标校就是根据各项误差的性质,标定出相对应的系统误差系数,并按照一定的误差模型,对系统误差进行修正,尽可能地消除系统误差的影响,使系统的测角精度最终主要受随机误差影响。只有对系统的角度进行准确的标定,才能提高系统的测角精度。在标校中,标定出的系统误差系数要能够真实地反映微波统一测控系统测试时间段的设备工作状态,标校要有实时性和准确性。

本章中所提及的角度标校主要包括零值误差、轴系误差(包括大盘不水平,方位俯仰轴不垂直,光轴俯仰轴不垂直)、光电轴失配、重力下垂、电波折射等。系统角误差灵敏度的标定、方位俯仰信号交叉耦合的调整严格意义上讲也是角度标校的内容,但由于它们需要通过相位标校来完成,因此在角度标校中不再阐述,具体参见 10.4 节的有关内容。

角度标校技术按所采用的方法不同,可分为三类:常规标校、星体标校以及基于经纬仪的动态标定,本节主要介绍常规标校,星体标校和动态标定将在 10.5.2 节和 10.5.3 节中详细介绍。

常规标校是以经过精确大地测量的标校塔和方位标为基准进行标校。常规标校可操作性强,普遍用于测量船各测控设备,可以标校轴系误差、光电轴不匹配和轴角编码器零值等。

常规标校准确度受以下误差源限制:

(1) 装置误差,包括光、电标基准大地测量定位误差,天线座转动中心定位误差,标校望远镜制造误差,望远镜光轴与天线机械轴间的不匹配误差等。

(2) 环境误差,包括由于自然环境所引起的光、电标晃动,光折射现象而造成的误差等。

(3) 人员误差,基于测量者生理上的最小分辨力,感觉器官的生理变化,反应速度和固有习惯等引起的误差。表现在观测、读数等方面。

(4) 方法误差,由于测量方法或计算方法或测量过程中实际操作方法的近似和不完善引起的误差。

常规角度标校基本设施包括标校场区和标校塔,主要设备包括光标、电标、标校望远镜等。

标校场区地形应开阔无遮挡,一般至少在天线对准标校塔的方向 ±30°的空间应开阔,其间的地表植被能吸收多径杂波,有利于标校。

标校塔的作用是将光、电标抬高到一定的高度,对船载微波统一测控系统性能进行联试(主要包括交叉耦合调整、光电轴匹配检查、跟踪捕获试验等),其中塔与微波统一测控系统的距离应满足天线的远场条件。一般情况下,当电标与天线辐射中心的距离为 $2D^2/\lambda$(其中,D 为天线口径,λ 为工作波长)时,口面相差为 $\pi/8$,认为来波已为平面波,即满足远场条件。而在实际标校中,当标校距离大于 1/2 远场条件时,标校精度即基本满足要求。为了减小地面反射的影响,塔的高度一般应使天线电轴对准电标时的仰角大于 3 倍以上的天线半功率波束宽度。

对于具有"和"、"差"波束的单脉冲天线,电轴就是通过差波束零点的轴线。在理想的情况下它与和波束最大辐射方向的轴线是重合的。自跟踪时要求电轴对准目标。机械轴是与天线方位轴和俯仰轴正交的轴。编码器轴由轴角编码器决定,方位轴角编码器的角度指示给出一个过方位轴的垂直平面。俯仰轴角编码器的角度指示给出一个过俯仰轴的倾斜平面,此二平面的交线即为编码器轴。

船载微波统一测控系统对目标进行跟踪测量时,以电轴对准目标,以编码器轴给出数据,以机械轴和甲板坐标系关联。在理想情况下此三个轴应该是重合的,即在系统跟踪目标时,编码器给出的数据就是以甲板坐标为参考的目标位置数据。实际上三轴是不可能完全重合的,在高精度船载微波统一测控系统中,如要满足三轴重合的要求,首先需要通过标校望远镜建立一光轴(光轴是望远镜中心与目镜中心之间的连线,因为精确的机械轴是难以确定的,既摸不着,又看不见,只能借助于能观察光学目标的光轴来代替),标校时,需先使光轴尽可能准确地与机械轴重合,再以光轴代替机械轴与电轴、编码器轴进行标校。

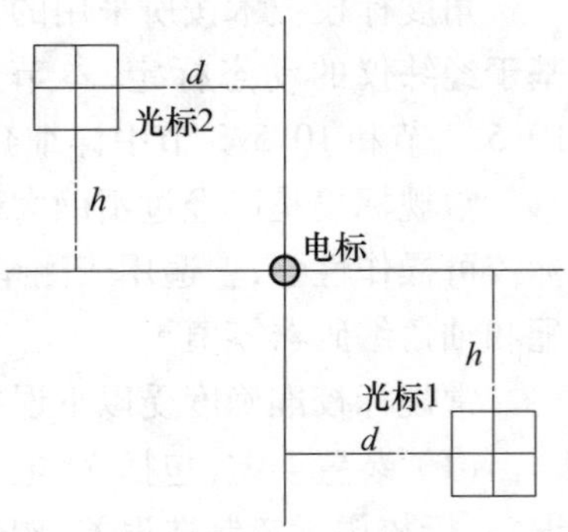

图 10-1　光标电标示意图

光标电标示意图如图 10-1 所示。

图 10-1 中的 d、h 由标校望远镜在天线上的位置决定,d 为光轴至天线轴的横向距离,h 为光轴至天线轴的高低距离。对于全动型天线,在标校时需要正、倒镜观察,为此,需设两个光标,彼此处于电标原点对称的位置。光标的大小、十字瞄准线的宽度与标校项目精度、望远镜放大倍率及天线距标校塔的远近有关。

10.2.2　测角系统误差修正模型

1. 测角系统系统误差分析

船载微波统一测控系统的测角系统一般采用方位—俯仰型天线座,通过方位轴和俯仰轴转动带动电轴跟踪目标。影响测角精度的主要系统误差项如下：零值误差、轴系误差（包括大盘不水平误差，方位俯仰轴不垂直误差，光轴俯仰轴不垂直误差）、光电轴失配、重力下垂、动态滞后、电波折射。

1）零值误差

船载微波统一测控系统角度标校后，在其角度示值上仍然有一个剩余误差，其数据的大小取决于标校所用的仪器和系统本身的校准设备，也与原始大地测量时对基准标和天线三轴中心点坐标的测量准确度有关，此外，编码器的调整准确度也会影响零值误差。

2）轴系误差

船载微波统一测控系统对运动目标的跟踪，是通过与甲板面垂直的方位轴 OZ 的方位转动和围绕水平的俯仰轴 OX 做俯仰转动来进行的，由此，天线座就有三个相互垂直的轴线，一个是铅垂的方位轴线，另一个是与方位垂直的俯仰轴线，还有一个与俯仰轴线垂直的天线轴线。天线座的轴系精度是指方位轴不铅垂的程度、俯仰轴与方位轴不正交的程度以及光轴与俯仰轴间不正交的程度，这会对系统的测角准确度产生影响。

（1）方位俯仰轴不垂直。此时，假设方位轴铅垂，光轴与俯仰轴垂直，仅俯仰轴与方位轴不正交。

如图 10－2 所示，在理想情况下，方位轴与 OZ 轴重合，俯仰轴与 OX 轴重合，俯仰轴为零度时，光轴与 OY 轴重合。当方位轴不动，俯仰轴转动时，光轴上各点的轨迹处于 YOZ 平面。今若俯仰轴和方位轴之间具有正交性误差 δ，亦即在 XOZ 平面上，实际的俯仰轴线 OX' 和理想的 OX 轴呈 δ 角，那么，光轴上任意一点 C 在俯仰转动时，其轨迹不再处于 YOZ 平面。假设俯仰轴从 0°转了一个角度 ε，它是 OC 线和 Y 轴的夹角。但实际的俯仰角 ε 是在铅垂面 COB 上度量的，其中 B 点是 C 点的投影。于是，由于正交性误差 δ 便引起了一个方位角误差 $\Delta\beta$ 和俯仰角误差 $\Delta\varepsilon = \varepsilon - \varepsilon'$。

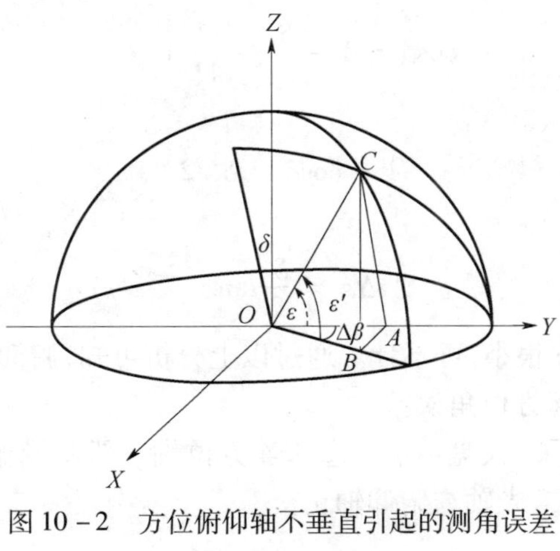

图 10－2　方位俯仰轴不垂直引起的测角误差

过 BC 做一垂直于 OY 轴的铅垂面 BCA,那么,便可由其几何关系得

$$\tan\Delta\beta = \frac{AB}{OA} = \frac{AC\sin\delta}{OA} = \sin\delta\tan\varepsilon \tag{10-1}$$

因为一般 δ 很小,所以 $\sin\delta\approx\delta$。同时 $\Delta\beta$ 一般也很小,可以认为 $\tan\Delta\beta\approx\Delta\beta$,这样有

$$\Delta\beta = \delta\tan\varepsilon \tag{10-2}$$

在$\triangle AOC$、$\triangle BOC$ 和$\triangle BAC$ 中,有

$$\sin\varepsilon = \frac{AC}{OC} \tag{10-3}$$

$$\sin\varepsilon' = \frac{BC}{OC} = \frac{AC\cos\delta}{OC} = \sin\varepsilon\cos\delta \tag{10-4}$$

于是

$$\sin\varepsilon - \sin\varepsilon' = \sin\varepsilon - \sin\varepsilon\cos\delta = \sin\varepsilon(1 - \cos\delta) \tag{10-5}$$

根据三角函数中和差化积的定理,有

$$\sin\varepsilon - \sin\varepsilon' = 2\sin\frac{\varepsilon - \varepsilon'}{2}\cos\frac{\varepsilon + \varepsilon'}{2} \approx 2\sin\frac{\varepsilon - \varepsilon'}{2}\cos\varepsilon \tag{10-6}$$

根据式(10-5)、式(10-6)有

$$2\sin\frac{\varepsilon - \varepsilon'}{2}\cos\varepsilon = \sin\varepsilon(1 - \cos\delta) \tag{10-7}$$

即

$$2\sin\frac{\varepsilon - \varepsilon'}{2} = \tan\varepsilon(1 - \cos\delta) \tag{10-8}$$

因为 $\varepsilon-\varepsilon$很小,所以有

$$\sin\frac{\varepsilon - \varepsilon'}{2} = \frac{\varepsilon - \varepsilon'}{2} \tag{10-9}$$

$$\Delta\varepsilon = \varepsilon - \varepsilon' = \tan\varepsilon(1 - \cos\delta) \tag{10-10}$$

将 $\cos\delta$ 展开成级数形式,有

$$\cos\delta = 1 - \frac{\delta^2}{2!} + \frac{\delta^4}{4!} + \cdots \tag{10-11}$$

忽略高阶项,则

$$1 - \cos\delta = \delta^2/2 \tag{10-12}$$

所以,有

$$\Delta\varepsilon = \frac{\delta^2}{2}\tan\varepsilon \tag{10-13}$$

一般情况下,$\Delta\varepsilon$ 很小,可不计。通过以上分析可知,俯仰轴与方位轴之间的正交性误差主要引起方位角误差。

(2) 大盘不水平。大盘不水平意味着方位轴不铅垂及俯仰轴不水平,此时方位轴与俯仰轴正交、光轴与俯仰轴正交。

如图 10－3 所示，当方位轴转动时，若方位轴不铅垂度为 γ，俯仰轴 OX 所扫过的平面与水平面相交成 γ 角。若使 OX 轴与两平面交线重合，则水平面与倾斜面在 OX 轴垂直面上的夹角都是 γ。

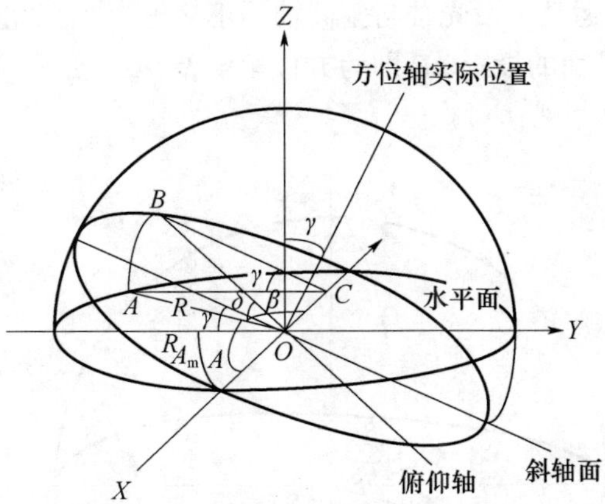

图 10－3　大盘不水平引起的测角误差

根据球面性质，有

$$\widehat{AB} = R\delta \tag{10-14}$$

如果以 C 点为球心，$CA = h$ 为半径作一球面，与两个平面的交点分别为 A、B，那么同样有

$$\widehat{AB} = h\gamma \tag{10-15}$$

又

$$h = R\sin\beta \tag{10-16}$$

所以，有

$$\widehat{AB} = R\delta = h\gamma = \gamma R\sin\beta \tag{10-17}$$

即

$$\delta = \gamma\sin\beta \tag{10-18}$$

以上说明，方位轴转动时，电轴对水平面倾角的变化规律是按方向角的正弦规律变化的，即方位轴不铅垂所引起的俯仰角误差为

$$\Delta\varepsilon = \gamma\sin\beta \tag{10-19}$$

此即为大盘不水平所造成的俯仰角误差。如果此时天线方位角为 A，最大不水平角所在的方位角为 A_m，如图 10－3 所示，则

$$\beta = 90° + (A_m - A) \tag{10-20}$$

那么，大盘不水平所造成的俯仰角误差为

$$\Delta\varepsilon = \gamma\cos(A - A_m) \tag{10-21}$$

大盘不水平造成的方位角误差为

$$\Delta\beta = \gamma \sin(A - A_m)\tan\varepsilon \tag{10-22}$$

（3）光轴俯仰轴不垂直误差。如图 10－4 所示，此时。方位轴与 Z 轴重合，俯仰轴与 Y 轴重合，而光轴在俯仰角 $\varepsilon=0$ 时，与 X 轴不重合，当俯仰运动时，光轴将不在 XOZ 平面内运动。设光轴与俯仰轴不正交角为 k，当俯仰角变化时，k 值保持不变。k 角在水平面的投影 $\Delta\beta$ 即为方位角误差，$\Delta\varepsilon=\varepsilon-\varepsilon'$ 即为俯仰角误差。

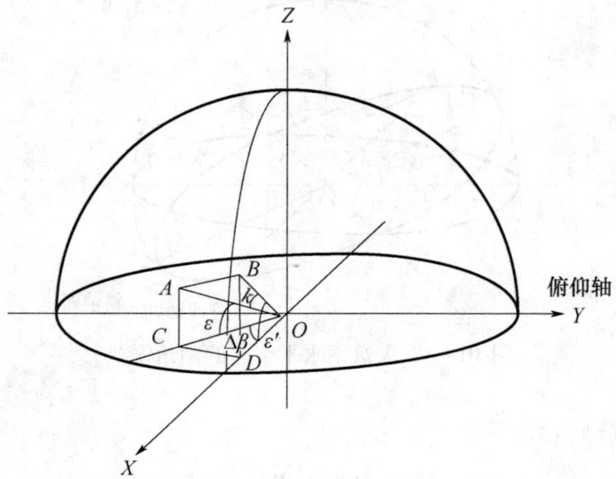

图 10－4　光轴俯仰轴不垂直引起的测角误差

由图 10－4 所示之几何关系，有 $AB=DC$，则

$$\tan\Delta\beta = \frac{CD}{OD}\frac{OB\tan k}{OB\cos\varepsilon} = \frac{\tan k}{\cos\varepsilon} \tag{10-23}$$

由于 k 很小，$\tan k \approx k$，在一定仰角范围内，$\tan\Delta\beta \approx \Delta\beta$，所以

$$\Delta\beta = \frac{k}{\cos\varepsilon} = k\sec\varepsilon \tag{10-24}$$

此即为光轴与俯仰轴不正交引起的方位角误差。

此外，由于

$$\begin{aligned} \sin\varepsilon &= \frac{AC}{OA} \\ \sin\varepsilon' &= \frac{BD}{OB} = \frac{AC}{OA\cos k} = \sin\varepsilon/\cos k \end{aligned} \tag{10-25}$$

所以，有

$$\begin{aligned} \Delta\varepsilon &= \varepsilon - \varepsilon' \approx \sin(\varepsilon - \varepsilon') = \sin\varepsilon'\cos\varepsilon - \cos\varepsilon'\sin\varepsilon \\ &= \sin\varepsilon\left[\frac{\cos\varepsilon}{\cos k} - \left(1 - \frac{\sin^2\varepsilon}{\cos^2 k}\right)^{\frac{1}{2}}\right] \end{aligned} \tag{10-26}$$

因为 k 很小，所以 $\Delta\varepsilon$ 很小，一般情况下可以忽略，即光轴与俯仰轴不正交主要引起方位角误差。

3）光电轴失配产生的误差

电轴依靠光轴标定，而船载微波统一测控系统实际使用的是电轴，光电轴不匹配自然会造成测角数据的不准确。光电轴不匹配可分解为横向角分量和仰角分量。仰角分量造成俯仰角误差，为其本身，即不匹配角。横向角分量造成方位误差，为 $\Delta\beta = K_z \cdot \sec\varepsilon$，其中 K_z 为横向不匹配角。

4）重力下垂误差

对于大型天线，由于重力作用所引起的主反射体变形，以及主、副反射体与馈源相对位置的变化能使电轴产生偏移，从而造成测量误差，重力变形仅引起俯仰角误差。如果变形引起的总误差为 $\Delta\theta$，则 $A = A_C + \Delta\theta$，其中 A 为理论真值，A_C 为测量值。

5）动态滞后误差

船载微波统一测控系统自动跟踪目标时，目标运动会造成电轴的指向与目标的真实方向间的差异，具体说就是目标相对于系统运动的角位移、角速度、角加速度会造成测量误差，称为动态滞后误差。若船载伺服系统自跟踪环路采用Ⅱ型系统，动态滞后则主要是由目标相对于系统运动的角加速度引起的。目标相对于系统运动的角加速度越大，此误差越大。在实际校飞中，方位在目标过航捷前后，俯仰在目标过航捷时，目标相对于天线运动的方位和俯仰角加速度最大，接收机热噪声等其他误差较小，此时的误差电压主要是由动态滞后引起的，因而，近似地可以用此段路径上的误差电压和角误差灵敏度来表征相应点的动态滞后误差，即

$$\Delta\theta = \frac{\Delta U}{\mu} \tag{10-27}$$

式中：ΔU 为误差电压；μ 为方位或俯仰的角误差灵敏度；$\Delta\theta$ 为方位或俯仰的动态滞后误差角。

6）电波折射误差

电波在大气中传播时，由于大气中的媒质不同，对电波的折射率也不同，不同的折射率使电波传播路径弯曲，从而使天线电轴指向差异于目标方向。这个差异可由经验公式算出，加以修正。

2. 测角系统系统误差修正模型

将前述各系统误差修正项综合起来，依照真值 = 测量值 + 修正值，对各测量值加以修正，得到如下的系统误差修正数学模型，即

$$A_Z = A_C + A_O + \gamma\sin(A_C - A_M)\tan E_C + K\tan E_C + (K_Z + K_b + \Delta U_A/\mu_A)\sec E_C \tag{10-28}$$

$$E_Z = E_C + E_O + \gamma\cos(A_C - A_M) + K_n + \Delta U_E/\mu_E + \Delta E_g\cos E_C + \Delta E_d \tag{10-29}$$

式中：A_Z 为目标方位角真值估值；A_C 为方位角测量值；A_O 为方位零位误差修正项；γ 为天线座大盘最大不水平角；A_M 为天线座大盘最大不水平角所处的方位角；K 为方位俯仰轴不正交度；K_Z 为光电轴不匹配引起的横向误差修正项；K_b 为

光机偏差引起的横向误差修正项；ΔU_A为方位支路误差电压；μ_A为方位支路误差灵敏度；E_Z为目标俯仰角真值估值；E_C为天线俯仰角测量值；E_0为俯仰角零值误差修正项；K_n为光电轴不匹配引起的俯仰误差修正项；ΔU_E为俯仰支路误差电压；μ_E为俯仰支路误差灵敏度；ΔE_g为天线主、副反射面系统重力相对变形引起的俯仰误差系数；ΔE_d为电波折射误差修正项。

公式中各误差项符号是以真值为参考定义的，当某项误差的存在使测量值变小时，该项误差取“+”，反之取“-”。

10.2.3 测角系统误差系数标定

为使船载微波统一测控系统满足测量准确度要求，需要对测量值进行修正，因而，必须对各误差项准确标定，标定的准确度直接影响真值估值的准确度。

1. 零值误差修正值标定

测角系统天线角度采用常规标校进行零值标定。由于标定时要利用轴角编码器读数，因而标定前需首先进行下列程序：

(1) 对轴角编码器修正校准。以满足精度要求的光学经纬仪为基准，与轴角编码器读数比对，可将轴角编码器的制造、安装误差修正到准确度允许范围内。

(2) 对基准进行大地测量。以天线机械转动三轴中心至标校塔上信标发射喇叭口面中心的连线为基准，因此，必须对天线三轴中心和标校塔上光电标中心位置准确地进行大地测量定位。

(3) 光轴标定。通过精心设计和装调，可使光轴与机械轴间的交角忽略不计，即认为光轴与机械轴平行。

下面，将以光轴代表天线的测量轴，用正倒镜法标定，其中，通过大地测量给出的基准线的方位、俯仰角分别为A_{td}、E_{td}。接着便可标定零值误差，标定程序如下：

(1) 正镜观察：天线俯仰转动至E_{jm}，从望远镜中观察，使其刻线中心对准标校塔上光标Ⅰ的中心，记下轴角编码器的读数A_{jz}、E_{jz}。

(2) 倒镜观察：天线俯仰转动至$180° - 2E_{jm}$，方位转动180°，使望远镜的刻线中心对准标校塔上的光标Ⅱ的中心，记录轴角编码器的读数A_{jD}、E_{jD}。

(3) 计算标定值A_{Tb}、E_{Tb}：

$$A_{Tb} = \frac{1}{2}(A_{jZ} + A_{jD} - 180°) \tag{10-30}$$

$$E_{Tb} = \frac{1}{2}(E_{jZ} - E_{jD} + 180°) \tag{10-31}$$

(4) 与基准线测量值比较，可求出零值误差修正值：

$$A_0 = A_{Td} - A_{Tb} \tag{10-32}$$

$$E_0 = E_{Td} - E_{Tb} \tag{10-33}$$

正倒镜法源于误差理论系统误差消除法中之异号法,可提高标校准确度。

2. 大盘不水平误差修正值标定

大盘不水平引起的方位、俯仰角误差分别为

$$\Delta E_L = \gamma\cos(A - A_m) \tag{10-34}$$

$$\Delta A_Z = \gamma\sin(A - A_m)\tan E \tag{10-35}$$

式中:γ 为最大不水平角;A_m 为最大不水平角所在的方位角。因而只要标定出 γ、A_m,即可求出在任意 A、E 角的误差。

标定程序如下:

(1) 将满足精度要求的水平仪放在天线方位转台的基准面上(与方位轴垂直),确定水平仪零点。

(2) 转动天线方位,每转一定角度(如15°)停下,记录天线方位角 A_i 和水平仪的读数 B_i。

(3) 求水平仪读数的平均值,即

$$\overline{B} = \frac{1}{n}\sum_{i=1}^{n} B_i \tag{10-36}$$

(4) 求出 A_m、γ,即

$$A_m = \arctan\frac{\sum_{i=1}^{n}(B_i - \overline{B})\sin A_i}{\sum_{i=1}^{n}(B_i - \overline{B})\cos A_i} \tag{10-37}$$

$$\gamma = \arctan\frac{\sum_{i=1}^{n}(B_i - \overline{B})\cos(A_i - A_m)}{\sum_{i=1}^{n}\cos^2(A_i - A_m)} \tag{10-38}$$

3. 方位俯仰轴不垂直于轴误差标定

两轴的不垂直也可以用高精度水平仪测定。为此设计和制造时需要在俯仰旋转部分准备一个与仰角轴平行的平面,水平仪准确放置在这平面上。对有光学设备的无线电测量系统也可利用北极星来测定不正交角。

具体步骤如下:

(1) 校准并确定编码器零位,水平仪放在方位基准面上(与俯仰轴平行),确定其零位。

(2) 使天线 $A=0°$、$E=0°$,读出水平仪值 θ_1,将水平仪旋转180°,读值为 θ'_1。

(3) 将天线俯仰旋转180°,读出 θ_2、θ'_2。

(4) 将天线方位旋转180°,读出 ε_2、ε'_2。

(5) 将天线俯仰角再旋转180°,回到 $E=0°$,读出水平仪值 ε_1、ε'_1。

两轴不正交度为

$$K = \frac{[(\theta_1 + \theta_2 + \varepsilon_1 + \varepsilon_2) - (\theta'_1 + \theta'_2 + \varepsilon'_1 + \varepsilon'_2)]}{8} \tag{10-39}$$

以上为一个测回,为减小随机因素的形响,可测数个测回,求 K 的平均值。

4. 光轴俯仰轴不垂直误差标定

光轴俯仰轴不垂直误差标定可利用反向法来测量,反向法具有精度高、方法简便的优点。反向法就是:无线电测量设备用电轴、天线望远镜或标校电视正向(俯仰角 $E<90°$)测量目标,录取方位角和俯仰角的测量值分别为 A_+、E_+;然后方位转动 180°,俯仰转动 $180° - 2E_+$,再用电轴、天线望远镜或标校电视测量同一目标,录取方位角和俯仰角的测量值分别为 A_-、E_-,最后进行计算。

具体步骤如下:

(1) 用反向法依次对各方位标进行测量。

(2) 计算望远镜或标校电视光机偏差,即

$$\begin{cases} K_{bi} = (A_{+i} - A_{-i} \pm 180°)/2 - K_{ai} \\ K_b = \sum\limits_{i=1}^{n} K_{bi}/n \end{cases} \tag{10-40}$$

式中:当 $0° \leqslant A_{+i} < 180°$ 取 + 号,当 $180° \leqslant A_{+i} < 360°$ 取 - 号;A_{+i} 为第 i 个方位标正向测量值;A_{-i} 为第 i 个方位标反向测量值;K_{bi} 为第 i 个方位标计算得到的光机偏差;n 为方位标总数;K_{ai} 为望远镜或标校电视偏心于设备三轴中心的第 i 个方位标的方位改正数,由大地测量成果提供,若用反向法对"#"字形标校板对称光标进行测量,则 $K_a = 0$。

从公式的推导过程可以看出,设备瞄准方位标时的仰角 E_+ 接近零度十分重要,不仅简化了数据处理公式,而且提高了检测精度,因为数据处理公式中无其他轴系误差项,这就是反向法带来的优点。

5. 光电轴失配及重力下垂误差标定

该项误差标定需在自跟踪下进行,标定时以望远镜光轴为基准,读出电轴相对于光轴的偏差,此时,编码器已经过校准。

标定程序如下:

(1) 正镜观察:在自跟踪条件下,俯仰转动至 E_{jZ},从望远镜观察标校塔上的正镜光标 Ⅰ,读出脱靶量 ΔX_Z、ΔY_Z。

(2) 倒镜观察:将天线方位转动 180°,俯仰转动至 $180° - 2E_{jZ}$,改变方位自跟踪误差电压极性,闭环自跟踪系统,由望远镜观察标校塔上倒镜光标 Ⅱ,并读出脱靶量 ΔX_D、ΔY_D。

(3) 重力下垂误差为

$$\Delta E_g = \frac{1}{2}(\Delta Y_Z + \Delta Y_D) \tag{10-41}$$

（4）光电轴失配误差为

$$K_n = \frac{1}{2}(\Delta Y_Z - \Delta Y_D) \tag{10-42}$$

$$K_z = \frac{1}{2}(\Delta X_Z - \Delta X_D) \tag{10-43}$$

如果望远镜存在倒镜问题，上列各式中的ΔY_Z、ΔY_D、ΔX_Z、ΔX_D分别取$(-\Delta Y_Z)$、$(-\Delta Y_D)$、$(-\Delta X_Z)$、$(-\Delta X_D)$。

6. 跟踪误差灵敏度的标定

标定程序如下：

（1）确定自跟踪零点位置，记录轴角编码器读数。此前轴角编码器应已核准。

（2）使天线零位指向信标。

（3）将跟踪系统置于开环接收状态。

（4）手动偏开天线一定角度，记录轴角编码器读数和误差电压。

（5）继续偏开不同的角度，分别记录这时的编码器读数和误差电压。

（6）根据一系列的编码器角度值和误差电压作出误差灵敏度曲线，进而可求出误差灵敏度。

鉴于测角系统所采用的跟踪体制，其和、差通道信号相位变化不一致会影响角误差灵敏度，因此角定向灵敏度需要进行经常调整和检查。为了减小这一影响，一般在接收机同步相位检波器的参考支路中设一可调移相器（如Φ_A、Φ_E）对信号相位进行调整。

角检波器输出误差电压可表示为

$$\Delta U = KU_0\cos\Delta\Phi \cdot \Delta\theta \tag{10-44}$$

式中：K为天线归一化误差斜率；U_0为由 AGC 归一化的输出电压；$\Delta\Phi$为和差通道相对相移差；$\Delta\theta$为目标偏离角。

由式（10-44）知，在$\Delta\theta$一定时，调整$\Phi_A(\Phi_E)$，可使$\Delta\Phi=0$，从而使ΔU最大。

由余弦曲线知，当很小时，改变$\Delta\Phi$，ΔU不灵敏，很难达到$\Delta\Phi=0°$，为此，在参考支路设了90°记忆移相器$\Phi_{0A}(\Phi_{0E})$，使ΔU特性变成正弦特性，即$\Delta U = KU_0\sin\Delta\Phi \cdot \Delta\theta$后，当$\Delta\Phi=0°$时，$\Delta U=0$，当$\Delta U\neq0$时，表明$\Delta\Phi$有变化。调整完毕后，可去掉$\Phi_{0A}(\Phi_{0E})$，此时，在一定的$\Delta\theta$下，$\Delta U=\Delta U_{max}$。

7. 电波折射误差修正值标定

（1）对在对流层内目标，仰角大于5°时，有

$$\Delta E_d = \frac{H}{H+K}N_a \cdot \cot E_c \times 10^{-3}(\text{mrad}) \tag{10-45}$$

（2）仰角小于5°时，有

$$\Delta E_d = (a + bN_a) \cdot N\frac{H}{H+K}N_a \cdot \cot E_c \times 10^{-3}(\text{mrad}) \tag{10-46}$$

（3）当目标处在对流层之外，且仰角大于5°时，有

$$\Delta E_d = N_a \cdot \cot E_c \times 10^{-3}(\text{mrad}) \tag{10-47}$$

（4）当目标仰角在2°～25°时，有

$$\Delta E_d = (a + bN_a) \cdot N_a \cdot \cot E_c \times 10^{-3}(\text{mrad}) \tag{10-48}$$

式中：$a = \frac{0.15}{E_c} \cdot \left(\frac{0.02}{E_c} - 1\right)$；$b = \frac{1}{N} \cdot \left(1 - \frac{0.005}{E_c}\right)$，$N_a \approx 300$ 为地面大气折射指数；N 为目标所在处大气折射指数；H 为目标所处高度（km）；K 为常数（10.675km）；E_c为天线仰角（°）。

10.3 距离零值标校技术

10.3.1 距离零值标校的原理和方法

系统设备时延是地面设备和星（飞船）上设备的时延之和。通常情况下星（飞船）上设备时延和地面设备时延是分别标校得到的，距离零值标校的目的就是为了获得地面设备的距离零值，以便在任务测量过程中扣除，获得目标的真实径向距离。

对于船载微波统一测控系统，目前广泛采用“距离零值记忆法无塔距离校零（简称记忆法距离校零）”或“口面场无塔偏馈无线距离校零（简称偏馈无线距离校零）”两种方法。对于船载微波统一测控系统，因大部分卫星测控任务都是在海上执行，不能随时对塔进行距离标定，而过去比较常用的方法就是采用“距离零值记忆法”，现在又有了偏馈距离校零方法等，前者经过历代船站和陆站测控系统的不断完善和改进，技术更趋成熟和稳定，已成为目前各测控站采用的主要距离零值标校方法之一。偏馈距离校零法目前一般只应用于测控站无标校塔设施情况下，通常还是以标校塔距离校零为主。

10.3.1.1 记忆法距离校零

1. 出海前

船站设备在出海前，需要标定并记录各种设备组合下的距离值。

（1）对塔进行距离零值标定，得到测控设备的系统距离零值并记录，进行多次测试，以确保所测得零值的正确性、稳定性和一致性。

（2）通过偏馈实现无线闭环进行距离值的测试并记录，与对塔数据进行比较并记录，同样需要进行多次测试，以确保所测偏馈无线闭环所得距离值的正确性、稳定性和一致性。

（3）通过桅杆实现无线闭环进行距离值的测试并记录，与对塔数据进行比

较并记录,同样需要进行多次测试,以确保所测桅杆无线闭环距离零值的正确性、稳定性和一致性。

(4) 通过射频有线闭环进行距离零值的测试并记录,与对塔数据进行比较并记录,同样需要进行多次测试,以确保所测的有线闭环距离零值的正确性、稳定性和一致性。

2. 出海后

船站设备在出海后,在无塔进行距离零值标定的条件下,只需要进行各种有线或无线闭环的距离值测试,并与原码头测得的对应各种有线和无线闭环测得的距离值进行比较,如果所得值一致或在系统误差许可的范围内,则码头标校的系统零值有效,执行测控任务时,直接填入设备零值即可。

因标校方法较多,建议以偏馈无线闭环距离零值测试为主进行距离值的存储和比对。设备出海后,只要相同条件下(设备组合相同,频点等系统参数相同)偏馈无线闭环所测距离零值与码头偏馈无线闭环所测距离零值一致或在系统误差许可的范围内,即可使用码头标校的系统设备零值。

出海后,若在相同条件下(设备组合相同,频点等系统参数相同)偏馈无线闭环所测距离值与码头偏馈无线闭环所测距离零值如果相差很大且不稳定,此时可以通过有线闭环进行距离零值的测量,如果有线闭环测得的距离数据稳定且与原数据一致,则判断是偏馈阵子或校零变频器的问题,需要对其分别进行故障排查。如果有线闭环的数据不稳定,且和原数据也不一致,则需要切换设备再进行检查,同时需要分段检查设备,进行故障排查。

10.3.1.2 偏馈无线距离校零

偏馈天线无线距离校零原理框图如图 10-5 所示。

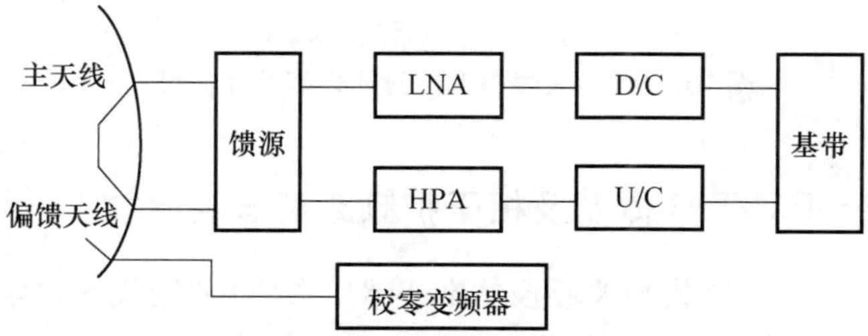

图 10-5 偏馈法无线距离校零原理框图

参与距离校零的有主天线、偏馈天线、发射链路、接收链路、距离校零变频器、基带设备(测距单元)等。主天线和同座偏馈小振子天线构成系统无线闭环,地面系统发射上行测距信号,通过空中辐射至偏馈小天线接收,该信号经距离校零变频器转发,再通过空间辐射至主天线接收,主接收单元接收到转发的测距信号经解调后送到测距单元完成无塔天线距离校零。

将偏馈天线安装在主天线适当位置上，假设通过其在天线主副面间传输信号的光学路径和物理路径接近，那么我们可以采用偏馈的方法完成系统设备零值的提取。在偏馈组成系统无线闭环测试环境下，由基带测量偏馈条件下系统零值，系统零值减去信号在天线主副面间传输的物理路径和喇叭、射频电缆、环形器、距离校零变频器的零值就是设备零值。

$$R_{\Sigma}=R_{g}+R_{T}+R_{22}+R_{21}+R_{3}+R_{4} \tag{10-49}$$

式中：R_{Σ}为系统测量出的总的距离值；R_T为偏馈天线、电缆、校零变频器等的零值；R_g为设备距离零值；R_{21}为天线副反射面到馈源口距离；R_{22}为天线副反射面到天线主反射面边缘距离；R_3为馈源口到天线主反射面底部距离；R_4为天线主反射面底部到三轴中心距离。R_T是标准喇叭、射频电缆、环形器、距离校零变频器的零值，是可以专门标定的；R_{22}、R_{21}、R_3、R_4是天线的中心到偏馈阵子间的几何尺寸，可以通过光学测量或结构设计人员提供，其值的定义如图 10－6 所示。

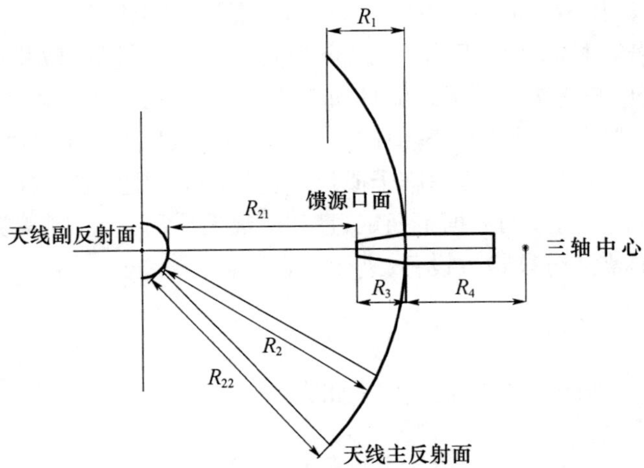

图 10－6　主天线与偏馈天线之间的几何尺寸

10.3.2　PM/PM 体制及相干扩频距离零值标校

PM/PM 体制（如船载 S/X 频段标准 TT&C 系统）和船载 S 频段相干扩频测控系统）的距离零值标校的一般原理如图 10－7 所示。

将校零变频器（ZRT）置于已知距离为 R_{OSP}的标校塔上，ZRT 零值为 R_{OZRT}，塔上附加电缆、波导、天线电长度为 R_{OC}，记设备零值为 R_{OG}。系统闭环时测距机输出为

$$R_{O\Sigma}=R_{OG}+R_{OSP}+R_{OZRT}+R_{OC} \tag{10-50}$$

从 $R_{O\Sigma}$ 中扣除（$R_{OSP}+R_{OZRT}+R_{OC}$），即可得到设备的距离零值 R_{OG}。

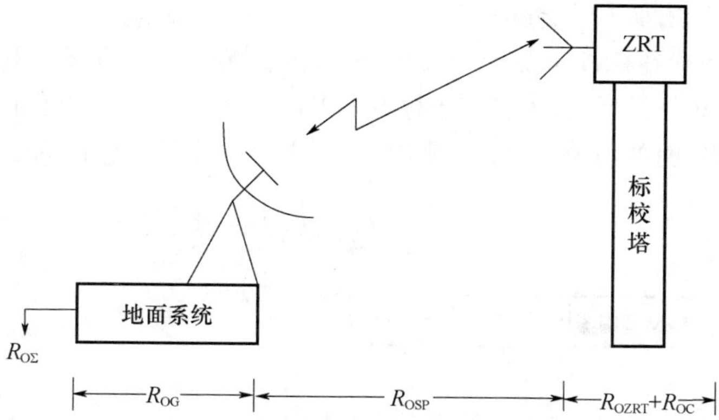

图 10－7　PM/PM 体制距离零值标校原理图

10.3.3　FM/PM 体制距离零值标校

当统一系统上/下行载波调制体制为 FM/PM 时(如船载 C 频段微波统一测控系统),因标校塔上的距离转发器 ZRT 只进行上/下行频率变换,不进行调制体制转换,故经 ZRT 转发的下行信号仍为大频偏调频 FM 信号,而设备要求下行为小调制度调相信号。为使进入测距接收机的下行信号适应正确接收与解调的需要,必须对经 ZRT 转发的下行信号做必要的处理,这使得 FM/PM 体制比 PM/PM 体制的距离零值校准要复杂。在校零状态下,为了对 ZRT 转发的大频偏调频信号作必要处理,可采用三种方法。

1. 采用中频调频/调相变换器

采用中频调频/调相变换器(FPC),将大频偏调频 FM 信号变换为小调制指数的调相 PM 信号。图 10－8 是此方法的距离零值标校的原理图。

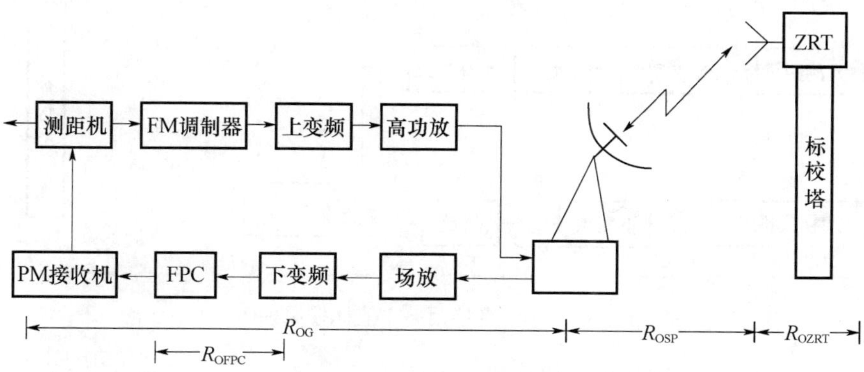

图 10－8　采用 FPC 进行距离零值标校原理图

与 PM/PM 体制设备距离零值标校方法相比,只是在下行链路中多了一个 FFC,而 FPC 自身的零值 R_{OFPC} 可用中频闭环方法进行专门测试。

2. 接收机增加 FM 鉴频支路

当设备工作在标校状态时，由 ZRT 转发的大频偏调频信号经下行链路变换为 70MHz 调频信号后，接入专用于标校的 FM 鉴频支路，由此可获得 FM 接收机为鉴频器（FD）时的系统的零值，图 10－9 是鉴频支路进行标校的原理图。

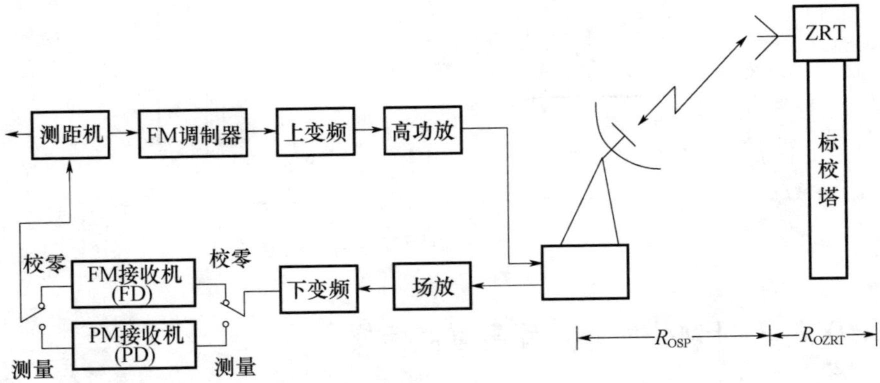

图 10－9　接收机增加鉴频支路实现距离零值标校原理图

因系统正常工作时用的是 PM 接收机鉴相器（PD），故还需要用一个宽带调制器专门测出鉴相与鉴频两个支路的距离零值之差，以便对上述在鉴频支路工作时所测得的距离零值进行修正。图 10－9 中 FD 是增加的 FM 接收机的鉴频器 FD，PD 是原系统的 PM 接收机的鉴相器。

3. 采用小调制指数调频，直接测距进行距离零值标校

图 10－10 是直接测距零值标校原理图，令 FM 调制器输出小频偏调频信号 $\Delta f = \pm 20\text{kHz}$，用 PM 接收机的鉴相器 PD 直接解调小调制指数的 FM 信号。

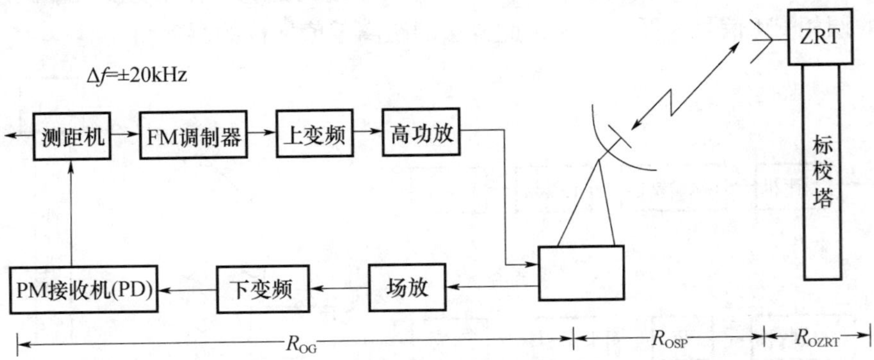

图 10－10　直接距离零值标校原理图

对于主侧音的高侧音，测距机输出为

$$R_{O\Sigma F} = R_{OG} + R_{OSP} + R_{OZRT} + R_{OC} + 1350 \tag{10-51}$$

得距离零值为

$$R_{OG} = R_{O\Sigma F} - (R_{OSP} + R_{OZRT} + R_{OC} + 1350) \tag{10-52}$$

式中:1350m 是由于用 PM 接收机去解调 FM 信号时引入额外的 90°相移,高侧音 90°相移对应的距离值为 1350m。采用小频偏调频信号进行直接测距零值标校,要求由侧音(主侧音或次侧音副载波调制信号)调制的调频信号在经历上/下行链路各个环节时,不因调制频偏的变化(±200~±20kHz)而引入附加相移,特别是上行 FM 调制器必须是宽带的,以保证在校零(小频偏)与工作(大频偏)两种状态下距离零值不变。这与接收机增加 FM 鉴频支路校零法在专门测定 FD 与 PD 两支路的距离零值差时所采用的宽带调制器的道理是一样的。

10.3.4 非相干扩频距离零值标校

非相干扩频测距系统中采用双向测伪距方式,实际工作时测控站上行发射的测距 PN 码与下行接收的 PN 码不同,在进行测距校零时应对上行信号作相应的处理。在测控基带设备上,通过改变上行调制器 PN 码产生器的本原多项式和初相产生的下行 PN 码,并将数据中的上行伪距、伪多普勒作相应的填写。

10.3.5 扩跳频距离零值标校

对于 DS/FH 扩跳频测控系统,由于上下行跳频图案不同、上下行测量帧数据格式、速率不同,造成上下行测量采样率和格式不匹配等因素,导致设备零值不能在任务模式下直接分离,所以一般在遥测自检模式下进行闭环测试,分离距离零值。距离零值与信号格式无关,信号格式只是用来表示采样的伪码相位点信息,距离值只与信号走过的路径时延有关。尽管上下行跳频图案不相同,但也覆盖全部跳频带宽,采用遥测自检模式分离的距离零值能够考察设备在整个频带内的零值情况,不影响距离零值的正确性和精度。

在闭环自检模式下,扩跳频测控地面设备发送级联码的自检扩跳频遥测帧,与任务模式下形成的上行扩跳频遥控帧进行选择输出,输出的中频信号可以直接送扩跳频测控地面设备进行中频闭环自检,得到基带部分的距离零值,也可以通过射频有线发送出去,通过校零变频器进行校零,得到整个地面系统的距离零值。地面基带上行调制的原理框图如图 10-11 所示。

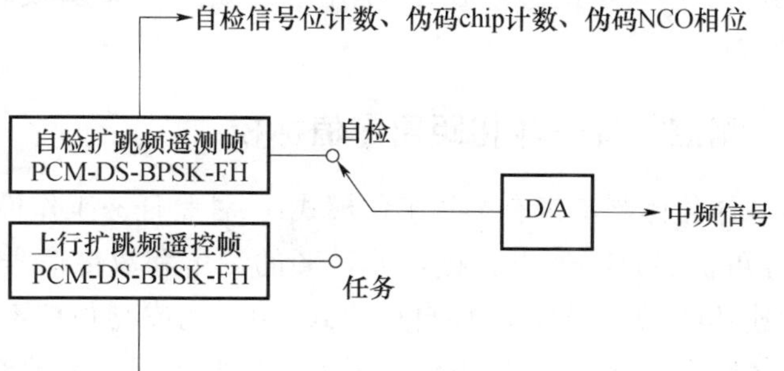

图 10-11 扩跳频测控地面基带上行调制原理框图

在设计上，保证扩跳频基带生成自检遥测帧信号和上行遥控帧信号与各自的伪码相位保持对齐，不产生码元级的调制延时，在任务和自检模式选择开关之后，上行遥控帧和自检遥测帧调制路径一样，保证自检和任务模式调制部分的时延相同。而对于接收部分而言，在任务模式和自检模式下，接收机工作状态没有区别，输出帧脉冲的延时是一致的，这样自检模式下发送自检遥测帧信号测出来的距离零值就反映了任务模式下的设备零值。

扩跳频测控地面基带下行接收的原理框图如图 10－12 所示。在任务模式下，地面基带接收下行扩跳频遥测信号，完成测量采样脉冲提取功能，利用提取出的采样脉冲对任务模式的上行遥控帧位计数 BitCnt、伪码 chip 计数 ChipCnt、伪码 NCO 相位 PN_{nco}（16 位量化）进行采样。

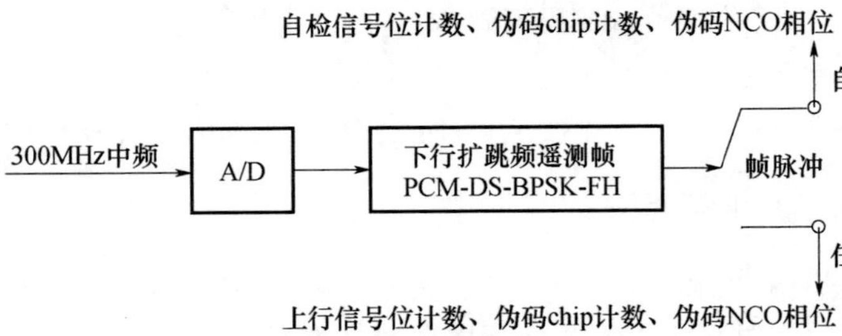

图 10－12　扩跳频测控地面基带下行接收原理框图

在闭环自检模式下，地面基带完成与任务模式下相同的自检扩跳频遥测信号接收、测量采样脉冲提取功能，利用提取出的采样脉冲对闭环自检模式的自检遥测帧位计数 BitCnt、伪码 chip 计数 ChipCnt、伪码 NCO 相位 PN_{nco}进行采样。距离零值为

$$R_0 = \frac{1}{2} \times [\mathrm{BitCnt}/R_s + (\mathrm{ChipCnt} + \frac{PN_{nco}}{65536})/R_c] \times c(\mathrm{m}) \quad (10-53)$$

式中：R_s为编码后码元符号速率；R_c为伪码速率（10Mchip/s）；c 为光速。

扩跳频测控地面基带下行接收在任务和自检模式下，输出帧脉冲的延时是一致的，自检模式下接收自检遥测帧信号测出来的距离零值就反映了任务模式下的设备零值。

10.3.6　测控数传一体化距离零值标校

测控数传一体化体制基带有两种工作模式：一种是任务工作模式，上行发送扩频测量（遥控可扩展）信号，下行接收非扩频的测量和数传信号，与应答机联合完成测距测速功能；另一种是闭环自检模式，用于完成测距校零功能，此时由于上下行信号体制不一致，上行发射信号就需要按照下行数传帧格式形成 PCM 模拟帧格式，与任务模式下形成的上行扩频测量帧 PCM 进行选择输出，中频调制以后经过 D/A 变换输出到发射机。输出的 70MHz 中频信号可以直接送到数传接收通道解调进行中频闭环自检，得到基带部分的距离零值；也可以通过射频有线或射频无线发送出去，通过校零变频器进行射频闭环校零，得到整个地面系统的距离零值。地面基带设备上行调制的原理框图如图 10－13 所示。

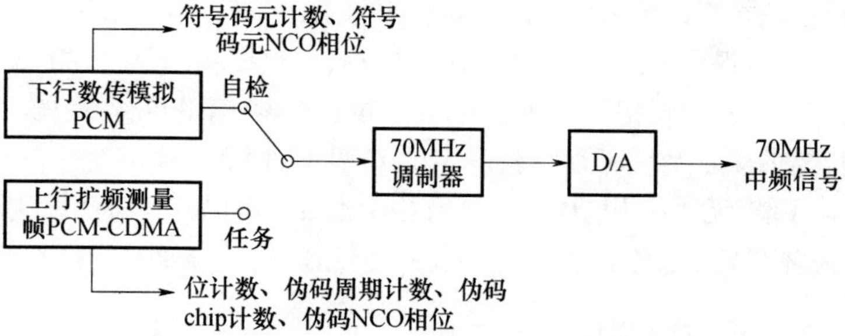

图 10－13　地面基带设备上行调制原理框图

在闭环自检模式下，地面基带完成与任务模式下相同的数传接收、测量采样脉冲提取功能，利用提取出的采样脉冲对本地上行数传模拟源码元计数 BitCnt、码元 NCO 相位 BitNco(16 位量化)进行采样，距离零值为

$$R_0 = \frac{1}{2}\left(\text{BitCnt} + \frac{\text{BitNco}}{65536}\right)/R_s \times c(\text{m}) \tag{10-54}$$

式中：R_s为编码后码元符号速率，在信息速率 R_b为 1049088b/s、编码比率为 1/3 时，R_s等于 3147264symbol/s；c 为光速。

地面基带在生成扩频信号和数传模拟信号时，在输出选择开关之前，使得扩频信号、数传模拟信号及其对应的各种计数保持对齐关系，从而可以保证地面基带标校零值的正确性。

距离值或者距离零值与信号体制无关，信号体制只是用来表示采样的相位点信息，距离值只与信号传输的路径时延有关。在“任务/自检”模式选择开关之后，数传和扩频的调制路径一样，因此调制部分的时延相同，而接收部分任务和自检模式没有区别。这样，自检模式下发送数传信号测出来的距离零值就反映了任务模式下的设备零值。在“任务/自检”模式选择开关之前，只需要数传信号和扩频信号与各自的计数值保持对齐即可。

系统校零过程中的其余步骤同于标准 TT&C 工作体制，不再赘述。

10.4　相位标校技术

双通道单脉冲跟踪接收机具有设备相对简单、跟踪精度高、角误差解调性能优良、容易实现等优点，在船载微波统一测控系统中得到了广泛应用，是目前测控系统中用得最多的方案。但它存在和、差通道幅相不一致引起的交叉耦合以及定向灵敏度变化的问题,需要进行定期校正;而且校相结果受设备组合、工作频点、环境温度和极化方向的影响较大,对于船载测控站来说,跟踪接收机校相已经成为执行任务前不可或缺的工作。

根据目前测控系统无塔标校的实际应用需求,相对于传统采用的标校塔校相技术,近年来先后提出了射电星校相、快速校相、卫星校相、近场校相、偏馈辅助校相、分段校相等多种和差相位校准方案,经过试验探索,有的可行,有的不可行。如射电星校相要求接收系统必须具备一定的 G/T 值,而船载微波统一测控系统(如UXB)G/T 值不够,无法使用射电星法进行相位标校。所以,在没有标校塔作依托的条件下,如何解决跟踪系统的相位标校问题,是当前测控系统面临的技术难题之一。

10.4.1 相位标校的原理

船载微波统一测控系统的主天线一般都采用比幅单脉冲双通道角跟踪体制。如图 10-14 所示,主跟踪接收模块按功能划分为和通道载波信号接收、差通道角误差信号解调两大部分。和通道载波信号接收部分完成载波捕获,给出接收机锁定指示和 AGC 电平,为伺服系统提供跟踪判决依据。差通道角误差信号解调部分完成相关幅度检波,输出角误差信息。

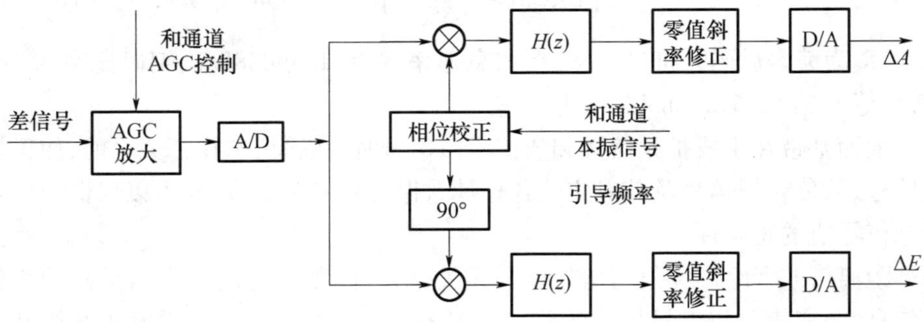

图 10-14 双通道单脉冲体制角误差解调原理框图

角误差信号示意图如图 10-15 所示。目标 P 相对于天线电轴的位置为(θ,Φ),则归一化后的和差信号如下。

和信号为

$$e_s = \cos\omega_2 t \tag{10-55}$$

差信号为

$$\begin{aligned} e_D &= \frac{K_D}{K_S}\mu\theta\sin(\omega_2 t + \Phi + \Delta\Phi) = \frac{K_D}{K_S}\mu\theta\sin\omega_2 t\cos(\Phi + \Delta\Phi) + \\ &\quad \frac{K_D}{K_S}\mu\theta\sin(\Phi + \Delta\Phi)\cos\omega_2 t \end{aligned} \tag{10-56}$$

式中:K_D、K_S分别为和差信道的增益因子;μ 为差通道归一化斜率。

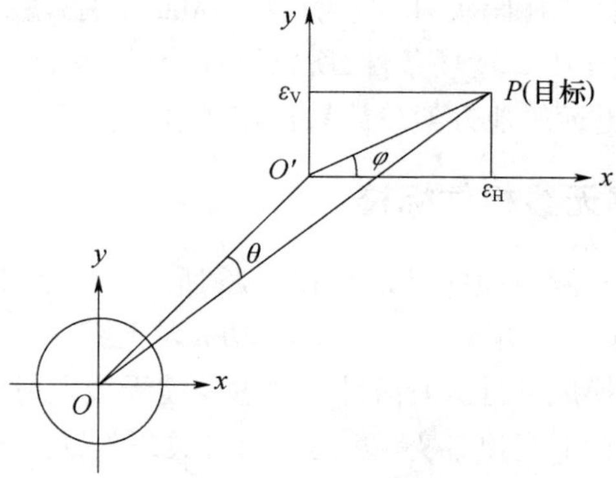

图 10－15　角误差信号示意图

由式(10－56)可以看出,差信号的前项为方位误差信号,后项为俯仰误差信号。误差信号经过功分器后进行相干鉴相,和信号相移 90°后与差信号相乘鉴相得到方位误差信号,和信号与差信号相乘鉴相得到俯仰误差信号,经过滤波后得到

$$\text{方位误差电压:}\ U_A = K_T\mu\theta\cos(\Phi + \Delta\Phi) \tag{10-57}$$

$$\text{俯仰误差电压:}\ U_E = K_T\mu\theta\sin(\Phi + \Delta\Phi) \tag{10-58}$$

式中:K_T 为鉴相器增益因子。由式(10－57)、式(10－58)可以看出,当和差中频信道相移不一致时($\Delta\Phi \neq 0°$时),将会引起交叉耦合。当和差信道相移一致,即 $\Delta\Phi = 0°$时,有

$$U_A = K_T\mu\theta\cos\Phi \tag{10-59}$$

$$U_E = K_T\mu\theta\sin\Phi \tag{10-60}$$

此时,方位、俯仰的角误差电压与目标偏离天线电轴的角度 θ 成正比。

10.4.2　有塔相位标校

目前船载微波统一测控系统主要采用有塔校相,即在测控站附近建造标校塔,在塔上安装相应的标校设备,完成日常标校工作。有塔校相具有实时性好、校相结果稳定度高等优点,但标校塔的建造一般要求满足天线的远场条件($R \geqslant 2D^2/\lambda$),这就要求建造在距离测控站足够远的区域;同时,为了减小多径干扰,天线对塔的仰角一般为天线半功率波束宽度的 3 倍,这就对塔高提出了一定的要求。表 10－4 是船载微波统一测控系统远场条件统计表。

表 10－4　船载微波统一测控系统远场条件统计表

天线口径	点频/频段	远场条件	塔高(仰角 3°)
12m	2300MHz/S 频段	2208m	115m
10m	6400MHz/C 频段	4267m	223m
12m	8500MHz/X 频段	8160m	427m

目前标校塔离测量船(码头)的距离仅有900m左右,塔高70m左右,由于进行校相一般要满足大于1/2远场条件,所以该标校塔不满足C/X频段设备标校的远场条件,必须在更远的地方架设简易标校塔进行标校。

10.4.3 偏馈无线相位标校

无线偏馈校相值检测原理框图如图10-16所示。由基带分系统调制单元输出70MHz信号,经上行开关矩阵到上变频器、功放及天线发射出去,偏馈小天线收到信号后通过频率变换成下行微波信号再通过偏馈天线发射出去,主天线接收到下行信号后,通过场放、下变频器变频后送下行开关矩阵,再到基带设备,实现无线射频闭环校相,观察相位值的稳定性和一致性。这样可以对天馈部分设备的相位进行相对检查,同时与有线校相进行数据对比,以检查引起相位变化的地方。

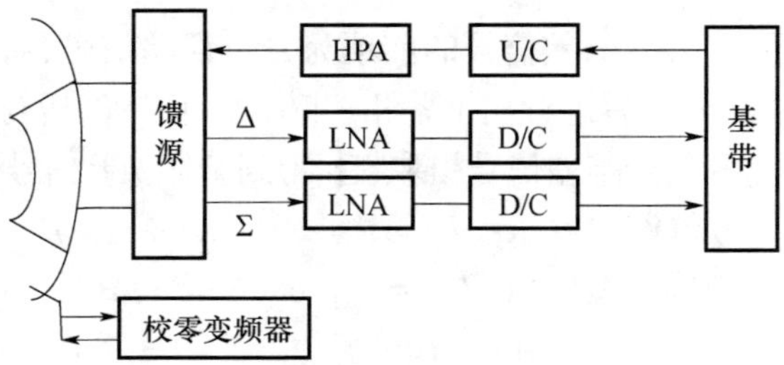

图10-16 偏馈无线相位检查原理框图

10.4.4 有线闭环相位标校

随着无线电技术的快速发展和基带的应用,跟踪基带相当于一台相位计,可以随时直接测出和差通道的相位差值,对于船载微波统一测控系统,在出海执行任务时不具备随时对塔进行标校的情况下,只能借助有线闭环校相来检查设备相位的稳定性和一致性。

系统有线闭环进行相位稳定性测试的原理框图如图10-17所示。测试上变频器输出信号通过功分器直接接到和、差场放输入端,通过下行链路到基带即可完成对接收分系统的有线闭环相位标定。该值的变化能表示场放以后设备相位的稳定性和一致性。通常情况下,相同设备的和差相位变化值应该是一致的。

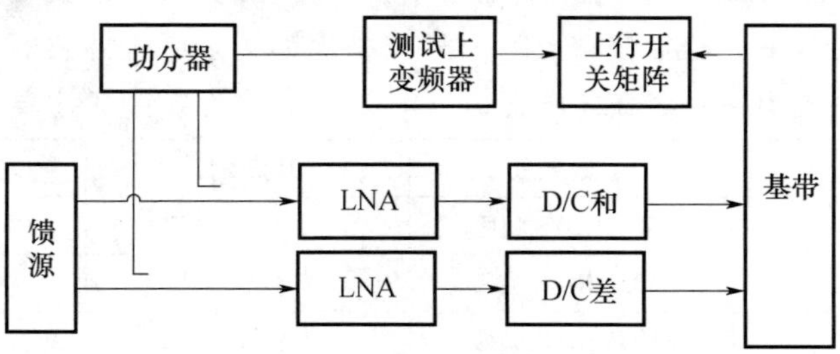

图10-17 有线闭环相位检查原理框图

10.4.5 信标球相位标校

用信标球进行交叉耦合和定向灵敏度标校的原理是基于偏置跟踪，光、电跟踪加偏置进行相位标校的原理相同，下面以光跟踪为例介绍。

在标校电视跟踪信标球的基础上，在跟踪环路上加入一定的电压，通过标校电视的脱靶量可以计算加偏的角度。此时跟踪接收机进行自动校相，可完成跟踪接收机交叉耦合的校准。同时调整方位/俯仰角增益电位器，使方位/俯仰角定向灵敏度达到规定的大小和极性要求。

跟踪信标球进行标校时，跟踪接收机的定向灵敏度计算公式为

$$C_{\mathrm{A}} = \Delta U_{\mathrm{A}} / \Delta A \tag{10-61}$$

$$C_{\mathrm{E}} = \Delta U_{\mathrm{E}} / \Delta E \tag{10-62}$$

式中：C_{A}、C_{E}分别为方位和俯仰支路的定向灵敏度；ΔU_{A}、ΔU_{E}分别为方位和俯仰支路的误差电压；ΔA、ΔE 分别为偏离目标的方位和俯仰角度差。

具体过程包括以下两步：

（1）当信标球进入标校电视视场时，标校电视跟踪信标球，读取此时接收机的方位误差电压 U_{A1}；

（2）在标校电视自跟踪的基础上在方位支路加偏，读取此时接收机的方位误差电压 U_{A2}、标校电视 X 轴脱靶量 X，根据标校电视脱靶量可以计算出加偏的角度：

$$\Delta A_0 = X \times K_{\mathrm{x}} \tag{10-63}$$

式中：K_{x}为标校电视 X 轴方向码当量，若取 K_{x}的量纲为“′/码”，再将加偏角度ΔA_0换算成密位（mil）单位，则

$$\Delta A = \Delta A_0 / 216 = X \times K_{\mathrm{x}} / 216 (\mathrm{mil}) \tag{10-64}$$

接收机方位支路的定向灵敏度（V/mil）为

$$C_{\mathrm{A}} = (U_{\mathrm{A2}} - U_{\mathrm{A1}}) / (\Delta A \times \cos E) \tag{10-65}$$

式中：$\cos E$ 为正割因子。

10.4.6 同步星相位标校

同步卫星标校同标校塔标校的原理基本相同，都是基于偏置跟踪，而且同步卫星也可以看作一个相对位置固定的空间目标，它们之间的差别主要有：标校塔标校只能在测量船停靠码头期间进行，同步卫星标校在码头及海上都可以进行，在海上时，测量船处于动态条件下，且只能利用与待标校设备使用相同点频的同步卫星进行标校。

船载微波统一测控系统在任务海域可通过跟踪同步卫星来完成交叉耦合和定向灵敏度标校工作。系统跟踪同步卫星，记录方位俯仰大地角度值，在此基础上，伺服系统转动天线，在波束范围内使方位和俯仰正反向偏置，通过调整交叉

耦合的方式标定跟踪接收机相位。方位和俯仰各偏置 2mil，调整跟踪接收机的定向灵敏度。在调整方位定向灵敏度时要考虑到俯仰角的正割补偿。

10.4.7 扩频测控相位标校

扩频测控包括相干扩频测控、非相干扩频测控、扩跳频测控三种方式，其中相干/非相干扩频的相位标校与标准 TT&C 的相位标校基本一致，其流程如图 10-18 所示。

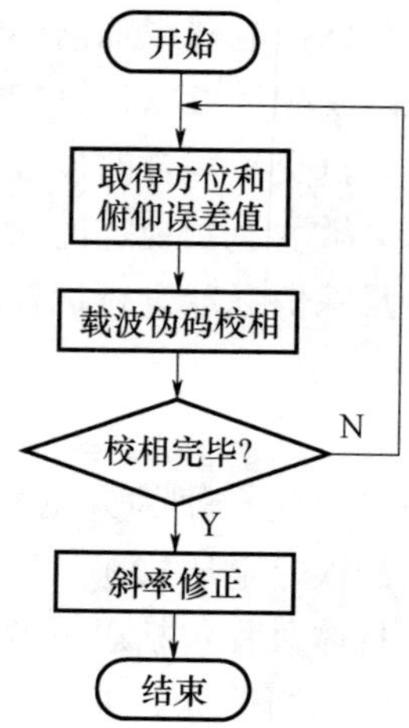

图 10-18 校相处理流程图

相位校正用来补偿和、差通道信号的传输时延，和通道送来的参考信号需要在自动标校过程中通过相位校正单元进行相位修正，以保证本地参考信号差与信号同频同相；斜率检测灵敏度误差也可以在标校过程中通过斜率修正来校准。相位校正单元通过数字移相器对和通道本振信号进行相位修正，可以精确实现载波和伪码相位的修正。斜率修正功能由软件实现，满足系统角误差检测灵敏度的要求。

而对于扩跳频相位标校，在整个测控信号频段内，分段逐点开展角度标校，由基带设备调整上行输出的中频频率，从而调整射频频率，通过标校塔上的转发器，通过对转发的各个测控频点进行自动校相，得到校相数据库；通过对校相结果进行差值拟合算法，实现测控信号频段各个频点的角误差跟踪。

10.4.8 海上相位标校

对于船载微波统一测控系统，在海上执行任务时，不能随时对塔进行相位标校，所以比较常用的方法就是采用“码头校相数据差值记忆法”、信标球标校法和快速校相法等，其中快速校相法将在 10.5.1 节中进行介绍。

1. 记忆法

设备出海执行任务前，首先需要对船载测控系统进行一系列相位标校，并将各种测试的值存储在基带中，以便设备出海后，进行比对和分析。

1）码头标校时需要确定的相位值

（1）记录接收设备不同组合、不同工作频点等条件下，接收系统对塔的相位标校值，此值确定为 A，即相位零值。

（2）记录与标校塔对应的相同设备组合、工作频点情况下的偏馈/有线闭环相位差值，此值确定为 B。

2）设备出海后相位值的应用

（1）执行任务前，先对系统进行偏馈/有线闭环和、差相位校相，记录相位

值 B_1。

(2) 将其测试值与码头有线闭环的校相值(相同设备组合、相同频点等)进行比对(即 B 和 B_1 进行比对),如果其相位值基本相同,且在一定的误差(8°)范围内,可以认为原相位标校的相位数据有效,可以直接使用。

(3) 测试值与码头偏馈闭环的校相值(相同设备组合、相同频点等)进行比对时(B 和 B_1 进行比对),如果相位值不同,但有线闭环的相位值是相同的,则在原校相值上扣除偏馈校相差值即可。如果有线闭环值也发生了变化,且差值固定且是稳定的,此时可以借助信标球进行相位标校。

若测试值与码头有线闭环的校相值(相同设备组合、相同频点等)进行比对时(B 和 B_1 进行比对),如果相位值不同,且差值不稳定,则需要多检查几个组合设备的相位值,看其是否稳定,如果有值是稳定的,就可以查找相位值不稳定设备的故障,进行问题分离。

2. 信标球标校法

设备出海后,如果海上有线闭环测试的和差相位值与码头有线闭环的校相值(相同设备组合、相同频点等)进行比对,其相位值不同,差值较大且固定及稳定时,通过放信标球,重新进行相位标校,并将标校结果与原码头标校结果进行比较,以确定新的相位零值。

(1) 码头标校时需要确定相位值与"记忆法"相同。

(2) 信标球标校过程。

① 放信标球,控制系统工作组合和参数。

② 完成和差相位标校,并记录相位值,此值确定为 A_1。

③ 将 A_1 与码头对塔标校相位值 A 进行比较(A 和 A_1 的差值),看其差值是否和有线闭环差值一致(B 和 B_1 的差值)。

④ 如果 A 和 A_1 的差值与 B 和 B_1 的差值是一致的,则证明设备出海后,相位发生变化,直接使用新的相位值。

⑤ 在后续的任务期间,继续检查有线闭环和差相位值 B_1,看其是否稳定,只要相位值稳定,且在一定误差范围内,该值就能直接使用。

10.5 海上标校新技术

10.5.1 快速校相技术

1. 程序快速校相的原理

程序快速校相技术是一项适用于接收机相位标校的新技术,又称动态校相法、两点校相法，它是一种根据数字引导（或程序引导）对任务目标进行跟踪的同时进行校相的方法，该方法简单、快捷。下面以左旋信号为例，来阐述这种校相方法的原理。

假定天线差信号的方向图比较理想，交叉耦合为零，即方位与俯仰信号完全正交且大小相等。当天线指向任一点 P_1，P_1 点在方位上偏开电轴零点 X_1 密位，俯仰上偏开 Y_1 密位，记为 $P_1(X_1,Y_1)$。此时差信号的形式为

$$u_\Delta(t)=E_1\sin(\omega t+\Phi)+A_1\cos(\omega t+\Phi) \tag{10-66}$$

式中：Φ 为差路信号的相位；A_1 为方位差信号幅度；E_1 为俯仰差信号幅度。

方位俯仰增益初始值设为 k，由于方位信号和俯仰信号完全正交，方位移相器和俯仰移相器的初始移相值设为 θ，差路鉴相器的参考信号为

$$俯仰：k\sin(\omega t+\theta)$$

$$方位：k\cos(\omega t+\theta)$$

在差路方位鉴相器中，参考信号 $k\sin(\omega t+\theta)$ 与差路信号 $u_\Delta(t)$ 鉴相为

$$[E_1\sin(\omega t+\Phi)+A_1\cos(\omega t+\Phi)]\times[k\cos(\omega t+\theta)]=\frac{k}{2}[E_1\sin(2\omega t+\Phi+\theta)+E_1\sin(\Phi-\theta)]+\frac{k}{2}[A_1\cos(2\omega t+\Phi+\theta)+A_1\cos(\Phi-\theta)] \tag{10-67}$$

经过低通滤波器后，P_1 点方位误差电压为

$$V_{\mathrm{Az1}}=\frac{k}{2}[E_1\sin(\Phi-\theta)+A_1\cos(\Phi-\theta)] \tag{10-68}$$

同理，俯仰参考信号 $k\sin(\omega t+\Phi_2)$ 与差路信号 $u_\Delta(t)$ 鉴相，经过低通滤波器之后，俯仰误差电压为

$$V_{\mathrm{El1}}=\frac{k}{2}[E_1\cos(\Phi-\theta)-A_1\sin(\Phi-\theta)] \tag{10-69}$$

假设天线方位正偏角度 λ 至 P_2 点 (X_2,Y_1)。由于方位信号与俯仰信号完全正交，P_2 点方位信号幅度 $A_2=\Delta A+A_1$（ΔA 为方位正偏 λ 增加的方位信号幅度）；俯仰信号幅度保持不变，E_1、P_2 点差信号为

$$u_\Delta(t)=E_1\sin(\omega t+\Phi)+A_2\cos(\omega t+\Phi) \tag{10-70}$$

根据式(10-68)和式(10-69)，可以得出 P_2 点的方位和俯仰误差电压为

$$V_{\mathrm{Az2}}=\frac{k}{2}[E_1\sin(\Phi-\theta)+A_2\cos(\Phi-\theta)] \tag{10-71}$$

$$V_{\mathrm{El2}}=\frac{k}{2}[E_1\cos(\Phi-\theta)-A_2\sin(\Phi-\theta)] \tag{10-72}$$

将 P_2 点与 P_1 点的误差电压相减，则

$$\begin{aligned}\Delta V_{\mathrm{Az}}=V_{\mathrm{Az2}}-V_{\mathrm{Az1}}&=\frac{k}{2}[E_1\sin(\Phi-\theta)+A_2\cos(\Phi-\theta)]-\frac{k}{2}[E_1\sin(\Phi-\theta)+A_1\cos(\Phi-\theta)]\\&=\frac{k}{2}A\cos(\Phi-\theta)=\frac{k}{2}A\sin\left(\frac{\pi}{2}+\Phi-\theta\right)\end{aligned} \tag{10-73}$$

$$
\begin{aligned}
\Delta V_{\mathrm{EL}} = V_{\mathrm{El2}} - V_{\mathrm{El1}} &= \frac{k}{2}\left[E_1\cos(\Phi-\theta) - A_2\sin(\Phi-\theta)\right] - \frac{k}{2} \\
&\quad \left[E_1\cos(\Phi-\theta) - A_1\sin(\Phi-\theta)\right] \\
&= -\frac{k}{2}A\sin(\Phi-\theta) = \frac{k}{2}A\sin(\theta-\Phi) \\
&= \frac{k}{2}A\cos\left(\frac{\pi}{2}+\Phi-\theta\right)
\end{aligned}
\tag{10-74}
$$

$$
\frac{\Delta V_{\mathrm{Az}}}{\Delta V_{\mathrm{El}}} = \frac{\frac{k}{2}A\sin\left(\frac{\pi}{2}+\Phi-\theta\right)}{\frac{k}{2}A\cos\left(\frac{\pi}{2}+\Phi-\theta\right)} = \tan\left(\frac{\pi}{2}+\Phi-\theta\right) \tag{10-75}
$$

$$
\Phi = \begin{cases}
\arctan\left(\dfrac{\Delta V_{\mathrm{Az}}}{\Delta V_{\mathrm{El}}}\right) - \dfrac{\pi}{2} + \theta; (\Delta V_{\mathrm{Az}} \geqslant 0, \Delta V_{El} \geqslant 0) \\
\arctan\left(\dfrac{\Delta V_{\mathrm{Az}}}{\Delta V_{\mathrm{El}}}\right) - \dfrac{\pi}{2} + \theta + 180^\circ; (\Delta V_{\mathrm{El}} \leqslant 0) \\
\arctan\left(\dfrac{\Delta V_{\mathrm{Az}}}{\Delta V_{\mathrm{El}}}\right) - \dfrac{\pi}{2} + \theta + 360^\circ; (\Delta V_{\mathrm{Az}} \leqslant 0, \Delta V_{\mathrm{El}} \geqslant 0)
\end{cases}
\tag{10-76}
$$

根据式(10－73)和式(10－76),可求出方位偏离角度 λ 所对应的幅度 ΔA,即

$$
\begin{cases}
\left(\Delta V_{\mathrm{El}} \times \dfrac{2}{A\times k}\right)^2 + \left(\Delta V_{\mathrm{Az}} \times \dfrac{2}{A\times k}\right)^2 = \sin^2\left(\dfrac{\pi}{2}+\Phi_1-\Phi_2\right) + \cos^2\left(\dfrac{\pi}{2}+\Phi_1-\Phi_2\right) = 1 \\
A = \dfrac{2}{k}\sqrt{\Delta V_{\mathrm{El}}^2 + \Delta V_{\mathrm{Az}}^2}
\end{cases}
\tag{10-77}
$$

方位、俯仰移相器移相值的求解:根据式(10－76),差路相位值 Φ 可以解出。由于方位、俯仰信号垂直正交,可得到移相值 $\theta_{\mathrm{Az}} = \theta_{\mathrm{El}} = \Phi$。

方位、俯仰移相器增益的求解:一般双通道跟踪接收机的角跟踪灵敏度为 500mV/mil,1mil = 0.057°。根据式(10－73),方位增益 k_{Az} 为

$$
\frac{\lambda \times 0.5V}{0.057^\circ} = k_{\mathrm{Az}} \times A\cos(\omega t + \Phi) \times \cos(\omega t + \Phi) \tag{10-78}
$$

经过低通滤波器之后,根据式(10－77),得

$$
\frac{\lambda \times 0.5V}{0.057^\circ} = k_{\mathrm{Az}} \times A \times \frac{1}{2} = k_{\mathrm{Az}} \times \frac{2}{k}\sqrt{\Delta V_{\mathrm{El}}^2 + \Delta V_{\mathrm{Az}}^2} \times \frac{1}{2} \tag{10-79}
$$

方位增益系数为

$$
k_{\mathrm{Az}} = \frac{k}{\sqrt{\Delta V_{\mathrm{El}}^2 + \Delta V_{\mathrm{Az}}^2}} \times \frac{\theta \times 0.5V}{0.057^\circ} \tag{10-80}
$$

因为假设方位方向图的斜率和俯仰方向图的斜率一致，所以俯仰增益系数为

$$k_{\mathrm{El}} = \frac{k}{\sqrt{\Delta V_{\mathrm{El}}^2 + \Delta V_{\mathrm{Az}}^2}} \times \frac{\theta \times 0.5\mathrm{V}}{0.057°} \tag{10-81}$$

2. 程序快速校相的方法

程序快速校相的具体实施方法如下：

(1) 系统启动数字引导，设数引点为 P_1，数引应保证天线跟踪上目标。

(2) 跟踪接收机锁定时，监控分系统记录 P_1 点跟踪接收机输出的方位、俯仰移相器初始相位 θ 和增益 k，天伺馈输出的误差电压 V_A、V_E 等数据。

(3) 由监控分系统控制天线方位或俯仰偏移一定位置到 P_2 点。

(4) 在天线到位后，再记录 P_2 点跟踪接收机输出的相位和增益、天伺馈输出的误差电压等数据。

(5) 监控分系统根据上述数据，将两点误差电压相减，实时计算出移相值 $\theta_{\mathrm{Az}} = \theta_{\mathrm{El}} = \Phi$，即相位修正值并存储。

(6) 校相完成后，控制天线取消偏移量，回到数字引导跟踪，跟踪正常后，再转自跟踪即可。

程序快速校相的优点是方法简单、快捷，不需要专门的标校辅助设施。其不足之处是，该标校方法主要针对陆站静态条件下跟踪接收机进行相位标校，对于测量船测控设备海上动态条件下接收机相位标校是否适用还需要进一步研究。

10.5.2 星体标校技术

在船载微波统一测控系统中一般都装有标校电视跟踪系统，它主要有两个功能，一是释放信标球时录取设备的光电偏差值，二是以星体作为参考目标时解算天线的零位和轴系误差参数，这种标校技术成为星体标校。本节主要介绍星体标校的基本原理和方法。

星体标校是利用经过天文测量已准确定位的恒星进行标校。标校时，选取合适的星组，对测控站进行坐标转换，再与系统测量结果数据进行比较，即可得到一系列误差数据，经过数据处理可得误差项参数。

星体标校只能标定机械误差，如大盘不水平、方位俯仰轴不垂直、光轴与俯仰轴不垂直，方位俯仰角度零值误差等。此外，星体标校要求天气晴朗、能见度高等，对环境要求比较苛刻。

对于已经装调完毕，就不再拆卸的船载站，一般以常规标校为主；鉴于设备工作条件，也可以采用星体标校，进行机械误差标定和零值校准，而光电失配、定向灵敏度标定仍采用常规标校法。

1. 星体标校的基本原理

星体标校的基本原理是利用了恒星位置的确定性，在已知星体的赤经 a、赤

纬 δ、测量点的经度 λ、纬度 Φ 和绝对时间 t 的情况下，星体的理论方位角 A 和理论俯仰角 E 是以上几个参数的函数。

$$A(t) = G_1[a(t),\delta(t),\lambda(t),\Phi(t),t] \tag{10-82}$$

$$E(t) = G_2[a(t),\delta(t),\lambda(t),\Phi(t),t] \tag{10-83}$$

标校电视测量星体位置，得到星体甲板方位角 A_{ij}，甲板俯仰角 E_{ij}（i 表示第 i 颗星，j 表示第 j 次采样），将坐标转换到惯导地平系与星体理论位置相减得 ΔA_{ij}、ΔE_{ij}，进而得出测量每一颗星的方位偏差角 ΔA_i 和俯仰偏差角 ΔE_i。标校电视是高精度的光测设备，其静态测量精度优于 3″，再者标校电视与天线之间刚性连接，可以认为测星的误差是由于天线的零位差、轴系差（$A_0, E_0, \beta_x, \beta_y, \delta, S_b$）引起的，即

$$\Delta A_i = F_1(A_0,E_0,\beta_x,\beta_y,\delta,S_b) \tag{10-84}$$

$$\Delta E_i = F_2(A_0,E_0,\beta_x,\beta_y,\delta,S_b) \tag{10-85}$$

式中：A_0 为方位编码器零位差；E_0 为俯仰编码器零位差；β_x、β_y 为大盘不水平的两个正交分量；δ 为俯仰轴与方位轴不垂直度；S_b 为光机偏差；F_1、F_2 实际上均为复杂的函数，通过工程近似得到 F_1、F_2 线性模型，利用最小二乘法求 ΔA_0、ΔE_0（先扣除坞内常规方法标定的零位再进行标定，标定的结果是码盘零位值相对坞内值的变化量 ΔA_0、ΔE_0）、β_x，β_y，δ，S_b 的估计值。具体方法如下：用标校电视测出仰角在 20°～65°方位间隔内大体一致的 n 颗星，每颗星测 m 组数据，修正编码器零位、修正船体变形、由甲板系坐标变换到地平系，然后与理论位置比对（i 表示星号，j 表示采样号，0 上标表示理论值），其中理论值已加入蒙气差修正量。

$$\begin{cases}\Delta A_{ij} = A_{ij} - A_{ij}^0 & j = 1,2,\cdots,n \\ \Delta E_{ij} = E_{ij} - E_{ij}^0 & j = 1,2,\cdots,m\end{cases} \tag{10-86}$$

对每颗星 m 组数据求平均值。

$$\begin{cases}\Delta \overline{A}_i = (1/m)\sum \Delta A_{ij} \\ \Delta \overline{E}_i = (1/m)\sum \Delta E_{ij}\end{cases} \qquad \begin{cases}\overline{A}_i = (1/m)\sum A_{ij} \\ \overline{E}_i = (1/m)\sum E_{ij}\end{cases} \tag{10-87}$$

把每颗星相应的差 $\Delta\overline{A}_i$、$\Delta\overline{E}_i$ 看成是由设备轴系、零位差造成的，建立如下误差模型：

$$\begin{aligned}\Delta\overline{A}_i = {} & \Delta A_0 + \beta_y\cdot\cos\overline{A}_i\cdot\tan\overline{E}_i - \beta_x\cdot\sin\overline{A}_i\cdot\tan\overline{E}_i + S_b\cdot\sec\overline{E}_i + \\ & \delta\cdot\tan\overline{E}_i + P_1\cdot\cos\overline{A}_i + P_2\cdot\sin\overline{A}_i\end{aligned} \tag{10-88}$$

$$\Delta\overline{E}_i = \Delta E_0 + \beta_x\cdot\cos\overline{A}_i + \beta_y\cdot\sin\overline{A}_i + P_3\cdot\sin\overline{A}_i + P_4\cdot\cos\overline{A}_i \tag{10-89}$$

式中：ΔA_0 为方位编码器零位偏差；ΔE_0 为俯仰编码器零位偏差；P_1、P_2 为方位编码器非线性系数（实际应用中此两项没有求解）；P_3、P_4 为俯仰编码器非线性系数（实际应用中此两项没有求解）。

令

$$
\boldsymbol{A} = \begin{pmatrix} 1 & \cos\overline{A}_1 \cdot \tan\overline{E}_1 & -\sin\overline{A}_1 \cdot \tan\overline{E}_1 & \sec\overline{E}_1 & \tan\overline{E}_1 & \cos\overline{A}_i & \sin\overline{A}_1 \\ 1 & \cos\overline{A}_2 \cdot \tan\overline{E}_2 & -\sin\overline{A}_2 \cdot \tan\overline{E}_2 & \sec\overline{E}_2 & \tan\overline{E}_2 & \cos\overline{A}_2 & \sin\overline{A}_2 \\ \vdots & \vdots & \vdots & \vdots & \vdots & \vdots & \vdots \\ 1 & \cos\overline{A}_n \cdot \tan\overline{E}_n & -\sin\overline{A}_n \cdot \tan\overline{E}_n & \sec\overline{E}_n & \tan\overline{E}_n & \cos\overline{A}_n & \sin\overline{A}_n \end{pmatrix} \tag{10-90}
$$

$$
\Delta\boldsymbol{A} = \begin{pmatrix} \Delta\overline{A}_1 \\ \Delta\overline{A}_2 \\ \vdots \\ \Delta\overline{A}_n \end{pmatrix} \qquad \boldsymbol{\zeta} = \begin{pmatrix} \Delta A_0 \\ \beta_y \\ \beta_x \\ S_b \\ \delta \\ P_1 \\ P_2 \end{pmatrix} \tag{10-91}
$$

$$
\boldsymbol{E} = \begin{pmatrix} 1 & \sin\overline{A}_1 & \cos\overline{A}_1 & \sin\overline{E}_1 & \cos\overline{E}_1 \\ 1 & \sin\overline{A}_2 & \cos\overline{A}_2 & \sin\overline{E}_2 & \cos\overline{E}_2 \\ \vdots & \vdots & \vdots & \vdots & \vdots \\ 1 & \sin\overline{A}_n & \cos\overline{A}_n & \sin\overline{E}_n & \cos\overline{E}_n \end{pmatrix} \tag{10-92}
$$

$$
\Delta\boldsymbol{E} = \begin{pmatrix} \Delta\overline{E}_1 \\ \Delta\overline{E}_2 \\ \vdots \\ \Delta\overline{E}_n \end{pmatrix} \qquad \boldsymbol{\eta} = \begin{pmatrix} \Delta E_0 \\ \beta_y \\ \beta_x \\ P_3 \\ P_4 \end{pmatrix} \tag{10-93}
$$

其矩阵形式为

$$
\Delta\boldsymbol{A} = \boldsymbol{A} \cdot \boldsymbol{\zeta} \quad \Delta\boldsymbol{E} = \boldsymbol{E} \cdot \boldsymbol{\eta} \tag{10-94}
$$

其最小二乘解为

$$
\hat{\boldsymbol{\zeta}} = (\boldsymbol{A}^{\mathrm{T}}\boldsymbol{A})^{-1}\boldsymbol{A}^{\mathrm{T}}\Delta\boldsymbol{A} \tag{10-95}
$$

$$
\hat{\boldsymbol{\eta}} = (\boldsymbol{E}^{\mathrm{T}}\boldsymbol{E})^{-1}\Delta\boldsymbol{E} \tag{10-96}
$$

其协方差矩阵为

$$
\boldsymbol{V}(\hat{X}) = \boldsymbol{\sigma}^2(\boldsymbol{A}^{\mathrm{T}}\boldsymbol{A})^{-1} \tag{10-97}
$$

式中:$\boldsymbol{\sigma}^2$由残差平方和估计得到,即

$$
\sigma^2 = \sum_{i=1}^{n} X_i^2(V_{1i}^2 + V_{2i}^2)/(2n-3) \tag{10-98}
$$

$$
\begin{aligned} V_{1i} = {} & \Delta\overline{A}_i - \Delta\hat{A}_0 - \hat{\beta}_y\cos\overline{A}_i\tan\overline{E}_i + \hat{\beta}_x\sin\overline{A}_i\tan\overline{E}_i - S_b\sec\overline{E}_i - \\ & \delta\tan\overline{E}_i - P_1\cos\overline{A}_i - P_2\sin\overline{A}_i \end{aligned} \tag{10-99}
$$

$$V_{2i} = \Delta\overline{E}_i - \Delta\hat{E}_0 - \hat{\beta}_x\cos\overline{A}_i + \hat{\beta}_x\sin\overline{A}_i - P_3\cos\overline{E}_i - P_4\sin\overline{E}_i \quad i = 1,2,\cdots,n \tag{10-100}$$

协方差矩阵反映了误差系数解算精度,并反映了误差系数间的相关程度。残差向量方差显示了误差系数的拟合优度。

2. 星体自动标校系统组成及工作程序

星体标校系统由光学探测器和标定软件组成,光学探测器对星体捕获、测量,实时输出脱靶量给系统,以实现对星体的跟踪测量。由轴角编码器输出的测恒星位置坐标与用星历表计算的恒星位置坐标比较,解出误差系数。标定软件完成过程控制、数据采集和处理、给出标定结果。系统组成框图如图 10-19 所示。

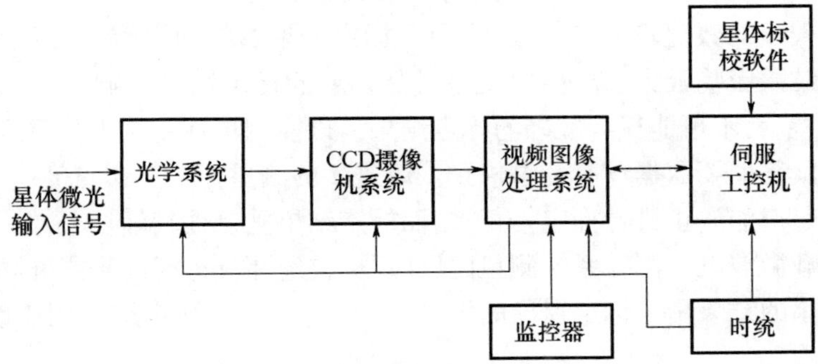

图 10-19 自动化星体标校组成框图

星体自动标校工作程序如下。

(1) 星体选择:计算机根据日期、站址等初始化条件选择合适的可测星体。

(2) 星位计算:根据星历表中有关恒星数据,计算恒星在测星坐标系中的位置坐标。

(3) 计算机引导天线指向所选恒星,当天线转到引导位置并且光学探测器捕获到星体时,系统即利用标校电视跟踪对该星进行跟踪测量,每次测量所记录数据如下:T_i为测量时刻(世界时),A_i、E_i分别角编码器方位俯仰的数据,XH_i为所观测星体星号,XD_i为所观测星体星等,S_i为系统状态。

(4) 根据星体脱靶量测量值和对应时刻编码器测量值,解算星体实测坐标值。

$$E_i = E_i + \Delta Y_i \tag{10-101}$$

$$A_i = A_i + \Delta X_i/\cos E_i \tag{10-102}$$

(5) 测值经过计算机平滑处理后,与该星的星标表计算坐标值(A_{oi} , E_{oi})比较,得出一组数据:ΔA_i, ΔE_i , A_i , E_i 。

$$\Delta A_i = A_i - A_{oi} \tag{10-103}$$

$$\Delta E_i = E_i - E_{oi} \tag{10-104}$$

这样,就完成了一个星体的测量,如想提高精度,可选数个星体进行测量标定。

3. 海上动态情况下的特殊问题

在海上动态情况下，测量系数据必须利用船姿数据经过坐标变换才能转化为地平系数据。

船姿的测量是通过惯性导航系统来实现的，船中心机在测量过程中实时记录船载微波统一测控系统本身的测量数据、惯导的船姿数据及设备基座到惯导的船体变形数据。惯性导航系统所测量的船姿数据含有误差，惯导航向误差为：$3\sigma \leqslant 1.2'/24\text{h}$，在实际使用中经纬仪多次测星修正航向，航向精度短时间内可优于15"。惯导水平误差为：$3\sigma \leqslant 10''$，但在实际使用中水平误差时有超标，特别是在惯导启动后只作应急标校时，其水平误差可能在20″以上。

船姿误差的数值较大，严重影响测星标定结果。航向误差对方位码盘零位值的标定结果影响最大，纵、横摇误差对竖轴差的标定结果影响最大，如果不消除船姿误差，就不可能得到准确的标定结果。以前测星标定结果的重复性差，其主要原因就是船姿数据没有经过修正。改进后的测星标定工作与已往标定的不同之处就是对船姿也进行标定修正，因而标定结果重复性较好。

在船载微波统一测控系统测星的同时，标校经纬仪进行同步或准同步测星，经纬仪测星的结果用于标定惯导船姿误差，船姿误差的标定结果用于船姿数据的逐帧修正。

经纬仪测星法标定惯导船姿误差的方法如下：用测星电视测出仰角在20°～60°之间、方位间隔大体一致的 n 颗星。测星得出每颗星的 A''_{ij}、E''_{ij}。进行轴系差、零位差修正：

$$\begin{cases}A'_{ij} = A''_{ij} - g - c\cdot\sec E' - [b + A_{\mathrm{m}}\cdot\sin(A' - A_n)\tan E'_{ij}]\\ E'_{ij} = E''_{ij} - h - A_{\mathrm{m}}\cdot\cos(A' - A_{\mathrm{H}})\end{cases} \tag{10-105}$$

式中：g 为定向差；h 为零位差；c 为照准差；A_{m}为竖轴差幅值；A_{H}为竖轴最大倾斜方向；b 为横轴差。然后利用惯导实时船姿进行坐标转换生成地平系实测值 A'_{ij}、$E'_{ij} \to A_{ij}$、E_{ij}，与星体理论值相减：

$$\begin{cases}\Delta A_{ij} = A_{ij} - A^{\circ}_{ij} & i = 1,2,\cdots,n\\ \Delta E_{ij} = E_{ij} - E^{\circ}_{ij} & j = 1,2,\cdots,m\end{cases} \tag{10-106}$$

每颗星的 m 组数据取均值得

$$\begin{cases}\Delta\overline{A}_i = (1/m)\sum\Delta\overline{A}_{ij}\\ \Delta\overline{E}_i = (1/m)\sum\Delta\overline{E}_{ij}\end{cases}\qquad\begin{cases}\overline{A}_i = (1/m)\sum\overline{A}_{ij}\\ \overline{E}_i = (1/m)\sum\overline{E}_{ij}\end{cases} \tag{10-107}$$

式中：i 表示星号；j 表示采样号；上标°表示理论值；上标″表示经纬仪测量系；上标′表示甲板系；E_{ij}°中已加入了蒙气差修正量。

由于经纬仪底座与惯导基座间刚性连接，变形量实测小于2″，因此将 $\Delta\overline{A}_i$、$\Delta\overline{E}_i$ 看成是由于惯导姿态偏差角 ΔK、$\Delta\Psi$ 及 $\Delta\theta$ 引起的误差，于是得误差方程：

$$\begin{cases}\Delta A_i = \Delta K + \Delta\Psi\sin\overline{A}_i\tan\overline{E}_i + \Delta\theta\cos\overline{A}_i\tan\overline{E}_i + e_{1i} \\ \Delta E_i = \Delta\Psi\cos\overline{A}_i - \Delta\theta\sin\overline{A}_i + e_{2i}\end{cases} \quad i = 1,2,\cdots,n$$

(10-108)

令

$$\boldsymbol{A} = \begin{pmatrix} 1 & \sin\overline{A}_1\tan\overline{E}_1 & \cos\overline{A}_1\tan\overline{E}_1 \\ 0 & \cos\overline{A}_1 & -\sin\overline{A}_1 \\ \vdots & \vdots & \vdots \\ 1 & \sin\overline{A}_n\tan\overline{E}_n & \cos\overline{A}_n\tan\overline{E}_n \\ 0 & \cos\overline{A}_n & -\sin\overline{A}_n \end{pmatrix} \quad \boldsymbol{L} = \begin{pmatrix}\Delta\overline{A}_1 \\ \Delta\overline{E}_1 \\ \vdots \\ \Delta\overline{A}_n \\ \Delta\overline{E}_n\end{pmatrix} \quad \boldsymbol{X} = \begin{pmatrix}\Delta K \\ \Delta\Psi \\ \Delta\theta\end{pmatrix} \tag{10-109}$$

则得

$$\hat{\boldsymbol{X}} = (\boldsymbol{A}^{\mathrm{T}}\boldsymbol{A})^{-1}\boldsymbol{A}^{\mathrm{T}}\boldsymbol{L} \tag{10-110}$$

其协方差矩阵为

$$\boldsymbol{V}(\hat{\boldsymbol{X}}) = \boldsymbol{\sigma}^2(\boldsymbol{A}^{\mathrm{T}}\boldsymbol{A})^{-1} \tag{10-111}$$

式中:$\boldsymbol{\sigma}^2$ 由残差平方和估计得

$$\sigma^2 = \sum_{i=1}^{n}(V_{1i}^2 + V_{2i}^2)/(2n-3) \tag{10-112}$$

其中

$$\begin{cases}V_{1i} = \Delta\overline{A}_i - \Delta\hat{K} + \Delta\hat{\Psi}\sin\overline{A}_i\tan\overline{E}_i - \Delta\hat{\theta}\cos\overline{A}_i\tan\overline{E}_i \\ V_{2i} = \Delta\overline{E}_i - \Delta\hat{\Psi}\cos\overline{A}_i + \Delta\hat{\theta}\sin\overline{A}_i\end{cases} \quad i=1,2,\cdots,n \tag{10-113}$$

10.5.3 动态标校技术

1. 概述

目前,船载微波统一测控系统的轴系误差修正参数通过传统的坞内标校方法获取,即在测量船进船坞坐墩静止不动的条件下,在船坞四周建立方位标、标校塔和大地测量基准点等标校设施,以当地水平面和方位标的大地测量成果为基准,通过标校获得高精度的轴系误差修正参数。该方法组织实施难度大、耗资多、周期长,一般只在测量船建成时或设备进行了较大规模的技术改造后才进行。在动态条件下,轴系误差修正参数有可能发生变化从而影响测量精度,为此有必要研究动态条件下的轴系误差修正参数的标定问题。

船载微波统一测控系统上安装有标校电视,其光轴指向即为天线的光轴指向,同时测量船上安装了高精度的标校经纬仪,因此可以考虑利用经纬仪和标校电视同时测量指定目标,以经纬仪数据为基准,通过参数估计的方法给出轴系误差修正参数的标定值,用标定值代替坞内标校提供的轴系误差修正参数,应用于测量数据轴系误差修正,从而达到提高测角精度的目的。

2. 轴系误差动态标定方法

动态条件下标定船载微波统一测控系统的轴系误差修正参数,除了参数估计方法外,还涉及到试验设计、船摇测量误差和蒙气差修正误差的分离等关键环节。下面从试验方案设计、动态标定模型、误差分析 3 个方面加以阐明。

1) 试验方案设计

对于船载微波统一测控系统的动态标定试验,目标选取、方位角和俯仰角的覆盖范围、编码器误差的消除是试验设计需要考虑的主要因素。

在远航条件下,恒星是光学测量的理想目标,为保证测量角度尽可能覆盖系统的保精度测量范围,考虑在测量船保航向航行的测量工况下,通过标校电视与船载经纬仪同时正倒镜四象限旋转测恒星(方位覆盖 0°~360°,俯仰覆盖 20°~60°)的方法进行。一次正镜 360°测恒星和一次倒镜 360°测恒星记为一组试验,每一象限均匀选星 4 颗以上,取两套设备同时脱靶量稳定、有效的段落参与数据处理,进行 3 组以上试验以确保试验结果的一致性。正倒镜法测量同一目标,可有效消除码盘误差。

2) 动态标定模型

船载微波统一测控系统光轴的轴系误差修正模型为

$$A' = A - \beta_m \tan E \sin(A - A_m) - \delta_m \tan E - S_b \sec E \tag{10-114}$$

$$E' = E - \beta_m \cos(A - A_m) \tag{10-115}$$

式中:$A = A_c - A_0$,$E = E_c - E_0$,(E_c A_c)为数据合检后测角观测数据(俯仰角和方位角,下同)、(E A)为轴系误差修正后的测角观测数据,(E_0 A_0)为测角系统零值;(β_m,A_m)为大盘不水平最大倾斜量和最大倾斜方向;δ_m为俯仰轴与方位轴不正交系数;S_b为俯仰轴与光轴不正交系数。

将 $\sin(A - A_m)$ 和 $\cos(A - A_m)$ 展开,将非线性问题线性化,记

$$\kappa = \beta_m \cdot \cos A_m \tag{10-116}$$

$$\psi = \beta_m \cdot \sin A_m \tag{10-117}$$

对任一观测时刻 t_i,轴系误差修正量为 ΔY_i,数据合检后实测测角数据(E_i A_i),则有

$$\boldsymbol{\Delta Y}_i = \begin{pmatrix} A_0 + \kappa \tan E_i \sin A_i - \psi \tan E_i \cos A_i + \delta_m \tan E_i + S_b \sec E_i \\ E_0 + \kappa \cos A_i + \psi \sin A_i \end{pmatrix} \tag{10-118}$$

将式(10-118)用矩阵形式表示,即

$$\boldsymbol{\Delta Y}_i = \boldsymbol{Q}_i \times \boldsymbol{X} \tag{10-119}$$

其中

$$\boldsymbol{Q}_i = \begin{pmatrix} 1 & 0 & \tan E_i \sin A_i & -\tan E_i \cos A_i & \tan E_i & \sec E_i \\ 0 & 1 & \cos A_i & \sin A_i & 0 & 0 \end{pmatrix} \tag{10-120}$$

$$\boldsymbol{X} = (A_0 \quad E_0 \quad \kappa \quad \psi \quad \delta_m \quad S_b)^{\mathrm{T}} \tag{10-121}$$

轴系误差修正量又可表示为

$$\Delta \boldsymbol{Y}_i = \begin{pmatrix} A_i - \overline{A}_i \\ E_i - \overline{E}_i \end{pmatrix} \tag{10-122}$$

式中：$(\overline{E}_i, \overline{A}_i)$ 为由目标精确位置转换到设备测量坐标系的计算结果。应用最小二乘估计方法，可以得到 X 的估计值，即

$$\hat{\boldsymbol{X}} = (\boldsymbol{Q}^{\mathrm{T}} \cdot \boldsymbol{Q})^{-1} \cdot \boldsymbol{Q}^{\mathrm{T}} \cdot \boldsymbol{Y} \tag{10-123}$$

3）动态标定方法说明

（1）与坞内标校的单项轴系误差独立静态标定方法不同，动态标定的原理是通过跟踪恒星获得多样本数据，采用参数估计的方法使得轴系参数最优地拟合船载测控系统与比对标准的残差，从而使得整个测量系统的误差最小。

（2）从多次试验的结果看，动态标定结果具有较好的一致性、稳定性，验证结果表明动态标定结果整体效果优于坞内标校参数处理结果（因外部环境变化会引起坞内标校参数发生变化），说明该方法是一种合理、有效的轴系误差修正参数动态标定技术，适用于船载测控设备动态条件下的参数标定。

（3）从误差分析的角度看，对于船载测控系统，船姿、船位的测量误差对测轨均有一定的影响，而该方法没有转地平的过程，不引入船摇测量误差，虽然引入了船体变形测量误差，但由于变形的测量精度远高于经纬仪的测量精度，可忽略不计。

（4）若不采用标校电视与经纬仪联合测恒星的试验方式，而是直接以恒星理论值（也就是10.5.2节所述的星体标校方法）为比较基准进行参数估计，则需要将恒星理论位置进行蒙气差的方向修正，并通过惯导地平系转到测量系，这样会引入船姿船位测量误差和蒙气差修正剩余误差；同时，由于需要使用船姿船位数据，对测量工况的要求也较高。

10.5.4 卫星标校技术

船载微波统一测控系统由于自身原因和测量过程中复杂环境等因素会引起各种测量误差，因此，新研或改造设备在正式纳入任务使用前，必须对其进行性能检验和精度鉴定，以评估其是否满足技术指标要求。

目前，测控设备的性能检验与精度鉴定途径主要有两种：一是地面静态检验与鉴定；二是动态检验与鉴定，也就是常用的“飞机校飞”方式。

由于地面静态检验鉴定和“飞机校飞”与测控系统实际动态测控的状态相差较大，而且“飞机校飞”经费消耗大，组织实施困难，周期长，这两种方式在时效性和经济性上都难以满足测控系统检验与鉴定任务的需求。而卫星鉴定具有多台套和多圈长弧段观测数据等充足的测量资源，加上卫星精确定轨技术的迅速发展，使得卫星轨道可以获取非常高的轨道精度，因此利用卫星

(或其他空间目标)对测控系统(设备)进行检验鉴定是取代“飞机校飞”的一个可行途径。同时卫星鉴定还具有组织实施简便、鉴定结果可信度高、实时性强的优点,其检验鉴定结果更能反映测控系统动态跟踪测量的特点和状况,是一种较好的精度鉴定途径,也是长期以来人们十分关注的新的性能检验与精度评估技术。

1. 卫星标校的基本途径

1) 测控系统的跟踪测量方式

测控设备采用卫星鉴定技术的基本条件是能够对特定卫星进行跟踪测量,目前大部分的航天测量设备都具备这样的能力。测量设备跟踪测量卫星的方式有3种:①反射式,测量设备发射无线电信号或激光信号,接收经目标反射回来的信号,并得到相应的轨道测量数据;②应答式,测量设备发射无线电信号,星上应答机接收并转发下行,测量设备接收下行信号,得到卫星轨道测量数据;③信标式,星上信标机发射下行信号,地面测量设备接收跟踪卫星。卫星鉴定时,需要根据待鉴定设备的工作方式和测量能力,选择合适的合作卫星并根据合作卫星的精确轨道参数提供的条件,选择合适的鉴定方法。

2) 合作卫星的选择

鉴于测量设备的保精度作用距离和精度鉴定的动态需求,能够用于卫星鉴定的主要为中低轨卫星,这些卫星能够保证测量设备有持续较长时间的稳定跟踪弧段,能够考核较高仰角、较大动态情况下的跟踪性能和测量精度,有利于检验和鉴定测量设备在接近边界条件下的性能和精度。

(1) 激光测距卫星。ILRS(国际激光测距服务)的全球SLR网共有50多个地面观测站,可观测300~36000km高度的各种带激光反射器的人造卫星,定轨精度达到cm级。卫星鉴定时,测量设备跟踪上述卫星,利用精确轨道参数比对测量值,从而鉴定测量精度。目前能够提供精确轨道参数的卫星都是国外星,星上没有能够用于我国测控设备的应答设备,因此,这种卫星主要适用于大功率反射式雷达或光学经纬仪进行动态精度鉴定。

(2) 国内中低轨卫星。国内卫星上都安装着国内航天测量系统所需的应答设备,因此,可利用卫星跟踪数据对设备进行检验鉴定。由于测量条件的限制,国内中低轨卫星的定轨精度还达不到比对鉴定测量设备的水平,因此只能采用自鉴定的方式,但由于轨道约束自鉴定方法受系统误差和摄动模型的准确性、稳定性影响,技术难度较大,需要和其他鉴定方法结合起来应用,互为补充和验证,更大限度地发挥卫星鉴定技术的优势,提高自鉴定结果的可信度。

(3) 搭载卫星鉴定合作设备的国内中低轨卫星。为了使卫星鉴定技术适用于大部分航天测量系统,特别是应答式的测量系统,充分发挥卫星鉴定技术的优越性,一个最优的途径是选择合适的国内中低轨卫星,搭载应答机、激光反射器、

GPS 等设备,使之能够在完成任务的同时,兼顾完成航天测量系统的检验与鉴定工作。

2. 标校星技术

标校卫星系统的任务就是在空间建立起目标散射特性基准和目标运动状态基准,为航天测控等空间目标探测系统提供鉴定与标定手段。

目前发射标校卫星的国家有美国、俄罗斯(苏联),截止 2013 年底,两国共发射了 134 颗标校卫星。根据是否加装有源应答机,标校卫星分为无源标校卫星与有源标校卫星两大类。无源标校卫星,绝大多数为金属表面反射球,用于反射式雷达鉴定与标定,也有部分卫星携带激光角反射器,服务于地面激光测量系统。有源标校卫星,主要是加装多普勒转发器、C 频段脉冲雷达应答机、GNSS 接收机等有效载荷,配合地面测控系统校准精度。根据卫星主要任务,有源标校卫星可分为专用与兼用两种,专用卫星仅用于卫星标校,兼用卫星是在载星平台上搭载有源应答机,在完成主要任务的同时,将卫星兼用于标校。截止目前,上述三种标校卫星美国均有发射,而俄罗斯则主要发射了无源标校卫星。

一般来说,标校卫星应具有的基本功能如下:

(1) 利用星载微波角反射器为大功率反射式雷达提供稳定的 RCS 测量标定源。

(2) 利用星载测控合作目标为各类航天测控系统提供星上合作目标。合作目标包括 C 频段脉冲雷达应答机、S/C/X/Ka 频段微波统一测控应答机。

(3) 利用星载导航星体接收机(GNSS)和激光角反射器为标校卫星的高精度定轨提供必要的测量手段。

(4) 星上测控合作目标及 GNSS 接收机具备在轨状态设置、遥控、定时开关机等功能。

(5) 标校卫星具备 GNSS 接收机测量数据星上存储功能,过境时下传存储数据。地面应用系统结合激光测距数据完成标校卫星的高精度定轨计算,并将高精度轨道数据分发给用户。

(6) 标校卫星具备实时自定位功能,过境时广播分发实时自定位数据,用户按需接收进行应用。

参考文献

[1] 钟德安. 航天测量船测控通信设备标校与校飞技术. 北京:国防工业出版社,2009.

[2] 赵业福,等. 无线电跟踪测量. 北京:国防工业出版社,2003.

[3] 楼禹锡. 雷达精度分析. 北京:国防工业出版社,1979.

[4] 杨斌峰. 地面测控雷达角度标校技术. 现代电子技术,2005(17):47-49,52.

[5] 刘云飞．船载测控系统的标校．无线电通信技术,2003(2):1－3.
[6] 姚兆宁,孙晓昶,等．舰载精密测量雷达星体标校方法及应用．现代雷达,1999(4):1－12,31.
[7] 李珂．一种双通道角跟踪的快速校相方法．电讯技术,2007(6):99－101.
[8] 康德永,傅敏辉,等．基于恒星测量的船载雷达轴系误差修正参数动态标定．电讯技术,2013(7):949－952.
[9] 杨萍,郭军海,等．航天测控系统卫星鉴定技术研究．航天控制,2008(1),65－69.